KB240674

기획: 조영제 권명광 안상수 이순종

안그라픽스

디자인 사전

THE DICTIONARY OF CONTEMPORARY DESIGN

2000년 3월 5일 초판 발행 **O** 2020년 5월 29일 12쇄 발행
기획 조영제 권명광 안상수 이순종

지은이 고영화 구본창 권명광 권영걸 금기숙 금누리 김광현① 김광현② 김교만 김명석 김영환 김민수 김승희
김영기 김영수 김우룡 김원 김은조 김종덕 김진평 김태현 김현 김현선 류명식 문철 민경현 민철홍 박세형 박순보
박암종 박은주 박인석 박재동 박필제 박현주 박효신 배병우 서기흔 서대규 서성록 송번수 안상수 안종문 영담
오근재 오병권 유영배 윤정섭 윤호섭 은병수 이건용 이경자 이구형 이성표 이순종 이신우 이원복 이재철 이정선
이훈용 임영주 장동련 장윤호 전동열 정경연 정경원 정병규 정주현 정준 조광석 조동원 조병량 조선경 조성룡
조영제 최건 최공호 최대석 최범 최병훈 최승천 한길홍 한도룡 한재준 홍상진 홍석일 홍성민 황상재 황지연
(가나다 순 ①한양대 ②서울대)

펴낸이 안미르 **O** **주간** 문지숙 **O** **편집 진행** 이병렬 박선용 **O** **표지 디자인** 김상욱 **O** **본문 디자인** 박선용
사진 이재용 **O** **커뮤니케이션** 이지은 **O** **영업관리** 한창숙 **O** **인쇄** 스크린그래픽 **O** **제책** 다인바인텍
펴낸곳 (주)안그라픽스 우10881 경기도 파주시 문발동 125-15 **O** **전화** 031.955.7766 (편집) 031.955.7755 (마케팅)
팩스 031.955.7744 **O** **이메일** agdesign@ag.co.kr **O** **웹사이트** www.agbook.co.kr **O** **등록번호** 제2-236 (1975.7.7)

ISBN 978.89.7059.148.3 (13630)

21세기를 맞이하는 이 시점의 상황은 과학과 신기술의 빠른 발전으로 인해 현대는 전자 정보 사회로 변하고 있고, 신매체의 등장으로 대뇌적 문화에서 감각 위주의 시각 언어 시대로 바뀌어가고 있다. 아울러 디자인도 일방 통행의 장식적 아름다움만을 추구하는 것을 넘어서 쌍방 전달의 감성적 개념으로 변하고 있다. 이는 곧 디자인이 미술의 테두리에서 탈피하여, 발상과 계획성, 생산과 사회적 기능을 포함하게 되었다는 증거이다.

이러한 환경에 따른 디자인 개념의 변화는 각기 전문화의 길로 치닫던 디자인 각 영역들이 다시 횡적, 또는 학제적 교류를 통하여 문제를 거시적, 종합적으로 파악하는 디자인 사고와 방법을 지향하고 있음을 느낀다. 따라서 〈디자인 사전〉 간행의 필요성은 바로 이러한 상황에서, 디자인 관련 공통 용어와 개념을 한데 모아 정리함으로써 이 시대 디자인의 문제를 축약하여 전달의 효율성을 기하는 데 있다.

1994년 위와 같은 뜻으로 〈디자인 사전〉 초판 발행 이래 디자인계는 많은 변화가 있었다. 다각적 변화에 부응하여 내용 보충과 새로운 집필진의 보강으로 그 내용을 많이 손질하였다.

〈디자인 사전〉의 체재와 내용은 다른 나라에서 간행된 디자인 관련 사전 및 주변 디자인 관계자들의 조언을 참고하였다. 여기에 실린 용어는 디자인 관련 용어뿐 아니라 현시점에서 디자인을 보다 폭넓게 생각하게 하는 주제에 대해 다뤘다. 집필 내용은 각 분야의 권위자들을 선정, 집필자의 식견과 생각을 나타내는 원고 내용을 그대로 게재하고, 아울러 현재 일선에서 활동하고 있는 디자이너들과 평론가들의 칼럼을 통해 실질적 체험 지식을 함께 실었다.

또한 쉽고 내용이 알찬 사전으로 편집 방향을 택하여 도판을 가급적 많이 삽입, 독자들의 이해를 돕고자 했다. 앞으로 〈디자인 사전〉은 지속적으로 디자인 동향과 변화에 맞추어 새로운 정보를 추가하여 증보판을 낼 것이다. 그리하여 변화무쌍한 디자인의 현재를 정확히 파악할 수 있는 사전의 역할을 맡음으로써 우리나라 디자인 발전에 이바지하고자 한다.

끝으로 이 책의 집필자 및 편집 제작자 여러분들에게 감사의 말을 전한다.

2000. 1
조영제, 권명광, 안상수, 이순종

디자인 사전 차례

특집 / 가나다 순

디자인 사전

내용 분류표

내용분류표

1. 디자인계에서 전문적으로 쓰이는 용어를 각 분야별로 가나다순으로 정리하였다.

2. 이 사전의 필자는 총 89명으로 그들은 현재 각 분야에서 활동중인 국내 최고의 권위자이다.

3. 본문의 구성은 본항목, 특집, 칼럼, 부록으로 되어 있으며, 특집과 칼럼이 본항목 사이사이에 들어 있다.

4. 표제어는 한글을 우선으로 하여 한글, 영문 순으로 했다.

5. 맞춤법과 표제어는 1988년 1월에 확정 고시된 '한글 맞춤법'과 '표준어 규정'을 따랐다.

6. 외래어 표기는 1986년에 확정된 '새 외래어 표기법'을 따랐다.

7. 외국어 표기는 원어 발음에 가깝게 표기했으며 원어를 괄호안에 넣어 표기했다.

8. 강조나 따옴말은 '' 로 표시하고 보충 설명이 필요한 경우는 괄호 안에 처리했다.

9. 외국인의 인명 표기는 성(姓)과 이름을 한글로 표기하고 영문 표기를 첨가했다.
   예: 니콜라우스 펩스너(Nicolaus Pevsner)

10. 찾아보기는 국문 가나다 순과 영문 ABC 순으로 구성하였다.

기획: 조영제 권명광 안상수 이순종

▶ 감성 공학의 역사

감성 공학은 인간의 감성을 연구하여 제품 개발과 같은 공학 분야에서 활용하는 학문분야라는 일반적인 의미로 이해할 수 있다. 그러나 감성 공학의 학문적 연구 내용과 방법, 활용 분야에 대해서는 아직 통일된 정의가 없으며, 인간의 감성을 체계적으로 연구하고 교육하는 대학이나 학과도 존재하지 않는다. 인간의 감성이 학문이나 연구의 대상으로 인정받지 못하기 때문이다. 학문이나 연구는 그 대상과 결과에 대하여 일반성과 객관성, 논리적 타당성, 그리고 이들을 방법적으로 뒷받침할 수 있는 실험과 관찰에 있어 반복성과 일관성을 요구한다. 인간의 감성은 주관적이며, 시간과 공간의 변화에 따라 다양하게 변화하고, 이 변화의 내용을 본인도 명확하게 설명하지 못하는 등 학문의 조건을 충족시키지 못한다. 이렇게 학문적 체계의 미비와 연구 분야로서의 불확실성속에서도 감성 공학이라는 단어는 미래지향의 인간중심적 제품개발과 디자인에서 중요한 위치를 차지하는 것으로 인식되며, 여러 측면에서 연구와 활용이 시도되고 있다.

감성 공학이라는 단어가 처음으로 사용된 것은 1986년 일본 마쯔다(Mazda)자동차 회사가 미아타(Miata)라는 스포츠카를 새로 개발하여 미국 시장에 소개하는 자리에서 였다. 새로운 자동차 개발을 위하여 인마일체의 개념을 설정한 후 이를 가시화기 위해 이용한 기법을 감성 공학(Kansei Engineering)이라고 부르고, 자동차의 제반 규격과 인터페이스를 기능적 측면 이외에 감성적인 측면까지 고려하여 디자인하였다는 스포츠카 미아타는 미국 시장에서 공전의 히트를 하였으며, 감성 공학이라는 단어를 일반인들에게 알리는 계기가 되었다. 미아타의 개발에 참여하였으며 일본의 감성 공학을 대표하는 나가마찌는 감성 공학(Kansei Engineering)을 인간이 제품에 대하여 가지고 있는 욕구로서의 이미지나 느낌을 물리적인 디자인 요소로 해석하여 이를 제품의 디자인에 반영하는 기술이라고

정의하였다. 그리고 인간의 감성을 물리적 디자인 요소로 바꾸기 위해 형용사 분석법(semantic differential method)을 이용한다. 이러한 차원에서 나가마찌의 감성 공학은 느낌의 형용사를 이용해 제품 디자인을 결정하는 하나의 기법으로 이해할 수 있다.

한국에서는 1990년도 초부터 독자적이고 학문적으로 체계화된 감성 공학을 정의하여 하나의 학문 분야로 발전시키고 있다. 한국의 감성 공학은 인간의 감성을 측정, 평가하여 제품과 환경을 인간의 생활에 편리하고 만족스럽게 개발하도록 하는 전체 과정이라 정의되는 한편 영문 명칭으로 'Sensibility Ergonomics'가 제안되어, 국책연구과제의 명칭도 'Sensibility Ergonomics'로 사용되었다. 또 인간 감성의 연구와 관련있는 학문 분야들이 공동으로 연구와 응용을 추진하기 위한 '감성과학회'가 1996년에 설립되어 철학, 심리학, 인지과학, 생활과학, 디자인, 의학, 공학 등 다양한 분야의 전문가들이 서로 교류하며 인간 감성 연구와 활용 분야를 종합과학의 한 학문분야로 체계화하고 발전시키기 위하여 노력하고 있다.

▶ 감성과 감정

감성 공학을 연구하고 제품 개발에 활용하기 위해서는 인간의 감성에 대한 이해가 선행되어야 한다. 감성은 정서나 감정 등과 함께 혼동되어 사용되며, 누구나 감성의 의미를 알고 있으나 이를 명확하게 설명하는 데에는 어려움을 겪는다. 사전에서 감성(sensibility)은 "감각자극을 느끼고 반응하는 능력이라고 설명되어 있으며, 감정(emotion)은 공포, 슬픔, 수치심 등과 같이 강한 느낌으로 신체적, 생리적 반응을 동반한다"라고 정의되어 있다. 부모와 헤어져야 하는 어린 소녀의 눈망울과 얼굴표정을 보는 사람들은 대부분 가슴의 아픔과 함께 슬픔을 느끼며 눈물을 흘리기도 한다. 이렇게 슬픈 '감정'은 가슴의 통증이라는 생리적 반응과 눈물이라는 신체적 반응과 함께 나타난다. 길가에 핀 한 송이 들꽃을 보고 어떤 사람은 '예쁘다'라는 '감성'을

갖는데 다른 사람들은 별 느낌없이 지나쳐 버리기도 한다. 이와 같이 감정은 동일한 요인에 대하여 대부분의 사람들이 같은 결과를 나타내는데 비하여, 하나의 감성 요인은 사람에 따라 다른 결과를 나타낸다. 또 감성은 감정에 비해 외부로 나타나는 신체적, 생리적 변화가 없어 한 개인의 감성 변화를 다른 사람들이 알아 보기 어렵다. 일상생활에서 감정은 자주 발생되지 않는데 비하여 감성은 사물이나 주변의 환경을 보고 느끼는 모든 순간마다 발생된다. 감정은 느낌의 정도가 강하며 감정 발생 시점에서 개인의 사고와 행동에 영향을 미친다. 반면 감성은 느낌의 정도가 약하나 생활속에서 접하는 모든 사물에 대하여 갖게 되며, 첫 인상이나 선호도의 형태로 나타난다. 하나의 제품을 보는 순간 갖게 되는 '예쁘다' 라는 느낌, 문을 열고 실내에 들어 섰을 때 눈에 들어오는 분위기와 커피 향기를 접하는 순간 느끼는 아늑함, 길에서 마주 친 여인의 헤어 스타일과 의상이 함께 만들어내는 청순한 인상 등이 감성이며 이러한 감성은 제품의 구매나 환경에 대한 적응, 상대방과 대화나 관계 발전 등으로 이어지는 두뇌의 논리적 판단에 큰 영향을 준다.

감정은 개인의 노력과 훈련에 의하여 그 정도가 조절되거나 억제될 수 있다. 그러나 감성은 외부의 자극에 대하여 반사적이고 직관적으로 발생되므로 자의적인 조절이 불가능하다. 처음 만난 여인을 보자마자 예쁘다는

노틸러스 시스템의 B&W 스피커, 나선형 조개 모양의 스피커는 저음의 재생과, 풍부한 음색을 들려준다. 스피커가 조개 형태 안에 들어있어 마치 소라껍데기에서 파도 소리를 듣는 듯한 느낌을 줄 수 있다.

느낌과 함께 마음에 든다는 감성을 갖게 되었을 때, 이 결과는 여인의 얼굴과 이목구비 형태와 크기가 구도적으로 이상적이며 각각이 예쁘게 생겼기 때문이라는 식의 분석에 따르는 것이 아니다. 개인의 심미적 기준을 가지고 있는 감성 기억에 여인의 모습 전체가 동시에 투영되어 반사적으로 결과가 나타난다. 이 과정에는 계산이나 선악의 판단 등과 같은 두뇌에서의 논리적 의사결정 단계가 개입되지 못한다. 이상과 같이 감성과 감정의 특성을 비교해 보면, 감정은 외부에서 가해지는 자극의 종류에 따라서 그 내용이 결정되는 반면 감성은 외부 자극보다는 개인의 심미적인 기준에 따라 결과가 다르게 나타난다는 사실을 알 수 있다. 제품 개발과 같은 응용을 전제로 하는 감성 공학을 위하여 감성을 감정과 구분하여 정리하면 아래의 표와 같다.

	감정(emotion)	감성(sensibility)
심리 변화의 강도	높음	낮음
생리적 변화	있음	관찰 안됨
표정 및 행동 변화	있음	없음
객관적 측정, 평가	가능	불가능
일상 생활 중 발생 빈도	낮음	높음
외부 자극에 대한 반응	늦음	빠름
자의적 조절	가능	불가능
기타	두뇌에서의 판단 과정을 거쳐서 발생	반사적, 직관적, 무의식적 발생. 개인성, 변화성, 모호성

▶ 감성의 발생과 변화

감성은 개인적인 느낌이며, 동일한 감각자극에 대해서도 시점과 환경에 따라 다르게 나타나는 변화성과 함께 그 내용을 명확하게 설명할 수 없는 모호성을 갖는다. 또, 외부의 자극에 대하여 개인의 감성은 반사적이며 직관적으로 발생된다. 이러한 감성의 특성을 이해하기 위해서는 감성의 발생과 변화에 작용하는 요인들에 대한 정밀한 추적이 필요하다. 개인의 감성 발생에 영향을 미치는 요인은 외부로부터의 감각이나 정보 자극과 개인 내부에 내재되어 있는 기억을 들 수 있다. 외부의 자극에 대하여 감성을 결정하는 개인의 심미적 기준은 두뇌의 감성기억 영역내에 형성되며 이 과정에는 개인의 생각과 행동에 영향을 미치는 요인들이 작용한다. 첫째는 개인적 요인으로 개인의 성별, 연령, 교육 정도, 심신의 건강 상태, 성격 등이 포함된다. 둘째는 사회적 요인으로 개인이 속한 가정, 사회, 국가, 정치와 경제, 생활환경 등이 이 범주에 포함된다. 셋째는 문화적 요인으로 인종, 전통과 관습, 언어, 종교, 생활문화 등을 포함한다. 개인의 생활 경험 또는 문화적 배경이라고 표현할 수 있는 이 요인들은 상호 영향을 미치며 개인의 감성기억을 형성시킨다. 개인의 감성 기억은 외부로부터의 감각 또는 정보자극에 대하여 반사적으로 반응하여 대응되는 감성을 발생시키고, 이 결과로 나타나는 개인의 생각과 행동을 토대로 새로운 기억을 형성한다. 이런 과정은 한 개인이 동일한 자극에 대해서도 시간의 흐름에 따라 다른 감성을 갖게 되는 것에 대한 설명이 될 수 있다. 같은 디자인의 제

'Hot badges', 관심사가 비슷한 사람들 간의 대면을 촉진시켜주는 소형 통신기기

품에 대하여 남성은 좋은 감성(호감)을 가지며 하나쯤 구입하였으면 하고 생각하는데 비하여 여성은 별로 마음에 들어 하지 않을 수 있다. 대도시에 사는 10대 청소년이 선호하는 디자인과 소도시의 40대 여성이 마음에 들어 하는 디자인은 다르다. 뉴욕에 거주하며 세계 각국을 여행해 본 생활의 여유가 있는 고학력인 백인 여성과 북경에서 전통적인 생활을 유지하고 있는 중국 여인이 가지고 있는 아름다움의 기준은 다르다. 개인의 감성에 영향을 미치는 요인들과 이들이 감성 발생에 작용하는 과정을 단순화하면 아래 그림과 같다.

▶ 감성 공학의 필요성

새로운 제품에 대한 소비자들의 욕구는 제품의 발전과 함께 단계적으로 변화한다.

①소유 욕구: 신제품이 개발되어 시장에 처음 나타날 때에 일부 부유층이나 신제품에 호기심이 강한 사람들은 다른 사람들보다 먼저 이 제품을 소유하기 위하여 비싼 가격에 제품을 구입한다. 다른 사람들이 갖지 못한 물건

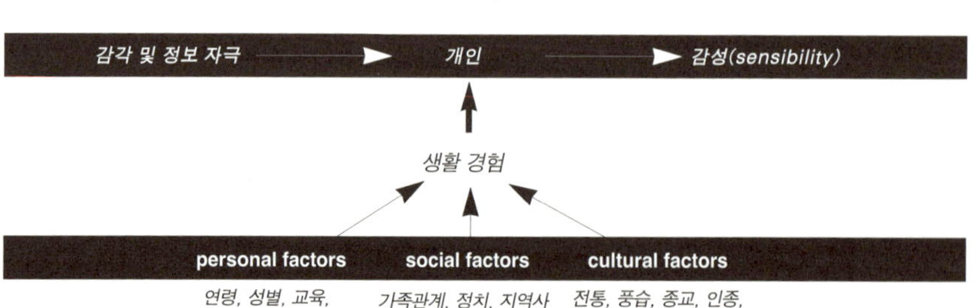

을 소유하고 있다는 만족감 충족 욕구가 이들 초기 제품의 구매자들에게 강하게 나타난다. ②비교우위 욕구: 제품의 보급이 확대되고 많은 사람들이 이 제품을 보유하는 단계에 이르면 소비자들은 보다 좋은 성능과 기능의 제품에 대한 욕구를 보인다. 남보다 더 고급 제품을 갖고 싶다는 욕구는 보다 비싼 제품의 구매로 나타난다. ③실용성 욕구: 제품의 품질 향상과 함께 다양한 모델이 개발되고 제품의 보급률이 100%에 가까이 도달하면 소비자들은 비로소 제품의 실용적 욕구에 눈을 뜨게 된다. 자신의 생활에서 제품이 어느 부분에서 얼마나 편리하게 활용될 수 있는가를 검토하여 제품을 구매하는 것이다. ④감성 욕구: 제품의 기능과 성능이 높은 수준에 도달하고 기업들 사이의 경쟁이 심해지게 되면 기업들은 새로운 수요의 창출을 위하여 다양한 제품을 개발하기 위한 노력을 한다. 당연히 가격도 하락하며 가족이나 동료들과 함께 사용하던 제품을 개인이 혼자 사용하는 단계가 된다. 이 단계에서 제품에 대한 소비자의 욕구는 성능이나 기능보다 개인의 특성과 취향을 충족시키는 방향으로 나타난다. 사용 편리성, 디자인, 가격 등이 제품 구매에 중요한 요소로 작용한다. 이렇게 제품에 대한 소비자의

Virgin megastore의 리스닝 포스트. 2개의 인터랙티브 리스닝 포스트를 제공하며, 0.32m의 공간 안에서 16장의 CD를 들을 수 있게 해준다. 옆을 지나가는 고객은 청취자의 공간을 방해하지 않고도 CD를 고를 수 있는 실용성과 감성이 조합된 CD 디스플레이이다.

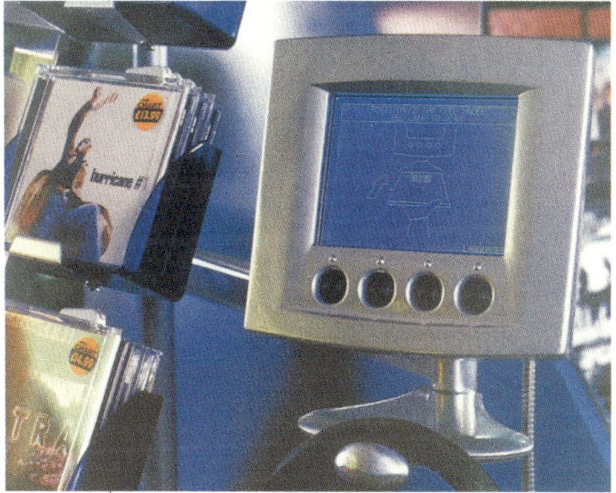

패밀리 라디오, 원하는 프로그램 저장하고 사용자의 기호에 맞는 각종 프로그램을 저장할 수 있다.

욕구는 기업의 제품 개발 능력과 소비자들의 의식변화, 사회와 경제 여건 등이 서로 영향을 미치며 변화한다. 따라서 제품을 개발할 때는 그 제품 시장의 소비자들이 갖는 욕구의 수준을 정확하게 파악하는 것이 중요한 일이다. 산업화에 성공한 대부분의 선진국 소비자들의 제품에 대한 욕구는 실용성 욕구에서 감성 욕구로 변화하는 추세에 있다. 개성과 감성이 중요하게 생각되면서 자가용(自家用), 가전제품(家電製品)들은 자기용(自己用), 개전제품화(個電製品化)하고 있으며, 제품의 구매나 만족감 평가시 사용성, 디자인, 가격에 대한 중요성이 점차 증가한다. 사용자 중심 또는 사용자에게 친절한 제품 개발을 위해서 선행되어야 할 것은 사용자, 즉 인간에 대한 정확하고 정밀한 이해이며, 이 중 인간의 감성을 이해하는 것은 앞으로의 제품 개발에 있어 가장 중요한 일로 떠오르고 있다. 인간의 감성 특성이 기존의 학문 영역에 포함되지 못할지라도 사회와 산업은 감성에 대한 연구와 응용을 요구하고 있다. 학문은 시대와 사회가 변화함에 따라 인간의 생활이 요구하는 대상을 포함하여야 하며, 현대는 인간의 감성을 체계적으로 연구하고 활용할 수 있는 새로운 학문으로서 감성 공학이 확립되어야 할 시점이다.

▶ 감성 공학의 정의

감성 공학은 인간의 감성 연구와 제품이나 환경 개발의 공학적 활용이라는 두 가지 요소를

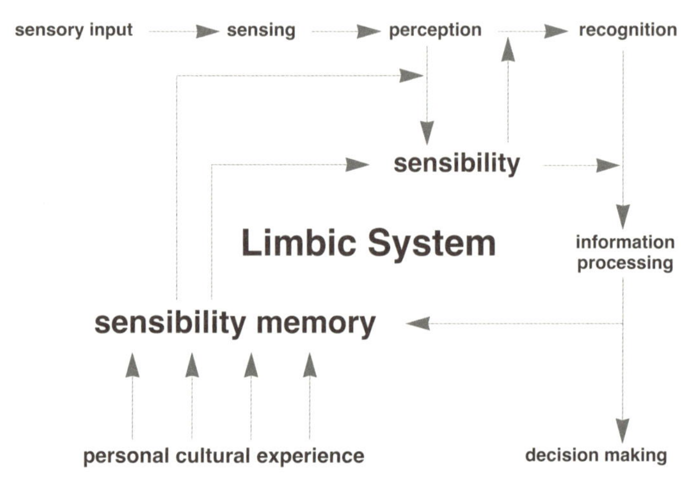

인지과정 모형도

포함한다. 제품에 대한 인간의 감성은 좋다, 마음에 든다, 예쁘다 등의 긍정적인 방향이나 싫다, 밉다와 같은 부정적인 방향으로 나타날 수 있다. 그런데 이러한 선호도는 제품의 외형이나 색상만으로 결정되지 않는다. 제품에 대한 감성은 외형이나 디자인에 대한 감각적 감성과 제품의 기능, 품질, 사용성 등에 대한 기능적 감성으로 분류할 수 있다. 또 제품에 대한 선호도는 개인의 생활 경험과 환경, 문화적 배경에 따라 다르게 나타난다. 개인 스스로도 설명하기 어려우나 제품과 환경에 대

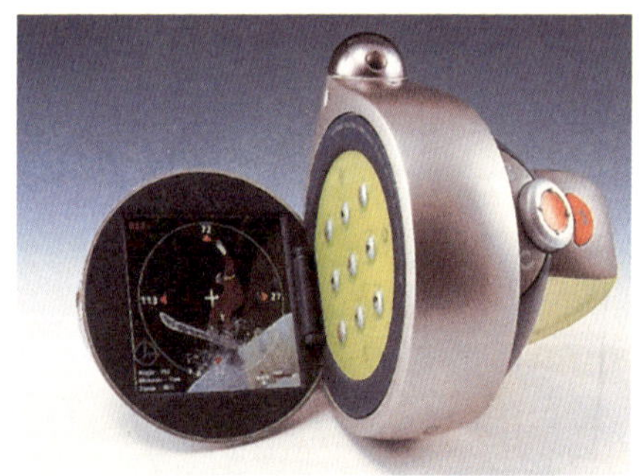

3-Dom(디지털 캠코더), 98 IDEA 금상 수상

'Nurse workstation', 병원의 차갑고 이성적인 이미지에서 탈피해 투명 플라스틱으로 부드러운 분위기를 가진다. 환자 차트를 대신해 영상 통신 기능과 관련 정보를 제공하며, 분 단위로 갱신되는 감독기록으로 환자의 모든 기록을 제공한다.

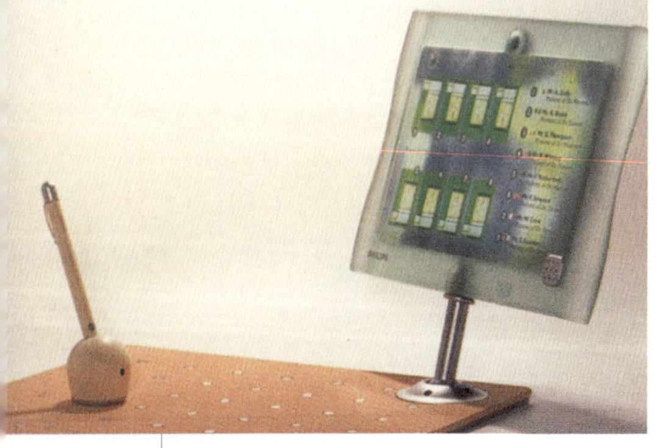

하여 직관적으로 갖게 되는 선호도를 결정하는 개인의 문화적 감성은 제품과 소비지가 처음 만났을 때 첫인상을 결정하므로 제품의 디자인 과정에서 중요하게 인식되어야 한다. 이러한 제품과 환경에 대한 개인의 감성을 포함하여 인간 중심의 제품을 개발하는 감성 공학은 인간이 제품이나 환경으로부터 인식된 감각 및 정보 자극이 개인의 경험을 통하여 축적된 기억에 반영되어 나타나는 느낌으로서의 감성을 측정, 평가하여 제품과 환경을 인간의 생활에 편리하고 안락하며 만족스럽게 개발하도록 하는 전체 과정이라고 정의되었다. 감성 공학은 특히 개인의 감성 특성에 초점을 맞추고 있으며, 제품에 대한 선호도를 결정하는 요소로 개인의 생활 문화적 배경이

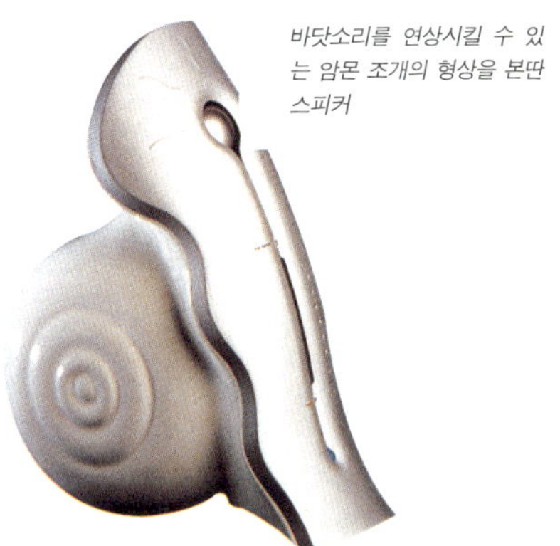

바닷소리를 연상시킬 수 있는 암몬 조개의 형상을 본딴 스피커

큰 비중을 차지한다는 점에서 감성 공학적인 제품은 기존의 기술과 외형 디자인을 강조한 하이 테크(High tech)나 하이 터치(High touch)와 비교하여 고문화(High culture) 제품으로 제안된 바가 있다.

▶ 감성 공학의 연구 내용

감성 공학에서의 연구는 크게 인간 감성의 이해와 측정 평가, 감성 요소 파악, 그리고 제품 및 환경 개발로 정리될 수 있다. 인간 감성의 이해를 위해서는 감성에 대한 정의와 함께 감성 발생과 변화 과정을 설명할 수 있는 정밀한 모형이 필요하다. 이 분야에 대한 연구는 철학, 심리학, 인지과학, 뇌과학 등의 지식을 필요로 하며 아직은 초기 단계에 머물러 있다. 두뇌에서의 정보 처리과정을 기초로 하여 감성의 발생과 영향을 고려한 인지과정 모형이 개발되었다. 제품이나 환경에 대한 감성을 평가하는 방법으로 설문지나 인터뷰 등이 널리 사용되고 있으며, 이 때에는 형용어로 표

아쿠아 디지털 오디오 방송(Aqua digital audio broadcasts) 을 위한 제품으로 방수기능을 갖춰 욕실에서도 사용할 수 있다.

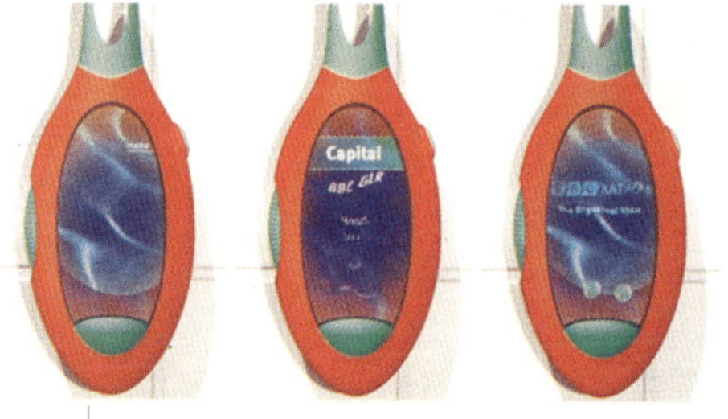

현되는 선호도의 차이나 느낌을 5단계 또는 7단계의 스케일을 이용하여 평가한다. 그러나 이 방법은 감성을 잘못 평가할 수 있는 위험성을 안고 있다. 인간의 감성을 단계적인 형용어로 표현하는 것은 한계가 있으며, 응답자도 자신의 감성을 명확하게 파악하여 정확한 대답을 하기가 어렵다. 감성이 직관적이며 반사적으로 발생되며, 시점과 심신의 상태, 환경 등에 의하여 민감하게 변화되는 특성을 가지고 있기 때문이다. 감성의 객관적인 측정과 평가를 목적으로 심리생리학적 실험이 많이 이용되고 있다. 그러나 외부에서 감각자극을 제시하면서 심전도, 뇌파 등을 기록, 분석하는 방법은 상당 수준 이상의 강한 감정 변화에는 적용이 가능하지만, 정상인이 정상 상태에서 갖는 느낌이나 감성의 변화를 측정하지는 못한다. 개인의 감성은 감각자극에 의하여 유발되지만 감성의 종류를 결정하는 것은 개인의 생활경험에 의하여 축적된 감성기억의 내용이다. 따라서 감성의 정확한 이해와 파악을 위해서는 실험실에서의 미시적 연구와 함께 개인의 감성 기억 내용을 결정하는 사회적, 문화적 요인에 대한 거시적 연구가 필요하다.

▶ 감성 공학의 응용

감성 공학은 인간중심의 제품 요소로 사용성과 신체적인 편리성 이외에 사용자의 마음에 들며 만족스러운 느낌을 포함시킨다. 제품의 활용성과 사용편리성, 그리고 심미성은 제품의 인터페이스와 디자인에 의해 평가된다는 점에서 감성 공학이 가장 비중 높게 응용될 수 있는 분야는 인터페이스와 디자인 개발이라 할 수 있다. 제품 사용자인 인간과 제품 사이의 상호작용을 인간 중심, 감성 중심으로 재정립할 때 진정한 의미에서 인간에게 편리성과 심미적인 만족감을 함께 줄 수 있는 제품의 개발이 이루어질 수 있다. 기능적 감성, 감감적 감성, 그리고 문화적 감성의 모두를 만족시킬 수 있는 고문화(High culture) 제품이야말로 진정한 감성 공학적 제품이라 할 수 있다.

간접 광고 indirect action advertising
감성 소구
공공 광고 public advertising
공동 광고 cooporative advertising
공중 광고 sky sign
과대 광고
광고 규제 advertising regulation

광고 매체 advertising media
광고 목적, 목표 advertising objective, goal
광고 예산 advertising budget
광고 전략 advertising strategy

▶ 간접 광고 indirect action advertising

간접 행동 광고, 지연적 광고, 직접적인 반응을 꾀하지 않는 광고로 브랜드 네임을 고지하거나 상품의 특질을 소구하는 광고이다. 서비스 광고의 일종으로 지명 효과, 이해 효과를 노리는 광고라 할 수 있다.

▶ 감성 소구

넓은 의미로는 정서, 감정, 무드 소구를 포함하며, 좁은 의미로는 감각에 자극이 가해질 때의 느낌을 중요하게 생각하는 광고를 말한다. 시각, 청각적인 표현을 이용하여 미적 감정이나 정서에 호소한다.

▶ 공공 광고 public advertising

공익 광고, 정부, 자치단체, 기업, 공공기관 등이 경영 이익 추구와는 상관없이 사회 문제, 환경 문제 등에 대한 의견을 내거나 대중의 참여를 호소하는 광고이다.

▶ 공동 광고 cooperative advertising

2개사 이상의 광고주가 공동으로 하는 광고. 광고주와 유통 기관, 또는 동종이나 유사 업종끼리, 그리고 전자와 후자의 복합 형태 등이 있다.

▶ 공중 광고 sky sign

하늘에서 하는 광고. 애드벌룬, 비행기 연막 공중 문자, 공중 빌(bill)을 살포하거나 방송, 비행기 후미에 광고배너 달기, 비행물체 자체에 광고를 부착하거나 도색, 스모그 스크린에 레이저 투영 등이 그 예이다.

▶ 과대 광고

허위 과대 광고. 명시적이거나 암시적으로 소비자를 기만하거나 오해하게 만드는 유형의 광고. 과대 광고는 소비자와 선의의 경쟁자에게 손해를 줄 뿐 아니라 광고 자체의 신용을 잃게 하므로 이에 상응하는 법적, 자율적 규제를 받게 된다.

▶ 광고 규제 advertising regulation

허위, 과장, 중상, 비방, 미풍 양속 침해, 가치관 호도 등으로 소비자의 이익을 침해하거나 공정 경쟁을 위반할 경우 소정의 제재를 받는데 이를 광고 규제라 한다. 광고 규제에는 업계 스스로 정한 자율 규제와 행정 관청이 정한 법 규제가 있다. 전자의 세부 법규로는 광고 일반에 관한 것(부당 경품류 및 부당 표시 방지법, 부당 경쟁 방지법, 표시 및 광고에 관한 공정 거래 지침 등)과 상품 서비스의 업종에 관한 것(약사법, 식품 위생법 등), 매체에 관한 것(방송 심의 규정, 옥외 광고물법, 신문 윤리 강령 등) 등이 있다. 최근 환경과 관련된 광고 규제도 등장하고 있다.

▶ 광고 매체 advertising media

광고주가 소구 대상에게 전달할 메시지를 실어 방송으로 내보내는 매개 수단. 흔히 TV, 라디오, 신문, 잡지의 대량 매체를 4대 매체라 한다. 그외 SP 매체로는 옥외, 교통, DM, 판촉물, 전시 등이 있으며, 전자 매체(CD-ROM), 멀티미디어, 사이버 공간(인터넷)도 주목을 받고 있다. 광고 매체를 선택할 때 경쟁사의 광고 전략, 시장, 유통, 제품, 소비자 등 광고 환경이 주요 변수로 작용한다.

▶ 광고 목적, 목표 advertising objective, goal

광고 목적은 포괄적인 내용이고, 광고 목표는 이를 구체적인 수치로 나타낸 것이다. 예를 들어 고객의 호의를 증진시킨다, 매출을 늘린다 등이 광고 목적이며, 광고 목표는 특정한 기간 안에 달성할 인지도, 기타 의사 결정 과정(태도 변용) 지표를 구체적으로 나타낸 것이다.

▶ 광고 예산 advertising budget

광고를 기획, 제작, 집행하기 위해 광고주가 지불하는 비용. 통상 연간 단위(1회계년도)로 책정하는데, 광고 예산을 산출하는 방법은 매출액 비율법, 경쟁자 대응법, 목표기준법, 지출가능액법 등이 있다.

▶ 광고 전략 advertising strategy

광고를 통해 제품이나 서비스, 기업의 메시지를 고객에게 전달하여 소기의 목적을 달성하기 위해서 수립하는 전략. 광고 전략에는 표현 전략, 매체 전략, 예산 전략, SP 전략이 포함되는데, 전략을 수립할 때 중요한 것은 시장과 제품의 상황, 경쟁 관계, 소비자의 욕구 등을 정확하게 파악하는 일이다. 그 종류로는

광고 advertising　박 현 주

선점 전략, USP 전략, 브랜드 이미지 전략, 포지셔닝 전략, 동조 전략(me-too), 변칙, 정서 전략 등이 있다.

▶ 광고 주목률

인쇄매체 광고의 효과를 측정하는 방법의 하나로, 게재된 광고로 그 매체에 접촉한 독자들의 몇 %가 게재된 특정 광고를 보았는가 하는 것이다.

▶ 광고 캠페인 advertising campaign

소정의 광고 목적을 달성하기 위해 4대 매체와 기타 매체를 동원하여 종합적, 입체적으로 전개하는 광고 활동. 일반적으로 단기보다는 중·장기적이며, 일관된 광고 주제로 전개한다. 통상 기업의 CI를 변경할 때, 신제품, 전략 제품 출시할 때 이용한다. 광고 캠페인이 성공을 거두려면 첫째, 명확한 광고 목표 수립, 둘째, 적절한 광고 주제 선정, 셋째, 이의 실행을 위한 단계별 추진 계획의 입안이 필요하다. 단계별 추진 계획 내용에는 시장 환경 조사, 광고 계획, 표현 전략, 매체 전략, SP 전략, PR 전략 등 일련의 과정이 들어간다.

▶ 광고 컨셉 advertising concept

광고가 지니고 있는 가장 핵심적인 사상이나 방향을 말한다. 사전적인 의미는 '개념'이지만, 광고 컨셉은 광고에서 말할 것을 규정하는 것으로 시장, 제품, 경쟁 상황을 종합적으로 분석하여 최적의 것을 추출, 설정한다. 아이디어의 상위 개념이다.

▶ 교란

메시지를 직접적으로 보내면 메시지 인지적 부조화를 일으킬 우려가 있을 때 유발된다. 다른 요인으로 수신자의 주의를 옮기거나 분산시킴으로써 메시지를 저항없이 받아들이게 하는 방법이다. 예로는 TV 광고의 배경음악(BGM)이 있다.

▶ 구매 시점 광고 POP Point-Of-Purchase advertising

POP 광고라 한다. 매장 외부나 내부에 설치하여 통행인 또는 내장 고객의 구매 심리를 자극하는 광고물이다. 매장 자체의 외관 디자인에서부터 제품 가격표에 이르기까지 다양한 형태가 있다. 광고로 매장 방문을 유도한 후 현장에서 실구매에 이르게 하는 중요한 역할을 한다. 판매자 입장에서는 POS(Point-Of-Sales) 광고라고도 한다. 전국 규모의 매장망을 가진 경우에는 캠페인과의 연동성, 아이덴티티 형성, 판매점 지원 등을 고려하여 본사에서 일괄 제작해 공급하기도 한다. → 디스플레이, 포장 디자인 참조

▶ 구전 word of mouth

소문이나 평판처럼 사람들의 입에서 입으로 전해지는 커뮤니케이션. 구전은 비의도적이므로 영향력에 유연성이 있어 신뢰도가 높다. 또한 구전의 소스가 오피니언 리더일 경우 그 효과는 더욱 커진다.

▶ 그린 마케팅 green marketing

환경 친화적 광고. 자연 환경을 보호하는 특성이 있는 제품이나 서비스 광고. 그 예로는 식물성 천연 세제를 들 수 있다.

"Ich war eine Dose(저는 옛날에 캔이었습니다)", 독일 주석재생협회 광고

기업 광고 corporate advertising
뉴미디어 new media
다그마 이론 DAGMAR theory
다이렉트 마케팅 direct marketing

도달 reach
라이프 사이클 product life cycle
러프 스케치 rough sketch
마인드 셰어 mind share
마케팅 믹스 marketing mix
머천다이징 제품화 계획
미디어 믹스 media mix

▶ 기업 광고 corporate advertising

대중이 기업에 대해 갖는 좋은 이미지, 즉 호감도(good will)를 높일 목적으로 기업의 경영 방침, 사업 활동, 기술 우위, 품질 개선, 종업원의 노력 등을 소개하는 광고를 뜻한다. 최근처럼 기업 경영이 다각화되고 제품 차별화가 어려울 때는 기업 이미지 제고를 위해 기업 실체에 상응하는 기업 광고의 필요성이 더 절실하다.

▶ 뉴미디어 new media

신문, 방송 등 기존 미디어에 고도의 정보 통신기술이 결합되어 개발된 미디어 또는 이것을 종합한 네트워크를 말한다. CATV, 문자 다중 방송, 위성 방송, 광통신, 인터넷 등 전자 통신 기술이 기존 매체에 적용되면서 다양한 뉴미디어가 탄생하게 되었다. 이러한 뉴미디어군의 특징은 첫째, 지금까지의 매체와 같이 점에서 선으로의 정보 전달뿐만 아니라 사람과 사람의 커뮤니케이션에도 쓰인다. 둘째, 정보를 보내는 쪽과 받는 쪽의 기술이 비약적으로 발전하여 종전의 일방적 메시지 전달에서 쌍방향 커뮤니케이션으로 발전한다. 셋째, 기존의 미디어에서 볼 수 있는 미디어 사이의 장애 요인(noise)이 제거되어 커뮤니케이션이 활발히 이루어진다. → 신매체 참고

▶ 다그마 이론 DAGMAR theory

광고 효과 측정을 전제로 한 광고 목표 관리 이론이다. 'Defining Advertising Goals for Measured Advertising Results'의 머리글자를 따서 만든 약칭이다. 광고 효과를 어떻게 측정할 것인가에 대한 명확한 기준이 없다는 데서 출발하여 나름대로 통일 기준을 작성하는 과정에서 생긴 이름이다. 광고 캠페인을 하기 전에 달성해야 할 광고 목표를 수치로 정하고 캠페인을 실시한 다음 그 효과(목표치 달성 정도)를 측정한다는 이론으로 러셀콜리가 주창하였다.

▶ 다이렉트 마케팅 direct marketing

기업이 제품을 생산, 판매할 때 중간업자를 통하지 않고 소비자에게 직접 판매하거나, 또는 도매상을 통하지 않고 소매점에서 직접 판매하는 활동을 말한다. 카탈로그 우송 DM과 광고에 의한 통신 판매, 그리고 최근에 등장한 전화를 활용한 텔레마케팅과 쌍방향 정보 기기에 의한 판매 활동도 일종의 다이렉트 마케팅이다.

▶ 도달 reach

소구 대상 중에서 특정기간 중에 방송된 광고 메시지를 적어도 한 번 이상 접촉한 사람 수.

▶ 라이프 사이클 product life cycle

제품 수명 주기. 신제품이 시장에 들어와 점차 보급되고 수요가 포화 상태가 되어 결국 대체 상품에 의해 시장에서 쇠퇴하는 일련의 과정을 말한다. 도입기, 성장기, 성숙기, 쇠퇴기 등으로 구분한다.

▶ 러프 스케치 rough sketch

광고물 디자인할 때 각 디자인 요소의 크기나 배치 관계를 나타내기 위해 대략 그린 스케치 풍의 레이아웃. 이보다 더 작게 그린 것을 섬네일(thumbnail), 완성물과 같은 크기로 정밀하게 그린 것을 정밀 시안(컴프리헨시브 comprehensive)이라고 한다.

▶ 마인드 셰어 mind share

상품 또는 광고 메시지에 대한 소비자의 지명도 셰어나 이미지 셰어를 의미한다. 시장점유율(market share), 광고점유율(share of voice)과 더불어 광고 활동과 관련된 중요한 셰어의 개념이다.

▶ 마케팅 믹스 marketing mix

기업이 마케팅 활동에서 선택하는 모든 마케팅 수단(요소, 노력)의 조합. 이 마케팅 수단에는 제품, 가격, 패키징, 유통 경로, 광고, 머천다이징, 금융 등이 있는데 이 믹스는 기업에 따라, 전략에 따라 달라진다.

▶ 머천다이징 제품화 계획

적정 상품을 적정한 수량, 가격으로 적정한 시기, 장소, 소구 대상에게 적정한 프로모션을 통하여 제공하기 위해 제품을 계획하는 것이다. 변화무쌍한 시장 동향을 정확하게 파악하는 것이 제품화 계획의 관건이다.

▶ 미디어 믹스 media mix

광고의 소구대상에게 특정 메시지를 전달하

기 위해 각 매체의 특성을 고려하여 가장 효율이 높은 매체들의 조합을 결정하는 방식이다. 광고 예산내에서 최대의 효과를 거두어야 한다는 것을 전제로 한다.

▶ 배너 banner 광고

'Ad banner'나 'in-line ad'라고 부르기도 하는데 인터넷 홈페이지에서 광고주의 웹사이트로 연결되는 장방형의 그래픽 이미지를 말한다. 최근 주목을 받고 있는 멀티미디어적인 광고이다.

▶ 분중

일본에서 만든 조어. 대중이 붕괴되어 분중이 나왔다는 데서 비롯된 용어로, 성숙사회에서는 대중이 사라지고 한사람의 개별적인 자립 인간만이 있다는 마케팅의 새로운 접근 방식이다. 1985년 광고회사 하쿠호도의 생활종합 연구소에서 최초로 사용하였다.

▶ 브랜드 로열티 brand loyalty

상표 충성도. 소비자가 상품을 구매할 때 동일 상표(brand)의 상품을 습관적이나 의식적으로 반복 구매하는 정도를 말한다. (참조: 인지적 부조화이론)

▶ 브레인스토밍 brainstorming

일정한 주제를 놓고 10명 이내의 멤버가 아주 자유스러운 발언을 하는 과정에서 새로운 아이디어를 얻는 방식이다. 이 방법은 인원이 많을수록 아이디어 수도 많고, 아이디어가 많을수록 뛰어날 가능성이 크다는 전제로 시작한다. 따라서 브레인스토밍을 할 경우 명심해야 할 몇 가지 중요한 원칙이 있는데, ① 타인의 발언을 일체 비판하지 않는다. ②자유

브레인스토밍(brainstroming)의 이점은 많은 아이디어를 자연스럽게 얻을 수 있다는 점이다.

분방한 아이디어를 적극적으로 권장한다. ③ 될 수 있는 한 많은 아이디어를 낸다. ④아이디어의 연쇄 반응을 시도한다. ⑤아이디어끼리의 조합을 생각한다. ⑥아이디어 정리는 최후에 한다.

▶ 비교 광고 comparison advertising

나비스코(Nabisco)와 선샤인(Sunshine) 쿠키의 비교 광고. 나비스코에 대항해서 선샤인이 조사 기관에 미각 테스트를 의뢰하였다.

자사의 상품이나 서비스를 경쟁사의 그것과 비교하여 보여주는 광고이다. 소비자에게 비교, 선택할 기회를 주는 것으로, 바람직스러운 경우도 있으나 현 시점에서는 비교 주장의 객관성, 공정성을 심의할 수 있는 제도적 장치 등이 불충분하고 타사의 상품을 일방적으로 중상, 비방하는 경우도 많아 원칙적으로는 금지되고 있다.

▶ 비주얼라이제이션 visualization

시각화(視覺化). 전략을 바탕으로 추출된 컨셉에서 아이디어가 나왔다고 할 때, 이 아이디어나 이미지를 구체적으로 표현하여 형태를 갖게 만드는 일이다. 메시지가 'what to say'라면, 시각화는 구체화된 'how to say'에 해당된다고 하겠다.

▶ 비주얼 스캔들 visual scandal

프랑스의 디자이너 사비냑(R. Savignac)이 이용한 시각 표현 수법. 서로 유리된 두 개의 이미지의 연합에서 출발하여 그것들을 어떤 요소로 결합하고, 그 시각적 충격에 의해서

사비낙, 비주얼 스캔들

사람들의 의식 내부에 강하게 영향을 주는 수법이다.

▶ 빌링 billing

광고 회사의 광고 취급고, 광고주에게 청구하는 매체 광고비, 제작비, 대행 수수료 등이 포함되며 일반 기업의 매출액 개념과는 다르다.

▶ 서브리미널 광고 subliminal advertising

잠재 의식 광고, 의식화(意識下) 광고. 1/20초, 1/30초 등 극히 짧은 시간에 보는 사람의 의식에 남지 않도록 하면서 반복해서 방송하는 것이다. 현재 우리나라에서는 금지되어 있다.

▶ 소구 대상 target audience

광고 메시지를 전달할 특정 대상을 말한다. 제품에 따라, 광고 목적에 따라 이 대상은 달라진다. 상품 광고에는 소비자(잠재 소비자 포함), 기업 광고에는 일반 소비자 외에 주주, 종업원, 거래처, 판매망, 금융 기관, 공공 단체 등이 소구 대상이다. 소구 대상을 정할 때는 나이, 성별, 수입, 거주지 등 인구 통계학적인 특성은 물론 라이프 스타일과 소비자 행동 등 심리학적인 요인을 고려해야 한다.

▶ 소프트 세일 soft sale

감정적으로 소비자의 마음에 호소하는 간접적인 표현에 의해 효과를 올리려는 판매 방식이다. 아름다움이나 유머에 호소하는 간접적인 형식이 많다.

▶ 슬라이스 오브 라이프 slice of life

생활의 단면. CF 표현의 한 형식으로 소비자의 공감을 불러일으킬 만한 생활의 한 단면을

제시하며 상품 광고를 전개함으로써 소비자의 실생활에서 공감을 얻고자 한다.

▶ 시장 세분화 market segmentation

기업이 제조 판매하는 상품에 대한 수요가 시장 전체에 있는 것은 아니다. 구매 대상 고객이 어느 계층에 속해 있는지 다양한 각도에서 세밀히 분류한 후 찾아낸 최적 시장에만 마케팅 활동을 집중하는 것. 이와 같이 시장을 공통적인 수요와 구매 패턴을 지닌 층으로 나누고, 그 계층에 맞게 제품을 만들고 광고하는 것을 시장 세분화라 한다. 이 세분화는 인구 통계학적, 지역적, 경제, 사회적, 심리적, 문화 인류학적, 라이프 스타일적 기준이 있다. 제한된 예산으로 최대의 효과를 올리기 위해 필수적이다.

▶ 아이 캐처 eye catcher

광고를 볼 때 우선 눈을 붙잡는 것. 미국식 용어는 아이 스톱퍼(eye stopper), 어텐션 게터(attention getter)이다. 보는 이의 주의를 끌기 위해서는 레이아웃, 일러스트, 색상, 크기, 게재 위치, 여백의 양 등에서 경쟁자들과 확실히 차별화되어야 한다.

▶ 안전 마케팅 safety marketing

제품의 특성을 소구하는 광고보다는 소비자에게 제공되는 상품이나 서비스 자체에 안전 마인드를 같이 부각시켜 소비자의 안전 추구 심리를 구매로 연결시키는 마케팅 전략. 금융 기관, 항공사를 비롯해 자동차, 건설, 의약, 화장품 부문까지 폭넓게 적용되고 있다.

▶ 엔드 유저 광고 end user advertising

상품의 구입자가 아니라 최종 소비자를 대상으로 한 광고. 이 광고로 광고주의 세일즈맨이나 도매상, 소매상으로부터 주문을 받게 되거나, 판매원의 판매 의욕이 높아지게 된다면 그것은 엔드 유저 광고의 보조적 효능이라 할 수 있다.

▶ 오피니언 리더 opinion leader

여론을 선도하는 계층. 매스컴의 정보는 매스 미디어로부터 오피니언 리더로, 오피니언 리더로부터 일반 대중에게로 흘러간다는 이론(커뮤니케이션 정보의 2단계 흐름설)에서도

알 수 있듯이, 커뮤니케이션에 있어서 오피니언 리더는 매우 영향력 있는 존재이다.

▶ 이미지 광고 image advertising

기업과 상품, 브랜드 등에 특별한 이미지를 주기 위해 만들어진 광고이다. 일반적으로 이미지 광고라 하면 정서적인 무드와 분위기만으로 이루어진 광고라고 생각하지만, 실은 상품에 새로운 의미를 주어 기호론적으로 차별화하려는 광고 접근이 일반적 의미의 이미지 광고라고 할 수 있다.

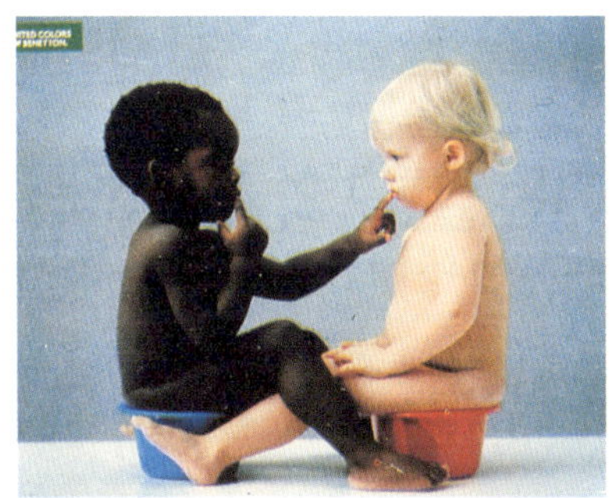

베네통(Benetton), 이미지 광고

▶ 인지적 부조화 이론 cognitive dissonance theory

미국의 페스틴저(L. Festinger)가 제창한 이론. 자신의 기존 성향과 모순되는 정보를 접했을 때 인지적 부조화가 생기며 자기 관여도가 높은 상품에 대한 정보일수록 자연스럽게 받아들인다는 가설이다. 사람들의 의견이나 태도에 대하여 동시에 두 가지 다른 인지를 일으키는 경우에 심리적인 불쾌감을 갖게 된다는 것을 다룬 이론. 예를 들면, 어떤 상품의 구입자는 구입한 다음 그 상품에 대한 정보를

더 많이 수용함으로써 자신의 구매 행위와의 사이에 조화적 관계를 가지려는 반면, 그 상품의 경쟁 상품의 정보에는 접촉하지 않으려는 경향이 있다는 것이다.

▶ 제품 포트폴리오 product portfolio

포트폴리오란 본래 회사가 갖는 유가 증권의 일람표인데, 광고에서는 구성 제품의 믹스를 종합적인 관점에서 검토하는 것을 의미한다. 제품 포트폴리오란, 현재 회사가 갖고 있는 제품 라인을 총점검하여 어떤 제품은 더욱 장려하고 어떤 제품은 축소 혹은 철수시킬 것인가를 검토하는 제품 관리 기법이다. 제품 포트폴리오 분석시 주로 사용하는 제품 구분법은 문제상품(question mark), 인기상품(star), 돈줄상품(cash cow), 철수상품(dog) 등 크게 네 가지다.

▶ 준거집단 reference group

개인에 대해 준거의 틀(판단의 기준 frame of reference)을 제공하는 조직이나 집단. 개인이 심리적으로 자기 자신을 결부시키고 있는, 또는 결부시키고 싶거나 바라는 집단. 이 준거의 틀이란 사물이나 사건에 대한 관점 및 판단의 기준이 되어 개인의 판단이나 지각에 영향을 주는 것을 말한다.

▶ 추장 광고 testimonial advertising

증언식 광고. 전문가, 학자, 정치가, 연예인, 스포츠 선수 등 소비자들에게 친근하고 신뢰성이 있는 유명 인사를 등장시켜 그 사람의 설명, 추천을 통해서 상품의 신뢰감을 구축하는 것. 추천 권장 광고.

▶ 케이스 스터디 case study

현실의 기업 내에서 일어난 어떤 국면의 사실을 하나의 문제 해결 과제 스토리로 정리한 것이 케이스이며, 이 케이스의 상황을 분석하고 문제를 파악하여 그에 대한 선택대안을 낸 후 바람직한 의사 결정을 내리는 학습 방법이 케이스 스터디이다.

▶ 크리에이티브 디렉터 creative director

광고 캠페인에서 광고 표현 전체(인쇄, 전파, SP 등 모든 매체 광고물)의 크리에이티브를 총괄 지휘하는 크리에이티브 부문 총책. 최근

광고의 크리에이티브가 중시되면서 대행사 내에서 중요한 위치에 있다. 주로 디자이너, 카피라이터, CM 플래너 출신이고, 광고 제작에 풍부한 지식과 경험 그리고 리더십을 겸비한 베테랑이 맡는다.

▶ 크리에이티브 전략 creative strategy

어떤 광고 메시지를 누구에게 어떤 분위기 (tone & manner)로 전할 것인가를 요약한 것으로 광고 제작에 참여하는 아트 디렉터와 카피라이터에게 원칙적인 지침을 준다. 이 원칙에 따라서 광고를 제작하여야 하는데, 이 전략을 문서화한 것을 카피 플랫폼(copy platform)이라 부르기도 한다.

▶ 클라이언트 client

의뢰인 또는 고객. 고객을 뜻하는 말로 광고회사에 광고건을 의뢰, 그에 대한 대가를 부담하는 광고주를 광고회사 입장에서 지칭하는 말이다. 일반적으로 광고주(advertiser)라고 한다.

▶ 키워드 key word

광고의 중심 명제를 집약적으로 표현한, 광고의 슬로건적인 역할을 담당하는 말로서 개개 광고물 또는 일련의 광고 캠페인을 일관하여 특징지우는 중요한 역할을 한다.

▶ 티저 광고
teaser advertising, teaser campaign

광고 캠페인 전개 초기에 소비자의 호기심을 불러일으키기 위해 메시지 내용을 처음부터 전부 보여주지 않고 조금씩 단계별로 내용을 노출시키는 광고이다. 예를 들어 처음에는 회사명이나 브랜드를 뺀 채 메시지를 전달해 호기심을 유발하고, 그 다음에 가격, 브랜드 등을 차례로 보여줌으로써 기억하게 만든다. 획기적인 신제품을 선보일 때 주로 사용한다.

▶ 팁온 광고 tip-on advertising

부착 광고. DM의 카피 부분에 인스턴트 커피 봉지를 부착하거나, 흑백광고에 컬러로 된 쿠폰을 부착하는 광고이다. 이 부착물이 어텐션 게더(attention getter) 역할을 하므로 적절히 사용할 경우 효과를 볼 수 있다.

▶ 패러디 광고 parody advertising

보는 이의 눈길을 끌기 위해 원래의 의미를 교묘하게 비틀어 사건의 전혀 생각지 못했던 다른 면을 보여주는 광고. 이러한 패러디 광고는 무엇보다 심각하지 않아야 하며, 즐거움과 웃음이 있어야 한다. 여기서 웃음이란 낯익음과 낯설음 사이, 과거와 현재를 넘나드는 사이에 나오는 웃음이다. 이렇게 원작과 패러디 사이에는 연결성이 있어야 하는데, 패러디는 원작을 해체시켜 이것을 다시 재구성하여 새로운 의미를 만드는 원작의 변형이므로 변형되기 이전의 원작을 눈치챌 수 있도록 구성해야 한다. 원작을 해체하는 과정에서 원작의 아우라(Aura)를 걷어내는 비판 의식과 공격성이 나타나 새로운 의미를 주는 비판적인 시각을 갖지만 이것이 어떠한 모순에 대한 대안일 수는 없다는 한계를 갖는다. 그러나 원작의 의미를 다른 맥락에 위치시킴으로써 새로운 의미를 이끌어내므로 표절과 구분되는 광고 크리에이티브의 한 기법이 될 수 있다.

▶ 퍼블리시티 publicity

마케팅의 4P에서 촉진(promotion) 믹스 중의 한 분야. 광고주가 자사의 상품(또는 서비스, 기업이념, 정책 등) 정보를 각종 매스미

티저 광고의 선구자로 꼽을 수 있는 카멜(Camel) 담배 광고

디어에 흘려 보내 기사, 보도, 프로그램으로 방송하게 하는 활동. 매체의 신뢰와 객관적인 보증을 업고 메시지가 소구되며 광고와 상호 보완적인 성격을 갖는다.

▶ **포스트프로덕션 post-production**

TV 커머셜을 제작할 때 촬영 완료 이후 제작 작업이나 그 작업을 담당하는 전문업체를 말한다. 편집, 녹음, 옵티컬, 특수영상, 컴퓨터 그래픽스 작업이 여기에 포함된다.

▶ **포지셔닝 전략 positioning strategy**

경쟁 상황에서 소비자의 마음 속에 유리한 이미지로 자리매김시키는 것. 이 전략은 신제품이나 시장 점유율이 낮은 브랜드가 마켓 리더에 도전할 때 효과가 있다. 미국의 트라우트와 라이스가 주창했다. 이 전략을 사용할 때 고려해야 할 사항은 경쟁 제품에 대한 소비자의 인식 정도와 각 브랜드마다 사용되는 전략에 대한 조사가 먼저 되어야 한다는 것이다. 시장 내의 틈(niche)을 어떻게 공격할 것인가를 결정하는 것이므로 면밀한 시장 세분화가 필요하다.

▶ **표현 컨셉 creative concept**

표현 목표로 설정된 것을 동형의 문장 표현으로 바꾼 것. 광고를 제작할 때 광고 크리에이터가 기본으로 삼는 '표현 방향성' 사고(思考). 통상 상품 그 자체의 독특한 특색을 표현하거나 상품 이미지에 어울릴 만한 개념으로 정리된다.

▶ **푸시 전략 push strategy**

메이커가 판매 촉진 활동을 할 때 주로 도매상, 중간 유통망의 활동에 의존해 판매계획을 달성하려는 전략. 리베이트, 고(高)마진 등 판매점 지원활동이 전략의 주축이다.

▶ **풀 전략 pull strategy**

푸시 전략의 반대 개념. 메이커가 소비자에게 직접 소구함으로써 소비자가 그 상품을 선호하게 되어 소매점에서 지명(指名) 구매를 하게 만들어 소매점이나 중간상이 해당 상품을 구입하게 만드는 전략이다. 광고가 그 주요 수단이며 샘플링, 경품 제공, 소비자 동아리 조직 등도 이에 속한다.

▶ **프리젠테이션 presentation**

광고 회사가 새로운 광고주를 유치하거나 기존 광고주에게 광고 전략을 제시하기 위해 전반적인 마케팅 또는 광고 커뮤니케이션 계획안을 제안, 설명하는 절차를 말한다. 성공 여부가 광고주 유치나 고객 만족도에 직결되므로 치밀한 준비와 차별화된 시행이 필수적이다. 많은 인원(전문 직능), 시간, 비용을 들여 이를 준비한다. 광고 회사의 대표적인 영업 활동의 하나이다.

▶ **하드 세일 hard sale**

상품의 장점을 직접적으로 강력히 소구하는 광고 표현 기법이나 판매 방식이다.

▶ **헤비 유저 heavy user**

상품이나 서비스를 다량으로, 자주 쓰는 계층을 말한다. 상품 종류에 따라 헤비 유저의 구성은 다르나 광고 전략을 세우는 데 있어 헤비 유저가 주된 소구 대상이 된다.

▶ **4P Product, Price, Place, Promotion**

미국의 맥카시 교수가 주창한 마케팅의 기본 4요소인 제품(Product), 가격(Price), 유통경로(Place), 촉진(Promotion)의 머릿글자. 고전적인 마케팅 믹스 이론으로 기업의 경영 전략 수립의 필수 요소로 꼽힌다. 최근 이에 능력(Power), PR(Public Relations)을 더해 6P로 불리기도 한다. 커뮤니케이션 믹스로서의 광고는 인적 판매, 퍼블리시티, SP와 함께 '촉진'에 속한다.

▶ **ABC 제도 Audit Bureau of Circulation**

ABC 심벌 마크

발행 부수 공사(公査) 기구. 신문, 잡지의 판매 부수 상황을 조사, 인증하는 기구로서, 광고주, 광고 회사, 매체사로 구성된 비영리 단체이다. 1914년 미국에서 처음 생겼고 이 공사 보고서를 매체 평가에 활용함으로써 광고 과학화에 일조하고 있다. 현재 세계 30여 개국에서 시행중이며 한국은 1989년 협회가 설립되어 98년 회원 수는 116개 사이나 공사를 받은 곳은 14개에 불과해 그 전면적인 실시는 요원한 실정이다.

▶ **Advertorial**

기사식 광고. 잡지 편집식 광고. 통상의 광고 형태가 아니라 신문, 잡지의 기사나 편집 스타일을 이용한 광고. 기사처럼 보이므로 매체의 신뢰도에 따라 효과가 있다. 전파 매체에서의 인포머셜(Informercial).

▶ **AE Account Executive**

광고주와 광고 회사 사이에서 대행사의 대표 업무를 수행하는 직종으로 '광고 대행사의 꽃' 이라고도 불린다. 광고주로부터 당면한 광고 및 마케팅 문제를 오리엔테이션 받아, 이를 대행사의 각 부문(마케팅, 크리에이티브, SP, 매체 등)과 협의한 뒤 프리젠테이션을 통해 최선의 해결책을 제안하는 업무를 담당한다. 광고 전반에 대한 전문 지식, 광고주가 속한 산업 동향은 물론 제품 정보에도 정통해야 한다.

▶ **AIDMA 법칙**

인간의 태도 변용 과정은 주의(attention), 흥미(interest), 욕망(desire), 기억 (memory), 행동(action)의 순위가 있다는 법칙. 미국의 클렌드 홀이 제창하였고 광고 판매에 있어서 격언이 되었다.

▶ **continuity**

영화나 TV의 작가가 쓴 대본(스크립트)에 근거하여 배우의 움직임, 카메라 앵글, 음악, 음향 효과까지 추가한 대본. 스토리 보드 용지에 작성하는 그림 콘티도 있다. TV CF 제작에도 이용한다. 간결하고 내용을 이해하기 쉽게 만드는 것이 중요하다.

▶ **ID 카드 Identification Card**

TV 방송에서 스테이션 브레이크(station break: 어떤 프로그램이 끝난 후에 프로그램으로 넘어가는 시간대)에 나오는 화면으로 방송 시간은 5초, 화면의 3/4은 방송국 이름(放送局名) 고지이며, 1/4은 상업 광고에 사용한다.

▶ **IMC**
Integrated Marketing Communication

모든 마케팅 커뮤니케이션 수단(광고, SP, PR, DM)이 따로따로가 아닌 하나로 통합되어 힘있게 기능하도록 만드는 경영개념으로 1993년 미국의 던컨 슐츠가 주장하였다.

▶ **Informercial**

뉴스, 토크 쇼, 기타 비광고적인 프로그램 내용을 본딴 CF. 주로 제품 정보를 많이 담고 있으며 시간도 길다(2-3분). 최근 CATV에서 눈에 띄고 있다. 인쇄에서의 애드버토리얼(Advertorial) 개념.

▶ **Madison Avenue**

뉴욕시 맨해튼 동부의 약 10km에 걸친 거리 이름. 미국 광고업계의 별칭으로 이 거리의 200번지에서 650번지에 이르는 구획에 미국의 일류 광고 회사들이 모여 있다.

▶ **SP Sales Promotion**

마케팅 4P의 판매 촉진 믹스 중에서 광고, 인적 판매, 퍼블리시티를 제외한 촉진 활동이다. 판매점을 고무시키거나 소비자의 구매 욕구를 자극하기 위한 판매 촉진 활동으로 전시, 박람회, 이벤트, 디스플레이, 실연 판매, 옥외, 교통, POP, 판매점 지원책 등이 속한다. SP의 중요성이 인식되어 마케팅 예산에서 SP의 비중은 계속 늘고 있다.

▶ **USP 전략 Unique Selling Proposition**

1950년대 미국 광고회사 테드 베이츠의 로서 리브스가 개발한 광고전략. 의미있고 차별적인 소비자 편익에 근거한 전략이다. 광고는 소비자에게 이익을 준다는 약속을 해야 하는데 이 약속이란 경쟁자에게 없거나 하지 않는 약속이며 또한 그 제안은 강력해야 하며, 〈Reality in Advertising〉이라는 그의 저서에서 USP란 첫째, 광고는 소비자에게 제안할 때 과장이나 나열이 아닌 구체적인 제안을 해야 하며, 둘째, 그 제안은 경쟁사가 할 수 없는 자사만의 독특한 것이어야 하며, 셋째, 소비자의 마음을 움직여서 광고 제품을 구입하도록 하는 강력한 힘을 가져야 한다고 설명하고 있다.

하나의 광고물이 나오기까지의 과정은 매우 복잡하다. 15초짜리 TV 광고 하나를 만들기 위해서는 비록 규모의 차이는 있을지 몰라도 90분짜리 영화 한 편을 만드는 것과 같은 과정이 필요하다. 영화의 마지막 장면에 깨알같이 소개되는 관련 스탭 모두가 필요한 것이다. 그러나 광고 크리에이티브의 핵심은 머리 속에서 이루어지는 과정으로서 광고 회사에서 담당하는데, 아트디렉터와 카피라이터로 불리는 두 전문인들이 계획한다. 전세계적으로 전개되는 대규모의 광고 캠페인이건, 지역 신문의 쪼가리 광고이건 아트디렉터와 카피라이터가 있으면 광고 크리에이티브는 가능하다. 복잡해 보이는 이후의 과정은 건물을 지을 때 설계와 시공으로 나누어지는 것처럼 전문업체에 작업을 의뢰하면 된다. 그렇다면 아트디렉터와 카피라이터의 역할은 무엇일까? 결과적으로 말한다면, 한 사람은 그림을, 다른 사람은 글을 책임지면 된다고 할 수 있다. 그러나 여기에는 만만치 않은 점이 있다. 칼로 무우 자르듯 하나의 아이디어를 글과 그림으로 가르기가 어렵기 때문이다. 두 분야는 각기 상대방의 영역을 공유해야 한다. 어떤 아이디어는 사실 한 걸음 더 나아가 시각, 청각을 벗어난 감각까지도 포함할 때가 있다. 커뮤니케이션에서 가장 이상적인 경우는 이심전심 즉, 마음과 마음이 통하는 경지가 아닌가.

초창기 우리나라 광고 크리에이티브 분야에서는 미술 대학 출신의 디자인 전공학과 졸업생이 많았으나, 요즘은 그 비율이 점점 줄고 있다. 광고 선진국의 경우에도 크리에이티브 분야에서 일하는 사람들의 전공 분야가 뚜렷하게 드러나지 않는다. 언젠가 광고 전문 잡지 〈애드 에이지〉 기자가 미국의 크리에이티브 디렉터들을 상대로 과연 어떤 자질을 가진 사람들이 크리에이티브 분야에 가장 이상적인가를 인터뷰한 적이 있다. 그 인터뷰의 조심스런 결론은 그림이나 글의 전공 여부 이전에 인간의 삶과 관련된 학문에 관심이 많은 사람들을 주목해 볼 필요가 있다는 것이었다. 그리고 나 역시 조심스럽지만 그 의견에 공감하고 있다.

이재철 (제일기획 이사)

감광도 感光度 speed
건축 사진 architectural photography
노출계 exposure meter

대형 카메라 large-format camera
라이트 박스 light box

▶ 감광도 感光度 speed

필름이나 인화지와 같은 감광재료의 빛에 대한 상대적인 민감도를 말하며, 줄여서 감도(感度)라고 부른다. 미국의 ASA, 독일의 DIN, 일본의 JIS 등으로 표시되었으나, 1981년부터 국제표준화기구의 통일안인 ISO로 표기하기 시작하였다. 감광도의 숫자가 높은 필름일수록 빛에 예민하기 때문에 감광도가 낮은 필름보다 상대적으로 적은 광량으로도 촬영이 용이하나 입자가 거칠어지는 경향이 있다.

▶ 건축 사진 architectural photography

건축물의 내부 및 외부의 형태를 촬영하는 사진이다. 뷰 카메라의 앞뒷면을 움직여 건물 수직선의 왜곡현상을 바로 잡아줄 수 있다. 건축 사진에 4×5 카메라를 사용할 경우 60-90mm의 광각 렌즈가 많이 사용된다. 건물의 외부 촬영은 주로 자연광을 이용하기 때문에 태양의 움직임에 따른 건물의 조명 상태를 관찰한 뒤에 촬영하는 것이 좋다. 건물내부 촬영은 자연광 및 건물자체의 조명 그리고 사진가가 준비한 조명기구를 적절히 혼합하여 사용해야 좋은 결과를 얻을 수 있다.

▶ 노출계 exposure meter

빛의 밝기를 측정하기 위한 기구이다. 피사체에서 반사된 빛의 양을 재는 반사광식 노출계(reflected-light meter)와 피사체에 비치는 빛의 양을 재는 입사광식 노출계(incident-light meter)가 있다. 35mm 카메라 안에 내장되어 있는 노출계는 반사광식 노출계이며, 광고 사진 스튜디오에서 사용하는 손에 드는 형태의 노출계는 입사광식 노출계이다. 손에

플래쉬의 광량을 잴 수 있는 입사광식의 플래쉬 미터

들고 사용하는 입사광식 노출계 중에서 빠른 발광 속도를 지닌 플래쉬의 광량을 측정하는 기능을 더한 것을 특히 플래쉬 미터(flash meter)라 한다.

▶ 대형 카메라 large-format camera

4×5 이상의 쉬트 필름을 사용하는 카메라를 뜻하며, 현대의 광고 사진 스튜디오에서는 모노레일 방식의 4×5 및 8×10 카메라가 많이 사용된다. 대형 카메라는 촬영렌즈를 통하여 카메라의 초점 유리 위에 직접 상이 맺히기 때문에 뷰 카메라(view camera)라고 부른다. 대형 카메라의 장점은 큰 필름을 사용하기 때문에 확대시 입자가 고우며, 세부묘사가 선명한 사진을 만들 수 있다. 카메라의 앞뒷면을 움직여 수평선이나 수직선의 왜곡현상을 없애거나 심화시킬 수 있으며, 피사체의 초점상태를 조절할 수도 있다. 스튜디오 내에서 제품, 정물, 음식 사진을 촬영할 때 뿐만 아니라 건물의 내부 및 외부 촬영에 많이 사용된다. 무겁고 부피가 큰 단점이 있으나, 이를 보완하기 위하여 야외 촬영용으로 가볍고 작게 만든 필드 카메라(field camera)도 있다. 지나, 홀스만, 캄보, 토요와 같은 회사의 제품들이 주로 사용되며, 렌즈는 독일의 쉬나이더나 로덴스톡의 제품이 유명하다.

4×5 뷰 카메라

▶ 라이트 박스 light box

빛이 균일하게 투과되어 나오도록 특수제작된 상자이며, 슬라이드 필름 판독에 사용한다. 일광과 같은 조건에서 판독하기 위하여, 색온도 5,500K의 형광등을 사용하며, 전파

라이트 박스

장에 걸쳐 균일한 투과율을 얻도록 백색 아크릴판을 상판으로 한다. 정확하게 제작된 라이트 박스를 통하여 슬라이드의 색상과 노출 상태를 파악할 수 있다.

▶ 라이트 페인팅 light painting

광섬유로 제작된 특수한 조명도구를 사용하는 기법이다. 외부의 빛이 차단된 장소에서 카메라의 렌즈를 장시간 열어 놓은 상태로 피사체의 표면을 필요한 밝기만큼 라이트 페인팅 도구를 사용하여 조명하는 기술이다. 전자 플래쉬와 혼용하여 피사체의 콘트라스트(contrast)를 조절할 수 있는데, 카메라 렌즈 앞에 소프트 필터를 대고 노출 부족된 상태로 1차 플래쉬 노광을 한 뒤 라이트 페인팅 도구로 2차 노광을 하면 페인팅한 부분은 선명하게 나오고 그 외의 부분은 소프트한 효과를 얻을 수 있다.

김영수, 라이트 페인팅(light painting)을 이용한 에스콰이아 달력 사진. 1994

▶ 레이아웃 layout

광고 사진을 촬영하기 전에 광고 대행사에서는 촬영할 내용들을 미리 구성해 놓은 레이아웃을 준비한다. 촬영의 구체적인 내용뿐만 아니라 확대 배율, 가로와 세로의 비율, 카피가 들어갈 위치와 같은 중요한 요소들을 포함하고 있다. 광고 사진가는 촬영 이전에 아트 디렉터와 레이아웃을 놓고 촬영에 대한 논의를 거치며, 실제 촬영은 레이아웃을 크게 벗어나지 않는 범위 내에서 이루어진다.

라이트 페인팅 light painting
레이아웃 layout
로케이션 location
배경지 seamless paper
배경 투사 背景投射 back projection
붐 boom

▶ 로케이션 location

광고 사진, CF 혹은 영화 제작시 스튜디오 밖의 장소에서 촬영하는 것을 말한다. 광고 사진에서 로케이션 촬영에는 자연광을 주로 사용하지만, 광원 상태가 촬영에 흡족하지 않을 경우에는 인공 조명을 함께 사용한다. 전기를 이용하기 어려운 상황에 대비하여 배터리로 발광되는 소형 플래쉬도 여러 개 준비할 필요가 있다.

▶ 배경지 seamless paper

광고 사진에서 인물이나 제품을 촬영할 때 배경으로 사용하는 한 장으로 둥글게 감긴 넓고 긴 종이이다. 사진 배경에 수평면과 수직면이 만나는 부분의 경계선을 나타내지 않는다. 눕혀서 보관하면 눌린 자국이 생길 수 있으므로 길게 세워둔다.

▶ 배경 투사 背景投射 back projection

인물이나 정물촬영의 배경으로 쓰기 위하여, 배경 사진과 같은 내용이 담긴 슬라이드 필름을 환등기(projector)로 스크린에 비추는 조명 방법이다. 스크린에 비친 배경과 피사체의 밝기가 서로 다르기 때문에 촬영시 이중노출을 주는 경우가 많으며, 피사체와 배경사진의 조명상태가 비슷해야 자연스럽게 느껴진다.

▶ 붐 boom

스탠드에 세운 조명으로는 피사체에 접근하기 어려운 경우, 스탠드 위에 긴 쇠막대를 부착시켜 조명하려는 장소에 이동시킬 수 있는 조명 기구이다. 광고 사진 분야에서는 주로 스트로브 헤드를 부착하여 사용한다.

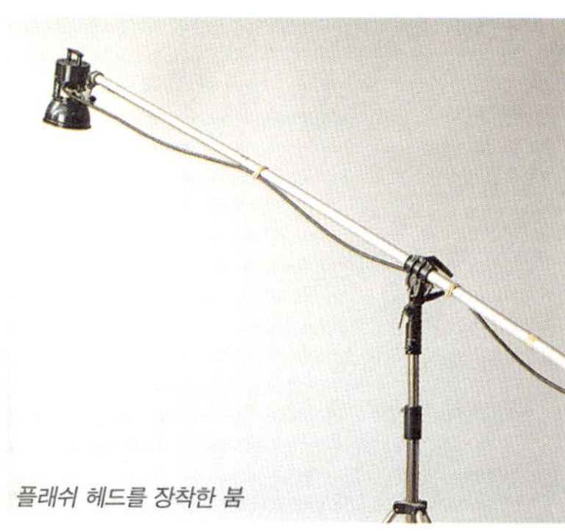

플래쉬 헤드를 장착한 붐

▶ 뷰 카메라 무브먼트
view camera movement

일반적인 카메라는 렌즈의 광축과 필름면의 중심이 수직으로 교차하게 되어 있으나, 뷰 카메라에서는 무브먼트를 통하여 이러한 관계를 어긋나게 할 수 있다. 피사계 심도를 조절하여 초점 상태를 재구성하거나, 수직선 및 수평선의 왜곡현상을 바로 잡기 위한 방법으로 쓰인다. 라이즈(rise)와 폴(fall)은 렌즈면과 필름면이 상하로 움직이는 것을 말하고, 시프트(shift)는 좌우 운동이다. 틸트(tilt)는 카메라의 앞뒷면을 수평축 중심으로 전후운동시키는 것이며, 스윙(swing)은 수직축 중심으로 좌우운동시키는 것이다. 제품사진이나 건축사진 촬영에 중요하게 사용된다.

▶ 브라케팅 bracketing

노출의 과부족을 방지하기 위하여 같은 장면을 서로 다른 노출로 여러 장 촬영하는 방법이다. 인물보다는 정물이나 풍경사진에서 많이 사용된다. 중형 및 대형 카메라는 수동으로 조리개를 작동시키는 경우가 많으나, 전자장비를 갖춘 고가의 35mm 카메라에는 자동노출 브라케팅 기능이 있다.

▶ 색온도 color temperature

광원의 빛을 수치로 나타낸 것으로서, 켈빈(Kelvin)도를 단위(K)로 표시한다. 물체에 닿는 빛을 전혀 반사하지 않는 이상적인 검은색 복사체가 가열될 때 내는 빛의 색에 대한 온도를 말한다. 일광용 컬러 필름은 5,500K를 기준으로, 텅스텐용은 3,200K를 기준으로 제작된다. 자연광의 색온도는 하루 중에도 시간과 날씨에 따라 변화하는데, 일출과 일몰 전후 2,500~3,500K, 정오경의 일광 5,500K, 구름 낀 하늘 7,000~8,000K로 나타난다. 컬러 필름의 기준색 온도보다 높은 광원에서 촬영하면 차가운 푸른 색조를 띠고, 낮은 색온도에서는 따뜻한 붉은 색조의 사진이 된다.

▶ 세트 set

촬영의 배경이 되는 것으로서 천이나 목재 등으로 제작한다. 간단한 세트는 스튜디오 자체의 인력으로 제작하지만, 크고 복잡한 것은 전문가에게 의뢰한다. 카메라의 위치, 렌즈의 종류, 피사체 및 광원의 위치에 따라 세트의 색, 모양, 재질감 등을 미리 고려해야 불필요한 낭비를 막을 수 있다.

▶ 소품 props

광고 사진에서 소품은 주제를 돋보이게 하며, 소비자의 구매 욕구를 자극하는 중요한 요소이다. 소품 구입은 상품 판매의 대상이 되는 특정계층 소비자의 생활방식에 대한 이해를 바탕으로 해야 한다. 사진의 주제와 어울리는 형태, 크기, 색상, 반사 정도를 고려하여 선택함으로써, 주제보다 소품이 더 기억에 남는 오류를 막을 수 있다.

▶ 스타일리스트 stylist

촬영에 필요한 소품을 구입하거나 세트를 디자인할 때, 패션사진 모델이 입을 옷과 액세서리를 선택할 때, 음식사진에 필요한 음식을 만들고 맛있게 보이는 그릇과 배경을 구할 때, 관련 분야의 전문가인 스타일리스트의 도움을 받을 수 있다. 그들은 대게 디자인에 대한 감각이 뛰어나며, 소품을 구입할 장소에 대한 정보를 가지고 있다.

음식사진 촬영에 도움을 주는 스타일리스트

▶ 스톡 stock

광고주의 요구로 주문 제작된 사진과는 달리 수요를 예측해 미리 만들어진 사진을 말한다. 스톡사진들을 맡아서 관리하는 전문업체를 포토 라이브러리(photo library)라고 한다.

▶ 스톱 stop

사진에서 노출의 차이를 나타내는 단위이다. 1스톱 높은 노출은 필름이나 인화지에 닿는 빛의 양이 2배이며, 1스톱 낮은 노출은 빛의

맛있게 보이는 것이 중요한 음식 사진

양이 절반이다. 카메라 렌즈의 조리개나 셔터 스피드로 노출의 양을 조절할 수 있는데 각각의 1단계 차이를 1스톱 차이라고 부른다.

▶ 스튜디오 studio

영화 및 프로그램 제작, 오디오 제작, 사진 촬영 등을 하기 위한 실내 공간을 뜻한다. 광고 사진 스튜디오는 대도시의 중심에 위치하는 것이 유리하기 때문에 경제성을 고려하여 용도에 맞는 적당한 넓이의 공간을 꾸며야 한다. 텅스텐 조명 및 스트로브 조명을 모두 사용하지만, 최근에는 스트로브를 더 선호한다. 천장의 높이, 전기의 용량 및 배선, 상하수도, 주차시설과 같은 문제도 스튜디오 설치에 중요한 요소가 된다. 패션사진 촬영 스튜디오는 고급 분장시설을 갖추어야 하며, 음식 사진 전문 스튜디오는 주방시설을 잘 갖추어야 한다. 자동차나 커다란 가구를 촬영하는 스튜디오는 비교적 임대료가 저렴한 대도시 교외에 넓은 면적의 공간을 갖추고 있다. 서울 도심에서 광고사진 스튜디오를 만드는 경우 비용 절감을 위해 지하공간을 선택하는 예가 많은데, 습기나 환기, 채광 등의 문제로 사진장비뿐 아니라 사진가의 건강도 해칠 수 있는 단점이 있다.

▶ 음식 사진 food photography

음식을 맛있게 보이도록 촬영하는 사진으로서, 요리 잡지 및 단행본, 식당 선전 및 메뉴, 식품 회사 광고에 주로 사용된다. 인공 조명과 대형 카메라를 주로 사용한다. 음식은 시간의 흐름에 따라 외관이 변하기 때문에 신속한 촬영이 요구된다. 음식 사진가는 음식의 조리 방법 및 음식을 담는 그릇과 상차림에 대한 기본 지식을 갖추어야 하며, 음식 스타일리스트(food stylist)에게 전문적인 도움을 받는다.

▶ 전자 플래쉬 electronic flash

주로 스트로브(strobe)라고 하며, 현대 광고 사진가들의 주된 조명 기구이다. 발광 지속 시간은 1/200~1/30,000 초로 대단히 짧아 고속 촬영에 많이 쓰고, 텅스텐 조명에 비해 열이 적게 나기 때문에 음식 사진과 같이 뜨거운 조명이 작업에 지장을 줄 경우에 좋다. 광원의 색온도는 일광과 같은 5,500K이다. 스튜디오에서 주로 쓰는 대형 전자 플래쉬는 전기를 동력으로 쓰며, 축전기가 있는 파워 팩(power pack)과 모은 전기를 발광시키는 플래쉬 튜브가 장착된 헤드(head) 부분으로 이루어진다. 헤드 부분에 플래쉬 튜브와 함께 약한 백열등인 모델링 라이트(modeling light)가 붙어 있어 플래쉬 튜브가 발광하기 전 시각적 결과를 예측할 수 있게 돕는다.

플래쉬의 파워 팩과 헤드

▶ 제품 사진 product photography

소비자의 구매를 촉진시키기 위하여 제품의 특징을 인쇄매체의 목적에 맞게 촬영하는 사진이다. 카탈로그 사진에서는 제품의 정보를 알리는 데 주목적을 두며, 광고 사진에서는

광고 사진 advertising photo 김영수

제품의 이미지를 알리기 위해서 제품 외관의 그래픽 요소를 강조하거나 적합한 소품으로 소비자의 관심을 집중시킨다. 주로 스튜디오 내에서 인공 조명과 대형 카메라를 사용하는 경우가 많으며, 그리 크지 않은 피사체를 책상 정도의 높이에 올려놓고 촬영한 것을 테이블 톱 사진(table top photography)이라고 부른다.

김영수, 그래픽 요소를 강조한 제품 사진. 1988

▶ 중형 카메라 medium-format camera

120이나 220타입의 롤(roll) 필름을 사용하는 카메라이며, 6×4, 6×5, 6×6, 6×7, 6×9cm의 크기가 많이 사용된다. 광고 사진에서는 인물 촬영시 고운 입자를 얻기 위하여 35mm보다 상대적으로 큰 필름을 쓰는 중형 카메라를 애용한다. 하셀블라드, 롤라이, 브로니카, 마미야 등의 제품이 널리 사용된다.

150mm 망원렌즈와 프리즘 파인더를 장착한 중형 카메라

▶ 즉석 필름 instant film

촬영 후 암실의 현상을 거치지 않고 필름에 부착된 특수 현상약품에 의해 1-2분 사이에 인화된 사진으로 만들어지는 필름으로서, 미국의 폴라로이드사와 일본의 후지사 제품을 많이 쓴다. 광고 사진에서는 즉석 필름을 쓰는 전용 카메라보다는 일상적으로 쓰는 중형이나 대형 카메라에 특수 홀더를 부착시켜 사용한다. 최근 주로 여러 장의 시트(sheet)가 들어있는 팩(pack) 형태의 컬러 즉석 필름이 많이 쓰인다. 즉석 필름 테스트는 카메라 및 조명의 이상 유무, 색상 및 노출, 피사체의 조명 상태, 모델의 표정 및 포즈를 확인하고, 레이아웃과의 대조 작업 등을 위해 촬영 전에 없어서는 안될 중요한 과정이다.

▶ 증감 현상 增減現像 push & pull

촬영된 필름의 감도를 높이거나 낮추기 위하여 현상시간을 조절하는 방법이다. 컬러 슬라이드 필름을 많이 사용하는 광고 사진계에서 이 용어는 현상소에서 주로 쓰는 말로서, 현상 시간을 늘릴 때는 푸쉬(push), 줄일 때는 풀(pull)이라는 단어를 사용한다. 컬러 슬라이드 필름을 증감 현상하면, 입자가 거칠어지며 색상 균형이 파괴된다.

▶ 콘트라스트 contrast

사진에서는 밝은 곳과 어두운 곳의 차이를 뜻하는 용어로 쓰인다. 광고 사진 촬영시 조명의 콘트라스트가 강하면 피사체의 밝은 부분이나 어두운 부분 중 한 곳의 세부묘사를 잃게 되기 때문에 보조 광선이나 반사판을 이용하여 콘트라스트를 줄여준다. 콘트라스트가 약하면 피사체의 밝고 어두운 부분 모두를 잘 볼 수 있으나 입체감이 적어진다. 밝고 어두운 부분의 차이를 숫자로 표시하는 것을 콘트라스트 비율(contrast ratio)이라 하며, 1:2, 1:4와 같이 표시한다. 1:2는 밝기 차이가 노출 1단계 차이며, 배수로 증가할 때마다 1단계씩 늘어난다.

▶ 크로스 현상법 cross processing

컬러 슬라이드 필름을 컬러 네가티브 현상법으로 현상하거나, 컬러 네가티브 필름을 반대로 컬러 슬라이드 현상법으로 바꾸어 현상하는 방법이다. 이 현상법은 일반적으로 표현할 수 없는 변형된 색감의 특수한 사진을 얻을 수 있다. 패션 사진에서 많이 쓰고, 노출 상황, 피사체의 색상 및 밝기 상태, 조명 방법에 따라 변수가 발생하므로 좋은 결과를 얻으려면 사전에 테스트 촬영을 해보는 것이 좋다.

▶ 클립 테스트 clip test

촬영한 필름을 현상하기 전에 적절한 현상시간을 예측하기 위하여 촬영된 필름의 일부를 미리 현상해 보는 과정이다. 컬러 슬라이드 현상소에서 35mm 롤 필름의 앞부분 5-6장을 잘라내어 미리 현상해보는 것을 일컫는 경우에 주로 사용하는 용어이다.

▶ 패션 사진 fashion photography

모델로 의상 선전을 목적으로 촬영한 사진을 뜻하나, 넓은 의미로는 구두, 가방, 장신구와 같은 패션 부속물뿐만 아니라 화장품과 같은 제품을 보여주기 위한 인물 촬영까지 포함한다. 용도에 따라 상품정보를 주목적으로 하는 카탈로그(catalog) 사진, 제품의 이미지를 알리는 광고 사진, 패션 잡지 기획 화보인 에디토리얼(editorial) 사진 등으로 구분한다.

박태신. 잡지의 기획 화보인 에디토리얼 패션 사진. 1999

▶ 한국광고사진가협회 KAPA
Korea Advertising Photographer' s Association

국내 광고 사진가들의 권익을 보호하고, 광고 사진계의 발전을 위해 1976년 창립된 현역 광고 사진가들의 모임이다. 정기 간행물로 계간지인 〈광고 사진〉이 발간되며, 〈한국 광고

사진 연감〉도 발행한다.

▶ 허니콤 그리드 honeycomb grid

벌집모양 무늬가 있는 둥근 틀이다. 전자 플래쉬의 헤드 앞에 부착시키면 피사체 중심부에 상대적으로 강한 빛을 비추어 시선을 집중시키는 효과를 낸다. 빛이 퍼지는 정도를 10°, 20°, 30° 등으로 표시하며, 숫자가 클수록 넓은 범위를 비춘다.

▶ 확산광 diffused light

강한 직사광선을 반사시키거나 산란시켜 부드러운 확산광으로 만드는 경우가 있다. 인공조명 사용시 반사광을 얻기 위해 우산 모양의 엄브렐라(umbrella)를 쓰며, 직접 비추는 빛을 산란시키기 위해 스트로브 헤드 위에 소프트 박스(soft box)를 씌운다. 소프트 박스는 광원 앞에 이중으로 반투명 흰색 천을 대고, 빛의 확산을 돕기 위해 무광택 백색 천으로 내부를 덮은 것이다. 소프트 박스를 이용하여 만든 인공광을 뱅크 라이트(bank light)라고도 부른다. 이러한 인공광은 맑은 날 창문으로 들어오는 부드러운 자연광과 같은 양질의 빛을 만든다.

확산광을 만드는 엄브렐라와 소프트 박스

▶ E-6 현상

컬러 슬라이드 필름을 현상하는 코닥의 현상 과정. 현재 전세계에서 가장 널리 쓰는 슬라이드 현상법이다. 제1현상, 반전욕, 발색 현상, 표백, 정착 과정 등을 거치는데, 제1현상 시간을 조절함으로써 슬라이드 농도를 증감시킬 수 있다. 후지의 슬라이드 현상 과정은 CR-56이라고 하며, 코닥의 네가티브 필름 현상과정은 C-41이라고 부른다.

▶ 그래픽 디자인 graphic design

1940년대에는 인쇄된 디자인을 말했지만 그 후 넓은 의미로 평면적 디자인의 시각적 효과를 뜻하였다. 1970년대부터 아트디렉터가 활약하면서 일러스트레이션, 타이포그래피, 사인, 디스플레이, CI 등이 전문화되었고 특히 광고, 패키지, 편집 등도 분업화되었다.

▶ 그림 지도 picture map

지형도에 건물이나 산 등을 회화적으로 표현해 일반적으로 이해하기 쉬운 조감도처럼 표현한 지도. 헤르만 볼만은 유럽도시를 연시차를 두고 제작했는데, 특히 1926년의 뉴욕 지도는 걸작이다. 명산물, 명소, 관광 안내 등의 일러스트레이션를 도입한 지도로, 아이소메트릭 도법으로 그 지역과 건물을 정확히 묘사한다. 이처럼 그림지도는 과학적인 수치가 뒷받침되어 널리 이용된다.

▶ 다이어그램 diagram

다이어그램은 이론적, 관념적인 내용을 도식화하고, 시각적 효과를 이용해 단순화시킨 기호나 선, 점으로 도식을 만드는 것으로 회화적 표시와는 구별된다. 가장 유명한 것은 가

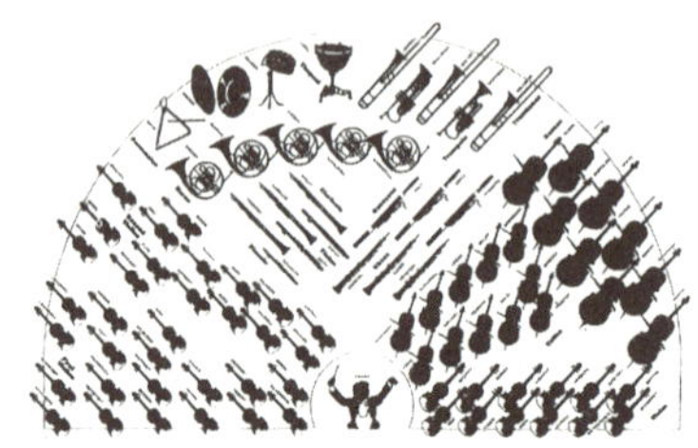

나이젤 홈즈, '오케스트라 배치도'

계도로, 생물의 진화상태를 나무가지 모양으로 표현한 것이다. 이 가계도는 생물학뿐만 아니라 역사연표, 조직표, 사회현상의 추이를 나타내는 데 쓴다. 시간을 다이어그램으로 표시한 것으로 천체 운행도나 교통 다이어그램이 있다. 교통 다이어그램은 변화하는 진행상황을 시간과 공간적으로 알기 쉽게 만들어야 한다. 여기서는 속도가 빠른 전차와 느린 전차가 사선의 각도로 한 눈에 이해할 수 있어야 한다. 기타 공간과 시간을 나타내는 것으로 연극, 무용의 움직임을 나타내는 그림이 있고, 그래픽 스코어는 음악을 시각화한 것이다. 기타 구조를 나타내는 것은 분자 구조, 배

분당 그림 지도, 1997

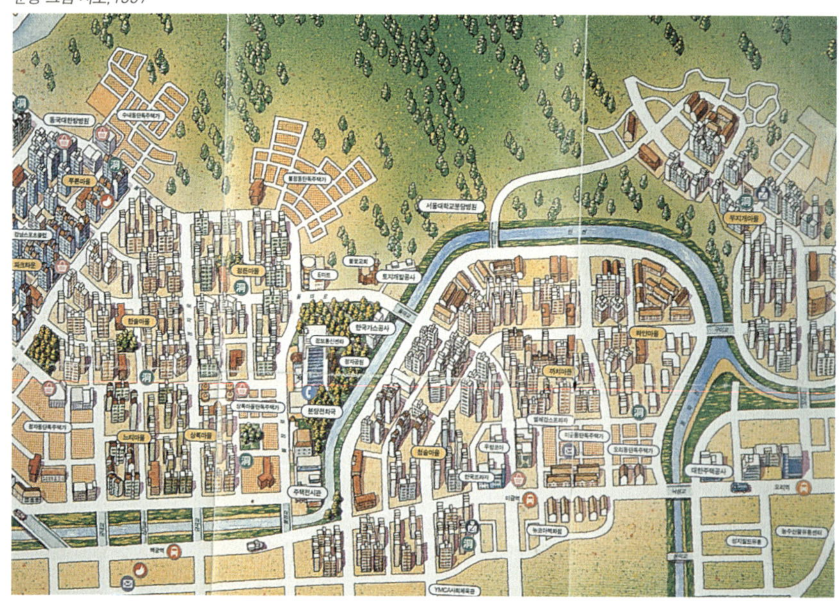

선도 등이 있고, 공정도에도 널리 쓰고 디자인 분야에서는 사전, 애뉴얼 리포트 등에 널리 쓴다.

▶ 레이아웃 layout

편집 배정. 그래픽 지면에 문자, 기호, 그림, 일러스트레이션, 사진 등의 구성요소를 정보 전달의 목적에 따라 효과적으로 아름답게 배치하는 것으로, 그래픽 디자인의 기본적 기술로 사용된다. → 광고 사진 참조

▶ 레코드 재킷 record jacket

1948년 LP의 발매로 고음질, 장시간의 음악이 서민들에게 보급되자 디스크를 보호하는 패키지 이상으로 음악의 시각화와 곡이나 연주의 이미지화에 힘썼다. 세계의 많은 디자이너들이 30×30cm의 장방형 속에 제각기 개성을 나타내는데, 1982년 CD(콤팩트 디스크)의 발매로 재킷의 크기도 축소되고 시각 효과도 그다지 기대되지 않아 이젠 그 황금기도 지난 감이 있다.

네빌 브로디, 제임스 브라운 레코드 재킷 디자인, 1984

▶ 미디어 랩 Media laboratory

매사추세츠공과대학(MIT)에서 1985년 10월 2일 발족하여 컴퓨터와 인간과의 대화를 시각, 청각, 촉각 등에 의해 친밀하게 하는 것을 목적으로 설립되었다. 전자 출판, 텔레커뮤니케이션, 영상 기술, 영화, 비디오, 홀로그래피 등 10여 개의 강좌로 구성되었고, 독창적인 컴퓨터 그래픽으로 나타나는 그래픽 작

업을 연구한다. 시각언어연구소의 마리엘 쿠버, 컴퓨터 로고 연구가 시모어 패퍼트, 인공지능 연구가로 유명한 마빈 민스키, 또 음악 필름, 비디오 섹션, 홀로그래피 등이 MIT 연구기관의 참여로 탄생되었다. 고도의 편집 데이터를 입력해 다양한 데이터베이스에서 메시지를 선택하여 편집하는 디지털 편집기나 미디어룸에서는 몸 크기의 커다란 화면을 향해 음성이나 몸짓으로 정보를 부르는 'put and there' 등을 개발중이다. 또 '폰 스랩'이라는 지능적인 전화를 실험, 연구하고 있다. 미디어 랩은 여러 가지 기술의 접목을 통해 예술 창조, 출판, 통신 등의 커뮤니케이션과 미래 시각 정보 개발을 위한 새로운 공동 연구소이다.

▶ 브르노 국제 그래픽 디자인 비엔날레 Brno International Biennale of Graphic Design

1964년 이래 체코슬로바키아 브르노시에서 2년에 한 번씩 열리는 국제적인 그래픽 디자인 전시회이다. 이 전시회는 현대 그래픽 디자인에서 정치 사회적 내용을 다루는 것으로 유명하다. 전시 기간 동안 작가들의 강의도 함께 진행되며, 심사 위원들에 의해 대상, 금상, 은상, 동상이 수여된다.

브르노 국제 그래픽 디자인 비엔날레 심벌

▶ 비언어 심벌 non-verbal symbol

언어 심벌에 대응되는 말로 회화, 사진, 일러스트레이션, 패턴 등 글이나 말로 표현하지 못하는 의미 내용을 나타내는 상징을 뜻한다. 언어는 전달 내용이 추상적인 개념이며, 그 형식은 내용과 대응되어 있지만, 화상은 심벌의 내용과 형식이 같으며, 또 구체적, 감성적 이미지를 전달하는 점에서 언어와 차이가 있다. 그래픽 심벌은 주관이나 작가의 감정이

개입될 여지가 큰 매체로, 수용자 측의 해석에 따라 자유로운 창조적 이미지로의 발전도 기대된다.

▶ 비주얼 스캔들 visual scandal

엉뚱한 발상과 비상식적인 표현으로 사람의 의표를 찔러 강한 인상을 남기는 디자인을 말한다. 1940년 사비냑의 작품이나 70년대 미국의 존 윈즈의 쇼룸 건축 베스트가 그 대표작이라고 할 수 있다.

▶ 세만토그래피 semantography

오토 노이라트(Otto Neurath)의 영향하에 있었던 찰스 K. 블리스는 1940년대 나치스의 박해로 중국으로 도피했는데, 그곳에서 한자의 표의성을 알고 세만토그래피 브리스 심벌릭스라고 불리는 그림 문자 시스템을 고안했다. '하나의 세계, 하나의 서법'을 슬로건으로 하는 시각적 에스페란토로 백여 종의 그림 문자를 조합해 단어를 만들었다. 1975년 세만토그래피의 보급 재단이 캐나다에 설립되어 농아들에게 시도되고 있다.

▶ 시각 언어 language of vision

헝가리 태생의 미국인 디자이너, 교육자, 화가인 케페스(Gyorgy Kepes)가 1944년에 그의 저서 〈시각언어〉에서 새로운 조형 원리를 설명한 내용으로, 시각 언어란 시각에 호소하고 의사를 소통하는 언어라고 정의했다. 이것은 근대적 조형 예술의 일반 개념으로 그 이전부터 있었지만 케페스가 처음 체계화시켜 규정지었다. 시각 언어의 종류는 조형 예술, 영화, 사진, 텔레비전이 있는데 인간의 시각을 통한 생활이나 경험을 재현한 것으로, 내용을 구성하는 각 요소들이 시각 언어로 이루어진다는 것이다. → 기초 조형 · 기본 용어 참조

▶ 심벌 사인즈 symbol signs

아메리카 그래픽 아트 협회의 협력을 얻어 아메리카운수성은 1974년에 34개의 심벌을 국제 통일화를 위해 제안했는데, 〈심벌사인즈〉는 제1보고서이다. 세계 24개의 관계 조직이 개발 사용한 심볼의 의미성, 통일성, 실용성 등이 검토되고 제안 내용이 정리되어 있다.

세만토그래피, ①자동차 수리공 ②자동차 정비소 ③휘발유 ④극장 ⑤입장권 ⑥2층석 ⑦만원사례 ⑧영화 ⑨음악 ⑩오페라 ⑪콘서트홀 ⑫육상 경기장

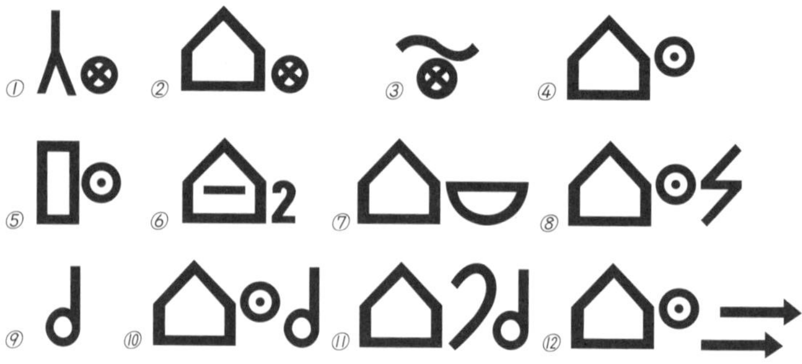

⑬작문례

▶ 아이소타입 ISOTYPE
International System of Typographic Picture Education

오스트리아의 교육자, 철학자인 오토 노이라트(Otto Neurath)가 고안한 그림 문자 시스템이다. 노이라트는 1925년 빈시(市)에 제안하여 사회 경제 전시관을 개설하고, 수많은 통계 도표 등을 디자인하는 중에 차츰 풍부한 시각적 어휘와 구문법을 확립하게 되었다. 픽토그램으로 지식의 대중화에 길을 넓힌 아이소타입의 많은 성과 중에 "근대인의 형성(Modern Man in the Making)이 그 특징을 가장 잘 나타내고 있다"고 그의 훌륭한 협력자였던 마리 노이라트는 회고한다.

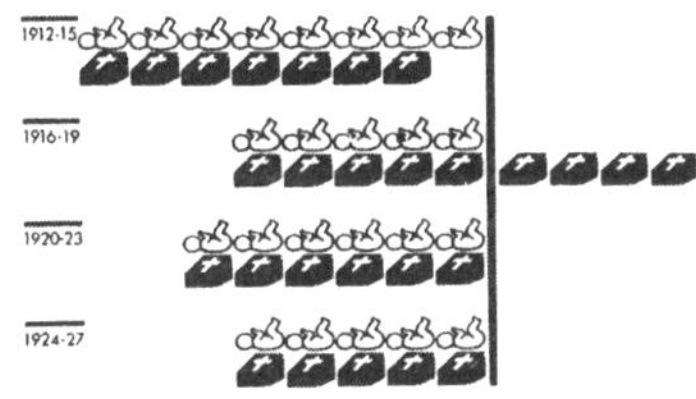

1912-1927년 사이 비엔나 시민의 출생과 사망 수 도표, 아기와 관 하나는 각각 2만 명을 나타낸다.

▶ 아이콘 icon

동굴 벽화에서 시작한 그림은 사람들의 의사 소통 수단이었으며, 예술적인 기능보다도 생존과 관련된 교육, 주술적인 기능을 담당하였다. 그 당시에도 정보 전달이라는 기능이 상당히 중요하게 작용하고 있었음을 알 수 있다. 이러한 정보 전달의 역할을 한 그림은 현대의 아이콘으로 자연스럽게 연결된다. 현대의 아이콘은 점점 복잡해지는 기능을 어떻게 하면 빠르고 간단하게 전달할 수 있을까 하는 것에서 그 필요성이 나타난다. 이러한 아이콘은 전달하려는 의미와 형태 사이에 자연스러운 대응 관계가 이루어져야 정보 전달이 용이해질 수 있으며, 오히려 무분별한 아이콘의 사용은 시각적 잡음으로 작용하여 판독하는 데 크나큰 어려움이 따를 수 있다. 이에 따라 국제적으로 심벌, 아이콘에 대한 표준안을 만들 필요성이 나타났다. 국제표준기구(ISO)에서는 심벌 분야에 대한 국제적인 표준을 만들고 있으며, 국제전기기술위원회(IEC)에서도 그래픽 심벌에 관련된 다양한 표준이 나오고 있다. 이러한 노력들과 함께 기능적인 아이콘을 만들기 위해서는 합리적인 설계 과정과 과학적인 평가가 따라야 하며, 사용 환경을 고려한 인간공학적인 평가가 필요한 그래픽 유저 인터페이스(GUI) 발달의 중요한 구성 요소로 작용하고 있다. ➡ 인터페이스 디자인, 컴퓨터 그래픽스 참조

▶ 애뉴얼 리포트 annual report

기업 회계 연차 보고서. 기업이 매년 1회 주주들에게 발행하는 회사 개황, 영업 보고서로, 특히 미국에서는 1950년대부터 시각적으로 세련된 소책자를 발행하여 기업 이미지를 높이는 중요한 수단이 되고 있다.

▶ 얼터너티브 디자인 alternative design

현대 산업 사회의 대량 생산과 대량 소비가 이루어낸 획일화와 무취미를 비판하는 디자인적인 태도를 일컫는 말이다. 이는 현대 디자인이 물질 중심적인 사회로 이끄는 데 큰 몫을 담당했다는 비판에서 나왔다. 대부분의

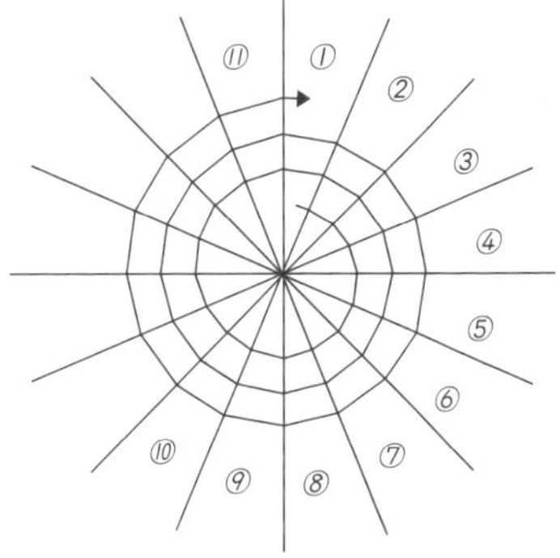

1973년 코펜하겐에서 파파넥의 디자인 방향에 대한 공정표로 미래의 신장을 위해 많은 공간이 비어있다. 디자인은 디자이너가 아니라 일반 대중으로부터 시작되어야 한다는 의지를 나타내고 있다. ①일반 대중, ②디자인과 공학, ③인성학, ④생물 형태 연구(자연에서), ⑤인류학(다른 지역의), ⑥다른 시대, ⑦환경과 생물학적인 결과, ⑧사회적, 단체적 결과, ⑨정치적, 경제적 결과, ⑩에너지와 진원, ⑪분배 또는 판매.

현대 디자인이 부유 수혜 계층을 위하여 존재하는 것을 강력히 반대한 빅터 파파넥(Victor Papanek)은 미개발국이나 제3세계를 위한 디자인으로 신체부자유자, 가난한 사람, 저능아, 어린이 노인들을 위한 디자인을 한 대표적인 대안 디자이너라고 할 수 있다. 이러한 대안적 입장은 풍요로운 물질 문명 사회에서의 기존 디자인 태도와는 달리 디자인의 궁극적인 목표에 대해 새로운 인식을 요구한다.

▶ **에이지아이 AGI**
Alliance Graphique Internationale
종교, 이데올로기, 민족, 정치 등에 구애받지 않고 중립적인 입장에서 상호간의 친교와 존경을 바탕으로 발전적이고 유익한 사고를 교환하기 위해 세계의 톱 디자이너 300여 명으로 구성된 가장 권위있는 그래픽 디자이너들의 단체이다. 본부는 스위스 취리히에 있고 총회는 매년 개최지를 바꿔 3-4일간 의견 교환, 교류의 장으로 열린다.

▶ **엔트로피 entropy**
어떤 물리계에서 다른 물리계로 일의 형태로 전달할 수 있는 에너지의 양과 관련이 있는 물질의 열역학적 성질이나 상태 함수. 이 개념은 1850년 독일 물리학자 루돌프 클라우지우스가 처음 제안했는데, 이를 열역학 제2법칙이라고 부르기도 한다. 이에 따르면 고온과 저온의 기체가 저절로 혼합될 때나 기체가 진공내로 확산될 때나 연료가 연소할 때와 같은 비가역적 과정에서 엔트로피는 증가한다. 모든 자발적 반응은 비가역적이므로 우주의 엔트로피는 증가하고 있다. 즉 역학적 일로 변환할 수 있는 에너지가 점점 감소하는데, 이 때문에 우주가 '쇠퇴하고 있다'라고 말하기도 한다.

▶ **이미지 image**
'이미지 전략', '이미지 메이킹', '이미지 스케치' 등 '이미지'라는 말이 우리 주변에 널리 쓰여, 1960년대 초 미국 사회학자 브아스친의 지적처럼 그래픽 혁명 이후 현대인은 '이상(ideal)의 사고'에서 '이미지의 사고'로 바뀐 것을 실감한다. 그 어원을 보면, 영어의 이미지(image)는 라틴어의 이마고(imago)에서 온 것이고, 이것은 '모방하다'라는 뜻의 라틴어 동사 'imitari'와 관계있다. 때문에 이미지는 넓은 의미로 외계의 대상을 모방한다는 조상(影像), 사상(寫像), 영상, 화상, 그림 등을 가리키지만, 마음에 피어오른 상(심상)만을 뜻할 때도 있다. 디자인 행위에서 디자이너의 마음에 떠오른 것을 다른 사람에게 전할 때 그림, 사진, 입체상 등의 구체적 대상으로 나타낸다. 고로 이미지는 본디 외계에 대한 모방성과 개인적 독자성이라는 양면을 가지지만, 심상(心象)은 어디까지나 사람 마음 속에 떠오른 것이기에 외계를 완전히 모방한다고 할 수는 없다. 왜냐하면 사람은 각각 경험이 다르고, 다른 정신 세계와 성격을 가지기 때문이다. 동물도 이미지를 가질 수 있지만, 볼딩의 말처럼 "인간이라는 종족의 영광은, 정보를 넓히고 복잡한 이미지를 체계화하는 능력을 가진다"는 그것과 차별을 이룬다.
→ 기초 조형 · 기본 용어 참조

▶ **이코그라다 ICOGRADA**
1963년 4월 27일 런던에서 설립된 세계 각국의 시각 디자인 단체들과 기구들의 연합체. 현재 세계 33개국의 54단체가 가입되어 있다. 이코그라다의 회장단은 회장 1명과 차기 회장 1명, 부회장 4명과 사무국장, 감사로 구성되고, 2년에 한 번씩 열리는 총회에서 선출한다. (우리나라에서는 안상수씨가 부회장으로 활동하고 있다.) 이코그라다는 유네스코와 유럽연합, 세계저작권기구 등의 자문 기관으로 활약하며, 효율적인 그래픽 디자인을 통한 디자인 교육과 이해의 발전을 위해 '이코그라다 기금'을 설치 운용하고 있다. 설립 목적은 국제적 그래픽 디자인의 수준과 그래픽 디자이너의 신분을 향상시키고, 디자인을 통한 사회, 문화, 경제, 환경 문제의 해결에 앞장섬은 물론 디자인의 이해를 돕고, 디자인 관련 단체와 디자이너들 간의 교류와 협조를 촉진시키며, 그래픽 디자인에 관련된 연구 및 이론 개발을 활성화하고, 회원의 이익을 창출하기 위해 노력하며, 국제적으로 디자인 관련 기준을 마련하는 데 있다. 또한 최근 '이코그라다 친구들' 이라는 회원 제도로 가입 개인 회원에게는 여러 혜택을 준다. 한국에서는 KIDP와 시각정보디자인협회, 현대디자인실험작가회가 그 회원으로 가입되었다. 이코그라다는 1999년 여름 서울에서 이코그라다 워크숍 [엑스.디]를 개최하였고, 2000년에는 밀레니엄 콩그레스를 서울에서 개최한다.

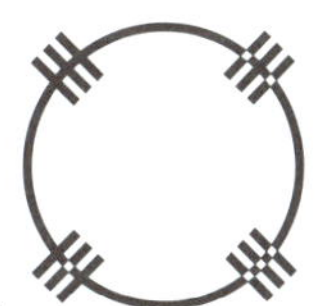

2000년 서울에서 개최되는 이코그라다 밀레니엄 콩그레스와 익시드 총회의 주제로 채택된 '어울림'을 위한 행사 심벌 (디자인: 안상수)

▶ 캘린더 calendar

실내 장식으로도 사용되는 일주일 표시의 달력이다. 주로 기능 중심으로 그 숫자의 가독성과 아름다움으로 디자인한 것과 그림을 감상하는 목적으로 하는 2가지로 구별된다. 각 기업이 경쟁적으로 자기 회사의 선전과 홍보를 위해, 쓰기 쉽고 보기 쉬운 아름다움을 소비자들에게 무료로 제공한다. 연말 연시 인사용으로도 비중이 커지고 있다. 캘린더의 내용 기준은 1년을 단위로, 1개월이나 2개월을 한 장에 넣는 것이 일반적이다.

▶ 콤프 comprehensive

다른 사람에게 디자인의 제작 의도를 정확히 알리기 위해 충실하게 묘사된 그림을 콤프라 한다. 많은 사람들이 보기 때문에 특히 광고 표현에서 중요한 제작 과정으로, 대개 특별한 기술을 가진 사람이 그린다.

▶ 키치 kitsch

키치란 독일어 'kitschen' 에서 유래한 말이다. 1860년대 독일 남부에서 처음 사용된 키치는 '천박하며 저속한 모조품, 대량 생산된 싸구려 상품이 마치 훌륭한 진품인 것처럼 스스로를 기만하는 현상' 을 의미한다. 흔히 말하는 이발소 미술이라는 그림은 키치의 전형으로 밀레의 만종을 모사한 그림, 시내버스에 붙여놓은 기도하는 소녀의 그림이 이에 속한다. 키치는 대중적인 잡지의 표지, 일러스트레이션, 광고에서 선정적이고도 호화롭게 나타난다. 이러한 키치가 나타나게 된 배경은 경제의 급성장과 그에 미처 따르지 못하는 정신으로 인해 고급 문화가 대중의 현재 모습을 담지 못하고 격리될 때 대중 문화에서 나타나게 된다. 의미를 알 수 없는 광고들, 어떤 효과를 노리면서도 마치 그렇지 않은 척하는 광고들, 복고, 과시, 유희, 풍자가 나타난 광고들은 잃어버린 과거에 대한 그리움과 불가능한 이상향에 대한 부정적 감정으로 일회적인 기호를 계속 생산해 내며 소비를 부추긴다. 그러나 대중 문화에서 나타나는 키치는 그 의미가 가벼운 만큼 쉽게 침투하며 그들의 현재를 가장 솔직하게 나타내기 때문에 문화적 해석 코드를 찾으려는 시도가 계속되고 있다.

▶ 펑크 punk

1970년대 중반 런던에서 생긴 파괴적 거리 문화운동. 미술, 음악, 패션 등을 포함하는 펑크 추종자들은 공격적 외모와 무정부주의적 행동으로 일별되는데, 섹스 피스톨즈(Sex Pistols) 음악 그룹의 레코드 커버, 포스터 티셔츠 등의 시각적 아이덴티티를 통해 크게 알려지게 되었다. 디자이너는 제이미 레이드(Jamie Reid)이다. 펑크 그래픽 스타일은 무질서한 타이포그래피와 충격적인 슬로건을 아무렇게나 콜라주한다. 실험적 음반 제작사들은 네빌 브로디, 바니 버블스 같은 젊은 디자이너들을 과감히 기용했고, 1980년 창간되

테리 존스(Terry Jones), 〈i-D〉 표지 디자인, 1980

평화 포스터
푸시핀 스튜디오 Push Pin Studio

프린팅 디렉터 printing director
한국시각정보디자인협회 VIDAK
The Visual Information Design Association of Korea
호보 사인 hobo sign

어 테리 존스가 디자인을 맡았던 〈아이디(i-D)〉잡지는 펑크를 그대로 나타낸다. 펑크는 그후 유럽과 미국으로 급속히 퍼져 나갔으며, 80년대 중반 이후 포스트모더니즘 그래픽 이미지로 자리잡게 되었다.

▶ 평화 포스터

제2차 세계대전 중 피카소(Pablo Picasso)의 '게르니카'에 자극되어 모든 정치적 선전에서 떨어져 나와 진실한 인간적, 시민적 입장에서 평화 포스터가 나타났다. 1980년대에 핵전쟁에 대한 인식이 높아져 반전은 물론 지구, 자연, 후손 등의 문제까지도 평화 포스터로 표현하였다. 1982년 시작된 일본의 히로시마 어필의 포스터가 유명하다.

마쓰나가신, '히로시마 어필 1989', 일본, 1989

▶ 푸시핀 스튜디오 Push Pin Studio

시무어 크와스트(Symour Chwast), 밀턴 글레이저(Milton Glaser)와 일러스트레이터 레이놀드 루핀스, 에드워드 소렐이 1954년 설립한 뉴욕의 그래픽 디자인 그룹. 60년대 풍미했던 정석적인 국제 타이포그래피 양식에 도전하여, 소비자에게 금방 어필할 수 있는 위트 풍부한 절충적 대안을 제시하였다. 설명적 일러스트레이션, 과장된 형태, 의외의 유머 등이 푸시핀 스타일의 특징이며, 책표지, 레코드 커버, 포스터, 잡지 일러스트레이

션 등을 많이 해냈다. 이후 프로모션을 위해 〈푸시핀 그래픽스〉라는 잡지를 펴냈으며, 파리 장식 미술관 및 유럽, 일본 등에서 전시회를 갖기도 하였다.

▶ 프린팅 디렉터 printing director

인쇄 제판 기술과 표현 내용을 기술적으로 해결하기 위해 생긴 직능이다. 종래에 제판에 종사하던 기술자들이 많아 그들이 그래픽 디자이너의 의도를 인쇄 적성에 잘 맞추어 진행하기 위해 현장 사이를 중개하는 작업을 하고 있다. 디자이너에게는 중요한 인물로 주로 인쇄 회사 안에서 근무하며 크리에이티브한 발상에도 영향을 미친다.

▶ 한국시각정보디자인협회 VIDAK The Visual Information Design Association of Korea

1994년 6월 18일 창립된 한국의 대표적인 시각 디자인 사단법인 단체로서 그간 난립된 여러 시각 디자인 단체들의 통합체이다. 산하에 광고, 아이덴티티, 교육, 포장, 타이포그래피, 편집, 일러스트레이션, 영상, 사진, 컴퓨터 그래픽 분과가 있으며, 4개의 지부를 두고 있고 창립 회원은 1천여 명에 이르며 초대 회장은 조영제, 1999년 회장은 한양대 김광현 교수, 2000년 회장은 안상수 교수가 맡았다.

▶ 호보 사인 hobo sign

북미나 오스트레일리아를 떠돌아 다니던 집시들이 커뮤니케이션을 위하여 '호보(hobo)'라는 기호 문자를 사용하였는데, 이것은 그래픽 언어로서 문자 언어보다 더 실생활에 깊이 파고든 형태라고 할 수 있다. 어린이들의 지저분한 낙서처럼 보이는 호보 사인(hobo sign)은 석필로 표현한 그래픽 심볼에 정보 전달의 의미를 담게 된다. 그것을 사용하는 사람들에게 꼭 필요한 정보를 제공하는데, 이러한 그래픽 심볼에 담긴 의미로는 '여기에 텐트를 쳐도 좋다', '이 집에 가면 주인이 친절하다', '이 물은 마실 수 없다', '개가 많으므로 주의하라' 등으로 주로 생활과 관련된 의미가 주를 이룬다.

그래픽 디자인 교육과 비주얼 시스템

우리나라의 그래픽 디자인 교육에 있어서 가장 중요하고도 취약한 부분이 있다면 무엇일까? 그것은 아직도 미숙하게만 느껴지는 기초 디자인 교육이 아닐까 한다. 체계적이고 논리적인 기초 디자인 교육은 특히 지금과 같은 뉴미디어의 범람 속에서 더욱 아쉽다. 디자인은 복합적인 영역이고 디자이너는 잡학적인 사람들이다. 그들은 예술적 직관, 인문학적 상상력뿐만 아니라 과학적 사고의 소유자이어야 한다. 우리나라의 디자인 교육이 경험론적이고 개별적인 것을 강조하며 표현 위주의 심미적인 경향이 강하다 보니 체계적이고 논리적이며 진체론적 관점(holistic view)을 중요하게 생각하는 비주얼 시스템 교육이 취약했다고 생각한다.

디자인 교육에 있어서 추상적이고 심미적인 관점은 장식은 될지언정 뼈대는 될 수 없다. 지나치게 디자인을 관념적인 사고로 해석하는 경향은 디자이너들의 지적 충족감은 채워주겠지만, '나도 잘 모르고 고로 너는 당연히 모르는' 그래서 결국은 허무하게 끝나는 '꿈 이야기' 만을 양산한다. 자신에게조차 명확하지 못한 것으로 남을 설득시킬 수는 없다. 그래픽 디자인 교육의 원조인 독일과 스위스의 디자인 교육 기관에서 직관적인 교육에 앞서 철저하게 원리 위주의 체계적인 디자인 교육을 강조하는 이유를 우리는 이제라도 알아야 한다. 이러한 디자인 교육의 첫 시도가 '시스템적 사고'로의 전환일 것이다.

시스템이란 '전체와 부분' 그리고 '부분과 부분' 간의 유기적 관계를 만들고 운영하는 방법이다. 신라시대의 고승인 의상대사는 '화엄일승법계도'라는 타이포그래피에서 "일중일체다중일(一中一切多中一)이요, 일즉일체다즉일(一卽一切多卽一)이다"라고 했는데 이것은 "하나 속에 모든 것이 담겨 있고 여러 것 가운데 하나가 있다"라는 뜻이다. 이 말씀은 비주얼 시스템의 정의를 이해하는 데도 유용한 것으로서 "하늘 아래 시스템이 아닌 것은 하나도 없다"라는 말과 통한다. 또한 "최소한의 요소로 최대한의 변화를 추구한다(Maximum Diversity from Minimum Inventory)"라는 디자인 프로세스의 경제적인 원칙이기도 하다.

얼마 전 우연히 어느 산업 디자인 전람회의 도록을 펼쳐 봤을 때 아직도 20년 전이나 크게 변한 것이 없는 추상적이고 묘사적인 성향의 작품들을 보고 많이 놀랐다. 흔히 말하는 번쩍이는 아이디어에 의존한 작품들을 보고 '아! 하룻밤의 꿈' 이라는 생각을 지울 수가 없었다. 공간과 시간의 요리사라는 디자이너를 키우기 위해 우리에게 지금 가장 필요한 것은 무엇일까? 디자이너 스스로가 자신의 디자인을 명확히 이해하고 그것을 접하는 사람들에게도 충분히 이해시킬 수 있는 '기초 디자인 교육의 방법론' 이 아닐까? 그것을 비주얼 시스템에서 찾아보자.

박효신 (ids삼성디자인연구원 교수)

포스터 poster

포스터의 기능

포스터(poster)는 기둥의 의미인 포스트(post)에서 유래하였는데 광고나 벽보의 대부분이 기둥에 부착되기 때문이다. 일반적 의미의 포스터는 전달하고자 하는 내용을 임의의 이차원 공간에 디자인적 요소를 배열해 정보나 행사 등을 알리거나 상품 광고 등을 위해 시각적 요소나 이미지를 정착시킨 것이다. 포스터를 미국과 영국은 포스터(poster), 프랑스는 아피쉬(affiche), 독일은 플라카트(plakat)라고 한다. 유럽에서는 흔히 '거리의 벽화'란 의미로, 정해진 공간의 전시가 아닌 '거리'라는 개방된 공간에서 대상에 대한 적극적이며 보편적 제시의 장으로 대량 전달의 기능을 하는 예술의 한 형태이다.

포스터는 이와 같은 일차적인 커뮤니케이션의 역할은 물론 대중의 무의식을 움직이고 시각을 통한 자극으로 심층부의 자아를 이용하여 전혀 의식되지 않은 욕구를 일깨워 의도하는 목적과 느낌의 욕구를 융합시켜 유효한 행동으로 유도해 적극적이고 능동적으로 대중의 심미안 속에 파고드는 시각 이미지 이상의 역할을 한다. 커뮤니케이션의 한 형태로 다른 매체와 비교할 때 포스터는 물리적 표현 양식이나 매체가 갖는 독특한 속성과 그 소구력에서 가장 강력한 시각 전달 매체이므로 대중의 시각적 수준이나 조형 수준을 높이는 교육적 기능과 포스터의 고유한 정보 전달 기능도 갖는다. 이제는 매스 미디어(mass media)의 폭발적 발달로 포스터가 다른 여러 매체와 기능적인 면에서 경쟁을 해야 하므로 상대적으로 더욱 강력한 소구를 위해 표현 양식이 점점 강력해지고 있다. 최근 포스터 디자인의 표현 기법은 과거의 경직된 스타일에서 탈피해 과거의 여러 사조가 동시에 출현하기도 하고, 인쇄 기술과 다양한 컴퓨터의 기능으로 순수한 기능보다는 그래픽 포스터라는 미학으로 발전하고 있다.

포스터의 종류

포스터는 목적과 필요에 따라 여러 종류로 분류할 수 있다. 사회적 기능에 따른 분류로는 행사에 관한 정보를 알리는 표현에서 국가의 경제성, 문화 수준과 예술성이 잘 나타나는 문화 행사 포스터, 대중을 계몽, 선도하는 목적의 사회 계몽 포스터, 소비자와 상품의 연결 수단으로 상품에 대한 구매욕을 일으

제임 오드저스(J.Odgers)와 에이프릴 그레이만(A.Greiman), 콜라주와 회화 기법으로 공간을 강조한 뉴웨이브 스타일의 포스터로 로스앤젤레스의 브로드웨이에 새 오피스의 개관을 알리고 있다. 1977

허버트 매터(H. Matter), 초기의 스위스 관광 포스터, 1934

폴라 쉬(P. Scher), 허버트 매터의 포스터 배경을 그대로 이용한 스와치 시계 광고 포스터

킴과 동시에 판매 활동을 촉진시켜 사회의 경제 유통 질서를 원활히 하는 상품 광고 포스터, 여행자를 특정한 장소나 임의 지역으로 유도하기 위해 특정한 심벌 이미지를 주어 잠재 관광객의 동기를 유발시키는 관광 포스터, 메시지 전달이 아닌 시각적 자극을 통한 대중 심리와 연결되어 있는 그대로의 반응을 유도하는 장식 포스터로 분류할 수 있다. 스위스의 브로크만(Josef Müller-Brockman)은 개념상의 분류로 일러스트레이션 포스터, 물적 정보 포스터, 구성 포스터, 실험 포스터로 분류한다.

미술사적 포스터

포스터는 그래픽 디자인 역사를 통해서 볼 때 강력한 커뮤니케이션 매체로 개인은 물론 정치, 경제, 문화 등 모든 사회적 분야에 영향을 미쳤고, 시각 언어와 인쇄 기술의 발전에 힘입어 전세계에 출현한 각 미술 사조가 지니는 문제를 빠르게 해결했고 조형 예술 분야에서 추상과 구상을 타협과 융화로 실천하여 미술사에 커다란 공헌을 하였다. 또한 디자인 사조는 물론 독자적인 포스터 스타일과 양식

특집

앤디 워홀, '필름 페스티벌-링컨센터'의 포스터, 1967

초현실주의 환타지를 표현한 포스터

러시아 국민혁명의 힘을 찬양하는 구성주의 포스터, 1929

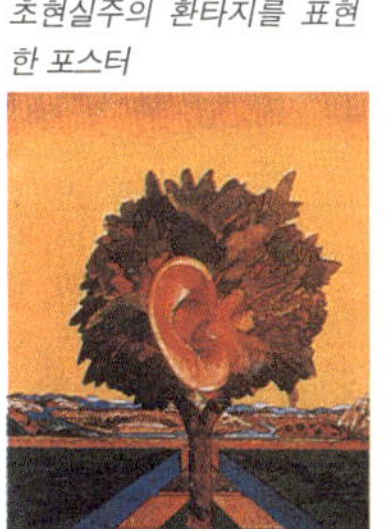

투룰즈 로트렉(Henri de Toulouse-Lautrec), 'Divan Japonais', 1893

이 새롭게 또는 복합적으로 사용되어 새로운 자리를 구축하고 있으며 오늘날 매스 커뮤니케이션의 혁신적인 발달과 함께 급속한 발전을 이루고 있다.

사실주의 포스터

19세기 유럽에 파급된 예술 사조로 참다움이나 현실에 존재하는 것을 나타내기 때문에 현실에 대한 인식, 외부 세계와 관계하는 생의 진실성을 가르쳐 준다. 즉 인간의 삶을 객관적으로 이해하고 그것을 바탕으로 작품을 만들며 사회 경험을 묘사하는 것이다. 사실주의 포스터는 논리적이고 현실감을 주는 일차적 표현 형태로 실체성에서 오는 신뢰감이나 고지적 소구를 목적으로 하는 예가 많다. 그리고 표현하려는 세계의 이미지를 정확하게 나타내 자연의 실태를 강조하여 현실을 이해시키며 디자이너의 통찰력과 창의적 해석 방법을 통해 강하고 왜곡없는 전달의 기능을 한다. 이러한 사실주의 포스터는 인쇄 기술과 사진술 그리고 컴퓨터의 등장으로 끊임없이 발전하고 있다.

아르누보 포스터 Art Nouveau poster

1890년부터 1910년에 걸쳐 포스터뿐만 아니라 모든 조형 예술 분야를 포용하는 '신예술'이라는 의미의 아르누보(Art Nouveau)는 자연의 유기적 형태에서 유래한 곡선에 장식적 가치를 주었다. 새로운 사회의 발전, 새로운 기술, 새로운 정신의 출현 등 새로운 양식의 창조라는 데 의의가 있다. 유기적 곡선을 강조한 표현과 구조상의 특징에서 두드러지는 비대칭은 생명과 운동을 암시하며 향략적이고 퇴폐적 세기말의 현상을 반영한다. 장식적 요소를 통한 상징성은 예술적, 심미적 효과에 공헌하여 예술 포스터의 새로운 장을 마련했다.

표현주의 포스터 expressionism poster

1905년경부터 주로 독일과 오스트리아에서 시작되어 20여 년에 걸쳐 강렬한 정서를 표현한 예술 운동으로 외부세계의 객관적 수용이 아니라 내면 세계를 예술의 대상으로 한다. 이것은 묘사적 표현에 대립하여 정서적, 정신적인 세계의 표현을 예술 이념으로 주장하여 시각 세계의 인상보다는 신비적인 종교성에 입각하여 개성적이고 강한 정신 체험을 표출한다. 강렬한 형태와 색채가 포스터에 직접 영향을 주었는데, 두꺼운 붓자국, 덧칠 등과 같은 표현주의적인 기법을 포스터의 표현에 이용하였다. 포스터에서의 표현주의는 포스터의 장식적인 요소 외에 강력한 힘을 표출하는 드라마틱한 요소를 첨가하여 개성적이고 강한 이미지를 만들었다.

구성주의 포스터 constructivism poster

1차 세계대전 후 러시아에서 일어난 혁명적 추상주의 예술 운동으로 신조형주의 미학에 기초를 두고 기하학적 구성을 지향하며 개인주의적이고 실용성이 없는 예술을 부정했다. 또한 모든 조형 활동에 의한 사회 건설의 참가를 주장하며 정치권과 적극적으로 결합하였다. 구성주의 포스터는 화가이며 건축가, 그래픽 디자이너, 사진 작가 교육자인 엘 리시츠키(El Lissitzky)에 의해 가장 훌륭하게 실현되었다. 특히 그의 타이포그래피 아이디어는 독일의 우수한 인쇄 기술에 힘입어 급속한 진전을 보였다. 구성주의 포스터는 데 스틸(De stijl)과 바우하우스(Bauhaus)로 이어지면서 기하학적 구성, 추

43

포스터 poster

상적 경향으로 공간 배치에 대한 새로운 관념을 갖게 하였으며 이전의 포스터에 나타난 묘사적 차원을 떠나 이미지의 강한 표현을 보였다. 특히 구성주의 포스터는 미학적 수준과는 관계없이 합리적이고 질서있는 세계와 사회의 기능을 암시하였고, 산세리프체의 타이포그래피 구성, 포토 몽타주 기법의 이용, 기하학적 구조, 색채의 함축성, 비대칭적인 배열, 동적 조형 등을 특징으로 들 수 있다.

초현실주의 포스터 surrealism poster

1919년부터 약 20년간 프랑스를 중심으로 일어난 초현실주의는 이성의 지배를 배척하고 비합리적인 무의식의 세계, 꿈의 세계를 표현하는 예술 운동으로 유럽 문명의 가장 기본적인 원리인 합리주의, 이른바 이성에 대한 도전과 재래의 예술 형식을 격렬하게 파괴하는 양상으로 나타났다. 무의식의 세계를 대중화한 작업으로 현실적인 사물의 개념을 비합리적이며 복합적인 차원의 형태로 표현하는 기법을 사용하였다. 시, 마술, 유머로 이루어진 다른 세계를 표현하는 이미지의 창조에 무의식을 비합리적으로 사용한 달리(Salvador Dali)는 시각 예술의 한 수단인 포스터에 큰 영향을 주어 대중적인 상상력을 포착하게 하였다.

전쟁 포스터 war poster

1차 세계대전이 일어나자 각국 정부는 설득과 선전을 위한 수단으로 포스터를 동원하였다. 연합군측의 포스터는 작가들의 자발적 협력에 의해 따뜻한 인간성을 나타내는 부드러운 스타일인 반면, 독일측 포스터는 정부의 검열 제도에 의한 전쟁 시국 일색이었다. 기법은 전쟁의 위급함과 감정을 직접적으로 표현하기 위해 석판화 터치나 톤의 변화를 최대한 활용하거나, 전쟁의 비극이나 참호 속에서의 비참함을 충실히 표현하려는 다큐멘터리 형식을 세밀한 선으로 묘사하여 박력을 살린 스타일도 있다. 1차 세계대전 이후 진보적이고 혁신적 자세로 20세기 미술 사조와 표현 양식을 과감히 수용하여 다양하고 풍부한 포스터의 영역을 개척하였다. 신인상파의 현란한 색채, 야수파의 생생한 원색의 대비, 입체파의 조형 질서, 초현실주의의 환상 등 새로운 지평을 열었다. 2차 세계대전 당시의 포스터는 파

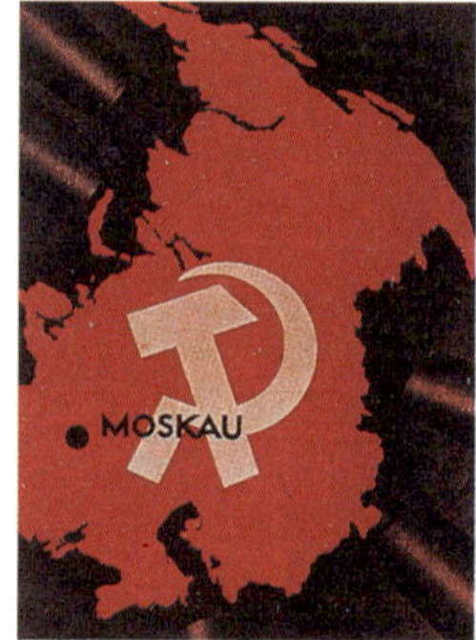

존 하트필드(J. Heartfield), 러시아를 상대로 한 전쟁을 알리는 독일 공산당 포스터, 1930

피터 막스(Peter Max), '사랑(love)', 아메리칸 히피들의 비폭력 이상주의를 찬양하는 히피 포스터

천문학 황도대의 태양 심볼과 사인들은 히피 포스터의 주요 소재들이다.

시즘에 대한 공격과 함께 총격전을 반영한 점과 자원 절약, 생산 증강, 의료 원조, 방첩, 유언비어의 경계, 여성의 사회 활동 참여 등이 호소된 공공 성격의 포스터가 주류를 이루었다.

히피 포스터 hippie poster

미국 사회의 모든 분야에 걸쳐 대격변과 새로운 문화가 소용돌이 쳤던 1960년대는 시민 운동, 학생 저항 운동, 록큰롤의 폭발, 약물 남용, 베트남 전쟁, 여성 해방 운동, 새로운 생활 양식의 추구 등의 소음과 분노에 가득찬 시절이었다. 정보의 전달, 확대라는 측면보다는 정보의 내면화, 섬세한 감각이나 지각, 연상, 환상 등 사고의 내면을 시각화하였다. 표현 양식은 아르누보의 유연한 곡선, 옵아트의 착시 현상, 대중 문화의 이미지, 팝아트 기법 등이 주를 이루었다. 내용에서도 동양적인 신비와 문학에서 얻은 소재, 반권력적 성격, 사회 비판, 풍자같은 사회적 현상에서 유래하며, 기교적이고 쉽게 접근할 수 있는 것이다.

발드마르 스비레르지(W. Swierzy), 사실주의적 표현과 추상주의 스타일의 색채 조화를 강조한 폴란드 서커스 포스터, 1970

마르티네지(R. Martinez), 쿠바의 영웅 포스터

켄지 아토, 대기 오염을 경고하는 드라마틱한 계몽 포스터

드 예술가 연맹에 가입하여 인간 정신을 바탕으로 만든 세계적으로 유명한 폴란드파의 포스터이다. 매스컴이 낙후되어 문화행사, 서커스, 영화, 정치 활동 등을 위한 포스터가 중요한 커뮤니케이션이 되어 국민 자부심의 근원이 되었다. 표현 기법은 암울한 시대적 상황에서 도피할 수 있는 콜라주, 종이를 찢은 형태와 밝고 장식적인 색채의 시각 이미지들이 우세하였다. 1960년대부터 1970년대에는 독재 정권에 대한 반응과 자치권에 대한 갈망, 체념이 표현된 듯한 형이상학과 초현실주의 경향의 표현으로 국가 성격의 어둡고 침울한 측면을 표출하였고 한편으로는 폴란드의 전통적 유흥인 서커스 포스터가 성행하였다. 폴란드 포스터의 발전은 강력한 디자인 교육 제도에 뒷받침되어 오늘날까지 지속되어 전통적인 상업 활동의 역할에서 벗어난 예술과 사상의 영향을 사회에 끼침으로써 폴란드의 사회적, 문화적 생활의 결정을 이루었다.

계몽 포스터 social poster

사회 포스터, 공공 포스터, 공익 포스터라고도 하며 정부 기관이나 각종 공공 단체 및 이익 단체에서 서로의 이익을 도모하고 국민에 대한 계몽의 수단으로 사용된다. 화합과 질서, 타협을 도출하며 상호의존 관계를 새로이 인식시켜 사회적 통합을 실현하는 데 의의가 있다. 역사적으로 세계대전 기간을 전성기로 볼 수 있고 사진, 인쇄 기술의 발전도 이 기간에 비약적으로 이루어졌다. 2차 대전 후에는 피폐해진 전후의 복구와 관련해 인간성이 표방되고 인류의 목표가 제시되면서 정부와 국민, 공공 단체와 대중, 각종 이익 단체와 대중과의 커뮤니케이션을 전제로 전달의 방향성을 지닌다. 성격상 공공성과 홍보성, 일반성과 계몽성을 특징으로 정보 차원에서 교육, 즐거움과 설득을 위한 목적이 있다.

폴란드 포스터 Polish poster

2차 세계대전 후 폐허가 된 폴란드의 공산주의 사회에서 주로 국가가 관리하는 기관을 위하여 그래픽 디자인, 작가, 순수 예술가, 영화 제작자가 폴란

쿠바 포스터 Cuba poster

피델 카스트로(Fidel Castro)의 무장 혁명군 통치 이후 쿠바는 공산주의 국가와의 교류와 마르크스주의 정치 강령을 채택하였다. 다른 공산주의 국가와 마찬가지로 쿠바에서도 순수 예술보다는 대중적 예술 형식과 선전 매체 즉, 영화, 연극, 포스터, 음악 등을 발전시켰다. 포스터의 경향은 정부 기관을 위한 그래픽 디자인이 주류를 이루었는데 그들은 혁명을 위한 정치적 선전을 위한 혁명기념일과 에르네스토 체 게바라(Ernesto Che Guevara) 같은 과거의 지도자를 종종 소재로 이용하였다. 표현 기법은 주로 화려하고 밝은 색조와 자유롭게 사용된 다색(多色)의 실크 스크린을 사용하였는데 이는 당시 쿠바의 빈민가에 활기와 희망, 즐거움을 주기 위한 의도였다. 그러나 쿠바는 예술적, 역사적 배경이 없었기 때문에 미국의 팝아트, 히피 포스터의 사이키델릭 스타일(psychedelic style), 밀턴 글레이저(Milton Glaser), 피터 막스(Peter Max), 솔 바스(Saul Bass)의 스타일, 그리고 폴란드 포스터에 사용된 그래픽적인 특성들을 이용하여 포스터를 선전의 도구로 사용하였다.

▶ 금부 기법

순금박을 은이나 정은의 표면에 땜을 하지 않고 부착하는 우리나라 고유의 기법. 금박은 순금 0.035-0.01mm의 두께를 사용하는데 더 두꺼운 것도 사용한다. 일정한 온도에서 금과 은표면의 융착 현상을 이용한 것으로 가열전 표면의 청결 상태가 매우 중요하다. 표면 연마가 완료된 은제 장신구나 식탁 기물 등에 하는데 현대 공예에서는 조형물에 이용되기도 한다.

김여옥, '스푼이 있는 과자기'

▶ 금속 공예

금속을 재료로 사용하여 만든 공예품 또는 그 가공 기술을 총칭한다. 금속 공예의 재료는 주로 비철금속을 이용하는데 귀금속인 금, 은 그리고 구리(銅)는 가장 오래 전부터 사용되었다. 동은 합금하여 이용하는 경우가 많아 황동, 백동 등으로도 사용하고 그 외 비철금속으로 주석, 아연도 금속 공예에 자주 이용하는 금속이다. 최근에는 알루미늄이나 두랄루민, 티타늄 등 새로운 금속류도 이용한다. 금속 공예의 가공 방법으로 가장 대표적인 기법은 주조, 조금, 단금, 판금 등이 있고 이외에 금속의 색채 효과를 이용하기 위해 티타늄, 알루미늄, 애노다이징 등도 이용한다.

▶ 금속 공예 주요 무형 문화재

1963년 제정된 우리나라 문화재보호법에서는 전통적으로 계승된 공예 기술을 무형문화재로 정해 그 기법을 보호한다. 1989년까지

제35호 조각장: 김정섭(작고), 김철주
제60호 장도장: 박용기, 함병문
제64호 주석장: 김덕용(작고)
제65호 백동연죽장: 추옥판(작고), 황영보
제77호 유기장: 이봉주, 김근수, 윤재덕(작고), 한상춘
제78호 입사장: 이학응(작고), 홍정실

지정된 30종목의 무형문화재 중 금속 공예 부분 기능 보유자는 왼쪽 하단과 같다.

▶ 금속 상감 기법

금속의 표면에 다른 금속을 메워 넣어 색의 대비 효과를 얻는 기법을 통칭한다. 전통적으로 장식적인 문양이나 선에 의한 묘사 등에 이용되었다. 상감 기법은 동양에서 특히 발달되었으며 기법과 도구에 따라 여러 이름으로 부른다. 대체로 선을 상감하는 선상감(線象嵌: 골상감이라고도 한다), 면을 상감하는 면상감(面象嵌), 그리고 바탕의 면 자체를 잘라내고 다른 금속을 접합하는 절상감(切象嵌: 서양에서는 marriage of metal이라 한다)의 세 가지로 구분한다. 넓은 의미에서는 전통 기법인 청동은입사는 선상감에 속하고 백동연죽의 제작 기법은 절상감, 철제은입사법은 세 가지 분류에 속하지 않는다. 이 외에 오버레이, 퓨전 인레이 등도 모두 금속 상감 기법에 포함된다.

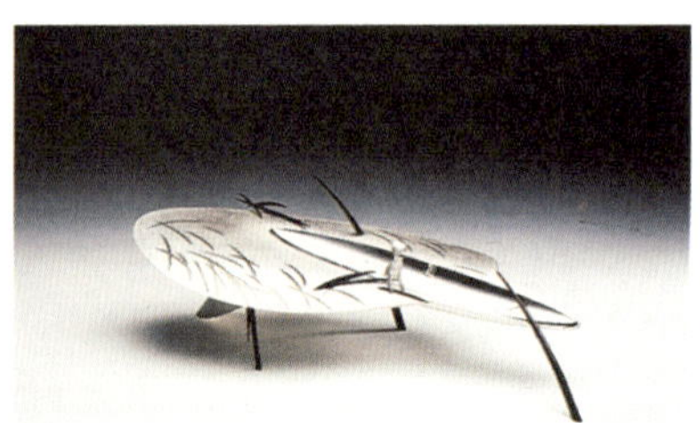

유리지, '호수 산책 2'

▶ 금속 합금 metal alloy

금속의 성질을 개선하기 위해 금속을 합금하는데 이것은 순금속보다 녹는 온도가 낮아지고 가공에 필요한 견고함을 얻을 수 있고 색상 효과도 얻을 수 있다. 금의 합금률은 금의 함량이 100%인 24K 순금부터 10K까지 다양한데 우리나라에서는 18K 혹은 14K를 가장 많이 쓴다. 은합금으로 가장 많이 쓰는 것은 흔히 925라고도 부르는 스털링 실버(sterling silver)로 92.5%의 은과 동 7.5%의 합금으로 순은이 지나치게 연하고 색이 쉽게 변하는 점을 보완하기 위해 만든 합금이다. 보통 은장신구나 식기에 쓰이는데 순은보

다 색이 덜 변하여 은백색이 오래 보존되며 색감이 우아한 장점을 지니고 있어 가장 실용적이다. 순은보다 단단하여 작업 과정이 까다로우나 일단 완성된 후에는 형태가 잘 변하지 않는다. 동합금은 여러가지가 있어 단동(丹銅: 서양에서는 tombac이라 한다), 백동(白銅), 오동(烏銅), 청동(靑銅 bronze), 황동(黃銅 brass: 흔히 신쭈라고 부르는 것은 진유眞鍮의 일본식 발음) 등이 있다. 간단히 말하면 청동은 구리와 주석의 합금, 황동은 아연과의 합금을 말한다. 전통 용어 중에 놋쇠 혹은 유기(鍮器)라고 하는 것은 경우에 따라 주석 합금이거나 아연 합금을 가리킨다. 청동은 구리에 주석을 3-20% 넣은 것이고 간혹 다른 금속을 첨가하기도 하고 황동은 구리에 아연이 5-30% 들어간 것을 말한다. 그 중 아연이 20%까지 들어간 것은 황동에 비해 붉은 빛이 강해 단동이라고도 한다. 오동은 동과 금의 합금으로 백동연죽(白銅煙竹)을 만들 때 색을 내기 위해 사용한다. 백동은 흰빛이 나는 동합금의 통칭으로 용도에 따라 합금률이 조금씩 다른데, 담뱃대를 만들 때는 구리 58%, 니켈 37%, 아연 5%의 비율이다. 이와 비슷한 합금으로 니켈 실버(nickel silver)가 있는데 구리 65%, 아연 17%, 니켈 18%의 합금이다.

▶ 녹청, 파티나 patina

황동 제품에 나타나는 고색, 녹을 말한다. 화학적 변화를 하지 않는 파티나는 고대 이집트 또는 그리스 금속기 표면에 나타나는 엷은 젖백색 피막이 있어 금의 파티나라고 부르기도 한다. 광의로는 금속 제품뿐만 아니라 도자기, 유리 등의 표면에 생기는 피막상의 변화도 포함한다.

김승희, '실내풍경'

▶ 누금 세공 · 세선 세공 鏤金細工 · 細線細工 granulation · filigrée

금속판 위에 작은 금속 알갱이를 섬세하게 녹여 붙이는 기법이다. 그래뉼레이션의 어원은 라틴어의 그라눌룸(granulum: 낟알)에서 비롯된 것으로 일반적으로는 금속판 위에 금속 낟알을 붙이는 것을 말하지만 그외에 금속 낟알과 낟알, 금속 낟알과 봉, 금속 조각과 판, 금속봉과 판 등으로 세분할 수 있다. 엄밀하게 구분하여 누금 세공(granulation)과 세선 세공(filigrée)으로 나누기도 하는데 세선 세공은 입선 세공(粒線細工), 입금 세공(粒金細工)이라고도 하는데 누금 세공과 구분하지 않을 때가 더 많다. 우리나라 유물로는 남북국시대 유물 중 금귀걸이에서 볼 수 있고 서양에서도 이 기법이 사용되어 메소포타미아, 이집트, 에트루리아, 그리스, 비잔틴 그리고 현대 장신구 세공에까지 오랫동안 애호되고 있다. 누금 세공 기법은 금속재가 은땜이나 중매 하는 금속 없이 그대로 녹아서 붙는 것(융접 fusion welding)이 특징이다.

누금 세공

▶ 다마스크 강철, 다마스커스 강철 damask steel, damascus steel

합금률이 다른 강철판이 층을 이루며 장식적인 문양으로 나타나는데 주로 칼날의 재료로 쓰인다. 다마스크 강철은 선철과 강철판을 층층이 융접하며 단조하여 쌓아서 만든 것과 무즈라는 도가니 주조 강철이 있다. 도가니 주조 강철은 인도에서부터 유래된 것으로 그 지역에서 생산되는 자철광과 연철을 1:2의 비

다이아몬드국제대상 Diamonds-International Awards
단금 기법, 단조 기법 鍛金技法, 鍛造技法 hammering
도금 鍍金 gilding

리벳, 못접 rivet
망상 조직 기법 reticulation

율로 혼합하여 도가니에서 녹여 만든다. 도가니에서 녹는 과정에서 자연스럽게 재료가 뒤섞이면서 층이 다양한 금속판의 문양이 생긴다. 융접과 단조의 기법은 기원전 1000년경 페르시아 지방에서 유래된 것인데 선철과 강철판을 포개어 쌓은 다음 융접하고 그 모양을 단조하여 바꾼 다음 그 판들을 다시 층층이 쌓아 융접해 나감으로써 다양한 문양을 만들어 낸다.

▶ 다이아몬드국제대상 Diamonds-International Awards

다이아몬드 정보 센터에서 주관하는 국제적인 장신구 경진 대회. 각 지역 심사(미주, 아시아-태평양, 유럽-아프리카-중동의 3개 지역)를 통하여 100여 점이 선정되고 최종으로 30점 정도가 선발된다. 1954년 이후 47개 국에서 2만6천 명 이상이 참가하였으며 디자인의 독창성과 다이아몬드의 창의적 활용, 현대 패션과의 적절한 조화와 극적인 효과 등을 선정 기준으로 한다. 우리나라는 1988년에 처음 참가하였으며 해를 거듭하면서 증가하는 추세이다.

▶ 단금 기법, 단조 기법 鍛金技法, 鍛造技法 hammering

망치질에 의한 금속 성형 기법을 통칭하는 것으로 금속이 가지고 있는 전성(展性)과 연성(延性)을 이용한 기본적인 가공 방법이다. 주로 금속봉 등의 입체물을 가공하는 것으로 한 금속 형태에서 선의 변화, 즉 두껍고 얇은 면의 점진적인 변화 등의 변형을 포함한 성형을 말한다. 주로 가소성이 높은 철이나 구리, 금, 아연이 적게 함유된 황동도 이용된다. 열을 이용한 단조가 전통적으로 대종을 이루었으나 화덕을 이용하지 않는 단조법도 쓰인다.

▶ 도금 鍍金 gilding

금속 표면이 변색하는 것을 막기 위해 또는 바탕금속보다 더 좋은 금속으로 보이기 위해 다른 물질로 얇게 입히는 것을 말한다. 도금은 기원전 2천년 이집트에서 시작되었고 중국은 기원전 300년경 아말감 도금법을 시행하였다. 아말감 도금법은 수은과 금을 섞어 바른 후에 가열해 수은을 날려보내는 방법으로 인체에 해가 있어 현재는 사용하지 않는다. 현재 많이 사용하는 전기 도금법은 1840년에 발명되었다. 이외에 이온 도금, 화학 도금 등의 도금법이 있다.

▶ 리벳, 못접 rivet

땜하지 않고 작은 금속못이나 파이프로 두 개의 금속판을 접합시키는 가장 단순하며 오래된 기법이다. 금속판을 접합하는 목적 이외에 순수한 장식 목적으로 여러가지 형태의 못대가리와 몸체가 이미 만들어진 리벳을 이용하는 경우도 많다. 리벳은 실용적인 목적 이외에도 금속 표면에 장식 효과를 위해 사용하는 경우도 있다.

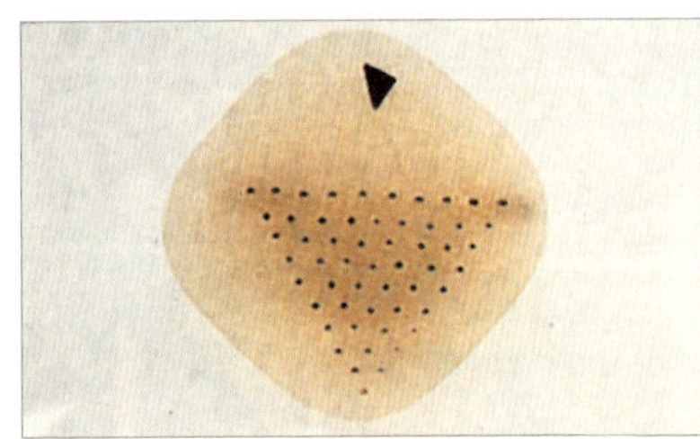

김승희, '연옥 브로치'

▶ 망상 조직 기법 reticulation

금속판을 적절한 온도로 녹여 금속 표면에 가는 주름살 효과를 내는 금속 표면 처리 기법이다. 그물이나 올가미의 뜻을 가진 라틴어 'reticulum'에서 유래된 용어로 금속의 표면이 녹으면서 아주 섬세한 주름살 무늬를 만드는데, 융점이 다른 두 가지 이상의 비철금속으로 합금된 얇은 판(약 0.5mm-0.7mm두께)일 때 가능한 기법이다.

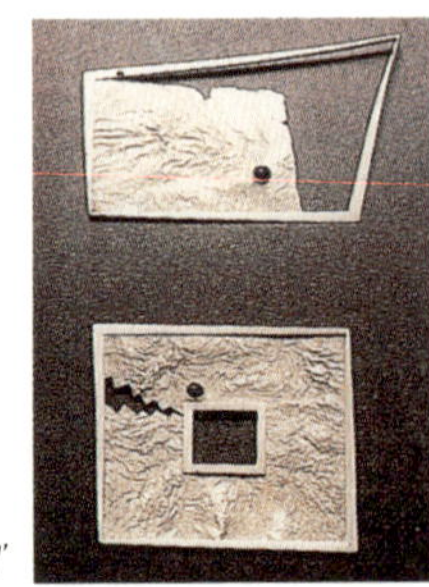

차정아, '브로치'

▶ 모루 stake

금속을 망치질로 성형할 때 금속판 밑에 받치는 여러 형태의 받침쇠를 통칭한다. 모루는 망치와 함께 금속 대공 작업에서 가장 중요한 도구이며, 특히 올리기 기법과 말아 붙이기, 그리고 표면 고르기 기법에 필수적이다. 모루는 성형하는 금속의 형태에 따라 종류가 매우 다양한데 기본적인 형태는 점점 가늘어지는 사각봉의 밑부분을 모루받침쇠나 바이스에 물려서 사용하며 윗부분은 크게 T형이나 버섯 모양이다.

▶ 목금 기법, 모쿠메가네 木金技法

나무테 같은 문양이 나타나는 일본 무사들의 칼을 만드는 전통 금속 기법에서 유래된 기법으로 서양의 금속 공예계에도 많은 영향을 주었다. 목금 기법은 주로 용융점이 비슷하면서 표면 색채가 다른 비철 금속판을 차곡차곡 쌓아가는 방식인데, 금속판 사이의 땜보다는 용융점이 높은 금속을 사용해야 한다.

▶ 보석물리기

금속 세공에 필수적인 기법인 보석물리기는 크게 클로즈(close)세팅과 오픈(open)세팅, 그룹(group)세팅으로 나눈다. 클로즈세팅에는 난집(bezel)세팅, 집시(gypsy)세팅, 튜브(tube)세팅 등이 있는데 불투명 또는 반투명한 보석을 고정한다. 오픈세팅에는 비드(bead)세팅, 카레(carre)세팅, 발(prong)세팅 등이 있는데 주로 투명한 보석에 이용되는 방법이다. 여러 개의 보석을 함께 고정하는 그룹세팅에는 일직선으로 세팅하는 채널(channel)세팅, 일정한 면을 모두 덮는 페이브(pave)세팅 등의 방법이 이용되고 있다.

▶ 수공예 hand craft

기계 공정을 이용하지 않고 손연장에 의한 손작업으로 공예품을 제작하는 것을 말한다. 기계가 주요 생산수단이 됨에 따라 쇠퇴한 수공예의 부흥을 꾀하고자 하는 움직임은 19세기 후반 영국에서 윌리엄 모리스의 미술공예운동에서 비롯되었다. 수공예의 현대적인 의미는 제작 과정 중 기계의 도움을 받기는 하지만 대부분의 과정은 손에 의해 이루어지는 공예품를 말한다. 최근 몇 년 사이 우리나라도 수공예 붐이 일고 공방이 생기기 시작하여 공방작가들이 작업할 수 있는 여건이 더욱 좋아졌다.

▶ 양극 산화 기법, 애노다이징 anodizing

알루미늄(Aluminum), 티타늄(Titanum)의 금속 표면을 전기 분해에 의해 산화 피막을 입혀 색상을 부여하는 기법이다. 전해 주조 탱크 속에서 전기 분해된 산소가 양극에 부착되어 있는 알루미늄이나 티타늄의 표면에 합류하여 산화 피막을 형성하게 되는 것이다. 티타늄은 전기분해 이외에 금속에 열을 가하면 표면의 색상이 변화하는데 이 때의 단점은 표면 전체에 고른 색을 얻기가 어렵고 또 정확한 색상을 예측하기가 어렵다는 것이다. $2Al + 3O_2 = 2Al_2O_3$이 알루미늄의 분자식이며 피막에 알루미늄 염료로 착색하는 것인데 어떤 색이든지 표현할 수 있는 것은 아니고 한정된 몇 가지 색상의 표현만이 가능하다.

▶ 오버레이 overlay

금속판 위에 금속봉이나 작은 조각을 땜하고 망치로 두드려 바탕 금속판 위에 겹쳐 집어 넣어 금속 상감과 같은 효과를 얻는 기법이다. 오버레잉할 때 바탕 금속은 1.3-1.6mm 정도의 두께가 이상적이며 금속선은 바탕 금속보다 조금 얇은 것이 좋다.

▶ 올리기 raising

금속의 소성 변형성을 이용하여 망치로 금속판을 두드려 형태를 만드는 금속 공예 기법이다. 주로 0.8-2mm 두께의 적동 또는 은 순금속판을 사용하며 금속판 자체에 흠집이나 기포가 없이 깨끗한 것이 이상적이다. 금속판을 올리기 위한 방법으로는 우리나라의 방짜기법을 대표적으로 들 수 있다.

▶ 용융 상감, 퓨전 인레이 fusion inlay

금속 평면에 문양을 새기고 그 부분에 색채가 다르고 낮은 온도에서 녹는 다른 금속을 넣은 후 갈아내 상감 효과를 내는 기법이다. 예로 구리판에 은땜이나 황동같이 융점이 낮은 재료를 사용하여 작업한다. 용융 상감의 가장 오래된 재료의 하나는 니엘로이다. 기원전 3

김승희 김태현

은입사 銀入絲
이왕가미술품제작소 李王家美術品製作所
전해 주조 electroforming

천년경 이집트에서도 사용되었다는 니엘로는 은1, 구리1, 납2, 유황 적당량을 섞은 가루를 금이나 은 같은 장신구 문양 사이에 녹여 부어 검은 색과 밝은 색의 대비 효과를 살린 대표적인 용융 상감이다.

▶ 은입사 銀入絲

상감 기법의 일종인 입사는 고려시대에 발달한 청동은입사(青銅銀入絲) 기법과 조선 시대에 발달한 철제은입사(鐵製銀入絲) 기법이 있다. 엄밀히 기법으로는 판이한 방법이지만 바탕 금속에 다른 금속을 끼워넣어 무늬를 장식한다는 점에서는 일맥상통한다고 볼 수 있다. 청동은입사는 청동기의 표면을 파내고 그 속에 은선을 박아넣는 기법으로, 청동을 검게 착색하여 은의 흰색과의 대비를 이룬다. 정병(淨瓶), 향완, 대야 등에 주로 사용되었고 대표적인 유물로는 청동은입사포류수금문향완이 있다. 철제은입사 기법은 철의 표면에 가늘게 상처를 내고 그 위에 은박을 고정시키는 기법이다. 면, 선의 형태를 모두 표현할 수 있는데 선을 표현하는 경우에도 은박을 실처럼 가늘게 말아서 철의 표면에 고정시킨다. 은박을 고정시킨 후에는 표면을 정리해 주어 부드럽게 해준다. 주로 담배함, 향로 등에 많이 이용되었다. 철제은입사 기법은 헝겊의 짜임과 비슷한 표면을 가진다 하여 일본인들은 흔히 포목 상감이라고 부르기도 하였는데 무형문

청동제은입사홍왕사명향완 부분(龍文), 고려

철제은입사담배합 부분, 조선

화재로 입사장 홍정실은 끼움입사(청동은입사), 쪼음입사(철제은입사)라는 한글 용어를 고안하기도 하였다.

▶ 이왕가미술품제작소 李王家美術品製作所

1908년 한성미술품제작소로 처음 설립되어 일제강점기 후반까지 약 30년간 운영된 공예 제작소로 공예전통 회복에 주도적인 역할을 수행함과 동시에 후진을 양성하는 준교육 시설로서의 기능도 담당하였다. 서양 문물의 도입에 따라 수공업 체계의 붕괴와 그에 따른 공예의 질저하의 문제와 왕실의 전통 문화에 대한 복원 의지가 창립의 직접적인 동기가 되었다. 시기별로 다른 명칭으로 부르기도 하는데 설립 초부터 한일합방까지는 한성미술품제작소, 1911-1922년 중반까지는 이왕직미술품제작소, 이후는 주식회사 조선미술품제작소라 불렀는데 통상 이왕직미술품제작소라고 부르는 경우가 많다. 설립 초기의 제작 활동은 금속 공예에 집중되어 이전까지 사용해 오던 왕실 기물의 전통과 연관하여 반상기, 신선로, 화병 등 일상적인 기명은 물론 제기류가 대종을 이루는 왕실용 금속 공예품을 제작하기 위한 의도였다. 이왕직미술품제작소 시기도 역시 제작시설 11개 공장 중 금속공예가 6부문으로 가장 많은 것을 보면 금속 공예가 얼마 만큼의 비중을 차지했는지를 알 수가 있다. 재료별로 크게는 금속 공예, 목공예, 도자기 공예, 염색의 네 부문으로 나눌 수 있어서 조선미술전람회 공예부와 국전 이후 우리 공예계 판도 결정에 시원적인 역할을 한 것으로 보기도 한다.

▶ 전해 주조 electroforming

전기 도금의 원리를 이용하여 형태를 만드는 기법. 전기 도금이 금속 표면에 다른 금속의 얇은 층을 입히는 것이라면, 전해 주조는 그 층이 좀 더 견고하고 두껍게 입혀져 원래의 형태와는 다른 독립적인 형태로 존재할 수 있도록 하는 기법이다. 전해 주조라는 개념이

확고해진 것은 산업 혁명 이후, 입체물의 대량 생산 방법으로 이 기법을 쓰면서 부터이다. 그 후 복잡한 입체 형태를 복제하는 방법으로 산업체에서 많이 사용하며, 금속 공예에서도 이 기법을 예술 표현 방법으로 사용하기도 한다.

▶ 조금 彫金

금속 표면에 정을 이용하여 문양이나 글자를 새기거나 입체감을 나타내는 금속 공예기법이다. 평면적인 무늬나 문자를 조각하는 것만이 아니라 부조와 같은 효과를 내는 돋을새김 기법을 말한다. 조금할 때 금속판을 공기 중에서 직접 두드려 주기도 하지만 대부분 가죽이나 나무등치, 납판, 감탕, 피치(아스팔트 가루와 텔펜타인의 혼합물) 등을 이용하여 그 위에 금속판을 올려 놓고 작업한다. 재료는 금, 은, 동, 철, 백금, 적동 등의 판을 사용하며 각종 공예품의 제작에 광범위하게 이용한다. 일본에서는 피치 대신에 송진과 토분을 섞은 것을 쓰기도 하고 종류는 타출조, 육합조, 편절조, 투조, 상감 등으로 나누어 진다. 서양에서는 돋을새김법을 레푸세와 체이싱(repoussé & chasing)이라고 하는데 레푸세는 금속 문양이 나타난 면의 뒤쪽에서 두드려 금속판을 늘려 올리는 것이며, 체이싱은 앞면에서 두드림으로써 형태를 좀더 섬세하게 다듬는 기법이다. 뒷면에서 두드려 주는 것과 앞면에서 두드리는 작업을 형태가 완성될 때까지 계속 반복하여 형태를 완성한다.

울비니어스 제단(*Wolvinius altar*)의 정면

▶ 조지 젠슨 Goerge Jenson, 1886-1935

조지 젠슨이 1904년 덴마크 코펜하겐의 브리드게이드에 세운 은공방이다. 초기에는 운영이 어려웠지만 고향인 라드바트 주변의 숲이나 목초지에서 어린 시절부터 접해온 풀꽃이나 곤충을 주 모티브로 하여 점차 사람들의 주목을 받게 되었다. 은을 주로 하여 호박, 말라카이트, 오닉스, 문스톤 등의 준보석과 함께 만들어진 장신구는 화려한 보석을 동경하던 상류층 사람들보다는 오히려 예술 감각을 이해하는 중류층 사람들의 넓은 지지를 받았다. 1906년에는 평생의 파트너가 된 디자이너 요한 로드를 만나 독특한 망치질, 인공적인 청녹색 녹, 무광택의 회색, 검은 산화기술 등 새로운 기법을 구사한 작품을 발표하였다. 조지 젠슨의 최대의 목적은 일상 생활에 쓰이는 물건을 미화하는 일이었기 때문에 점차 나이프, 포크, 차주전자, 접시 등 테이블 웨어 분야에도 손을 댔다. 1985년에는 은가격이 급등해 더 많은 사람들이 사용할 수 있는 은도금 제품도 발표되었다.

▶ 주문 공예 order craft

기계 생산에 의한 획일적인 상품이 아닌, 나만의 특이한 물건을 가지고 싶다는 심리에서 출발한 것으로 소비자의 주문에 의해 제작하는 공예품을 말한다. 금형이나 자동기계를 사용하는 공업은 대량생산을 기본으로 하지만 수공예품은 소량생산을 기본으로 하고 기계 생산품에 비해 고가의 물품이다. 제작자에게는 재료비 투자라는 위험 부담이 적고 수요자는 자신의 취향에 맞는 제품을 주문할 수 있는 장점이 있기 때문에 앞으로는 주문 공예가 공예의 주류가 될 수 있다.

▶ 주조 鑄造 casting

주조는 용해된 철이나 기타 금속을 주형에 부어서 성형시켜 복제 생산하는 금속 가공 기법이다. 주금 또는 주물이라고도 하며 옛날에는 용주라고도 하였다. 주물은 단조품과는 달리 금속이 주형 속에서 응고될 때 냉각 속도가 각 부분에 따라 달라지므로 결정체의 크기나 모양이 불규칙하여 단조품에 비해 외부의 힘

에 대한 저항력이 약하다. 그러나 단조로는 불가능한 여러 가지 형태를 쉽게 복제 생산할 수 있고 매우 경제적이어서 대량생산에 적합한 생산 방식이다. 금속 주조를 주조법으로 분류하면 모래형 주조법, 탈납 주조법, 원심 주조법, 진공 주조법, 오징어뼈 주조법 등이 있다. 이 외에 특수한 정밀성을 요하거나 양산을 목적으로 할 경우에는 금형 주물이 있으며 압력을 이용해 가벼운 금속이라도 용해액이 형에 고루 퍼지는 다이캐스트(die-cast)가 고안되었다.

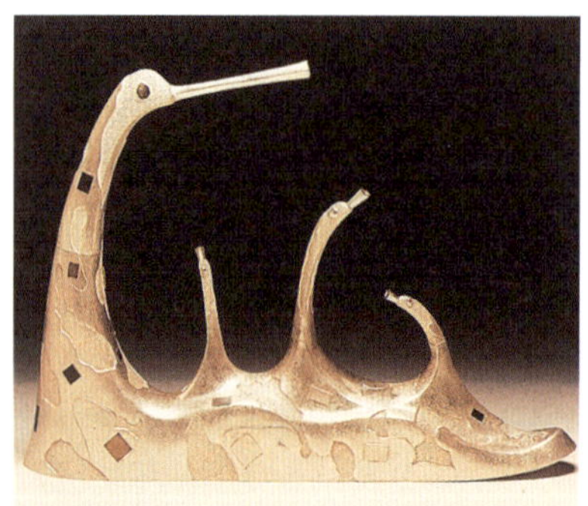

최현칠, '가족 1'

▶ 칠보 七寶 enamelling

금속 표면에 다양한 색채의 유리질을 녹여 붙이는 기법. 기원전 3천년경 개발된 이 기법은 미케네 문명을 통해 발전되었고 그 후 기독교를 배경으로 비잔틴 문명에서 중요한 역할을 하게 되며 아라비아를 경유하여, 중국, 한국으로 전해진 것으로 추정된다. 중국에서는 파랑(琺瑯)이라고 부르며 칠보라는 명칭은 일본에서 들어온 것으로 7가지 보석(금, 은, 유

일본 쇼소잉 소장, 8세기경

리, 파리, 산호, 마노, 진주)과 같은 색채효과를 지닌다는 의미이다. 칠보의 기법은 작업 과정에서 개발될 수 있으며 표현 효과에 따라 다양한 기법이 있으나 대표적인 기법으로 유선 칠보, 반투명 칠보, 가루 뿌리기, 붓으로 찍어 바르기 등이 있다. 성분 중에 중금속이 포함된 것도 있어서 식기에 사용하여 뜨거운 음식을 담았을 때는 중금속에 유출될 우려가 있다.

▶ 카르티에 Cartier

세계적인 고급 장신구 회사. 1847년 보석계에 첫발을 내디딘 루이 프랑수아는 당시 상류층에서 크게 유행하던 칠보와 조금 기법, 보석을 조화시킨 새로운 기법을 만들어 내는 데 성공했다. 1853년 보석 살롱을 열면서 때마침 일어난 보석 붐을 타고 상류층의 사랑을 받으면서 왕실의 보석상으로 차츰 명성을 얻기 시작했다. 그후 그의 아들 알프레드는 보석업계의 혁명이 필요함을 절실히 느껴 자식들에게 정통 예술을 공부시켰다. 1889년 알프레드는 장남 루이와 함께 'A 카르티에와 그 아들'이란 회사를 설립하고 점포도 라 페가 13번지로 옮겼다. 카르티에는 1902년 에드워드 7세의 대관식에 쓸 27개의 왕관을 제작해 더욱 유명해졌다. 알프레드의 세 아들 중 세공술에 가장 비범한 재능을 가진 이는 루이였다. 그는 보석 세공에 플래티늄을 사용해서 세상을 놀라게 했으며 1904년에는 브라질의 비행사 듀몽에게 만들어준 시계가 크게 히트하기도 했다. 1923년에는 장느토우상 부인의 도움으로 에나멜, 은을 사용한 보석품과 가죽 일기장이 대성공을 거두었으며, 그 이듬해에는 카르티에의 대명사로 불리는 쓰리 컬러 골드가 루이에 의해 탄생되었다. 그가 세상을 떠나고 카르티에는 한때 활기를 잃기도 했지만 1981년 38살의 알랭프렝이 카르티에의 최고 경영자가 되면서 고객 수요에 맞춘 참신한 마케팅 전략을 속속 개발한 끝에 회사를 독보적인 위치로 끌어 올렸다.

▶ 크래프트 디자인 craft design

수공예 디자인을 말하며 기계 생산이 아니라

손으로 만들거나 부분적으로 기계를 사용하여 생산하는 제품을 디자인하는 것이다. 현대 과학 기술 문명 속에서 생활의 기계화에 반대하여 인간미가 있는 수공예품을 애호하는 풍조가 최근 세계적인 경향이며 몇년 사이 우리나라에서도 상당한 붐이 일어나고 있다. 우리나라 수공예의 우수성과 각종 토산품이 재인식되어 전통적인 수공예를 현대적인 감각으로 디자인한 제품들과 현대적인 디자인의 생활용품 등이 많이 나오고 있다. 크래프트 디자인에 관한 국제적인 기구로는 1964년에 만들어진 '세계 크래프트 디자인 회의' 가 있다.

▶ 티파니 Tiffany

뉴욕에 있는 세계적인 보석 판매상. 1837년 25세의 찰스 루이스 티파니가 친구 영과 함께 뉴욕에 문방구와 도자기를 취급하는 작은 가게를 내면서 시작되었다. 시대를 앞서가는 두 사람의 아이디어로 티파니를 점차 보석점으로 변신시켜 나갔다. 티파니는 1845년에 처음으로 주문 방식을 채택하여 보석점뿐만 아니라 일반 소매상에도 커다란 영향을 미쳤다. 1858년에는 대서양의 해저 전선 사업이 성공하자 그것을 기념하기 위해 쓰고 남은 케이블로 기념 문진을 제작해 큰 호응을 얻기도 했다. 1878년 킴벌리 광산에서 세계에서 가장 크고 아름다운 카나리아 다이아몬드가 발견되자 티파니는 즉시 다이아몬드를 사들였다. 128.51캐럿이나 되는 이 희귀 다이아몬드는 현재 뉴욕 5번가의 티파니 본점 특별실에 진열되어 있어 일명 '티파니 다이아몬드' 라고 불리는 카나리아 빛깔의 유명한 다이아몬드가 신비로운 광채를 발하고 있다. 1902년 창업자 티파니는 세상을 떠나고 그의 뒤를 이어 1955년 회장으로 취임한 월터 호빙은 파리의 슈란바자, 이탈리아의 페레디 등 유명 디자이너를 초빙해 '티어 드롭', '다이아몬드 바이쟈드' 와 같은 명품을 제작, 티파니의 명성을 드높였다. 미국 최고의 보석점 티파니는 시대적 흐름을 타고 눈부시게 발전하여 1950년에는 파리에, 1968년에는 런던에 지점을 설치했고 그 후 각국에 지점을 설치하면서 세

계의 티파니로 성장했다.

▶ 판금 板金

금속 가공법의 하나로, 압연된 금속판 상태에서 작업을 시작하여 형태를 조립해 가는 가공법을 총칭하여 판금이라 한다. 금속판 성형에는 금속판 접기나 꺾기, 원형으로 구부리기, 타원으로 구부리기, 육면체 상자 제작 등의 과정이 있다. 판금 과정에 필수적으로 따르는 것은 접합인데 못접과 은땜 등이 이용되며 단금은 포함시키지 않는다.

마이클 로위(M. Rowe), 'bowl', 1980

▶ 포츠하임 장신구 박물관 Schmuck Museum Pforzheim

장신구만을 모아 상설 전시하고 있는 세계 유일의 장신구 박물관. 독일의 포츠하임은 250년 전부터 현재에 이르기까지 유럽 장신구 산업의 중심지로, 1800년 말부터 장신구를 모으기 시작하여 1938년에는 소장품을 전시하게 되었다. 2차 세계대전 동안 작품은 안전지대에 보관되어 있었으며 1961년에 현재의 박물관을 완공하여 다시 전시하였다. 기원전 3천 년부터 현재에 이르기까지 역사적 가치를 지니는 장신구를 관람할 수 있으며 세계 각국의 장신구 전시회를 기획함으로써 현대 장신구 흐름에 지대한 역할을 하고 있다.

▶ 한국금속공예가회

대학에서 금속 공예를 전공한 금속 공예가들이 주축이 되는 모임으로 1974년 한국공예가회가 창립된 후 1988년 한국공예가협회로 확대 개칭되면서 금속, 도자, 목칠, 염직 분과로 분리되었다. 현재 160여 명의 회원으로 금속 공예 분야의 활성화를 위한 전시회, 세미나 등이 주된 활동이다.

캐릭터 디자인 character design

캐릭터의 의미

최근 멀티미디어 시대의 도래에 따라 다양한 영상 산업이 출현하고, 개성과 흥미를 추구하는 사회적 경향이 확산되면서 캐릭터가 하나의 산업 형태로 자리를 잡고 21세기의 유망 산업으로 떠오르고 있다. 일반적으로 캐릭터는 특징이나 성격이 강하게 나타나는 대상물은 무엇이든 다 포괄하는데, 인물을 비롯해서 형태, 색채, 소리, 동작 등에서 다른 것과 차별화되는 분명한 특징을 가지고 있을 때, 캐릭터가 어떻다(강하다, 약하다 등)하고 표현하는 일상적 용어이다. 그러나 디자인의 한 분야, 나아가 하나의 산업으로서의 캐릭터라는 말은 다음과 같은 보다 구체적인 의미로 사용된다. 즉, 캐릭터란 하나의 인격을 갖는 형태로서, 움직임과 표정이 살아있는(animated) 대상이며, 인쇄 매체, 영상 매체, 제품, 게임 등에 적용하여 부가가치를 높일 수 있는 디자인물을 말한다. 캐릭터는 단순히 그림이나 형상으로 그치는 것이 아니라 지속성과 동일성을 가지고 있어야 한다. 즉 하나의 아이덴티티가 형성되고 이것이 지속적으로 노출되어 인지도가 형성되고 대중의 호응을 얻게 될 때 대중 문화의 산업을 연계할 수 있는 힘을 갖게 된다. 캐릭터의 인격은 일인칭적인 캐릭터(미키마우스나 스누피 등)와 상징적으로서의 캐릭터(호돌이, 꿈돌이, 미쉐린타이어의 무슈비벤덤 등)로 구분할 수 있다. 일인칭적인 캐릭터는 사람과 마찬가지로 이름이 있으며 가족이나 친구 등 서브 캐릭터를 포괄하여 어떤 스토리를 전개할 수 있는 요건이 구비되어 모든 표현 요소와 이미지가 그 자신에 귀속되어 지속적인 생명력을 갖는 캐릭터이다. 상징으로서의 캐릭터는 주로 기업이나, 제품, 행사, 캠페인 등을 표현하는 매체로서의 기능을 하는데, 이것을 마스코트라고 부른다.

캐릭터의 조건

하나의 캐릭터가 형성되기 위해서는 다음과 같은 조건을 충족시켜야 한다. ①특징 요소: 이름, 형태(form), 색채(color), 소리(sound), 사용언어 ②생명력의 요소: 움직임(동작), 일관성, 지속성 ③성격 요소: 시대 및 장소, 출생배경 및 나이, 신분, 상황 ④어필 요소: 스토리, 흥미와 매력, 화제성 ⑤부가 요소: 가족 및 친구관계, 의상이나 소품

헬로디노(Hello Dino)

매직맨(Magic man)

왕범이

미스터 무디(Mr. Moody)

한국방문의 해 캐릭터

닥터 슬럼프의 캐릭터 응용 제품

조 박서(Joe Boxer) 시계와 패키

스누피 플레이스(Snoopy Place)의 메인 엠블렘

캐릭터 디자인

딕 브루너의 캐릭터를 응용한 벽시계

99 청도 소싸움의 캐릭터

Pigo' s gang, 위즈(WIZ)

신세계 쿨켓 캐릭터

희동이 쿠션

김국진, 김용만

'마우스' 방송 25주년 기념 보도 자료 표지

플린스톤(*Flintstones*), 워너 브라더스

캐릭터의 종류

①애니메이션 캐릭터: 만화(셀), 클레이메이션, 페이퍼 애니메이션 캐릭터 등에서 대중 매체용으로 개발된 것. 디즈니의 캐릭터(디즈니의 캐릭터, 월레스와 그로밋, 벅스버니, 둘리 등)

②스타 캐릭터: 유명한 인물, 연예, 스포츠 스타를 활용한 캐릭터(정치인, 박찬호, 이홍렬 등)

③팬시 캐릭터: 팬시 제품에 적용하여 부가가치를 높이기 위해서 개발된 캐릭터(떠버기, 헬로키티)

④게임 캐릭터: 컴퓨터 게임, 비디오 게임 등을 위해서 개발한 캐릭터(수퍼마리오)

⑤프로모션 캐릭터: 특정목적(제품, 단체, 행사 등)을 홍보하기 위해서 개발한 캐릭터(호돌이, 꿈돌이, 왕범이 등)

캐릭터의 연계 산업 분야

캐릭터 제작 배급 프로모션
●
제조업 분야
문구 및 팬시용품, 의류 및 패션용품, 장난감류
●
멀티미디어 분야
컴퓨터 게임, 가상 현실, *CD-ROM*
●
오락 및 영상 산업 분야
연극, 영화, 비디오, 음반
●
레저 산업 분야
테마 파크, *Ride* 등
●
출판 및교육 분야
만화, 서적, 잡지 등 홍보물, 교육교재

캐릭터 산업의 특징

미래의 산업, 새로움의 산업(창조성 중심의 상품, 차별성 중심의 상품), 즐거움의 산업, 모험적 산업(가능성 중심), 테크놀러지와 밀접한 산업, 연쇄적 전개가 가능한 산업(One idea, Multi-source), 다단계 판매 유통 사업(One source, Multi-use), 제품의 확장과 교체가 용이, 흥행의 성공 여부가 성패를 좌우하는 산업, 네트워킹, 아웃쏘싱 등 집단적 상호 보완 및 전략적 제휴가 필요한 산업

김 현 (디자인파크 대표)   **55**

▶ 기능 크라이테리어

크라이테리어(criteria)는 판단, 선택의 기준이란 의미로 기업 이념이나 커뮤니케이션 전략 등의 개념에서 나왔다. 이것이 CI에서는 아이디어 발상의 기준, 또는 수많은 아이디어를 선별해 압축할 때의 판단 기준으로 CI 디자인이 갖추어야 할 기능적 평가 기준이다. 이미지 크라이테리어는 기업 성격에 따라 달라질 수 있으나 기능 크라이테리어는 어느 기업이든 큰 차이가 없으며 다음과 같은 5개 항으로 요약할 수 있다: ①명함, 각종 사인, 차량 등 다양한 응용 항목에 효과적으로 전개할 수 있는 전개성, ②언제까지나 몇 번을 봐도 새로운 인상을 줄 수 있는 내구성, ③기업 이념이나 제품 성격을 적절히 반영한 전달성, ④다른 기업 심벌과 구별되는 독자성, ⑤ 새 디자인이 발표되었을 때 영향력을 줄 수 있는 화제성.

▶ 기본 요소 basic elements

CI 작업의 디자인은 심벌 마크, 로고 타입, 기업 컬러 등 기본 요소와 이를 각각 매체에 전개하는 응용 항목으로 구별한다. 기본 요소는 한 번 결정하면 쉽게 바꾸기가 어렵기 때문에 CI 작업에서 가장 큰 비중을 차지하는 분야로 결정할 때 신중해야 한다.

▶ 기업명 corporate name

회사의 설립 목적, 경영 이념, 제품 특성 등을 반영하는 것으로 기업 활동의 출발은 회사명의 결정에서 비롯된다. CI를 제작할 때 기업명 작업은 장래에 대한 전략적 관점에서의 판단과 이미지 연상 등에서 시작하여 말의 속성에 대한 검토와 상호 등록 등 다양한 점검 과정을 통해 결정한다. 최근 CI 도입에 따른 기업명 교체는 이미지 쇄신, 합병 흡수 계열화, 사업의 다각화, 국제 시장 진출, 지역성 배제, 개인성 배제 등의 이유로 이루어지며 점검 사항으로는 어느 나라에서도 같은 발음으로 읽히는가, 읽기 쉬운가, 기억하기 쉬운가, 듣기 쉽고 발음하기 쉬운가, 별명 등 부정적 요소가 나올 소지가 없는가 등이다.

▶ 기업 문화 corporate culture

영어의 컬처(culture)라고 부르는 문화라는 말은 자연을 의미하는 내추럴(natural)에 대응하는 개념에서 출발하였다. 자연이 있는 그대로라면 문화는 사람의 의식이 작용해서 다듬어지고 형식화된 정신적 소산물로 반드시 후세에 전승되는 역사적 유물이다. 문화는 집단 생활의 최소 단위인 가족에서 출발하여 도시 문화, 민족 문화, 지역 문화, 국제 문화 등 다양한 양상을 띠고 있다. 기업 문화는 기업의 출발과 함께 존재했으나 이를 규명하고 체계화하여 경영 전략 차원으로 도입하기 시작한 것은 80년대 초부터이다. 기업 문화 역시 집단이 함께 나누는 사고 방식, 행위, 말투, 가치관 등이 뒤섞여 집단 특유의 특징을 만들어 내는 것으로 기업 방향, 신념, 가치관 등이 그 핵을 이루고 있다. 이러한 이념은 기업의 존재 이유, 사회 기여, 그리고 구성원이 믿고 실천할 덕목으로 법 규제나 강권 방식에 의해 형성되는 것이 아니고 자연스럽게 마음에서 우러나와 확산되면서 전승되는 것이다.

▶ 기업 이념

회사 설립 목적이나 경영 목표를 달성하기 위한 행동 지침, 지도 원리를 기업 이념 또는 경영이념이라고 한다. 이를 가시화한 것이 사시(社是)나 사훈(社訓)으로 기업 설립과 동시에 사용되는 것이 통례이나 최근에는 기업 환경 변화에 따라 구성원 의식 구조가 경영 전략과 유리되는 경향이 있으므로 CI를 도입할 때 사전 기업 진단을 통해 기업 이념을 재구축하는 경우가 늘고 있다.

▶ 기업 이미지 corporate image

특정 기업에 대해 일반 대중이나 소비자들이 느낀 감정의 결과를 말한다. 이러한 느낌은 기업 이념, 성격, 특성 및 행동에 대해 누적된 결과로 미시적 제품 이미지부터 거시적 기업 이미지가 있는데, 제품이 평준화되어 차별되는 특성이 없을 경우에는 기업 이미지가 소비자 구매 행동에 결정적인 영향을 미친다. CI를 도입하여 우호적 기업 이미지가 형성되면 기업의 신뢰, 발전, 안전, 후생 복지 등의 긍정적 이미지가 사회로 파급되어 자금 조달 방법이 쉬워지며, 구인 효과도 얻을 수 있다. 그리고 사내의 조직원과 협력 업체 및 거래점들의 애사심과 사기를 북돋아 업무 능률의 향상을 꾀할 수 있다.

▶ **기업 이미지 형성 요소**

기업 이미지는 품질, 성능 등의 제품 요소와 디자인, 포장 등의 디자인 요소, 가격, 유통, 판매 촉진 등의 마케팅 요소 그리고 신기술, 신소재 등의 기술 요소 등이 있다. 이외에도 기업의 사회적 책임과 봉사, 기업의 문화적 발상, 최고 경영자의 자질이나 도덕성 등이 기업 이미지형성의 주된 요소로 작용한다.

▶ **로고 마크 logo mark**

워드 마크(word mark)라고도 부르는 로고 마크는 기업명 그 자체를 레터링하여 마크화한 것으로서 유사성에서 오는 폐단이나 심벌 마크처럼 특정 도형을 인식시키기 위한 시간을 절약할 수 있는 장점을 가진다. 로고 마크는 이러한 기능성에 비해 심벌 마크보다는 경영 이념이나 사업 성격 등을 반영할 수 있는 상징성이 부족한 것이 단점이다. 이러한 점을 보완한 것이 로고 마크에 특정한 연상을 가능하게 하는 지각상을 첨부하여 상징성을 주고 필요에 따라서는 그 부분만을 끄집어 내어 심벌 마크로도 사용할 수 있는 로고 마크+심벌 마크와 같은 유형이 있다. 일본의 미놀타 카메라나 브리지스톤이 대표적인 예이다.

미국 'L&A', 삼성 로고 마크, 1993

▶ **상표 등록**

새로운 사명(社名)이나 상표가 결정되면 특허청에 상표 등록을 통해 고유 가치를 인정받아 저작권 침해 등 부정 경쟁으로부터 보호를 받는다. 상표 등록할 때는 앞으로 진출하고자 하는 사업 방향을 감안하여 미리 예상 업종에 등록을 하는 경우와 시안으로 만들어진 유사

형태의 상표를 여러 개 등록하여 후발 유사 상표의 출현을 사전 봉쇄하는 경우가 있다.

▶ **시그너처 시스템 signature system**

심벌 마크와 로고 타입, 주소, 전화 번호를 일정한 포맷으로 조합하여 응용 항목인 서식이나 사인 등에 적용할 때 일관성을 유지하도록 하는 시스템을 말한다.

▶ **심벌 symbol**

연기가 나면 불을 연상하고 나무가지가 흔들리면 바람이 분다고 느끼는 자연 기호인 시그널이나, 상호 약속에 의한 사인에서 출발한 심벌은 그리스도를 상징하는 십자가나 평화를 상징하는 비둘기처럼 가시적으로 응축된 형태나 특정 색채를 가진 시각 기호로서 인류 역사와 더불어 발전해 왔다. 특정 상징이나 표상의 뜻을 가지고 있는 심벌은 사용에 따라 심벌 마크, 공공을 위한 퍼블릭 심벌, 특정 캠페인 심벌 등으로 부르며 마크라는 용어와 함께 사용한다.

▶ **심벌 마크 symbol mark**

기업 심벌, 사장(社章) 등으로 불리는 심벌마크는 기업의 절대적 표상으로 기업의 경영 이념이나 경영 방침 등을 시각적으로 상징화한 것으로 CI에서 가장 핵심적인 요소이다. 심벌 마크는 워드 마크 또는 로고 마크가 사명(社名) 그 자체를 레터링에 의해 마크화한 것에 비해 상징적인 추상 형태나 구체적인 구상 형태를 주축으로 한다는 점에 차이를 둔다. 심벌 마크의 모티브는 기업의 경영 이념이나 기업 자세, 사업 내용, 회사명이나 브랜드가 가지고 있는 의미, 그리고 기업만의 독특한 역사, 전통, 인물 등 다양한 방법을 통해 추출된다.

▶ **응용 항목 application elements**

기본 디자인 요소가 결정되고 난 후 기업이 사용하고 있는 모든 매체에 구체적으로 적용될 디자인 포맷으로, 사기(社旗)를 비롯한 각종 간판, 사인, 명함 또는 봉투 같은 각종 서식 그리고 운송용 차량, 포장 등이 있다. 응용 항목을 디자인할 때는 각 기업에 따라 활용하는 항목에 차이가 있기 때문에 이를 사전에 알고 주요 항목을 중심으로 아이덴티티화시켜 나가는 방법이 좋다.

▶ 이미지 크라이테리어 image criteria

이미지 크라이테리어는 기업이 소기의 목적을 달성하기 위해 중요한 이미지들로 대표적인 크라이테리어는 새롭게 진보하고 있다는 이미지의 선진성, 국제 감각성, 지성감, 활동성, 친근성, 인간성 등이 있다.

▶ 플로 정보와 스톡 정보 flow information, stock information

플로 정보는 비교적 생명이 짧은 정보를 말하며, 스톡 정보는 사람들의 의식 속에 모여 쌓이는 정보이다. 스톡 정보는 쌓이고 굳어가면서 특정한 이미지로 정착하므로 CI 디자인의 키워드가 되는 것이다. 플로 정보의 예로는 일시적인 상품 광고나 이벤트 광고 등이 있고, 스톡 정보의 예로는 CI를 들 수 있다.

▶ BI Brand Identity

상표의 주체성, 존재 증명의 의미를 갖는다. 브랜드란 우리나라 상표법에는 생산 가공 증명 또는 판매하는 자가 자기의 상품을 타업자의 상품과 식별시키기 위해 사용하는 기호, 문자, 모형 또는 이들의 결합으로 특별히 현저한 것(상표법 제 1조 1항)으로 규정하고 있다. BI는 경영 전략의 하나로서 상표 이미지를 시각적으로 체계화, 단순화하여 브랜드를 소비자에게 확실히 인식시키면서 체계적인 관리를 통해 제품 전략에서 판매 전략까지를 구체화시켜 특정 브랜드에 대한 선호를 제고시키는 것을 말한다.

▶ CI City Identity

시티 아이덴티티나 타운 아이덴티티(Town Identity)는 특정 지역에 거주하는 주민이나 관공서에서 근무하는 사람 그리고 그 지역을

광주광역시 심볼마크와 로고

방문하는 사람들에게 지역의 장점을 알려 아름답고 살기 좋은 도시로 만들어 나가기 위한 공공 전략으로서 도입되고 있다. 우리나라에서는 부천시가 CI를 도입하였으며 최근 지방 자치제에 대비하여 각 구별로 부분적이나마 구(區) 심벌을 제정하는 등 CI에 관심을 가지고 있다.

▶ CI 매뉴얼

기본 디자인 요소와 응용 항목이 결정되면 이를 항목별로 넣어 규정한 지침서를 만들어 정리한 것이 CI 매뉴얼이다. CI 매뉴얼은 기본 요소와 시그너처, 응용 항목과 재생 자료 등의 순서이며 심벌이나 컬러의 사용 방법 금지 규정에서 각 응용 항목의 디자인 포맷이 수록된다. CI 매뉴얼의 활용으로 어디에서 누가 제작하더라도 지침서에 따르기 때문에 디자인 아이덴티티와 제작에서 오는 원가 절감의 효과를 얻을 수 있다. CI 매뉴얼은 쉽게 사용하고 첨가할 수 있도록 바인더 형식으로 만드는 것이 보통이다.

장동련, 신라호텔의 CI 매뉴얼

▶ CI 용어의 정의

CI란 코퍼레이트 아이덴티티(Corporate Identity) 또는 코퍼레이트 아이덴티피케이션(Corporate Identification)의 약어로서 '법인 조직', '단체의', '단체 집합적' 이라는 의미를 가지고 있는 코퍼레이트와 철학에서는 주체성, 심리학에서는 동일성, 사회학에서는 존재 증명의 뜻을 갖고 있는 아이덴티티의 합성어다. 정신분석학자 에릭슨은 아이덴티티를 발달 단계에서 획득하는 자아 동일성이라고 정의하기 때문에 코퍼레이트 아이덴티

티를 직역하면 기업의 자아 동일성이라고 정의할 수 있다. 전문가들의 정의를 종합해 보면, ①CI는 기업의 자기 발견과 자기 실현의 프로그램이다. ②기업의 모든 활동과 그 활동 방법의 총체이다. ③기업 이미지를 컨트롤하기 위한 기업 활동이다. ④기업의 관계자 집단에게 경영 이념과 기업 목적을 명확하게 인식시키기 위한 종합적인 커뮤니케이션 방법이다. ⑤CI란 기업 문화 그 자체이다. ⑥CI란 기업의 현실을 파악하여 명확히 목표를 설정한 후 미래지향적 비전을 만들어 그것을 순서에 따라 사내외에 체계적으로 확산시키는 경영 전략의 한 프로그램이다.

▶ CI 용어의 출발

CI란 용어는 코퍼레이트 이미지(Corporate Image)의 약자로, 코퍼레이트 아이덴티티(Corporate Identity)로 부르기 시작한 것은 뉴욕의 CI 전문 회사 L&M(리빙코트 앤드 머큘리즈)의 월터 머큘리즈였다.

▶ CI의 도입 시기

①기업의 창립 시기, ②기업이 흡수 합병 등으로 커다란 변화를 갖는 시기, ③기업 창립 50주년, 100주년 등 역사적으로 전환점을 마련하기 위한 시기, ④경쟁사보다 유리한 이미지를 만들어야 할 필요성이 있는 시기, ⑤수출 또는 다른 이유로 해서 경쟁력을 국제화해야 할 경우, ⑥신사옥 이전, 신상품 출하, 경영진의 교체 등으로 새로운 도약을 마련해야 할 시기.

▶ CI의 필요성

①기업 활동의 다각화(단일 업종에서 다업종으로 전개, 국제 시장 진출에 의한 다국적 기업의 등장)로 기업 규모가 확대되면서 기업의 관점에서 기업 전체를 컨트롤하는 전략적 계획으로 기업 이미지 확립의 필요성, ②제품의 라이프 사이클이 짧아지면서 단일 품목에 따른 브랜드 아이덴티티 차원을 넘어 기업 차원에서 전제품을 경영 관리해야 할 필요성이 대두되면서 CI가 필요, ③경쟁력의 심화로 상품을 구입할 때 배후에 존재하는 기업 이미지가 구매에 영향을 미치기 때문에 기업 이미지를 부각시키기 위한 CI가 필요, ④기업 구성원의 의식 구조의 변화에 따른 근무 환경의 개선 및 경영 방법의 혁신이 필요하면서 계획과 조직의 활성화를 위한 방안으로 CI가 필요, ⑤기업의 미래에 대한 준비로 CI가 필요.

▶ CI 트리 CI tree

CI 디자인의 전체를 한 눈에 파악하기 위해 만드는 다이어그램으로 전체 형태가 나무와 같은 형태를 이루기 때문에 CI 트리라 한다. CI 트리는 나무의 뿌리 부분에 해당하는 기본 요소와 줄기와 가지 부분에 해당되는 응용 항목으로 구성된다.

▶ GI Group Identity

여러 계열로 된 그룹의 경우는 그룹이 가지는 장단점을 살린 CI가 필요하게 되면서 그룹 차원의 GI를 도입하게 된다. 모기업을 중심으로 다양한 기업을 흡수, 합병, 신설하면서 계열 기업 간에 생기는 여러가지 문제점을 상호 보완하여 각 기업의 전략적 위치와 이미지 구축을 도모하는 것이다. GI에서는 전략상 전체 계열 기업을 하나의 통일된 이미지로 묶느냐, 그렇지 않으면 유사 기업군으로 계열화하느냐 등의 정책적 문제가 경영 전략 차원에서 중요시되어야 한다.

▶ HI Hospital Identity

병원의 수가 늘어나면서 수요와 공급의 균형이 깨지게 되어 과거의 전통이나 권위만으로는 경쟁력에서 우위를 차지하기가 어렵다. 따라서 병원에서도 CI를 도입하게 되었는데 이를 HI라 한다. 병원은 사람 그 자체를 상대로 하는 비즈니스이기 때문에 휴머니티, 따뜻함이라는 이미지와 최신 기술 설비 등을 HI에 특징적으로 반영해야 한다.

KDA, '차병원'

기업 디자인

corporate identity   권 명 광

▶ PI Personal Identity

PI는 개인으로서 무엇을 할 수 있는가, 무엇을 하고 싶은가 등으로, 그 인식에서 오는 행동의 일관성이다. 기업이 가진 비전과 개인이 가지고 있는 비전을 최대한 접합하여 기업 경영자와 개인 사이에서 오는 아이덴티티의 간격을 가장 적게 하는 CI 전략의 일환이다.

▶ UI university identity

새로운 대학이든 전통 있는 대학이든 각자 유리한 조건을 강조하면서 특성 있는 명문으로 만들고 싶다는 비전을 주체적으로 일관성 있게 제시하는 전략을 말한다.

계원조형예술대학

계원조형예술대학 UI, 크로스포인트, 1998

▶ VI Visual Identity

시각적인 부분을 아이덴티티화하는 것으로, CI가 퍼스널 아이덴티티와 마인드 아이덴티티 등을 포함해 경영 전략에 관한 전반적 이미지 구축 작업이라면, VI는 시각적인 디자인에 국한시킬 때 사용한다. 88올림픽, 대전 엑스포 등 국가적 행사때 엠블렘이나 마스코트 등의 활용이 광범위하므로 주로 VI를 도입해 제작 관리에 따른 지침을 통일시켰다.

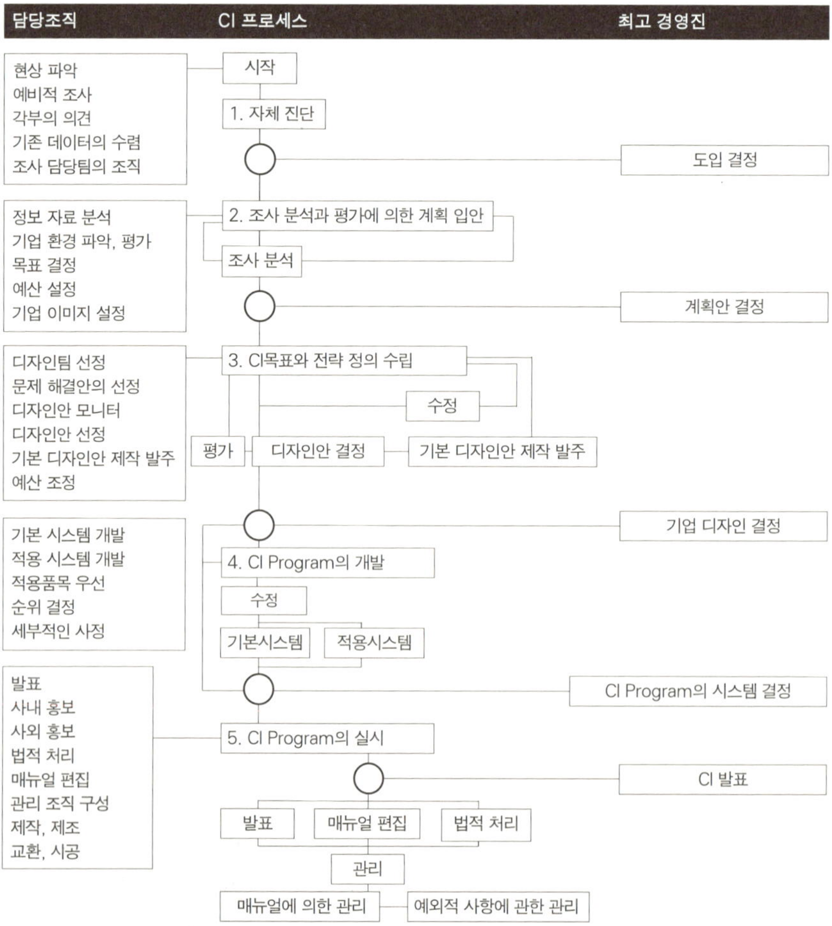

담당조직	CI 프로세스	최고 경영진

현상 파악 / 예비적 조사 / 각부의 의견 / 기존 데이터의 수렴 / 조사 담당팀의 조직
→ 시작 / 1. 자체 진단 → **도입 결정**

정보 자료 분석 / 기업 환경 파악, 평가 / 목표 결정 / 예산 설정 / 기업 이미지 설정
→ 2. 조사 분석과 평가에 의한 계획 입안 / 조사 분석 → **계획안 결정**

디자인팀 선정 / 문제 해결안의 선정 / 디자인안 모니터 / 디자인안 선정 / 기본 디자인안 제작 발주 / 예산 조정
→ 3. CI목표와 전략 정의 수립 / 수정 / 평가 / 디자인안 결정 / 기본 디자인안 제작 발주 → **기업 디자인 결정**

기본 시스템 개발 / 적용 시스템 개발 / 적용품목 우선 / 순위 결정 / 세부적인 사정
→ 4. CI Program의 개발 / 수정 / 기본시스템 / 적용시스템 → **CI Program의 시스템 결정**

발표 / 사내 홍보 / 사외 홍보 / 법적 처리 / 매뉴얼 편집 / 관리 조직 구성 / 제작, 제조 / 교환, 시공
→ 5. CI Program의 실시 → **CI 발표** / 발표 / 매뉴얼 편집 / 법적 처리 / 관리 / 매뉴얼에 의한 관리 / 예외적 사항에 관한 관리

심벌마크 디자인

예로부터 장인들은 그들이 만든 작품에 사인을 해 자신들의 창작물임을 증명하고픈 바람이 있었다. 여기에는 창작물에 창작자의 자부심을 반영시키려고 하는 목적이 가장 컸으리라 생각한다. 한국 문화에서 이러한 행위는 낙관이라는 형태로 진행되었다. 회화 혹은 도자기의 창작자들은 낙관이 없이 창작물을 발표하는 것은 결코 생각할 수 없었다. 이러한 자신의 자랑스런 창작물에 표시(marking)를 하는 기본적인 관념은 마크와 관계있는 포지셔닝 전략이나 기업 문화의 문제들과 현대적 의미의 해석에 있어 다소 혼동되었다. 오늘날 한국의 기업가들은 왜 그들의 생산품에 일체감을 줄 필요가 있는지를 제대로 인식하지 못하는 것처럼 보인다. 오늘날 창작자는 거의 그룹이거나 조직이다. 그리고 창작물은 제품이나 서비스가 될 수 있다. 제품이나 서비스에 일체감을 주는 것은 유럽의 중세기에 아티스트들이 자신의 작품에 사인을 하는 것과 같은 기능을 수행한다. 만일 어떤 사람이 그 제품을 좋아한다면 그 소비자는 그 제품을 긍정적인 쪽으로 기억할 것이고 다른 소비자들에게 그것을 추천하거나 재구입하기를 반복할 것이다. 이러한 경향은 제품의 심벌마크를 인식하는 것에서 시작하는 본능적인 것이다. 한번 소비자가 브랜드에 대한 자각을 갖게 되면 제품의 가치와 질에 대한 인식을 갖게 되며, 다른 제품과 비교하여 긍정적인 태도로 생각한다. 기업 심벌마크의 인식에 기초한 가치 판단의 원리는 제품 브랜드에도 똑같이 적용된다. 이러한 이유로 서구의 그래픽 아이덴티티의 새 유형을 만드는 크리에이터들은 한국이나 일본과 달리 CI와 BI의 차이를 거의 두지 않는다. 심벌마크는 그 기업이 추구하는 가치, 의미, 퀄리티 수준을 쉽게 연상시킬 수 있어야 한다. 하지만 실제 심벌마크 개발에서 목표 반응 기준에 도달하기 전에 짧은 기간에 개발하기 위해 주관적인 경험에 의존해 디자이너와 타협하는 경우가 많다. 결국 아이덴티티를 개발한다는 본래 목적은 브랜드 로열티와 비즈니스 실체의 이미지 인식을 강화하고 증진하는 것이다.

정준 (심팩트 대표)

▶ 감각 sensation

감각 기관에 가해진 외적, 내적 자극으로 인하여 직접 일어나는 의식 현상을 말한다. 감각 기관으로 들어온 자극의 내용들은 대뇌피질에 전달되어 그것이 어떤 자극인가를 알게 되는데 이를 지각이라고 부른다. 이렇게 본다면 감각은 지각을 위한 자극의 수용단계라고 말할 수 있을 것이다. 감각의 종류는 시각, 청각, 후각, 미각, 온도감각, 촉각, 운동감각, 평형감각 등과 같이 신체의 감각 수용기의 종류별로 분류되지만 내장 등이 주는 유기감각도 감각의 범주에 포함시키고 있다. 그러나 이들이 외부에서 주어진 모든 자극을 수용할 수 있는 것은 아니고 일정한 범위의 자극만을 수용할 수 있는데, 이를 식역(자극에 대하여 감각이나 반응을 일으키는 경계, 의식과 무의식이 넘나드는 경계)이라고 말한다. 이를테면 시각은 약 400-720nm 범위 안에 드는 파장만을 색으로 식별할 수 있으며 이 범위 밖에 있는 적외선과 자외선 등의 가시영역을 벗어나기 때문에 시각자극으로 수용되지 못한다. 청각의 식역은 대략 20-20,000Hz이다.

→ 인간 공학 참조

▶ 게슈탈트 Gestalt 요인

구조를 가진 어떤 것을 말하는데 그것은 도형일 수도 있고, 어떤 멜로디, 어떤 동작일 수도 있다. 우리말은 형태, 영어는 configuration, 불어는 'forme'로 번역하기도 한다. 가곡 '비목'을 배운 사람은 그것이 피아노, 바이올린, 하모니카 등 어떤 악기로 연주되더라도 금방 알 수 있다. 사각형은 나무로 만들어졌든 종이로 만들어졌든 모두 사각형으로 지각된다. 그러나 자세히 살펴보면 피아노와 바이올린의 자극 내용은 다르며, 나무와 종이의 자극 내용도 각각 다르다. 이렇게 다른 자극이라도 그것이 비목이거나 사각형으로 의심없이 지각되는 어떤 심리적 메커니즘이 우리의 내부에 있다. 이것이 게슈탈트이다. 그러나 비목은 비목 그 자체로 존재하지 아니하며, 사각형은 사각형 그 자체로서 존재할 수 없기 때문에 이들은 질료를 통해 드러난다.

베르트하이머(M. Wertheimer), 쾰러(W. Köhler), 코프카(K. Koffca) 등의 소위 형태 심리학자(Gestalt psychologist)들의 주장에서 이러한 심리적 메커니즘은 인간 정신 활동의 기본으로, 학습된 것이 아니라 생득적인 것이며, 대뇌의 기능을 반영한다. 이 요인들이 지각 체제화(perceptual organization) 혹은 게슈탈트 요인이 되는 데 다음과 같은 요인들이 있다.

① 근접성(proximity)의 요인
형태가 서로 가까이 있을수록 지각적으로 함께 집단화되는 경향을 갖는다. 그림에 점으로 된 세 줄이 있고 그 세 줄 사이에 여백이 있다. 옆으로 이동하려는 느낌이 강조되며, p의 위치에 점을 더하면 긴장감이 생겨 화면 전체가 조여진다. 이때 셋째줄의 q는 필요없는 요소가 된다.

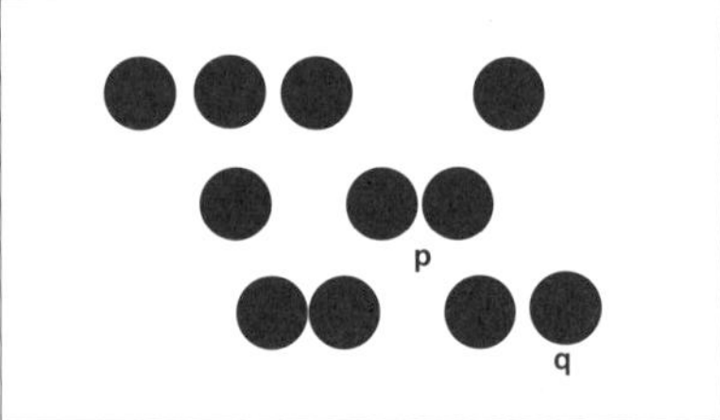

근접성(proximity)의 요인

② 유사성(similarity)의 요인
다른 요인이 동일하다면, 유사성에 따라 형태는 집단화되어 보인다. 그림은 11개의 원이 화면 전체에 알맞은 면적을 차지하는 상태이다. 원이 화면을 차지하는 면적은 삼분의 일 정도이다. 나머지 백지가 11개의 원을 두드러지게 한다. 이 11개의 구성 요소는 서로 같은

유사성(similarity)의 요인

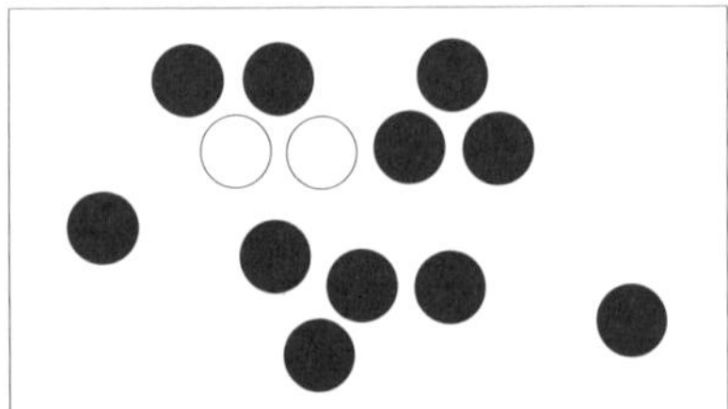

개성을 가지기 때문에 이들은 무리를 이루고 그 중 두 개의 원이 눈에 띄게 된다(여백과 요소를 3:1 정도로 하면 요소는 일종의 움직임을 가지므로 조형적 이미지를 나타내기 쉽다).

③ 부드러운 연속성(continuation)의 요인
복잡하게 보이기보다는 원래의 진행 방향을 따라 부드럽게 연속되는 윤곽을 선호하는 성질이다. 다음 그림은 진행을 느낄 수 있는 예이다(이것은 연속적인 효과에서 비롯된다). 이러한 움직임을 느끼게 하는 효과는 직선의 연속으로도 나타낼 수 있다.

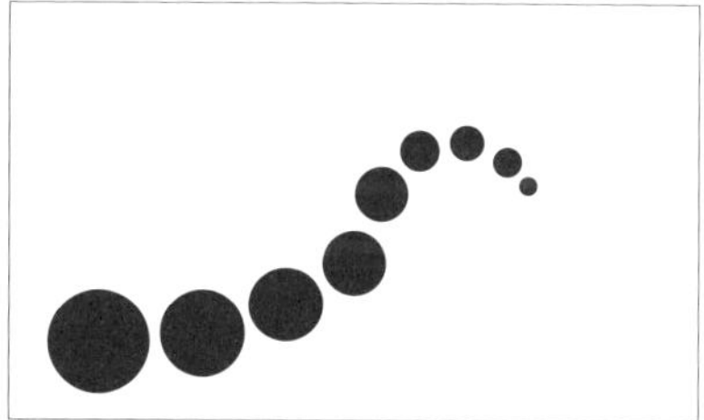

연속성(continuation)의 요인

④ 폐쇄성(closure)의 요인
벌어진 도형을 완결시켜 보려는 경향을 갖는 성질이다. 그림은 8개의 원이 화면 중심에 타원형을 그리며 안쪽으로 폐쇄된다. 그러나 왼쪽 아래의 원과 오른쪽 아래의 원은 이 타원형에서 제외되어 보이기 때문에 눈에 띈다. 이 중 오른쪽 아래의 원은 왼쪽의 원보다 이 경향을 강하게 거부하고 있다. 그렇기 때문에 오른쪽 아래의 원은 무리에서 제외되어 보인다. 안쪽으로 폐쇄(폐합의 법칙)되는 구성은 서로 정리되기 쉽다.

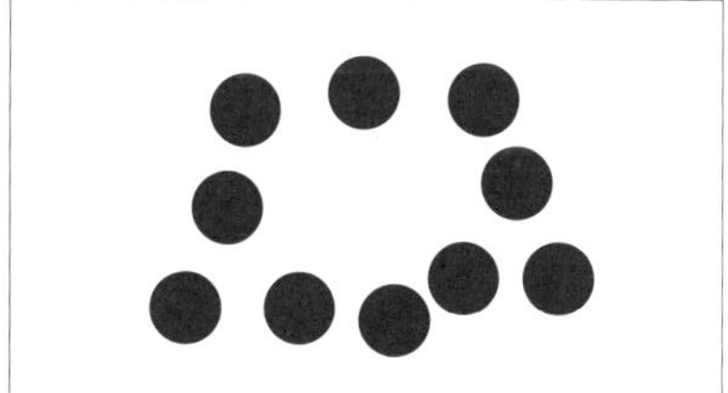

폐쇄성(closure)의 요인

⑤ 공동 운명(uniform destiny)의 요인
배열이나 성격이 같은 것끼리는 집단화되어 보이는 성질이다. 그림에서 보면 다른 원보다 두꺼운 선으로 이루어진 원끼리 서로 근접해 공동 운명을 이룬다. 그 중에서도 왼쪽 위의 두 개는 한 쪽이 더 크기 때문에 보다 더 눈에 띄는 것을 확인할 수 있다. 반면 가는 선으로 이루어진 나머지의 원은 서로 접하고 있지 않기 때문에 자유롭게 움직이고 있는 것처럼 보인다.

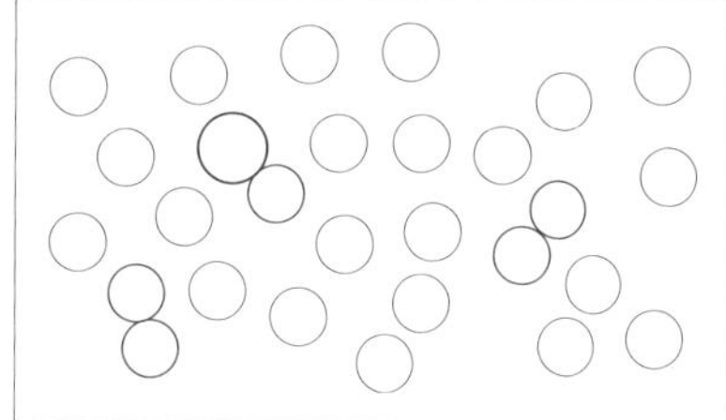

공동 운명(uniform destiny)의 요인

▶ 구성 composition
바우하우스에서 시작된 조형의 기초 교육을 일본에서 도입할 때 '조형'을 뜻하는 'Gestaltung'을 '구성'이라고 번역하였는데, 이를 우리 디자인 교육에서 받아들인 데서 비롯된 용어이다. 원래 대상의 모사나 모방에 따르지 않고 자율적 조형 원리의 탐구에 기초하여 조형함을 의미하고 있기 때문에 오늘날에 와서는 구성이라는 용어 대신에 '조형'이라는 용어를 널리 사용한다.

▶ 균형 balance
2차원이나 3차원의 공간 내에서 대상이 가지고 있는 시각적인 무게감과 또 그것이 가지는 의미상의 무게감들이 서로가 서로를 필요로 하고, 서로 잡아당기거나 밀면서 팽팽한 긴장감들이 서로 같은 힘으로 존재하는 상태를 말한다. 흔히 균형을 양쪽의 무게가 중간의 어느 지점에서 비길 때를 뜻하는 것으로 잘못 아는 수가 있으나, 균형은 이러한 물리적 현상에 심리적 요인을 더해야 한다. 조각상의 물리적인 무게 중심과 심리적 무게 중심이 다를 때가 많다는 사실에서 확인할 수 있다.

▶ 기호 sign

인간의 의사 소통에 있어 필요한 청각적, 시각적, 시청각적, 후각적, 동작적 전언(傳言 message)들의 내적인 구성 요소를 통틀어 기호라고 말한다. 이러한 기호의 유형에는 지표(index), 신호(signal), 아이콘(icon), 상징(symbol) 등이 있다. 지표란 직접적으로 지각할 수 없는 사상을 직접적으로 지각할 수 있는 다른 사상으로 나타낼 때, 이때의 기호를 말한다. 이를테면 먹구름은 비의 지표이다. 신호는 인간이 고안해 만들어낸 인공적 지표를 말한다. 빨간 신호등은 멈춤의 신호이다. 아이콘은 대상의 닮은 형 또는 닮은 상의 기능을 하는 기호로서 사진이나 캐리커처는 그 인물의 아이콘이다. 이는 기호의 여러 종류 중에서 상대적으로 가장 직접적인 기호이다. 한편 상징은 대상과 유추(analogy) 관계에 있는 기호로서 십자가는 기독교 이념의 상징이다. 이를 다른 말로 표현하면, 나타내려는 대상에 아이콘이 없을 때 그 대상 지표의 아이콘을 제시하는 것이 상징이라고 할 수 있다. 이같은 기호의 유형을 살펴보면 디자인 행위 그 자체가 스케치, 도면, 사진, 모형 따위의 많은 기호군을 묶어 주는 기호 의미 작용의 과정이라는 점을 알 수 있다. 이러한 관점에서 오늘날 각종 디자인 방법론에 대한 논의나 상품 미학적인 기호 조작을 탐구하려는

각종 기상 기호

프로덕트 랭귀지(product language), 프로덕트 시맨틱스(product semantics) 등이 시도되고 있다. → 기호학 참조

▶ 디자인 design

'계획하다', '설계하다' 라는 뜻을 가지는 라틴어 '데지그나레(designare)'에서 나온 말이라고 알려졌으나, 오늘날 디자인의 개념은 단순한 계획이나 설계에만 머물러 있지 않다. 디자인은 근대 산업사회 이후, 일상 생활에 필요한 여러 가지 사물을 만드는 일에 맞는 말로 사물의 재료나 구조, 기능은 물론 아름다움이나 조화를 고려하여 하나의 사물의 형태 혹은 형식들을 한데 묶어내는 종합적 계획, 설계를 말한다. 또 그렇게 하는 과정을 통해 만들어진 대상도 이에 해당한다. 디자인이라는 용어는 근대 산업사회를 추구해 온 여러 나라에서 거의 동일한 성격으로 형성되고 발전해 왔기 때문에 각국에서 이를 자국어로 번역하여 사용하지 않고 '디자인' 이라는 외래어를 그대로 사용하고 있다. 산업사회 이전 초기에는 미술로부터 조형성을 빌어오고 여기에 기능을 더 보탠다는 개념이 형성되어 이를 마이너 아트(minor art), 혹은 응용 미술(applied art) 등으로 불렸던 시기도 있었지만, 오늘날에 와서는 인간의 삶의 질을 높이는 모든 영역을 예술이라고 본다면, 디자인은 산업사회가 만들어 낸 가장 가치 있는 예술일 수밖에 없다는 논리를 바탕으로, 미술에 종속됨을 단호히 거부하고 있다. 디자인의 영역은 기본적으로 인간의 근본적인 생활 양태, 즉 생산, 커뮤니케이션, 환경 형성이라는 행위와 연계되는 프로덕트 디자인, 비주얼 커뮤니케이션 디자인, 환경 디자인으로 대별되지만, 어떻든 더욱 쾌적한 생활 환경의 형성에 기여하기 위한 행위이며, 오늘날은 디자인의 공유 목표가 환경 형성으로 기울고 있는 추세이다.

▶ 디자인 컨셉 design concept

디자인 행위의 초기 단계에서 앞으로 완성될 디자인 작품에 대한 개념을 한 마디로 디자인 컨셉이라고 말한다. 그렇기 때문에 대체로 개념화, 아이디어, 구상, 계획 등의 의미를 가지

고 있는 컨셉션(conception)의 의미에 가깝다고 말할 수는 있지만, 더 나아가 디자인 결과물을 통한 메시지, 혹은 이미지의 차원에까지 이르고 있는 수가 많다. 최근 더욱 확실한 구상을 요구하는 경향이 높아짐에 따라 디자인 행위 속에 디자인 컨셉의 중요성도 날로 커지는 추세이다.

▶ 리듬 rhythm

리듬이라는 말은 흔히 율동이라고 번역되고 있으며, 정적인 대상이 가지고 있는 시각적인 운동이라고 말한다. 그러나 예거(W. Jager)나 페테르젠(E. Petersen)과 같은 사람은 이것이 운동이나 활동이라기보다는 반대로 휴지(休止)이며 운동의 확고한 구분, 혹은 운동을 통하여 생긴 부동의 형태라고 주장하기도 한다. 리듬이 운동과 시간과 공간에 관련된다는 점은 확실하지만, 운동에 관점을 두느냐와 휴지에 강조점을 두느냐에 따라 정의되는 뉘앙스는 조금씩 다른 것 같다. 이러한 까닭으로 이는 반복(repetition), 교체(alternation), 점이(漸移 gradation)와도 상관 관계를 갖게 마련이다. 그러나 이 또한 반복이나 교체, 점이 때문에 시각적인 리듬이 생긴다고 생각하기보다는, 작품 속에서 리듬이 형성되기 위해서는 결과적인 형태로서 이들이 드러난다고 생각하는 것이 더 바르다고 판단된다.

▶ 모던디자인 modern design

일반적으로 19세기 후반부터 금세기 50년대까지의 근대 디자인의 전개를 말하며, 그 중에서도 특히 1920년대의 바우하우스의 운동을 계기로 하여 전개되어 온 기능주의적 디자인을 가리켜 모던디자인이라고 한다. 이 디자인의 원리는 사물의 모습은 그 역할과 기능에 따라 결정될 수밖에 없다는 사고에 근거하여 모습과 기능의 합일적인 결합을 이상으로 하고 그 결과 단순하면서도 명쾌한 형태, 기능미를 드러내는 형태를 목표로 하는 디자인의 경향을 띠고 있다. 이러한 사고는 기계 시스템에서 볼 수 있는 정합성의 반영과 또 한편으로는 기계의 비인간성을 극복하는 것으로 형과 기능이 합일된 유기체로서의 생물을 모델로 한다. 이 사상은 기계 문명의 극복과 마땅히 있어야 할 가능태로서의 유토피아를 지향하는 것, 결국 형과 기능을 동일시하는 동일률의 논리에 스스로 빠져 버릴 모순을 포함한다.

▶ 모듈 module

건축물의 각 부분간의 상관적인 비례 관계를 계량하는 기준 척도를 말한다. 한옥의 방의 크기를 15자, 18자, 21자 등으로 구획한 치수들도 이에 대한 보기이다. 오늘날에는 건축뿐만 아니라 가구, 공업 제품, 활자나 사진 식자, 책이나 잡지의 지면 레이아웃 등 그들의 설계나 구성에서 어떤 일정한 비례에 기본을 둔 기준 단위를 결정하고, 그 조합에 따라 전체 질서를 세우기 위한 척도의 개념으로 사용되고 있으며 대부분의 디자인 영역에서 활발하게 사용되는 개념이다. 르 코르뷔지에(Le Corbusier)가 황금 분할을 인체 공법에 맞게 만든 건축 공간의 척도 '모듈러(Modulor)'는 유명한 모듈의 보기이다. ➔ 인간 공학 참조

르 코르뷔지에 (Le Corbusier), '모듈러(Modulor)'

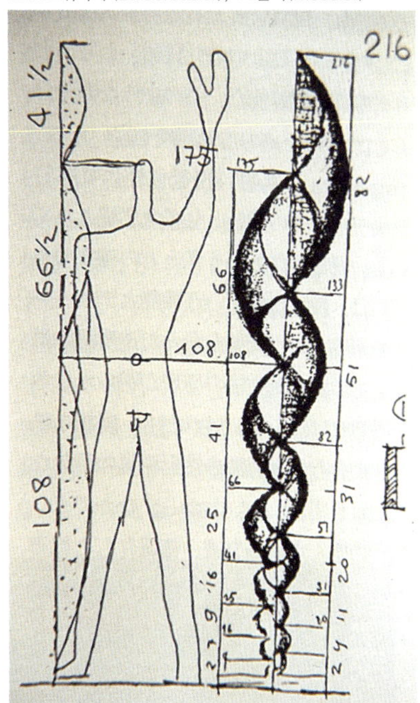

▶ 비례 proportion

디자인 형식 원리의 하나로서, 부분과 부분 또는 부분과 전체와의 수량적 관계, 즉 면적과 길이의 대비 관계를 말하고 있다. 결국 면적과 부피에 관련되는 것이기는 하지만, 일차적으로 길이의 관계라고 파악하는 편이 훨씬 이해하기 쉽다. 이상적인 몇몇 비례들은 옛날부터 공식화되어 디자인의 기본 원리로 활용되어 왔다. 황금 분할, 루트비, 피보나치 수열(Fibonacci series) 등은 우리들에게 친근하고도 널리 알려진 비례들이다. 특히 황금 분할은 그 분할이 너무나 이상적이어서 '신이 내린 선물'이라고까지 일컫는다. 가상적으로 A와 B로 이루어진 하나의 직사각형이 있을 때, 이것을 어느 부분에서 분할했을 때 가장 이상적일까를 생각한 것이다. 이제 비례 관계를 설정해 보면, 'A:B=A+B:A'의 외항과 내항의 곱은 등식 관계가 성립되므로 이는 다음과 같이 정리되는데 '$A^2=B^2+AB$', 이를 이항 정리하면, '$A^2-AB-B^2=0$'이 되는데 이 등식은 방정식의 완전꼴이 아니므로 근의 공식을 이용하여 해답을 얻고 여기에서 허근을 제거하면 1.618이라는 근사값을 얻게 된다. 다시 말해서 한 변이 1일 때 또 다른 변이

황금 분할의 예

1.618이라는 비례 관계일 때 황금 분할이라 한다.

▶ 비주얼 커뮤니케이션 visual communication

일반적으로 커뮤니케이션이 청각적, 시각적, 시청각적, 후각적, 동작적 기호 체계를 통한 광범위한 인간의 의사 소통을 말한다면, 비주얼 커뮤니케이션은 조형 요소를 바탕으로 시각에 호소하여 정보를 전달하는 일을 목적으로 하는 비주얼 커뮤니케이션 디자인이다. 그러나 흔히 비주얼 디자인(시각 디자인)이라고 통칭하고 있는 실정이다. 이러한 호칭은 〈Language of Vision〉을 저술한 시카고 뉴 바우하우스의 케페스(G. Kepes)나 모홀리 나기(Moholy-Nagy) 등이 제안했으나, 인쇄 매체나 영상 매체를 비롯한 대량 정보 전달 매체들의 확충에 따라 오늘날 새로운 사회적 기능을 떠맡고 있다. 그래픽 디자인이라는 말을 동의어로 사용하고 있다.

▶ 시각 언어 visual language

일반적인 문자 언어에 비해 시각적인 의사 전달 수단을 말한다. 20세기 문화의 특성은 그래픽이나 사진, 영화, 텔레비전 등의 영상에 따른 시각 세계의 확대이며, 오늘날 이들은 음성과 문자의 보정을 통해 의미 내용을 전하기 때문에 일반적인 언어와 함께 메시지나 정보를 전달하는 중요한 미디어로 등장하고 있다. 더 나아가서 이들 미디어조차도 시각에 호소하는 조형 요소를 근간으로 한 하나의 언어 구조로 보려는 경향이 있는데, 이는 매체의 특성에 따라 시각 언어의 구성이 매우 달라지기 때문이다. 이러한 생각은 특히 이러한 근거를 가지고 조형 원리를 설파한 케페스의 저서 〈Language of Vision(1944)〉의 출간 이래 디자인의 문제로서 부각되고 있다. 시각 언어의 확립을 위해서는 시각 전달 기능과 디자인의 조형성이라는 문제를 포함한 조형 언어의 단위와 그 문장 구문법의 원리가 분명해지지 않으면 안된다는 어려운 문제가 아직 해결되어야 할 문제점으로 남아 있다. ➡ 그래픽 디자인 참조

▶ 시뮬레이션 simulation

'흉내내기'나 '가장하기'의 뜻을 가지고 있는 어휘로서 현실이나 실제의 상태 혹은 상황을 직접 체험하기 어려울 때, 그 결과를 가정하여 행하는 모의 실험을 말한다. 실제적 상황이 위험을 갖고 있을 때, 확실한 예측이나 신념이 부족할 때, 실제적 실험을 해보기에는 경비가 지나치게 많이 들 때, 미래 시간에 완성될 결과를 현재로 바꿔 검토가 필요할 때 시뮬레이션은 이루어진다. 원래는 항공기의 모의 조정 실험이나 경제 현상의 점검, 인간 행동 따위를 이에 따른 이론 모델을 바탕으로 CAD나 컴퓨터 그래픽을 이용하여 수행하는 데 많이 이용되었으나, 오늘날은 각 학문 분야에 넓게 퍼져 있다. 디자인 분야에서도 디자이너의 구상과 만들어질 것의 아이덴티티, 만들어진 것과 사용자의 관계에 있어서의 최적화, 작업 효과의 경제성 등에 대한 점검을 위해 불가결한 수단이 되었다. 완성된 상태를 가상하여 만든 '대전엑스포'에 대한 컴퓨터 그래픽 영상 시뮬레이션은 좋은 보기이다.

▶ 아나모르포시스 anamorphosis

어떤 특정한 각도에서 보거나 곡면 거울에 비추면 그때 비로소 바른 형으로 보이는 '왜곡된 상'을 말한다. 일반적으로 이러한 대상을 그린 그림을 말하거나 숨은 그림, 혹은 눈속임 그림이라고 부르는 시각의 유희를 뜻한다.

도로 위의 각종 표시들은 운전자의 시각에서 바르게 보이도록 도로면 위에서 왜곡된 상으로 나타난다.

이 말 속에는 '형의 역행'이라는 뜻이 있는데, 관찰자의 주관에 따라 상이 재구성되지 않으면 바른 상으로 보이지 않는다. 도로 위에 표시되어 있는 속도 제한 표시라든가 진행방향 표지 등은 이에 대한 좋은 보기로 이 기호들은 매우 갸름하게 그려졌는데, 왜곡된 형은 운전자의 시각이나 속도에 따라 비로소 바르게 보이기 시작한다. 아나모르포시스는 본래 그것을 그려내는 기법에 주안점을 두는 것보다는 세계를 관찰하는 방법을 바꾸는 데 기초한다.

▶ 이미지 image

Daimler-Benz의 자동차탄생 백주년기념회 로고마크

마음속으로 떠오르는 상인 심상을 말한다. 이는 직접 감각의 자극을 동반하지는 않지만 감각적 성질을 갖기 때문에 여기에는 시각 이미지, 청각 이미지, 후각 이미지 등 모든 감각의 이미지가 있을 수 있다. 이를테면 시골의 초가집을 머리에 떠올릴 경우에, 그 초가집을 현장에서 직접 봤을 때만큼 생생한 지각상을 가질 수는 없다 할지라도 그것이 지닌 대충의 형태라든가 지붕을 덮고 있는 이엉, 흙벽 등이 마음속에 떠오르게 되고 때로는 구수한 두엄의 냄새까지도 떠오를 수 있다. 이것이 초가집에 대한 이미지이다. 현대 커뮤니케이션에서는 대체적으로 메시지를 전하는 수단인 기호들이 직접 지각되거나 실제로 체험된 정보가 아니기 때문에 이미지를 운반하고 있다고 본다. 이러한 근거로 현대 사회, 즉 정보화 사회를 이미지 사회라고 부르는 것이다. ➡
그래픽 디자인 참조

조형 Gestaltung
질감 texture 영, matière 불
착시 optical illusion

▶ 조형 Gestaltung

점, 선, 면, 색, 빛, 공간, 시간 등의 여러 요소와 여러 가지 재질을 이용하여 촉각적이거나 시각적, 혹은 역학적으로 이차원, 삼차원의 공간 안에 자율적이며 창조적으로 형(shape)이나 형태(form)를 조직화하는 것을 말한다. 인간의 의식적 활동에 의해 만들어지는 형과 형태 일반을 가리키는 광범위한 개념이 적용되기도 하지만, 보통 아름다움이나 용도를 추구하는 미술 및 디자인의 과정과 그 결과물을 뜻하는 경우가 대부분이다. 겉으로 드러나는 결과에 따라 입체와 평면 조형 등으로 나누어 분류하고 있지만, 원래 평면이란 일종의 입체의 시각적 번역이라고 말할 수 있기 때문에 실질적으로는 그 구별이 명확하지 않은 수가 많다. 인간의 지각상은 모두 입체이며 평면적인 지각은 일어나지 않는다. 왜냐하면 자연에 존재하는 모든 시각 대상 자체가 입체이기 때문이다. 평면상은 이러한 입체를 지각할 수 있도록 돕는 시각 단서일 뿐이다. 그러므로 평면 조형 속에는 입체 조형의 단서가 들어 있고, 또 입체 조형 안에는 평면 조형의 단서가 들어 있을 수 있는 것이다.

▶ 질감 texture 영, matière 불

원래는 직물의 소재와 올이 짜여지는 법에 따른 표면 효과를 말하는데, 이는 감각기관 중에서 촉각에 해당한다. 그러나 오늘날에는 촉각보다 시각적으로 표면의 성질을 느끼는 현상을 말한다. 질감은 두 가지 방향에서 검토되고 있는데 하나는 대상을 평면적으로 표현했을 때의 표현 효과를 말하는 것이고, 또 하나는 표현되는 대상이 가진 시각적인 표면 효과를 말한다. 거침, 매끄러움, 딱딱함, 부드러움, 마름, 젖음 등의 느낌들은 질감에 해당되는 표현이다.

▶ 착시 optical illusion

인간은 사물에 대한 그릇된 지각을 할 때 가 있는데 이를 착각이라고 말한다. 이러한 착각에는 자극을 받는 사람과는 상관없이 자극의 객관적 상태에서 오는 착각, 지각하는 사람의 경험에서 오는 착각, 지각하는 사람의 감정적

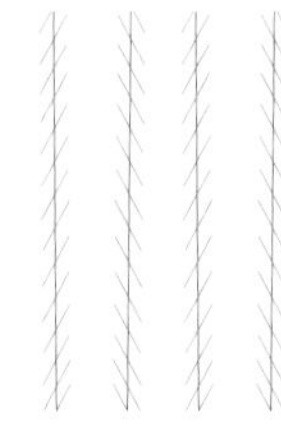

평행 수직선들이 각각 방향을 달리하는 보조선의 영향으로 평행해 보이지 않는다.

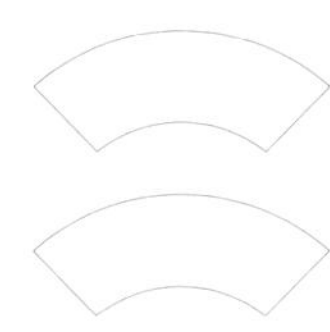

같은 부채꼴이라도 위 아래의 위치에 따라 그 크기가 달라 보인다.

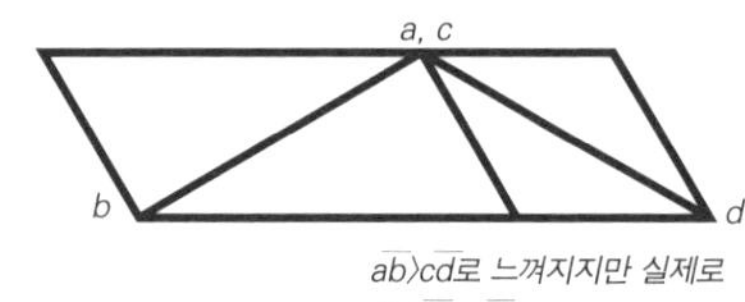

$\overline{ab}\rangle\overline{cd}$로 느껴지지만 실제로는 $\overline{ab}=\overline{cd}$

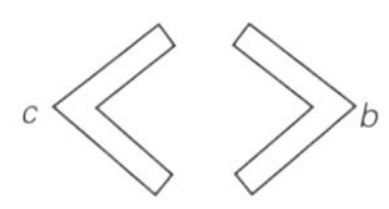
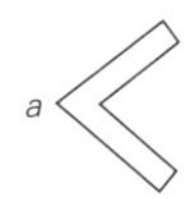

$\overline{ab}\rangle\overline{bc}$ 로 느껴지지만 실제의 길이는 $\overline{ab}=\overline{bc}$이다.

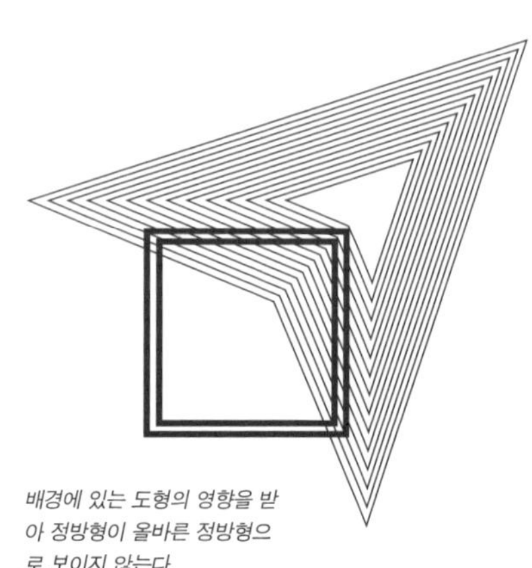

배경에 있는 도형의 영향을 받아 정방형이 올바른 정방형으로 보이지 않는다.

태도에서 오는 착각, 파레이돌리(pareidolie) 착각 등이 있는데, 우리들이 흔히 말하는 착시란, 기하학적 착시(geometrical illusion)를 뜻한다. 착각 중에서 주로 피자극자와는 상관없이, 즉 객관적인 상태로 놓여 있는 어떤 기하학적 도형이 실측한 객관적인 크기나 형과는 다르게 지각되는 현상이다. ➡ 인간 공학 참조

▶ **창조성 creativity**

창조성이란 낡은 요소의 배합으로 새로운 의미의 획득을 위한 심리적 에너지라고 말할 수 있다. 이제까지 없었던 것을 새롭게 만드는 일이라는 일부의 개념 정의는 오해를 일으킬 수 있다. 왜냐하면 "새롭게 만들다"라는 개념이 형성될 때까지 십 수세기를 통한 격렬한 논쟁과 갈등을 이러한 개념 정의는 생략해왔기 때문이다. 19세기 낭만주의 사조 이후 오늘날과 같은 창조성의 개념이 형성되기 이전까지 서구에서는 모방 이론이 그 자리를 대신하고 있었다. 창조라는 것은 신의 고유한 영역일 뿐, 인간은 신의 피조물에 불과하므로 "무로부터의 창조(Creatio ex nihilo)"는 근본적으로 불가능하다는 종교적 고백이 바로 그것이다. 말하자면 비행기나 잠수함, 각종 탈 것 등은 날짐승, 물고기, 네 발 달린 짐승들의 모방이며 형태적이거나 색채적인 사물의 모사로서의 회화나 조각 작품들은 외면 세계의 재현으로서의 모방이지 창조가 아니라는 관점이다. 이를테면 극도의 상상력을 동원하여 만든 괴물조차도 결국 자연으로부터 얻은 여러 부분들의 집합에 불과할 수 있다는 말이다. 그렇다면 지금도 인간의 창조성은 인정받을 수 있는 근거가 없다. 그러나 르네상스로부터 바로크(17세기)에 이르면서 모방의 해석에 다양한 견해들이 등장하였다. 자연을 있는 그대로 충실하게 재현하기보다는 자연의 결점을 보정하거나 취사선택할 수 있는 것이 모방이며, 현상 대신 그 암호를 해독함으로써 모방의 대상으로서의 자연 그 자체보다 더 완벽한 결과를 얻을 수도 있다는 가능성을 제기하였던 것이다. 물리적 재현이 아니라 심리적 지각상과 상징성을 중요한 과제로 인식한 것이다. 19C 낭만주의 이후 창조성에 대한 새로운 개념은 이러한 새로운 인식에 그 뿌리를 둔다. 그것은 인간이 성경의 창세기에 등장하는 창조주처럼 로고스(Logos)만으로 절대무로부터 사물을 현현(顯現)시킬 수는 없지만, 그의 정신세계 속에서 어떤 상황과 현상도 나타낼 수 있다는 점을 인정하는 것이다. 이것이 유한한 인간이 가질 수 있는 창조성이라고 말할 수 있다. 이렇게 본다면 과거 시점에서의 모방성은 오늘의 창조성과 본질적인 면에서 대차대조표를 작성하기 어려운 면을 가지고 있다고 말할 수 있다.

▶ **형 shape**

흔히 형(shape)과 형태(form)라는 용어가 혼용되고 있는데 정확하게 말하면, 형은 어떤 형체의 윤곽이라고 말할 수 있다. 다시 말해서 형태가 삼차원적인 표현 용어라면 형은 이차원적인 표현이다. 그러나 대상의 형이 물질적인 형체의 실제적인 경계선과 반드시 일치하는 것은 아니다. 왜냐하면 진정한 형은 그 본질적 공간적 특성(spatial features)에 의해 형성되기 때문이다. 이를테면 사람의 얼굴이라는 형은 반드시 윤곽선에 의해서 묘사되지 않더라도 표현 가능하다.

▶ **형태 form**

형(shape)이 어떤 형체의 윤곽이라면, 형태는 그러한 형으로 된 윤곽, 내부 요소, 구조 요소들을 가지는 본질적 모습이다. 윤곽은 어떤 형태를 다른 형태로부터 구별하는 외적 관계이며, 내부 요소란 한 형태의 안에서 각 부분들 사이의 관계, 구조 요소란 그것의 물질적 상태나 구조에 따른 형태를 말한다. 이를테면 옆에서 본 자전거 바퀴는 두 개의 타원의 형(shape)을 가지나, 그것은 바퀴살을 가지며 외부가 타이어로 된 바른 원형의 형태(form)로 지각된다. 우리가 사물을 지각할 때 개념, 판단, 논리, 추상, 계산 등에 불가결하게 감각 작용이 따르기 때문에 형과 형태가 정확히 구별되지 않을 때도 많다. ➡ 산업 디자인 참조

69

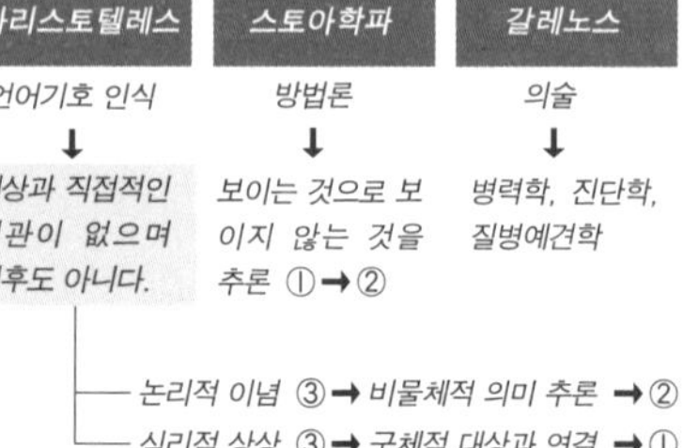

고대의 기호학

▶ 기호학 semiology, semiotics 영, Semiotik 독, smiologie 불

기호학은 '기호(sign 영, Zeichen 독)'에 대한 학문으로 이미 있는 기호나 기호 체계의 구조와 의미를 설명하는 경험적 기호학과, 기존의 기호와 기호 체계를 재구성해 인식의 틀을 제공하는 철학적 기호학으로 나눈다.

▶ 기호

기본적으로 모든 물체는 기호가 될 수 있다. 여기에는 어떤 정신적, 추상적 영역에 있는 것들, 가령 상상 속의 대상이나 색, 소리 등도 포함된다. 물론 어떤 경우에는 기호의 기능을 갖는 것이, 다른 경우에는 기호의 기능을 갖지 못할 수도 있다. 가령 일상 생활에서 입은 검은 양복은 일차적으로 옷으로서의 기능을 갖는다. 그러나 상을 당한 곳에 입고 간 검은 옷은 '애도를 표한다'는 의미 전달의 기능을 갖는다. 땅에 떨어져 있는 돌은 동물을 잡는 데 쓸 수 있으며, 그 밑에 보물이 묻혀 있다는 의미 전달의 기능을 할 수도 있다. 전자의 기능은 '도구적 기능'이라 하고, 후자의 기능은 '소통적 기능'이라 말한다. 특히 후자의 경우처럼 어떤 물체가 '사회적 소통'에 기여할 때 그것을 기호라 한다.

▶ 고대의 기호학

고대에는 기호학을 갈레노스(Galenos, 129-199)의 경우처럼 하나의 의술로 이해하였으며, 오늘날에도 그것은 질병의 징후에 관한 학으로서 병력학, 진단학, 질병예견학 등으로 남아 있다. 다른 한편으로 스토아학파에서 기호학은 '보이는 것'으로부터 그것과 연관하여 이전에 징후로 나타났던 '보이지 않는 것'을 추론하는 하나의 방법론이었다. 그러나 언어기호의 경우에는 대상과의 직접적으로 징후와 같은 연관성이 없으므로, 언어기호의 징후로서 어떤 논리적 이념이나 심리적 상상 등이 떠올라야 한다. 이런 인식은 이미 아리스토텔레스(B.C. 384-322)에게서 나타나고 있다. 하나의 언어기호는 상징으로 그가 말했듯이 비물체적인 의미를 추론하게 하며, 이를 통해 언어기호가 구체적인 대상과 연관

되는데, 이를 도표로 표시하면 위와 같다. 이러한 도식은 오늘날까지도 남아 있다. 고틀롭 프레게(Gottlob Frege)의 의미론에서 이 도식은 언어적인 표현에서의 뜻(Sinn 독)과 의미(Bedeutung 독)의 이론을 전개시키는데 있어서 규범적인 형태로 작용하고 있다. 여기에서 '뜻'은 대상의 존재 방식을 나타내는 개념이며 '의미'는 규정된 대상을 가리키는 개념으로, 가령 샛별과 금성의 '의미'는 같지만 '뜻'은 다르다.

▶ 현대의 기호학

1. 피어스의 기호학

현대 기호학의 기초는 바로 찰스 샌더스 피어스(C. S. Peirce, 1839-1914)가 마련하였는데 존 로크(J. Locke, 1632-1704)의 〈인간 이해에 관한 에세이(An Essay Concerning Human Understanding)〉에서 그는 기호학의 용어를 빌어오고 있다. 그런데 존은 기호학을 특별히 언어기호의 이론으로서 거의 논리학과 같은 의미로 쓰고 있다. 피어스는 이를 일반화시켜 기호학을 기호 사용의 법칙 일반에 대해 연구하는 학문이라고 규정하면서, 이와 같이 규범을 규정하는 학문에는 기호학 외에 윤리학과 미학이 있다고 한다. 기호 사용의 법칙 일반에 대하여 논하는 기호학은 다시 세 가지로 세분되어 기호가 지닌 속성과 의미 법칙을 연구하는 분야는 사변적 문법(spekulative Grammatik 독)으로, 논리적인

주장들의 유형을 분류하고 그 주장의 타당성을 증명하는 분야는 비판(Kritik 독)의 영역, 진리를 탐구하고 서술하며 적용 방법을 연구하는 분야를 방법적 해석학(Methodeutik)의 영역으로 분류한다.

피어스에 앞서서 램버트(J. H Lambert)는 로크에 의존하여 기호학을 '사상과 사물을 규정하는 학문(1764)'이라고 하면서, 실제 대상을 통해 얻어지는 인식을 직접적인 인식으로, 실제 대상이 없는 상태에서 기호를 통해 얻어지는 인식은 상징적 인식으로 규정한다. 로크의 뒤를 이은 사람 가운데 스마트(B. H. Smart, 1796-1872)는 기호학(semiotics) 대신 기호이론(Sematologie 독, sematology 영)이라는 용어를 사용하나 이 용어는 이후에 사용되지 않았다. 이후에 웰비 부인(Lady Welby)은 기호학(semiotck)의 변형으로서 어의학(Signifik 독, signific 영)이라는 용어 아래 자신의 논의를 전개시켰다. 이는 피어스가 사용하는 기호학의 개념과 비슷한 내용을 가지지만 이것도 역시 1960년대까지 존속하다가 결국 사라졌다. 피어스는 기호학을 한편으로는 사변적으로 행해지는 철학적인 학문 분야이며, 다른 한편으로는 실생활의 경험에 기초한 경험적인 학문 분야로 이해한다. 이런 의미에서 기호학은 첫째, 기존의 기호 체계와 기호화 과정(Semiose 독, semiosis 영), 즉 하나의 물체가 어떻게 기호의 기능을 가지며, 나아가 그 기호의 사용 과정에서 어떻게 부가적 의미를 얻는가를 연구하며, 둘째로, 그러한 기호들을 일정한 법칙에 맞게 합리적으로 다시 구성하는 일을 한다. 여기에서 전자는 경험적으로, 후자는 사변적으로 행하게 된다. 이와 함께 한편으로는 종래에 기호 사용자의 개별성을 고려하지 않던 기호학 삼각형과, 다른 한편으로 기호를 징후와 상징으로, 즉 자연적으로 대상과 결합된 기호와 인위적으로 대상과 결합시킨 기호로 구분하던 방식은 완전히 재구성하게 된다. 피어스(Peirce)는 여기에서 기호학을 실용론(Pragmatik 독, pragmatic 영)에 기초를 둔 것으로 재구성하

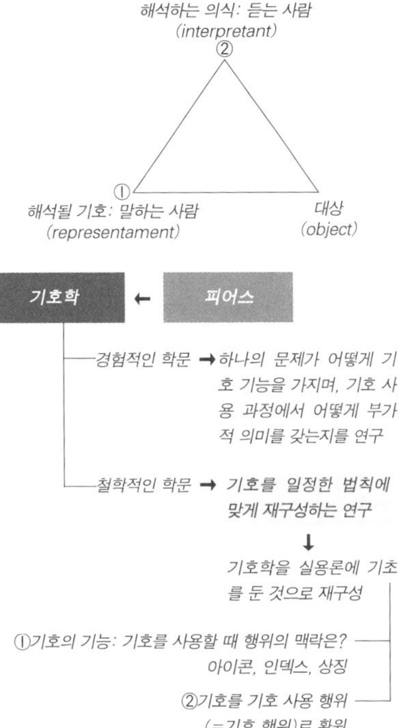

피어스의 기호학

는데, 실용론에서에서는 기호를 기호 사용 행위, 즉 기호 행위로 환원시키고, 기호의 기능도 기호를 사용할 때 행위의 맥락이 무엇인가를 고려하는 방식을 취한다. 기호학 삼각형을 피어스는 위와 같이 형상화한다.

이를 통해 기호학 삼각형은 한편으로 말하는 사람(해석될 기호)과 듣는 사람(해석하는 의식)의 문제로 확장되었으며, 다른 한편으로 '해석하는 의식'은 다시 그 해석 자체가 더 많은 해석을 낳는 해석의 기호가 되는 식으로 열려진 기호화 과정(또는 부가의미화의 과정) 속에 편입된다.

피어스는 이전처럼 기호를 징후와 상징으로 구분하지 않고, 실용론(Pragmatik)에 입각해 기호(해석될 기호 representamen)의 기능을 논하면서 이를 세 가지로 구분한다. 첫째는 아이콘(icon)의 기능을 하는 것으로, 이것은 기호가 지시하는 대상이 지닌 형상의 유사성이나 유추를 통해 만들어진다. 화장실의 표시나 도로 표지판의 학교 표시 등이 이에 속한다. 두 번째는 인덱스(index)의 기능으로서 이는 자신이 지닌 기초적 의미를 빌어 외부에 존재하는 어떤 대상의 존재 내지 의미

를 지시해 준다. 이에 대한 예로는 행사장을 가리키는 손가락의 그림, 불조심하라는 의미로 그려진 담배불 등을 들 수 있다. 세 번째로 들 수 있는 기호의 기능은 상징(symbol)으로서, 상징은 기호체와 어떤 특정 개념이 자의적으로 결합되어 만들어지게 된다. 상징이 개별적 대상을 지시하는 것은 '해석하는 의식(interpretant)'이 관습이나 합의를 통해 어떤 도식적 관점을 가짐으로써 가능하다. 비둘기라는 기호체가 평화라는 개념의 상징이 되는 것은 비둘기에 대한 도식적 관점이 해석하는 의식에 형성되고 그 관점이 평화라는 개념을 지시함으로써 이루어진다.

기호 기능을 이러한 식으로 분류하고, 더불어 기호가 어떻게 특정한 의미를 획득하게 되는가를 경험적으로 알게 되면, 이를 바탕으로 어떤 행위로부터 어떻게 논리적으로 기호가 발생되게 되는가를 설명할 수 있다. 요컨데 피어스의 경우 기호의 발생에는 인간의 의식 행위가 결정적인 인자로 작용한다고 본다. 또한 기호 발생에서 결정적 인자로 작용하는 논리적 해석 의식은 '습성의 변화(habit-change)'를 동반하며, 습성의 변화는 해석하는 의식의 변화이며, 습성은 그 자체로는 다른 부가적 의미를 띠지 않는 실용적 행위이면서 동시에 또 다른 기호를 생성해 내는 잠재력이 된다. 예를 들어 한국인은 중국인과는 달리 빨간색에 대해 부정적 의식이 강하다. 한국의 역사적 문화적 상황이 그러한 습성과 의식을 형성시킨 것이다. 빨간색은 이를테면 기호의 잠재력을 지닌 대상이다. 만약 누군가가 아무 뜻 없이 빨간 옷을 입었는 데 그것을 관찰자가 특정한 상황에서 어떤 의도를 드러내려는 것으로 해석한다면 옷을 입은 사람에게 자신의 행위는 실용적 행위이지만 해석자에게는 기호 행위이다. 모든 행위는 실용론적 요소와 동시에 기호론적 요소를 지닌다.

2. 소쉬르의 기호학

소쉬르(Saussure, 1857-1913)의 기호학은 엄격하게 경험적인 언어학을 일반 법칙으로 이론화한 것으로 이해된다. 소쉬르는 자신의

소쉬르(Saussure, 1857-1913)

기호학 이론을 'Sémiologie'라는 용어아래에서 전개하였으며, 오늘날까지도 특히 소쉬르의 기본 사상을 이어받은 이론가들은 이 용어를 사용하고 있다. 소쉬르는 하나의 기호를 시니피앙(signifiant 불, 기호의 표시 측면)과 시니피에(signifié 불, 기호의 의미 측면)의 통합체로 본다. 예를 들면 '나무'라는 글자가 있을 때, 철자 자체는 시니피앙(기표), 실제 나무는 시니피에(기의)이다. 소쉬르는 또한 개인들이 실제 상황에서 구체적으로 내뱉는 말을 빠롤(parole 불, speech 영, sprechen 독)이라 하고, 빠롤의 실현에 바탕이 되는 규칙과 기호를 모아 놓은 것을 랑그(langue 불, language 영, Sprache 독)라 하면서 언어기호를 이분화한다. 그에 의하면 빠롤은 개인적이고 랑그는 초개인적이며, 빠롤 없이 랑그는 있을 수 없고, 랑그 없이는 빠롤이 불가능하다고 한다. 그러나 학문적으로 다룰 만할 가치가 있는 대상은 '개개인에게나 모두에게 각 개인의 의지와 무관하게 공동으로 존재하는' 랑그라고 한다. 랑그와 빠롤은 이외에도 사회적인 것과 개인적인 것, 본질적인 것과 부차적인 것, 추상적, 구조적인 것과 구체적, 가변적인 것, 정적인 것과 동적인 것, 형식적으로 서술이 가능한 것과 형식적으로 서술이 불가능한 것 등으로 다양하게 구분되어 전자는 랑그의 속성을, 후자는 빠롤의 속성을 규정하는 것으로 나타난다.

언어기호를 이러한 식으로 이분화하는 것에 문제가 없는 것은 아니다. 가령 랑그는

어느 정도로 초개인적이고 추상적이며, 빠롤은 어느 정도로 개인적이고 구체적인지, 두 개념 사이의 경계는 어디인지, 그리고 양자를 규정하는 다양한 개념들은 어떤 의미에서 사용된 것인지 등에 대해 이론이 많아 결국은 랑그와 빠롤의 이분화 자체에 대한 타당성이 의심을 받기도 한다. 그러나 소쉬르는 기호학이 언어학을 포괄하는 학문 분야로 보고, 다양한 현상들의 구조를 분석하며, 그것을 이론적 언어로 서술함으로써 좁은 의미의 언어 현상을 넘어서 다양한 문화 현상들을 기호학적 탐구의 대상으로 끌어들일 수 있는 계기를 마련한 점은 획기적인 일이다. 어떤 진리와 인식도 그것을 담는 이론적 언어가 아니면 서술될 수 없고, 타당성을 갖는 진리와 인식이라도 서술되지 않으면 이론적 탐구의 대상이 될 수 없기 때문이다. 소쉬르의 구조주의적 방법론에 영향을 받아 형성된 기호학적 특별 분야로는 현재 문화기호학 이외에도 영화기호학, 건축기호학, 음악기호학, 대중커뮤니케이션 기호학, 법기호학, 수사기호학, 유행기호학 등을 들 수 있다. 이 분야의 기호학들은 대상 현상의 구조를 파악(구조주의)하는 데 연구를 집중하며, 이것은 문화 현상에 대한 전통적인 역사–해석학적 연구 방식의 대안으로 폭넓게 수용되고 있는 것이다. 소쉬르의 영향으로 옐름슬레우(Hjelmslev, 1899-1965)는 소쉬르의 학설에서 가장 본질적인 것은 랑그와 빠롤의 구분같은 이분법적 방법론이며, 그 외의 것은 모두 여기에서 논리적으로 유도되어 나온 것이라고 한다.

소쉬르의 기호학이 경험적 측면의 접근 방식을 취한다면, 카시러(Ernst Cassirer, 1874-1945)가 문화학을 전개시키는 데는 인식론적 관심이 강하게 부각된다. 카시러는 문화학의 기초를 인간이 기호를 생산하고, 또 사용하는 능력을 가지고 있다는 점에서 찾는다. 그리고 그에 의하면 기호를 생산해 내는 것은 결국 인간의 정신이라는 것이다. 인간의 정신은 새로운 기호와 함께 새로운 현실을 창조하며, 이 현실은 '상징적 형태'를 띠고 나타난다고 한다. 또한 역사는 그와 같이 상징을 형상화하는 인간의 관념(Idee 독)들이 점차 더욱 많이 자기 자신을 의식하게 되는 과정이라고 본다. 그에 의하면 문화는 결국 인간이 자기 자신을 밖으로 표출한 것이며, 그 과정은 곧 자신에 대한 인식의 과정이다.

3. 경험적 기호학, 철학적 기호학

처음부터 기호학은 방법론적으로 경험과학과 인식이론의 양극 사이에서 움직이고 있다. 그리고 현대기호학을 기초한 피어스는 양분야를 모두 고려하여 그의 이론을 전개시켰다. 경험적 기호학에서는 자연적으로 일어나는 과정의 유형에 따라 어떻게 하나의 물체가 기호로서 작용하게 되는가, 또는 의미를 획득하게 되는가 하는 기호화의 과정(Semiose 독, semiosis 영)을 연구 대상으로 한다. 이처럼 기호의 전달 과정을 따로 분리하여 연구하는 분과는 정보이론(Informationstheorie 독)이다. 반면 철학적 기호학에서는 지식을 획득하고 또 전달하기 위해 기호화의 과정을 일정하게 짜여진 질서에 맞게 만드는 것이 중요하다. 이의 예로는 지식의 획득과 전달이라는 상호적 관계에서 나타나는 과정을 연구하는 철학적 소통이론(Kommunikationstheorie 독)을 들 수 있다. 이 차이는 다음과 같이 표현할 수 있다. 경험적 기호학에서는 기존에 있는 기호와 기호 체계를 연구하고 또 그것을 서술한다. 이 경우에는 기호에 대한 해석과 더불어, 어떤 자극이 어떤 행동을 낳게 될 때 그 과정은 어떤 방식으로 진행되는가 하는 것을 연구하고 서술한다. 한편 철학적 기호학에서는 기호화 과정을 연구하고 서술함과 동시에, 특정한 것을 연구하고 서술하기 위하여 있음직한 기호화 과정을 구성한다. 여기에서 인위적으로 구성된 기호화 과정은 현실에서 다양한 형태로 주어진 기호화 과정을 인식하는 틀의 역할을 하는 유형적 모델들이 된다. 이 모델들은 비교의 척도가 되기도 하는데, 이는 예를 들어 비트겐슈타인의 언어유희(Sprachspiel 독)들이 요청, 명령, 감탄 등 언어 유형에 따른 모델을 제공함으로써 언어 사용의 척도로 쓰이는 것과 같다. 한편 기호학에서 'Semiotik' 이라는 용어의 사용을 피하고 'Semiologie' 라는 용어를 사용하는 율리아 크리스테바(J. Kristeva)는 전자를 순전히 경험적 학문으로서 기존의 것을 확정하는 역할만을 한다며 거부하고, 그의 대안으로 마르크스로부터 하버마스, 호크하이머로 이어지는 비판철학적 담론으로서 후자의 용어를 택한다. 그러나 소쉬르나 옐름슬레우가 사용한 'Semiologie' 에는 그러한 비판철학적 의미는 담겨 있지 않다.

4. 언어학, 기호학, 실용론

기호학은 한편으로는 기호학을 세분화하여 만들어진 언어학과 직접적으로 연관될 수 있으며(예를 들면 철학의 분과로서 언어철학), 다른 한편으로는 기호학을 보편화시킨 것으로서 실용론(Pragmatik 독)과 연관지어 생각할 수 있다. 예를 들면 경험적 분과로서 행위 이론이다. 포함 관계로 나타내면,

언어학 ⊂ 기호학 ⊂ 실용론

물론 여기에서 언어학과 실용론 사이의 경계가 아주 확실한 것은 아니다. 그것은 무엇보다 언어행위 이론, 또는 언어학적 실용론이라는 경험적 분과에서 드러난다. 나아가 기호와 실제 세계의 경계를 설정하는 문제도 간단하지는 않다. 한편으로 언어학은 비언어적 기호체계, 즉 비언어적 소통 관계를 포함할 경우 기본적으로 기호학과 동일하게 간주될 수 있다. 다른 한편으로는 실용론에서도 기본적으로 모든 행위가 기호행위로 파악될 수 있어서, 자연조차도 '자연이라는 책' 으로 취급된다. 실제 세계와 기호의 차이가 모호해져 버릴 수 있다. 실제로 이미 해석학의 내부에서는 그런 주장이 제기되며, 명백히 단순한 도구적 기능을 하는 물체에 대해서도 모든 것을 기호로 보는 '범기호주의(Pansemiotismus 독)' 의 위험성은 바로 거기에 있다.

5. 모리스의 기호학

기호학을 경험적 학문의 측면에서 접근하면서 소쉬르의 뒤를 이어 문화의 기호화 과정을 연구한 사람으로 로만 야콥슨(R. Jacobson),

롤랑 바르트(R. Barth 1915-1980), 그리고 움베르토 에코(U. Eco, 1932-) 등을 들 수 있다. 특히 로만 야콥슨은 그의 문학 이론에서, 기호학을 언어학에 귀속시키는 롤랑 바르트는 신화에 대한 분석에서, 그리고 움베르토 에코는 소통에 대한 일반 이론을 전개시키면서 소쉬르의 구조주의적 방법론을 사용한다.

기호학을 경험적 측면에서 접근하면서 소쉬르를 계승하고 있지 않은 독특한 방법론으로 중요한 업적을 이룬 사람은 모리스(C. W. Morris, 1901-1979)를 들 수 있다. 그는 행동주의적-실용론적 언어철학의 대표자 중의 한 사람으로서, 자연의 영역에 속하는 다양한 것들의 기호화에 관한 연구에서 획기적 업적을 이룩했다. 그래서 모리스의 영향을 받은 기호학자들은 경험의 측면에서 접근하는 여러 기호학 이론들을 포괄적으로 통합시키려는 노력을 한다. 그 중의 하나인 세보크(T. A. Sebeok)는 생물의 영역에 속하는 것의 기호 체계 전체를 연구의 대상으로 삼고 있으며, 그 중에 그가 최초로 연구한 동물기호학(Zoosemiotik 독)에서는 동물들의 의미소통적 행위를 다루고 있다. 이는 에코에 따르면 비인간적 집단의 소통 행위를 다루는 것으로서 기호학의 하부 한계를 보여준다. 기호는 기본적으로 다양한 의미의 교류가 일어나는 문화의 영역에 속하는 것이기 때문이다.

모리스에 따르면 기호의 전달과 수용 행동은 Z(v, w, x, y, z)로 표시되는 다섯 자리 관계로 서술된다. 이 관계는 기호 v로 나타낼 수 있는 특정한 자극이, 다른 편 수신자의 개인적 기관 w내부에서 x라는 반응의 성향을 일으켰는데, 이것이 z문맥이라는 특정 상황 아래에서 나타나는 행위의 유형 y의 영향을 받아 일어난 것일 때 성립한다. 예를 들어 어떤 벌의 v라는 춤이 다른 벌 w에게 먹이를 지닌 식물 y를 찾으려는 성향, 즉 먹이를 찾는 행동 x를 유발시켰고, 이것이 z라는 상황, 즉 그 춤을 꿀벌통 앞에서 추었다는 조건하에서 이루어진 경우를 들 수 있다. 이 관계의 모든 요소들을 연구의 대상으로 도입한 것이 기

호학 내에서의 실용론(Pragmatik)으로 수신자 w와 상황 z가 무시되면 의미론이 전개되며 여기에서 행동의 성향 x는 뜻(Sinn 독, sense 영)을 결정하는 요소로, 행위의 대상 y는 기호 v의 참조점을 결정하는 요인으로 작용한다. 끝으로 이 연구가 단지 기호 v에만 관련하여 수행되면 통사론(Syntatik)이 전개된다. 이런 식으로 모리스에 의해 기호학의 세 분야, 즉 실용론, 의미론, 통사론의 연구 분야가 도입되었으며, 이후 기호학 내부에서 분류 기준으로 작용하게 되었다. 또한 모리스의 분류와 관계없이 이 세 분야의 결합이라 할 수 있는 다음의 다양한 분야들이 독자적으로 발전하고 있다.

(1)(비언어적) 상호 작용으로부터 어떻게 언어가 발생하는가를 다룬 미이드(G. H. Mead)의 상징적 상호주의가 있다. 그는 언어를 풍부한 의미를 담은 기호로서 이로부터 사회적 현상뿐만 아니라 개인적 현상도 설명할 수 있다고 한다. 또한 행동양식이 있어서 그것이 의미를 담고 있고, 그 의미가 그 행동을 한 사람이나 그 행동방식을 받아들인 사람에게 동일할 때 그것을 상징이라 한다.

(2) 실용론. 언어행위이론과 비트겐슈타인의 언어유희이론에서 모티브를 얻은 하버마스(J. Habermas, 1929-)의 보편실용론(Universalpragmatik)과 아펠의 초월적 실용론(Transzendentalpragmatik)이 있다. 보편실용론은 사람이 지닌 소통 능력을 이론화한 것이다. 이것의 과제는, 소통 능력이 있는 '말하는 사람'은 문장들을 가지고 어떤 표현을 만들고 또 이후 다른 표현으로 재구성하는데, 이때 어떤 규칙 체계가 작동하는지를 재구성하는 것에 있다. 실용주의와 언어유희이론에서 강조하는 점은, 언어의 의미는 실용론적 사용의 문맥에서 결정된다는 점이다. 가령 아이에게 '9시다'라는 말을 해서 아이를 잠자리에 들게 했다면 이 문장의 의미는 '잠자러 가라'는 것이 된다. 보편실용론에서는 언어를 사용하는 상황 외에도 사용된 언어 자체

의 기초적 의미가 의미 결정에 어떻게 작용하는지를 중요하게 생각한다.

(3) 기호학에 대한 형식언어적인 학문 언어를 만들기 위해 통사론으로부터 의미론을 거쳐 실용론으로 단계적으로 구성하는 방식이다. 일찍이 라이프니츠(G. W. Leibniz, 1646-1716)는 어떠한 사상의 오류가 언어의 형식 자체에서 드러나며, 사고의 과정을 기계적인 연산 과정처럼 서술할 수 있는 언어를 만들려고 하였다. 이 생각을 발전시킨 카르납(Carnap, 1891-1970)은 어떤 개념들이나 주장, 추론 등은 그것을 수학의 연산과 같은 형식 언어로 옮겨 놓으면 논리적으로 충분히 분석할 수 있다고 한다. 형식언어는 수학, 물리학, 형식언어학 등 학문 분야에서 전문적으로 쓰는 언어이다. 그 안에서 더하기, 빼기 등 연산 기호로 사용하는 것이 형식 언어이다. 한편 옐름슬레우는 현대논리학의 성과들을 언어학에 적용시켜서 언어의 표현적인 면과 언어의 내용적인 면을 통일적 원칙에 따라서 연구하였다. 소쉬르와 마찬가지로 언어학 이론을 포괄적인 기호학의 한 부분으로 보는데 언어체계학(Glossematik)은 소위 '언어의 대수학'으로 기획된 것으로서 기본적으로 형식적 방법론을 취한다. 그러나 개개 언어체계의 두 가지 측면, 즉 언어체계의 표현과 내용의 측면을 강조하는 점에 있어 오히려 소쉬르의 세분화나 세련화된 것으로 볼 수 있다.

(4) 언어의 도구모델(Organonmodell), 또는 다른 것의 도움을 받은 심리학적 언어이론으로서의 뷜러(K. Bühler, 1879-1963)의 기호이론(Sematologie). 언어도구모델은 언어송신자, 수신자, 그리고 언어를 둘러싸고 둘 사이의 정신적 기반에 의하여 중개된 인과관계라는 한정된 테두리 안에서 이루어지는 언어의 기능을 도식적으로 나타낸 모델이다. 뷜러는 언어를 삶의 도구이며, 장비이고 잘 구성된 중개자이고, 플라톤적인 의미에서 '한 사람이 다른 사람에게 사물에 대해 무엇인가를 전달하기 위한' 오르가논(도구)이라고 본다.

▶ 가마 窯 kiln

점토로 빚은 기물을 넣고 열을 가하여 굽는 시설 또는 공간. 조선 시대에 '요(窯)' 자에 '부(釜)' 자를 사용해서 그 발음을 가마라고 한 것에서 비롯되었으며, 지면에 깊지 않게 구덩이를 파서 만든 노천 가마에서 시작되어 평평한 땅위나 비스듬한 경사면을 이용하는 봉우리 형태의 장작 가마로 발전했다. 형태에 따라 봉우리 가마(조대불통 가마, 뺄불통 가마, 용 가마), 각 가마, 터널 가마 등으로 구분하며 사용하는 연료에 따라 장작 가마, 기름 가마, 가스 가마, 전기 가마 등으로 나뉜다

▶ 갑번 · 예번 · 상번 匣燔 · 例燔 · 常燔

가만 안에 도자기를 적새하는 방법에 따라 구분되는 품질 등급. 갑번은 내화갑(耐火匣)안에 하나씩 넣어서 굽기 때문에 그릇이 직접 불길에 닿지 않고 불순물이 붙거나 굽의 접지면(接地面)이 불안정한 경우가 없으며 재료와 기술도 최상급에 속하는 것이어서 고급품 제작에 필수적인 방법이다. 예번은 도침(陶枕)위에 하나씩 놓는 것으로써 불길이 직접 닿고 그릇 안에 불순물이 붙는 단점은 있으나 상번과 같이 그릇 안바닥에 받침 자국이 남지 않아서 비교적 상급에 속하는 방법이다. 그러나 가마의 내부 용적을 효과적으로 이용하지 못하여 생산력은 낮다. 상번은 그릇을 여러개씩 포개어 굽기 때문에 다량생산이 가능하지만 그릇의 안바닥에 내화토나 모래의 받침 자국이 거칠게 남는 단점이 있다. 이러한 품질 구분은 고려시대 청자에 이미 나타나고 있으며 조선시대에 오면 사회계급에 따라 사용할 수 있는 품질 등급이 법으로 정해지고 있다. 즉 갑번은 어용지기(御用之器)로서 오직 왕의 전유물이었고 18세기에 비로서 사대부 계급에 한하여 갑번 주기(酒器)가 허용되고 있었던 사실에서 품질 등급에 따른 사용계급의 구분은 엄격하였다. 각각 갑기(匣器:上品), 예기(例器:中品), 상기(常器:下品)라고도 한다. 보통 조선시대 후기와 20세기 전기에 상사기(常沙器)라고 불렀던 백자는 바로 상번으로 구운 하품백자를 말한다.

▶ 건축 도자 建築陶磁 architecture ceramics

건축물 조성에 소용되는 도자품의 총칭. 벽돌, 타일, 테라코타, 기와나 연와 또는 각종 위생 용기, 실내 장식용 소도구들에 이르기까지 넓은 분야를 포함한다. 건축 도자는 기원전 5, 6천 년경에 시작되었을 것으로 추정되며, 그 시원은 토기의 사용 시기와 일치하는 것으로 보고 있다. 최근 환경 조형에 대한 인식의 변화에 따라 내외장의 아트 타일이나 도벽(陶壁)은 물론 인테리어 소품, 가구 장식재, 간판, 장식 용품 등에 이르기까지 적용 범위가 확대되고 있다 .

가우디(Antoni Gaudi), '파르크 구엘(Parque Guell)', 1900-1914

▶ 공방 도예 工房陶藝 studio ceramics

대체로 소규모 수공예 생산 방식으로 제작된 실용적 도자기물이나 운영 형식을 말하며, 기계적 방법으로 대량생산되는 공장제의 산업 도자와 구분된다. 공방의 특성과 작가 개인의 창의성이 부여될 수 있는 장점이 있다. 특히 도예의 조형화에 따른 탈공예적인 추세와 규격화된 산업 도자의 공백을 바르게 받아들여 생활 도자의 질적 향상을 도모할 수 있는 밝은 전망이 있다.

▶ 공예 도자 工藝陶磁 craft ceramics

일반적으로 생활과 연관된 용도와 기능을 가진 도자기들을 총칭한다. 주로 수공예적인 방

법으로 만들어진 일품적 성격을 지닌 것으로서, 대량 생산에 의한 제품이나 예술적 성향의 작품을 제외한 개념을 지닌다.

▶ **꽃담**

건축물의 벽이나 담장, 굴뚝 등을 아름답게 꾸미는 도자 공예의 한 분야. 건축 도자, 환경 도자의 범주에 포함될 수 있는 것으로 벽돌, 기와, 화강석, 내화점토 등을 적절히 사용하여 여러 가지 무늬를 놓아 독특한 장식을 한 벽이나 담장을 말한다. 우리나라에서는 삼국 시대에 크게 발달하여 광범위하게 응용되었으며, 조선시대에 조성된 꽃담들은 아직도 궁궐과 사찰, 민간의 옛집 담장과 벽에 남아 있어 그 축조 기법을 확인할 수 있다. 꽃담에 새겨진 무늬는 크게 세 가지로 나누어지는데, 그 하나는 반복되는 직선과 곡선, 점선과 면으로 형성되는 무늬이고, 둘째는 형체를 평면적으로 묘사해 내는 것이며, 셋째는 부조나 투각 등의 기법으로 입체적인 효과를 내는 방식이다.

경복궁 꽃담

▶ **노벨티 novelty**

본래 새로움, 진기함 등을 뜻하는 말로 도자제로 만든 인형, 조화물, 관광지의 토산품, 선물용 기념품 등을 말하며, 주로 거실이나 탁상, 주방용의 작은 장식품으로서 유럽인들이 선호하는 전통적인 선물용품이다.

▶ **눈박이 사기**

조선조 말기에 경남 일대에서 제작된 사기의 명칭. 막사기의 대량 생산을 위한 방법으로, 소성시 그릇을 2-3단으로 겹쳐 쌓아 재임하여 소성하는 과정에서 서로 붙지 않도록 하기 위해 굽 아래 가는 모래나 규사 또는 흙비짐눈을 사용하였다. 이 중 흙비짐눈은 아래 그릇의 바닥에 눈동자 크기의 자국을 남기는데, 일제 강점기에 유입된 일본 사기와 구별하기 위해 붙인 명칭이다. 눈박이 사기의 시대 구분은 정확하지 않으나 분원(分院) 폐점 시기인 1880년경 이후부터 일본 사기 유입 시기까지를 한계로 정한다.

▶ **다기 茶器**

차(茶)생활과 직접적인 관련을 갖는 모든 용기. 차를 마시는 용기는 마시는 차의 종류에 따라 형태가 달라, 말차 종류는 다완을 쓰고 엽차는 찻종을 쓴다. 또한 세작, 중작 등 차의 내용에 따라 그릇 종류를 달리하는데, 차는 색(色), 향(香), 미(味)를 즐기는 것이므로 찻종의 색깔은 차의 색깔과 조화되는 것을 선택한다. 다완은 차뚝배기 또는 종재기라고도 하며 찻종은 경질자기가 주종이 된다. 찻물을 끓이는 주전자는 한자어로 약탕관(藥湯罐)이라고 하고 질주전자, 쇠주전자, 구리 주전자가 주로 쓰이는데, 물 끓는 소리가 맑고 운치 있게 공명하는 사기질 주전자가 가장 좋다. 그밖에 차반(茶盤), 차숟가락(茶匙), 차선(茶筅), 차솥(茶鼎), 차수건(茶巾), 차통(茶桶), 차탁(茶托) 등이 차 마시는 도구로 쓰인다.

▶ **당삼채 唐三彩**

중국 당나라 시대(A.D. 618-906년)에 유행한 도기로 태토에 녹갈황백의 저화도유를 입

당삼채

혀 구워낸 것을 말한다. 반드시 삼색에 구애되지 않고 2-4 가지 색을 입히기도 했으며 코발트를 칠한 것도 있다. 주로 낙양, 장안 귀족들의 부장용으로 제작되었다. 기형은 용머리 항아리, 접시, 대접 외에 여러 가지 형태의 남녀 인물상, 신상, 진묘수(鎭墓獸), 말, 낙타 등 다양하다. 이러한 각종 명기(明器)들은 당대 귀족의 취미, 생활 양식을 잘 나타내며, 당시 유행한 서아시아풍의 의장과 복식을 엿볼 수 있어 복식사 연구에도 중요한 의미가 있다. 또한 발해삼채, 요삼채, 송삼채 등과 페르시아 삼채까지 영향을 미쳤다 .

▶ **도자기의 소성**

성형 후 완전 건조시킨 도자기를 가마에 재임하고 가열하여 점토를 소결시키는 과정을 말한다. 전통적 용어로 번조(燔造)라고 하며 보통 초벌구이(1차 소성), 재벌구이(본구이, 2차 소성)로 마치나, 전사지, 금선 두르기, 기타 채색 안료를 쓸 경우에는 3차, 4차까지도 소성한다. 초벌구이는 유약을 입히는 과정에서 기물이 적당한 강도를 지니면서 유약을 잘 빨아들일 수 있도록 900° 정도로 소성하고 재벌구이는 유약을 입혀 1350°까지 소성, 기벽이 완전 소결되고 유약이 녹아서 유리질화하도록 하는 과정이다. 재벌구이는 사용하는 유약에 따라 산소 공급을 자유롭게 하는 산화염, 산소 공급을 차단하는 환원염, 중성염 등세 가지 방법으로 구분된다.

▶ **도자기의 장식**

도자기를 아름답게 하고 기능성을 높이기 위해 표면을 장식하는 기법을 말한다. 장식 기법에는 태토 자체의 장식, 건조시키기 전의 장식, 초벌구이 후의 장식, 재벌구이 후의 장식 등이 있다. 태토 자체의 장식은 안료를 서로 다른 성분의 점토에 섞어서 자연스러운 문양을 얻는 연리문 등이 있고, 건조시키기 전의 장식으로는 음각, 양각, 투각, 압문, 귀얄 등이 있다. 초벌구이 후의 장식 방법으로는 하회용 안료나 연필 형태의 고형 산화물로 문양을 그리는 방법, 왁스레지트 기법, 시유에 의한 문양 연출 등이 있고, 재벌구이 후의 기법으로는 전사지나 금선을 사용하는 상회 기법 등이 있다 .

▶ **도제 모빌 mobile**

움직임과 소리의 요소가 가미된 흙으로 구워 만든 공간 장식물. 모빌은 1933년 파리에서 열린 알렉산더 칼더(Alexander Calder)의 조각 전시회에서 흔들리는 조각품을 보고 뒤샹(Marcel Duchamp)이 '모빌(Mobile)'이라고 명명한 데서 유래된 용어로, 공간을 점, 선, 면이 이루는 3차원으로 인식해 온 전통적 관념이 상대성 이론에 의해 시간을 포함하는 4차원의 공간으로 인식함에 따라 조형상의 새로운 요소로 등장하였다. 도제 모빌은 흙이 가진 특유의 질감과 깊이 있는 맑은 소리 등의 두드러진 특징 때문에 현대에 와서 실내 공간의 장식 용구로 그 효용 가치가 높다.

▶ **백자 白磁**

순도 높은 백색의 태토에 잡물이 섞이지 않은 투명유를 입혀 섭씨 1300° 내지 1350°에서 구워낸 백색 자기를 말하며, 표면을 장식하는 수법에 따라 순백자, 청화 백자, 철화 백자, 진사 백자 등으로 나눌 수 있다. 순백자는 표면에 무늬가 없이 태토와 유약의 맑은 백색을 그대로 보여주는 백자이며, 청화 백자는 코발트 안료인 회청(回靑)을 사용하여 그림을 그린 것이다. 철화 백자는 철사(鐵砂)로 무늬를 그려 다갈색으로 발색한 백자인데, 16세기에서 17세기 사이에 용문, 초화문 등을 반추상으로 표현한 도자기가 대표적이다. 진사 백자는 산화동으로 그림을 그려 환원염에서 소성하여 붉게 발색된 것으로 조선조 후기에 사용되었다.

▶ **버나드 리치 Bernard Leach**
1887-1979

영국의 도예가로 홍콩에서 출생. 슬래이드미술학교(Slade School of Art)를 거쳐, 1908년 런던미술학교(London School of Art)에서 수학하였다. 1910년 일본에 건너와 야나기 무네요시(柳宗悅) 등 젊은 도예가들과 폭넓게 교류하며 동양 예술에 깊은 관심을 갖게 되었으며, 1920년 조선에 머무르던 아사가와 다쿠미(淺川巧)의 초청으로 야나기 무네요시와 함께 조선을 방문해 조선의 예술에 깊은 감명을 받았다. 리치는 영국에 일본식 등요(登窯)를 최초로 소개하였고 자신이 설립한 Leach pottery를 통해 후진을 양성하기도 했다. 1950년 전미순회전시회를 가져 미국 도예계에 큰 영향을 미쳤고, 동양 정신과 미학을 전파하는 역할도 했으며 동서양의 미의식과 문화 교류에 공헌했다. 리치는 도자기에 정신적 가치를 부여함으로써 도자기가 예술의 한 분야로 인식되어 현대 도예로 발전하는 데 기여했다.

▶ **별난 주전자 eccentric teapot**

도예가들의 감성적인 느낌이 표현된, 기능에는 부적합한 유별나고 기이한 형태의 주전자를 말한다. 새, 물고기, 야채, 낙타, 자동차, 인체 등 의외성을 지닌 형태를 소재로 하여 해학과 풍자를 담아 표현한 것으로서 몇 세기에 걸쳐 아이디어 용기로 발전해 오고 있다. 20세기 도예가들이 실용 제일주의 문제로 심한 의견 대립을 보일 때 주전자는 쉽게 선택하는 자기 표현의 대상물이 되었다. 미국의 예술 주전자 디자인이 활기를 띤 것은 1960년대 이후로서, 아네슨(Robert Arneson)이 대중적 풍자물로서 일련의 주전자를 만들었고, 그 후 그의 제자인 쇼(Richard Show)는 이 분야에서 큰 활동을 보여 1970년대와 80년대의 도자기를 통한 풍자적 양식에서 주전자 형태의 작업이 성행하는 결과를 만들었다.

넛킨(Richard Notkin), '별난 주전자(Skull Teapot)', 1981

▶ **분청 사기 粉靑沙器**

'백토분장회청사기(白土粉粧灰靑沙器)'를 줄인 말. 14세기 후반 청자가 점차 쇠퇴하면서 상감 청자에서 변모하여 발달한 조선 백자로 이행되는 과도기적인 도자기이다. 고려 시대의 전통 위에 새로운 왕조인 조선조의 미감이 추구되어 성립된 분청 사기는 세종조인 15세기에 크게 발달했다. 분청 사기는 일상 용기로서 당시 서민적이고 자유 분방하며 활달한 시대상을 잘 반영하고 있는데, 그 특징은 화장 기법과 문양에 있다. 화장 기법은 기 표면에 정선된 백토를 씌우는 것을 말하며 분장 기법에 따라 문양 효과가 다르며 상감, 인화, 박지, 조화, 음각, 철화, 귀얄, 덤벙(담금) 등의 기법이 있다.

▶ **비색 翡色**

고려시대 청자 중에서 품질이 우수하고 유층(釉層)에 작은 기포가 꽉 차 있고 약간 반투명하며 밝은 담녹색을 띠는 회청색 유약의 색을 가르키는 용어. 보통 고품질의 고려청자의 색을 비색이라고 하며 비색청자라 부른다. 중국은 청자가 가장 발달된 오대(五代, 907-960년) 월주요(越洲窯)의 청자색과 북송(北宋, 960-1127년) 말기의 여관요(汝官窯) 청자색을 비색(秘色)이라 부른다. 이 비색은 색상을 뜻하는 말이 아니고 어부(御部)에만 상납하는 비밀스럽고 소중한 것이라는 의미에서 비(秘)라고 한 것이다. 그러나 고려청자의 비색(翡色)은 마치 아름다운 비취옥(翡翠玉) 색과 같다 하여 붙은 이름이다. 북송의 사신인 서긍(徐兢)이 1123년 고려에 와서 듣고 본 내용을 기록한 〈宣和奉使高麗圖徑(1124년 간행)〉에는 고려인들이 청자색을 비색(翡色)으로 부른다고 전하는데, 이미 12세기 전기에 고려인 스스로 비취색 청자에 대한 이해와 자부심이 대단했다는 사실을 알려주는 내용이다.

▶ **산업 도자 産業陶磁 industrial ceramics**

산업에 의해 대량생산, 제작된 도자 제품의 총칭으로 주로 식기류(dinner ware), 탁상용품(table ware), 장식용품, 위생 도기, 내외장

타일 등으로 구분된다. 우수한 디자인에 의한 독창성과 심미성, 인간 공학적인 합리성, 대량생산이 가능한 규격성, 대중적 미감을 수용하는 보편성 등의 조건이 충족돼야 한다. 특히 노동 집약적이며 부가 가치가 높은 산업적 특성을 지니고 있다.

▶ 상감 청자 象嵌靑磁

상감은 11세기에서 12세기 초 사이에 발생한 시문 기법으로, 상감 청자는 이 기법을 이용하여 만든 고려 시대의 대표적 자기이다. 상감은 건조되지 않은 기물의 표면에 문양을 음각한 후 백토나 적토 흙물을 두껍게 바르고 표면을 긁어내어 문양을 나타내는 방법이다. 고려 중기 국가적인 사정에 의해 태토의 정선 기술이 떨어져 순청자의 비색이 회색조를 띠게 되었을 때 고려의 도공들이 상감 기법을 응용하여 창출해 낸 독자적인 장식 기법으로 조선 시대 초기까지 약 3백여 년간 애용되었다. 문양의 소재도 다양하여 운학문, 당초문, 국화문, 모란문, 용문, 연잎문, 포도문이 사용되었다.

▶ 쇼데이샤 走泥社

1948년 7월에 일본 교토의 야기 가즈오(八木一夫), 스즈키 오사무(鈴木治), 야마다 히카루(山田光)등에 의해 결성된 전위 도예가 그룹. 쇼데이샤라는 이름은 서예가 아야무라 단엔이 중국 청대(淸代) 허지형(許之衡)의 도서(陶書)에서 인용한 것이다. 쇼데이샤의 오브제 도예가 전면적으로 나타난 것은 1955년경이며, 간접적으로 영향을 미친 것은 일본계 미국인 조각가 이사무 노구찌의 조각과 교토 예대 교수였던 쯔지 신도우(什晉堂)의 대담한 테라코타에 의한 추상 조각이었다. 쇼데이샤가 국제적인 전위 그룹으로 명성을 얻게 된 것은 야기 가즈오, 스즈키 오사무 등의 동인들이 1960년 오스텐드 국제 도예전과 1962년 프라하 국제 도예전을 비롯하여 각종 국제전에서 화려한 수상 성과를 이루었기 때문이다. 이들의 활동은 전통적 규범을 깨뜨리고 도예의 본질적 요소인 흙과 불의 순수성을 제시함으로써 현대 도예의 새로운 사고의 영역

을 확대시켰으며, 미국에서 일어난 추상 표현주의도예 운동과 함께 현대 도예의 흐름에 결정적인 동기를 제공했다.

야기 가즈오 八木一夫, Zamza씨의 산보, 1955

▶ 수비 水飛

도자기 원료를 혼합정제하여 태토를 제작하는 과정. 정선된 태토를 구하는 방법은 우수한 점토광에서 원료를 채취하여 그대로 사용하는 경우와 인공적으로 혼합 가공하여 태토를 정선하는 방법이 있는데, 후자의 경우 혼합, 수파(水簸), 침전(枕澱), 수비 과정을 거쳐서 정선된 태토를 만들게 된다. 혼합은 필요에 따라 여러가지 점토와 사토(砂土)를 섞는 과정으로 수파와 동시에 이루어진다. 혼합된 점토를 물에 풀어서 불린 후 미세한 점토 입자만을 선별하여 떠내는 것을 수파라고 하며 이것이 태토의 품질을 결정하는 가장 중요한 과정이다. 수파를 거친 미세한 점토를 큰 침전조에 담아 가라 앉힌 후 수비조에 옮겨 탈수시키는데 이 수비 과정을 거치면서 제작 단계의 태토를 얻을 수 있다. 이러한 인공적 혼합, 정선하는 과정을 통틀어 '수비' 라고 부른다. 우리나라에서 수비를 하기 시작한 시기는 분명하지 않지만 통일시대 경질도기의 태토는 우수한 점토광에서 채취하여 약간의 정선 과정을 거쳤을 것이다. 미세하고 일정한 태토로 제작된 청자의 경우 수비 과정을 꼭 거쳤으리라고 믿어지지만 현재까지 청자요지

발굴 조사 과정에서 수비 시설이 발견된 예가 없으며 조선 전기 분청사기요지에서도 같은 현상이다. 그러나 백자요지에는 중앙은 물론 지방의 소규모 요지에서도 혼합, 수파, 침전, 수비의 전 과정이 확인되고 있다.

▶ 식염유 도자 食鹽釉陶磁 salt glaze ware

점토로 만든 기물을 소성할 때 고온에서 가마 안에 소금을 투입해 태토에 포함되어 있는 규석 성분과의 화학적 작용으로 기물의 표면에 유리질의 피막이 형성된 도자를 말한다. 12세기 후반 독일의 쾰른 지방에서 최초로 시도되었다고 하여 일명 '쾰른 자기(Köln ware)'라고도 부른다. 17세기 후반에는 영국으로 전파되어 많은 실험과 발전이 이루어져 18세기에 유럽 전역으로 퍼졌으며, 미국 역시 1720년경 유럽에서 이민 온 사람들에 의해 만들어지게 되었다. 우리나라도 1930년대에 일본으로부터 기술을 도입하여 주로 내수 용구를 만들어 왔다고 하나 전란이 거듭되는 동안 자취를 볼 수 없게 되었다. 식염유 소성 기법은 비교적 쉽게 결과를 얻을 수 있고 소성 온도의 범위가 넓으며 표현 방법도 다양하고 재료 선택 또한 편리하여 현대 도예의 새로운 표현 기법으로서의 발전 가능성이 많다.

▶ 엔시카 NCECA

미국도자교육협의회(National Council on Education for the Ceramic Art)의 영문 약자로서 엔시카(NCECA)는 1967년 미국도자협회(American Ceramic Society)의 교육 분과가 따로 독립 기관이 되어 진보적 사고와 정보 교환을 위한 토론의 장을 제공하고 전시 개최 활성화를 목적으로 1967년 미시간 주 앤아버에서 제1회 연례 협의회를 가진 이래 현재 회원은 2천 명에 이르며 도예가뿐 아니라 박물관 운영 위원, 화랑주, 도예 수집가 등으로 다양하게 구성되어 있다. 엔시카의 특징은 도시를 중심으로 그 지역의 특성을 새롭게 경험하는 데 있으며, 그 지역의 도예를 중심으로 한 교육 기관, 그 지역 출신의 작가, 신인 작가, 화랑의 특성을 한 눈에 볼 수 있도록 구성된다. 엔시카는 강연, 전시회, 관광, 워크숍과 데먼스트레이션, 그룹 토의, 랜달 세션(randall session) 등으로 매해 그 해의 주제를 중심으로 다양하게 꾸며지게 되는데, 한국은 1993년 샌디에이고(San Diego)에서 개최된 제27차 엔시카에 '한국현대도예전'의 전시 개최를 비롯하여 워크숍을 통한 데먼스트레이션, 패널, 토론 등 공식 행사의 프로그램에 특별 초청되어 참가했다.

▶ 연리문자 · 목리문자 · 교태자 練理文磁 · 木理文磁 · 交胎磁

백색, 회청색, 흑색을 띠는 태토를 적당히 혼합하여 성형하고 청자유약을 씌운 자기. 이 기법은 서로 성질이 다른 태토를 사용하기 때문에 수축과 팽창 과정에서 파손되기 쉬워서 규모가 큰 그릇을 만들지 못하는 단점이 있지만 세 가지 색의 태토가 서로 조화를 이루어 아름다운 효과를 나타낸다. 연리문 기법의 발생 시기는 분명치 않지만 늦어도 당(唐, 618-907년) 초기에 시작하여 중기에 당삼채(唐三彩)의 한 기법으로 크게 성행하였다. 그러나 이후에는 제작량이 줄어들면서 특수한 장식 용품 제작에만 사용되었다. 우리나라에서 연리문 기법이 시작된 시기는 대략 12세기경이다. 현재까지의 자료로는 전남 강진군 청자요지에서 소량 제작된 것으로 알려졌으며 기종(器種)도 잔, 접시, 합 등으로 작은 규모의 그릇에만 제한되어 있다. 대부분 백색, 회청색, 흑색의 세 가지 태토를 사용했으나 일부 백색과 흑색만으로 제작된 것도 있다.

▶ 예술가의 도예

파블로 피카소(Pablo Picasso), 바실리 칸딘스키(Wassily Kandinsky), 호앙 미로(Joan Miro) 등과 같이 도예가가 아닌 다른 장르의 예술가가 펼친 도예 활동을 말한다. 20세기의 미술은 장르의 구별에 큰 의미를 두지 않고 작가 나름의 표현 양식을 자유롭게 추구함으로써 도예 분야에도 여러 화가들이 참여하여, 현대 도예의 전개 방법상 회화적인 접근과 형태에 대한 새로운 해석 등을 통해 발전적인 영향을 끼쳤다. 특히 피카소는 여러 차례 전시회를 가질 만큼 많은 작품을 남겼고,

옹기 甕器
와전 瓦塼

미로는 다채로운 색채를 사용하여 환경 도예 작품을 남겼으며, 칸딘스키는 1931년 베를린 국제건축 전시회에서 미스 반 데어 로에가 지은 음악 살롱에 사용한 대형 세라믹 판넬을 제작했다.

피카소(Pablo Picasso), 'Madoura'

▶ 옹기 甕器

질그릇과 오지그릇의 총칭으로, 장독대에 놓인 것은 흔히 독그릇이라 하며 그 중에서 진흙만으로 구워 잿물을 입히지 않은 것은 질그릇에 속하며 선사시대부터 만들어 사용하였다. 반면 오지그릇이란 그릇 모양을 성형하여 볕에 말리거나 약간 구운 후 오짓물을 입혀 다시 고화도에서 구워낸 것으로 표면에 윤이 나고 제법 단단하다. 용도와 크기에 따라 물항아리, 물동이, 자배기, 시루, 뚝배기, 방구리, 소래기, 간장독, 소줏고리, 술독, 짝단지, 귀단지, 김치 항아리 등이 있다. 옹기는 모래가 많이 섞인 거친 태토로 만든 토기가 물레와 소성 기술의 발달에 따라 발전해 온 것으로, 서민의 일상 생활에서 발효 식품 및 곡물 등을 담거나 저장하는 데 사용된 용기이다. 제작 기법이나 형태, 장식 등이 간결하고 자연스러워 우리 전통적, 서민적 미감을 진솔하게 반영하며, 한국인의 식생활에서 아직도 고유 음식의 맛과 멋을 낼 수 있는 생활 용기의 용도를 지닌 대표적인 전통 민속 공예이다.

▶ 와전 瓦塼

기와와 벽돌의 총칭. 기와는 점토를 재료로 모골(模骨) 및 와범(瓦範) 등의 제작틀을 이용하여 일정한 모양을 만들어 구워낸 수키와, 암키와, 막새기와, 서까래 기와. 마루 기와 등

으로 나눌 수 있다. 전(塼)은 점토를 틀에 넣어 건조시킨 것과 불에 구워낸 것이 있는데, 용도에 따라 벽전, 부전, 탑전으로 나누고 모양과 기능면으로 세분하여 방전, 반전, 반반전, 상형전으로 나누어진다.

▶ 위생 도기 sanitary ware

욕실이나 화장실에서 사용되는 요업 제품으로 만들어진 기구나 용구로 목욕, 세안, 대소변 등에 의한 인체의 오물을 위생적으로 처리하거나 세척하기 위한 목적으로 사용된다. 그 종류로는 세면기, 욕조, 대소변기를 들 수 있고 수건걸이, 휴지걸이, 비누받침, 재떨이 등의 보조 용구도 포함된다. 재료로는 내구성, 청결성, 미려성 등에서 도자재가 가장 적합하며 그외에 법랑, 스테인리스 스틸, 합성 수지재 등도 사용한다.

▶ 장군 橫瓶

술이나 간장, 물, 분뇨 등 액체를 담는 그릇의 하나로 옹기나 분청 사기로 만들어진 것이 많다. 농가에서 주로 쓰이며 독보다 조금 작고 배가 부른 중두리를 뉘어 놓은 병의 형태를 지녔는데, 한쪽 마구리는 평평하고 다른 쪽 마구리는 반원 모양으로 되어 있다. 배의 한가운데 위쪽에 좁은 주둥이가 있어 액체를 담거나 따르기 편리하도록 전이 높고 바깥으로 젖혀져 있다. 크기는 다양하며 굽이 없는 것이 많으나 형태에 따라 바깥굽, 안굽, 평굽으로 나누어진다.

분청사기철회연지조어문, 15-16세기

▶ 전승 도예

조선 시대 이전에 만들어진 전통 도자의 기법을 이어받아 계승, 발전시켜 나가는 도예나

그 분야를 말한다. 전승 도예라는 어휘는 예술적 성향을 지향하는 현대 도자의 개념과 구분하기 위하여 쓰이기 시작했다. 현대에 와서는 이미 태토 공급의 분업화가 이루어졌고 제형물레 성형에 의한 대량 생산 체제의 도입, 새로운 재료의 이용, 그리고 가마의 손쉬운 축조와 요변이 적은 점 등으로 현대인의 미적 감각과 편리한 쓰임새에 대한 욕구를 충족시킬 수 있는 도자 기술이 축적되어 전승에 대한 인식이 사라지고 있다. 현재 생산되고 있는 전승 도자는 전통 도예의 모조품, 또는 질보다는 양에 치중한 생활 자기들이 주류를 이뤄 질적인 면에서 현대의 대중문화 속에 융화될 수 있는 참다운 우리 도예 문화 정립이 요구된다.

▶ 전위 도예

도예에서 전통적인 규범으로 인식되어 온 기(器)로서의 형식미와 물레에 의한 성형 및 고화도 소성과 같은 일련의 제작 과정을 무시하고 흙과 불 등 1차적 요소가 지니는 본질적 의미를 추구하는 새로운 경향의 도예이다. 전위(前衛)는 불어의 아방가르드(avant-garde)와 같은 의미를 지니며 인습적 권위와 전통, 형식주의를 극복하고자 하는 혁명적 예술 정신을 뜻한다. 전위 도예는 기본 개념에서 양대 세계 대전 이후 서구의 미술계에서 전개된 추상주의 및 초현실주의적 사고와 맥락을 같이 하며 일본의 쇼데이샤운동, 미국의 오티스

나카무라 긴빼이(中村錦平), 'Ergonomics in the eye of a bird'

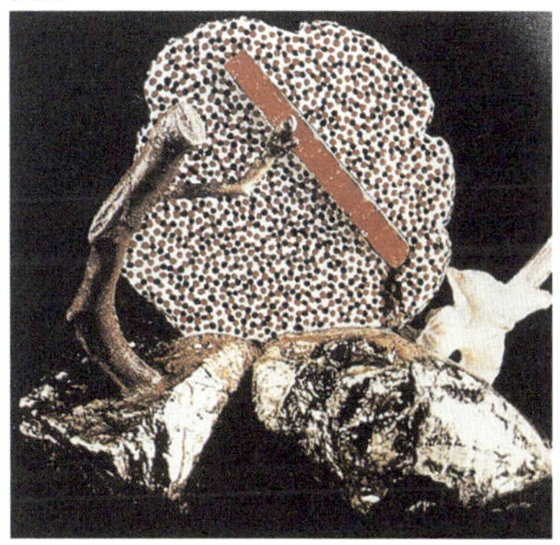

그룹 활동 이후 현대 도예의 흐름 속에서 끊임없이 실험성이 강한 활동을 전개하는데, 미니멀리즘에 입각한 흙의 해석, 흙의 원초적 본질 추구 등의 이념에서 'unclay' 또는 'no fire'라든가, 흙과 인간과의 관계를 보여주는 행위 미술, 또는 설치 미술 형식의 흙작업에 이르기까지 다양한 양상을 보여주고 있다.

▶ 점토 clay

점토란 천연산의 미세한 알루미늄나 규산염을 주성분으로 한 광물의 집합체로, 화학식은 고령토($Al_2O_3.2SiO_2.2H_2O$)와 같다. 또한 미분말에 물을 가하면 가소성(plasticity)을 갖게 되며, 건조하면 강성(elasticity)을 나타내고 고온에 소성하면 소결(sintering)되는 특성을 가지고 있다. 도자기에 사용하는 점토는 주로 2차 점토로서 유기물 및 미세 입자를 다량 함유하고 있으므로 가소성이 풍부하며, 소성 색상은 유기물 때문에 보통은 황색을 나타내지만 양질의 점토는 유기물의 함량이 비교적 적어 담황색 내지 백색을 나타낸다. 가소성 점토의 대부분은 섭씨 $700°-1300°$에서 소결되나 섭씨 $1450°$에서 소결되는 것도 있다.

▶ 청자 靑磁

극소량의 철분이 함유된 태토에 장석질의 청자유를 입혀 환원염에서 구워낸 비취 옥색을 띤 자기를 말한다. 통일 신라 후기의 경질 토기가 발달하면서 그 제작 기술을 이어받은 청자는 9세기에서 10세기경 강진군 일대의 요지에서 집중적으로 제작되었으며, 태토의 정선 기술과 유약 및 소성 기술의 발달로 발색이 뛰어나 12세기에 이르러 순청자의 전성기를 맞게 되었다. 고려 청자가 지닌 녹청색은 중국의 청자와 달리 투명하고 균열이 거의 없어 1123년 북송 휘종의 사행원으로 고려에 왔던 서긍(徐兢)은 '고려도경'에서 "천하 제일의 비색(翡色)"으로 그 우수함을 격찬했다.

▶ 추상 표현주의 도예

1940년대부터 50년대 유럽과 미국의 화단에서 성행한 추상표현주의는 근대 서구 미술이 추구한 다다이즘 이후의 모든 요소를 함축하고 있는 미술 양식으로 미국의 현대 도예 전

개 과정에 큰 영향을 미쳤다. 도예가들은 그들의 내면 세계 표현을 위한 가장 적절한 방법론으로 일체의 형상성을 부정하고 재료 자체가 보여주는 무한한 가능성을 추구하는 추상 표현주의 이념을 받아들였다. 1954년 볼코스(Peter Voulkos)는 로스앤젤레스의 오티스 아트 인스티튜트(Otis Art Institute: Los Angeles County Art Institute)를 중심으로 전통적 기(器)의 개념을 뛰어넘어 흙이 지니는 표현 가능성을 추구하는 도예 활동을 전개했으며, 오티스 이래 젊은 도예가들 사이에서 급진적으로 전파되어 미국 현대 도예에 다양성과 활력을 주는 획기적 전기를 마련했다.

▶ 침탄도기, 흑도 浸炭陶器, 黑陶

불완전 번조법(燔造法)으로 태토(胎土) 내에 탄소(炭素)를 침투시킨 도기. 표면이 검은 색을 띠기 때문에 흑도라고도 한다. 태토 내에 탄소를 충분히 침투시키면 수분을 흡수하지 않는데 이 성질을 이용하여 방수용 건축 자재나 기와, 음식 저장 용기를 만든다. 특히 탄소의 항균(抗菌)작용은 물과 음식의 부패를 방지하므로 선사시대부터 음식기로 많이 사용하였다. 흑도는 신석기시대의 홍도(紅陶)에 이어 신석기시대 후기(기원전 약 2000년전)부터 시작되었다. 흑색 바탕에 표면을 마연하면 광택이 나며 이것은 마치 금속과 같은 질감이 나기 때문에 처음에는 부장용(副葬用)으로 제작되었다가 점차 음식기로 쓰기 시작하였다. 삼국시대를 이어 고려시대에도 제작되었지만 보편화된 때는 조선시대부터이다.

▶ 테라코타 terra cotta

'흙으로 빚어 구운 조형물'이라는 의미의 이탈리아어로 '유약을 입힌 테라코타(terra cotta invetriata)'와 같이 형용사를 첨가함으로써 흙을 불에 구워 형상을 표현하는 조형 작업을 구체적으로 표현하는 낱말이다. 도예사에서 가장 원초적 의미를 지니며 인간 지혜의 산물로 흙과 불에 의한 작업 방식 일반을 뜻하는 것이라는 점에서 흙에 의한 조형 표현의 무한한 가능성을 제시하고 있어, 현대 도예에서는 물성적(物性的)표현 또는 그 매체

로서 활용되고 있다.

▶ 토기 土器 earthen ware

흙을 빚어서 성형한 후 유약을 바르지 않고 700–850°C 내외의 온도에서 소성한 기물을 말한다. 선사시대의 토기는 대채로 노천에서 소성하여 온도가 낮았으나 고분시대 이후 등요가 개발되면서 1,000°C 이상에서 구운 경질의 토기(stone ware)를 만들었다. 성형 방법은 손으로 빚어 만들기(手捏法 pinching), 테쌓기(輪積法 coiling), 흙띠 말아 올리기(捲上法 banding), 틀뜨기, 물레성형 등이 있고, 시대별 구분으로 줄문(신석기시대), 점토대(철기시대), 원삼국, 고신라, 가야, 백제, 고구려, 통일신라 토기로 나눌 수 있다.

▶ 토우 土偶

사람이나 동물의 모양을 흙으로 빚어 만든 것으로 선사시대 이래 세계 도처에서 광범위하게 만들어졌다. 체코슬로바키아의 구석기 시대 유적에서 나온 것을 세계에서 가장 오래된 것으로 추정하고 있는데, 풍요와 다산을 비는 주술적 목적을 위해 혹은 후장 풍습에 따라 부장용으로 만들어지기도 했다. 우리나라의 경우 장식을 위해 만든 토우는 간소한 표현으로 대개 고배의 뚜껑, 항아리의 어깨 부위에 붙어 있는데 주로 도마뱀, 사람, 호랑이, 거북이 등을 나타내며 기물에 따라 장식된 토우의 종류가 다르다.

▶ 현대 도예 contemporary ceramics

도예가의 의식과 내면 세계를 작품에 자유롭게 표출시켜 순수 조형을 추구하는 예술 도예. 실용의 미를 존중해 온 전통 도자와는 상반되는 개념으로 과거의 도예가 주로 물리적 특성에 의한 기능적(function)인 것이었음에 비해, 현대도예는 정신적, 감성적 특성을 지향하는 비기능적(non function) 성향으로 도예가들의 의식의 확대를 요구하고 있다. 현대 도예는 그 이념에서 20세기의 순수 미술이 추구한 이념과 같은 맥락에서 출발하는데, 특히 재료에 대한 새로운 해석과 탐구의 결과로 흙의 무한한 조형 가능성을 발견하고 흙이 지닌 물성적 의미를 다양한 시각으로 조형화하

여 도자 조각이라는 새로운 작품 경향을 형성하였다. 현대 도예의 양상은 흙의 물질성, 관념성, 순수조형성을 지향하는 것으로 집약되는데, 우리나라의 현대 도예는 1950년대 후반 서울을 중심으로 각 대학에 도예과가 개설되면서 발전되어 1980년대 이후 현재에 이르기까지 매우 활발한 양상을 보여주고 있다.

▶ **환경 도예 environmental ceramics**

도자 조형을 인간의 환경에 결부시키는 광범위한 예술 행위의 한 영역으로서, 단순한 오브제나 그릇으로서의 도예 개념을 벗어나 적극적으로 환경 공간의 창출에 기여하려는 움직임으로 최근 인간 생활의 환경에 대한 인식이 새로와지면서 발전된 개념이다. 환경 도예는 건물 내외의 벽면을 장식하는 것을 비롯하여 야외 조형물 설치, 스트리트 퍼니처(street furniture), 실내외 공간의 모빌 설치 등 그 활동 범위가 확대되고 있다.

▶ **회유도 恢釉陶**

순수한 식물의 재(灰)로 만든 유약을 씌운 도기로서 녹색, 또는 녹갈색을 띠는 반투명한 유리질 피막이 씌워진 것. 고화도유로는 가장 초보적 단계이며 불안정한 유약이기 때문에 표면이 일정하지 않고 두꺼울 때 탈락되는 경우가 많다. 땔감으로 나무를 사용할 경우 재가 자연히 그릇의 표면에 붙어서 융착된 것을 자연유(自然釉)라고 하는데 자연유 단계에서 인공적인 회유 단계로 발전하는 시기는 지역에 따라 큰 차이가 있다. 중국은 기원전 약 2000년경 은(銀)시대에 자연유 단계에서 인공 회유 단계로 발전하였다고 하며 우리나라는 삼국시대 회청색 경질도기에 일부 자연유 현상이 나타나며 삼국시대 후기 백제 지역에서 인공 회유가 발견되었다고 알려졌다. 그러나 본격적인 회유는 통일신라시대 후기에 와서 나타나고 있다. 회유도는 통일신라 후기부터 제작되기 시작하는 자기질 청자가 소형 음식기를 중심으로 제작됨에 따라 점차 대형 저장 용기에 씌워지기 시작하였다. 고려시대, 조선시대를 거치면서 황갈색 회유가 씌워진 황옹(黃甕)이 제작되고 이어서 녹갈색에서

적갈색을 띠는 오늘날의 용기(甕器: 김장독과 같은 것)로 변천되어 왔다. 물론 회유의 성분도 처음에는 순수한 재를 사용했지만 조선시대를 거치면서 약토(藥土: 유기질이 많이 포함된 점토)를 첨가하기도 하였다.

▶ **흑자 黑磁**

흑색의 고화도 유약을 씌운 자기. 유약은 약 8% 내외의 산화철을 함유하면 산화염에서 짙은 적갈색이, 환원염에서는 흑갈색을 띠게 된다. 청자의 경우 약 2% 내외의 산화철이 포함되어 있고 약 0.5% 이하인 경우는 백자로 구분하므로 산화철의 함유량은 백자, 청자, 흑자의 분류 기준이 된다. 흑자는 청자 제작 과정에서 발견된 것으로 추정된다. 중국의 경우 월주요(越洲窯)에서 초보적 청자가 제작되는 3-4세기경 흑자가 발생하였고 4세기에는 불투명한 광택이 있는 칠흑(漆黑)과 같은 흑자를 완성하게 된다. 태토는 청자태토와 사립(砂粒)이 많이 포함된 석기질 태토로 구분하고 있으며 12세기경에는 건요(建窯)와 길주요(吉洲窯)의 흑자가 명성을 떨치게 된다. 우리나라의 흑자도 통일신라시대 후기에 청자의 발생과 함께 시작되었다. 현재까지 알려진 유일한 요지는 전남 고흥군 운대리 석곡마을에 있으며, 여기서는 자기질의 초기 청자와 함께 석기질의 흑자가 동시에 제작되고 있다. 고려시대의 흑자 생산량은 아주 적지만 청자제작술의 향상과 함께 우수한 흑자가 제작되고 있으며 태토를 청자와 같은 밝은 회청색 태토를 사용하기 때문에 흑색에서 점차 적갈색으로 변하는 현상이 나타난다. 조선시대 전기에 흑자의 종류는 다양해지고 생산량도 증가한다. 청자태토 위에 얇은 흑유를 씌운 것과 담갈색 석기질 태토 위에 광택이 없는 칠흑과 같은 흑유를 씌운 것, 암갈색 석기질 태토 위에 마치 표범 가죽 무늬와 같은 형태의 결정이 있는 흑유로 다양하다. 조선 중기에는 알려진 예가 없으며, 후기에 와서 석간주(石間珠)라고 부르는 백자 태토 위에 흑적색 유약을 씌운 것과 청자 태토 위에 흑색 유약을 씌운 칠기(漆器)가 제작되었다.

아르누보 Art Nouveau

아르누보는 1880년부터 제1차 세계대전 무렵까지 유럽과 미국 등지에서 건축, 조각, 회화, 공예, 디자인 등 모든 장르에서 새로운 생명과 풍부한 혁신을 불러일으킨 운동이다. 이 운동을 통하여 선과 색채, 면과 형태라는 조형적 요소에 새로운 장식적 가치가 부가되었으며, 종합적인 디자인의 수단으로서 새로운 의의를 얻게 되었다. 또한 그것은 과학과 기술의 진보를 예술의 세계에 끌어들여 조형 예술과 응용 미술의 구별을 없애려 한 운동이기도 하였다. 그 결과 아르누보는 전체적으로는 19세기적인 양식으로부터 벗어나 전혀 새로운 것을 창조하려 하였으며, 궁극적으로는 20세기의 반예술 운동의 선두에 위치하였다. 아르누보의 양식적인 기원은 영국의 미술공예운동에 두고 있으며 1892년부터는 브뤼셀이 중요한 중심지 중의 하나가 되었다.

아르누보라는 말은 종종 세기초와 세기말에 만들어진 장식적인 대상을 가리키는 말로 사용되는 경우가 많다. 꽃의 형태를 추상화하면서도 물이 흐르는 듯한 선과 소용돌이의 유기체적 형태, 쉬지 않고 움직이는 표현적인 성격을 통해 예상하기 어려운 형체를 추구하지만, 다른 한편으로는 구축적이며 기하학적인 구성을 지향하는 등 그 표현의 세계는 매우 넓다. 또한 아르누보의 중요성은 다음과 같은 두 가지의 상반되는 태도를 융화시키려 한 데 있다. 그것은 기계 기술이 등장함에 따라 예술을 생활에 종속되는 것으로 보고 생활의 희망을 준비하려 한 것이며, 다른 한편으로는 생활을 미적인 예술로 더욱 풍부하게 만들 수 있다는 생각이 퇴폐의 결과를 초래한 것이다.

아르누보는 여러 가지 이름을 대표하는 말이다. 아르누보란 1895년 사뮈엘 빙(Samuel Bing)이 연 미술점 '메종 드 라르 누보(maison de l'art nouveau)'의 이름을 딴 것으로, 20세기 초 비슷한 경향을 가진 각국의 다양한 예술을 총칭하는 말이다. 이 명칭들은 보통 세 가지로 분류할 수 있는데, 첫째는 '꽃의 양식' 등 형태상의 특징을 화려하게 나타내는 것도 있으나 대체로는 냉소적인 뜻을 가진 것들이다. 둘째는 지명이나 인명 작품에 기인하는 것이며, 셋째는 잡지나 점포의 이름을 딴 추상적인 것들도 있다. 독일에서는 이를 '유겐트슈틸(Jugentstil)'이라고 하며, 프랑스에서는 '스틸 모

르네, 에나멜 채색 금관, 1900년경

뮤샤, 모나코 몬테카를로, 1897

클림트, '키스', 1907-1908

Art Nouveau 아르누보

르네, '낮과 밤' 탁상 시계, 1926

칼레, 채색 무늬 화병, 1900년경

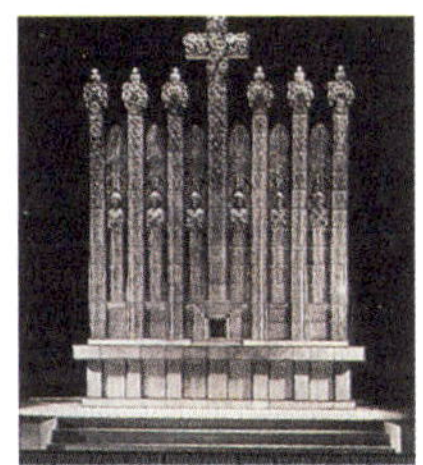
르네, 천사의 주종단, 1933

뮤샤, 르파떼 에디토리얼 디자인, 1899

오라찌, 라메종 모데른 화랑을 위한 포스터, 1905

데르느(style moderne)', 오스트리아에서는 '제체션(Sezession)', 이탈리아에서는 '스틸레 리베르티(stile liberty)', 스페인에서는 '모데르니스타(modernista)', 영국이나 미국에서는 '아르누보(art nouveau)'라 부른다.

아르누보의 조형성은 포스터, 책의 장정, 삽화 등에서 잘 나타난다. 특히 그 조형성은 아서 맥머도(Author Mackmurdo)가 그린 '빈(Wien)의 교회' 타이틀 페이지 디자인에 요약되어 있는데, 굽이치며 솟아오르는 S자형의 곡선과 그 생명력, 바깥쪽 윤곽에 의한 극단적인 조형의 통일, 검은색으로 통일된 실제와 희게 처리된 여백이 교차하는 평면성, 이국적인 식물과 동물의 모티프 등이 그러하다. 특히 곡선에 의한 표현은 질량감의 결여를 나타내는 것이지만, 이것은 무엇보다도 르네상스 이래의 투시도적 사고의 붕괴를 의미한 것이었다.

아르누보의 또 다른 전형은 1893년에 완성된 빅터 오르타(Victor Horta)의 '타셀(Tassel)주택'으로, 그 속에서 다양하게 전개되는 곡선은 건축이라는 3차원의 세계 속에서 그 특성을 충분히 발휘하고 있다. 그 외에도 엑토르 귀마르(Hector Guimard)의 파리 지하철 입구, 엔델(Endell)의 엘비라 사진관, 구스타프 클림트(Gustav Klimt)의 '키스' 등 그 예는 열거하기 어려울 정도로 많다. 이처럼 아르누보의 특성은 건축에서는 영국을 중심으로 한 디자인상의 이념과 프랑스를 중심으로 한 '철구조'의 시도라는 구체적 원천에 바탕을 둔다.

미술공예운동이 중세라는 이상에 근거하여 수공예를 통한 생활의 개혁을 지향한 것이라면, 아르누보는 자기를 그린 장식과 환상을 바탕으로 이를 실천하려 한 운동이다. 그러므로 아르누보는 과거에서 이상을 찾기보다는 자기를 추구한 것이며, 실재하는 육체가 아니라 정령(精靈)을 형상화하였다. 아르누보의 예술에서는 현실 자체를 소재로 한 것이 드물다. 동시에 아르누보는 장인적 생산 체계를 도입하여 근대의 기술을 병합하려 했다는 점에서는 공업 사회의 예술이지만, 결국은 작가와 주문자의 취미의 세계에 머물고 합리적 근대 사회에 충분히 대응하지 못했다는 결함을 지닌 예술 운동이었다.

김광현 (서울대 건축과 교수)　　**87**

구매 시점 광고 Point-Of-Purchase advertising
국제견본시 International Trade Fair
노벨티 novelty
뉴매틱 구조 pneumatic structure
다이나믹 디스플레이 dynamic display
더블페이스 디스플레이 double-face display
디스플레이 display

디스플레이 조명

▶ 구매 시점 광고 Point-Of-Purchase advertising

점포 진열에서 물품 구입을 결정짓는 광고물의 총칭. 보통 피오피(POP)라 부른다.

▶ 국제견본시 International Trade Fair

국제견본시연맹(UFI)에 가맹한 단체가 여는 국제적 성격의 견본시. 국제견본시협회는 1925년 설립되었고 당초에는 이탈리아의 밀라노에 사무국을 두었으나 1947년부터 프랑스 파리에 본부가 있다. 견본시에는 종합 견본시와 전문 견본시가 있다.

▶ 노벨티 novelty

신기한 것, 눈에 띄는 것, 광고 용어에서는 일용품이나 문구류에 상표나 슬로건 등을 넣어서 소비자에게 나누어 주는 물건.

▶ 뉴매틱 구조 pneumatic structure

압축 공기에 의해 조형을 만드는 구조. 고무 재질의 피막에 공기를 불어 넣어 자유로운 형태의 물체를 만들 수 있으며 일시적인 기념물로서도 효과가 있다.

▶ 다이나믹 디스플레이 dynamic display

전시물을 실제로 움직여 본다던가 일부에 동적 변화를 주어서 보는 기법. 시각적으로 동적인 느낌이 있는 디스플레이를 말한다.

▶ 더블페이스 디스플레이 double-face display

보드의 양면에 메시지 등을 표시한다.

▶ 디스플레이 display

라틴어인 'displico'와 'displicare'에서 유래되어 '어떤 알려지지 않은 정보를 나타내 보인다'는 뜻을 가진 디스플레이는 일종의 커뮤니케이션 행위로서 일정한 목적, 기획이나 테마를 기본으로 어떤 사물을 의도적으로 관객에게 호소하여 전달하는 3차원의 시각적 조형 기술이다. 즉, 전시 내용물과 관객이 만나 커뮤니케이션이 이루어지는 공간의 복합적인 연출이라 할 수 있다. 디스플레이의 종류에는 판매와 기업 및 상품의 이미지 홍보를 목적으로 하는 상업 디스플레이와 문화, 교육적인 개발과 정보 전달, 이벤트, 환경 연출, 레저 및 각종 행사의 장식 박람회 등의 비상

디스플레이

업 디스플레이가 있다.

▶ 디스플레이 조명

디스플레이에서 조명은 밝게 하는 기능보다는 어떤 느낌과 분위기를 만드는가가 중요하

Gart sport

며, 그에 따라 보는 사람의 흥미를 끌기도 하고 심리적 반응을 유도하기도 한다. 실내의 경우에는 실내 성격에 따른 조명 기구의 형태가 분위기를 좌우하며, 보편적인 디스플레이를 위해서는 자연광에 가까운 것이어야 한다. 또한 디스플레이의 성격에 따라 목적물을 강렬하게 비추는 하이 콘트라스트 조명이나 컬러 조명 등을 이용하여 극적인 조명 연출을 하기도 한다. 조명 방식은 직접, 반간접과 전반 확산, 국부 조명 등으로 나눌 수 있으며, 연출에 따라 적절한 방법을 택한다. 사용 목적에 따라서는 베이스 라이트(base light), 풋 라이트(foot light), 스포트 라이트(spot light), 백 라이트(back light), 다운 라이트(down light), 업 라이트(up light), 액세서리 라이트(accessory light) 등이 있다.

▶ 디오라마 diorama

전시물의 입체감을 현장성에 충실하도록 표현하기 위한 기법으로, 하나의 사실 또는 주제의 시간 상황을 고정시켜 연출한다. 주제가 되는 중심 오브제는 모형 또는 현물로서 독립시켜 전시하고 바닥, 벽, 천정 등은 원근법에 의해 일러스트레이션 또는 영상으로 처리한다. 이들 전체를 한정된 쇼윈도우 안에 또는 공간에 전시하게 되며, 시각은 주로 정면을 중심으로 하고 조명은 전면 조명과 부분 연출 조명을 기본으로 한다.

디오라마

▶ 마그네트 디스플레이 magnet display

광고물의 일부에 자석이 있어 소매점의 철로 된 부분에 붙여 게시하는 것. 피오피(POP) 형식의 것이 많다. 철을 많이 사용하는 전기 제품의 피오피(POP)에 많이 사용된다.

▶ 마네킹 mannequin

인간이 가장 관심을 갖는 것은 인간 자신이라고 할 수 있는데, 그런 의미에서 마네킹은 인체가 갖는 풍부한 표정을 조형적으로 표현할 수 있어 의상 연출의 기본적인 도구로 널리 사용된다. 마네킹의 재료는 주로 유리 섬유 강화 플라스틱 등으로 사람의 피부와 비슷한 질감에서 금속 재질의 느낌까지 다양하다. 마네킹의 종류도 사실 마네킹, 반추상 마네킹, 추상 마네킹으로 구분되고, 또한 토르소(torso) 마네킹, 보디(body) 마네킹 등 매우 다양하여 그 분위기와 크기에 적절한 것을 선택할 수 있다.

마네킹은 사람의 시선 유도에 높은 효과를 나타낸다.

▶ 매스 디스플레이 mass display

대량 전시, 대량 진열, 소매 점포에서 상품에 풍부한 느낌을 주기 위한 것으로 아이캐쳐의 역할. 싸고 부담없는 인상을 주기 위한 시법, 일종의 오픈 디스플레이. 제품의 포장 디자인 자체가 매스 디스플레이를 전제로 한 것이 늘고 있다. 아름답고 신선한 느낌을 주는 것이 포인트라 할 수 있다.

▶ 머천다이징 merchandising

상품화 계획. 기업의 마케팅 목표를 실현하기 위해 가장 효과적인 장소, 시기, 가격, 수량으로 어떤 상품 또는 서비스를 시장에 제공하는 데 따른 계획과 관리.

▶ 멀티비전 시스템 multivision system

일반 모니터가 갖는 화면의 한계를 극복하기 위한 시스템으로, 여러 대의 모니터와 컨트롤러로 된 멀티비전은 모든 모니터가 각각 프레임 스토리지(frame storage)기능을 갖고 있어 단 하나의 영상 소스를 확대, 축소 등 다채로운 패턴 연출이 가능하고, 각 모니터마다 다른 영상을 만들 수 있다.

멀티비전 시스템

▶ 멀티슬라이드 시스템 multislide system

전자 시대, 컴퓨터 시대의 정보화 사회에 따른 빠른 움직임과 환상적인 효과와 다이내믹한 영상으로 짧은 시간에 내용을 함축적으로 전달하는 것이 멀티슬라이드 시스템이다. 멀티슬라이드는 수백 매 또는 수천 매의 슬라이드를 이용하고 경우에 따라서는 영화 필름도 복합적으로 사용하여 여러 대의 환등기로 상영하거나, 영사기로 혼합하여 만든 화면과 녹음된 음향을 컴퓨터가 동시에 조절하며 상영하는 시스템으로 많은 영상 투사, 무한한 스크린 규모, 동작, 밝은 화질, 고감도의 음향을 연출할 수 있다.

▶ 멀티플 퍼포즈 디스플레이 multiple purpose display

윈도우, 카운터, 벽, 천정, 행어 등 어느 디스플레이에도 쓸 수 있도록 설계된 것. 특히 점두 광고용의 피오피(POP), 소형 사인 등 대량으로 만드는 것에 많이 사용된다.

▶ 무빙 슬라이드 시스템 moving slide system

멀티 슬라이드와 함께 사용되는 시스템으로, 한 차원 발전시킨 첨단 영상 매체이다. 특히 전체 영상과 같이 회전 및 확대, 축소가 가능하고 상, 하, 좌, 우의 움직임을 필요로 하는 내용에 적합한 시스템으로 다기능적인 영상 효과를 연출할 수 있다.

▶ 바자 bazaar

페르시아어, 바자(bazar)에서 온 말로 시장의 뜻. 공공 또는 사회 사업 등의 자금을 모을 목적으로 개최하는 행사.

▶ 박람회 exposition, expo

박람회는 국가 또는 기업 단위로 참가하여 산업과 문화의 활동 성과를 전시하고 상호 이해와 교류를 심화하기 위하여 여는 지구촌 최대의 행사로, 과거부터 현재까지 인류가 이룩한 성취의 결과를 전시하고 미래에 대한 가능성을 제시하여 안으로는 국민을 계몽하고 밖으로는 인류 상호간의 이해 증진과 발전을 목적으로 한다. 1851년 런던의 하이드파크에서 있었던 최초의 박람회부터 지금까지 산업 국가에서의 박람회는 기술력과 국력 과시를 위한 것으로 상호 경쟁적으로 발달했다. 박람회는 세계박람회사무국(BIE)의 공인 박람회와 비공인 박람회가 있다. 공인 박람회는 일반적인 주제에 주최국이 대지를 제공하고 참가국은 자체 부담으로 파빌리온의 건축과 전시를 준비하는 1종 종합 박람회와 제한된 분야의 특정 주제로 열려 주최국에서 대지와 파빌리온 건축을 제공하고 참가국은 전시만 준비하는 2종 전문 박람회로 구분된다. 박람회 디자인은 넓은 의미에서 이벤트 디자인에 포함되지만 파빌리온 등의 건축적, 환경 디자인적 요소가 강하며, 이외에도 각종 시설물과 사인 시스템이 조화를 이뤄 하나의 커다란 종합 디자인을 이룬다. 그러므로 박람회에 대한 디자인적 접근은 매우 체계적이고 넓으며 여러 분야의 전문가들이 협력해야 한다.

▶ 박물관 museum

역사, 예술, 민속, 산업, 과학 등에 관한 학술적 자료를 수집, 보관, 전시하고 그 자료에 대해서 조사, 연구하는 시설로 여러 종류로 분류할 수 있다. 일반적으로 소장 자료의 종류에 따라 모든 분야의 자료를 소장하고 있는 종합 박물관과 미술, 역사, 과학 등 특정 분야의 자료를 전문적으로 소장하고 있는 전문 박물관으로 구분한다. 박물관의 기본적 요소는 자료에 있으며, 그 수정된 자료를 정리, 보관, 진열하는 데 디스플레이 기능이 한층 요구된다. 이러한 디스플레이는 일반인의 문화적 사고 개발과 교육적, 사회적 정보 전달 등을 목적으로 전개되며, 정보 전달이 효율적으로 이루어지도록 계획해야 한다.

▶ 부스 디스플레이 booth display

면적 단위의 칸막이로 이루어진 한정된 공간을 대상으로 하는 디스플레이.

▶ 사운드 디스플레이 sound display

소리를 이용한 디스플레이로 인간의 행동에 의하여 광센서나 스위치 등을 통하여 음악이나 설명이 흘러나오는 장치를 설치한다.

▶ 서비스 디스플레이 service display

적극적으로 고객의 서비스에 도움이 되도록 만들어진 디스플레이. 상품을 단순히 진열하는 것이 아니라 그것이 어느 정도의 성능이 있는가를 알 수 있도록 하는 것. 전지의 성능을 구입 시에 알 수 있도록 미터기를 설치해 두는 예도 있다.

▶ 서클라마 Circulama

월트디즈니가 개발하고 디즈니랜드에 처음 사용된 360° 원형 스크린에 의한 영상 방식. 우리나라에는 독립기념관에 설치되어 있다.

▶ 소도구

소도구는 디스플레이하는 상품이 잘 보이도록 돕는 것으로, 디스플레이의 분위기 연출을 돕는 소품과는 의미에서 차이가 있다. 즉, 상품을 돋보이게 하는 목적이므로 노출되지 않

도쿄의 이타바시(板橋) 역사 박물관

소품
쇼룸 show room
스캔 슬라이드 시스템 scan slide system

는 것이 좋으며, 노출이 되더라도 상품의 격과 분위기에 어울려야 한다. 흔히 접할 수 있는 소도구로는 보석류나 시계의 형태를 살려 주는 도구, 넥타이를 놓을 수 있는 도구 등이 있다.

▶ 소품

상품과 조화되는 소품의 사용은 디스플레이의 연출을 더욱 현실감 있고 환상적으로 표현하며, 테마를 도와주고 주의를 끌며 분위기를 만든다. 가장 중요한 것은 소품도 디스플레이의 일부분이므로 디스플레이하는 상품이나 작품에 의해 결정되어야 한다. 소품은 실물 그대로 사용하기도 하나 계획에 따라 실물을 축소, 확대 혹은 변형시키기도 하며 추상적인 것을 만들어 쓰기도 한다.

▶ 쇼룸 show room

쇼룸은 판매만이 아닌 기업과 상품의 이미지 홍보와 보급을 목적으로 간접적인 판매를 하는 공간이다. 상설 전시관, 기업 쇼룸, 전시회 등이 있으며, 클라이언트와 연결되어 마케팅, 판매, 공공 관계 등을 바탕으로 디자인해야 한다. 또한 각기 크기와 형태가 다른 공간과 동선의 효율적인 계획을 위해 대부분 모듈 개념이 적용된다.

자동차 쇼룸 디스플레이

▶ 스캔 슬라이드 시스템 scan slide system

일반 영상 매체가 갖는 단점인 어두운 조명과

상당한 투사 거리의 확보를 극복한 영상 매체인 스캔 슬라이드는 특수 스크린을 이용하여 일반 조명 아래에서도 선명한 화면을 연출할 수 있으며, 멀티비전의 다양한 패턴과 멀티슬라이드의 강한 이미지를 전달할 수 있는 첨단 영상 시스템이다.

▶ 스페이스 윈도우 space window

투시, 반사가 되는 하프 미러(half mirror)의 효과를 이용하여, 실물 또는 모형을 직접 보여 주지 않고 투시된 상을 통해 전달하는 방법이다. 영상을 이용하면 작은 허상이 실물의 상품이나 기계 또는 모형 위에 움직이거나 날아다니며 설명하므로 해설이 어려운 과학 원리나 기계의 메커니즘, 스토리 있는 내용의 전시물에 적합하다.

스페이스 윈도우

▶ 시너지 효과 synergy effect

시너지는 의학 용어로서 약과 생체 조직 등의 상승 효과를 뜻하며 마케팅의 수단으로서 최대한 효과를 올릴 수 있도록 조합시킨 경우의 상승 효과를 말한다.

▶ 시놉시스 synopsis

개요. 영화나 연극 등에서 각본의 줄거리를 알기 쉽게 쓴 짧은 설명서. 디스플레이에서는 박물관 등의 전시 계획서에서 시놉시스를 만든다.

▶ 시방서 specification

시공이 잘 이루어지도록 작업의 순서와 그 방법, 마감의 정도, 제품의 규격, 품질의 정도를 명시하는 서류, 설계도에 표현할 수 없는 것을 보완하기 위하여 작성한다.

▶ 시퀀스 sequence

연속하는 일련의 현상. 회유식 정원이나 두루마리 그림처럼 보행에 따라 점차로 연속된 장면이 전개되어 가는 것. 경관과 시선 이동의 상관 효과로 디스플레이 계획에 있어서 중요한 요소라 할 수 있다.

▶ 아일랜드 디스플레이 island display

섬 형식의 진열로 통로에 둘러 쌓인 섬같이 독립해 있는 전시 스페이스. 사방에서 볼 수 있어 주목이 높아 점포 설계의 포인트가 된다. 벽면을 이용한 진열 선반의 연속 형식보다는 다이나믹한 구성이 될 수 있다.

▶ 액션 디스플레이 action display

정적인 일반적 진열 개념에서 탈피하여 운동감을 표현한 디스플레이로, 자유로운 공간 연출과 대담한 구성으로 더욱 강한 인상을 갖게 한다. 또 도시 환경의 활력소를 구성하는 쇼윈도우를 연출하여 도시 공간 연출에 기여하기도 한다.

▶ 어소트먼트 디스플레이 assortment display

여러 종류의 물품을 기준에 의해서 분류, 정리하여 배열하는 전시 기법의 하나. 다양한 상품을 파는 점포에서 흔히 사용한다.

▶ 어트랙션 attraction

사람을 끌어들이게 만드는 것. 즉 유인력을 뜻하며 상점이나 극장 등에서는 많은 사람을 모이게 하는 수단으로서 조형물을 세우거나 행사를 여는 것.

▶ 윈도우 디스플레이 window display

건물 외벽의 한 부분인 윈도우를 이용해 진열

리바이스 매장의 윈도 디스플레이

된 상품으로 보행자의 흥미 유발과 구매 욕구를 창출하여 상점 안으로 유도하는 역할과 상점 이미지를 표현하는 기능도 한다. 또한 현대 사회의 문화 생활과 정보 매개체로 도시 가로 환경 조성에 직접 영향을 준다. 쇼윈도우는 형태에 따라 폐쇄형, 개방형, 반개방형과 섬형(island window), 박스형 윈도우(window box) 등이 있다. 조형성, 계절성, 상품성에 초점을 맞춰야 하며, 보행자의 시선 유도를 위해 동적 표현을 하기도 한다.

▶ 이미지 디스플레이 image display

기업이나 상점의 좋은 이미지를 전달하고 문화 환경의 조성을 통해 잠정적인 고객의 저변 확대를 꾀하여 결국 판매 증대로 연결시키는 고차원적 디스플레이 형식이다. 주로 판매 현장, 외부 공간 혹은 공공 영역에 적용되고 있으며 상품 광고와 판매 증대를 위한 보조 역할을 하게 된다.

▶ 집기

집기는 고객이 상품들을 선택하고 구매하기 쉽게 종류별로 코디네이트하여 진열하는 데 사용된다. 상품의 가치를 높이며 이미지를 전

윈도우 디스플레이

챌린지 디스플레이 challenge display
카드 디스플레이 card display
카운터 디스플레이 counter display
카톤 디스플레이 carton display
캐스케이드 cascade

커뮤니케이션 태스크 communication task
테마 디스플레이 theme display
파노라마 panorama

달하는 매개체로서 판매원과 고객의 만남에 기능적인 역할을 한다. 집기의 종류로는 행어(hanger), 쇼케이스, 선반, 디스플레이 테이블 등이 있다.

▶ **챌린지 디스플레이 challenge display**
자사 제품의 우위성을 경쟁 상품과 비교하여 도전적으로 눈에 띄게 하는 디스플레이.

▶ **카드 디스플레이 card display**
보드에 일러스트레이션이나 문자로 표시한 디스플레이. 카운터 위에서나 천정에 달아놓는 형식으로 사용된다.

▶ **카운터 디스플레이 counter display**
카운터나 쇼케이스 등에 설치하는 방법으로 작은 것이 많고 선박 등이나 주목성과 장식 등의 효과를 목적으로 한 것이 많다.

▶ **카톤 디스플레이 carton display**
두꺼운 종이 골판지 등으로 만들어진 상자를 본뜬 것으로 상품의 포장 상자를 점두에 열어 놓거나 일부를 조립하여 디스플레이 효과를 겨냥한 것. 또한 포장이 가진 효과를 그대로 이용한 소형 디스플레이를 말한다.

▶ **캐스케이드 cascade**
서양 정원에서 경사면을 이용하여 설치되는 폭포의 형식으로 석조 계단상에서 물을 흘리는 기법. 이와 같이 물을 사용한 환경 꾸미기는 공공 장소의 조형으로서 광장 등에 흔히 이용된다.

▶ **커뮤니케이션 태스크 communication task**
커뮤니케이션의 과제로 보내는 측의 의도를 기반으로 해서 받아들이는 측의 반응을 이끌어내는 것이 광고의 목적이지만 일반적으로는 광고의 목표를 뜻한다. 그리고 디스플레이 태스크라고 말하면 디스플레이의 목적과 목표를 말한다.

▶ **테마 디스플레이 theme display**
테마를 가진 전시로 그 테마 내용을 전시물로 한 것이다. 회장 구성상에서 입구 부근이나 중앙에 설치하는 경우가 많으며, 기념비적인(monumental) 성격을 가진다.

▶ **파노라마 panorama**
본래 뜻은 전경으로 관람장 내부 둥근 벽에 사실적인 풍경을 배치하여 야외의 실제 경치를 보는 것 같은 느낌을 주는 것. 선형으로 연속적인 주제를 연관성 깊게 표현하기 위해 전경으로 펼쳐지도록 연출하는 디스플레이 기

가구전의 테마 디스플레이

법이다. 벽면 전시와 오브제 전시가 병행되는 것이 일반적인 형태로, 벽전시는 벽화, 사진, 그래픽, 영상으로 이루어지고 상황마다의 시퀀스가 벽면 앞에 놓이는 오브제로 구성한다. 적극적인 파노라마의 기법은 동작이 따르는 메커니즘을 더할 수 있는데(오브제의 동작과 함께 영상적인 동작을 배경으로 쓰기도 하며), 보조적인 매체로 음향은 필수적이어서 관람과 표현의 속도를 적절히 합치시키는 계획이 필요하다.

▶ 파빌리온 pavilion

여흥장, 공원 등에 설치할 수 있는 경쾌한 장식적 건물, 임시적인 전시관, 전시회 등에 참가하기 위해 세우는 일시적인 건물로 넓은 의미로 전시관을 뜻한다. 비상업적 디스플레이인 박람회는 건축과 디자인, 과학 기술 분야의 총체적 집합체로, 디스플레이라는 매체를 통해 그 시대의 성과를 보여준다. 건축과 전시 외에 전기, 통신, 방재, 급배수, 소화 등의 종합적인 설비 계획이 필요하며, 그 위에 환경적, 심리적 인간 행태 유형을 바탕으로 한 공간 해석과 조명, 음향, 시각 등의 조형 예술과 그 시대의 모든 기술과 발전상이 복합적으로 연출된다.

파빌리온

▶ 파사드 디스플레이 façade display

파사드 디스플레이란 상점의 전면부로 상점의 이미지(store identity)를 형성한다. 따라서 파사드는 불특정 다수의 고객에게 좋은 인상을 주어야 함은 물론이고, 이미지를 만드는 데에도 효과적인 매체이다. 파사드의 표현 요소로는 건물 외부의 구조, 형태와 사인, 차양(awning), 외부 조명, 배너(banner), 셔터 등이 있다.

▶ 파티션 partition

건물의 내부를 막는 벽. 또는 그 기능을 지닌 것. 공간을 구획하기 위한 기구, 패널, 커텐 등을 말한다.

▶ 하우스 스타일 house style

기업 활동에 필요한 정책 가운데 생산에서 부터 판매에 이르기까지 일체의 디자인에 대해 일관된 정책(policy)을 세워 시각적 표현의 스타일을 통일하는 것. 기업의 마크, 로고 타입, 코퍼레이트 컬러의 통합을 비롯하여 건물 자체, 옥외 사인, 쇼룸, 쇼윈도우 등의 디스플레이, 나아가 자동차 보더 디자인, 종업원의 유니폼까지 모든 디자인 통합 작업을 통한 기업이 지향하는 스타일을 형성한다.

▶ POP Point-Of-Purchase advertising

피오피란 고객의 구매 시점에서 행해지는 광고로, 대상물을 공간에 효과적으로 구성해 참신한 내용으로 상품 정보와 특징을 고객에게 전달하고 행사 분위기를 연출해 소비자의 주의를 끌고 구매 욕구를 유발시키는 전시 형태이다. ➡ 광고, 포장 디자인 참조

▶ VMD Visual Merchandising

시각화와 상품 계획의 조합어로, 상품 연출을 시각적으로 이해하기 쉽게 표현하여 고객의 구매 의욕을 높이는 상품 전략이며, 동시에 전달해야할 상점 이미지(store identity)를 고객에게 알리는 표현 전략이다. 쇼윈도우나 스테이지에 상품 이미지와 상점(store) 이미지를 연출하는 VP(Visual Presentation), 그룹핑(grouping)된 점두(店頭) 상품 표현으로 매장 안에서 고객의 시선이 닿는 벽면이나, 집기류의 상단에 연출하는 PP(Point-of-sale Presentation)와 매장 내 제반집기에 상품을 분류 정리하여 구매와 판매가 편리하도록 하는 IP(Item Presentation) 등 세 가지로 분류된다.

블라디미르 타틀린, '제3인터내셔널 기념비', 1919

▶ 구성주의 constructivism

러시아 혁명기의 대표적인 아방가르드 운동의 하나로서 건축, 회화, 그래픽, 산업 디자인 등 조형예술의 전 영역에 걸쳐 매우 급진적인 성격을 드러내었다. 구성주의자들은 러시아 혁명을 열렬히 환영하였는데, 그것은 그들이 미술상의 혁명(추상주의)과 정치적 혁명(사회주의)을 동일시한 때문이었다. 그러므로 자연을 모방하거나 재현하는 전통적인 미술개념을 전면적으로 부정하고 현대의 기술적 원리에 따라 실제 산물을 생산하는 것을 예술적 목표로 삼았다. 따라서 이들에게는 일반 생산과 예술 창작이 구별되지 않았다. 구성주의자들의 궁극적인 목표는 조형을 통한 사회주의 문화 건설에 있었으나, 당시 낙후된 러시아의 생산력으로 말미암아 그들의 시도는 대부분 계획으로 그칠 수밖에 없었다. 대표적인 인물은 로드첸코, 타틀린, 리시츠키, 베스닌 등이며, 1934년 러시아의 예술이념으로 사회주의 리얼리즘이 공식화됨에 따라 구성주의 운동은 막을 내려야 했다. 그러나 구성주의는 현대미술사에서 매우 독보적인 위치를 차지하며, 최근 건축에서의 해체주의적 경향은 구성주의의 영향을 또 다른 측면에서 보여주고 있다. ➡ 산업 디자인, 현대 미술 참조

▶ 국제주의 양식 International style

20세기 초중반 유럽의 근대 건축이 미국을 거쳐 국제화되면서 얻게 된 명칭. 1925년 그로피우스가 바우하우스 총서 제1권의 표제로 '국제건축(Internationale Architektur)'이라는 용어를 사용하였으며, 특히 1932년 미국의 헨리 러셀 히치코크와 필립 존슨이 뉴욕 현대미술관에서 '국제주의 양식'이라는 전시회를 통해 그로피우스와 그 동료들의 작업을 소개하면서 세계적으로 널리 유행하였다. 국제주의 양식이란 과거의 지역적이고 역사주의적인 양식에서 벗어나 산업시대 인류의 보편적인 양식을 지향한다는 뜻을 띤 것으로, 양식적으로는 장식의 부정, 평면과 볼륨의 강조 등이 특징이다. 그러나 이러한 사고방식은 결국 서구 근대문명의 특수한 역사적 과정에서 나온 양식을 인류의 공통된 것으로 간주한다는 점에서, 건축과 디자인에 나타난 서구 중심주의의 전형이라고 할 수 있으며, 현재 국제주의 양식은 포스트모더니즘과 '비판적 지역주의(Critical Regionalism)'를 통해 지양되고 있다.

▶ 굿 디자인 good design

2차 세계대전 이후 미국을 비롯한 선진산업국가에서 제품디자인의 수준을 향상시키기 위해 벌인 공공적 차원에서의 운동 또는 그러한 제도. 특히 미국 뉴욕의 현대미술관이 주최한 일련의 '굿 디자인' 전시회를 통해 널리 알려지게 되었다. 굿 디자인운동의 근본적인 배경은 전통적인 합리주의 생활규범과 대중소비사회의 현실간의 모순을 해결하려는 것인데, 이를 '제품의 선택이 곧 생활양식의 선택(그레고르 파울손)'이라는 관점에서 정당화하고자 한다. 그에 따라 국가마다 굿 디자인이 갖추어야 할 기준들을 기능성, 경제성, 심미성, 사회성 등으로 요소화하여 제시하고 있으며, 그에 부합하는 제품을 선정하여 다양한 방식으로 지원하고 있다. 이 제도는 우리나라에도 도입되어 매년 굿 디자인 선정, G마크 부여, 전시 등의 활동이 이루어지고 있다. ➡ 산업 디자인 참조

▶ 그린 디자인 green design

환경보호를 위한 디자인이라는 뜻을 가지며, 보다 개념적인 표현으로 '생태 디자인(eco-design)', '환경친화적 디자인(environment friendly design)'이라는 용어를 사용한다.

현대 산업의 무한한 발전이 급기야 자연 환경과 인간 생태를 파괴하기에 이르자 환경 문제는 이제 전세계적으로 긴급한 과제가 되었고, 디자인 역시 이러한 추세에 따라야 했다. 이러한 환경에 대한 인식은 1960년대의 히피 건축, 1970년대 초 빅터 파파넥이 제기한 '대안적 디자인'의 주장에서 이미 그 선구적인 형태를 찾아볼 수 있는데, 최근 그린 디자인의 확대는 그린 마케팅과 결합하여 기업의 이미지 관리에 활용되는 측면이 적지 않다. 그린 디자인은 제품설계에서의 재활용 가능성에 대한 배려는 물론, 환경산업용품 및 선전 홍보에 이르기까지 매우 여러 수준에서 적용될 수 있다. ➡ 산업 디자인 참조

▶ 근대/현대디자인 modern design

넓게는 서구의 현대 문예 사조인 모더니즘 (modernism)에 속하는 20세기의 대표적인 디자인 경향. 대체로 근대디자인은 20세기에 들어서면서 시작되어 포스트모더니즘이 대두되기 시작한 1960년대까지의 디자인을 지배한 경향이었다. 근대디자인은 먼저 19세기의 장식미술을 부정하는 것으로부터 출발하였는데, 그것은 근대적인 생산방식과 기술, 재료에 적합한 양식을 추구하였기 때문이다. 따라서 근대디자인은 기능주의와 깊은 친연성을 가진다고 하겠다. 근대디자인의 진행을 크게 두 시기로 나누어볼 때, 첫번째는 20세기 초에서 1930년대까지의 아방가르드적인 실험기이며, 두번째는 1930년대 이후의 대중화 시기이다. 첫번째 시기의 근대디자인은 현대 예술에서의 아방가르드 운동의 한 갈래를 차지하면서 독일공작연맹, 데 스틸, 구성주의, 바우하우스 등으로 이어진다. 이 시기에는 주로 미와 기능 그리고 사회적 가치의 연결이 중심 문제로 부각되었다. 두번째 시기는 미국을 선두로 한 대중소비사회의 등장에 따라, 아방가르드 시기에 실험되었던 양식들이 대중적 취향에 따라 변형되고 대량생산 체제에 적응해가는 과정에 해당된다. 이때의 양식은 대체로 유선형, 유기적 기능주의 등으로 나타나며, 중심적인 문제는 미와 기능 이외에 상징적 의미의 도입을 통한 부가적 가치의 창출에 있었다.

▶ 기계미학 machine aesthetic

기계의 구조나 외형에서 현대적인 미를 발견하고 그것을 디자인의 미학적 원리로 삼으려는 입장. 기계미학적 태도는 제1기계시대라고 불리는 근대산업사회의 초기에 주로 나타나는데 일찍이 19세기와 20세기 초의 많은 예술가, 지식인, 기술자들의 언급속에서 풍부히 발견할 수 있다. 대체로 기계미학은 시와 미술에서는 현대 문명의 상징이나 이미지로서, 그리고 건축에서는 완벽한 구조의 진실성과 아름다움이라는 측면에서 비유적으로 사용되었다. 나아가 20세기 기능주의 이론의 미학적 토대가 되어 근대디자인의 발전에 직접적인 영감과 상상력을 제공했다.

▶ 기능주의 functionalism

근대건축과 디자인의 기본적인 조형 원리 또는 그에 바탕한 사조와 운동. 기능주의의 근본적인 전제는 기능과 미 또는 형태가 일치할 수 있다는 것인데, 이러한 관념은 일찍이 고대 그리스(예컨대 소크라테스)에서부터 찾아볼 수 있다. 그러나 현대의 기능주의는 생활용품의 질서를 과거 사회적 신분과의 대응관계가 아닌, 오늘날 산업사회의 새로운 기술적·사회적 조건 내에서 정립하려는 과정에서 발생하였다. 한편 기능과 미(또는 형태)의 연결과 동일성을 경험적인 차원을 넘어서 설명하기 위해서 기능주의자들은 다양한 유추 (analogy)의 방법에 의존할 수밖에 없었는데, 이를테면 기계적 유추, 유기적 유추, 도덕적 유추 등이 그것이다. 흔히 기능주의의 모토로 알려져 있는 루이스 설리번의 "형태는 기능을 따른다(Form follow function)" 라는 명제는 원래 18세기 프랑스의 생물학자인 라마르크의 말로, 생물의 형태와 기능의 관련성을 지적한 유기적 유추의 한 고전적인 예라고 할 것이다. 현대 기능주의의 이론과 실천은 19세기의 원기능주의로부터 시작해 20세기의 반장식론, 즉물주의, 기하학적 기능주의, 유기적 기능주의, 신기능주의, 변증법적

기능주의 등으로 발전하였다. 그런가 하면 2차대전 이후 독일에서는 20세기 전반기의 기능주의에 대한 비판적 인식이 확산되면서 '기능'의 개념을 확장하려는 '확장된 기능주의(Extended functionalism)' 운동이 전개되기도 하였다.

▶ **니콜라우스 펩스너**
Nikolaus Pevsner, 1902-1983

독일 태생의 영국 미술사가. 라이프치히, 뮌헨, 베를린, 프랑크푸르트대학에서 강의하였으며 드레스덴 박물관에서도 근무했다. 영국으로 귀화한 후 유명한 〈근대운동의 개척자들(1949년 '근대디자인의 개척자들'로 개정)〉이라는 저서를 통해 처음으로 윌리엄 모리스에서 발터 그로피우스로 이어지는 근대디자인 운동의 계보를 마련하고 그 역사적 의의를 자리매김하였다. 펩스너는 부르크하르트에서 뵐플린으로 이어지는 독일 미술사 전통의 중요한 계승자로서 미술사 방법론에서 문화사와 사회사의 측면을 강조하였는데, 이는 개별적인 예술가나 작품보다도 집합적인 시대정신이나 시대양식을 중시하는 경향으로 나타났다. 이후 디자인사는 일단 펩스너에 의해 정초된 근대디자인의 정통사에 대한 다양한 반응과 수정에 의해 발전되었다고 해도 과언이 아니다.

▶ **독일공작연맹 Deutscher Werkbund**

1907년 건축가이자 관리인 헤르만 무테지우스를 중심으로 뮌헨에서 결성된 디자인진흥단체. 미술과 산업의 협력에 의해 공업제품의 양질화와 규격화를 꾀하고 합리적이며 단순한 디자인을 추구하여 이른바 즉물주의(Sachlichkeit) 양식을 낳았다. 영국의 미술공예운동으로부터 영향을 받았으며, 독일 근대디자인운동의 선구적인 역할을 담당했다. 한편 독일공작연맹은 유럽 각국에 영향을 미쳐 스위스, 오스트리아, 스웨덴 등지에서도 공작연맹이 결성되었다. 이후 바우하우스의 창설에도 영향을 주었으며, 1933년 나치스 정권에 의해 해산되었다가 전후 1950년에 재건되었다.

▶ **데 스틸 De Stijl**

네덜란드어로 양식(樣式)을 의미하는데, 테오 반 되스부르크, 피에트 몬드리안 등 네덜란드의 화가, 조각가, 건축가들이 1917년 라이덴에서 결성한 조형예술운동 그룹의 명칭이며 또 그들이 발간한 잡지의 이름이기도 하다. 입체파에서부터 비롯된 추상미술을 조형예술 전 분야에 걸쳐 본격적으로 전개시킨 최초의 운동이었다. 이들은 조형예술의 통합을 주장하였는데, 그 원리는 회화, 건축, 산업 디자인을 막론하고 모든 공간을 동일한 평면으로 간주하여 기하학적 형태와 삼원색을 기본적인 조형 요소로 적용하는 것이었다. 이들의 지도 이념은 순수성, 직관성을 중시하는 몬드리안의 신조형주의로부터 조형물의 효과나 구체성을 중시하는 반 되스부르크의 요소주의로 옮겨갔으며, 1920년대에는 네덜란드를 넘어서 국제구성주의운동으로 발전해갔다.

게리트 리트벨트(G. Rietveld), '슈뢰더 하우스', 1924

▶ **디세뇨 disegno**

이탈리아 르네상스 시대에 조형예술 일반의 공통 원리로 간주된 개념으로 여러 면에서 오늘날 디자인의 원리를 선취하고 있으며, 그 형태상 어원으로 보아도 무방하다. 현대 이탈리아어에서도 형태의 변화없이 그대로 디자인이라는 뜻으로 사용되고 있다(il disegno). 디세뇨는 당시 치열했던 학예논쟁과 장르 논쟁의 결과 회화, 조각, 건축에 공통되는 조형원리로 인정되었는데, 이 용어가 지닌 의미는 대체로 소묘(drawing), 계획(project), 의도

(intention) 등이었다. 그리고 이로부터 나온 '아르티 델 디세뇨(Arti del disegno)'는 서구 최초의 통합된 미술 개념이기도 하다. 예를 들면 16세기 조르지오 바자리가 피렌체에 설립한 아카데미아 델 디세뇨(Academia del disegno)는 오늘날의 디자인 학교라기보다는 미술 학교에 가까운 것이었으며, 디세뇨를 조형예술의 일반 개념으로 사용하였음을 보여주는 예이다.

▶ 레이몬드 로위
Raymond Lowey, 1893-1986

미국의 가장 유명한 디자이너로 상업적으로 화려한 성공을 거두었다. 원래는 프랑스 출생이지만 1919년 미국으로 이주하여 처음에는 패션 일러스트레이터로 출발, 나중에 공업 디자이너가 되었다. 1927년 문을 연 로위디자인연구소는 세계 최대의 디자인회사로 성장하였다. 특히 1940-1950년대에는 대부분의 미국인들이 그가 디자인한 제품들을 사용하였다. 그의 작업은 디자인의 전 영역에 두루 걸치는데, 1960년대 미우주항공국(NASA)에서 우주선의 실내 설계까지 담당했다. ➡ 산업 디자인 참조

레이몬드 로위, '펜실베니아 철도사를 위한 기관차', 1934

▶ 미술공예운동
The Arts and Crafts Movement

19세기 후반 영국에서 윌리엄 모리스를 중심으로 추진된 공예 운동이다. 이 운동은 건축가 오거스터스 퓨진(Augustus Pugin)의 고딕부흥운동, 미술평론가 존 러스킨(John Ruskin)의 예술의 민주화 사상과 라파엘전파(The Pre-Raphaelite Brotherhood)의 유미주의 등의 영향을 받았으며 모리스 이외에도 아서 맥머도, 윌리엄 레서비, 찰스 애쉬비와 같은 공예가들이 합세했다. 이들은 모두 중세의 공방을 이상적인 작업 방식으로 간주하고 양식적으로도 중세의 소박한 양식을 추구하였는데, 1882년에 아서 맥머도의 센추리 길드(Century Guild)가, 1884년에는 윌리엄 레서비를 중심으로 한 예술제작자 길드(Art Workers' Guild)가 결성되었다. 1888년에는 찰스 애쉬비가 수공예 길드와 학교를 설립했고, 역시 같은 해에 미술공예전시협회가 결성되어 런던에서 제1회전을 가졌다. 이 운동의 추진력은 특정한 조형적 목적성보다는 다분히 도덕성에 기초한 것이었으며, 이후 아르누보는 물론이고 근대디자인 운동에 지속적인 영향을 미쳤다. ➡ 산업 디자인 참조

▶ 민예운동 民藝運動

야나기 무네요시(柳宗悅, 1889-1961)에 의해 1920년대부터 일본에서 전개된 공예운동. 종교철학자이자 미학자였던 야나기는 1920년대 초 조선을 여행하면서, 조선 민예품의 미에 커다란 감동을 받고 조선 민예품을 수집·보존하는 한편, 일본으로 돌아가 민예의 중요성을 설파하며 운동을 펼쳤다. 야나기는 민예를 민중공예로 정의하면서, 고급미술이나 귀족공예를 배척하고 민예의 우위성을 주장하였다. 한편 그의 민예론은 불교미학과 접맥되면서 불이(不二)의 미와 타력도(他力道) 같은 개념에 의해 뒷받침되었다. 야나기는 그의 입장에 동조하는 가와이 간지로, 하마다 쇼지, 버나드 리치 같은 공예가들을 규합하여 민예회(1926)를 조직하고, 이어 일본민예관(1926)을 건립하였으며, 〈공예(1931-1941)〉

라는 잡지를 발간하는 등 2차 세계대전 이전까지 활발한 운동을 펼쳐나갔다.

▶ 민족적 모더니즘 national modernism

특정한 민족의 고유한 양식적 전통과 융합되어 그 민족적 특성을 강하게 드러내는 모더니즘. 원래 모더니즘, 즉 근대디자인은 국제적인 성격을 가졌으나, 그 역시 전파와 수용 과정에서 각 지역 및 민족의 고유한 전통과 자연스럽게 결합되면서 다양한 형식으로 전개되었다. 국제적 모더니즘 양식을 주체적으로 수용해 민족적 모더니즘으로까지 발전시킨 나라로는 독일, 이탈리아, 스칸디나비아제국, 그리고 일본을 꼽는다. 이들 국가들은 모두 현대적이면서도 민족적 특성을 간직한 디자인 문화를 발전시키는 데 성공했을 뿐 아니라, 그러한 제품을 통해 국제시장에서도 높은 경쟁력을 가졌다.

▶ 바우하우스 Bauhaus, 1919–1933

독일의 디자인 학교이자 근대디자인의 정점을 이룬 운동. 1919년 바이마르에서 발터 그로피우스를 교장으로 하여 개교하였다. 1925년 데사우로 이전하였다가 1932년에 다시 베를린으로 옮겨간 뒤 다음 해인 1933년 나치스에 의해 폐교되었다. 존속 기간은 14

신문에 보도된 바우하우스의 모습

넌에 불과했지만, 근대디자인의 역사에 끼친 영향은 지대하다. 바우하우스는 예술과 기술의 분리를 근대문명의 모순으로 간주하고 조형적 실천을 통해 그를 지양하고자 하였다. 그리고 회화, 조각, 건축 등으로 분리된 근대 조형예술의 체계에 대해서도 비판적이었다. 따라서 바우하우스의 이념은 예술의 공작적 성격을 다시 확인하고, 순수미술과 응용미술의 차별을 철폐하며, 건축을 통한 조형예술의 통합을 목표로 하였다. 나아가 이러한 이념을 교육을 통하여 구체적으로 실천하고자 하였는데, 교육 과정은 기초 과정, 공방 과정, 건축 교육의 순서로 실시되었고 성격은 중세의 공방과 근대의 조형 개념을 새롭게 접목시킨 것이었다. 한편 폐교 이후 유럽과 미국으로 이주해간 바우하우스인들에 의해 바우하우스의 이념과 교육이 전세계적으로 전파될 수 있었다.

▶ 반디자인 Anti-design

현대의 제도화되고 체계화된 디자인에 대해 반대하는 모든 경향을 통칭하는 것으로, 대안적 디자인(alternative design)과 급진적 디자인(radical design)을 들 수 있다. 대안적 디자인은 대량생산, 대량소비 체제에 기반한 현대생활의 상품화와 소외, 환경 파괴 등을 비판하고 대안적 생활 양식을 추구하는 경향으로 소박한 생활(simple life), 애드호키즘(Ad-hocism), 자작법(self-aid), 반제품(do-it-yourself) 등을 제안한다. 대표적인 인물로는 빅터 파파넥(Victor Papanek)을 꼽을 수 있는데, 그는 소비지향적인 디자인을 반대하고 대신 장애인과 제3세계를 위해 디자인할 것을 호소했다. 한편 급진적 디자인은 60년대 후반 이후 이탈리아의 에토레 소트사스, 안드레아 브란치, 알레산드로 멘디니 등이 중심이 되어 추진한 운동으로, 근대디자인의 엘리트주의와 획일성에 반대해 대중적 취향과 평범한 일상적 사물 디자인에 관심을 가졌다. 알키미아(Alchymia), 멤피스(Memphis) 등의 스튜디오를 통해 활동하며 포스트모던디자인의 한 주류를 형성해 나갔다.

▶ 발터 그로피우스
Walter Gropious, 1883-1969

바우하우스의 설립자이자 근대건축과 디자인 운동의 대표적인 지도자. 베를린에서 출생. 뮌헨과 베를린에서 건축을 공부하고 1908년 과 10년 사이에 페터 베렌스의 사무실에서 일했다. 1914년 쾰른에서 열린 독일공작연맹 전시회에 파구스공장의 설계안을 출품하여 주목을 받았으며, 1919년에는 바우하우스 교장으로 임명되어 중심적인 인물로 활동하다 1928년에 사임하였다. 1929년에는 근대건축 국제회의(CIAM)의 부의장으로 추대되기도 하였다. 바우하우스 폐교 이후 1937년에는 미국으로 건너가 하버드대학에서 건축을 가르치면서 미국 디자인계에 영향을 미쳤다.

▶ 버내큘라 디자인 vernacular design

토속적, 민속적 디자인이라는 의미로, 근대의 주류 디자인적 관점에서 무시되어 왔으나 20세기 중반 이후 건축가, 인류학자, 미술사가 등에 의해 그 가치가 새롭게 주목받게 되었다. 1963년 버나드 루도프스키가 기획한 뉴욕 현대미술관의 '건축가 없는 건축(Architecture without architect)' 전은 버내큘러 디자인에 대한 관심을 크게 환기시켰다. 이러한 경향은 디자인사적으로 볼 때 과거의 모든 역사적, 민족적 양식과의 단절을 추구한 근대디자인 중심의 역사에 대한 수정을 뜻한다. 버내큘러적인 관점의 대표적인 건축사가로는 라모스 라파포트가 있으며, 실례로는 하산 파티가 이집트에서 추진한 '구르나마을'이 잘 알려져 있다. 한편 버내큘러리즘은 건축에서 의 '비판적 지역주의'나 패션과 인테리어에서의 '에스닉(ethnic) 스타일'과도 연결되며, 최근 우리나라에서의 흙건축에 대한 관심도 그러한 움직임에 속한다. → 인테리어 디자인 참조

▶ 분리파 Sezession

1897년 요젭 호프만, 요젭 마리아 올브리히, 구스타프 클림트 등이 빈에서 결성한 그룹. 분리파라는 이름은 아카데믹한 예술 그리고 과거의 모든 예술로부터의 분리를 목표로 한다는 의미에서 붙여진 것으로서, 이들 중 다수는 요젭 호프만이 설립한 빈 공방(Wiener Werkstäte)을 중심으로 활동하였다. 분리파의 양식은 넓게 볼 때, 19세기 말의 아르누보에 속하지만, 프랑스 아르누보와는 달리 직선적 경향을 강하게 드러내는데, 이는 근대디자인으로 넘어가는 과도기적 단계로 평가된다.

▶ 생활미술운동

1980년대 민중문화운동의 한 갈래로서 정치적 변혁 운동과 민족적인 양식이 결합된 성격을 드러낸다. 생활미술운동은 크게 두 가지 방향성을 띠었는데, 하나는 정치 투쟁에서 사용된 선전선동 작업이며 또 하나는 전통적인 민중적 생활양식에 근거한 생활문화적 실천

생활 한복

이었다. 선전선동 작업은 1987년 민주화운동 이후 크게 늘어난 운동적 수요에 바탕해 매우 활발했는 데 주로 깃발이나 선전물 등 각종 시위용품의 제작이 그에 해당되며, 생활문화적 실천은 각종 공예품 창작과 '우리옷 입기 운동' 과 같은 일상적 차원의 접근을 보여주었다. 한편 90년대 들어 선전선동 작업은 급격히 쇠퇴한 반면, 생활문화적 실천은 '생활한복' 의 보급으로 일정하게 대중화에 성공하였다.

▶ 스칸디나비아 디자인 Scandinavian design

스칸디나비아 제국에서 발전된 현대디자인 경향. 주로 스웨덴과 덴마크, 핀란드를 중심으로 북유럽의 전통공예와 현대적인 디자인 감각이 결합된 모습을 보여준다. 이중에서 스웨덴은 '스웨디시 모던(Swedish Modern)', '스웨디시 그레이스(Swedish Grace)' 라고 불리는 현대적이면서도 차갑지 않고 온화하며 부드러운 특징을 보여준다. 이러한 스웨덴 디자인의 특징은 사회민주주의적인 정치 체제에 뒷받침되어 오늘날 민주주의적인 디자인의 한 전형으로 꼽힌다. 덴마크 역시 '대니시 모던(Danish Modern)' 이라 하여 합리적이면서도 차가운 북구적 개성의 한 면모를 보여준다. 핀란드 디자인은 알바 알토(Alvar Aalto)의 건축과 가구 디자인에서 보듯이 민족적 정체성을 강하게 드러낸다. 대체로 스칸디나비아 제국의 디자이너들은 민중적인 사회 전통과 풍부한 목재를 활용한 민속적이고 가정적인 분위기에 서구의 현대 디자인이 조화롭게 접목된 결과라고 할 수 있다.

▶ 스타일링 styling

양식화(樣式化)라고 번역되는데, 제품의 구조나 기능과는 무관하게 외관에만 치중하는 디자인 작업을 의미한다. 따라서 스타일링은 근대디자인의 기능과 형태의 결합, 구조를 통한 형식의 창조와 같은 원리에 위배되기 때문에 다소 경멸적인 의미로 쓰이기도 한다. 그러나 오늘날 스타일링은 일반화된 디자인 기법의 하나로 자리잡고 있으며, 이러한 방식은

이미 1930년대 미국 디자인에서부터 찾아볼 수 있다. 예컨대 미국의 자동차 산업은 구조나 기능의 개선없이 그 외관만을 변경하는 정책을 채택하였고, 주기적 모델 변경(model change)과 부분 변경(minor change)을 통해 제품의 수명을 인위적으로 조절하는 인위 폐기 현상으로 나아갔다. 오늘날 이러한 정책은 디자인을 통해 소비를 증가시킴으로써 자본의 순환을 촉진시키는 유력한 수단이 되고 있다.

▶ 아르누보 Art Nouveau

프랑스어로 새로운 예술이라는 뜻이지만, 19세기 말과 20세기 초에 걸쳐 프랑스를 중심으로 전 유럽에서 유행한 장식적인 양식을 가리킨다. 아르누보는 바로크, 로코코 등 이전 유럽 장식미술 전통의 연장선상에 있으면서도, 면(面)보다는 선(線), 그리고 입체감 대신에 평면성을 강조하고, 철이나 유리 같은 근대적인 재료를 사용하였다는 점에서 이전의 그것들과 성격을 달리 한다. 아르누보 양식에 영향을 끼친 것들로는 영국의 미술공예운동, 상징주의 문예사조, 다양한 이국취향(특히 일본풍)을 들 수 있는데, 그에 따라 아르누보에는 종합예술적인 성격, 관능적인 상징성, 평면적이고 선적인 윤곽의 강조가 두드러진다. 아르누보 양식을 다시 곡선적인 것과

알폰스 뮈샤, '욥(Job)', 1896

직선적인 것으로 구별하기도 한다. 이중에서 곡선적인 양식이 아르누보를 대변하는 것으로 가장 광범위하게 나타나며, 그에 반해 직선적인 양식은 스코틀랜드와 오스트리아에서 볼 수 있듯이 한결 기하학적인 성격을 띤다. 아르누보 양식은 그 국제적 성격만큼이나 지역별로 다양한 별칭을 갖고 있었는데, 예컨대 독일에서는 유겐트슈틸(Jugendstil), 오스트리아에서는 분리파(Sezession), 이탈리아에서는 스틸레 리버티(Stile Liberty)라고 불리웠다. 대표적인 작가로는 건축에서 빅토르 오르타, 엑토르 귀마르, 앙리 반 데 벨데, 그래픽에서는 알퐁스 뮈샤, 쥘르 쉐레, 유리공예에서는 에밀 갈레, 루이스 티파니 등이 있다. 전반적으로 아르누보 양식에는 산업화된 현실을 외면 또는 초극하려는 자연에의 염원과 관능 그리고 몽환이 엿보이는데, 지나치게 사치스럽고 장식적인 경향으로 인해 세기말적인 악취미라는 비판을 당대에 받기도 했다.

▶ 아르데코 Art Déco

프랑스어로 장식미술을 뜻하는데, 1925년 파리의 장식미술박람회(Exposition des arts décoratifs)에서 나온 명칭이다. 아르누보의 뒤를 이어 1920-1930년대 프랑스를 중심으로 전세계에 전파되고 유행된 양식이다. 아르데코의 양식적 특징은 모더니즘과 장식미술의 결합에서 찾을 수 있다. 아르데코는 20세기의 입체파, 미래파 등에 의해 개척된 모더니즘 양식을 기본으로 하면서도 그것을 장식적으로 활용했다는 점에서 모더니즘의 장식적 가능성을 보여주며, 또 그 점에서 19세기의 아르누보와 구별된다. 따라서 유동적인 곡선을 애용했던 아르누보와는 대조적으로, 아르데코는 기하학적인 형태와 반복되는 패턴을 보여준다. 한편 아르데코는 미국에서 화려한 꽃을 피웠는데, 할리우드 양식, 또는 재즈양식으로 불리운 미국의 아르데코는 프랑스와는 달리 대도시의 고층건물 등에 적용되는 등 보다 웅장하면서도 사치스런 방향으로 발전해갔다. 전반적으로 아르데코 양식에는 현대적이고 도시적인 감각과 함께 양차대전 사

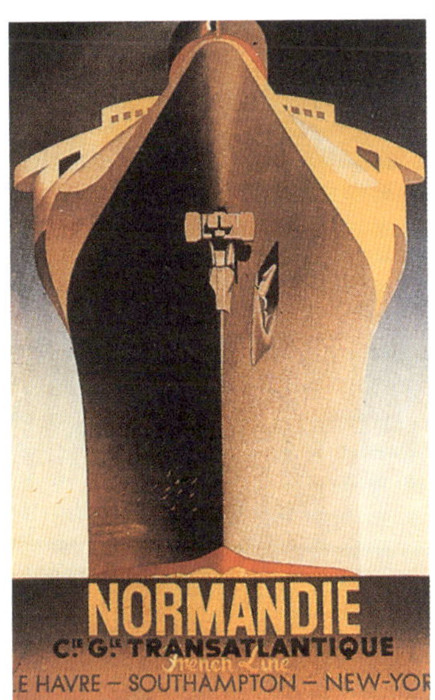

카쌍드르의 포스터, 1927

이의 낙관적이고 향락적인 분위기가 잘 드러나 있다.

▶ 역사주의 historicism

과거의 양식을 모방하거나 일정하게 재해석하는 경향을 통칭하는 것으로서, 복고주의와 거의 동일한 뜻이다. 역사주의는 양식사의 발전 과정에서 여러 차례 반복해서 등장하는데 대체로 하나의 지배적인 양식이 쇠퇴하고 아직 새로운 지배양식이 등장하지 않은 과도기적인 국면에서 흔히 볼 수 있다. 역사주의의 논리 역시 과거 양식의 단순한 모방과 절충에서부터, 양식적 위기상황에서 다시 과거의 양식을 참조하여 비판적으로 계승하려는 태도에 이르기까지 여러가지가 있을 수 있다. 역사상 역사주의의 예로는 18세기의 신고전주의, 19세기의 절충주의, 1930년대의 파시스트 신고전주의, 최근의 포스트모던 고전주의를 꼽는다.

▶ 울름조형대학 1955-1968
Hochschule für Gestaltung Ulm

2차대전 이후 서독 울름에 세워진 조형학교. 바우하우스에 이어 전후 독일 디자인을 주도해나갔으며, 교육과 이론에서 커다란 공헌을

원기능주의 proto-functionalism
윌리엄 모리스 William Morris, 1834-1896

하였다. 바우하우스 출신인 막스 빌이 초대학장을 맡았고, 토마스 말도나도, 한스 귀줄로, 오틀 아이허 등이 교수로서 주도적인 역할을 했다. 이 학교의 성격은 초기에는 막스 빌의 주도로 바우하우스를 계승하는 방향이었지만, 나중에는 현대사회에서의 디자인의 기능과 역할에 대해 보다 현실적으로 접근하고자 하였다. 바우하우스가 디자인의 공작적 성격을 강조한 데 반해서, 울름은 디자인의 사회적·문화적 기능에 대해 보다 관심을 기울였다. 제품조형, 시각 커뮤니케이션, 정보, 건축의 4개 학과를 두었으며, 산학협동 작업에서도 모범적인 성과를 거두었다. 특히 기호학적 접근에 의한 디자인 방법론을 확립하는데 크게 기여하였으며, 독일 기능주의의 전통을 계승한 신기능주의 양식을 창출하였다.

막스 빌이 설계한 울름 조형 대학 건물. 현재 울름조형대학 심리학부 건물로 사용하고 있다.

▶ 원기능주의 proto-functionalism

근대 기능주의가 본격적으로 등장하기 이전인, 19세기에 볼 수 있는 초기적인 기능주의를 가리킨다. 원기능주의는 산업혁명 이후 새로운 생산방식, 기술, 재료의 등장에 따라 자연발생적으로 나타난 것으로서, 주로 기술공학자들에 의해 이루어졌기 때문에 '공학적 기능주의'라고도 불린다. 대표적인 작품으로는 조셉 팩스턴의 수정궁(1851년 런던 만국박람회 전시관)과 귀스타브 에펠의 에펠탑(1889년 파리 만국박람회 기념조형물)을 들 수 있다. 원기능주의는 당시 예술가들에게 기계미학적 영감을 제공함으로써 20세기 기능주의의 단초를 마련했다. 한편 원기능주의적

19세기 원기능주의의 대표작 '에펠탑', 1889

인 감각은 20세기 후반의 하이 테크(High tech)에서 동시대적 형태로 반복되고 있다.

▶ 윌리엄 모리스
William Morris, 1834-1896

영국의 공예가, 시인, 사회사상가. 영국 빅토리아 시대의 대표적인 비판적 지식인의 한 사람으로서, 그의 사상과 실천은 근대디자인의 출발점이며 이후 디자인의 역사에 미친 영향이 지대하다. 그의 문제 의식의 출발은 무엇보다도 당시 산업자본주의적 현실에서 생산품의 질적 저하와 인간 노동의 소외에 있었다. 그리하여 그는 이전의 중세 사회를 이상으로 간주하고 기계생산을 부정했으며 사회주의 이념을 표방했다. 또 그는 스승인 존 러스킨의 사상을 이어받아 '예술의 민주화'와 '예술의 생활화'를 열렬히 주장하였는데, 이는 바로 근대디자인의 이념적 기초가 되는 것이다. 1861년에는 모리스, 마샬, 포크너 상회를 설립하여 직접 공예품을 제작하는 등 이념의 실천에서도 매우 적극적이었다. 1890년에는 켐스코트출판사를 설립하여 중세의 필사본 전통의 계승을 시도하였다. 전반적으로 낭만적이고 유미주의적인 의식의 소유자였던 모리스는 근대디자인의 선구자로서 위대한

윌리엄 모리스(William Morris)

업적을 남겼지만, 대체로 그의 사상과 실천은 복고주의, 엘리트적 실천, 시대착오적인 기계의 부정이라는 한계와 모순을 드러냈다.

▶ **응용미술 applied art**

19세기 서구 조형예술의 체계에서 순수미술보다 낮게 취급된 것으로서, 순수미술에서 발견된 미적 원리를 실용품에 단순히 적용한다는 뜻을 가진다. 이 말은 넓은 의미에서 오늘날 디자인에 해당되는 19세기적인 용법인데 장식미술(decorative art), 실용미술(useful art) 또는 소예술(minor art) 등도 유사한 용어라 할 수 있다. 특히 18-19세기 유럽 각국에서는 수출진흥을 목적으로 생산품에 미적 가치를 부여하는 것을 응용미술로 이해하고 또 다양한 방식으로 장려하였다. 그러나 20세기에 들어와 디자인의 원리가 단순히 대상에 응용된 것이 아니라, 그 나름의 독자적 조형원리에 근거한다는 신념이 확립되면서 이러한 개념과 용법은 낡은 것으로 간주되었다.

▶ **일본 스타일 Japanese style**

현대문화와 디자인 문법에서 일본 스타일이라 함은 일본의 전통적인 스타일과 서구의 현대적인 스타일이 창조적으로 결합한 독특한 양식으로서 세계적 보편성을 갖고 있는 것을 말한다. 이러한 일본 스타일의 위상은 현대 일본이 서구와 비서구(제3세계)로 양분된 근대사회의 기본 질서 내에서 유일하게 근대화에 성공한 비서구 국가라는 독특한 위치에 대응된다. 현대의 일본 스타일은 단지 서구의 현대적인 스타일도, 제3세계의 전통적 스타일도 아닌 동양적 전통과 서구적 현대가 조화된 문화적 점이지대에서 꽃핀 제3의 독자적 가치를 내포하고 있으며, 건축, 제품, 포스터, 의상뿐 아니라 음식과 대중문화 전분야에 걸쳐 광범위하게 보급되어 있다. 한편 현대 일본 스타일이 시기별로 각기 다르게 의미화되어 왔음을 주목할 필요가 있다. 원래 일본 스타일은 19세기의 '자포니슴(Japonisme)'에서부터 비롯된다. 이는 비교적 일찍이 서구와 교류한 일본문화가 서구인들에게 이국적인 취향으로 받아들여지면서 유행하게 된 것인데, 이후 일본 스타일의 수용에는 이러한 '오리엔탈리즘(Orientalism)'이 작용하게 된다. 그러나 2차 세계대전 이후 일본 디자인의 또 한번 독자적인 발전은 현대적인 기술과 일본적 미의식의 결합으로 '미니 스타일'과 경박단소(輕薄短小)의 미학을 특징으로 하는 '재패니즈 모던(Japanese Modern)'을 낳았다. 그런가하면 근래 일본 스타일은 동양적 자연관에 바탕한 생태적으로 대안적인 디자인의 모델로 재인식되는 등 새로운 의미화의 가능성을 보여주고 있기도 하다.

▶ **키치 Kitsch**

원래는 저속한 모방 예술이라는 뜻을 지닌 독일어. 오늘날에는 현대사회에서 예술의 존재방식이나 수용과 관련된 특수한 상태를 일컫는 용어로 주로 사용된다. 키치의 핵심은 예술 작품의 내적 원리나 객관화된 이념에서 찾아지는 것이 아닌 오히려 그것의 사회 내 존재방식이나 수용의 측면에서 나타난다. 따라서 객관적으로는 아무리 고상하고 수준높은 예술작품이라 해도 그것의 소유자나 감상자의 수준과 관심에 따라 얼마든지 속물적인 이해가 가능하기 때문에, 키치는 어느 경우에나 발생할 수 있다. 사회적으로 키치는 신분상승이 가능하거나 적어도 그것이 기대되는 상태에서 존재 가능한데, 예를 들어 과거 귀족계급이 사용하던 물건들을 모방한 복제품이 오늘날에도 생산되고 팔리는 이유는, 그것이 대중의 신분상승에 대한 기대감을 만족시켜주기 때문이다. 키치의 본질이 근본적으로 주체의 수용 상태에 달려 있다고는 하지만, 한편으로 그러한 반응을 일정하게 유발하는 대상들이 있게 마련이다. 디자인사에서 보자면 역사주의, 아르누보, 아르데코, 포스트모더니즘 등에서 키치적인 성격을 풍부히 찾아볼 수 있다. 이와는 달리 의도적으로 키치적인 성격을 드러내거나 역이용함으로써 그러한 현실을 비판하거나 풍자하는 예술도 있다.

▶ **포스트모더니즘 postmodernism**

탈근대 또는 근대 이후라는 의미를 지닌 2차 세계대전 이후의 문화 예술 경향. 디자인에서

디 자 인 사

history of design 최 범

는 근대디자인 또는 기능주의에 반대하거나 그로부터 벗어난 움직임을 보이는 경향이 모두 해당된다. 가장 먼저 포스트모던한 성격을 보여준 것은 1950년대 영국의 팝 디자인인데, 이는 전통적인 기능주의의 엄격하고도 엘리트적인 형식으로부터 벗어나 대중적인 취향에 접근한 것으로, 전후 전반적인 대중문화의 우위현상과 흐름을 같이한다. 그러나 20세기 초중반을 지배했던 근대디자인의 퇴조는 마치 1세기 전에 그러했던 것처럼 일종의 양식적 무정부상태를 빚어내는 바, 이러한 상황 속에서 모더니즘 이후의 디자인은 모더니즘과 현대사회를 보는 관점에 따라 매우 다종다기한 양상으로 나타나고 있다. 이를테면, 엄격한 전통 모더니즘에 대한 반발이 곧장 대중취향의 쾌락주의(팝 디자인)로 나아가는가 하면, 한편으로는 모더니즘을 서구 디자인사의 맥락에 집어넣고 양식의 문법적 해석을 시도하는 역사주의적 경향(역사주의), 또는 대중소비사회라는 미명하에 상업주의의 도구가 된 디자인의 사회적 책임을 강조하며 대안적 방식을 찾는 입장(반디자인) 등이 각기 분출되어 나왔다. 이러한 경향들은 물론 일정하게 서로 연결되어 있으면서 전체적으로 포스트모던한 양상을 보인다.

유희성을 도입한 포스트모던디자인

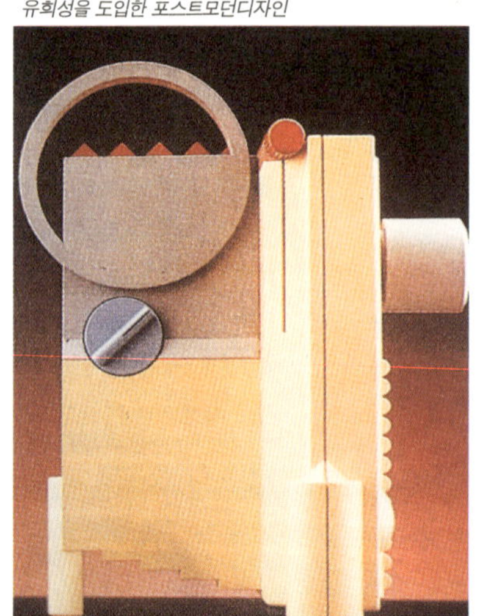

▶ 하이 테크 High tech

원래는 첨단기술이라는 뜻이나 디자인적인 맥락에서는 최신의 기술과 재료를 사용하되 그 기술과 재료의 성질을 감추지 않고 양식적 문법으로 드러내게 하는 것을 의미한다. 그렇게 볼 때 하이 테크 스타일의 원형은 19세기의 '공학적 기능주의' 또는 '원기능주의'에서 찾아볼 수 있지만, 하이 테크가 첨단을 의미하는 만큼 비교적 최근의 그러한 경향에 한정하여 사용된다. 한편 하이 테크는 기술과 재료의 노출이라는 측면에서 보자면 근대디자인의 연장선상에 놓이지만, 그것들이 과장되게 표현되어 진실성보다는 오히려 첨단기술시대의 상징성을 강하게 띠기 때문에 넓은 의미에서 포스트모던 계열에 속한다고도 볼 수 있다. 대표적인 작품으로는 리처드 로저스와 렌초 피아노가 공동설계한 퐁피두센터(1977)가 있으며, 이외에도 현대의 군사장비나 운송수단, 그리고 SF에 등장하는 디자인들에서 하이 테크한 이미지들을 풍부하게 볼 수 있다. 대체로 하이 테크는 한편으로는 기술 유토피아(technopia)적인 낙관성을 드러내지만 반면에 비인간적이고 차가우며 공포스러운 이중적인 이미지를 가진다. ➡ 현대 건축, 산업 디자인 참조

리차드 로저스((Richard Rogers), 로이드 빌딩

디자인 교육

디자인이 체계적으로 된 것은 산업적 요구에 의해서 였다. 이는 산업혁명에 따른 시대적 요구였으며 이제는 정보화 사회라는 새로운 환경에 맞는 준비를 해야한다. (적어도 이제 디자인을 배우기 시작한 사람들은 대략 10년 후가 본격적으로 활동하는 시기가 될 것이다.) 디자인 조형은 목적에 따른 시각 정보의 정리와 구성이며 이를 조화 있는 언어적 형태로 나타내는 일이다. 디자인은 과학적 접근 방식과 예술적 접근 방식을 모두 사용하며 효율과 감성을 모두 만족시켜야 한다.

디자인 교육에서는 이러한 두 가지 접근 방식을 단계별, 목적별로 나누어 볼 필요가 있다. 첫째로는 기본적 방법들의 과정, 조건, 기존의 결과들에 대한 이해 과정을 들 수 있다. 이러한 것들은 작게는 손과 도구의 훈련에서 시각 정보 특성 이해와 활용 방법, 효율과 가치 측정 방법의 과정 등이다. 나아가 자신과 주변의 시간 활용의 디자인까지도 여기에 들어갈 수 있다. 둘째로는 창의적 표현을 위해 적극적 사고를 넓히는 것이다. 적극적 사고는 뚜렷한 목표 의식과 의지에 의해 영향을 받는다. 디자인은 생산과 소비, 커뮤니케이션, 문화 등의 모든 분야에 관련되므로 유관 학문과의 관계도 중요한 교육 내용이 된다. 그러나 디자이너의 가치란 결국 그의 개성적이고 독특한(unique) 표현력에 있다.

오늘날 다양한 분야와 형태로 확장된 디자인은 기술 응용적 디자인과 창의적 디자인으로 나눌 수 있다. 이것은 교육 과정에서 각 과정의 목적을 분명하게 나타낸다. 이러한 것들 외에 한 가지를 더한다면 사람과 사회, 문화 환경을 이해하며 그 속에서 참여하고 조화롭게 함께 할 수 있어야 한다. 이는 디자인이 사람을 대상으로 행동을 유도하고 설득함을 목표로 하며 일의 진행이 크고 작은 사회 속에서 이루어 지기 때문이다. 결국 디자인은 아이디어를 찾는 것도 중요하지만 그 아이디어를 나타낼 수 있는 창의력이 풍부한 적극적 사고와 행동력이 있어야 한다. 아이디어는 있으나 표현할 수 없는 사람을 디자이너라 하기보다는, '어떤 생각'을 나타낼 수 있는 능력이 그를 광고인도 기술자도 아닌 디자이너로 만드는 것이다. 학교는 이를 위해 기본 요소인 사람, 사회, 문화, 기술적 문제들을 위한 과정을 기본으로 하여 궁극적으로는 표현 영역의 확대를 도와줄 수 있어야 한다.

오병권 (이화여대 교수)

바우하우스 Bauhaus

바우하우스는 1919년에 독일공작연맹의 멤버로 활동했던 그로피우스를 중심으로 독일에서 탄생된 국립 디자인 대학이다. 1907년에 탄생한 독일공작연맹 중심의 독일 디자인 운동은 대량생산 기술과 제품의 생산성에 의해 결정되는 기하학적이고 순수한 형태의 디자인을 모든 공예 제품에 구현함으로써 20세기 모더니즘 디자인 운동의 바탕을 마련하였다. 바우하우스의 합리적이고 기능주의적인 디자인 교육도 이와 같은 20세기 초 독일의 산업과 사회 그리고 문화의 대세였던 디자인 개혁 운동에서 비롯되었다. 또한 패전 후 새로운 건설의 분위기와 함께 '건축을 주체로 한 모든 창조적 예술의 통합'을 위한 교육의 장으로서 바우하우스가 탄생되었고 이것은 바우하우스의 명칭이 중세의 건축직인조합을 뜻하는 바우휘테(Baühutte)에서 비롯된 것과 관계 있다. 이와 더불어 그로피우스의 개교 선언문 속에 나타나는 내용은 예술가들의 수공예에 대한 재인식과 중세 수공업자 조합인 길드와 유사한 성격이 있으며 이것은 독일공작연맹의 이념과 사뭇 상반되기도 한다. 19세기의 이상주의와 20세기의 현실주의를 결부시킨 그로피우스는 교육을 통한 사회 개혁을 주장하였으며 이러한 바우하우스의 초기 이념들은 발전과정에서 많은 변화와 수정을 거쳤으며, 결국 바우하우스는 산업과 접촉함으로써 디자인의 사회화 운동에 기본이 되는 교육적 성취와 현대 디자인의 이정표를 정립하는 데 공헌하였다. 제도상으로 볼 때 바우하우스는 대공립공예학교와 대공립미술대학이 통합된 미술연구소이자 대학이었으며 처음부터 반아카데미적인 자세를 취하는 실제적인 수공 훈련에 중점을 둔 실용 교육 기관이었다. 개교 후 2, 3년이 안되어 공예가 양성이라는 교육 이상은 이미 대량생산을 위한 제품을 디자인할 수 있는 디자이너 양성교육으로 바뀌었으며, 심지어 바우하우스의 작업장에서 제품 개발에 착수하여 연구소의 이익을 꾀할 수 있는 경제적 기초를 확대하고자 노력하였다. 불안한 시대 상황에서 변천을 거듭한 바우하우스의 역사는 바이마르 바우하우스(Weimar Bauhaus), 데싸우 바우하우스(Dessau Bauhaus), 베를린 바우하우스(Berlin Bauhaus), 뉴 바우하우스(New Bauhaus)의 시대로 구분된다.

그로피우스가 쓴 바우하우스 선언문이 실린 바우하우스 개교 프로그램. 라이오넬 파이닝거의 목판화, 1919

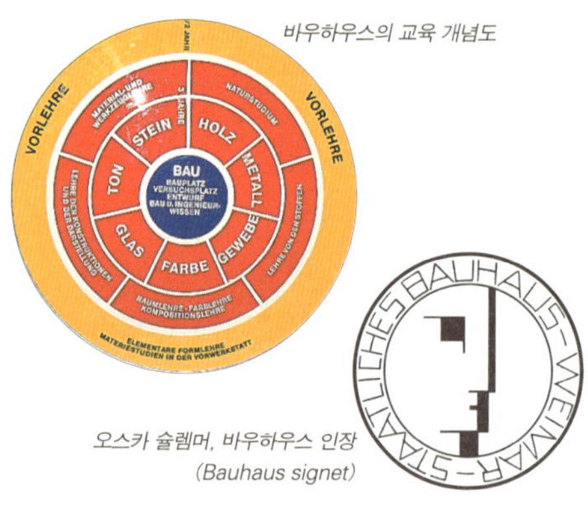

바우하우스의 교육 개념도

오스카 슐렘머, 바우하우스 인장
(Bauhaus signet)

바우하우스 씰(Bauhaus seal), 1919-1922

오스카 슐렘머, 트리아딕 발레(triadic ballet) 의상. 베를린 메트로폴리탄 극장, 1926

요스트 슈미트(Joost Schmidt), 바이마르 전시회 포스터, 1923

데싸우 바우하우스 교사

요셉 알베르스 예비 과정 중 신문의 변형 , 한스 케슬러 작, 1931

　　1919년에 바이마르시에 국립 바우하우스가 탄생되었다. 바이마르 바우하우스(1919-1925)의 구성은 도제(Apprentices), 직인(Journeyman), 마이스터(Meister)로 구분하며 교사와 학생이 전공 동체적인 정신으로 실용적 교육 이념을 목표로 하였다. 교육 과정은 예비과정을 거쳐 도자기, 인쇄, 벽화, 공방의 연구를 통한 전문적인 공예 교육으로 이어졌으며 이것은 그로피우스의 실용적이고도 진취적인 교육 이념에 잘 부합되는 것이었다. 공방에는 기능 마이스터와 조형 마이스터를 두어 학생들에게 미적 조형과 제작 기술을 동시에 가르쳤다. 특히 요하네스 잇텐(Johannes Itten)이 담당한 예비과정에서는 창의력을 바탕으로 하는 참신한 조형 활동의 기초를 마련하였다. 1922년 2월에 그로피우스는 '예술과 기술의 새로운 통일'을 강조하고 바우하우스의 교육이념을 새롭게 전환시켰다. 이것은 수공예적인 조형 활동에 공업적 조형이 통일화된다는 인식이며 바우하우스 공방과 산업체의 결부가 유용하다는 것을 의미하였다. 1923년에 그간의 교육 성과를 보여주는 전시회가 성공적으로 열렸으나 새로이 정권을 잡은 독일 인민당에 의해 바이마르에서의 국립 바우하우스는 1925년 4월 1일 그 막을 내렸으나 데싸우의 헷세시장으로부터 바우하우스의 인수 제의를 받아 1925년 3월에 시립 바우하우스로 재출발하였다.

　　데싸우 바우하우스(1925-1932)는 그로피우스, 한스 마이어(Hans Meier), 미스 반 데어 로에(Mies van der Rohe)로 이어지는 3명의 학장과 함께 발전하였다. 그로피우스는 데싸우에서 바이마르의 이념을 그대로 받아들이고 교수를 보강함과 동시에 건축 교육 과정을 설립하였다. 또한 개교와 함께 바우하우스 제품을 전문으로 판매하는 유한 회사 '바우하우스상회'를 설립하여 재정 기반을 확보했으며, 1926년 10월에 바우하우스를 조형 대학으로 발전시켰다. 1928년 한스 마이어가 학장으로 취임한 후 더욱 발전하여 경제적 번영을 이루었다. 마이어는 철저한 기능주의 신봉자로서 건축의 예술적 성격을 전적으로 부정하였으며 바우하우스의 민중에 대한 봉사의 개념을 강조하였다. 그의 중요한 개혁은 과학적인 기초 위에 건축을 체계화하는 것이었고 이를 위해 과학 분야의 전문가들을 초빙하

바우하우스 Bauhaus

여 강연을 의뢰하여 디자이너 양성에서 과학 교육의 중요성을 제시하였다. 그로피우스 시대의 경험주의적 교육에 비해 마이어 시대는 과학적 학문적 태도가 지배하였다. 그러나 마이어는 정치 활동으로 1930년 사임하였으며 건축가인 미스 반 데어 로에가 학장이 되었다. 그의 기본 방침은 바우하우스를 이상적인 건축 교육의 장으로 정리, 통일하는 것이었다. 바우하우스의 교육이 공방보다는 강의 중심의 교육으로 바뀌면서 바우하우스는 건축 전문 공과 대학의 성격을 띠었다. 데싸우 바우하우스는 1932년 10월 국가사회주의 독일 노동당에 의해 폐교를 당했지만 미스 학장의 노력으로 베를린에서 재출발할 수 있었다. 1932년 미스에 의해 베를린 바우하우스(1932-1933)는 사립 연구소로 활동을 개시하였다. 베를린 바우하우스의 교육은 기초 과정과 전문 교육 후의 자유로운 디자인 활동으로 이루어졌으며 기금 조달을 목적으로 하는 카니발 행사도 이루어졌다. 그러나 1933년에 베를린 바우하우스는 해산되었다.

바우하우스가 해체된 후, 그로피우스를 비롯한 많은 바우하우스 교수들은 미국으로 건너가 그들의 예술적 이념을 새롭게 꽃피우기 시작했다. 1937년 모홀리 나기(Moholy-Nagy)가 학장으로 취임한 뉴 바우하우스(1937-1938)가 미국에 설립되었으며 부명으로 미국디자인학교라는 이름을 붙였다. 뉴 바우하우스의 교육은 이론적, 실천적 과정으로 분류되었으며 교육의 목표는 수공업 및 기계 공업 제품의 디자이너, 박람회, 무대, 전시, 상업 미술, 타이포그래피, 사진 등의 디자이너 그리고 조각가, 화가, 건축가의 양성에 있었다. 그러나 충분한 재정적인 뒷받침이 없었던 바우하우스는 그해 8월 문을 연 지 1년도 못되어 해산하였다. 모홀리 나기는 외부의 재정 원조에 의존하지 않고 자신의 연구소를 설립하기로 결심하고 시카고디자인학교(1936-1944)를 설립하였다. 교수들과 학생들의 헌신적인 노력으로 학교는 순조롭게 발전되어 17가지의 특허출원 외에 전시회 출품 등으로 많은 상을 수상했다. 시카고디자인학교는 1944년에 시카고 실업가들의 재정적 도움과 함께 디자인연구소로 바뀌었다. 디자인연구소는 1946년 모홀리 나기 학장의 사망 이후에도 고문인 그로피우스와 신임 소장 세르

바우하우스 아카이브(베를린 바우하우스)

모홀리 나기(Moholy-Nagy), '재료에서 건축으로(Von Material Zu Architektur)', 1929

바이어(H. Bayer), 바우하우스 저널의 표지, 1928

바우하우스 초대 교장 그로피우스, 1920

데싸우 바우하우스 건물 벽사인, 1930

그로피우스(W. Gropious), 'Bauhausbauten Dessau', 바우하우스 책자켓, 1930

Bauhaus 바우하우스

바우하우스에서는 교수라는 직함 대신 '마스터즈' 라는 칭호를 사용했다. 어느날 바우하우스 옥상에 모여 기념 촬영한 바우하우스 교수진. 맨 왼쪽부터 요셉 알베르스, 한네르크 쉐퍼, 게오르그 무케, 라즐로 모홀리 나기, 힐버트 바이어, 요스트 슈미트, 발터 그로피우스, 마르셀 브로이어, 바실리 칸딘스키, 파울 클레, 라이오넬 파이닝거, 군타 스텔즐, 오스카 슐렘머.

이와오 야마와키의 콜라주, 바우하우스 침공, 1932

주 세르마이에프에 의해 더욱 발전되었지만 1946년 재정적 문제의 근원적 해결을 위해 일리노이공과대학(Illinois Institute of Technology)과 합병하였다. 세르마이에프와 테일러의 뒤를 이어 1955년 약관 35세의 제이 더블린이 후임 소장직을 맡았다. 그는 연구소를 재정비하여 수많은 재능있는 디자이너를 훈련시켰고 계속해서 연구소의 활동을 높은 수준으로 유지했다. 이때의 교육 프로그램은 시각 디자인, 제품 디자인, 사진, 미술, 교육의 4년 과정으로 바뀌었다.

1955년 4월에 일리노이공과대학 크라운홀이 개관되었는데 이를 계기로 디자인연구소는 이곳으로 이전해 오늘에 이른다. 바우하우스에서 물러난 그로피우스를 비롯해 모홀리 나기, 마르셀 브로이어 등은 왕성한 디자인 활동을 하였으며, 1938년 미국에서는 바우하우스 시절의 회고전이 열렸다. 그 이래 유럽, 아프리카, 오스트레일리아, 아시아, 라틴 아메리카 등의 각지에서 열린 바우하우스 순회전은 대단한 반응을 불러일으켰으며 오늘날 미국의 실용 디자인뿐만 아니라 모든 예술 교육 및 일반 교육에까지도 파급되었다. 1950년 독일의 울름시에 울름디자인연구소가 설립되었던 것도 바우하우스 해체 이후 디자인 문제의 연구와 훈련을 위한 필요성 때문이었다. 또한 1960년에는 독일의 다름쉬타시에 바우하우스 자료관이 설립되어 바우하우스에 대한 역사적 연구 및 그 이념의 보급을 실현시켰다. 바우하우스는 1919년 개교하여 1933년 폐교될 때까지 평탄치 않은 역사를 거쳤지만 그로피우스와 미스의 신건축 이상과 산업 디자인 분야에 이룩한 혁명적 공헌, 바우하우스의 화가들이 미술사에 이룩한 창조적 공헌을 비롯한 바우하우스의 교육 방식은 20세기의 전세계 디자인 교육 방식을 바꿔놓기에 충분하였다. 바우하우스는 1차적으로 디자인 교육 기관으로 평가될 수 있지만 2차적으로는 수공예 공방이었으며, 노동 협동체 조직이었다. 또한 제품의 실험 연구소이자 건축 설계 사무소였으며 전위 무대 예술의 거점이기도 했다. 그로피우스를 비롯한 불과 10여 명의 교수진과 200명 내외의 학생으로 출발하였던 바우하우스는 20세기 건축과 디자인 분야에 대한 인간의 물질적 필요성과 정신적 필요성을 동시에 충족시켰으며 이는 후에 본질적인 휴머니즘으로 연결되었다. 실로 20세기의 디자인 운동과 디자인 교육에 대한 공헌을 했던 바우하우스를 역사적, 비평적 관점에서 바라보든 또는 공격의 대상, 변호의 대상으로 바라보든, 바우하우스의 전통의 힘은 끊임없이 발견되고 있다.

김명석 (과학기술원 교수)

▶ 갈이틀

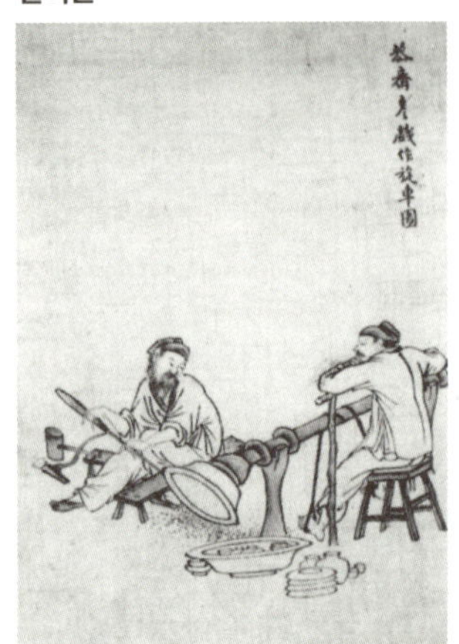

윤두서, 선차도, 조선 후기

목물레, 선차(旋車) 또는 발로 밟는다 하여 족답기(足踏機)라고도 한다. 간단하게 설치된 두 개의 받침대에 걸친 중심축을 돌려 얻은 원심력을 이용해 목기 등을 깎는다. 회전력은 중심축의 발판을 번갈아 밟아 왕복 운동을 회전 운동으로 바꿔 얻어낸다. 우리나라에서는 호암미술관에 소장된 '금박목조향합(金箔木造香盒)'의 예로 보아 8세기 이전에 사용되었음을 알 수 있다. 또한 조선 시대의 그림을 통해서 그 구조가 확인되며, 남원 지방의 목기장에 따르면 80년대 초까지 수동식 갈이틀이 사용되었다고 전한다. 지금 쓰이는 목물레도 동력원만 바뀌었을 뿐 원리는 같다. 목공예의 수공예적 대량 생산을 위해 고안된 것이다.

▶ 근대 목공예 近代木工藝
modern wood craft

개화기부터 해방 전후 시기까지의 목공예. 이 무렵은 탈봉건 근대화라는 시대적 과제를 수행해야 할 중요한 시기였음에도 불구하고 일제 강점기라는 특수한 타율적 조건에 놓여있어 자율적이고 근대적인 대응 체제를 갖추는 데 일정한 한계가 있었다. 그래서 해방 후 오늘에까지 적지 않은 개념상의 혼란과 기능에 대한 논란, 디자인 분야와의 정체성 문제 등을 노정하게 한 원인이 되기도 했으나 이왕직

미술품제작소(李王職美術品製作所)의 설립과 같은 자구적인 노력 또한 없지 않았다. 전통 시대와 현대를 잇는 역사적 과도기로서 현대를 이해하는 데 뿐만 아니라 미래 공예의 방향과 관련해서도 매우 중요한 시기라고 할 수 있다.

▶ 금속 장식

목공예에 쓰이는 금속 부재의 총칭. 두석(豆錫)이라고도 한다. 구조의 보강용이나 여닫이용 경첩, 자물쇠 등으로 크게 나뉘며, 제작지와 시대에 따라 재료와 형식이 다르다. 강화, 박천, 경기 반닫이 등 지역 양식을 구분하거나, 백동, 황동, 무쇠 등 사용된 재료에 따라 제작 시기를 판정하는 중요한 기준이 된다. 금속 장식은 현재 통영 지방에서 두석장(豆錫匠)이라는 명칭으로 제작 기술을 전승하고 있다.

▶ 나전칠기 螺鈿漆器

목공예 장식 기법의 하나. 전복 껍질을 얇게 갈아 무늬를 오린 뒤, 백골에 모시천을 바르고 칠(漆)과 호분(胡粉)을 섞어 표면을 고른 다음 아교로 붙인 후 표면을 다듬고 여러 번 옻칠해 마감한다. 나전칠기의 연원은 통일신라 시대로 추정된다. 고려 시대에는 중국 황실의 요청에 부응하여 임시 관청을 둘 만큼 높은 기술적 완성도를 보인 뒤 조선 시대에는 질적인 퇴조 현상이 나타났지만 앞시기에 비해 더욱 폭넓은 수요층에 보급되기도 했다. 주요 기법으로는 전복 껍질을 오리는 방법에 따라 곡선의 주름질, 직선의 가는 상사로 켜는 끊음질이 대표적이다. 조선 시대 말기까지

나전칠기

전해오던 100여 종의 공예 기술 가운데 오늘날 발전적으로 계승된 몇 안되는 분야 중의 하나이다.

▶ 대모 玳瑁

목칠 공예 장식 재료의 하나. 거북의 등껍질을 얇게 저며 얻은 반투명 각질을 쓰며, 뒷면에 복채(伏彩)하여 나전(螺鈿)과 함께 시문(施紋)한다. 고려 시대 칠기에 주로 쓰였던 우리나라의 독창적인 장식 재료이다. 조선 후기 이후에 유행했던 화각(華角) 공예의 발달에 기법과 기술적 연원을 제공한 것으로 이해되고 있다.

▶ 마감 도료

목공예품 표면에 칠하는 도료 일체. 보통 사포질로 표면을 정리한 후에 바르며, 피막을 형성해 표면의 광택을 더하고, 방수와 균열 방지 등 내구성을 높이는 데도 필수적이다. 크게 식물성 도료, 화학 도료로 구분한다. 식물성으로는 옻칠, 황칠 등과 들기름, 콩기름, 올리브기름, 잣기름 등 기름류를 주로 쓰며, 최근에는 옻칠 대용으로 캐슈가 널리 보급되었다. 화학 도료는 대량 생산에 의한 기계 제품에 주로 쓰인다. 옻칠은 목공예 도료 중 가장 오랜 역사를 지녔을 뿐 아니라 부패와 해충, 충격, 균열 등에 대한 내구성이 특히 강해 지금까지 유용하게 사용된다. 캐슈는 값이 싸고 옻칠과 유사하여 널리 쓰이지만 그 효능은 옻칠에 크게 못 미친다. 우리 고유의 칠로 고대부터 중국과 일본에 널리 알려졌던 황칠(黃漆)은 나무뿐 아니라 금속, 가죽 등에도 사용하며, 칠빛이 황금색을 띠어 특히 성가가 높았다. 조선 말기에 끊긴 이후 근대에 황칠수의 발견과 기술의 복원에 성공했다.

▶ 목공예 木工藝

목재로 만든 공예품 또는 그 제작 기술. 마감 도료로 옻칠을 쓰는 예가 많아 목칠 공예로도 불린다. 우리나라는 옛부터 건축은 물론 가구와 그릇, 생산 도구 등 공예품의 상당 부분을 목재로 제작했기 때문에 일찍이 목공예 기술이 발달했고, 기술의 분화에 따라 제작자의 전문화도 함께 이루어졌다. 특히 상감 기술의

일종인 나전 기술은 고대에서 현대로 이어진 우수한 목공예 기법으로 다른 나라와 뚜렷이 구별되는 주된 특징으로 꼽힌다. 높은 격조를 갖춘 조선 시대의 가구 또한 목공예의 중심 영역으로서의 구실을 수행해온 중요한 분야이다. 이와 같은 전통 시대 목공예의 흐름은 근대기를 거치는 동안 서구 미술사조의 직·간접적인 영향권에 들어 다소 위축되기도 하였으나, 1950년대 후반부터 대학에서 배출된 목공예가들의 활동으로 디자인과 조형 미술의 영역으로 확대되는 등 분야의 발전과 함께 새로운 시대 양식의 수립을 도모하고 있다.

▶ 목공예가 木工藝家

목공예 분야의 작가. 근대 이전에는 소목장(小木匠), 칠장(漆匠), 나전장(螺鈿匠)으로 불리었으나, 근대 이후 미술의 영역이 새롭게 재편되면서 화가, 조각가 등과 함께 창의적인 개성을 표현하는 조형 미술 분야의 한 전문가로 정착했다. 공예의 분야적 특성으로 실용성과 조형성을 함께 다루는 것이 기본이지만, 작가에 따라서 실용적인 기능에 치중하는 작가와 심미적인 조형성 위주의 성향을 보이는 작가가 혼재하며, 한 작가가 두 가지를 모두 겸하는 경우도 있다. 특히 최근에는 소품의 조형물과 함께 창의적인 가구 분야에 대한 관심이 높아졌다.

▶ 목공예의 미

목공예품이 지닌 아름다움. 목공예가들이 추구하는 미의 세계는 조형 미술 분야의 일반적 목표에 공통되는 부분과 목공예 분야만의 특수성이 함께 존재한다. 특히 쓸모를 통해 얻어지는 기능미와 촉감, 실용 기물에 토대를 두고 형성된 조형 형식의 객관성 등은 일반 미술품과 다른 독창적 아름다움으로 꼽힌다. 특히 자연 소재인 목재로 창의적 형식미와 자연 목리(木理), 재료 자체의 친밀도 등의 장점을 동시에 누릴 수 있는 것도 목공예의 아름다움을 이루는 데 중요한 요소이다.

▶ 목공예 재료

목공예품을 만드는 데 필요한 재료 일체. 목재류가 주된 대상이지만 금속제의 부재도 포

함된다. 우리나라에서 생산되는 목재는 사계절이 뚜렷한 기후 조건으로 지역에 따라 수종이 다양하며 단단하고 나뭇결 또한 선명하여 공예 재료로 쓰임의 폭이 넓다. 미송, 춘양목 등 소나무류와 무늬결이 좋은 느티나무, 오동나무, 먹감나무, 향나무 등은 수입재인 화류목과 함께 고급 공예품의 재료로 선호된다.

▶ 목공예 제작 기법

목공예품을 제작하는 여러 가지 기법. 재료의 건조 과정에서 형태를 만들고, 무늬를 새기고, 마감 처리에 이르기까지 제작 과정 전반에 걸쳐 다양한 기법이 사용된다. 형태를 만드는 데 쓰이는 기법으로는 원목을 깎는 수공예 조각과 목물레 성형, 판재(板材)와 각재(角材)의 짜임, 합판, 합목의 방법이 있다. 무늬 넣는 방법에는 나전, 대모, 화각, 칠화(漆畵), 밀타회(蜜陀繪), 음양각(陰陽刻), 투각(透刻) 등의 전통 기법과 목분(木粉) 상감 등 새로 개발된 기법이 함께 사용된다. 마감은 옻칠의 경우 백골(白骨) 표면에 천을 발라 목질의 굴곡을 메운 다음 정제된 옻을 여러 번 바르지만, 현대 목공예에서는 사포질로 표면을 잘 고른 다음 식물성 기름을 발라 완성한다.

▶ 실용성과 조형성

공예품의 제작 목적과 존재의 기반이 되는 필수요소. 공예의 형성 원리로 중요하다. 근대 이전의 공예는 실용성이 제작 활동의 요체였으며 조형성은 실용성에 따른 자연스러운 결과로 이해되었다. 그러나 근대 이후부터는 서구의 순수 미술 이념의 수용에 수반하여 조형성에 대한 관심이 점차 높아지면서 기능적 측면의 비중은 상대적으로 줄어들었다. 그러나 조형성만을 추구할 경우 인접 조형 예술 분야와의 영역 구분, 탈 장르 경향의 정당성 여부, 수요층과의 정서적 교감 등의 문제로 논란의 소지가 있으며, 반면 실용성만 강조할 경우 시대적인 미감의 구현과 제품 디자인과의 분야적 차별성을 확보하기 어려운 측면 등이 과제로 남는다. 이 두 가지 요소의 조화를 통해 새로운 기능의 창출을 위한 시도가 필요한 때이다.

▶ 연장 tools

목공예품 제작에 필요한 끌, 대패, 톱 따위의 총칭. 간단한 깎기에서 절단, 천공, 부판, 성형에 이르기까지 다양한 종류가 쓰이며, 넓은 의미에서는 제작 기계의 일부도 포함한다. 수공예의 제작 구조상 연장의 발달은 곧 목공예의 발달과 직결된다. 원형 그릇을 대량 생산하기 위해 쓰였던 갈이틀은 대표적인 예로 꼽히며, 부판용 틀톱의 발달은 장(欌), 농(籠) 등 판재 가구의 구조적인 발전을 가져왔다. 현대에는 거의 대부분의 제작 공정을 기계로 수행할 수 있으나, 창의적인 분야에서는 작자의 개성을 잘 표현하기 위해 가급적 기계 공정을 피하고 수공 연장으로 작품을 제작한다.

▶ 전통 목공예

근대 이전에 제작된 목공예. 우리나라의 목공예 역사는 목재와 매우 친밀했던 선사 시대의 생활 조건이나 자연 재료를 직접 이용하는 목공예의 속성에 비추어볼 때 매우 오래되었다는 것을 알 수 있다. 재료의 유기적인 성질로 인해 시대를 거스를수록 유물이 남아 있지 않아 그 실상을 올바로 파악하는 데 많은 어려움을 주고 있으나, 목공예가 전통 시대의 생활 전반에서 차지했던 막중한 비중은 의심의 여지가 없다. 특히 최근에 발견된 기원 전후의 다호리(茶壺里)와 광주 신창동 유적은 고대 목공예의 형식을 알려주는 좋은 자료이다. 기술적으로 뛰어난 통일 신라 시대와 고려 시대의 나전 칠기, 탁월한 균제미(均齊美)를 지닌 조선시대 목가구의 우수성은 일찍부터 미술사 분야에서 관심의 대상이었고, 외국인들에게도 성가가 높다. 다만 일제 시대를 거치면서 무너진 전통의 창의적 계승이 오늘날 공예계의 과제로 남아 있다.

▶ 짜임 joint

목공예품의 구조를 이루는 결구 방법. 부재간의 연결 부분의 강도를 높이기 위한 목적에서 개발된 것이며, 특히 장, 농, 반닫이 등 판재(板材)와 각목(角木)을 써서 만드는 가구에 필수적으로 사용되는 방법이다. 짜임의 종류는 방법에 따라 사개 물림, 턱 짜임, 반턱 짜

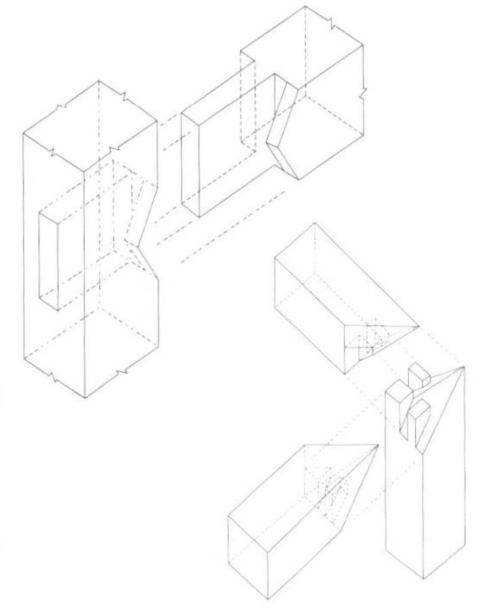

연귀촉 짜임

임, 장부촉 짜임 등이 대표적인 예이며 경우에 따라 그 얼개가 매우 복잡하고 정밀한 것도 많다. 조선 시대의 가구에 사용된 짜임 기법은 겉으로는 드러나지 않지만, 매우 튼튼하게 결구되어 견실도가 높고 단순한 외관을 더욱 돋보이게 하는 중요한 구실을 한다. 오늘날의 가구에는 짜임 대신 못을 사용하는 것이 보통이다.

▶ 현대 이행기의 목공예

근대에서 현대로 이행하는 시기의 과도적인 목공예. 해방 이후부터 1970년대까지가 여기에 해당한다. 이 시기에는 근대 이전의 공예적 특성과 현대를 지향하는 새로운 시도가 동시에 나타나는 복합적인 시대적 특징을 보이며, 특히 50년대 이후 설치된 각 대학의 공예 계열 출신 목공예가들을 중심으로 공모전이나 개인전 등을 통해 예술가로서의 입지를 구축한 점이 앞시기와 다르다. 이처럼 수공예적인 성격을 강화하려는 경향은 인접 분야인 공업 디자인과의 영역 구분 문제와도 무관하지 않다. 내용면에서 보면 50-60년대의 목공예는 전통 가구를 답습 또는 부분 변형하던 단계에서 70년대는 작가의 개성을 잘 표현할 수 있는 소품 위주로 바뀌었고, 80년대 이후에는 이러한 경향이 더욱 두드러졌다.

▶ 화각 공예 華角工藝

목칠 공예 장식 기법의 하나로 우리나라만의 독특한 공예 기법이다. 쇠뿔을 얇게 저며 얻은 반투명의 각질(角質)을 쓰며, 복채(伏彩) 기법으로 뒷면에 다채로운 문양을 넣은 뒤 목공예품의 표면에 아교로 지져 붙인다. 조선 시대 후기 이후에 크게 유행했으며, 화려한

색채의 특성상 안방의 여성용 가구에 주로 쓰였다. 문양의 면적이 넓을 경우 좁은 쇠뿔을 여러 조각 잇대어 쓰기 때문에 견실도는 낮은 편이며, 특히 습기에 약한 단점이 있다. 이 기법은 고려 나전칠기에서 이미 시도된 대모 복채 기법에서 나온 것으로 알려져 있다. 현재 전승 공예가에 의해 활발히 제작되고 있다.

독창적인 색채를 가진 화각공예

▶ 80년대 이후의 목공예

앞시기와 현저하게 다른 제작 경향을 보이고 있는 80년대는 목공예계의 전환점이 되고 있다. 이러한 흐름은 공예계 전반의 변화와 맞물려 일어난 것이지만, 목공예 분야에서는 본격적인 조형화 추세를 보인 공예의 다른 분야와는 달리 오히려 소품의 조형물에서 가구를 주된 대상으로 삼는 등 주제의 전환을 시도하고 있다. 특히 조형적인 형식미를 추구하는 조형 가구는 현대 목가구의 다양한 전개 방향과 관련해 주목된다.

백태원

115

현대 가구 modern furniture

현대 가구는 권위의 상징으로서 장식과 기능의 역할을 하는 역사주의의 중세 전통 가구와는 달리, 보편적 가치관과 함께 실내 공간의 한 구성 요소로서 조형적 측면을 강조한 20세기의 새로운 가구 디자인 경향을 말한다. 20세기 현대 가구 디자인의 효시는 1902년 매킨토시(C. R. Mackintosh)의 '사다리 의자(Ladder back chair)'로 소급된다. 이 가구는 20세기 근대 디자인 운동의 모태를 제공하는 역사적인 공헌과 함께 현대 가구 디자인의 방향과 실내 공간에서 가구의 새로운 역할을 제시하였다. 현대 실내 공간에서 가구는, 주어진 단순 기능에만 머무르지 않고 실내 환경을 구성하는 상징적인 조형물로서 그 역할이 새롭게 증대되고 있다. 이러한 가구의 새로운 역할은 1917년 게리트 리트벨트(Gerrit T. Rietveld)의 '적-청 의자(Red-blue chair)'와 1929년 미스 반 데어 로에(Mies van der Rohe)의 '바르셀로나 의자'에서 한층 발전적으로 구현되었다. '적-청 의자'는 수직, 수평의 공간 구조와 강렬한 색상으로 신조형주의에 토대를 둔, 추상적이면서 현실적인 조각으로서 새로운 가구 조형 형식을 보여주고 있다. 이는 현대 인테리어에서 가구가 포괄적 의미의 조형물로서의 역할을 어느 정도까지 수행할 수 있는가 하는 질문에 훌륭한 답을 주고 있다. 기능주의와 경제적인 대량 생산 방식이 주류를 이루던 시절, 바우하우스의 미스 반 데어 로에는 이러한 제약으로부터 벗어나 가구를 통한 독창적인 자기 표현에 주저하지 않았다. 1932년 알바 알토(Alvar Aalto)는 목재로 제작된 다차원적인 조각과 같은 형태의 '파이미오 의자(Paimio armchair)'를 통하여 단순한 기능주의가 아닌 독창성과 휴머니티를 추구하면서 감정과 유머를 곁들여 인간성 회복의 차원에서 가구의 새로운 세계를 열었다.

2차 세계대전 후 가구 디자인은 대형 유리벽과 개방된 공간을 추구하는 현대 건축의 새로운 경향에 따라 가구를 벽으로부터 떼어 방의 중간에 놓게 되면서 실내 조형물로서 현대 가구의 역할이 더욱 확대되기에 이르렀다. 더욱이 전후 새로운 소재의 개발은 1950년대 화이버 글라스(fiber glass)로 제작된 찰스 임스(Charles Eames)의 'Dining Armchair Rod'와 1960년대 플라스틱을 이용한 조 콜

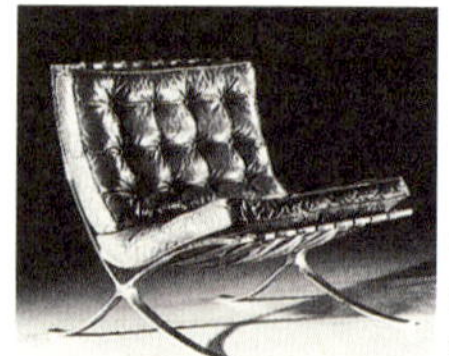

미스 반 데어 로에(Mies van der Rohe), '바르셀로나 의자(Barcelona chair)', 1929

찰스 임즈(Charls Eames), 'DAR' (dining armchair rod), 1950-1953

매킨토시(C. R. Mackintosh), '사다리 의자 (Ladder back chair)', 1957

게리트 리트벨트(Gerrit Thomas Rietveld), '적-청 의자(Red-blue chair), 1917-18

에로 사리넨(Eero Saarinen), '튜울립 의자', 1957

알바 알토(A. Aalto), '파이미오 의자', 1932

조 콜롬보(Joe C. Colombo), 'Universal model'

재스퍼 모리슨(Jasper Morrison),
'합판 의자(Plywood chair)', 1988

프랑크 게리(Frank Gehry), '위글
사이드 체어(Wiggle side chair)',
1972

보렉 시펙(B. Sipek), '긴의자
(Chaise longueo)', 1987

마크 뉴슨(Mark Newson),
'Locked lounge', 1985

웬델 캐슬(Wendell Castle), '휴미도르
(Humidor)', 1987

필립 스탁(Philippe Starck),
'미스트립(Miss trip)', 1996

롬보(Joe C. Colombo)의 일련의 가구 디자인으로 이어져 재료와 형태에서 획기적인 전환점이 되었다. 그러나 70년대를 지나면서 형틀에 의한 대량 생산 방식은 모더니즘의 극치를 달리며 단조로운 색상과 기하학적인 딱딱한 형태로 변모되었다. 이 차갑고 획일화되어가는 비정서적인 기능주의에 대하여 인간의 정서적인 측면을 외면해 버린 오류를 지적하며, 1980년을 전후하여 알렉산드르 멘디니(A. Mendini), 에토레 소트사스(E. Sottosass) 등 일군의 이탈리아 디자이너들은 충격적인 포스트모더니즘 가구를 등장시켰다. 이들이 주도한 알키미아(Alchymia)와 멤피스(Memphis)는 기묘하고 예측할 수 없는 디자인으로 장식과 색채를 회복하고 인간과 물체 사이의 감성적인 관계에 집중함으로써 가구를 통한 인간성 회복을 추구하였다. 또한 상징성을 부여하여 인간 공학적인 한계를 극복하면서 가구에 대한 새로운 개념을 채택하도록 요구하였다.

1990년대 유럽을 중심으로 현대 가구 디자인의 주요 관심사는 21세기를 향한 인류의 지구 환경 보호를 위한 천연 소재의 사용과 자원 재생 디자인을 합리적으로 결합한 자연주의(naturalism)와 최소한의 조형 언어로 된 형태와 구조를 추구하며 절제된 미의식을 표현하는 미니멀리즘(minimalism)이며, 이를 필립 스탁(Philippe Starck), 재스퍼 모리슨(Jasper Morrison) 등이 주도하고 있다. 또한 세기말에 스스로 다양한 개성을 추구하는 가구 디자이너인 론 아라드(Ron Arad), 마크 뉴슨(M. Newson), 보렉 시펙 (B. Sipek) 등의 작품에서는 전위 예술적 사고의 기초로부터 시작해, 또 다른 경향으로 가구의 개별성을 찾는 개성주의(individualism)가 나타난다. 현대 가구에서 개성주의의 등장은 미국의 웬델 캐슬(Wendell Castle)을 중심으로 서정적이며 생명력이 넘치는 상징적인 조형물로서 예술성과 가구의 기능성을 만족시키는 아트퍼니처(art furniture)라는 새로운 장르를 20세기 말에 탄생시켰다.

최병훈 (홍익대 교수)

▶ 가구장석 무늬 家具裝錫紋樣

목가구나 건축물에는 모서리의 짜임새나 결구의 이음새를 보강하기 위해 쇠붙이 장식물을 붙인다. 조선 시대 목가구에 붙이는 쇠붙이 장식은 철제인 시우쇠, 무쇠로 된것과 동석제(銅錫製)인 백통, 놋쇠, 주석 등을 여러 모양으로 오려서 무늬를 선각하여 새기거나 투각하여 기물의 각 부위에 맞추어 붙이는 것이다. 이러한 금구 장식의 모양새는 호리병, 제비초리, 편복(박쥐) 무늬, 나비 무늬(胡蝶紋), 불로초, 일·월모양, 남대문 모양 등이며, 장석의 의장 무늬로는 자연무늬, 서수 무늬(瑞獸紋), 서조 무늬(瑞鳥紋), 화조 무늬(花鳥紋), 보상화 무늬(寶相花紋), 인동당초 무늬(忍冬唐草紋), 사군자(四君子) 및 세한삼우(歲寒三友), 완자 무늬(卍字紋), 그리고 수복(壽福), 강녕(康靈), 부귀(富貴), 다남(多男), 희(囍), 길상문자 도안 무늬 등 다양한데, 특히 조선 후기에 가구의 수요층이 서민에 넓게 형성되면서 벽사, 기복적인 상징성을 지닌 각종 무늬들이 나타나 주로 백통(예전에는 백동 장석을 일반에서는 백통이라 통칭하였다. 아마도 주석이 많이 포함된 장식이라는 뜻에서 붙여진 이름일 것이다) 장석이 유행하였다. 또한 백통 장석은 두석(豆錫)이라고도 하였다. 번거로운 치장을 되도록 피하려 하였던 조선 시대 가구에서는 최소한의 장식 구실을 하였던 것이 장석이며, 한국 가구의 꽃이라 말할 수 있는 것이다. 장석의 역사는, 신라 시대 고분 옥봉호7호분벽화에서 금속 장석이 그려져 있고, 또 경주 황룡사지 심초석에서 발견된 금동사리장치에 부착된 경첩과 문고리 장식 등을 볼 수 있다. 이러한 자료를 통해 우리 나라 금속 장식의 유례를 짐작할 수 있다. 경첩의 문양 형태는 다른 어느

가구장석 무늬

장석보다도 다양하며 시대적, 지방적 특색을 잘 반영하고 있다. 그 종류를 살펴보면, 동그레 경첩, 제비추리 경첩, 약과 경첩, 불로초 경첩, 운문 경첩, 병풍이중 경첩, 난초 경첩, 호리병 경첩, 호접 경첩, 편복 경첩, 만(卍)자 경첩, 남대문 경첩, 호패 경첩, 수팔련 경첩, 칠보 경첩 등이다. 감잡이라 하는 것은 기둥과 판넬들을 서로 잇댄 이음새나 모서리를 구조적으로 보강해 주는 기능을 지닌 장석이다. 이 역시 기능적인 특성도 크지만 가구의 장식성도 높여주는 효과를 주기 때문에 그 형태와 종류도 다양한 편이다. 쓰임새에 따른 감잡이 종류는 허릿대 감잡이, 개판 감잡이, 굽통 감잡이 등으로 크게 나눌 수 있고, 다시 허릿대 감잡이는 모양에 따라 약과 감잡이, 고춧잎 감잡이, 망두 감잡이, 칠보 감잡이, 엽전 감잡이, 반달 감잡이, 제비추리 감잡이, 운문 감잡이 등으로 분류된다. 개판 감잡이는 천판(天板)의 보강을 위한 장석이다. 그 모양에는 불로초 감잡이, 비녀 감잡이, 나비 감잡이, 박쥐 감잡이, 거멀 감잡이, 수팔련 감잡이, 이화 감잡이 등이 있다. 앞바탕이란 배목, 고리, 들

인동당초 무늬(忍冬唐草紋), 우현리 중묘 벽화, 고구려 시대

쇠, 자물쇠 등을 가구에 견고하게 부착하거나, 사용하면서 가구 몸체에 그것이 직접 닿아 상처를 주지 않도록 보완하는 기능을 지닌 얇고 넓게 만든 장석이다. 그 모양은 기하학적이면서 추상 형태로 만든 단순한 것에서 각종 동, 식물 형태를 정교하게 투각해 꾸민 것에 이르기까지 다양하다.

▶ **갈대와 물새 무늬 葦蘆水禽紋**

기러기는 혼례 의식에 부부의 백년해로를 뜻하며, 특히 노인 부부의 방에 치는 기러기 그림 병풍은 노안도(蘆雁圖)라 하는데, 이는 노안(老安)으로 풀이되어 즉 '노부부의 편안한 노후를 바라는' 의미로 썼다. 원앙의 모양을 한 조형은 가야 시대의 토기에 나타나기 시작하여 통일신라 이후 기와 마구리 장식 무늬와 도자기 무늬에서 많이 나타난다. 원앙이는 신혼 부부의 베갯모에 수놓고, 병풍에는 강변이나 호숫가의 갈대숲 잔잔한 물 위에 쌍쌍이 헤엄치는 모습을 수놓은 것은 부부의 사랑, 다산 등을 뜻한다.

오리 무늬

▶ **갈모금 무늬 葛帽錦紋**

띠 안에 이등변 삼각형 모양으로 구획하여, 소슬 무늬가 연속된 안에 곱팽이(소용돌이나 타래 모양으로 된 도형을 말함) 무늬로 이루어진 꽃 무늬를 하나씩 배치 구성하여 연속시킨 무늬이다. '갈모'란 예전에 승려들이 머리에 쓰는 고깔 모양의 건(巾)이다. 그런데 그 모양이 세모꼴로 되어서, 이 무늬가 마치 갈모처럼 삼각형을 이룬다는 데서 붙여진 명칭이다. 사찰이나 궁궐 건축의 금단청에 이러한 비단 무늬를 쓴다.

▶ **갈보결연금 무늬 葛帽結緣錦紋**

띠모양의 연속 무늬의 한 가지 형식인데, 띠 안에 구름 모양을 갈모처럼 솟아오르게 디자인하여 각 칸마다 서로 어긋나서, 마치 갈지(之)자처럼 지그재그로 연속 전개시켜 그 안에 초화 무늬를 배치한 것이다. 이와 유사한 비단 무늬 장식은 이미 고구려 고분 벽화의 주형도 등에서 쓰이고, 사찰 단청의 금단청에서 많이 쓰고 있다. 그 솟아오른 모양에 따라 갈모 무늬라 하고, 다시 무늬가 서로 고리로 이어져 이루어진 무늬를 결연 무늬라 하여 갈모결연 무늬라 한다.

▶ **고리금 무늬 連環錦紋**

원, 타원, 동심원 등을 좌우로 연속시켜, 마치 사슬이 꿰어진 모양을 이룬 연속 무늬이다. 실제는 칠보 무늬 중에 전보(錢寶), 즉 엽전 모양을 연결시켜 연속으로 이루어진 무늬이다. 고리금 무늬는 여의 고리금, 소슬고리금, 쌀 미(米) 고리금, 쌍고리금, 쌍고리줏대금 등 여러 모양이 있다. 고리가 여러 모양으로 연결되어 이루어진 모양은 윤회를 상징하며, 대개 장수를 의미하는 길상 무늬이다. 진리의 무한성을 나타낸다.

▶ **귀갑금 무늬 龜甲錦紋**

비단 무늬의 일종으로, 마치 거북등 껍질 모양과 같이 육각형의 무늬를 이룬 도형을 귀갑문이라 한다. 단청에서 비단을 두른 것 같이 의장된 단청 무늬를 금문이라 하는데, 이 무늬의 구성은 'ㅅ'자 모양이 사방 연속되면서 이루어진다. 'ㅅ'자 모양이 좌우로 전개되어 무늬가 이루어진 모양은 단청 용어로 '소슬금'이라 하는데 이러한 도형은 아라베스크적인 무늬가 서역에서 동방으로 들어와, 이 무늬가 우리나라에 처음 나타나는 것은 고구려 고분벽화 중 천왕지신총(天王地神塚: 고구려 벽화고분, 5세기) 등의 벽면 전체에 마치 장막처럼 묘사되었다. 또한 신라 시대 태환식(太環式) 귀고리, 또 토기 항아리 등의 어깨 부분에서 많이 찾아볼 수 있다. 이 거북등 무늬 속에는 각각 연꽃이 배치되어 있어서 비단 장막을 드리운 것같이 표현되어 있는 것이 특

금강저금 무늬 金剛杵錦紋
나비 무늬 胡蝶紋
단청 무늬 丹靑文樣

징인데, 이 무늬는 신라 고분에서 출토된 서역적 요소가 두드러지는 보검 손잡이와 가야 시대의 말 안장 꾸미개의 투각 금동 장식으로, 그리고 금관과 금동관의 내관에 타출장식 무늬로, 또 후대에는 도자기를 비롯하여 나전칠기, 불교 자수품, 능화판, 꽃담장 등 매우 중요한 사물에 주로 쓰였음을 알 수 있다.

▶ 금강저금 무늬 金剛杵錦紋

단청 무늬에서 불가(佛家)의 상징물인 금강저 모양을 디자인화하여 장식 문양으로 한 비단 무늬의 일종이다. 금강저라는 불구는 승려들이 불법을 수행할 때 사용하는 지물(持物)이다. 금강저는 본래 보리심의 뜻을 지닌 것이므로, 정각(正覺)을 구하는 마음을 의미하기 때문에 절의 창호(窓戶), 즉 꽃살문으로 꾸며지며, 그밖에 불교 의식에 쓰이는 악기 등의 장식, 또 불교 경전의 표지 장식, 불교 자수와 불교 조각 등에 장식된다. 또, 이 무늬는 결국 불도를 닦는 데 집념할 것을 상징하는 무늬이다.

▶ 나비 무늬 胡蝶紋

동양인의 조형 미술 속에 나타나는 패턴을 분석해 보면, 부부애를 동물이나 곤충에 비겼다는 점이 특이하다고 하겠다. 공자가 그의 제자에게 말한 오륜의 극치가 사랑이었음을 볼 때, 그것은 인간이 "짝을 맺는다"는 것이 인간 독자의 윤리가 아니라 자연 현상에 속하는 것으로 인식했다. 우리 선조들은 전통적으로 부부의 결합을 나비로 비유하는 일이 많아서 자수병풍이나 목가구 장식문양, 나전칠기 등에 장식되며 혼례의상의 대례복(大禮服)에는 모란꽃과 함께 나비를 수놓는다.

▶ 단청 무늬 丹靑文樣

직선이나 곡선으로 이루어지는 추상 무늬를 말한다. 직선에는 수직선, 수평선, 돌림선, 사선(빗선), 점선 등이 있고, 곡선에는 원호, 타원호, 파선, 나선, 포물선 등이 있다. 직선을 이으면 평행 무늬, 파선을 이으면 파상 무늬(물결 무늬) 등 여러 가지 무늬를 이룰 수 있어서, 편물, 직물, 그림, 문살 그밖에 건축의 장 무늬를 만드는 데 많이 쓰인다. 기하학 무늬는 동, 식물 무늬와 상반되는 개념으로, 동, 식물 무늬가 생물의 자연 상태를 묘사한 데 비해, 기하학 무늬는 자연의 현상을 추상적으로 표현한 것이다. 기하학 무늬는, 선사 시대에 토기의 표면, 뼈, 뿔로 만든 연장, 즉 골각기, 그밖에 직조에 쓰던 가락바퀴, 어망추 등에 사선 무늬, 번개 무늬, 점열 무늬, 물결 무늬, 새끼줄 무늬, 동심원 무늬, 성광 무늬로 나타난다. 특히 마치 생선뼈 같이 생긴 어골 무늬는 우리나라 신석기 시대 문화를 대표하는 의장 양식이다. 이러한 기하학 무늬의 발견은 나무 줄기나 덩굴풀 등으로 엮어 만든 소쿠리, 바구니, 직물, 편물 등을 짜는 과정에서 자연스럽게 이루어진다. 따라서 이러한 무늬를 비단 무늬(錦紋)라 하고, 궁전이나 사찰의 대웅전 등 고건축의 단청에서는 그러한 기하학 무늬를 넣어 화려하게 꾸민 단청 양식을 금단청, 즉 비단으로 꾸민 것 같이 채색 무늬를 그려 화려하게 의장한 단청을 일컫는다.

칠불사 단청

그 무늬들을 자세히 보면 모든 구름과, 번개와 눈과 비, 그리고 태양과 별빛을 상징하는 주술적인 힘을 지닌 기호(記號)이다. 기하학 무늬가 원시 시대부터 오늘날까지 끊임없이 나타나는 것은 무엇을 의미하는 것일까. 이러한 무늬가 인류 생활 속에서 사용된 것은 그러한 무늬 하나하나에 각기 자연에 순응하고 자연을 공경하고자 하는 마음이 깃들어 있기 때문이다. 특히 단청(丹靑) 무늬 중에서 이러한 무늬를 장식한 것을 금단청(錦丹靑)이라 한다.

▶ 돌림 무늬 回紋

완자살 무늬

지그재그 모양의, 또는 갈 지(之)자 모양의 무늬를 통틀어 번개 무늬(雷文)라 하고, 또 '亞'자 모양을 연속시킨 무늬는 아자 무늬, 만(卍)자 모양으로 전개시킨 기하학 무늬는 완자 무늬라 하는데 이들은 다같이 회문(回文)의 일종이다. 이러한 무늬는 농경 신앙에서 비롯된 일종의 풍요를 기원하는 뜻을 지니고 있는 것으로 생각되는데, 원시 시대, 삼국 시대의 토기와 청동기 등에서, 또 고려 시대 도자기에 많이 쓰였고, 조선 시대에는 궁궐 화초담이나 창호(窓戶)에 꾸며진 그러한 기하학적 무늬를 비롯하여 제기나 사당 건축의 단청 등에 주로 나타나는 것은 그러한 무늬가 어떤 신성한 상징적 의미를 지니고 있음을 말해주는 것이다. 선사 시대 이래 기하학 무늬가 우리 생활 주변에 계속 쓰이는데, 이는 그러한 무늬가 고대 인류들의 생활 경험을 통해

아자돌림 무늬

생긴 원시 신앙과 주술적인 상징성을 내포하고 있음을 알 수 있다. 일반적으로 완자 무늬, 즉 '卍'자 무늬를 불교적인 상징으로만 생각하는 경향이 있으나, 비단 무늬(錦紋)라 함은 단청에 있어서 금단(錦緞: 무늬를 수놓은 비단)과 같이 현란하고 아름답게 치장할 때 쓰이는 직물 무늬 양식인데, 그 무늬는 직물의 직조 과정에서 자연히 이루어지는 기하학 무늬 요소로서 제의(祭儀)의 상징으로 쓰였다. 즉 궁궐 건축이나 사찰의 대웅전 등 신전과 방불한 곳을 치장할 때 쓰는 무늬이다. 이는 신성과 위엄, 위계성 및 장엄함을 나타내기 위한 표식이라 하겠다. 즉 원, 삼각형, 육각형, 팔각형 등의 무늬와 아(亞)자 무늬, 번개 무늬, 돌림 무늬, 소슬 무늬, 바퀴 무늬, 거북

소슬금 무늬

등 무늬, 정(井)자 무늬 등을 단조로운 꽃무늬와 절충하여 사용하고, 오채(五彩)로 극히 화려하게 꾸민다.

▶ 모란 무늬 牧丹紋

모란은 꽃 중의 왕으로 일컬어지는 만큼 꽃무늬 중에서 아주 비중있는 소재다. 모란은 그 화려함으로 인해 '부귀' 라는 뜻을 갖고 있다. 모란은 주로 병풍으로 꾸며 신방이나 안방을 장식하고 특히 궁중 의례에 사용되었다. 고려 시대 청자에서 간결하게 도안화된 모란 무늬가 쓰이기 시작하여 조선 시대 분청사기를 비롯해 청화백자, 진사백자, 철화백자 등에서 민화풍의 회화적인 필치로 그린 모란꽃 무늬가 다양하게 나타난다.

모란 무늬

▶ 물고기 무늬 魚紋

우리 나라에서는 신석기 시대 유적에서 발견된 작은 자갈돌에 새겨진 물고기 형상이 가장 오래된 것이라 생각되며, 또한 선사 시대의

바위 그림에 나타나는 물고기 그림은 당시 어렵 생활과 관련된 풍어를 기원하는 주술적인 의미를 갖는 것으로 보인다. 신라 시대의 금·은제 허리띠 장식의 내림 장식에는 물고기 모양이 매달려 있다. 기록에 의하면 당시의 고급 관리들은 옥대에 물고기 모양을 장식하였는데, 일반 서민들은 허리띠에 물고기 장식을 할 수 없었으며, 대신 거울이나 그릇에 물고기 모양을 새겨 넣어 장식하는 것은 무방하였다고 한다. 물고기는 주로 장신구와 도자기 무늬로 많이 쓰였다. 한 쌍의 물고기 무늬는 여의롭고, 대길하며, 부귀를 누리고, 또 환희를 상징하니 남성의 상징이며 성적인 의미를 지녔다. 그리고 다손(多孫)을 상징하기 때문에 약혼 선물로서 약혼녀 집에 선사하는 풍속이 있었다. 물고기는 또한 부귀의 상징이며 자손 번창을 의미한다. 민화에 많이 등장하는 물고기 그림을 어룡(魚龍)이라 하는데, 이는 "기운찬 잉어처럼 성공한다" 라는 뜻으로, 이는 등용(登用)과 입신 출세를 의미하였다. 등

분청사기 어문병(부분)

용문이라 하는 것도 물고기가 창파를 헤치고 폭포를 뛰어 넘어 어룡이 된다는 뜻으로 입신 출세의 관문을 뜻하는 것이다. "물고기 아홉 마리는 '구어' 이니 모든 일이 여의롭게 되라" 는 뜻을 지닌다. 따라서 가구의 자물쇠라든가 금속 장식물 등에 어룡형을 많이 쓴다.

▶ 사군자 무늬 四君子紋

사군자란 매화, 난초, 국화, 대나무를 말하며 선비의 높은 정절을 비유하여 부르는 말이다. 매화, 난초, 국화, 대나무를 비롯하여 연꽃, 모란 등의 화훼를 소재로 다룬 무늬는 예전 선비들이 즐겨 다루던 시(詩), 화 (畵)의 소재에서 옮겨 온 것이다. 춘한 속에 홀로 핀 늙은 매화의 고고한 자태를 표현한 매화 그림은 군자와 고사의 지조와 절개로 비유되고, "매화는 선비의 아취를 지니고, 대나무는 대장부의 기백을 지녔도다"하는 문인 사대부의 시제에서도 말해 주듯이, 이러한 소재는 완전한 인격을 의미한다. 대나무는 그 '죽(竹)'과 축수한다는 '축(祝)'이 같은 음을 내서 축수(祝壽)의 뜻으로 쓰였다. 또 중국 고사에 맹종이란 사람이 병상에 누은 어머니의 소원을 풀어 드리기 위해, 한 겨울에 대나무 죽순을 구했다는 효행에 대한 이야기도 곧잘 그림으로 묘사된다. 국화에 새가 날아드는 그림은 민화에서도 흔히 다루어졌던 소재로서 국화가 핀 뜰에 참새가 날아드는 풍경은 '온 집안이 기쁘고 즐거움이 넘친다' 는 뜻으로 풀이된다.

▶ 십이장 무늬 · 구장 무늬 十二章紋 · 九章紋

고대에 천자나 임금의 의복에 붙였던 일월, 성신, 산, 용, 종이(宗彝), 화충(華蟲), 조(藻), 화(火), 보(黼) 불, 분미(粉米) 등 열두 가지 무늬를 말한다. 십이장은 중국의 순(舜)임금때 관복으로 만들어져 사용하기 시작하였다고 하며 황제만이 자신의 제례복에 십이장을 전부 수놓을 수 있었다. 구장복(九章服)이란 임금의 면복에 12장 무늬 중 아홉 가지만을 수놓은 옷을 말하는데, 임금과 격을 달리하기 위해서이다. 우리나라에서는 대한제국 시대에 왕세자가 구장복을 입었다. 상의(上衣)인 의(衣)에는 양 어깨 부분에 용, 등부분에 산, 소매 끝에는 화, 화충, 종이 등의 다섯 가지 무늬를 수놓았고, 하의(下衣)인 상(裳)에는 조, 분미, 보와 불 등 네 가지 무늬를 수놓았다. 그 중 상의에 여섯 가지 수 무늬(繡紋)는 다음과 같다. ①해(日), 달(月): 해와 달 속에는 각각 세발 까마귀와 옥토끼가 들어있는데, 해속에 들어있는 까마귀는 '삼족오(三足烏)'라 하며 일정(日精)을 뜻하고, 달 속에는 계수나무 아래에서 불로 장생약을 찧고 있는 옥토끼의 모습을 그려넣었는데 이는 월정(月精)을 뜻한다. ②성신(星辰): 별은 삼태성을 나타낸다. 해와 달, 그리고 별은 백성을 잘 다스리기 위해 갖추어야 할 마땅한 지식을 가르쳐 준다. ③산(山): 산은 중국에서 가장 높다는 전설상의 산인 곤륜산을 뜻하는데 우리가 반드시 지켜야할 절개를 가르쳐 준다고 하였다. ④용(龍): 용은 사람들을 감화시킬 수 있는 수단을 나타낸다. ⑤화충(華蟲): 꿩이며 그 아름다움과 다양한 빛깔은 곧은 절개와 다양한 덕을 실천하여야 함을 상기시켜 준다고 한다. 이상 여섯 가지는 상의에 수놓는다. 다음 하의에 수놓는 여섯 가지 무늬는 다음과 같다. ①종이(宗彝): 종이는 제기의 하나로서 동물을 그려 넣은 술잔. ②조(藻): 조는 가래나무의 잎과 가지. ③화(火): 화는 불꽃이며 오행(五行)의 하나이고 덕에 대한 열의와 사랑의 상징이다. ④분미(粉米): 낟알이며 풍요의 상징이다. ⑤보(黼) 불: 도

십이장 무늬

끼는 악덕을 징계하는 정의의 상징이며, 도끼 모양과 아(亞)자 모양을 검정과 파랑으로 표시한 것은 선악에 대한 분별력의 상징이다.

▶ 십장생 무늬

동양의 관념에서는 가장 강하게 나타나는 것이 장생에 대한 염원이다. 십장생은 해, 산, 돌, 물, 구름, 소나무, 불로초, 거북, 학, 사슴을 말한다. 동양 사상에서 십(十)이란 숫자는 여러가지 깊은 의미를 갖는다. 곧 '十'이란 숫자는 모든 수를 갖추는 기본이다. 여기에서 '一'은 동과 서를 나타내고, 'ㅣ'은 남과 북을 나타낸다. 그러므로 '十'이란 숫자는 사방, 중앙이 모두 갖추어짐을 뜻하며 완전함을 나타낸다. 십장생 문양은 민화, 자수, 나전칠기, 도자기, 목공예, 철제은입사 등 공예품에서 다양하게 볼 수 있고, 또 궁궐의 꽃담장, 굴뚝이나 민가의 꽃담장 등 건축 의장에도 나타난다. 특히 경복궁 자경전 굴뚝 담장에는 십장생 무늬를 벽돌로 구워서 만든 아름다운 무늬가 있다.

십장생문 수저 주머니

▶ 연화 무늬 蓮花紋, 蓮華紋

불교에서는 대자대비를 연꽃으로 상징하고 있다. 연은 원래 원산지가 인도이며, 수련과에 속하는 수생의 초본 식물로서, 늪과 못에서 자라고, 여름에 꽃이 핀다. 연꽃은 홑꽃과 겹꽃이 있으며, 여러 가지 품종이 있다. 이 중에서 파두마(派頭摩 Padma)를 연꽃이라 번역하고 있는데, 이는 홍연화로서 적색과 백색의 두 가지 종류가 있다고 한다. 불상의 대좌

나 '대비태장생만다라(大悲胎藏生曼茶羅)'의 중심부에 위치한 팔엽연화(八葉蓮花)는 연화와 불교와의 밀접한 관계를 말해준다. 불교에서의 연꽃은 대생명력과 더불어 진흙에서 나오면서 오염되지 않는 연꽃을 정보리심(淨菩提心)으로 간주하였다. 극락정토(極樂淨土)는 연못 속에 피는 연화를 가지고 나타난다고 한다. 이것은 청순한 마음과 영원한 생명의 세계를 나타내어 정토로 본 것이라 한다. 〈군방보(群芳譜)〉에서는 "모든 식물들은 꽃을 피운 뒤 열매를 맺으나 오직 연꽃만은 꽃과 열매가 함께 나란히 생겨난다(凡物光華以后實 獨此華實齊生)"이라 하고 있어서 이로 인하여 연꽃은 연생(連生), 곧 "연이어 자손을 얻는다"는 의미를 지니게 되었다. 그리고 연꽃과 연방(蓮房)에 연밥(蓮顆)을 쪼는 물새를 그린 문양은 생명의 근원인 씨앗을 획득한다는 것이 잉태를 의미하므로 득남(得男)을 뜻하기도 하고, 혹은 '과(顆)'는 '과(科)'와 같은 뜻으로 보고 '연(連)'은 거듭됨을 뜻하여 희득연과(喜得連科), 즉 '과거(科擧)에 거듭 급제할 것'을 기원하는 의미를 지녔다. 고려 시대 청자상감매병과 청자양각연지동자문대접에서는 연밭에서 연꽃 줄기를 잡고 노는 동자들의 모습을 새겨 놓았는데 이러한 문양은 연생귀자(連生貴子), 즉 귀한 자식을 연이어 얻는다는 뜻을 지닌다. 그리고

금제관식(왕비), 백제 5-6세기

연화 무늬, 대흥사 대웅전 수미단

연꽃에 물새, 물고기, 오리, 나비 등이 함께 어우러진 풍경이 그려진 경우는 인간사의 즐거움과 부부의 금슬 좋기를 바라는 마음을 나타낸 것이다. 연꽃은 하화(荷花)라고 하는데 옛날에는 부용(芙蓉), 수화(水華)라 하기도 하였다. 유가(儒家)에서 군자의 청빈과 고고한 자세를 비유하였지만, 도가(道家)에서는 팔선(八仙) 가운데 하나인 하선고(荷仙姑)가 항상 지니고 다니는 신령스러운 꽃이다. 연꽃은 생명력이 강하여 가히 영구적이며 연밥은 생명의 기운을 지니고 있으며 뿌리에서 트는 싹은 끊임없이 자라나 그 조화가 쉬지 않는다 하였는데, 연꽃은 그 씨앗의 강한 생명력 때문에 옛부터 생명의 창조, 번영의 상징으로 여겼다. 특히 불가에서는 연꽃을 청결, 순결의 상징물로 여겼는데 그것은 연못이나 늪의 진흙에서 자라지만 흙탕물에 물들지 않는 속성에 기인한다고 하며, 연꽃의 이런 속성을 불교의 교리와 연결시켜 초탈(超脫), 보리(菩提), 정화(淨化) 등 관념의 상징으로 간주하였다. 또 연꽃은 환생(還生)을 상징한다. 우

리 옛 판소리 열두 마당 중에 심청전(沈淸傳)에서는 심청이 인당수에 빠졌는데 후에 용궁에서 인간 세상으로 돌려보낼 때 큰 연꽃 속에서 나타난다. 이러한 그림은 '연연유여(延年有餘)', 즉 '해마다 여유있게 즐겁게 살기를' 바라는 마음을 나타낸 것으로 풀이된다. '延'과 '年'은 '蓮'과 동음이고, 고기 '魚'는 '餘'와 같은 발음이 나기 때문이다. 또 연못에 연꽃과 연밥위에 물새가 앉아 연밥을 쪼는 광경을 '희득연과(喜得連科)'로 풀이하는데, 연꽃과 같이 다른 꽃에도 그렇듯 읽는 발음이 같은 것을 이용해 그림에다 어떤 길리적(吉理的)인 의미를 준 경우를 볼 수 있다.

▶ 용보 龍補와 봉황보 鳳凰補

왕과 왕세자, 비빈의 예장에 착용하는 수장식은 '보'라 하여 일반 신하들의 흉배와 다르게 부른다. 보는 곤룡포의 가슴과 그리고 양쪽 어깨의 네 군데에 달아 위엄을 돋보이도록 했다. 왕과 세자는 황용 무늬가 수놓인 둥근 보를 달고 왕비 및 세자빈의 경우에 용보와 봉황보를 같이 달았다. 다만 용의 발톱으로 위계를 달리 표현했으니, 즉 오조룡은 왕보에, 사조룡은 왕세자와 세자빈이 착용하고, 또 왕세손은 삼조룡으로 하는 서로 구분이 있었다. 궁중유물전시관에는 1897, 1898년에 제작된 왕보의 수본(繡本)을 전한다. 98년의 것에는 장생 무늬가 들어가고 운용 무늬(雲龍紋)의 표현 수법이 다소 다르다. 왕비의 보는 적의나 원삼에 부착하였는 데 왕보와 같이 오조룡

용보

을 수놓고 둘레에 오색으로 수놓은 운문(雲
紋), 파문(波紋), 괴암(怪岩) 등의 묘사가 화
려하다.

▶ 칠보 무늬 七寶紋

①전보(錢寶): 원보(元寶)라 하기도 하는데,
칠보의 '보'는 중국 발음으로 보배 보(寶)자
와 복 복(福)자가 같은 음이 나기 때문에 복
을 뜻하였다. 예전이나 지금이나 돈(錢)은 복
을 상징한다. 본래 예전의 엽전 모양이 겉 둘
레는 둥글고, 속에는 네모난 구멍이 있는 고
리 모양인데, 이는 "하늘은 둥글고 땅은 네모
졌다"는 것을 상징한 것이라 한다. 이러한 고
리를 연속해서 엮어 놓은 모양의 연속 무늬를
장식한 그림을 '십전도(十錢圖)'라 하였다.
이 도안은 "모든 일이 모두 뜻대로 이루어지
기를 바란다"는 의미가 들어 있다. 칠보 무늬
는 주로 길상문자와 결합되어 무늬를 이룬다.
능화판(菱花板)이나 책 표장(表張) 등에 많
이 쓰였고, 궁궐이나 불교 건축물을 비롯하여
복식에도 많이 나타난다. ②서각보(犀角寶):
서각이란 무소의 뿔을 말한다. 무소는 주로
서역 쪽에 분포되어 있어서 예전에는 매우 귀
하게 취급되던 물건이었다. 그 뿔은 결이 곱
고 누른빛이나 검은빛의 꽃 무늬가 있어서,
예로부터 술잔을 만들어 사용하는 등 매우 귀
중하게 쓰였다. 검은빛 뿔은 더욱 귀하게 쓰
였는데 이것 역시 다복을 상징하는 무늬이다.
③방승보(方勝寶): 경사스러운 일에 쓰이는
보자기의 네 귀나 끈에 다는, 금종으로 만든
장식품이다. 그 형상은 마름모꼴인데, 그 고
리 2개가 겹쳐진 모양을 채승(彩勝)이라고
한다. ④화보: 화첩과 책의 모양을 도안화시
킨 것이다. 서화는 예로부터 복록 즉, 타고난
복과 벼슬의 녹을 의미한다. ⑤애엽보: 약쑥
의 잎사귀는 예부터 한약재로 쓰였는데, 역시
귀중하게 취급되던 것이라 그 모양을 도안하
여 장수 등의 길리를 뜻하는 것으로 썼다. 이
쑥은 고대에 불을 붙이는 데 썼다 하여 더욱
귀중하게 여겼다. ⑥경보: 물체의 형상을 비
춰 보는 거울은 선사 시대부터 주술적인 의미
로 쓰였다. 대개 임금이나 권력층의 상징으로

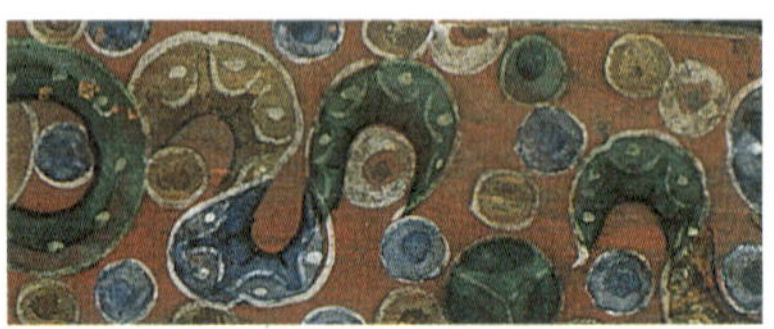

칠보 무늬

여겼으며 다복을 의미한다. ⑦특경보: 고대
악기의 하나로, 옥이나 돌로 만든 아악기의
한 가지이다. '人'자 모양으로 생겼으며, 그
소리를 귀하게 여긴 까닭으로 그 형상을 나타
냈다.

▶ 활옷 闊衣

활옷은 예전 상류 사회에서 가례 때에 여자가
입는 예복인데 후에는 일반 서민 계층에서도
혼례복으로 통용되었다. 이 역시 중국 제도에
서 본받아서 우리 나름대로 발전시킨 것으로,
붉은 비단에 궁모란(宮牧丹), 국화(菊花), 연
지(蓮池)에 피어난 연꽃과 마름꽃, 불로초가
무성하고 그 물결 위로 원앙과 물새들이 있는
평화로운 풍경을 묘사하였다. 그리고 상서로
움을 상징하는 봉황과 학(鶴) 등 영수와 더불
어 잘 살기를 축원하는 글귀들을 곁들여 수놓
았다.

▶ 후수 무늬 後綬紋

왕이나 벼슬아치들이 입는 조복(朝服)과 제
복(祭服)에서 허리 뒤에 묶어 늘어 뜨리는 내
림으로 그냥 '수(綬)'라 한다. 고려 공민왕
때 명나라에서 받은 것으로 신분과 품계를 나
타낸다. 후수에는 수문양과 곁드려 금속 고리
장식이 붙는데, 양식에 따라 품계에 차등을
두었다. 처음에는 1품, 2품은 운학문에 금고
리(金環) 장식, 3품은 반조문(班鳥紋: 웅크려
앉은 매)에 은고리(銀環) 장식, 4품은 까치
무늬(喜鵲紋)에 은고리 장식을, 5품과 6품은
백로 무늬에 구리고리(銅環)을, 7품과 8품, 9
품은 뜸부기 무늬(鷄紋)에 구리 고리 장식을
부착하였다. 후에는 운학 무늬를 주로 수놓았
는데, 학 무늬는 황색, 백색, 청색이나 흑백으
로 1쌍 또는 5쌍을 대칭으로 수놓고 그외 당
초 무늬(唐草紋), 완자 무늬(卍字紋), 윤보
무늬(輪寶紋)가 부수적으로 장식되었다.

▶ 흉배 胸背

문관의 흉배는 시대에 따라 다소 변천한 것으로 보이는데, 조선 초기에는 1품은 공작 무늬(孔雀紋), 2품은 기러기 무늬(雁紋), 3품은 백한 무늬(白, 중국 티벳 남동부에 서식하는 꿩과에 속하는 새인데, 검붉은색의 긴 도가머리가 있는 아름다운 새)를 수놓았다. 영조 임금 이후로는 문관 당하(堂下)의 관리는 백한 흉배를, 고종 때에는 당상관은 쌍학(雙鶴), 당하관은 단학(單鶴) 흉배를 착용했다. 무관의 경우는 처음에 1품과 2품은 호표문(虎豹紋) 흉배, 3품은 웅비(熊) 흉배를 착용하다가, 영조 이후로 당상관은 쌍학, 당하관은 단호(單虎) 흉배로 하였다. 후기에는 무신들의 흉배에도 해치문 흉배가 쓰였다. ①기린 흉배(麒麟胸背): 대군(大君)의 흉배에는 사령(四靈)의 하나인 기린(麒麟)을 수놓고, 그리고 공주와 옹주, 대군의 부인, 군의 부인은 모두 쌍봉문 흉배를 착용하였다. 왕의 생부인 대원군은 기린문과 신귀흉배(神龜胸背: 거북)의 두 종류의 예가 보인다. 선조의 아버지 덕흥대원군과 철종의 아버지 전계대원군은 기린을 썼고, 흥선대원군은 거북 문양의 흉배를 썼다고 한다. ②백택 흉배(白澤胸背): 군(君: 후궁의 소생인 아들)의 흉배에는 백택(白澤)을 수놓았다. 백택이란 중국에서 전하는 상상의 신수(神獸)로, 사람의 말을 하며 유덕한

단학 흉배

백택

임금의 치세에 나타난다고 하며, 만물의 모든 뜻을 알아낸다고 한다. 백택은 본래 사자를 달리 부르는 이름이다. ③해치 흉배: 해치란 짐승은 요임금 시대에 세상에 나타난 상상의 동물이다. 마치 양처럼 생겼고, 성품이 곧고 충직하여 소송이 걸리면 그 중 그른 사람을 밀쳐낸다고 해서 이름도 여러 가지이다. 해천, 신양, 식죄(識罪: 죄가 있고 없음을 잘 식별함), 해타 등으로 불렀다. 근세에 그 형상을 따서 화재를 방지해 준다는 해태를 경복궁에 만들어 놓았다. 그 후로는 해치와 해태는 같은 짐승으로 취급하기도 하지만, 해태는 그 어원이 불분명하다. 해치를 수놓은 흉배는 대사헌의 제복에 부착되었다. 대사헌은 해치 무늬(해태라고도 함)흉배를 착용하였다.

127

가설 무대 架設舞臺 construction stage
개방 무대 open stage
구성 무대 構成舞臺 composition stage

김정항 金貞恒, 1912-1973
다변형 무대 多變形舞臺 flexible stage

▶ 가설 무대 架設舞臺 construction stage

상설 극장이 아닌 장소에 임시 설치한 무대. 연극적인 행위가 성립하기 위한 건축물로서 극장은 적정한 '넓이'나 '형태'를 갖출 필요가 있다. 그러나 연극적 발상의 원점은 극장이라는 건축 공간만은 아닐 것이다. '보이는 사람'과 '보는 사람'이 있다면 그것은 이미 극적인 조건이 성립할 '공간'이 생긴 것이다. 무대 예술이라는 것이 제한된 시간 속에 구성되고 연기되고 해체될 수 밖에 없고, 생생한 표현 형태에서 무대 상의 장치, 소리, 빛, 배우 등 모든 것이 소멸된다. 무대는 다른 장르, 즉 그림이나 조각, 영화 등과는 달리 형태로 존재하지 않는 '관객이 보고 있는 순간만의 존재'인 것이다. 그런 의미에서 극장은 늘 가설 무대라는 개념을 갖는다.

▶ 개방 무대 open stage

거리 극장. 건축물인 극장에는 관객석과 무대를 나누는 프로시니엄 아치와 두꺼운 막이 있는데, 개방 무대란 넓은 의미에서 이런 칸막이나 막이 없는 극장 공간을 말한다. 관객의 시선을 차단하는 막이 없기 때문에 장면 전환 등은 조명을 끈 어두운 가운데 이루어지는데, 연극의 흐름에 따라 조명을 켜고 배우의 등퇴장이나 장치, 소품의 변화 등 본래 볼 수 없는 것을 보여줌으로써 또 하나의 리듬을 만들어 가는 경우도 있어 무대와 관객의 거리감을 좁히는 효과를 얻을 수도 있다.

▶ 구성 무대 構成舞臺 composition stage

희곡의 장면 설정을 그대로 무대에서 표현할 때 제약이 너무 큰 경우에는 희곡의 설정을 바꾸지 않고 장치의 개념을 바꾸어 표현하는 무대이다. 형식에 구애받지 않고 관객들에게 자유로운 상상력을 불러 일으키는 장치를 구성한다. 구성 무대가 기능적으로 활용되면 극의 진행과 주제 전달 등이 쉬워지는 반면, 배우의 표현력이 필요하게 된다. 배우는 간소화된 무대에서 무대가 갖는 넓은 범위의 리얼리티를 감당하게 되는데, 전체의 균형이 잘 맞는 구성 무대는 깊은 감명을 주기도 한다.

▶ 김정항 金貞恒, 1912-1973

무대 미술가. 일본미술학교 졸업, 1931년 극예술연구회에 참여, 전속 극단인 실험 무대에서 고골리의 '검찰관'을 조선극장에서 공연할 때 조명을 맡았으며, 1942년 조선연극문화협회가 주최하는 제1회 연극경연대회에 참가한 극단 고협(高協)의 임선규(林仙圭)의 '빙화(氷花)' 무대 장치를 제작했다. 그의 무대 미술 걸작으로는 '원술랑', '다정불심', '햄릿', '파우스트', '포로들' 등이 있다. 6.25 직전까지 제작소를 설치, 무대 장치, 악극, 영화 세트 등을 제작했다. 1960년 미국 예일대에서 1년간 수학한 후 서울대, 동국대 교수를 역임했다. 서울시 문화상(67), 예술원상(70) 등을 수상했으며 예술회 회원이었다.

▶ 다변형 무대 多變形舞臺 flexible stage

프로시니엄 아치(proscenium arch)를 제거하여 관객과 배우를 더욱 친근하게 만들려는 시도는 많은 실험을 거쳐 원형 극장이나 3면에 좌석을 배치한 극장, 또는 프로시니엄 극장으로도 쓸 수 있는 다목적 극장 등을 탄생시켰다. 특히 브레히트의 대학극장, 얼링

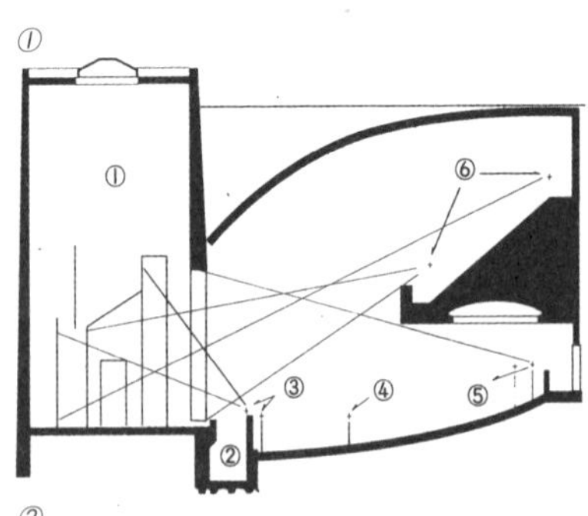

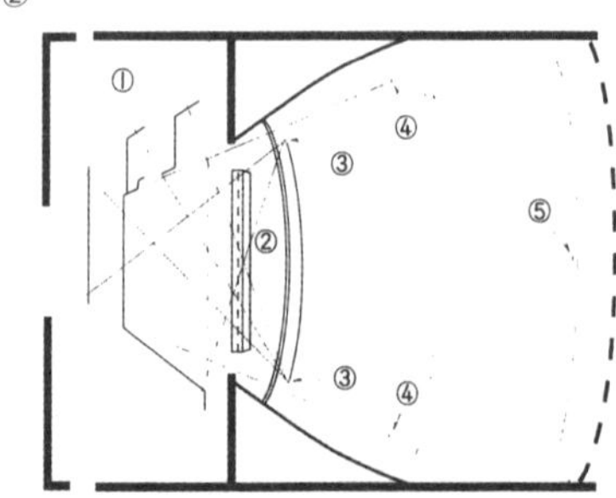

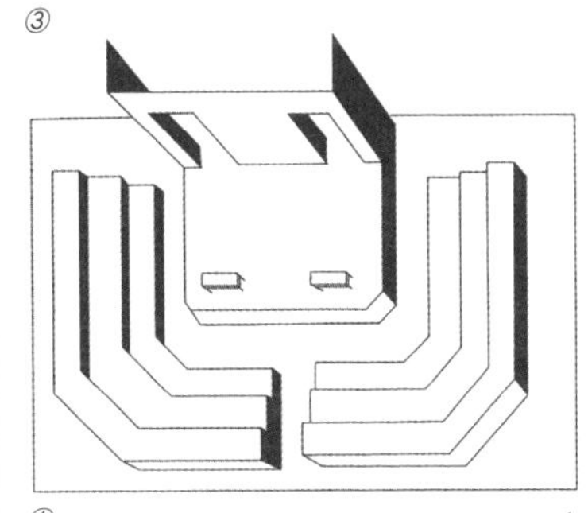

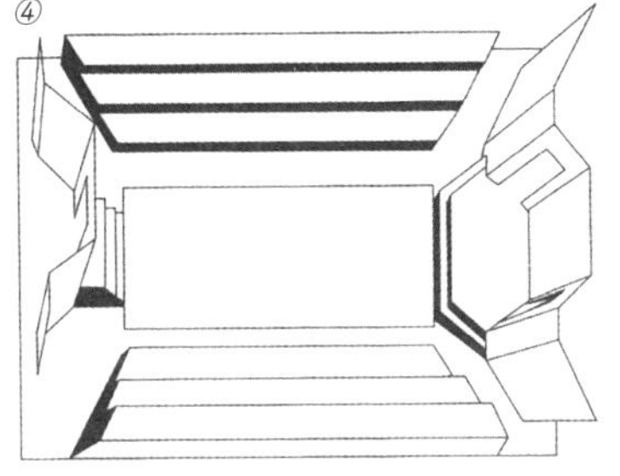

① 'L'자 모양의 배치
② 프로시니엄 모양
③ 객석이 무대 3면을 둘러싸고 있는 'U'자 모양의 형태
④ 객석이 분리되어 여러가지 연기 공간을 제공하는 형태

의 퀘스토스극장, 런던 아카데미 실험극장 등
이 유명하다.

▶ 단위 장치 單位裝置 unit setting

하나의 장치를 여러 장면에서 쓴다. 장면마다
색채를 바꾸거나 위치를 바꾸어 놓는다.

▶ 대극장 大劇場 large theatre

일반적으로 좌석수가 2,000석 이상인 극장을
대극장이라 부른다. 대극장의 무대 표현 가능
성에 대해서는 의견이 분분하지만, 좌석수가
500전후인 연극 전용의 중극장이라 불리는
작은 극장도 증가하고 있다. 중, 소극장이 항
상 새로운 무대 표현을 위한 모험을 하는 것
만은 아니지만, 대극장이라 부르는 곳은 창조
적인 향기보다는 넓은 범위의 사람들에게 보
여지는 형태를 갖춘 곳이다.

▶ 돌출 무대 突出舞臺
trust stage, apron stage

무대가 객석으로 나와 3면이 객석으로 둘러
싸인 무대로, 프로시니엄 무대와 원형 무대의
특징을 결합한 것으로 보통 세 방향의 객석을
가진다. 기본적 배치는 세 방향에 객석을 두
거나 낮은 플랫폼 무대 주위에 반원형으로 객
석을 둔다. 무대 뒤쪽에는 장면 전환뿐만 아
니라 입구와 출구를 제공하는 프로시니엄의
통로같은 것이 있다. 돌출 무대의 가장 좋은

단위 장치 單位裝置 unit setting
대극장 大劇場 large theatre
돌출무대 突出舞臺 trust stage, apron stage
동시 장면 장치 同詩場面裝置 simultaneous scene setting
막 幕 curtain
머리막 masking border
메이크업 make-up

특징은 관객에게 친밀감을 주고 무대 디자인
과 가시적 요소를 허용하는 단일 배경에 무대
를 설치하는 점이다. 주요 돌출 무대는 2차
세계대전 이후 미국과 캐나다에 세웠으며, 대
표적인 것은 미니애폴리스의 거트리에극장과
스트래트포드의 셰익스피어 페스티발극장이
있다.

▶ 동시 장면 장치 同詩場面裝置
simultaneous scene setting

무대 위에 두 개 이상의 방을 만들어 극은 중
단되지 않고 조명만 움직인다. 각 방은 한 집
안의 방일 수도 있고, 한 도시의 집들일 수 있
고, 아주 동떨어진 곳일 수도 있다.

▶ 막 幕 curtain

무대 위에서 막의 기능은 보이고 싶지 않은
것을 감추고, 장면에 필요한 그림 등을 그려
풍경(장면)을 설정하고 그 사이 막 안에서는
다음 장면을 준비하기도 하는 등 무대 위의
여러가지 기술적인 방편으로 응용된다. 막의
종류는 용도에 따라 크게 두 가지로 분류한
다. 그 한 종류로는 극장 설비로의 막으로 장
면 전환에 사용되는 암전막, 무대의 위쪽과
아래쪽에 매달린 막, 무대 안에서 무한 공간
을 표현하는 사이클로라마(cyclorama)막 등
이 있다. 또한 종류는 연극을 위해 만들어진
것으로, 매달린 막을 '드롭(drop)'이라 부르
고 그 드롭에 그려진 형식에서 더하거나 뺀
것은 '컷 클로스'라 부른다. 이들 소재는 빛
의 투과성이 강한 사막(沙漠)이나 그물 제품,
비치는 직물로 만든 것 등이 있다.

▶ 머리막 masking border

장치를 설치한 후 무대 상부의 시각선 노출
부분에 설치하는 막으로 무대 상부에 노출되
는 공연 장비를 막아 주는 막이다.

▶ 메이크업 make-up

무대 화장과 보통 사람들이 하는 화장은 기본
적으로 비슷하지만 무대 화장은 배우의 역할
에 맞게 부분적인 특징을 부각시킨다. '연극'
이라는 것이 시대를 반영하는 거울이라면
'화장'이라는 가면을 쓴 배우들의 표정은 바
로 우리들의 얼굴인 것이다.

▶ 무대 구역 舞臺區域 stage area

무대 미술가는 무대 위의 시각적 요소들의 구성을 통해 무대 구역의 기본적 가치를 바꿀 수 있다. 빈 무대 위에서 그들의 위치에 따라 어떤 구역은 다른 어떤 구역보다 중요하게 되고 프로시니엄 극장의 바로 그러한 성격이 무대 윗쪽에 서있는 배우보다 무대 아래쪽의 관객 가까이에 서있는 배우를 한층 더 중요하게 만든다. 빈 무대 위의 여러 위치의 중요성을 아래 그림에 표시된 대로 무대를 6개의 똑같은 부분으로 나누고 그것의 중요성에 따라 번호를 붙여 나타낸다.

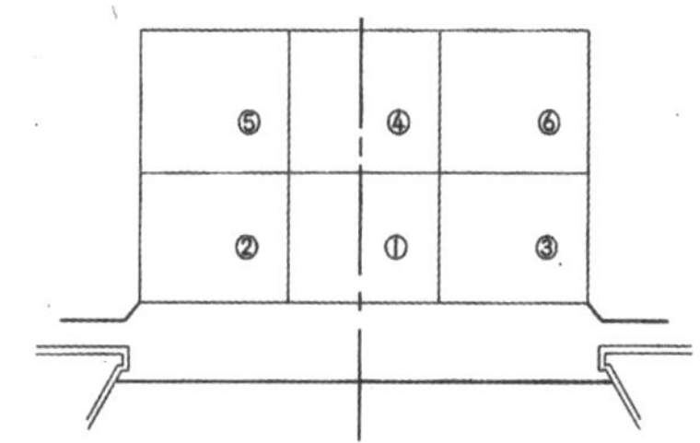

무대를 6등분하고 그 중요성에 따라 번호를 매겼다. ①전면 중앙, ②전면 오른쪽, ③전면 왼쪽, ④후면 중앙, ⑤후면 오른쪽, ⑥후면 왼쪽

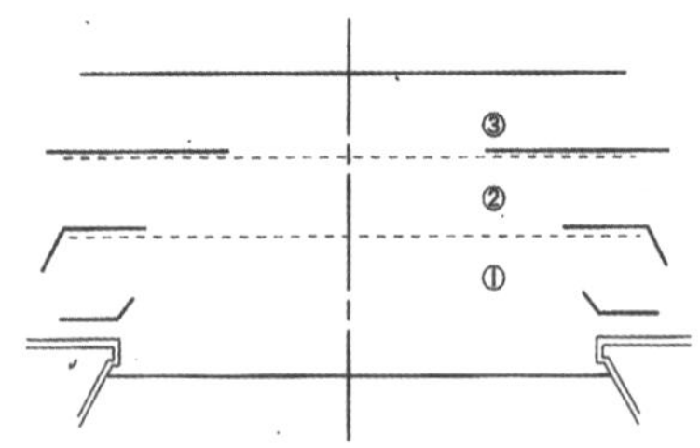

입구, 옆막 위치에 따라 전면에서 후면으로 번호를 붙인다.

▶ 무대 의상 舞臺衣裳 stage costume

배우가 연기할 때 입는 옷을 총칭한다. 배우는 어떤 배역의 일정한 의상을 입고 새로운 한사람의 인간으로 재창조된다. 의상으로 자기 변화를 가져오고 또 그 몸에 새로운 정신이 탄생된다. 의상의 역할은 관객의 입장에서뿐만 아니라 배우의 입장에서도 절실한 것이며, 단순히 배우의 몸을 감싸주는 것말고도 장치나 조명 등 다른 요소의 영향을 받으면서

배우가 표현해야 하는 '말'이나 '육체'라는 배경을 배우의 몸을 빌어 표출시키는 것이다. 무대 의상은 전체적인 시각 효과에 가장 핵심이 되는 부분으로 비록 그것이 배우와 관련되어 있지만 그것은 무대 장치의 일부분일 수 있다.

▶ 무대 작화 舞臺作畵 stage painting

무대 장치 중에서, 특히 평면적인 막이나 평판 등에 그려진 건물이나 풍경 그림, 배경으로 장식한 정교한 그림은 조명의 상태에 따라 실제의 것처럼 보이는 일종의 환상을 관객에게 준다. 그러나 이 그림의 목적은 실물처럼 보이게 하는 것이 아니라 실물처럼 꾸민 모조품임을 관객에게 인식시키는 데 있다. 꾸민 무대 가운데에서 관객의 상상력이 환기되고 정신적 자유가 개방된다.

▶ 무대 장치 舞臺裝置 stage scenery

건축, 회화, 공예 등 조형상의 여러 요소를 동원하여 극적 공간으로 무대를 구성한 것. 연극의 각 장면에 적당한 시각적 환경을 창출하는 것이며 연기자의 연기를 돕는다. 예를 들어 마루나 계단을 설치함으로써 연기의 성격과 작품의 상황을 더욱 분명히 할 수 있으며 연기자의 동작 하나하나에 생명력을 불러일으킬 수 있다.

▶ 무대 조명 舞臺照明 stage lighting

무대 미술은 다른 시각적 예술과는 달리 무대 상의 그림을 완성하기 위해 최종적으로 조명에 의존해야 한다. 무대 조명에 의해 고정된 무대 장치는 동적인 감각을 이룰 수가 있다. 조명과 장치는 표리(表裏)의 관계로, 단독으로 무대에 있는 것이 아니다.

▶ 무대 평면 계획 舞臺平面計劃 set planning

무대 장치의 평면 계획을 의미한다. 무대 예술에서는 모든 면에 있어서 '제약'이라는 개념이 항상 따른다. 화가가 캔버스를 마주했을 때 그는 자유로운 선택에 의한 색채나 폼의 결정을 할 수 있고 필요하다면 테마도 덧붙일 수 있다. 그러나 무대 미술은 제약을 받으면서 계획을 세운다. 그 제약은 연기자뿐만 아니라 조명이나 의상, 가발, 배우, 무대 감독,

제작자, 극장 관리자, 소방서, 연출가에게 제약을 받는데, 세워진 계획은 다시 전체에 제약을 가하게 된다. 각각의 분야가 갖고 있는 계획이 서로의 제약으로 얽혀진다. 이것을 풀어가는 작업을 하지 않으면 각각의 계획이 성립되지 않는다. 객석에 관객이 들어오기 시작해야 비로소 계획이 구체화된다. 그때까지 무대 계획은 책상 위의 작업의 연장으로, 필요하면 수정도 가능하다.

▶ **방화막 fire curtain**

화재시 객석과 무대를 분리하는 화재 차단용 막으로 프로시니엄 아치 바로 뒤에 설치되어 있다. 관객입장 전에 항상 점검하고 화재시 무대 감독이 즉시 차단시켜야 한다.

▶ **분장, 무대 분장 舞臺扮裝
character make-up**

알몸의 배우를 화장시키고 가발을 씌우고 신을 신게 하고 소도구를 갖추어 무대에 등장시키기까지 배우에 대한 '준비'를 분장이라고 한다. 관객 앞에 서기까지 배우는 대본, 연출, 장치, 의상, 머리 스타일, 신발, 소도구, 메이크업, 조명, 무대 감독들 등 기타 많은 사람들에 의해 분장된다. 사물로서 의상이나 가발 등 많은 요소를 첨가하는 것과는 반대로 일상 요소를 벗겨내는 역할도 분장이 가진 역설적인 논리이다. 따라서 무대 분장은 단순히 아름답게 꾸미는 보통 화장과는 본질적으로 다르다. 제3의 인물로 창조하기 위한 행위이며 연기자 자신이 한 사람의 새로운 인간으로 변하기 위해 선천적 용모 위에 새로운 의미를 부각시키고 예술적 형상화를 더욱 풍부하게 하는 것이다.

▶ **비평 批評 criticism**

비평은 희곡이나 연극을 대본이나 공연으로서 그 작품을 이해하고 평가하는 것이다. 연극 비평을 유형별로 나누어 보면 서술적 비평, 평가적 비평 그리고 극적 비평이 있다. 극적 비평은 보통 연극에 관한 학술적 논문이나 서적, 학과 수업과 관련이 있다. 비평은 그 연극이 무엇에 관한 것이며 어떻게 표현되었나, 즉 역사적 배경, 주제, 장르, 인물, 플롯, 행위

등과 관계되어 있다.

▶ **소극장 小劇場 little theatre**

약 200-400석 미만의 객석을 가진 소규모 극장 또는 실험 연극, 아마추어 연극 집단, 단지 연극적인 표현만을 생각하면 음향이나 조명 등의 기술적인 극장 설비를 갖춘 대극장보다 작은 공간이 효과적인 경우가 많다. 극적인 새로운 에너지가 생기는 것은 어떤 시대에도 소수 관객 앞의 작은 공간에서였다. 좌석수가 200석 미만인 소극장에서는 방석 등에 앉아서 보는 곳도 많으며 연기하는 사람과의 사이에 거리감없는 무대를 즐길 수 있다.

▶ **소품, 소도구 小品 properties**

무대에서 배우가 다루는 작은 물건에서 가구류까지의 중요한 시각적 요소. 소품이 연극에서 갖는 시각적 언어로서의 역할을 위해서는 단순한 사물인 소품이 최종적으로 생명을 얻어 살아나야 하며, 장시간의 연습과 합의에 의해 이미지의 확대와 축소, 취사 선택이 이루어진 후 남아있는 최소한의 사물이어야만 한다. 특히 외부적, 추상적 장면보다는 현실적, 내부적 장면에서 소품의 의미가 중요하며 시각적 장면 처리를 거의 소품에 의지하는 돌출 무대나 원형 무대에서 소품은 더욱 의미있게 사용된다. → 디스플레이, 인테리어 디자인 참고

▶ **슬라이딩 무대 sliding stage**

바퀴가 부착된 낮은 마루. 무대의 장면 전환을 위한 기술은 현대적인 극장에서 개량되고 고안되었다. 특히 연극을 위한 극장은 장치를 설치한 바닥을 이동시키는 '슬라이딩 무대' 외에, 상하로 이동하는 장치, 회전하는 장치 등의 전동 기구를 갖추고 있다. 대극장에서 중량감있는 장치가 이들 전동 기구로 이동하는 다이나믹한 감각은 무대가 아니고서는 있을 수 없다.

▶ **승강 무대 昇降舞臺 elevator stage**

본 무대의 일부가 상하로 수직 이동되는 무대로서 무대 장치를 올리고 내려 신속한 장면 전환을 하는 데 주로 사용된다. 이 무대가 이상적으로 사용되기 위해서는 전환공간으로서

무대 디자인 scenography 안정섭

하부 무대가 충분히 확보되야 한다.

▶ 시각선 視角線 sight line

무대를 보는 관객의 시각선. 무대의 크기와 모양을 알고난 후에 무대 디자이너는 관객석의 시각선에 관심을 가지고 무대의 어느 정도가 시야에 들어오는가를 결정한다. 프로시니엄 극장은 특징적인 시각선 문제를 갖고 있는데, 그것은 좌석 배치의 서로 다른 양상 속에서 단지 약간만 변한다. 만약 좌석 배치의 서로 다른 양상 속에서 단지 약간만 변한다. 만약 좌석 배치의 돌출 모양이 매우 넓으면 오른쪽 관객석에 앉아 있는 관객은 무대 왼쪽 편의 아주 적은 부분만 보게 되고, 급경사의 3층 발코니에 앉아 있는 관객은 장치의 뒤쪽 벽을 거의 볼 수 없다. 만약 관객석 바닥이 경사가 없이 평평하거나 혹은 바닥이 약간만 높다면 관객은 무대 바닥을 보지 못하거나 연기자가 무대 위쪽으로 걸어가도 거의 볼 수 없다. 무대 디자이너는 이러한 극단적인 시각선의 조건을 알아서 자기가 장치하는 구역들이 모든 관객의 시야에 들어오도록 계획해야 한

①무대, ②오케스트라 핏트, ③앞줄 끝 좌석, ④좌석 배치의 폭을 결정하는 점, ⑤맨 뒷줄, ⑥이층 좌석

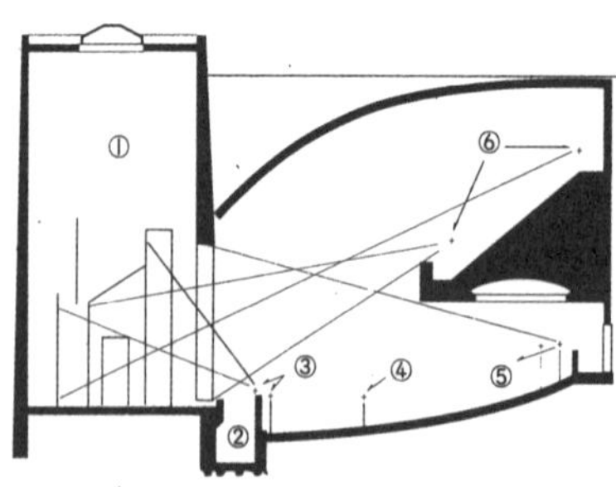

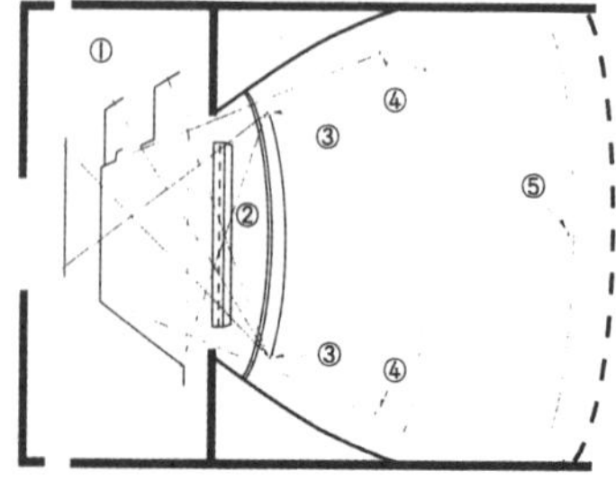

다. → 인간 공학 참고

▶ 시노그라피 scenography

무대 미술. 맥그로힐 예술 백과 사전에 의하면 '시노그라피'란 '보통 2차원적인 평면 위에 원근 화법을 사용함으로써 3차원적인 실체감의 개념을 묘사하는 예술'이라 하였는데, 이는 오늘날의 무대 미술의 작업 개념을 설명하기에는 부족하다. 근대 무대에서는 제한된 무대 공간을 더욱 확산시켜 공간성을 느끼게 하는 유일한 방법으로 2차원 평면 위에 3차원의 실체감을 묘사하는 원근 화법에 의존하는 수밖에 없었으나, 오늘날 극장의 기술은 3차원 이상의 실체감, 즉 무한 공간의 재생마저 가능하게 한다. 다시 말하면 오늘날은 배우의 움직임을 포함한 2차원적 대상으로 파악하고 배우와 감정을 교환할 수 있는 공간, 즉 4차원적 무대 공간이 극장내 기술의 수용에 의해 가능해지는 것이다. 따라서 오늘날 시노그라피라는 것은 '3차원의 제한된 공간에 4차원 공간의 리얼리티를 현실화하는 예술'이라는 의미로 받아들여야 할 것이다. 또한 시노그라피는 공연의 시간과 공간 속에서만 존재하며, 무대에 존재하는 각 요소들과 유기적인 관계를 설정하는 극의 본질적 요소인 것이다.

▶ 양식 무대 樣式舞臺

몇 백 년에 걸쳐 만들어진 양식(form)은 한 번 형성되면 쉽게 변하거나 소멸되지 않는다. 그런 색채나 양식에는 만성적인 안정감이라는 것이 있고, 그런 무대를 보는 측에도 타성적인 안도감을 갖게 하기 때문이다. 그 중에서 극적 현실감을 가능하게 하는 것은 배우의 역할이며, 따라서 양식적 배경을 시대에 따라 변화시키는 것은 좋지 않다.

▶ 에이프론 apron

프로시니엄(proscenium) 무대에서 메인 커튼(main curtain) 앞의 무대 지역을 말한다.

▶ 옆가리게 leg

①무대옆면을 가리기 위한 막이다. 윙을 대용하기도 한다. ②배경막의 일부로 실외의 거리나 숲속 등을 표현하기 위한 것이다.

무대 디자인

scenography 유정섭

▶ 오케스트라 피트 orchestra pit

①오페라 공연시 무대보다 낮은 위치에서 교향악단이 연주하는 장소를 말한다. ②교향악단 편성에 따라 크기를 조정할 수 있고 보편적으로 2가지 편성으로 모짜르트식과 바그너식이 있으며 오케스트레이션(orchestration) 및 무대기계 시스템과 관계가 깊다. 지휘자의 음악 해석에 따라서도 오케스트라 편성을 달리한다. ③극장 건축시 오페라 전용 극장인 경우에는 베르디의 '투란도트'를 기준으로 한다. 4관 풀(Full) 편성시의 면적은 160평방미터가 적절하며 3개의 단을 두고 내부는 검은색으로 마감하며 음향적인 고려를 해야 한다. 녹음 공연이나 다른 장르의 공연시 객석으로도 사용할 수 있다.

▶ 원형 무대 圖形舞臺 arena stage

고대 그리스 극장과 같이 관객석이 무대를 원형 혹은 반원으로 둘러싸는 객석과 무대를 구분하는 프로시니엄 아치(proscenium arch)가 없는 무대. 원형 무대의 시각선은 프로시니엄 극장보다는 한층 향상되었으나 무대 형태는 장치가 재래식 장치와 기술을 사용하기에는 여러가지 제한이 있다. 시각적 요소들은 작고 낮은 것들로 제한되며 관통해서 볼 수 있도록 뚫린 것이어야 한다. 연극의 친밀성과 구성상 커다란 무대 장치가 없기 때문에 세밀한 장치가 더욱 중요하게 된다. 이런 형식의 무대를 무대화시키는 것은 의도적으로 간략히 한다. 장면 설정의 무대 장치는 암시에 의존하고 그 나머지는 관객의 상상력에 의해 채워지도록 자극하는 것이다.

▶ 웨곤 무대 wagon stage

무대 장치를 설치해 장면 전환에 이용하는 바퀴 달린 무대로 무대기계 장치가 된 무대는 좌, 우, 뒤 무대도 이동 무대가 된다.

▶ 윗가림막 teaser

프로시니엄 아치를 공연 규모에 따라 상하로 높이를 조정할 수 있는 조정판으로 색깔은 보통 검은색이며 가변 프로시니엄 아치 역할을 한다.

▶ 윙 wing

①관객의 시각선 바깥에 있는 무대 옆쪽의 공간, ②무대의 양 옆에 각광(footlight)과 평행하게 위치해 있는 틀이나 막을 의미한다. 관객에게 보여지는 무대 공간을 조절하는 데 쓰인다.

▶ 이화효과 異化效果 alienation effect

브레히트(B. Brecht)에 의해 창안된 연극 효과, 또는 그러한 효과들의 연속. 관객들로 하여금 신선한 눈으로 무대 세계를 바라보게 하기 위한 것으로, '처음 보는 것처럼' 친숙하게 느끼던 것을 이질적인 것으로 생각하게 하며, 비사실적 연기, 양식적인 무대 장치, 영상의 투사, 연기자와 배역의 비동일시(非同一視) 등이 관객의 비평 의식을 일깨움으로써, 관객들은 극장에서 본 것에서 학습의 과정을 얻게 된다.

▶ 장치의 질감 質感 matiere

장치 표면의 질감(texture). 무대 장치의 표면에 사용하는 물체는 질감이 깊어서 멀리에서 보아도 변함이 없어야 한다. 장치로서 회화적인 그림이 보는 사람에게 적극적으로 환상이라는 것을 '인식시키는 표현'인 것과 반대로, 소재를 강조한 질감이 있는 장치는 보는 사람으로 하여금 모조품임을 '인식하지 못하게 하는 고도의 표현'이다. 사실감을 가진 질감을 얻기 위해 회화적 표현에 여러가지 소재를 필요에 따라 첨가해서 사용한다. 예를 들면 실물 크기의 바위를 그대로 무대에 설치해도 아마 손으로 만든 모조품 같은 존재감밖에 느끼지 못할 것이다. 그것은 무대라는 만들어진 공간에 있기에 그 실물의 존재감이 엷어지기 때문이다. 그 때문에 실물인 바위 표면에는 존재감을 가진 껍질이 한장 필요하게 된다. 베나 합성 수지, 우레탄 등의 소재로 마무리되어야 비로소 무대 위의 사실감을 갖게 된다.

▶ 제작도 working drawing

무대 장치 제작 도면. 건축 도면과 유사하지만 실제는 큰 차이가 있다. 일반 건축 도면은 사회적인 기준에서 그려지지만 무대의 경우

총체적 시각 효과 總體的 視角效果 total visual effect
최연호 崔衍昊, 1929-1996
투영 장치 投映裝置 projected scenery

는 축소나 확대의 원근 조절로 현실적이지 않은 치수로 짜맞춰지기 때문이다. 제작도는 보통 평면도, 채색 입면도, 제작 상세도로 되어 있다.

▶ 총체적 시각 효과 總體的 視角效果 total visual effect

현대의 무대 장치는 희곡 작품의 총체적 시각 효과와 관련된다. 어떤 작품에서 총체적 시각 효과는 그들의 인상을 관객에게 보여주기 위한 모든 요소들의 총체이기도 하다. 무대 장치는 가장 광범위하고 확실한 시각적 요소로서 희곡의 대사를 보조해 준다. 무대 장치는 단순히 무대의 단편적 모양이나 창조적 색채에만 제한되는 것이 아니다. 그것은 조명의 농도나 질감을 계획하는 일도 포함하는 것이다. 또 가구나 장식물의 선택, 배경에 어울리거나 대조를 이룰 연기자의 의상, 그밖에 연극 제작이 정적인 것이 아니므로 무대 장치는 연기자들이 쉽게 움직이도록 제작되어야 하는 조절까지를 포함한다. 이러한 요소들의 혼합이 총체적 효과를 나타낸다.

▶ 최연호 崔衍昊, 1929-1996

평안남도 평양 출생. 1965년 국립 무용단의 발레공연 무대 미술을 시작으로 하여 1000여 회의 작품에 참가하였다. 무용 무대미술은 물론 연극, 국가적인 이벤트에 이르기까지 한국의 무대 미술이 자리매김을 하는 데 중요한 역할을 담당했다. 특히 그는 투철한 실험 정신과 개척 정신, 완벽한 장인 정신으로 수많은 작업을 이룸으로써, 한국의 공연 예술의 새로운 장을 열었다.

▶ 투영 장치 投映裝置 projected scenery

반투명 스크린에 영사기를 비추면 매우 간단하게 무대가 전환된다. 프로젝트는 물감이 아니라 광선이기 때문에 매우 극적인 요소를 가지고 있으며 비사실적 연극이나 추상적 연극에 사용하면 좋다. 브레히트는 영사된 스크린도 하나의 배우로 이용하였다. 그는 선전이나 이념의 도구로서 신랄한 메시지나 그림을 담은 스크린을 관객에게 보여주고자 하였다.

퍼포먼스 行爲 performance
프로시니엄 아치 proscenium arch
프로시니엄 아치 뒷면 옆 가리게 tormentor
하늘막 CYC cyclorama
형식적 장치 形式的 裝置 formal setting
회전 무대 回轉舞臺 revolving stage, disk

▶ 퍼포먼스 行爲 performance

현대 연극 비평에서 전체의 연극적 사건을 기술하는 데 쓴다. 환경 연극에서 공연은 첫번째 관객이 공연 공간에 들어서면 시작되고, 마지막 관객이 그 공간을 나갈 때에 끝난다.

▶ 프로시니엄 아치 proscenium arch

극장의 객석과 무대를 구분하는 사진틀 모양의 장식 프레임. 관객들은 이 개구부(開口部)를 통해서 무대를 본다. 과거에는 프로시엄 아치가 극을 무대에서 객석으로 흐르도록 하는 역할이었으나 현대에는 극장에서 무대 기계, 조명, 장치를 관객의 시야에서 숨겨주는 가림벽의 역할을 한다.

▶ 프로시니엄 아치 뒷면 옆 가리게 tormentor

프로시니엄 아치를 공연 규모에 따라서 좌우로 폭을 조정할 수 있는 조정판으로 색은 보통 검은색이며 가변 프로시니엄 아치 역할을 한다.

▶ 하늘막 CYC cyclorama

①무대장치 제일 뒤편에 설치하는 막으로 일반적으로 배경을 투사하기 위한 막. ②U자형과 一자형으로 상하 좌우에 철제 막대, 체인을 넣어 주름지지 않게 제작해야 한다.

▶ 형식적 장치 形式的 裝置 formal setting

한 무대 위에 여러 장소가 있으나 각 장소마다 위치명은 없고 배우나 대사에 따라 장소를 알 수 있다. 가끔 변화를 주기 위해 최소한의 움직이는 장치를 사용하기도 한다.

▶ 회전 무대 回轉舞臺 revolving stage, disk

극장 기구로서 회전 무대는 다면적인 무대 설정에 유리하다. 둥글게 자른 무대 바닥을 전동으로 움직여 그 위에 장치된 도구를 관객이 360도의 각도로 볼 수 있다. 파노라마식으로 산이나 건물을 회전 무대 전면에 설치하기도 하고, 23가지 다른 장면을 안쪽과 밖에 설치해 장면을 전환시킬 뿐만 아니라 연출상 필요할 때 그 연극에 맞는 크기의 회전 무대를 장치 계획에 맞춰 만들 때도 있다. 일본의 가부키에서 사용된 회전 무대는 18세기 중엽 오사카에서 창안된 것이다.

박물관 · 미술관의 전시 디자인

공간 연출 디자인이란 각종 공연 예술 및 축제, 그리고 문화 공간의 시각적 상황(vista)을 컨트롤하는 조형 활동을 말한다. 박물관 · 미술관의 전시 디자인(exhibition design)은 무대 디자인(scenic design)과 함께 형식과 내용이 정형화(定型化)된 공간 연출 디자인의 대표적인 대상 분야라고 할 수 있다. 그런데 일반적으로 전시 디자인이라고 하면 디스플레이나 인테리어 디자인의 연장 선상에 위치하는 '보기 좋은 전시 방법(museography)' 수준으로 이해하는 경우가 대부분이다. 그러나 무대 미술이 '무대배경 작화기법(scenography)'에서 탈(脫)프로세니엄 아치(proscenium arch)를 포함하는 시닉 디자인으로 영역을 확장한 것과 같이, 전시 디자인도 단순히 파티션의 설치, 바닥 및 벽면의 색상 처리, 조명 기종 및 전시 방법의 선택, 작품 배치 등 소극적인 의미에서의 전시장 조성 수준에서 벗어나 공간 연출 디자인의 시점에서 적극적으로 다루어질 필요가 있다.

한편 전시 디자이너가 전시 공간의 연출이나 특정 작품의 전시 계획을 세우는 데에 있어서 시종일관 염두에 두지 않으면 안되는 것은 자신의 아이디어가 전시 기획의 주체가 되는 큐레이터의 기획 의도에 충실한 것인지 확인하는 일이다. 다시 말하면 전시 작품의 성격 및 기획자가 전달하고자 하는 메시지가 디자인 방향을 결정하는 이정표가 되야 하는 것이다. 거꾸로 큐레이터는 전시 디자이너의 아이디어를 적극적으로 수용해서 짜임새 있는 전시 공간이 연출될 수 있도록 해야 할 것이다. 그런데 오늘날 박물관 · 미술관에서 하는 대부분의 전시는 큐레이터의 학술 논리에 의해서만 전시 공간의 구성이 결정되고 있다. 그러나 전시 행위의 상당 부분이 시각적 디자인 요소에 의존하고, 어떤 전시든 최종적으로는 공간적 전시(spacial exhibition)를 통해 가시화된다. 따라서 전시 디자이너의 조형 논리는 전시 기획의 첫단계에서부터 적극적으로 고려되야 한다. 커피를 뚝배기에 담아 마실 수 없듯이 형식과 내용이 각양각색인 전시 기획은 그 성격에 따라 적절한 공간 연출 기법을 선택하지 않으면 안되는 것이다. 박물관 · 미술관의 전시 기획에 관한 이해와 공간 연출 디자인 능력을 겸비한 전문가의 양성이 시급하다.

김명환 (국립현대미술관 전시 디자이너)

▶ 사진의 개념

피사체에서 반사된 가시광선, 자외선, 적외선 등이 광선의 특성대로 제작된 필름 위에 입혀진 화학적 감광유제, 또는 전자적 영상신호로 받아들이는 디스크 위에 시각적인 이미지를 자발적으로 맺게 하여 반영구적 또는 영구적인 영상을 만들어 내는 기술적, 예술적 과정이나 결과를 사진이라 한다. 사진은 촬영하는 사람의 주관적인 표현 요소를 제외하고는 지시하는 대상에 대한 의미는 직접적이다. 사진은 과거와 미래의 현실을 사진으로 이행할 수 없는 현재성을 지니고 있다. 순간적인 현실과 순간적인 현실의 중첩만이 사진이 갖는 의미이다. 그런 의미에서 덧붙여지지 않은 사진 자체는 자연에 대한 거짓없는 진실의 재현(representation)이다. 이러한 현실 그대로를 담아내는 사진은 그 자체로서 항상 이해할 수 있는 것은 아니다. 언어, 음악, 미술, 디자인 등과 같은 다른 표현 매체와의 결합은 사진의 의미를 더욱 부각시키고 명확하게 한다.

▶ 사진의 어원

Photography라는 말은 사진의 발명이 공식적으로 인정받기 시작하면서 사용되기 시작한 말로서 헬리오그라프(heliograph), 다게레오타입(daguerreotype) 등의 이름 중에서 1839년 2월 사진술의 발명에 큰 몫을 한 영국 한림원 원장을 지낸 바 있는 과학자 허쉘경(Sir John Frederick William Herschel)이 사진술의 공동 발명자인 역시 영국의 과학자 탈봇(William Henry Fox Talbot)에게 Photogenic Drawing으로 명명된 그의 실험적 방법을 Photography라는 용어를 사용하도록 제안하면서 공식적으로 사용하기 시작했다. Photography는 '밝음'이란 뜻을 가진 말 'phos'에서 발전된 'photos'와 '쓰다'라는 뜻의 'graphein'이라는 그리스 언어에서 그 어원을 찾는다.

▶ 사진의 발명

사진이라는 복제(representation) 수단의 발명은 인류의 오랜 욕구의 산물로서 역사 속에서 그 연원을 찾는다. 그림을 그려 사물의 재

오늘날 카메라의 원형으로 불투명 유리판 위에 나타나는 영상을 따라 그림을 그리는 카메라 옵스큐라, 16세기

현하는 방식으로 연구되고 사용되어 왔던 카메라 옵스큐라(camera obscura)는 육면이 가로막혀 어두움이 유지되는 상자 수직면의 한쪽 측면에 구멍을 뚫고, 맞은 편 측면의 구멍으로 비치는 사물의 화상을 그려내는 장치를 말한다. 르네상스시대가 지나 회화에서 원근법이 연구되면서 화가의 보조도구로 사용되기 시작하여, 17세기를 지나면서 카메라는 원근법의 법칙과 같은 화상을 만들기 위해 카메라의 한 끝에 렌즈를, 다른 한 끝에는 불투명한 종이나 반투명유리를 끼운 모습으로 발전한다. 여기까지는 빛이 스스로 화상을 맺는 일은 없다. 하지만 현대사진의 모습을 갖춘 사진술의 발명으로 인해 빛은 스스로 자신이 머무는 곳에 화상을 맺는다. Photography라고 불리는 다게레오타입(daguerreotype)의 발명은 두 사람, 탈봇과 니엡스의 오랜 연구의 노력을 비롯하여 주위 사람의 관심과 도움이 빚은 합작품이었다. 1827년경에 프랑스의 니엡스(Joseph Nicephore Niepce)는 백납으로 된 감광판에 약 8시간의 노출로 직접양화(positive)를 만들어 내는 데 성공했다. 그러나 이런 헬리오그라프로 명명된 사진술은 그 화상의 고정성을 보장받지 못했다. 파리에서 광선효과의 변화에 따라 서로 다른 장소를 보여주는 회화적 광경을 연속장면으로 상영하는 '디오라마' 극장을 운영하던 다게르를 만난 니엡스는 그의 실험작을 보고 서로 합심

하기로 결심한다. 그 후 둘은 편지를 통해 의견을 교환하면서 렌즈와 감광유제 및 그 유제의 바탕판에 대해 서로가 연구한 결과, 디테일이 우수한 카메라와 화학적 공정을 고안하였다. 동업자인 니엡스가 1833년 사망하자, 다게르는 유리판 위에 옥화은으로 감광유제를 써 화상을 정착시키는 사진술을 프랑스 과학아카데미의 공표로 정부로부터 공식적인 후원을 얻게 되었다. 이에 독자적인 사진술을 개발했던 영국의 탈봇은 허셸경의 도움 등으로 맺혀진 화상의 정착을 성공적으로 개발하였다. 1839년 영국왕립협회에 자신의 사진술을 발표한 탈봇은 불과 8초의 노출만으로 사진을 얻을 수 있는 자신의 사진술을 칼로타입(calotype)이라고 불러줄 것을 요구했다. 그의 사진술은 현재 사진의 화학적 공정의 근본을 이루고 있는 것으로 은염을 사용하여 잠상을 현상하는 기법이었다.

다게르(Daguerre), 파리의 거리, 1838. 최초의 사진 중에 하나로 공식적 사진의 발명은 일년 후인 1839년이다.

▶ 예술로서의 사진

1851년 이후 섬유질 종이인 칼로타입 네거티브화상의 불완전성은 유리판으로 발전하였다. 렌즈도 많이 밝아져 노출시간이 짧아짐에 따라 초상화를 갖지 못했던 일반민중뿐 아니라 고급초상화를 선호했던 귀족들도 자신의 모습을 거울로 보는 듯한 사진에 열중하게 되었다. 1890년대에서 1910년대까지는 예술사진의 회화주의(pictorialism)가 성행하였다. 사진의 대중성으로 위기감을 느낀 기존의 사진가들은 좀더 예술적인 가치를 부여하기 시작했고 사진을 예술적 표현의 매체로 인식하기 시작했다. 그러나 사진의 처음 목적에서

'삼등선실(The Steerage)', 포토시세션 운동의 선구자인 스티글리츠의 사진

벗어나 네거티브필름 여러 장을 겹쳐서 하나의 이미지를 만드는 등, 회화를 구성하는데 그저 사진이라는 매체를 이용하는 풍토가 만연하게 되었다. 이 사진들은 연출이 정교하고 기술적인 완성도가 높았지만 오랫동안 예술사진의 한 양식으로 자리잡아 사진 본래의 표현특성을 살린 작품들에 대한 올바른 평가를 저해했다. 사진으로 회화를 모방하면서도 자연스러운 대상의 본질을 정확히 파악하여 사실적으로 표현하였던 스티글리츠(Alfred Stieglitz)는 순수한 기계적 기록성을 되찾자는 사진분리파운동을 펼쳤고, 1905년에는 '291'이라는 화랑을 열어 독자적인 예술성을 확보하는 현대사진의 장을 열었을 뿐 아니라 현대미술의 근원이 되었다. 1920년대는 예술의 전위운동과 함께 사진도 여러가지 실험적인 사진이 많았다. 1921년 바우하우스 운동의 선두였던 파리에 있던 미국 화가 만레이(Man Ray)와 베를린에서 활동하던 헝가리 화가 모홀리-나기(Laszlo Moholy-Nagy)는 인화지 위에 피사체를 올려놓고 곧바로 노광을 주는 포토그램(photogram)으로 빛을 이용한 조형운동을 사진에 펼쳐 보였다. 사진분리파의 영향을 받아 근대적인 초상사진과 패션사진의 기초를 다진 스타이켄의 사진적 계보를 이어받은 웨스톤(Edward Western)은 언제나 8×10 인치 카메라에 조리개를 F.64로 최대한 조여 선명한 초점을 강조하여 매우 예리하게 질감을 나타냈다. 그러므로 사물의 견고한 존재감에 깊이 파고드는 즉물적인 사진을 발전시켰고, 그후 광활한 풍경사진에 사실적인 묘사를 함으로써 표현하려는 모든 대상을 사진으로 나타내려는 애덤스(Ansel

에드워드 웨스톤(Edward Weston), '누드', 1936. F.64 그룹의 리더인 웨스톤의 누드 시리즈의 한 작품

Adams)를 중심으로 하여 웨스턴의 영향 아래, 'F.64그룹' 이 탄생되었다. 일상의 객관적인 시각은 다큐멘터리 사진으로 이어졌다. 1935년 뉴딜 정책의 일환으로 미국 농민의 생활상을 심도 있게 보도할 목적으로 미국농업안정국(F. S. A)에서 고용한 사진가들은 7년 동안 개인적으로 사진작업을 하게 되었다. 이 사진들로 인해 사회학적, 경제학적인 용도로도 사진을 해석하게 되었고, 보도의 용도로뿐만 아니라 사진의 현실성을 예술적 가치로 높이는 역할을 했다. 〈Look〉, 〈Life〉 등의 사진 화보집은 일반 대중에게 사진을 언어의 형식으로 환원시켜 예술로 승화시킬 수 있는 가능성을 보여주었다. 사진이 갖는 강한 호소력과 추상성은 사진가들뿐 아니라, 미술가들이 사진을 이용하여 작업영역을 넓힐 수 있는 기회를 주었고 컬러사진의 발전과 카메라의 대중적 발전으로 이 경향은 더욱 높아졌다.

▶ 기술로서의 사진

1840년 이후 사진은 발명을 주도한 이들 뿐 아니라 각국의 관심 있는 과학자, 화가, 제조업자 등에 의해 부분적 발전을 하였다. 다게레오타입은 직접 복사하는 방법이 없어 본을 떠서 복사해야만 했다. 1851년 영국 조각가 아처(Frederick Scott Archer)는 콜로디온을 은염류와 함께 사용하여 감광 처리한 방식을 발명하였다. 콜로디온판(wet plate)은 다게레오타입의 선명도와 칼로타입의 복제성을 가지고 있었다. 이 감광판은 사용하기에 앞서 미리 준비할 수 있는 장점도 있었다. 1869년 산업사진가로 명성을 떨치던 뮤이브리지는 달리는 말의 순간적 이미지를 포착하는 장치를 마련하게 된다. 1/500초당 1/8인치의 넓이로 열렸다가 닫히는 장치를 고안했고, 두 개의 렌즈를 가로로 배열하여 달리는 말 '옥

시던트'를 실루엣으로 검게나마 제작하게 되었다. 이 사진은 말이 달릴 때 앞발은 앞으로만 뒷발은 뒤로만 뻗는다고 생각했던 종래의 인식을 완전히 뒤바꾸는 계기가 되었다. 1880년대 젤라틴(gelatin)유제의 개발은 은염의 불완전함을 극복했고, 유제가 마른 상태에서도 그것의 감도를 유지할 수 있었다. 이러한 젤라틴의 발명으로 롤(roll)필름이 가능하게 되었다. 1888년 미국 뉴욕의 로체스터에서 건판 제조업자로 일하던 조지 이스트맨(George Eastman)은 100장의 사진을 찍을 수 있는 대중적인 코닥카메라를 개발했다. 촬영된 카메라는 이스트맨 회사로 보내졌고, 회사는 현상하여 인화한 사진과 새로운 필름을 장전한 카메라를 다시 주인에게 되돌려 주었다. 1924년 독일의 라이츠사는 'Leica' 라는 35mm 전용 소형 카메라를 개발했다. 또 콘택스(Contax)사는 피사체의 초점을 맞출 수 있게 제작된 카메라를 1932년 시판하게 되었고 f/1.5의 밝은 렌즈를 두 회사에서 선보이게 되었다. 세련되게 디자인된 일본의 F. Nikon F는 눈높이에서 상이 맺히는 유리를 들여다볼 수 있는 일안반사경(SLR) 장치였다. 1890년대 이안반사경(TLR)보다 소형이고 간편한 Rollerflex는 1929년 독일의 '프랑케&하이데케(Franke und Heidecke)' 사

피에르와 질레(Pierre et Gilles), *Vénus*. 모델은 클라우디아 쉬퍼(Claudia Shiffer)로 사진과 디자인의 합성 작품

에서 개발되었는데 양변이 2.1/4인치인 12장의 화면을 갖는 롤필름으로 제작되었다. 스웨덴의 하셀블라드(Hasselblad)사는 이런 중형필름을 사용하는 카메라에 일안반사경을 도입하여 더욱 편리한 촬영이 되게 하였다. 필름, 카메라, 렌즈의 발전은 사진의 보다 편리한 제작에 큰 역할을 했고 인간이 보지 못했던 부분까지도 표현하는 인식의 새로운 지평을 여는 역할도 했다. 필름크기는 클수록 해상력과 입상성, 선예도를 보장받지만 기동성과 순간적인 포착에 어려움이 있다. 필름, 카메라, 렌즈의 개발은 각 종류의 다양성을 유지하며 서로 장점을 도입하고 단점을 보완하는 방법으로 발전을 계속하고 있다.

▶ 컬러사진

자연의 아름다움을 단지 흑백 사진으로밖에 표현하지 못하는 아쉬움을 가진 것은 사진발명의 초기부터였다. 초기 사진가들은 다게레오타입으로 제작된 사진에 손으로 채색을 하기 시작하였으며, 1861년 영국의 물리학자 맥스웰(James Clerk Maxwell)은 빛의 3원색인 빨강, 초록, 파랑 색으로 어떤 색상도 만들 수 있다는 가산 혼합(additive mixture)을 처음 발표했다. 현재의 컬러네거티브(color negative)필름의 원리로 사용하는 감산 혼합(subtractive mixture)을 오롱(Louis Ducos du Hauron)과 크로(Charles Cros)가 1869년에 고안하였다. 실용화된 것은 1907년 뤼미에르 형제(Antoine & Louis Lumiere)가 오토크롬(Autochrome process)을 상용화하였다. 현대로 이어지는 컬러사진의 발전은 모든 종류의 카메라로 사용할 수 있고 한 번의 노출로 한 장의 컬러양화를 얻을 수 있는 코다크롬(Kodachrome)에 있다. 코닥의 연구원이었던 만스(Leopold Mannes)와 고돕스키(Leopold Godowsky)가 1935년에 발전시킨 것이다. 1935년 16mm 영화촬영기에 유용하게 사용되었고, 1937년 35mm 정사진(still) 카메라에도 적용되었다. 그후 코닥은 코닥컬러와 엑타컬러를 내놓으면서 사진가가 직접 현상인화할 수 있는 방법을 제시했다.

현대의 컬러사진은 화상이 보이는 방식에 따라 두 가지로 나눈다. 하나는 보통 흔히 쓰이는 네거티브 화상이고, 또 다른 하나는 인쇄제판용으로 알려진 슬라이드 필름이다. 슬라이드 필름은 모델명 뒤에 크롬(chrome)이라는 말이 붙는다. 네거티브 필름은 인화용으로 색조절이 쉽고 구입과 노출측정, 촬영, 그리고 현상과 인화의 공정이 일반화되어 간편하고 비용도 비교적 저렴하다. 인화시 색조절이 쉬우며 생산시 색온도의 구분은 없다. 슬라이드 필름은 우선 색온도별로 생산된다. 3200K에 맞춰 생산된 텅스텐 타입 필름과 태양광의 색온도와 유사한 평균 5500K에 맞춰 생산된 데이라잇(daylight)타입 필름으로 구분된다. 의도된 컬러를 얻기 위해서는 필름의 감도 및 다양한 모델, 광원의 색온도, 현상소의 특성, 노출에서의 상반측현상을 고려해 맞지 않았을 경우에는 필터를 사용한다. 색보정용 필터와 색온도변환용 필터가 그것들이다.

▶ 촬영 메커니즘

렌즈의 중심에서 필름까지의 거리가 화면의 대각선 길이보다 짧은 것은 광각렌즈라고 하며 긴 것은 망원렌즈라고 한다. 광각렌즈는 화각이 넓고 원근감은 과장되며 피사계 심도가 깊어 초점을 조절하기가 수월하여 좁은 곳에서의 촬영이나, 왜곡을 목적으로 하는 촬영, 또는 일반적인 풍경사진에서 많이 쓰인다. 이에 비해 망원렌즈는 화각이 좁고, 원근감이 축소되며 피사계 심도가 얕아 초점을 조절할 때 주의를 기울여야 한다. 광각렌즈와 망원렌즈의 중간적인 역할을 하는 표준렌즈는 인간의 눈과 같은 자연스러운 화각과 원근감을 표현한다. 일반적으로 35mm필름의 표준렌즈는 50mm이고, 6cm의 세로 길이를 가지는 필름을 사용하는 중형 카메라의 표준렌즈는 평균80mm 이며, 4×5 inch view 카메라의 표준렌즈는 150mm이다. 줌렌즈(zoom lens)는 다양한 초점거리를 하나의 렌즈에 모아놓은 렌즈로 편리하게 초점거리를 조절하면서 촬영할 수 있다. 촬영시 필름감도와 조리개, 셔터스피드의 한 단계는 모두 동일한

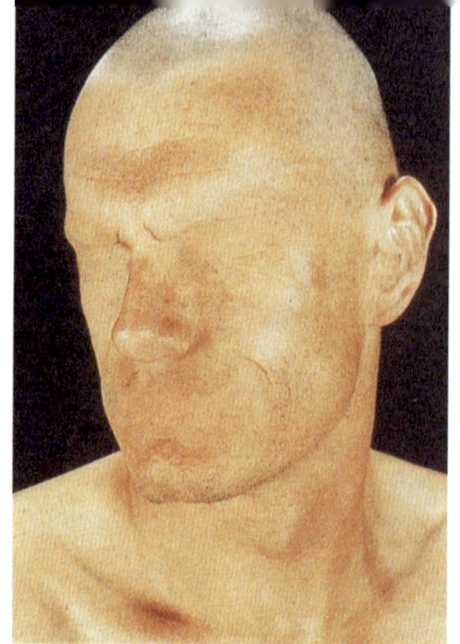

Anthory Aziz/ Sammy Cucher; Lymm 시리즈 중의 하나로 디지털 사진의 전형이다. 1994

빛의 양을 나타내므로 의도대로 조절할 수가 있다. 예를 들어 같은 필름과 같은 빛의 양에서 조리개를 개방하면 셔터스피드를 빠르게 조절해야 하고, 셔터스피드를 느리게 하려면 조리개를 조여야 한다. 필름의 감도는 저감도일수록 빛에 대해 느리게 반응하지만 입자가 곱고 중간 톤이 풍부한 사진을 얻을 수 있다. 고감도 필름의 경우에는 빛에 대해 빠른 반응을 보이지만 입자가 거칠고 중간톤의 표현이 어렵게 된다. 그러므로 고감도 필름의 사용은 적은 빛의 공간에서 사용되거나 빠른 셔터스피드를 요구하는 스포츠 사진에서 자주 사용된다.

▶ 디지털 이미지 digital image

기존의 사진은 화학적 입자의 농도를 통해서 화상이 형성되었고 그 상은 영구성을 보장받지 못했지만 디지털 이미지는 화상 구성의 최소 요소인 픽셀(pixel)로 기록되어, 화상편집용 소프트웨어를 사용하여 화상 가운데의 어떤 픽셀을 임의로 선택해서 수정하거나 화상의 색을 조절하는 작업이 가능하게 되었다. 디지털 이미지의 화질은 픽셀의 수와 각 픽셀이 가진 정보의 양에 따라서 결정된다. 이미지가 디지털화될 때 픽셀의 수(DPI: Dots Per Inch)가 많을수록 기록되는 정보의 양이 풍부해진다. 또한 한 픽셀의 정보(bit depth)가 많을수록 각 픽셀간의 톤의 단계적인 변화가 매끄러운데, 이는 각 픽셀이 선택할 수 있는 색과 톤이 더욱 다양해지기 때문이다. 이러한 과정은 디지털 이미지를 다루는 컴퓨터의 용량과 처리 속도에 따라 가능해진다. 디지털 이미지의 기술 발달로 손쉽게 화상을 수정, 기록, 보존, 전달할 수 있다. 초기에는 제작된 사진을 스캐너(scanner)로 읽어들여 컴퓨터로 수정하는 인쇄의 초기 작업에만 쓰였지만 컴퓨터 산업의 발달에 따른 소프트웨어의 발달은 이제는 피사체를 객관적인 것으로 기록하는 것에서 떠나, 인간이 시각적 이미지에 대한 상상력을 표현하는 데 지속적으로 기여했다. 색, 질감, 형태를 첨가하거나, 제거해서 사진에 드로잉이나 회화적인 표현 기법을

통해 제작되는 디지털 이미지는 CD 등을 통해 대량으로 복제 및 영구보관할 수 있고, 웹(world wide web)을 통해 사용자에게 배포되고 수집된다.

▶ 디지털 카메라 digital camera

디지털 카메라는 렌즈가 받아들인 화상을 감광유제가 덮여 있는 필름대신에 화상센서인 CCD(Charge-coupled device)가 받아들여 영상을 이루는 빛의 세기를 전자적인 기호로 변환시켜 결상시키는 방식의 카메라를 말한다. 비디오 카메라용 일반 CCD를 이용한 방식과 디지털 카메라용 CCD를 이용한 방식이 있는데 비디오 카메라용 CCD를 채용한 경우에는 영상이 전자적 기호로 변환되는 과정에서 오차처리시간을 갖게 되어 움직이는 피사체를 촬영하는 경우에 질이 많이 떨어진다. 디지털카메라의 CCD 종류로는 3개의 Linear CCD(R, G, B)를 사용하는 방식으로 해상력이 뛰어난 Trillnear Array(1 pass)방식과 빠른 시간에 이미지를 전자적 기호로 변환하는 Area CCD 방식이 있는데 이 방식은 대부분의 디지털 카메라가 채택하고 있는 방식이다. 화상을 기록하는 매체로는 디지털 카메라에 내장된 메모리에 기록하는 방법과 PC카드로 불리는 메모리카드를 이용하는 방법이 있다. 디지털 카메라로 촬영된 화상은 통신케이블을 통해서 바로 화상을 필요로 하는 컴퓨터로 전송시키거나 PC카드를 직접 읽어들여 화상에 대한 高해상력은 보장받지 못하지만 누구나 빠르고 쉽게 이미지를 전달할 수 있다. ➡ 신매체, 영상 디자인 참조

사진은 사실에 입각해서 제작되어야 하는 점이 다른 표현 매체와 구별되는 점이다. 카메라 앞의 인물, 풍경 혹은 사물을 보이는 대로 촬영해야 하기 때문에 거짓을 표현할 수는 없다. 그러므로 대상물은 가식없이 있는 그대로의 상태로 드러난다. 또한 사진가는 가장 진실되고 솔직한 모습, 자연스러운 상태에서만 대상물과 교감할 수 있고, 그러한 교감의 힘이 바로 제3자에게 감흥을 일으킨다. 그러나 우리 생활 속에 팽배되어 있는 날림의 습관이 그러한 교감의 힘을 반감시키고 있다. 쉽게 외양만 비슷하게 하려는 태도. 허영과 사치 그리고 무조건적인 서구 지향의 태도, 절망적이지는 않지만 우리가 시각적으로 접하는 많은 대상물과 주변 풍경은 나를 슬프게 한다. 얼마전 경주 남산을 찾았다. 유명한 석불이 있다는 골짜기를 따라 올라가는 길은 갓피어난 연초록의 나무숲과 진달래로 정말 아름다웠다. 한 시간 남짓 올라가 도시의 찌든 생각을 떨칠 즈음, 맞닥뜨린 약수터의 풍경. 손때로 찌든 주황색과 남색의 플라스틱 바가지들이 주렁주렁 매달린 약수터, 그리고 암자 주위에는 비닐과 일회용품으로 뒤범벅이었다. 여기 오래된 자연산 바가지가 매달려 있었다면, 아마도 내가 카메라의 앵글을 잡을 수 있는 공간이 더 확장될 수도 있을 것이라는 생각을 했다. 나는 디자인 자체도 생활과 밀접하다고 생각한다. 철저한 형태와 선의 연구에 바탕을 둔 독일의 디자인. 일본 특유의 깔끔하고 야릇한 디자인. 우리는 자주 한국적인 구수한 멋과 여유를 이야기한다. 그러나 이제 우리가 사는 생활 공간은 과연 그러한 멋과 여유가 있다고 할 수 있을까? 조화를 이룬 아름다움이 생활화되어야 아름다운 사진이 나올 수 있고, 또 그러한 곳에서 생활한 인간만이 과연 무엇이 아름다운지를 느낄 것이라고 생각한다. 비단 환경뿐만 아니라 완벽한 직업 의식과 장인 정신을 가지고 제작되는 제품과 자신만의 개성을 가진 사람들, 렌즈를 통하여 그것을 고착시키려는 욕구에 가득찬 사진가가 존재해야만 쉽게 눈에 뜨이지 않는 내면의 아름다움을 가시화할 수 있으리라 믿는다.

구본창 (사진가)

▶ 경박단소 經薄短小

제품의 디자인과 생산에 있어 가볍고, 얇고, 짧고, 작게 만들려는 경향이나 만들어진 상태를 말한다. 제품의 여러 부품들이 기술 개발로 성능도 향상되어, 작고 가벼워짐에 따라 모든 제품이 경량화, 소량화되었으며 이러한 추세에 맞추어 경박단소는 세계대전 이후 특히 1980년대 초반부터 제품 디자인의 발전에 중요한 지표가 되었다.

▶ 구성주의 constructivism

1910년에서 1934년 사이에 소련(지금의 러시아)에서 일어난 조형 운동이자 사회 운동. 사회주의 혁명이 활발히 전개되던 당시 재정 러시아의 기존 문화에 대한 혁명적 대응으로, 사회주의 이념에 바탕을 둔 실험적 조형 운동이다. 실용주의적 생산주의와 반예술적 미학을 추구했다. 운동의 주제는 '예술을 위한 예술'을 반대하고 최고의 경제성과 생산성에 의한 디자인의 실현을 통해 프롤레타리아의 문화를 건설하는 것이며, 가치관은 예술 혁명과 정치 혁명의 동일화, 생산성을 위한 디자인 추구, 사회주의적 인간을 위한 예술 가치의 구현 등이었다. 양식적으로 나타나는 특성은 역동적인 기하학적 추상주의로, 주요 인물은 말레비치(K. Malevich), 엘 리시츠키(El Lissitzky), 로드첸코(A. Rodchenko), 타틀린(V. Tatlin) 등이 있다. ➡ 현대 미술 참조

브크테마스(Vkhutemas) 디자인 학교에서 열린 구성주의 계열의 젊은 작가들의 전시회, 모스크바, 1920

▶ 굿 디자인 good design

일반적으로 제품의 질을 정의할 때 쓰는 말로, 기업과 기관, 개인마다 그 정의가 다소 차이가 있으나 공통된 시각은 잘 만들어지고 안전하며 잘 작동하고 겉모습도 아름다운 제품을 뜻한다. 한 예로 미국 현대미술관의 관장을 지낸 에드가 카우프만 2세는 "굿 디자인이란 시대의 요구와 정신을 표현하고 그 시대의 지적 개념과 예술적 통찰력을 반영해야 하며 제품의 기능과 구조를 통일된 모습으로 잘 보여주고 인간적이고 민주적인 가치를 중시해야 한다"고 정의한다.

▶ 굿 디자인 마크 GD mark good design mark

공공 기관이나 기업이 제품의 질을 높이기 위한 정책의 일환으로 디자인이 잘된 제품에 대해 부여하는 마크이다. 일찌기 이 제도를 실시한 나라 중의 하나가 덴마크인데, 덴마크는 자국의 가구 산업을 육성 발전시킬 목적으로 일종의 굿 디자인 마크라할 수 있는 레드 왁스 실(Red wax seal) 제도를 실시한 것이 그 시초가 되었다. 우리나라에서도 뒤늦게 지난 1985년 초 이 제도를 도입하여 'GD 마크 제도'를 운영하고 있지만 GD 마크 자체의 디자인까지도 일본의 그것과 유사한 점에서부터 시행 방법이나 효과에서 형식적인 면을 벗어나지 못하고 있다. ➡ 디자인사 참조

왼쪽은 한국, 오른쪽은 일본의 굿 디자인 마크이다.

▶ 그린 디자인 green design

환경 오염 문제와 관련해 생태학적으로 건강하고 환경 보존에 해를 끼치지 않게 디자인된 제품이나 포장 등을 뜻하기도 하며, 환경 문제를 염두에 두고 전개시키는 디자인 행위를 말하기도 한다. 일찌기 이런 방향의 디자인에 관심을 기울여야 할 것을 강조한 대표적 인물

빅터 파파넥, 〈참된 세계를 위한 디자인〉

는 빅터 파파넥(Victor Papanek)이 있는데, 그가 주장하는 생태학적 디자인, 즉 그린 디자인이란 생산, 제조에 있어 공해를 유발하지 않으며 작동시 소음이나 매연, 과도한 에너지 소모를 일으키지 않고 사용 후 폐기할 때 쉽게 썩어 자연 분해될 수 있는 것을 말한다.

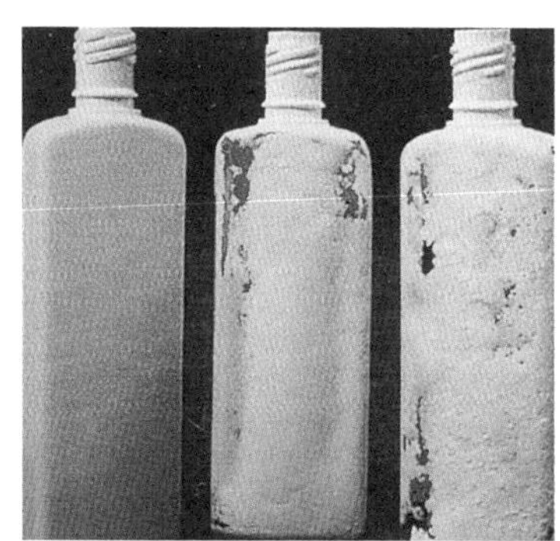

자연 분해되어 썩는 플라스틱 용기

▶ 극소주의 디자인 minimal design

극소주의 디자인은 조형에 있어 극도의 미학적 축소화라는 특징을 갖는다. 이것은 역사적인 암시와 강한 상징적 내용을 품고 있는 멤피스 또는 포스트모더니즘의 낭만주의적 디자인에 대한 반작용의 일환으로 보는 견해가 지배적이다. 불필요한 색상과 장식, 과장된 형태, 재료, 구조 등을 피하며 조형 요소와 생

산 과정에 있어 최소의 요소를 사용한다. 따라서 주관적인 디자이너의 감성과 표현을 극도로 억제하고, 흔히 청교도적인 순수함과 간결한 조형 언어가 강조된다.

▶ 글래스 박스 glass box

디자인 방법을 크게 두 가지로 나누면 하나가 직관적, 창조적 방법이고 또 하나가 논리적, 체계적 방법이 되는데 글래스 박스는 후자를 뜻한다. 글래스 박스 디자인 방법은 디자이너가 전개하는 디자인 과정이 유리 상자와 같이 투명하게 이해될 수 있다는 것으로 디자인 전개상에서 문제 인식, 정보 분석, 해결 방안의 제시를 체계적으로 진행시킬 수 있고 그 과정을 논리적으로 이해할 수 있다고 가정한다. 이에 대비되는 블랙 박스 방법은 디자이너는 문제에 대한 해결안을 무의식적인 두뇌 작용에 의해 뽑아내며 디자인 문제의 해결은 이런 직관적이고 창조적인 아이디어 발상에 의존한다.

▶ 기능주의 functionalism

공업 디자인이나 제품 디자인에서 말하는 기능주의는 생물학자 라마르크가 주장한 용불용설(用不用說)과 관련이 깊다. 용불용설은 생물체의 특정 기관은 사용 빈도와 방법에 따라 변화되며 이렇게 적절하게 환경에 대응해 생존한 개체가 이런 특성을 유전시킴으로써 진화 발전한다는 것인데, 이런 생각이 루이스 설리반(Louis Sullivan)에게 연결되어 기능주의의 대표적인 구호인 "형태는 기능을 따른다(Form follows function)"는 개념을

벽걸이 시계, 브라운(Braun)사, 1983년 디트리히 룹스 (Ditrich Lubs) 디자인

탄생시켰다. 기능주의는 이처럼 특정 디자인을 할 때 그 디자인의 기능에 철저히 입각하여 디자인하는 태도와 생각을 말한다. 독일의 브라운(Braun)사는 기능주의적 디자인을 실천하는 대표적 기업인데, 브라운사의 수석 디자이너인 디터 람스(Dieter Rams)는 기능주의에 있어 기능이란 제품 성능의 수행 능력뿐만 아니라 사회 심리적, 환경적 기능과 같이 생산, 소비, 폐기에 이르는 모든 과정에서 긍정적이고 적절한 기능을 발휘할 수 있게 디자인하려는 태도라고 정의한다.

▶ **다품종 소량 생산**

사회 구조가 복잡화, 세분화되면서 특정 제품에 대해 개인과 집단에 따라 여러 다양한 요구를 하게 되는데, 이에 대응하여 제품의 기본 기능을 중심으로 소비자의 주문에 따라 여러 다양한 2차적 기능을 더하거나 빼서 생산하는 것이다. 그리고 희소성과 특수 소비층을 겨냥해 특정 제품의 여러 기능을 다양하게 조합해서 소량생산하고 판매하는 생산 전략이기도 하다. 패션 의류와 같은 특정 부띠크를 중심으로 하는 디자인의 판매 방식이 대표적인 예이며, 제품에서는 시계나 조명, 가구 분야에서 많이 일반화되었고 점차 자동차, 오디오, 컴퓨터 등 첨단 기재 쪽으로 이런 생산 방식이 확대되고 있다.

▶ **디자인 기획 design planning**

디자인 과제의 창의적이고 바람직한 해결을 위한 디자인 과정의 첫단계의 작업 내용이다. 디자인 기획에서는 디자인 과제가 달성해야 할 목표와 범위, 디자인의 내용과 이에 필요한 기능, 기술, 사용자, 시장, 조형적 특성 등의 정보, 디자인 과정 및 방법, 디자인의 조직 및 예산 등의 개념을 명확히 도출하여 디자인 과제를 올바르게 정의한다. 따라서 디자인 기획은 디자인 초기 단계의 개념적 기획(소프트웨어적 디자인)으로서 디자인의 후기 단계인 구체적인 조형화 작업(하드웨어적 디자인)의 지침을 제공하고, 디자인의 해결안을 평가하는 기준이 된다.

▶ **디자인 매니지먼트 design management**

디자인 매니지먼트는 주어진 시간과 예산의 범위 안에서 디자인 서비스의 질적 수준을 높이고 생산성을 높이기 위해 디자인 조직을 합리적으로 운영하고 디자인 행위를 좀 더 과학적이며 체계적으로 수행할 수 있도록 해준다. 그것은 디자이너들의 권익 옹호, 독창적인 디자인 아이디어의 창출과 발전, 그리고 합리적인 디자인 평가 기준에 의한 굿 디자인의 창조를 목적으로 한다.

▶ **디자인 방법론 design methods**

1960년대 초 세분화되고 복잡해지는 현대 사회에서 디자인 행위를 과학적이고 효과적으로 진행하고, 디자인 과정에 과학 실증적 전개 방법을 도입하기 위한 연구가 시작되었는데, 이런 일련의 연구를 통해 나온 결과가 디자인 방법과 디자인 방법론이다. 디자인 과제와 대상에 따라 여러 가지 방법론들이 세분화되어 있지만 기본적으로 체계 이론에 이론적 바탕을 두며 크게 창조적(직관적) 방법, 논리적(합리적) 방법 그리고 자기 조직적 디자인 방법으로 구분(C. J. Jones의 경우)한다.

▶ **디자인 프로세스 design process**

디자인 행위를 전개시키는 과정으로 예를 들어 제품 디자인 프로세스의 설정은 제품 기획과 관련이 깊은데, 그 일반적 구성은 ①제품 개발의 필요성 인식, ②관련 정보(project data) 검토, ③개발 개요 설정, ④기업의 개발 및 생산 능력 분석, ⑤개발 개요안 추출, ⑥디자인 관리자 선정, ⑦디자인 브리핑, ⑧디자인 아이디어 개발, ⑨디자인 프리젠테이션, ⑩시작품 제작, 프로토타입 시험, ⑪광고 준비, ⑫생산-판매, ⑬소비자 반응 조사, ⑭개선. 그러나 디자인 프로세스는 기업과 개발 품목에 따라 많은 차이가 있다.

▶ **레이몬드 로위**
Raymond Lowey, 1893-1986

레이몬드 로위는 1893년 프랑스 파리에서 태어나, 1919년 미국으로 이주, 1927년 레이몬드 로위 산업 디자인 회사를 세웠고, 이것은 〈라이프〉지에 의해 미국을 형성한 100대 사건 중에서 87위로 뽑혔다. 레이몬드 로위 회사는 1945년 영국, 미국, 스웨덴 등 79개 회사의 디자인 상담역으로 활동하는 등 급격히 세계 최대의 산업 디자인 전문회사로 성장하였다. 로위는 또한 1949년 〈타임〉지의 표지 인물로 등장해 '신비한 손(magic of touch)' 라는 디자인 신조어를 탄생시키는 등 1940, 1950년대의 미국 사람들의 일상 생활에 그의 디자인이 깊이 침투하여 사람들은 그의 디자인 속에서 생활하였다. 로위는 단순히 화려한 스타일리스트에 불과하다는 비판을 불러 일으키기도 했지만 기술자와 광고전문가가 전직이었던 그는 '미란 미학적이면서도 동시에 상업적인 현상' 이라는 이중구조주의적 입장을 고수했다. 산업 디자인의 영역을 '바늘에서부터 우주선까지(from pin to airplane)까지' 란 유명한 일화를 남긴 로위는 일상 식탁 용품에서 가전제품, 자동차, 선박, 비행기, 우주선 장비, 건축, 환경 디자인 등에 이르기까지 수많은 디자인을 성공적으로 이끈 산업 시대의 가장 대표적 디자이너이다.

레이몬드 로위

▶ 렌더링 rendering

원래 표현이라는 뜻으로 제품을 디자인하는 과정 중 디자인 대상 제품의 스타일을 정하는 단계에서 그 제품이 마치 실물로 눈앞에 있는 것처럼 충실하고 정확한 표현으로 그려내는 것이다. 즉 완성 예상도라고 할 수 있다. 렌더링의 기능은 디자인 전개 과정의 디자인 프리젠테이션 단계에서 생산 대상 제품을 선정할 때 쓰이며, 여기서 채택된 안을 갖고 목업이나 모델 제작에 들어간다. 전통적으로는 디자이너가 각종 표현 재료를 이용하여 직접 그렸으나 요즘은 다양한 컴퓨터 소프트웨어로 CRT 화면상에 그리거나 이것을 인쇄하여 쓰기도 한다. 렌더링의 종류는 표현하는 재료와 기법을 기준으로 구분하는 것이 보통이다.➔ 컴퓨터 그래픽스 참조

KBS 뉴스 세트 제작

▶ 리디자인 redesign

기존 제품의 기능, 재료, 또는 형태적 변경의 필요에 따라 디자인을 개량하거나 조형을 변경하는 행위이다. 기술 개발에 따른 리디자인 이외에, 소비자 선호도의 변화, 경쟁 제품의 출현, 단지 시장 확대나 판매 촉진을 목적으로 외형만을 새로 변화시키는 경우 등 다양한 리디자인의 범주가 있다. 특히 기능적인 개량이 아닌 조형적인 변화만을 염두에 둔 리디자인을 메이크업 디자인이라 한다. 단순한 스타일링이나 메이크업을 바탕으로 한 리디자인이나 모델체인지 등의 현상에 대하여 환경보호주의자들은 과소비, 낭비뿐만 아니라 폐기물, 쓰레기 등 환경 문제를 일으키는 근원적

인 원인이라고 비판한다. '지속 가능한 디자인(sustainable design)'은 이와 같은 문제에 대응하기 위한 디자인으로 기술, 기능, 사용, 재료 등을 종합적인 측면에서 고려해 세대를 초월하여 오랜 기간 쓸 것을 목표로 한다.

▶ 맨-머신 인터페이스 man-machine interface

기계나 전자에 있어 제품과 그 제품이 다루는 조작자나 사용자의 상황이나 상호 관계를 맺는 방식을 말한다. 제품의 기계적 성능이 우수하더라도 이를 쓰는 사람이 제대로 조작할 수 없다면 그 성능을 제대로 발휘할 수 없게 되는데, 이 경우 맨-머신 인터페이스가 실패했다고 말할 수 있다. 최근 들어 누구나 컴퓨터를 쉽고 빠르게 사용할 수 있도록 명령어와 조작 방식만을 전문적으로 디자인하는 전문직이 생겼는데, 이것을 컴퓨터 인터페이스 디자인이라고 한다.

➡ 인터페이스 디자인 참조

▶ 멤피스 Memphis

원래 뜻은 고대 이집트의 수도나 미국의 가수 엘비스 프레슬리가 태어난 미중부의 도시이기도 하지만 공업 디자인에서는 다른 뜻을 가진다. 1981년 밀라노 가구전람회에서는 에토레 소트사스(Ettore Sottsass)를 중심으로 일단의 가구, 직물, 도자기 디자이너들이 모여 디자이너 집단을 만들고 자기네들끼리 그 이

미켈레 데 루치(Michele de Lucchi), '넥타이 걸이'

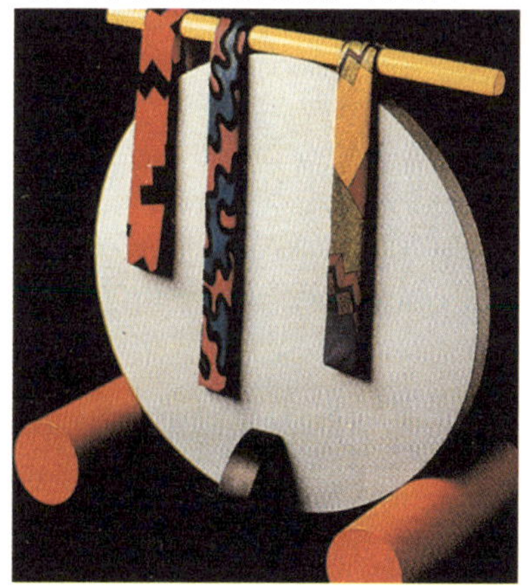

름을 멤피스라 지었는데 이들의 출품작이 세계 언론의 주목을 받은 것이다. 멤피스의 전신은 스튜디오 알키미아(Studio Alchymia)라는 1960년대 후반 급진적인 건축가와 디자이너로 구성된 밀라노의 전위적 디자인 그룹이었으며, 그들 중 유난히 가구 쪽에 관심이 있었던 이들이 어떤 도시적인 삶의 구조에서 영감을 받아서 전위적 작품 활동을 하였다. 브란지(A. Branzi), 시빅(A. Cibic), 미켈레 데 루치(Michele de Lucchi), 자니니(M. Zanini), 마지스트레티(V. Magistretti) 등이 주도 인물이다.

▶ 바이오닉 디자인 bionic design

보통은 바이오 디자인(bio design)이라고도 한다. 자연계의 생물학적 원형들이 지니는 기본 생존 방식을 인공물의 디자인이나 인위적 환경 형성에 이용되는 것을 뜻한다. 동물의 뼈조직에서 유추해 만든 교량이나 박쥐의 음향 유도 방법을 유추해서 만든 레이다는 바이오닉 디자인이라고 할 수 있다.

루이지 콜라니(L. Colani)가 디자인한 요트. 고래의 형태에서 수력학 원리를 뽑아내어 디자인에 적용한 예이다. 1981

▶ 산업 디자인 industrial design

산업 디자인이라는 용어는 1920년대에 노만 벨 게데스(Norman Bel Geddes)가 미국에

서 '산업디자인스튜디오'를 개업하면서 일반화되기 시작하였다. 산업 디자인은 근대 산업 사회 이후 새로운 공업적 생산 방식에 의해 생산되는 사물을 대상으로 이의 조형성을 향상시키는 것이다. 이러한 조형 활동은 생산과 사용자, 사회의 관점에서 기술적, 기능적, 경제적, 구조적, 환경적 요구의 상호 관계성을 고려하여 사물의 물리적, 심미적, 사회적 가치를 증진시켜, 궁극적으로 바람직한 생활 문화를 제시하는 종합적인 활동을 의미한다. 세계산업디자인단체협의회(ICSID)에서는 산업 디자인의 영역을 산업적 생산 제품, 즉 제품 디자인을 중심으로 하고 있고, 우리나라의 산업 디자인 진흥법에 의하면 제품 디자인, 시각 디자인, 환경 디자인 등을 포함하여 광의적으로 사용하고 있다. 최근 정보화로의 급격한 사회 변화 추세와 더불어 멀티미디어 디자인 등 새로운 디자인의 영역과 기존 산업 디자인의 영역과의 경계가 흐려지고, 종합화되는 경향이 있다. 한편, 중국, 일본 등의 한자어권에서는 산업 디자인을 공업 설계, 공업 의장 등으로 풀이하여 사용하고 있다.

▶ **세계산업디자인단체협의회 ICSID**
International Council of Society of
Industrial Design

1957년 6월 영국의 런던에서 덴마크, 프랑스, 네덜란드, 이탈리아, 노르웨이, 스웨덴, 영국 그리고 미국 산업 디자인계 대표들이 모여 공식적으로 발전시킨 단체이다. 단체 설립 목적은 첫째, 세계 인류의 이상을 구현하고 인류의 필요를 충족시키고, 산업 디자인에 대한 이해 증진을 위해 개인, 디자인 전문 단체 및 진흥 기관들의 유기적 협조 체계를 구축하고 둘째 개인, 단체, 국가 간의 정보 수집과 교류를 통해 산업 디자인 연구와 실제를 지원하며, 셋째, 산업 디자인 전문직의 질적 향상을 도모하고 독창성을 고취시키는 것이다. 사무국은 핀란드 헬싱키에 있다. 회원 단체는 40개국 106개가 가입되었으며 우리나라에서는 한국산업디자인진흥원(KIDP, 1973년 가입, 전문가 단체 자격)이 가입하였고 엘지(LG)는 후원 단체로 가입되어 있다.

▶ **스타일 style**
시대와 지역에 따라 유행하는 특정한 양식을 말한다. 제품(산업) 디자인에서는 좀 더 세부적으로 특정 기업이나 디자이너가 제품의 외관 형태의 형성에 채용하는 양식을 말하기도 한다. 예를 들어 1900년대 초에 유럽 전역에 유행했던 아르누보 양식은 대칭적이고 화려한 곡선 양식이지만, 이후 바우하우스의 양식은 직선과 기하학적 기본 도형의 절제되고 간결한 형태였다. 미국에서는 1930년대부터 50년대 후반까지 유선형 양식이 널리 유행했으며, 1970년대는 세계적으로 직선적 육면체 양식(gray box style)이 일반적 각종 전자 제품의 형태를 이루는 양식이었으며, 최근 다시 유기적이고 곡선적 양식이 유행하고 있다.

▶ **시나리오 기반 디자인**
scenario-based design
디자인 대상의 성격이 그 대상 자체보다는 인간과의 상호 작용(interaction)이 중요해짐에 따라 상호 작용하는 과정의 묘사를 중요하게 생각하고 이에 시나리오 서술 방법을 도입해 활용하는 디자인 방법이다. 따라서 시나리오 기반 디자인은 개체보다는 인간, 사물, 환경 간의 관계 묘사를 중시하고 시간의 경과에 따라 바뀌는 상황 묘사에 중점을 둔다. 이 방법은 사용자의 인터페이스 디자인이 중요시되는 인간 컴퓨터 상호작용 디자인(human-computer interaction), 소프트웨어 디자인, 멀티미디어 제품 등의 디자인에 많이 활용된다. 이와 함께 사용자의 사용 상황을 시나리오로 재구성함으로써 문제점을 찾고 이에 대한 아이디어를 내는 아이디어 발상 기법이나 미래의 상황을 예측해 보는 기법으로도 활용된다.

▶ **시넥틱스 synectics**
창조적 디자인 방법 중의 하나로 일종의 아이디어 발상법이다. 시넥틱스를 하는 목적은 디자인 문제를 탐구하고 변형시키기 위해 두뇌와 신경 조직의 무의식적인 활동을 조장하는 것이다. 이를 위해 먼저 여러 전문 분야(디자이너, 생물학자, 심리학자, 물리학자 등)의 사람들로 그룹을 조직하여 문제를 던져주고 창조적 아이디어 발상을 통하여 문제의 해결안을 얻는 것이다. 아이디어 발상을 위해 유추를 많이 쓰는데, 시넥틱스에 쓰이는 유추에는 직접 유추, 개인적 유추, 상징적 유추와 환상적 유추(fantastic analogies)가 있다. 그룹 구성원에 대해 가혹한 두뇌 활동을 요구하므로 장기간 진행시키면 정신 건강에 문제가 생길 수 있다.

▶ **시스티매틱 디자인 systematic design**

디자인 행위와 디자인 전개 과정을 크게 나누면 창조적 방법과 논리적 방법의 디자인으로 구분할 수 있다. 시스티매틱 디자인이나 체계적 디자인은 후자로 볼 수 있다. 이는 디자인 문제에 관한 정보를 수집하여 분석하고 종합한 후에 해결안을 내고 이를 평가해 타당하면 쓰고 그렇지 않으면 다시 분석하고 종합하는 디자인 전개 과정으로, 간단히 정리하면 정보 수집, 분석, 종합, 평가, 피드백의 순환을 하는 디자인 전개 방법이다. 대표적 시스티매틱 디자인 방법을 들면, 디자인 정보조사 분류법(classification of design information), 가치 분석(value analysis), 상호관계 분석(analysis of interconnected design area)이 있다. 대표적 연구가로 아처(Bruce Archer)와 크리스토퍼 존스(C. J. Jones)가 있다.

▶ **시장 조사 market research**

미국에서는 마케팅 리서치라고 한다. 생산자로부터 소비자에게 이전되는 재화나 서비스 판매에 따라 일어나는 시장, 가격정책, 유통, 광고전략 등 마케팅 전반에 관한 사실의 수집, 기록, 분석을 말한다. 상품 및 마케팅에 관련되는 제반문제에 관한 자료를 계통적으로 수집, 기록, 분석해 과학적으로 해명하는 일을 중심으로 하는데, 내용은 상품 조사, 판매 조사, 소비자 조사, 광고 조사, 잠재 수요 조사, 판로 조사 등 각 분야가 포괄되며, 조사 단계는 크게 시장 분석, 시장 실사, 시장 실험의 3단계로 구성된다.

▶ **신소재 new material**

말 그대로 새로운 재료를 말한다. 과학 기술의 발전 과정을 보면 새로운 기술은 항상 새로운 형태의 신제품을 선보였다. 20세기 초의 증기 기관차나 철로, 철교와 철탑은 강철이라는 당시의 신소재로 가능했던 것이며, 2차 세계대전 후 널리 퍼진 플라스틱도 제품 혁신에 있어 강철 이상의 변화를 가져왔다. 최근 첨단 컴퓨터 부품 개발과 우주 탐험, 의료 기기 개발 등에 신소재가 차지하는 비중이 점점 커간다. 콜럼비아 우주 왕복선의 몸체 표면에 쓰인 고온용 특수 세라믹 소재와 같이 특수한 조건을 해결할 수 있는 내열성, 강자성, 초전도, 초소성, 고강도 등의 특수 성질을 갖는 재료를 신소재 혹은 첨단 재료라고 말한다. 예를 들어 실리콘 반도체를 대체할 갈륨(Ga), 비소(As) 소재나 항공기 구조와 경량화와 강도를 높이는 티탄(Titan)소재, 형상 기억 합금, 저항 손실이 전혀 없는 초전도 금속, 수소를 저장하는 기체 흡수 합금, 금속 대체용 엔지니어링 플라스틱, 세라믹 엔진 소재, 탄소 섬유와 광 섬유, 태양 전지와 광디스크, 액정 디스플레이 재료 등이 최근 개발되어 실용화되고 있는 소재들이라 할 수 있다.

▶ **아트 앤드 인더스트리 Art and Industry**

직역하면 '미술과 산업'이다. 이것은 허버트 리드(H. Read)가 1934년에 펴낸 〈Art and Industry〉에서 비롯되었다고 할 수 있다. 이 책에서 리드는 디자인을 디자인 그 자체로 이해하는 독일이나 미국에 비해, 영국은 산업에서 공업 생산품에 피상적으로 응용하는 산업 미술(industrial art)의 개념으로 생각했기 때문에 1세기 동안 디자인의 본질을 파악하지 못했다고 비판했다.

▶ **에르고노믹스 ergonomics**

인간 공학으로 해석하는데, 흔히 휴먼 팩터스나 휴먼 엔지니어링 혹은 앤스로퍼메트릭(anthropometric)과 같은 뜻으로 쓰이지만, 휴먼 팩터스와 휴먼 엔지니어링이 미국에서 인간공학의 뜻으로 자주 쓰이는 반면 에르고노믹스는 같은 뜻으로 유럽에서 선호한다. 이에 비해 앤스로퍼메트릭(anthropometric)은 인체 계측학(the science for measuring the human form)이란 뜻으로 많이 쓰인다. 에르고노믹스는 인간과 그의 환경, 시스템, 주위 사물과의 관계에 대한 체계적 연구를 뜻한다. 에르고노믹스의 목표는 인간과 관련된 디자인 문제에 대한 과학적 정보를 응용할 때 발생할 수 있는 적용 오차를 적극 피하는 데 있으며, 인간이 작업 환경에서 최대의 기능적 효율성을 얻는 데 있다. → 인간 공학 참조

▶ 에어로다이내믹스 aerodynamics

공역학. 물체가 움직일 때 발생하는 공기 마찰에 의한 현상이나 정지한 물체가 바람이나 그밖의 공기 흐름에 의해 영향을 받는 현상을 연구하는 학문 분야이다. 제품(산업) 디자인에서는 일찍이 증기 기관차나 자동차, 항공기의 설계에 이 공역학 원리가 적용되어 연료 절감이나 주행 안전성 향상에 크게 이바지했지만 공기 저항과 큰 관련이 없는 제품에도 이런 공역학적 형태를 무분별하게 적용시킨 경우가 있는데, 1930년대에서 1950년대 후반까지 미국에서 크게 유행한 유선형 양식이 대표적인 예로 이때는 심지어 연필깎기의 디자인에까지 물방울 형태를 적용시켰고 자동차에 비행기 꼬리 날개와 같은 수직 안정판을 달기도 했다.

▶ 유기주의, 유기적 디자인 organic design

산업 디자인에 있어서 생물의 형태를 모델로 하는 조형이나 시스템을 만드는 경향이다. 'organism 영'으로 할 수도 있으나 이 경우 유기체, 혹은 탄소 화합물을 뜻하므로 영문 표기에는 주의를 요한다. 역사적으로 양식적 경향을 구분할 때 기하학적 추상주의에 대비되는 뜻으로 이해한다. 즉 형태 경향상 기능주의가 추구했던 기하학적 디자인에 대비되는 것이 유기적인 디자인인데, 이는 자연적 형태의 곡선 이미지를 표현하는 디자인이다. 특히 세계대전이 발전시킨 합성수지의 성형 기술은 미묘한 곡선 형태의 디자인 개발에 기여한 바가 크다.

▶ 유선형 streamline

1930년대에 미국을 중심으로 유행한 곡선으로 공역학적(aerodynamic) 형태이다. 기능주의 디자이너들은 제품을 이루는 각 요소와 부품의 특징이 그대로 드러내 보이면서 전체 형태의 균형을 꾀한 반면 당시 미국에서 유선형으로 디자인하던 사람들은 제품의 모든 부분을 덮어 씌워 접합부 없이 통일적인 한 덩어리의 전체를 이루어 매끄럽고 효율적으로 보이도록 처리했다. 유선형은 주로 기관차와 자동차 등 운송 기관에 적용되었으나 유행으로 변하면서 가전 제품 등 공역학적으로 고려할 필요가 없는 제품에도 많이 적용되었다.

▶ 이미지 스케치 image sketch

디자인 전개 과정 중 떠오르는 생각, 아이디어를 간단히 나타낼 때, 이를 이미지 스케치,

노만 벨 게데스(Norman Bell Geddes), 버스를 위한 계획도에 적용된 유선형, 1932

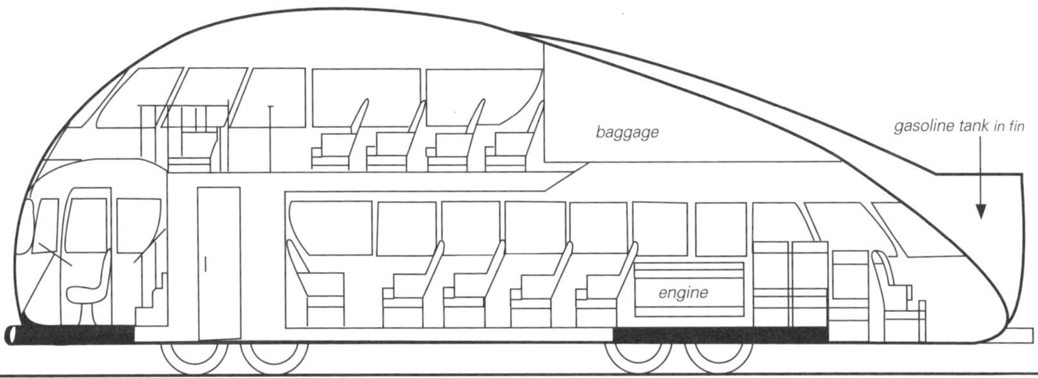

아이디어 스케치나 러프 스케치라 한다. 이는 제품 디자이너뿐만 아니라 시각 디자이너, 일러스트레이터, 건축가, 화가, 과학자 등 많은 분야의 사람들이 자신의 생각을 시각적으로 구체화하고 발전시키기 위해 쓰는 아이디어 전개의 한 기법이다.

▶ 제품 디자인 products design

대량 생산되는 산업 제품의 기능과 형태를 결정하는 분야이다. 세부 분야는 대상 디자인의 종류에 따라 나누어지는데, 가구 디자인, 전기-전자 제품 디자인, 운송기기 디자인, 주방 용품 디자인 등이 있다.

▶ 제품 의미론 product semantics

인간과 제품과의 상호 작용에서 생기는 의미에 관한 연구이다. 이는 제품을 사용할 때 제품의 물리적, 생리적 기능 외에 심리적, 사회적, 문화적 기능을 제품에 반영할 수 있도록 하는 것이다. 그동안 생산된 제품들이 작고 가볍게 만드는 것 이외에는 네모난 상자 모양에서 벗어나지 않음으로 인해 형태가 기능 전달에 크게 기여하지 못했던 점을 비판하며 나타난 분야로, 제품이 그 기능과 사용법에 대한 적절한 언어를 구사할 수 있게 하는데 목적을 둔다. 중요하게 여기는 디자인 관점은 첫째, 제품이 주변 환경과 잘 어울리는가, 둘째, 친근감이 있고 잘 기억되는가, 셋째, 쉽게 조작할 수 있는가, 그리고 네번째로 제품이 작동하는 원리를 쉽게 이해할 수 있는가이다.

▶ 초세대적 디자인 trans-generational design

세대간에 경계를 초월하여 사용할 수 있는 디자인을 의미한다. 이는 1987년 미국의 제임스 퍼클(James J. Pirkl)교수가 제안한 새로운 디자인 방향으로서 젊은 세대와 노인 세대, 정상적인 사람과 기능장애자 모두를 포괄하여 사용할 수 있는 범용 제품의 개발과 디자인에 있다. 즉 초세대적 디자인이란 젊은이는 물론 노인에 이르기까지 인간이 잠재적으로 가질 수 있는 능력에 대응할 수 있는 새로운 차원의 디자인 방법으로, 흔히 시각, 청각, 촉각 등 감각적 요인의 인지 개선은 초세대적

디자인 방법의 기본이 된다. 초세대적 디자인은 세대간 연령의 초월, 정상과 비정상간의 초월 이외에도, 시간적 의미를 더욱 확대하면 시대를 초월하여 쓸 수 있는 디자인, 즉 지속 가능한 디자인(sustainable design)의 개념과 밀접하게 관련을 갖는다.

▶ 컨텐츠 디자인 contents design

컨텐츠는 온라인 또는 오프라인으로 제공되는 활용 가치가 있는 정보로써 텍스트, 데이터, 음성, 화상, 영상 등의 모든 정보 형태를 포괄하는 아날로그 및 디지털 정보 내용물이다. 이와 같은 정보 내용물의 소프트한 가치 자체의 개념, 가치의 구성 요소, 구성 요소의 구조 등을 기획하는 것을 컨텐츠 디자인이라 한다. 컨텐츠 디자인은 크게 출판 컨텐츠(단행본, 정간물, 신문, 전자출판 등)와 영상 컨텐츠(영화, 비디오, 음반, 만화, 애니메이션, 게임 등), 정보의 가치를 높여주는 멀티미디어 등이 흔히 컨텐츠 디자인에 포함되고 있다. 산업시대의 하드한 외형 디자인을 중요하게 생각한 시대에서 21세기의 정보시대에서는 소프트한 개념의 컨텐츠 디자인의 중요성이 모든 산업 디자인 분야에 점증되고 있다.

▶ 토털 디자인 total design

통합적 디자인을 말한다. 하나의 제품을 생산할 경우에는 내부 기계 구조에 대한 공학 디자인이 있어야 하고 각 부품의 배열과 구조와 바깥 모양 그리고 사용자와의 관계를 잘 맞추어야 하는 제품 디자인이 필수적이며, 안전하고 쉽게 운반과 보관을 할 수 있고 상점에 진열할 때도 눈에 잘 띄게 하는 포장 디자인의 기능이 요구되며, 시각 디자인은 이것을 여러 매체와 선전을 통해서 소비자에게 알리고 사용하는 사람이 알기 쉽게 이해할 수 있는 사용 설명서를 만드는 역할을 하게 된다. 이처럼 하나의 제품이나 디자인이 그것의 기능을 충분히 발휘하려면 관련된 모든 디자인 분야의 지식이 필요한데 이것이 토털 디자인이다.

▶ 표준화 standardization

기계를 통한 대량생산에 알맞게 제품을 이루는 각 구성 요소와 부품을 주의깊게 규격화시

키는 행위나 그 결과를 표준화라고 한다. 디자인 운동에 있어 일찍이 표준화에 관심을 기울인 곳은 독일공작연맹(DWB)이고 이후 바우하우스 역시 가장 중요한 디자인 교육 목표 중 하나를 '가장 우수한 표준의 창조'에 둔다. 이는 디자인의 질적 우수함은 최고 생산성과 호환성에 일치해야 한다는 뜻으로 이해할 수 있다. 현재 모든 국가가 표준화를 지행하는 법제를 갖는데 한국의 KS, 일본의 JIS, 미국의 ASA, 국제적인 ISO(International Standard Organization)가 있다. 독일의 DIN(Deutsche Industrie Norm)은 표준화의 모체가 된다. 센티메트릭스나 각종 도량형과 규격은 표준화 작업의 결과이다.

▶ 프로그 디자인 frog design

독일의 알텐스타이그(Altensteig)에 있는 독일에서 가장 활동적인 디자인 전문 회사 그룹이다. 프로그 디자인은 1969년 슈투트가르트 대학에서 전기공학을 공부하고 그푼트 디자인 학교를 졸업한 에슬링거(Helmut Esslinger)가 설립했으며, 독일연합전기회사(AEG), 에르코(Erco)사, 소니(Sony) 등이 주요 고객이다. 전형적인 독일 기능주의의 형태를 이어 발전시키고 있으나 다른 독일 디자인에 비하여 좀더 색상 표현이 자유분방하여 유기적 스타일을 잘 이용한다.

1980년대 프로그(Frog) 디자인 그룹의 TV모니터

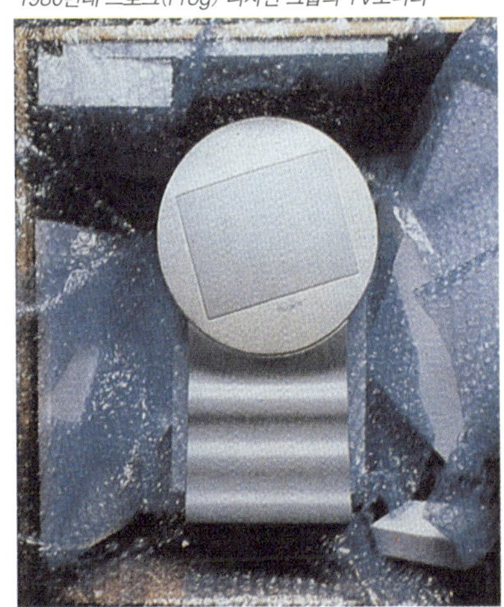

▶ 프로토타입 prototype

시작 모델을 말한다. 제품 디자인이 거의 최종적 단계에 이르게 되면 실제 생산될 것과 똑같이 만들고 내부 기계 장치까지 완벽하게 설치하여 작동 방법과 성능, 부품 사이의 간섭이나 결합 문제까지도 세부적으로 검토할 수 있도록 시작 모델을 제작하게 되는데 보통 이것을 프로토타입이라고 한다. 비슷한 말로 파일럿트 타입이 있는데, 이는 제품의 특정 성능이나 조작성 실험을 위하여 제한된 특수 목적에 맞게 제작하는 모델이다. 예를 들어 엔진 성능만을 조사해야 한다면 다른 부분은 필요없이 자동차 몸체에 엔진만 얹은 파일럿트 타입을 만들어서 시험하는 것이다.

▶ 하이 테크 High tech

주로 공학쪽에서 많이 쓰는 말로 하이테크놀로지(high technology)를 줄인 말이다. 간단히 정의하면 첨단 기술이라고 할 수 있는데, 초고속 컴퓨터나 우주 개발 설비, 최첨단 의학 기술 등을 지칭할 때 쓰이는 말이다. 산업 디자인에서는 이와는 약간 다른 뜻으로 쓰이고 있는데, 여기서는 최신의 기술과 최첨단 재료를 써서 재료의 성질을 감추지 않고 구조가 한눈에 보이게 만드는 것을 하이 테크 디자인이라고 한다. 하이 테크 디자인의 출발은 1851년 대영박람회(Great Exhibition)에서 선보인 '수정궁(Crystal Palace)'이라고 할 수 있는데, 수정궁은 당시 첨단 건축 재료라 할 수 있는 유리와 철골로 모든 구조가 보이게 지어졌다. 현대 디자인에 있어 하이 테크의 이미지를 갖는 것은 무기, 군사 장비, 우주선, 항공기, 스포츠카 등이며 공상 과학 영화 속의 여러 장비와 설비 등이다. 공통된 이미지는 대단히 기능적이고 기술적으로 앞서며 정확하고 논리적이지만 한편으로는 차갑고 공포스러운 느낌도 준다.➡ 디자인사, 현대 건축 참조

▶ 한국공예시범소 KHDC
Korea Handicraft Demonstration Center

한국공예시범소는 1957년 미국인 노만 디 한(Norman R. De Haan)을 디렉터로 설립된

국내 최초의 산업 디자인 진흥기관이다. 시범소는 당시 취약했던 한국의 산업 구조에 맞추어 전통 공예와 경공업 제품 부문을 위주로 국내 제조업체에 디자인과 생산기술 및 마케팅에 관한 컨설팅을 제공하였고, 해외 전람회 참여를 포함하는 홍보 활동을 전개하는 등 새로운 상품 개발의 촉진을 통한 국내 수요는 물론 수출 진흥을 위한 다양한 디자인 진흥 활동을 전개했다. 국내 산업 구조의 특성상 양산 공예의 진흥에 치우쳤지만, 미국 디자이너들이 서울대, 홍익대 등에 출강해 새로운 디자인 교육을 실시하는 등, 당시 열악한 조건에서도 정부, 산업계, 교육계와의 밀접한 유대 관계 속에 우리나라 산업 디자인의 진흥을 위한 다양한 역할을 하였다. 한국공예시범소는 1960년 5월 정부와의 계약만료로 문을 닫았다.

▶ 한국산업디자인진흥원 KIDP Korea Institute of Industrial Design Promotion

1970년 수출을 위한 디자인 진흥과 개발 지원을 위해 '한국디자인포장센터'로 설립된 재단 법인 정부 투자 기관이다. 기존에 있던 '한국디자인센터(KDC, 1965년 사단법인으로 창립)'가 개편된 것인데 이것이 1991년 7월 '산업디자인포장개발원'이란 이름으로, 1999년 '한국산업디자인진흥원'으로 다시 개칭되어 오늘에 이르고 있다. 주요 기능으로는 디자인 개발지원, 연구 개발, 전시 행사, 진흥, 교육 연수, 국제 협력(ICOGRADA, ICSID), 디자인 정보화 사업 등 국제 디자인 센터로서의 역할 수행에 주력하고 있다. 널리 알려진 사업은 '대한민국산업디자인대전', '우수산업디자인상품전', '중소기업디자인기술지원사업', 'GD마크' 선정 등이 있다. 현재 2001년 준공 목표로 분당에 디자인센터를 짓고 있다.

▶ 한국산업디자인협회 KAID Korea Association of Industrial Designers

1993년 8월 26일, 그 이전에 있던 3개의 산업 디자인 전문 단체가 통합하여 만든 한국의 제품 및 환경 디자인 분야의 전문 디자이너들로 구성된 사단 법인체 협회이다. 1994년 5월 550여 명의 정회원과 법인 회원으로 14개 산업 디자인 전문 회사가 가입되어 있으며, 조직은 회장단과 사무국장을 포함한 20명의 이사와 6명의 고문, 2명의 감사를 두고 있다. 한국산업디자인협회의 목적은 산업 디자인을 전문으로 하는 회원들의 연구 활동과 사업 시행을 통해 산업 디자인과 기술 및 산업 간의 유기적 조화를 이룩함으로써 국가 산업 발전과 인류 문화 향상에 기여하는 것이며 활동은 산업 디자인 관련 학술 연구, 세미나 개최, 전시회 개최, 산업 디자인 관련 정책의 연구와 이의 대정부 건의, 회원 작품집, 연구 논문집 발간 등이 있다.

▶ 합목적성 Zweckmässigkeit 독

어떤 목적을 실현하는데 적합한 성질. 사물이 일정한 목적에 적합한 방식으로 존재하는 성질로, 예를 들어 사회 발전을 위한 인간의 활동이나 생물의 환경과의 조화 등이 합목적성에 바탕을 둔 것이라고 할 수 있다. 산업 디자인에 있어 합목적성 역시 디자인 성립의 요건으로 디자인을 요구하는 사회적 여건과 디자인과 인간과 환경과의 관계에 대한 종합적 이해를 뜻한다. 이에 대하여 빅터 파파넥은 합목적성 있는 디자인을 기능 복합체로 불렀는데, 이는 용도, 요구, 목적지향(telesis), 연상, 미학, 방법 그리고 기능(function)을 종합적이고 이상적으로 성취시킨 디자인을 뜻하는 것이다.

▶ 형태 form

형태는 한 제품이나 작품, 대상물의 전체적인 시각 구성을 나타내는 것으로 정의할 수도 있으나, 의미의 폭은 대단히 넓은 단어이다. 산업 디자인에서 중요하게 여기는 형태는 자연적이고 환상적인 형태보다는 추상적이고 기하학적 형태로서, 여러 형태를 기하학적 형태로 바꾸는 것은 기계에 의한 생산성을 높이고 표준화를 이루면서 동시에 시각적 통일감을 이루기 위해서이다. 형(shape)이 있는데 형태보다는 좁은 뜻으로 쓰인다.

우리 주위에는 수많은 물건들이 있다. 옷이며 구두 등 신변 잡화에서부터 칫솔, 찻잔, 오디오, 의자, 자동차, 컴퓨터, 전화기 등 우리는 단 한순간도 그들을 벗어나서 살 수가 없다. 불과 몇 년 전만 하더라도 사무실의 필수품이던 타이프라이터가 컴퓨터의 등장으로 요즈음은 골동품 시장에서나 볼 수 있게 되었다. 아주 복잡하고 거대한 제품군의 사이클을 느낀다. 이 사이클에서 오늘의 시점을 잘라 본다면 바로 현재 사용되고 있는 모든 제품들이 나타날 것이다. 각기 제품들의 이력을 들춰보면 거의 모두가 의도한 바에 따라 제작, 판매되어 이 세상에서 사용되고 있다. 하나의 제품이 탄생하기 위해서는 경영, 기획, 디자인, 공학, 판매, 광고 등 수많은 분야의 전문, 비전문인이 관계되고, 최종적으로는 사용자의 손에 이르러 새로운 사이클이 시작된다. 바로 이때 우리가 어떠한 제품을 기획하느냐, 어떻게 제품을 만드느냐가 그 제품의 생명이 얼마나 오래가며 이 시대의 우리들에게 얼마나 많은 기쁨을 줄 수 있느냐의 가장 중요한 관건이 된다. 또한 반대로 제품을 기획하고 만드는 일은 시대의 상황 범주안에서 특정 지워진다. 아주 오래 전에는 공상에 불과했던 우주선이 현재는 현실적으로 가능하게 되었으며, 선진국의 초고속 열차는 기반 시설이 없는 후진국에서는 이룰 수 없는 환상에 불과하다. 하나의 제품은 사회적으로나 문화적으로 어떤 의미를 지니게 되는가. 또 어떤 의미를 부여해서 만들 것인가. 가령 자동차라면 사용자를 둘러싸고 있는 여러 생활 환경, 생활 등과 어떤 관계가 될 것인가 하는 사항 등이 설정되어야 한다. 한 세트의 찻잔을 만든다면 차를 마시는 사람이 어떠한 감정이기를 바라는가. 상대방과의 관계에서 어떠한 역할을 할 수 있는가, 이 한 세트의 찻잔이 다른 수 많은 찻잔들에게 어떤 의미를 줄 수 있을 것인가 하는 것이 이 제품의 문화를 형성하는 요소가 된다. 그러나 그냥그냥 만들어지는 제품이 얼마나 많은가. 제품에 문화를 부여하고 문화를 가진 제품이 모여 통합적인 제품 문화가 이루어져야 한다. 문화를 지닌 제품의 사이클은 독특한 고유의 색상을 지니고 우리들 속에 오랫동안 지속될 것이다.

은병수 (212디자인 대표)

색과 색채

color

박은주

▶ 색의 어원과 일반적 의미

색(色 rûpa)은 원래 불교 용어로 빛깔과 모습을 말한다. 불교에서 말하는 색의 뜻은 많지만, 앎의 대상이 되는 물질적인 것을 모두 일컫는 것이 기본이며, 정신적인 것을 모두 일컫는 명(名 náma)에 반대되는 뜻이다. 이 말의 뿌리를 캐보면 '부서지는 것', '달라지는 것'을 뜻한다. 따라서 색은 꼴을 갖고 만들어져 달라지는 물질 현상이다. 불교에서 색은 일정한 공간을 차지하여 다른 것과 서로 어울리지 못함을 가리키는 질애(質碍)와 끊임없이 달라지다가 마침내 사라짐을 가리키는 변괴(變壞)의 뜻으로 해석된다. 이처럼 색은 현상 세계 전체에 걸친 용어이므로 여러 종류로 나누어 설명한다. 다섯 개의 감각 기관인 오근(五根)의 내색(內色)과 그 감각 기관의 대상인 오경(五境)의 외색(外色), 미세한 색인 세색(細色)과 거친 색인 추색, 명상의 결과인 정과색(定果色)과 행위의 결과로 얻어진 업과색(業果色) 등이 있다. 색의 전체적인 용법에서 중요한 뜻을 간추리면 다음과 같다. ① 빛깔, ②현색(顯色)인 빛깔과 형체를 지닌 모든 물질적 존재, 즉 눈으로 볼 수 있는 모든 것인 형색(形色), ③사물의 형체나 모습, ④ 존재하는 모든 것인 오온(五蘊) 중에 수(受), 상(想), 행(行), 식(識)의 사온(四蘊)인 명(名)을 제외한 색온(色蘊), ⑤마음에 맞서 있는 물질, ⑥육체. ⑦청정(淸淨)한 물질로 이뤄진 색계(色界), ⑧집착이나 색욕(色慾). 이렇게 불교 용어에서 나온 색을 물리학에서는 ①에 맞는 것 즉, 눈으로 볼 수 있는 물질인 빛깔을 가리키는 데 적용한다.

▶ 가시광선으로서 색

물리학적 대상으로서의 색인 가시광선은 눈으로 볼 수 있는 범위의 파장을 지닌 빛살(spectra)로 구성된다. 1666년 영국의 뉴턴은 암실의 작은 구멍으로 들어온 한 줄기의 빛이 삼각 유리 막대(prism)를 통과한 뒤에 여러 빛깔을 띤 무지개처럼 갈라지는 것을 발견하였다. 이 빛의 갈라짐을 분광이라 하는데, 한 번 나눠진 빛줄기는 다시 갈라지지 않는다. 분광된 빛살들은 파장별 굴절률에 따라 일정한 질서로 연속띠를 이루는데 이를 빛살띠 즉 스펙트럼(spectrum)이라 한다. 빛살들을 다시 렌즈를 통해 하나로 모으면 처음의 투명한 빛줄기로 되돌아 간다. 원래 투명한 빛줄기 다발을 백(색)광이라 하며, 백색광의 표준은 햇빛(태양광)이다.

1. 가시 스펙트럼 visible spectrum

우리가 볼 수 있는 빛은 빛의 파장 가운데서도 극히 일부분에 지나지 않는다. 빛의 가시 스펙트럼을 파장으로 나타낸다면 400-700나노미터(nm, $1nm = 10^{-7}cm$)정도이다. 그러나 사람에 따라 차이가 있다. 보라의 파장은 430nm이며, 빨강은 650nm에 가까운 파장을 갖는다. 보라에 가깝지만 눈으로 보기 어려울 정도로 짧은 파장을 지닌 것을 자외선이라 하고, 빨강보다 더 긴 파장을 가진 것을 적외선이라 한다. 따라서 가시 스펙트럼인 색은 자외선과 적외선 사이에서 눈으로 볼 수 없는 파장을 갖는다.

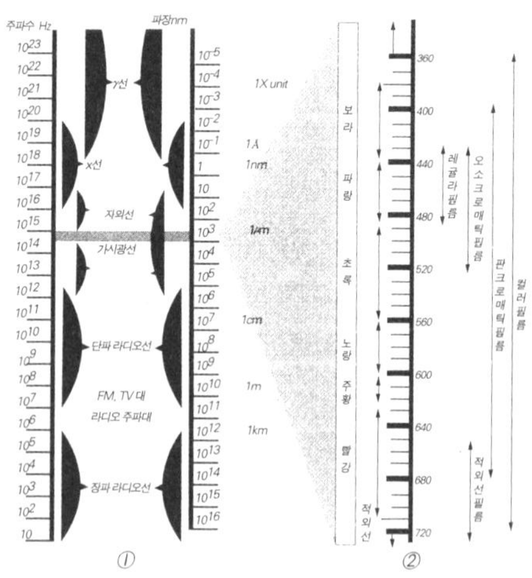

① 파장에 따른 빛의 종류와 가시광선의 범위
② 가시광선의 확대도 및 필름의 종류에 따른 감광범위

2. 고유색과 가상색

고유색은 자연계의 모든 사물에 본래 있다고 믿는 색을 말하며 가상색은 조명 등 다른 외부적 조건 관계에 의해 수시로 달라 보이는 색을 말한다. 우리가 색을 지닌 물체를 볼 때

오로지 물체에 반사된 빛에 눈과 뇌에 의한 시각 과정이 작동해 색채를 느끼는데, 눈과 뇌는 스펙트럼 반사 에너지가 약간만 바뀔 경우에도 그 차이를 보상할 수 있는 뛰어난 체계를 가진다. 이 때문에 약간만 색이 달라질 때는 변하지 않은 것으로 느끼는데 이를 색채 항상성이라 한다.

3. 뉴턴의 빛살 고리

햇빛에는 거의 모든 스펙트럼이 포함되어 있다는 사실을 발견한 뉴턴은 스펙트럼의 띠를 하나의 원주 위에다 연결해 처음으로 빛살 고리를 만들었다. 그는 음악에서 7화음에 해당하는 일곱 가지 색으로 스펙트럼들을 구분하고 이들을 고리로 만들 때, 스펙트럼으로는 느낄 수 없지만 자연계에서 느낄 수 있는 자주색을 그 고리를 잇는 이음색으로 사용했다. 이 일곱 가지 스펙트럼색은 현대 색환의 기초가 되었다. 분광 이론과 색환의 발명은 그후 색채의 과학화에 커다란 공헌을 한다. 또한 뉴턴은 물체에 백색광을 쪼였을 때 되돌아 오는 빛은 일부이며, 그 반사광은 스펙트럼들 중 일부만 강하게 반사되므로 물체의 고유한 색이 나타난다고 밝혔다. 이 주장은 오늘날 분광 측정기로 측정함으로써 확인되었다.

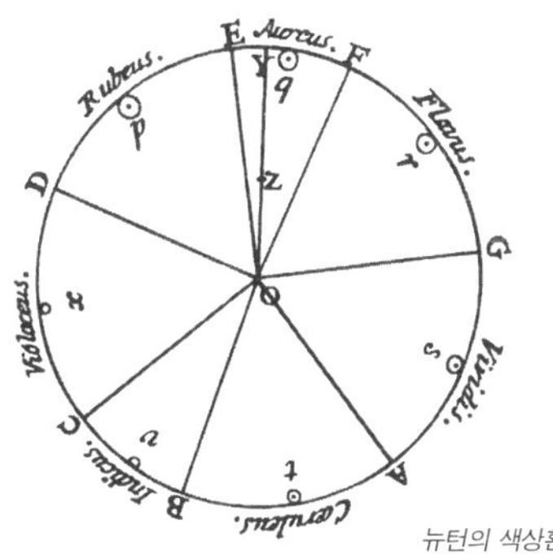

뉴턴의 색상환

4. 색온도와 표준광 color temperature and standard illuminant

백색광도 엄밀히 말하면 색을 지니지만 우리의 눈은 이를 쉽게 느끼지 못한다. 이처럼 모든 빛은 색을 지니므로, 이를 구별하여 표시하기 위해 색온도를 쓴다. 켈빈(K)이라는 단

위로 표시하는 색온도는 빛을 내는 물체가 그 온도에 따라 빛의 밝기와 색이 다르다는 점에서 착안된 색의 절대 온도이다. 색온도는 같은 색채 감각을 준다면 스펙트럼이 이루어진 상태와는 관계없이 적용되는데, 색온도는 실제의 섭씨 온도보다 273도 더 높게 표시되며 태양과 같이 실제 온도를 측정할 수 없는 경우에도 적용된다. 태양의 내부 색온도는 6,400K이며 한낮 태양의 평균 직사광은 4,870K이다. 텅스텐 백열 전구는 2,854K인데 이 색온도를 국제조명위원회에서는 표준광 A에 특수한 색온도 변환용 필터(Davis-Gibson filter)를 첨부하여 표준광 B나 C 등을 만든다. 표준광 C는 맑은 날의 낮광선을 대표하는 색온도인 5,740켈빈으로 실내에서 자연광에 가까운 빛을 재현해야 하는 조명에 많이 쓰이며 천연색 표준 필름도 이 색온도에 맞추고 있다. → 조명 디자인 참조

5. 색의 3요소와 색채의 3속성

가시 스펙트럼의 파장은 빨강, 주황, 노랑, 초록, 파랑, 보라 등의 여러가지 색의 모습 즉 색상(色相)으로 느끼는데 순수한 여섯 가지 색상을 지닌 색을 표준색이라 부른다. 표준색은 여러 색 체계를 이루는 기준이 된다. 빛의 파장이 움직이며 튀어오를 때의 속도인 광속에 따라 밝기를 다르게 느끼는데, 이 밝기의 정도를 느끼는 것을 명도라 부른다. 색상별로 우세한 파장이 있는데 이를 주파장이라 하며, 주파장은 그 에너지의 양에 따라 저마다 다른 분광률(分光率)을 나타내 색상마다 서로 다른 밝기를 가진다. 즉 명도는 빛의 에너지 양에 의존한다. 노랑은 아주 밝아 명도가 높으며, 어두운 남색은 명도가 낮은 색이다. 흔히 보는 색들은 반드시 순수한 파장만을 가지지 않고 몇개의 주파장이 서로 섞여 눈에 닿는 경우가 많다. 이때 많은 주파장이 서로 섞여 하나의 색처럼 보인다면 순수함을 읽은 것으로 느껴진다. 이러한 색상의 주파장이 순수한 정도를 순도(純度)라 하며 순도를 이루는 파장의 분포 정도를 포화도(飽和度)라 한다. 그리고 순도 상태를 상대적으로 느끼는 것을 채

도(彩度)라 한다. 주파장의 순도를 완전히 잃은 색을 채도가 없는 색이라는 뜻에서 무채색(無彩色, achromatic color)이라 한다. 무채색에 가까울수록 채도가 높다고 한다. 순색의 채도를 낮추려면 무채색을 섞으면 된다. 그리고 색상을 느낄 수 있는 모든 색은 채도를 가졌다는 뜻에서 유채색(有彩色, chromatic color)이라고 부른다. 엄밀히 말하면 빛이 있는 상태에서 눈으로 보는 모든 색은 유채색이다. 그러나 일반적으로 무채색은 색상을 전혀 느낄 수 없는 백색, 회색, 검정을 말한다. 따라서 가시광선으로서의 색은 무채색과 유채색으로 나뉜다. 무채색은 명도만 느끼지만 유채색은 색상, 명도, 채도라는 세 가지 속성을 모두 느낀다. 모든 유채색은 세 가지 속성이 동시에 느껴지는데, 이를 느끼는 것을 색채(色彩)라고 하며, 이를 색채의 3속성이라 한다. 모든 색을 색채로 느끼려면 색채의 3속성에 대응하는 색의 3요소, 즉 주파장, 분광률, 포화도가 필요하다. 이들 3요소 가운데 어느 하나라도 달라지면 다른 색으로 판명된다. 그러므로 색채를 바꾸려면 색의 3요소 가운데 하나 이상을 바꿔야 한다.

6. 조건 등색과 연색성 metamerism and color rendering properties

빛의 스펙트럼 상태가 다른 두 개의 색자극이 특정한 조건에서 같은 색으로 보이는 것을 조건 등색이라 하는데 이 조건 등색도 가상색이기 때문에 똑같이 보이던 색도 조건이 달라지면 다른 색으로 보일 수 있다. 컬러 인쇄물을 형광등 아래서 볼 때와 햇빛 아래서 볼 때 다른 색으로 느껴진다. 그리고 조명에 따라 물체의 색이 다르게 보이는 빛의 성질을 연색성이라 한다. 물체 자체는 원래 색을 갖지 않기 때문에 눈에 보이는 모든 물체의 고유색은 실제로는 연색성에 의해 색이 달라 보이는 가상색이다.

▶ 색채 대비 현상과 배색 조화

색은 심리적, 미감적 반응을 포함한 예술, 유행, 상업 광고 등과 물리적, 감각적 인간의 모든 생활에 영향을 준다. 그래서 색채의 속성과 기능적 효과에서 비롯하는 색채 감각을 통해 일상 생활에 어울리는 색을 정하든가 산업에서 색채를 효과적으로 쓰든가 서로 다른 문화권에 사는 사람들이 가진 조형 언어의 이해와 소통의 역할을 원활히 하도록 물리적, 생리적 차원을 넘어선 색채의 심리학적, 미학적 연구가 발달하고 있다. 이들 연구에서 특히 색채의 대비와 조화 및 기능적 효용에 따른 색채 관리나 색채 조절 등의 연구가 많은 관심을 낳았다.

1. 7가지 색채 대비
the seven color contrasts

색을 일상적으로 보는 대부분의 경우, 단 하나의 색만을 보는 것이 아니라 여러 색이 동시적이나 계시적으로 어우러진 상태를 본다. 이때, 색들은 서로 다른 색에 영향을 주어 단 하나의 색만을 볼 때와는 다른 효과를 준다. 이러한 현상을 색채 대비라 하며, 2가지 이상의 색을 동시에 볼 경우를 동시 대비, 연속적으로 볼 경우를 계시(繼時) 대비(successive contrast)라 한다. 이 대비 현상들은 기본적으로 색채의 3속성 대비에 따라 명도 대비, 색상 대비, 채도 대비로 나누어 색상의 대비이기는 하지만 그것이 보색상일 경우 다른 색상 대비와는 특성이 다르다. 그러므로 따로 보색 대비라고 한다. 또한 색면들이 만나는 경계 부분에 더 심한 대비가 일어나는데 이런 경우를 연변(緣邊) 대비라 하고, 같은 색채라 하더라도 그 색면의 크기가 주는 효용은 많은 차이가 생기는데 이것을 면적 대비라 한다. 모든 색채 대비는 색이 주는 온도 감정이 가장 먼저 느껴지므로 이에 따른 한난 대비가 기초적 감정으로 중요하게 된다. 한난 대비(cool-warm contrast), 명도 대비(lightness contrast), 색상 대비(hue contrast), 채도 대비(saturation contrast), 보색 대비(additive complementary colors contrast), 연변 대비, 면적 대비(square measure contrast) 등의 7가지 기본적인 색채 대비를 7대비라 부른다. 어떤 색에서 차갑다거나 따뜻하다고 느끼는 것을 색채의 온도감이라고 하는데, 파장이 긴 빨강, 주황, 노랑이나 검정이 따뜻한 느낌을 주는 난색 계열이며, 파장이 다소 짧은 청록, 파랑, 남색이나 회색 등이 차가운 느낌을 주는 한색 계열이다. 색환에서 난색과 한색 사이에 있는 색들을 차지도 따뜻하지도 않은 중성색이라 한다. 이들 난색, 중성색, 한색들에 의한 한난 대비가 7대비 가운데서도 가장 먼저 고려해야 할 것이지만, 배경의 명도에 따라 전체 인상이 쉽게 바뀌므로 명도를 가장 주의깊게 고려해야 한다. 명도에 따라 전체 인상이 밝고 어두운 것뿐만 아니라 가볍고 무거운 무게감도 달라진다. 밝은 색은 가볍게 느껴지면서 동시에 커보인다. 명도는 무게나 크기의 감정만이 아니라 멀고 가까움의 감정도 관계한다. 같은 색상일 때 밝은 색은 가까워 보이나 어두운 색은 멀게 느껴진다. 따라서 일상 생활에서 가장 큰 영향을 주는 명도 대비는 3속성 대비 중 가장 중요하다. 배경과 명도 차이가 클수록 색채 대비는 커지며, 색채 대비가 크면 멀리서도 또렷하게 보인다. 이렇게 잘 보이는 것을 명시도가 높다고 한다. 명시도는 표지판, 광고판에서 유용하다. 그 다음은 색상 대비가 중요한데, 원색끼리의 대비가 가장 강한 색상 대비가 된다.

2. 색채 관리와 색채 조절
color control and color conditioning

색채의 통합적 활용 방법으로 좋은 색을 쓸 수 있는 중요한 기술의 하나가 색채 관리이며, 색채를 조정하거나 기능적으로 배색하는 일을 색채 조절(color conditioning)이라 하는데, 색채 조절은 1930년대 초 미국의 듀퐁 사가 처음으로 쓴 말이다. 이 색채 조절을 생동적, 역학적, 체계적으로 행하거나 바꾸는 일을 색채 역학(color dynamics), 색채 공학(color engineering), 색채 계획(color planning) , 색채 변조(color tuning) 등으로 부른다. 이러한 일들은 색 자체가 갖는 물리적, 생리적, 심리적, 미감적 성질들을 이용해 기능적으로 아름다운 배색 효과를 얻는 것을 목적으로 한다. 따라서 현대의 생활 환경을 쾌적하게 하거나 작업 활동을 더욱 능률적으

로 만들도록 색사용을 과학적으로 처리할 필요가 있다.

3. 색채 동화 효과
assimilation effect of color

두 개 이상의 색을 볼 때 반드시 색채 대비 현상만 일어나는 것은 아니다. 때로는 색들끼리 영향을 주어 가까운 색에 동화되어 보일 때가 있다. 이것을 색채 동화 효과라 하는데, 이는 색채 대비 현상과는 반대 효과를 낳는다. 즉 색채 대비 현상이 주로 부정적 잔상과 관련되지만, 색채 동화 효과로 일어나는 동화 현상은 눈의 양성적인 긍정적 잔상과 관련된다.

4. 색채 조화와 배색
color harmony and coloration

그 무엇보다도 색채를 아름답게 가꾸고 미적 효과를 높이는 것은 색채 조화에 의해서이다. 색채 조화는 두 가지 인상의 색들을 어울리게 하여 하나의 전체로서 미적 효과를 높이려는 배색 조화로 가능하다. 배색 조화는 안정된 색채 감정을 높이고 불안, 공포, 우울, 어둠, 초조 등의 불균형한 감정을 일으키는 부조화와는 반대된다. 그런데 배색 조화의 감정은 개인의 성별, 나이, 교육 정도, 정신 위생 등에 따라 다르며, 민족, 언어권, 문화권, 기후 조건 등에 따라 미치는 영향에 많은 차이가 있다. 때문에 개인적 특성이나 성장 배경이 비슷한 사람이 특정한 색채 선호도를 갖고 같은 색채 선호도로 유행색이 결정된다. 색채에 대한 기본적 감정 차이에도 불구하고 어느 정도 공통 감정이 있어 색채의 상징적 성격도 가능하다. 색채가 갖는 상징성은 실제 개인적 색의 사용이나 반응을 분석해 심리적, 생리적, 미학적 정보를 얻는 데 쓰기도 한다.

▶ 색채의 지각
1. 색순응 chromatic adaption

사람의 눈에 들어오는 빛의 밝기가 낮아져 거의 10^{-3}-10^{-6} 칸델라 정도에서 간상체라는 망막의 시세포만이 활동하는데 이를 암소시(暗所視)라 한다. 이와는 반대로 추상체라는 시세포만이 활동하는 낮밝기의 밝은 곳에서의 시각 상태를 명소시(明所視), 그 중간 밝기에

서 두 시세포가 같이 활동하는 상태를 박명시라 한다. 날이 저물기 직전의 어둠기에 해당하는 박명시에서는 최대 시감도가 555-507nm이지만 물체의 상이 흐릿하여 윤곽을 분명히 알기 어렵다. 우리 눈은 시각 상태에 따라 빛의 자극에 적응해 자극을 느끼는 정도를 차츰 바꾸어 색을 느끼는데 이런 과정이나 변화된 상태를 색순응이라 한다. 푸르킨예 현상도 이러한 색순응으로 일어나는 색지각 현상으로 어두워질수록 빨강, 주황, 노랑, 초록, 파랑, 보라 등의 스펙트럼 파장에 따라 색을 느낄 수 없게 되는 현상이다.

2. 여러가지 색지각 이론

영-헬름홀츠의 3원색설과 헤링의 반대색설은 1964년 미국의 맥니콜 연구팀에 의해 새로운 구역 이론으로 결합된다. 이 구역 이론은 3원색설이 망막의 수용 단계에서 받아들여진다는 실험과 헤링의 반대색설이 망막의 정보가 신경계 이후의 뇌 시각 중추에 전기적 정보로 바뀌어 전달되는 과정에서 적용된다는 사실을 정밀한 전기적 장치에 의한 신경 계통 연구에서 증명하였다. 이외에도 색의 지각에 의한 이론들은 돈더스(F. A. C. Donders)의 단계설, 프랭클린(C. Ladd Franklin)이나 쉥크(Schenk)의 발육 생리학적 발달설, 그라니트(Ragnar Archur Granit)와 하트리지(H. Hatridge)의 다색설, 아담스(E. Q. Adams)나 뮐러(C. E. Müller) 또는 제키(Zeki)의 대뇌 피질론 등의 이론도 주장되었다.

3. 영-헬름홀츠의 3원색설

빛이 어떻게 우리 눈에 색채로 느끼도록 바뀌는가를 연구한 현대적 이론은 19세기에 나타났다. 1801년경 영국 물리학자 영(Thomas Young)이 3원색 이론을 처음으로 제안하고 50년 후 독일 물리학자 헬름홀츠(Hermann von Helmholz)가 수정 정리하였다. 이 이론은 3가지 방식의 색을 받아들이는 세포가 있다는 이론으로 사람의 망막에는 원추 모양의 시세포인 추상체가 있다는 사실이 1960년 초에 확인되었다. 세가지의 추상체는 빛의 3원색에 최대 감도를 가지며 각각의 최대 흡수

파장은 청자 445nm, 초록 535nm, 노랑 565nm 부근에 있고 이 시세포는 그 주흡수 파장의 길에 따라 각각 S, M, L이라는 기호로 표시한다. 영-헬름홀츠의 3원색설은 이들 가운데 하나라도 잘못되면 색맹이나 색각 이상이 된다는 이론이다. 이러한 이론은 가산 혼합 이론과 거의 일치하는 동시에 색채 대비의 일부를 해명하며 색채 효과의 일부도 해명할 수 있어 조형 예술가의 관심을 끈다.

4. 푸르킨예 현상
Purkinje phenomenon

색을 느끼는 것은 빛의 자극 때문이지만 반드시 빛의 자극에 색이 정비례하여 느껴지는 것은 아니다. 빛의 세기나 주위의 다른 색의 영향에 따라 색이 다르게 느껴질 수도 있다. 빛의 세기가 아주 약하고 어두울 경우 빨강에 비해 파랑이 더 잘 보이는데 이는 빛의 파장에 대한 눈의 반응이 에너지의 양에도 관계해 반응하기 때문이다. 이러한 현상은 1823년 체코의 생리학자 푸르킨예(Jan Evangelista Purkinje)가 발견했기 때문에 푸르킨예 현상이라 부른다.

4. 헤링의 반대색설

1878년 독일 생리학자 헤링(Hering)은 사물을 본 후 사물의 자극이 없어졌을 때도 이러한 자극이 남아 만드는 색의 대부분이 보색으로 잠시 남는, 부정적 내지 음성적 잔상을 해명하지 못하는 3원색 이론과는 다른 대립 과정 이론을 내놓았다. 헤링은 세 가지 시세포들이 각각 생리적 동화나 이화 작용의 색반응을 일으키는 대립 작용을 한다고 했다. 밝음(하양)과 어둠(검정), 빨강과 초록, 파랑과 노랑 등의 대립쌍을 이룬 세 가지 시세포로 이 반대색설은 색의 잔상 효과와 색채의 대비 현상을 밝히는 데 적절한 이론이다. 이 이론은 네 가지 생리적 원색을 쓰기에 영-헬름홀츠의 물리학적 3원색 이론에 대해 빨강, 노랑, 초록, 파랑을 원색으로 하는 생리적 4원색 이론이라고도 한다. 그러나 이 반대색설은 생리적으로 동화 작용이나 이화 작용 중 어느 한 쪽만이 작용해야 하기 때문에 동시적으로

색혼합 color mixing
1. 가산 혼합 additive mixture
2. 감산 혼합 subtractive mixture
3. 병치 혼합 juxtapositional mixture
4. 보색 additive complementary color

12색상 원형 컬러

작용하는 중간 단계의 색들을 밝히지 못하는 단점이 있다.

▶ 색혼합 color mixing

색의 구분은 색의 3요소를 섞는 비율에 따라 일어나는 현상으로 이 비율을 달리하면 인위적으로 수많은 색을 만들 수 있다. 색의 3요소를 섞는 일을 색혼합이라 하며, 색혼합으로 만들어진 색을 혼합색이라 한다. 색혼합에는 물리적 혼합과 생리적 혼합이 있는데 물리적 혼합에는 가산 혼합, 감산 혼합이 있으며 생리적 혼합에는 병치 혼합에 의한 망막상의 평균 혼합이 있다. 혼합하려면 다른 색을 혼합해서는 만들 수 없는 기초색인 원색이 필요하다. 이 기초가 되는 원색을 1차색, 1차색의 혼합으로 만든 색을 2차색이라 한다. 2차색끼리의 혼합 등에 의해서 색이 섞인 3차색은 무채색에 가깝다.

1. 가산 혼합 additive mixture

가산 혼합은 여러 빛살이 모여 하나가 될 때 각 스펙트럼이 지닌 성분이 더해지는 것이다. 가산 혼합은 빛의 혼합이라고 하며 빛살 수가 많을수록 채도가 낮아져 백색광에 가까워지지만 밝아져 명도는 높아진다. 가산 혼합의 원색은 보통 빨강, 초록, 청색이다. 이 3원색을 섞는 비율을 다르게 하면 거의 모든 색이 만들어지는데 세 가지 색의 양을 똑같이 하면 하얀색이 된다. 가산 혼합의 2차색은 감산 혼합의 원색과 같다.

2. 감산 혼합 subtractive mixture

감산 혼합은 착색제인 염료나 안료 등 색료가 섞일 때 주로 일어나므로 색료의 혼색이나 물감의 혼색이라고 한다. 그러나 감산 혼합은 한 백색광이 여러 개의 착색된 필터를 통과할 때도 일어난다. 이러한 감산 혼합은 채도는 물론 명도도 낮아지는 현상인데 감산 혼합의 3원색을 같은 양으로 섞으면 이론적으로 검정이 되지만 실제는 어두운 회색에 가까워진다. 감산 현상은 빛의 흡수와 스펙트럼의 선택적 투과나 반사로 일어난다. 한 줄기 빛이 어떤 물체를 통과하고 반사할 때마다 분광률이 낮아져 채도가 동시에 낮아진다. 감산 혼

합의 원색은 빨강, 노랑, 파랑이라고 하나, 엄밀하게는 마젠타(magenta), 옐로우(yellow), 시안(cyan)이다. 이들의 2차색은 빛의 3원색이지만 채도, 명도는 그보다 낮다.

3. 병치 혼합 juxtapositional mixture

병치 혼합은 가산 혼합이나 감산 혼합처럼 실제의 물리적 혼합이 아닌 눈의 망막에서 일어나는 착시 혼합이다. 이 시각적인 병치 혼합의 기본색은 빨강, 노랑, 초록, 파랑의 네 가지 색이다. 이들 네 가지 색을 회전판 위에 배열시킨 뒤 분당 3천-6천 번 돌리면 회색조로 보이는데 회전 속도가 빨라짐에 따라서 회색에 더욱 가까워진다. 이때 밝기는 색의 평균적 밝기가 되므로 평균 혼합이라고도 한다. 평균 혼합은 명도만이 아니라 채도도 일정하다. 이같이 두 개 이상의 회전판 위의 혼색을 회전 혼색이라고 하며 이를 이론적으로 해명한 물리학자의 이름을 붙여 맥스웰(J. C. Maxwell) 회전혼색이라고도 한다. 이러한 혼색은 빛의 망막에 대한 자극을 계속 느끼는 생리적 혼색 현상이다. 여러 가지 색점을 동시적 또는 계시적으로 나열하면 망막에서 빛의 자극이 섞여 하나의 색으로 느껴진다. 이러한 혼색을 병치 혼색이라 한다. 병치 혼색은 날줄과 씨줄의 직물 제조에서 시작되어 19세기 인상파 화가들이 회화수법으로 사용하여 일반화되었는데, 1960년대 옵아트(op art)로 다시 인식되었고 텔레비전이나 컴퓨터의 컬러 모니터와 망점에 의한 원색 인쇄에 활용된다.

4. 보색 additive complementary color

보색은 서로 다른 두 가지 인상의 색을 섞을 때 서로의 파장이 특성을 잃어 가산 혼합에서는 백색광이 되고 감산 혼합에서는 회색의 자

159

극을 만들 수 있는 색이다. 3원색은 서로 보색이지만 보통 색환에서 마주 보는 두 반대색을 보색이라 한다. 그러나 모든 색환의 반대색이 반드시 보색이라 할 수는 없다. 가산 혼합 3원색과 감산 혼합 3원색은 서로 보색 관계이다. 즉 초록-자주, 남색-노랑, 빨강-청록은 서로 보색이다. 색혼합에서 채도를 낮추기 위해 보색을 쓰며 인쇄용 원고의 원색 분해의 경우 보색 필터를 써서 분해 필름을 만든다. 보색끼리는 가장 강하게 어울리는 배색으로 선호된다.

5. 색 재현과 원색 인쇄
color reproduction and color printing

여러 색판을 겹쳐 망점으로 인쇄하거나, 여러 색료의 층을 겹쳐 원색 사진을 이루거나, 점으로 된 빛들이 모여 텔레비전 브라운관의 영상을 만들어 원래 사물들이 지녔던 색을 다시 되살리는 것을 색 재현이라 하며 그렇게 되살린 색을 재현색이라고 한다. 일반 색 재현은 3원색 혼합으로 하는데 특히 인쇄에서 색 재현은 3원색판에 무채색인 검정판을 첨가해 인쇄한다. 원고의 색광을 3원색 보색 필터로 각각 걸러 만든 빛이 인쇄되기 위해 색료의 병치 혼색에 의한 망점판으로 만들어지지만, 종이 위에 잉크가 묻어날 때는 원리적 병치 혼색만이 아닌 잉크의 감법 혼색이 함께 일어나 전체 화상이 불안정하므로 불안정성을 보완하기 위해 보색 필터들을 한꺼번에 겹쳐 만든 필름으로 검정판을 마지막에 한번 더 인쇄한다. 옐로우(yellow), 마젠타(magenta), 시안(cyan)잉크를 차례로 인쇄하는 것이 원칙이나 오늘날 고속 자동 컬러 인쇄기와 잉크 투명도가 발달해 잘 마르지 않는 옐로우 잉크를 나중에 찍기도 한다.

▶ **표색계 color system**

색을 표시하는 것을 표색이라 하며, 계통적으로 색을 표시하는 체계를 표색계라고 한다. 표색계는 우선 색을 측정하고 계량화하는 것이 기초가 되는데, 색을 측정하는 방법을 측색법이라 한다. 물리학적 측색법에는 여러 가지의 기구들을 쓰는데, 그 대표적인 것이 복잡한 장치로 이뤄진 분광 광도계이다. 분광 광도계는 빛줄기를 낱낱의 스펙트럼별 파장에 있는 에너지의 양으로 분석하며, 분석 결과는 분광률에 따른 곡선으로 표시된다. 그러나 눈으로 보아 쉽게 느낄 수 있도록 색 스펙트럼의 에너지 분포를 명확히 표시하기란 어렵다. 우리 눈이 아무리 많은 색 스펙트럼의 에너지에 자극을 받더라도 오로지 하나의 색으로만 느끼기 때문이다. 그래서 보통 물리학적 측색법보다 시감적 측색법이 더 많이 쓰인다. 측색과 표색을 하나의 관계로 나타낼 방법이 필요하여 나타난 것이 표색계로, 표색계에는 현색계와 혼색계의 2가지가 있다.

1. C.I.E. 표준 표색계

표준화된 조건 아래서 빨강(R), 초록(G), 청색(B)이라는 3원색에 대해 시각적으로 대응하는 특정한 색자극인 원자극의 값들을 3자극치라 하여 맥스웰(Maxwell)이 'R,G,B 표색계'를 만들었는데, 이 결과들을 'X,Y,Z 표색계'라 한다. X,Y,Z 표색계는 1931년 C.I.E가 받아들여 표준화되었다. '어떤 빛에 의해 일어나는 시신경의 흥분과 같은 양의 흥분을 일으키는 3원색을 정하고, 그 혼합 비율로 모든 색을 나타내도록' 결정한 C.I.E 표준 표색계는, 표준 관찰자가 평균 일광 아래 시료를 표준 하양과 눈으로 보고 비교했을 때의 시료의 반사 비율인 시감 반사율을 측정하거나, 색도도라 부르는 말발굽 모양의 그래프로 나타내도록 한다. 그러나 숫자의 조작으로 색을 나타내는 C.I.E 표색계는 물감으로 작업하는 조형 예술가들에게는 어렵다. 또한 색도도는 컬러 인쇄로 완전히 보여줄 수 없고, 오로지 그 개념만을 알도록 할 뿐이다. 그렇지만 C.I.E 표색계는 정확하고 적절한 방법으로 표색계에서 갖는 위치는 아주 중요하다.

2. ISCC-NBS 색명법과 한국의 색명법

먼셀 색입체는 267개의 색이름으로 쪼개져 예술, 과학, 산업 부문에서 실제 쓰는 이름과 같도록 1939년 저드(D. B. Judd)와 켈리(K. L. Kelly)가 정했다. 그리고 색채 연락 협의회(ISCC)와 미국립표준국(NBS)의 색명법인

ISCC-NBS 색명법 정의의 기본으로 도입되어, 1955년 '색이름 사전'으로 출간된 이후로 여러 나라의 표준 색명법의 기준이 되었다. 1964년 11월 30일에 제정한 한국공업규격(KS A 0011)의 색이름에서는 유채색의 일반 색이름과 무채색의 일반 색이름 및 관용 색이름을 정했는데, 1991년에 KBS 한국색채연구소에서 간행한 '우리말 색이름 사전'에도 이를 반영한다. 이 글에서 초록은 교육부와 한국 공업 규격의 풀색 또는 녹색에 해당한다. 일반 색이름의 기본 유채색을 KS A 001과 비슷한 시기에 제정한 교육부(당시 문교부)의 교육용 색이름과 함께 비교한다면 밑의 표와 같으나 많은 시정이 요구된다.

3. 먼셀 표색계 Munsell color system

먼셀 표색계는 색상, 명도, 채도라는 색채의 3속성에 의한 세 개의 변수를 삼차원의 입체적 공간 안에 배열하는 색입체를 쓴다. 그 배열은 색상을 하나의 수평 원주 위에 스펙트럼 순으로 배열하고 한가운데 수직 명도축을 두고 저마다 순색상의 명도축에 가까울수록 변화하는 채도 단계를 두는 것이다. 색상환은 빨강(R), 노랑(Y), 초록(G), 파랑(B), 보라(P)의 다섯 가지 기준 색상들 사이에 각각 주황(YR), 연두(GY), 청록(BG), 남색(PB), 자주(RP)의 다섯 가지 색상을 모두 더해 모두 10가지의 기본 색상을 갖는다. 이 기본 색상은 다시 사용 목적에 따라 세분화한다. 원래 먼셀 표색계는 1-10까지 번호를 각각의 색상 알파벳 앞에 붙인 10등분 색상환을 쓰기에 모두 100색상환이다. 명도축은 하양을 맨 위에 두고 검정을 맨 아래에 두어 모두 11개의 명도 단계를 갖는다. 빛이 없는 상태인 암흑을 0으로, 가장 밝은 백색광의 하양을 10으로 하면서, 무채색을 나타내는 기호 N을 그 숫자 앞에 붙여 표시한다. 필요에 따라 그 사이에 소수점을 써서 다시 세분할 수 있다. 그러므로 N0, N1, N1.5, N2, N2.5, N3, N3.5, N4, N4.5, N5,……, N9, N9.5, N10 등으로 표시된다. 그리고 'N0'은 빛이 없는 상태를 나타내며 'N10'은 백색광의 상태를 나타내

기에, 실제 명도 단계표를 제작할 때 N0과 N10은 제작할 수 없게 되어 N1, N2, N3, N4, N5, N6, N7, N8, N9, N9.5의 10단계표가 기본으로 사용된다. 채도 단계는 무채색의 명도축을 0으로 시작해서 순색상에 이르기까지 10-14나 그 이상의 정수 단계로 표시한다. 3속성에 의한 먼셀 표색법은 '5R 4/8(5R, 4의 8로 읽음)'과 같은 빨강의 예처럼 색상 기호, 명도 단계, 채도 단계의 순으로 표시한다.

4. 색표집 standard color chips

색을 계통적으로 나타내기 위한 표색 체계를 실제 눈으로 확인비교할 수 있는 '색을 재는 자'로 쓰기 위해 만든 표를 색표라 한다. 보통 유광이나 무광의 광택성으로 표면색을 구분하는 색표는 색채 계획이나 색 선택을 빠르게 해준다. 사각형 모양의 색채판을 컬러 차트라 하며, 이것들을 일관성있게 모아놓은 책자 형식을 색표집이라 한다. 먼셀이 표준으로 삼았던 색표를 먼셀 색표라 하는데, 초기 먼셀 색표는 1,456매의 색표로 정하였다. 1990년 12월 한국표준색채연구소에 '한국 표준 색채 도표집'을 내놓았고 곧이어 1992년 KBS 한국색채연구소도 공업진흥청의 승인으로 'KS 한국 표준 색표집'을 내놓았다. 그러나 인쇄 망점을 쓴 '한국 표준 색채 도표집'은 인쇄용에 한정될 수밖에 없고, 1,503색을 기본으로 압착식 공법으로 제작된 'KS 한국 표준 색표집'은 심한 난반사층으로 정확도가 낮다는 평을 받았다. 오늘날 선진 색표집은 기본색 이외에도 600색 이상의 유행색이나 특별색 등을 더해 간행하고 있다. KBS 한국색채연구소는 1993년 다시 '한국 표준 잉크 배합 색표집'을 컴퓨터용 자료와 함께 내놓았다.

5. 오스트발트 표색계 Ostwald color system

노벨 화학상 수상자인 오스트발트의 색채 체계는 헤링(Ewald Hering)이 '색채 지각에 관한 연구'에서 내놓은 생리적 반대 색설의 4원색 이론을 기본으로, 먼셀 표색계의 시각적

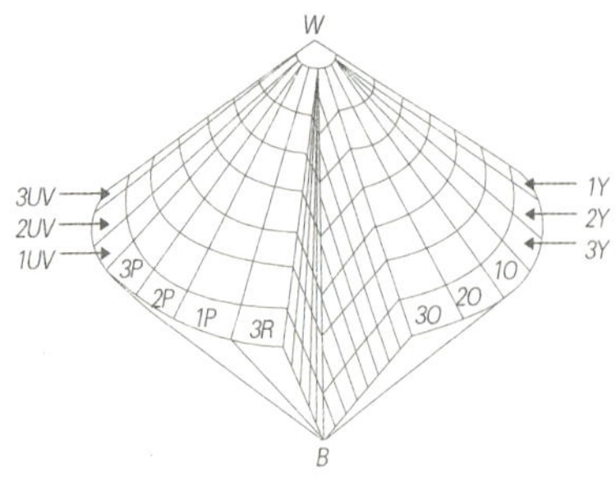

오스트발트의 색입체

측정에 의한 정확한 색표를 더욱 체계화한다. 1916년에 빨강, 노랑, 초록, 파랑을 기준으로 그 사이에 주황, 연두, 청록, 보라의 중간색을 더한 8가지 기본색을 다시 각기 3등분한 24 색상환을 창안한 것이 오스트발트 표색계의 계기이다. 이 색상환은 그의 표색계에서 노랑에서 왼쪽으로 돌면서 번호를 붙인다. 맥스웰 회전 혼색기의 색분할 면적 비율을 바꾸어 여러가지 색을 만들 수 있다는 원리에 입각해, 1923년에 정삼각형의 꼭지점에 그 색상환에 의한 순색과 하양, 검정을 배치한 색삼각 좌표 안쪽의 각 좌표색들을 그 세 가지 성분의 혼합비에 의해 표시하도록 함으로써 오스트발트 표색계가 완성되었다. 즉 〔순색량(C)+하양량(W)+검정량(B)=100〕이라는 공식에 의한 색좌표로 된 복원추체를 만든 것이다. 이 기본 구조는 ①복원추체의 원추 바닥끼리 맞붙는 자리의 바깥 쪽에 서로 마주보는 반대색이 완전히 보색이 되는 24색상환을 배열하고, ②가운데 세로로 중심축 맨 아래에 검정, 맨 위에 하양을 배치하고, 이 사이에 위로부터 a, c, e, g, i, l, n, p라는 알파벳을 기호로 한 여덟 개의 회색 단계를 만들고, ③유채색의 각 순색상들을 검정으로 8단계, 하양으로 8단계씩 점차 바뀌는 28개의 마름모꼴로 된 색좌표를 만들고, ④각각의 색좌표들은 모두 두 개의 알파벳으로 그 좌표를 표시하는데, 이때 알파벳은 무채색 축의 회색 사선열과 같은 알파벳을 가진다. w에서 c로, c에서 b로 서로 교차하며 붙인 알파벳의 두 기호는 앞의 것이 하양량을, 뒤의 것이 검정량으로 순색량은 둘의 합을 100에서 뺀 것으로 계산할 수 있다.

6. 현색계와 혼색계
color appearance system and color mixing system

현색계는 색채를, 혼색계는 색을 나타내는 표색계이다. 현색계는 색표에 의해 물체색의 표준을 정해 여러 가지 물체의 색들과 비교할 수 있게 그 표준 색표에 번호나 기호를 붙여 표시하는 체계이다. 혼색계는 심리, 물리학적인 빛의 혼합을 실험하는 것에 기초를 두어 현대 측색학 영역에서 중시되며, 그 대표적인 것으로 C.I.E.(국제조명위원회: commission internationale d' eclairage) 표준 표색계가 있다. 현색계의 대표적인 표색계로는 먼셀 표색계와 오스트발트 표색계로, 먼셀(Albert Munsell)이나 오스트발트 이후의 색채 체계는 현색계에 더 많은 관심을 가진다. 이는 색의 3요소와 색의 3속성을 일치시키고자 하여 색표시를 색표 등에 의한 물체색의 표준으로 정하기 위해서이다. 1913년 국제조명위원회에서 색자극의 측정과 그 표시를 국제적으로 정한 것이 이 작업의 구체적인 기초가 된다. 그리고 오스트발트가 추상적 이론으로만 주장했던 완전 순색도 가법 혼색의 이론 체계를 나타내는 루터 뉴베르그의 색입체 창안으로 증명되었고, 1943년 O.S.A.(미국 광학회)가 먼셀의 색표계를 C.I.E.의 표색계와 관련해 수정한 먼셀 색채 체계의 색도도도 발표하였다. 이 때문에 세계 각국은 공업 규격으로 정하는데, 1955년 리히터(M. Richter)의 독일 공업규격(DIN)이 표준이고 일본공업규격(JIS)은 1959년 표준 색표와 함께 발표되었다. 한국공업규격(KSA)은 1965년 발표되었고 1990년대 초 KBS 등에서 표준 색표집을 내놓았으나 독자성과 제작상의 정확도

C.I.E. 색도도

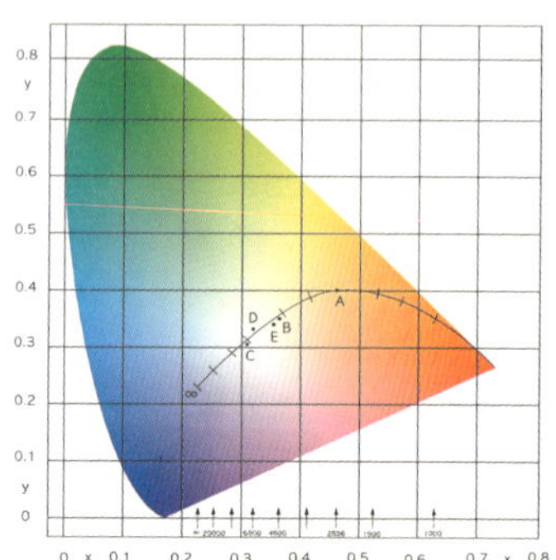

에서는 아직 문제가 있다. 1964년부터 스웨덴색채연구소가 정부 연구 기금으로 추진하여 1972년 스웨덴표준협회(S.I.S.)가 자연색채체계(N.C.S.)로 채택한 뒤 1979년 발간되어 공인된 'S.I.S.-N.C.S. 색채 도해'가 주목받는다.

▶ 한국 공업 규격의 색관련 규정

① 색온도의 측정 방법

KS A 0084 형광 물체색의 측정 방법

KS A 0085 관측자 조건 등색도 평가 방법

KS A 0089 백색도 표시 방법

KS A 0114 물체색의 조건 등색도의 평가 방법

② 색이름 및 용어

KS A 0011 색이름

KS A 0012 광원색의 색이름

KS A 0061 X, Y, Z 색표시계 및 X10, Y10, Z10 색표시계에 따른 표시 방법

KS A 0062 색의 3속성에 의한 표시 방법

KS A 0063 색차 표시 방법

KS A 0064 색에 관한 용어

③ 색측정

KS A 0065 표면색의 시감 비교 방법

KS A 0066 물체색의 측정 방법

KS A 0067 L.A.B. 표색계 및 L.U.V. 표색계에 의한 물체색의 표시

KS A 0068 광원색의 측정 방법

KS A 0069 광택도 측정 방법

KS A 0073 크세논(xenon) 표준 백색 광원

KS A 0074 측색용 표준광 및 표준 광원

KS A 0075 광원의 연색성 평가 방법

KS A 0076 광원의 분포 온도 및 색온도, 상관 색온도의 측정 방법

④ 안전 관리

KS A 3501 안전 색채 사용 통칙

KS A 3502 안전 색광 사용 통칙

KS A 3503 안전 표지등

KS A 3504 안전 표지판

KS A 3505 반사 안전 표지판

KS A 3506 형광 안전 표지판

KS A 3507 보안용 반사 쉬트 및 테이프

KS A 3508 발광 안전 표지판

KS A 3509 측광 안전 표지판

KS A 3510 안전 표지

KS A 3511 형광 안전 색채 사용 통칙

KS A 3502 안전 색채

KS A 8311 항공 표지

⑤ 염료 및 화학

KS A 0012 분광 광도 측정 방법

KS A 4820 솔루블블루(염료)

KS A 4821 아닐린(염료)

KS A 4822 클로로벤젠(염료용)

KS A 4823 염료 및 염료 중간물 일반시험 방법

KS A 4824 염료 시료 채취 방법 포장 관련

KS A 1233 연필, 공책, 크레용, 파스 포장

KS A 2201 수채 물감용 금속제(압출)튜브

⑥ 조명 관리

KS A 3324 방전 램프의 색도 범위

KS A 3325 형광 램프 광원색 및 연색성 구분

KS A 3701 도로 조명 기준

KS A 3703 터널 조명 기준

KS A 3704 옥외 스포츠 시설 조명 기준(육상 경기장, 축구장, 럭비장) ➡ 조명 디자인 참조

열 가지 기본색 이름

기호	교육부	한자	KS A 0011	KS A 0062	삼속성 표기	영문표기
R	빨강	赤	빨강(赤)	빨강	5R 4/ 14	Red
YR	주황	朱黃	주황	주황	5YR 6/ 12	Yellow Red
Y	노랑	黃	노랑(黃)	노랑	5Y 9/ 14	Yellow
GY	연두	軟豆	연두	황록(黃綠)	5GY 7/ 10	Green Yellow
G	녹색	綠色	녹색	녹색	5G 5/ 8	Green
BG	청록	靑綠	청록	청록	5BG 4/ 8	Blue Green
B	파랑	靑	파랑(靑)	파랑	5R 4/ 8	Blue
PB	남색	藍	남색	청자(靑紫)	5PR 3/ 12	Purple Blue
P	보라	紫	보라(紫)	보라	5P 3/ 12	Purple
RP	자주	紫朱	자주(紫朱)	자주	5RP 4/ 12	Red Purple

디지털 색채 digital color

정보화 시대에 있어 컴퓨터는 필수적이다. 더구나 색채 조형에 있어서 컴퓨터 그래픽은 대단히 중요한 역할과 기능을 담당한다. 그렇지만 컴퓨터는 물질로서의 색이 아닌 색의 정보를 부호로 취급하고 계산하는 디지털(digital) 방식을 취한다. 이 디지털 정보의 세계에 속한 색은 그 부호 하나 하나를 끊어서 셀 수 있다는 의미에서 '디지털 색'이라고 부르며, 이에 비해 연속된 파장으로 된 물질로 진짜 색을 '아날로그(analog, analogue) 색'이라 한다. 컴퓨터에서 색채 조형은 물질적 개념인 아날로그 색과는 전혀 다른 세계를 이해하는 것에서 출발해야 한다. 그러면 디지털 색이란 무엇인가? 이 물음에 답하기 위해서는 디지털 정보의 가장 기본 단위인 '비트'와 이 비트가 모여 이루는 최소의 조형 요소인 '픽셀(pixel)' 및 이러한 픽셀들이 모여 이루는 '비트맵(bitmap)' 등의 기본적인 개념들에 대해서 먼저 알아야 한다. 이런 디지털 개념들에 기초한 색 정보를 실질적으로 계산하고 처리해 조형적인 색채로 느끼게 해주는 컴퓨터의 내부처리와 입출력 장비들에 관한 기본적 사항들을 이해한다면 그러한 물음에 대한 해명을 얻을 수 있을 것이다.

비트와 디지털 색의 수

디지털 정보를 부호화하는 최소단위인 비트(bit)는 영어의 'binary(2진수)'와 'digit(숫자)'의 합성어이다. 비트 부호는 전기의 켜짐(on)과 꺼짐(off)을 나타낸다. 전기가 한 번 깜박이는 것을 1비트, 두 번 깜박이는 것을 2비트라 한다. 모든 디지털 컴퓨터는 이진 부호로 된 신호 체계로 색을 표현한다.

흑백 모니터의 한 점을 나타낼 때는 2^1비트의 정보량만 필요로 하지만 유채색 점을 나타낼 때는 더 많은 비트 수가 필요하다. Red, Green, Blue의 삼원색을 조합해 색을 표시하는 컬러 모니터의 경우는 각 원색 점들을 깜박이게 하려면 최소한 3비트 정보량이 필요하며 이때는 2^3색 즉 [2×2×2=8]색이 표현가능하며, 2^4색(16색)을 표현하려면 4비트의 정보량이 필요하다. 사진술, 텔레비전, 인쇄 및 컴퓨터 그래픽 등에서 쓰는 원색은 기본적으로 빛의 3원색에 의한 디지털 정보의 비트 수로 처리되는데, 원색을 나타내는 R, G, B는 똑같이 24비트를 공유하므로 각기 [2^8=256]색이라는

2진수	비트 수	색 수
2^1	1비트	2색
2^2	2비트	4색
2^3	3비트	8색
2^4	4비트	16색
2^5	5비트	32색
2^6	6비트	64색
2^7	7비트	128색
2^8	8비트	256색
2^{15}	15비트	32,768색
2^{16}	16비트	65,536색
2^{24}	24비트	16,777,216색
2^{32}	32비트	4,294,967,296색

값의 범위를 갖는다. [red=256]×[green=256]×[blue=256]이 되어 16,777,216색의 이미지를 갖는다. 이러한 2진수에 따른 디지털 체계의 비트 수와 색 수의 관계를 표로 나타내면 위와 같다.

그리고 C·M·Y·K의 4색 분판 인쇄를 할 경우 4개의 2^8, 즉 32비트의 원색 시스템이 사용되므로 2^{32}이라는 엄청난 정보량이 요구된다. 그래도 망점에 의해 잉크로 찍어내는 인쇄에서는 4십 3억에 가까운 4,294,967,296색의 정보를 그대로 나타낼 수는 없다. 인쇄는 그 과정에서 오는 특수성 때문에 주어진 디지털 정보량과 같은 정보를 재현할 수는 없지만, 순수한 빛의 삼원색 파장을 쓰는 레이저 즉 홀로그래피는 24비트로 주어진 색의 정보량으로 인쇄보다 더 선명하게 나타낼 수 있다.

픽셀과 비트맵 해상도

디지털 이미지를 이루는 최소한의 점을 화소(畵素)라 하며 이를 픽셀(pixel)이라는 단위로 나타낸다. 픽셀이란 용어는 그림(picture)과 요소(element)를 나타내는 영문자(pi+el) 사이에, 디지털 이미지의 세계로 들어감을 표시하는 이정표 'X'를 넣어 만든 합성어이다. 그래서 픽셀의 이해에 있어서 'X'라는 이정표의 이해가 중요하다. 이 X는 좌표체계를 뜻한다. 즉 디지털 이미지는 프랑스의 수학자이자 철학자였던 데카르트(Descartes, 1596-1650)가 이룩한 좌표체계에 기초를 두고 있다.

디지털 이미지는 X와 Y축에 의한 좌표로 표시되는데, [X, Y]의 좌표로 된 평면 위에서 나타낼 수 있는 이미지의 최소단위가 픽셀로 더이상 쪼갤 수 없는 디지털 이미지의 기본요소이다. 컴퓨터 그

래픽의 모든 이미지는 픽셀들이 모인 것이다.

각 픽셀은 자기만의 위치가 있으며, 하나의 픽셀은 하나의 점 공간만을 차지한다. 이는 마치 지도 위에서 날줄과 씨줄에 의해 위치를 나타내는 것과 같은 방법을 쓰는 셈이므로, 이 픽셀의 위치를 '비트맵(bitmap)'이라 하며, 이것으로 묘사하는 이미지를 '비트맵 이미지'라고 한다. 이미지 해상도는 특정 이미지의 픽셀 총수가 되는데, 한 이미지의 픽셀 총수를 알면 이미지를 처리하고 저장하든가 출력하는 데 필요한 물리적인 크기를 감안할 수 있다. 따라서 이미지를 이루는 가로와 세로의 픽셀들이 몇 개나 모여있는지 안다면 전체 이미지의 크기를 쉽게 알 수 있다. 예를 들어 가로 640개, 세로 480개의 픽셀들이 모여 하나의 이미지를 이룬다면, 14인치 모니터에서 꽉찬 크기로 나타난다. 크기의 이미지를 수치로 나타낼 때는 〔640×480〕으로 표시한다. 픽셀의 이미지 크기를 알면 최종 물리적 크기는 알 필요가 없다. 실제 픽셀은 이미지 크기를 전하는 일반적이고 효율적인 단위이다.

일반적으로 정사각형의 점으로 된 픽셀을 채택하나, 어떤 시스템에서는 삼각형이나 원형의 픽셀을 택하기도 한다. 픽셀은 주로 네모나 세모, 동그란 점으로 나타나며, 그 변의 길이와 비율은 컴퓨터 시스템에 따라 다르다. 하나의 픽셀이 가진 정보의 양을 픽셀값이라 하며, 비트의 수로 나타낸다. 이 정보의 비트 수는 비트 해상도 또는 픽셀 해상도라고 한다. 한 이미지의 해상도는 측정단위당 픽셀 수로 나타낸다. 예를 들어 1인치 안에 300개의 픽셀이 있다면 이미지의 해상도는 300PPI(pixel per inch: 인치 당 픽셀의 수)이다. 한 픽셀을 하나의 점으로 보면 300DPI가 된다. DPI는 'dot per inch(인치 당 점의 수)'이다. 비트 해상도는 각 픽셀에 저장되는 색의 정보량과 관련되는데, 1-32비트 사이의 범위에 해당하는 정보량을 갖고 만일 640×480의 이미지 크기가 픽셀당 24비트의 색정보를 갖는다면 전체 색정보량은 〔640×480×24bit=7,372,800bit=921,600byte=900kbyte〕(8bit=1byte, 1,024byte=1kbyte, 1,024kbyte=1mbyte) 격자 위에 있는 픽셀의 모임이 이미지를 이루므로 같은 면적의 이미지라도 픽셀의 수가 많으면 많을수록 선명한 이미지가 될 수 있다. 따라서 픽셀 해

상도는 이미지의 질을 좌우한다. 실제로 디지털 이미지는 픽셀의 해상도에 의해 그 질을 측정하기 때문에 이 해상도는 이미지의 기준이 된다. 모니터의 망점 크기가 0.28mm인 14인치 모니터에서 작업하는 화면을 그대로 보여주는 것(윈도우 등의 GUI를 사용할 때)에 가장 알맞는 해상도는 640×480×256색 또는 800×600×256색 정도이다. 끊어진 정보로 된 이미지가 자연스럽게 연속된 것처럼 보이려면 픽셀의 수가 많아야 하지만, 해상도가 높을수록 정보량은 그에 따라 많아져 컴퓨터 처리속도가 늦어 무작정 해상도를 높일 수는 없다. A4 크기의 용지(21.0cm×29.7cm: 595픽셀×842픽셀)에 24비트로 작업할 경우는, 72DPI에서는 해상도가 3.5인치 디스켓(최대저장용량 1.44MByte)에 담을 수 있는 1.43MByte에 불과하지만, 300DPI에서는 해상도가 약 4.2배로 늘어나 전체 이미지 크기는 그 제곱인 17.5배로 커진 29.9MByte가 된다.

모니터의 해상도와 안정도

컴퓨터가 처리한 색의 정보는 일반적으로 모니터, 프린터, 이미지세터, 사진필름, 비디오로 보내져 눈으로 볼 수 있는 색채 이미지로 나타난다. 이때는 원래 정보가 얼마만큼 이미지 출력기들에 손실 없이 전달되고 자연스럽게 재현하는가가 중요하다. 그래서 출력기들이 갖는 해상도는 디지털 색채 정보의 실질적인 물리적 재현이라는 차원에서 커다란 의미를 갖는다. 즉 출력기 해상도 요건을 충족시키는 일은 최상의 색채 이미지를 만드는 데 중요하므로, 연속적인 계조의 아날로그톤으로 느끼도록 색을 처리하려면 출력기의 해상도를 생각해야 한다.

특히 컴퓨터의 내부적인 작업을 감시하고 그 결과를 화면으로 보여주는 모니터는, 다중 해상도를 지원하는 모니터가 아니라면 72PPI의 고정된 해상도를 갖는다. 그래서 0.28mm의 망점을 쓰는 13″이나 14″의 보통 모니터는 대부분 72PPI의 해상도를 지니므로 1:1로 대응하는 이미지로 최대 크기는 640×480 픽셀 정도가 된다. 일반적인 컴퓨터 모니터와 달리, NTSC방식의 미국과 한국에서 쓰는 표준 TV모니터는 525×480 픽셀, 유럽 TV의 표준인 PAL 방식은 625×480 픽셀을 갖는다. 만일 72PPI보다 낮은 이미지 해상도를 지닌다면

픽셀이 모니터 위에 나타날 것이다. 반대로 그보다 높은 해상도를 갖는 이미지라 할지라도 모니터 위에서는 추가되는 픽셀을 그대로 보여주지 못할 것이다. 물론 모니터 해상도가 더 정밀해진다면 더 높은 PPI가 필요하다. 모니터 망점 크기가 같다면, 많은 픽셀을 가진 이미지를 1:1로 보며 작업하려면 그만큼 더 큰 화면의 크기가 필요하다.

모니터는 계시적인 방식으로 이미지를 보여주므로 해상도 외에도 보여주는 방식과 그에 따른 주파수도 중요하다. 모니터는 화면 위에서 아래로 화면 내용을 차례로 보여주는 일을 순식간에 반복하는데 그 보여주는 방식에 따라 두 가지로 나누는데 그것은 '인터레이스(interlaced)방식'과 '넌인터레이스(non-interlaced)방식'으로 구분된다. 인터레이스 방식은 화면 출력을 위에서 아래로 차례로 보여주는 것이 아닌 한 줄씩 건너뛰면서 출력하는 방식이다. 이러한 인터레이스방식은 높은 해상도와 화면을 쉽게 처리한다는 장점을 가진다. 그러나 이 화면을 보는 사용자는 쉽게 피로를 느낄 수 있어 오랜 시간의 작업을 하기 어렵다. 그래서 보다 처리속도를 빠르게 성능을 보강해 한 번에 모든 줄을 차례로 출력하는 넌인터레이스방식을 고안하게 되었다. 이것은 가격이 비싸지지만 화면 안정감이 뛰어나고 눈의 피로감이 적어 피로로 색의 식별력이 낮아지는 것을 덜어준다. 그리고 모니터가 1초에 몇번이나 화면을 그려내는가도 눈의 피로도와 선명도에 있어 크게 작용된다. 그래서 모니터의 수직 주파수가 문제된다. 수직 주파수는 순환 속도에 따라 '헤르쯔(Hz)'로 나타낸다.

모니터 튜브의 망점 구성 방식에 따라 새도우마스크방식과 트리니트론방식으로 구분되는데, 새도우마스크방식은 전자총에서 쏜 광선이 금속판에 뚫인 구멍을 통과해 R·G·B의 형광체를 자극해 색을 볼 수 있다. 가는 철망으로 된 트리니트론방식은 새도우마스크방식보다 색의 번짐이 적고 더욱 정확한 색을 만들 수 있고 화면을 평면으로 하여 왜곡을 방지하지만 촘촘한 철망의 구조를 열에 의한 변형에서 안정적으로 유지하려면 수평으로 지나는 철선을 보충해야 하므로 필요없는 검은 선이 화면에 나타날 수밖에 없다는 구조적 한계를 극복할 고도의 기술적 수준이 요구된다.

모니터 집중도와 감마값

R·G·B 전자가 화면 위에서 얼마나 가까이 만날 수 있는지에 따라 화면의 질이 결정되는데 이를 모니터의 '집중도'라고 한다. 집중도가 높을수록 화면 선명도가 높아지며 반대로 집중도가 낮으면 화면이 흐리게 보인다. 그런데 전자는 서로 다른 충전이 있고 어울리지 않으려는 성질이 있어서, 집중도를 높이는 것은 어렵다. 초점을 맞추기 위해 모니터 시스템은 전자광을 모니터 위의 한 점으로 모아야 하는데, 화면 위의 모든 점은 집광 렌즈로부터 같은 거리에 있지도 않기 때문에 최상의 집광은 모니터 가운데에서 이뤄지며, 가운데에서 가장자리로 갈수록 이미지는 일그러지고 집광도는 낮아진다.

모든 모니터의 밝기를 표현하는 선의 경사도를 '감마(gamma)'라 부른다. 45도의 경사도를 감마 1.0으로 기준하여 수치를 정하는데, 감마값이 2.0이면 63도를 나타낸다. 여러 모니터의 감마값을 통일하여 작업한다면 일관성 있는 화면의 밝기를 유지할 수 있으므로, 디지털 색정보의 시각적 처리에 있어서 모니터의 감마값은 중요하다. 대부분의 전문적 그래픽 소프트웨어는 모니터의 감마값을 조정할 수 있게 설계되었다. 이들은 거의 감마값을 1.0에서 1.8사이의 값을 기본으로 설정하고 있지만, 비디오인 경우는 2.2의 값을 기본으로 쓴다. 감마가 설정되면 흑백점은 고정되고 감마곡선은 밖으로 휘어진다. 감마값을 바꾸는 것은 색정보의 밝기를 보여주는 것에만 영향을 미칠 뿐, 감마값을 바꾼다고 해서 색정보 자체가 바뀌는 것은 아니다. 따라서 모니터의 감마값을 바꾸어 더 선명하고 밝은 화면을 통해 색을 보여준다고 해서 실제의 디지털 색정보는 전혀 바뀌지는 않으며, 작업할 때의 색에 대한 판단을 돕는 구실만 할 뿐이다. 선호하는 감마값은 다를 수 있지만, 사용자는 사용 모니터마다 감마값을 일치시켜야 일관성있는 작업을 할 수 있다. 감마값을 너무 높여 모니터를 너무 밝게 하는 것이 항상 바람직한 것은 아니다.

최종 출력물을 모니터 화면에서와 같이 보이게 조절하는 것이 필요하다. 화면위에서는 깨끗하고 선명하게 보였더라도 필름이나 인쇄로 출력하였을 때에는 전혀 다른 밝기와 채도를 나타낼 수 있으므로 최종 출력과 같은 상태가 되도록 감마값을 일치시키는 것은 그리 쉬운 일이 아니다. 이를 위해서는 출력소와 의논하여 감마값을 통일시키는 것이 좋다. 그리고 모니터의 감마값을 조정할 때 주의할 점은, 모니터의 전원을 넣은 직후부터 모니터 색상이 점차 바뀌므로 모니터를 켠지 최소 30분이 지난 다음에 색온도를 조정하고 난 뒤에 감마값을 설정해야 한다. 먼저 모니터에 붉은 기미가 있으면 색온도를 5,000K가 되도록 낮추고 반대로 푸른 기미가 있으면 색온도를 7,500K로 높여주어야 한다.

하프톤 인쇄의 해상도

디지털 정보가 인쇄를 목적으로 출력될 때는 점의 조밀도로 연속된 이미지의 하프톤(half tone) 필름에 분해해 출력하는 것이 보통이다. 하프톤 인쇄는 흔히 옵셋 인쇄를 목적으로 하는 분판 필름을 만들기 위해 쓴다. 이것은 대용량의 상업 인쇄를 할 때 경제적이며 효율적이기 때문에 가장 많이 쓰는 출력 방법이다. 인쇄는 잉크가 묻는 부분과 묻지 않는 부분으로만 구분되므로 엄밀한 의미에서의 톤은 출력할 수 없다. 그래서 출력을 할 때 인쇄될 점의 크기를 여러가지로 조정하면 마치 연속된 톤처럼 보이게 할 수 있다. 그래서 두 가지 색점만으로 중간색을 만든다는 의미에서 하프톤 출력이라 부른다.

기존 전통적 인쇄에서는 망점을 하프톤의 기본 단위로 썼다. 디지털 출력에서는 출력기의 최소 단위인 입자들이 모여 하프톤 망점을 만든다. 그래서 디지털 하프톤에서는 망점 크기를 조절한다기보다는 망점의 밀도를 조절한다. 즉 디지털 하프톤은 여러 개의 인쇄점들이 모여 전통적 하나의 망점을 만든다. 따라서 전통적인 점의 개념이 디지털 하프톤에서는 여러 개의 작은 점들로 이루어진 '셀(cell)'이라는 점을 알아야 한다. 즉 하나의 셀을 전통적 인쇄의 개념으로는 점이라고 말할 수도 있으므로 오해가 생길 수 있다. 이때의 점이라는 말은, 픽셀이나 이미지세터의 요소가 아닌, 망점 또는 프린터의 점을 가리키는 말로서 확대해 쓰는 것이다. 다시 말해 이미지의 요소가 합해져 하나의 점을 이루는 디지털 망점인쇄의 원리가 적용된다.

방금 말한 '점(dot)'이라는 말을 오해해서 디지털 망점 인쇄에 대한 이해가 부족할 경우에는 PPI와 DPI 및 EPI의 차이에 대해서도 오해하게

된다. 출력기의 최소 단위와 하프톤 점이 정밀할수록 출력물의 질은 높아진다. 그래서 하프톤 인쇄에서 가장 먼저 생각할 것은 스크린의 조밀도(screen frequency)이다. 조밀도는 선의 수로 나타내므로 디지털 색이미지는 출력기인 이미지세터의 해상도와 이 필름에 쓸 스크린 선수를 고려해야 한다. 이때 이미지세터의 해상도는 PPI가 아니라 DPI로 처리된다. 그래서 이미지세터의 해상도가 높으면 높을수록 하프톤 망점은 보다 정확하게 표현될 것이며, 보다 높은 해상도로 인쇄할 수 있다. 이때 점이 갖는 색의 질은 인치 당 이미지 요소의 수를 나타내는 'EPI(element per inch)'에 의해 나타난다.

디지털 이미지의 해상도는 PPI로 나타내며 DPI로는 나타내지 않는다. DPI는 출력기기의 해상도일 뿐 디지털 이미지의 해상도는 아니다. 스크린 해상도는 전통적으로 DPI로 표현했지만 디지털 하프톤에서는 PPI가 정확하다. 망점인쇄에서는 DPI와 함께 'LPI(line per inch: 인치 당 스크린의 선수)'로 나타낸다. 예를 들어 150 선수를 쓰는 하프톤 필름에서 각 선은 1인치 당 150개의 선이 있다. DPI와 LPI는 서로 보완적으로 쓴다.

하프톤 망점의 질로 인쇄 이미지의 해상도가 결정되므로, 이미지세터의 해상도는 그 점을 산출하는 데 쓸 수 있는 요소와 수와 직접 관련된다. 따라서 EPI가 높을수록 이미지세터의 해상도는 높고, 점도 더 정확히 표현된다. 출력기의 최소 단위 수를 원하는 선수로 나누면 하나의 하프톤 점을 만들기 위해 필요한 단위 수를 알 수 있다. 예를 들어, 600DPI 레이저 프린터에서 150DPI로 출력하려면 하나의 하프톤을 구성하는 최소 단위는 4×4개로 이뤄져야 한다. 이 하나의 하프톤을 구성하는 요소의 수가 많을수록 하프톤 점은 더 정밀하며, 연속된 톤에 가까와진다. 2,400DPI 레이저프린터에서 150DPI를 출력하려면 16×16EPI가 필요하며, 175LPI로 출력하는 것보다 더 낮고, 133LPI의 18×18EPI보다는 못하다는 계산이 나온다. 그런데도 실제의 출력 결과는 133LPI보다는 150LPI가 더 자연스럽게 보인다. 이 현상은 출력기의 최소 단위수가 고정되어 있으며, 하나의 하프톤 점을 만들기 위해 많은 최소 단위를 쓰면 전체 하프톤 점의 개수가 상대적으로 적어지므로 일어난다. 즉 이

미지는 정밀해지지만 전체 점의 수는 상대적으로 적어지고 계조단계가 낮아져 해상도의 각 단계의 음영이 떠모양으로 구별되는 현상이 나타나는 경우도 있다.

대체로 선수를 높이면 이미지의 윤곽은 정밀해지지만 콘트라스트는 희생된다. 따라서 선수를 무조건 높인다고 출력 결과가 반드시 나아지는 것은 아니다. 그래서 같은 해상도라도 출력기의 특성에 따라 알맞은 선수를 정하는 것은 매우 중요하다. 그리고 선수를 높힐수록 점 사이의 간격이 좁아져 잉크의 번짐으로 망점이 겹쳐 전체 이미지가 어두워지므로 잉크와 피인쇄물 사이의 관계도 고려해야 한다. 보통 신문지는 75-85LPI, 모조지는 133-150LPI, 고급 아트지는 175-200LPI를 적용한다. 스크린 선수에 따라 픽셀의 정보량을 정해야 하는 하프톤 인쇄를 위한 디지털 색채 작업에서, 최고의 화질은 2.25-2.5배의 수준에서 얻어지지만, 일반적으로는 하프톤 선수의 두 배만큼의 픽셀을 지정해 주면 연속 톤에 가까운 인쇄물을 얻을 수 있다. 예를 들어 150LPI로 출력하려면 300PPI의 색정보가 필요하며, 175LPI에서는 350PPI가 필요해진다. 그렇지만 이 규칙을 그대로 쓰면 효율적인 결과를 얻을 수는 있지만, 정보량이 너무 커서 보통 컴퓨터에서는 작업을 포기해야 할 경우도 일어날 수 있다. 그럴 경우에는 약 1.5배 정도만 적용시켜도 왠만한 결과를 얻을 수 있다. 2.5배 이상을 지정한다고 해서 결과가 나아지는 것도 아니다. 필요 이상의 작업 정보량을 높힐 경우는 처리 속도만 늦어질 뿐이다.

필름 레코더의 해상도

비디오 출력이나 필름 출력과 같은 필름 레코딩 기기도 일반 모니터와 마찬가지로 입자수가 고정되어 있어, 해상도는 모니터의 경우와 마찬가지로 필름 해상도와 색이미지의 픽셀 해상도만을 고려하면 된다. 그래서 디지털 색정보는 픽셀 하나가 필름의 입자 하나에 1:1로 직접 대응하도록 바꾸어 출력된다. 사진 필름의 경우는 입자가 아주 세밀하기 때문에 인쇄보다는 훨씬 높은 해상도로 출력할 수 있다. 1인치 당 1,270개, 즉 1mm에 50개 정도의 입자를 갖는 필름도 있으므로, 사용할 필름의 해상도에 맞는 높은 해상도의 색정보를 출력할 수 있게 디지털

색이미지의 해상도를 높여주어야만 효과가 있다.

4″×5″의 상업사진용 필름은 이론적으로는 5,080×6,350의 해상도를 적용시키는 것도 가능하다. 그렇지만 24비트 원색의 경우는 그 정보량이 92.3MByte가 되어 너무 크므로 실제로는 경제성이 없어 일반적으로는 더블링 기법을 사용하여 작업 정보량을 줄여서 쓰고 있다. 즉 필름 레코더에서는 이미지를 2,540×3,175픽셀로 하여 반으로 줄인 약 23MByte의 정보량으로 작업하여 200%로 확대하여 필름에 인화하도록 하고 있다. 이 더블링 기법의 필름은 R·G·B로 바로 인화하여 제작되므로 C·M·Y·K 상태로의 변환이 필요없어 인쇄의 경우보다는 훨씬 높은 질이 출력된다. 그러므로 아주 높은 질을 요구하는 특별한 경우가 아니라면 거의 모든 목적에 사용할 수가 있을 정도의 품질을 보장받는다. 보통 필름 레코더에 쓰는 해상도의 측정 단위는 최대 해상도를 K(1K=1,024PPI)로 나타내는데, 이를 표로 나타내면 다음과 같다.

측정단위	해상도	정보량	사용 목적
2K	2048×1366	8MByte	35mm 슬라이드, 중저가 인쇄물 출력
4K	4096×2732	32MByte	4″×5″필름, 일반 인쇄물 출력
8K	8192×5464	128MByte	8″×10″필름, 높은 해상도의 출력
16K	16384×10928	512MByte	대형 인쇄물의 제작 등 아주 높은 해상도를 요구하는 특수 목적의 출력

CT 인쇄법

사진과 같이 연속된 톤을 얻을 수 있는 인쇄를 'CT(continuous tone) 출력'이라 부른다. 이것은 점의 조밀도를 통해서 톤을 나타내는 하프톤 출력과는 다르다. CT 출력은 필름 출력과 같이 1:1로 직접 픽셀을 바꾸는 방식이 이용되는데, 각 픽셀에 해당하는 높은 온도의 염료가 피인쇄물(종이)에 뿌려지는 염료승화과정을 통해서 출력된다. 이 염료 승화방식에는 C·M·Y·K가 적용되며, 디지털 색정보의 색상값에 따라서 뿌려지는 염료의 비율이 결정된다. 그리고 프린트에 사용되는 C·M·Y의 염료는 R·G·B와 1:1로 대응되기 때문에 별도의 색정보 변환은 필요없다.

디지털 색채

UCR과 GCR에 의한 검정 잉크의 출력

색분해는 RGB의 가산혼합을 CMY의 감산혼합으로 바꾸어주는 보색상 변환 원리를 기초로 하는데, 인쇄 잉크의 경우는 CMY를 혼합해도 검정이 만들어지지 않으므로 이를 수정하기 위해 검정의 값을 다시 한 번 더 인쇄하여야 한다. 즉 CMY의 혼합에 의한 어두운 갈색을 제거하고 그 대신에 검정으로 대체해야 하는 인쇄법을 사용해야 한다. 이것을 위해 고안된 방법으로 UCR(under color removal)과 GCR(gray component replacement)이라는 두 가지가 있다. UCR은 검정(K)이 출력되어야 할 부분에서는 CMY의 양을 줄이도록 하는 방법이다. 이 작업은 출력물의 검정 부분에만 검정색 잉크를 사용하여 출력하기 때문에 잉크를 절약할 수 있을 뿐만 아니라 유채색의 채도에는 영향을 미치지 않고 음영 부분의 CMY 값을 조정할 수 있고, 인쇄 속도가 빨라진다는 이점이 있다. 그러나 순하양과 순검정을 지정할 때에는 반드시 UCR이 선택되지 않은 상태여야 하며, RGB 색정보를 색분해하는 마지막 단계에서만 사용해야 한다.

GCR은 UCR보다 더 많은 잉크를 절약할 수 있는 방법인데, 이것은 검정과 음영에서뿐만 아니라 순색과 유채색상의 부분에까지 CMY의 양을 줄일 수 있다. GCR은 세 가지 잉크의 비율을 똑같이 줄이기 때문에 전체적으로 색상이 가진 중간 톤 요소를 제거하고 이를 검정으로 대체하며, 모든 보색 부분을 제거하고 이를 검정으로 대치한다. 이렇게 하여 GCR은 많은 잉크를 절약하게 할 뿐만 아니라 검정 잉크가 전적으로 전체 톤을 담당하므로 보다 자연스러운 색조를 낼 수 있다. 그렇지만 GCR은 선명도와 계조의 부드러움에서는 UCR보다 못하다. GCR은 UCR과 마찬가지로 회색 단계가 제거된 부분은 검정으로 자동 보충되며, 이 역시 색분해 과정의 최종 단계에서만 사용해야 한다.

UCR과 GCR의 선택은 대체로 출력용지의 질에 따라서 결정하는 편이다. 일반적으로 코팅된 출력용지에는 GCR로 색분해를 하며, 코팅되지 않은 출력지를 사용할 경우는 UCR 색분해를 하는 것이 원칙이다. 그렇지만 이는 출력소화의 사전 협의에 의해 결정할 사항이다. 전문적인 지식이 없을 경우는 GCR을 기본으로 설정하여 출력하는 것이 나을 것이다. 어느 경우이든 R·G·B로 된 색정보를 C·M·Y·K로 바꾸기 직전에 결정해야 한다.

RGB 색체계의 CMYK 색체계로의 변환과 Lab 색체계의 매개성

R·G·B로 된 색정보를 C·M·Y·K로 바꾸는 과정에서는 두 색체계가 서로 다른 구성 원리로 되어있기에 1:1로 완전히 바꾸는 것은 절대로 불가능하다는 점을 감안해야만 한다. 그렇기 때문에 그 중간 단계의 변환매개용 색체계가 필요하며, R·G·B상태에서 지정한 순하양과 순검정이 바뀔 수도 있으므로, 이의 변화를 점검하고 다시 조정할 필요가 있다. R·G·B 색체계를 C·M·Y·K의 색체계로 바꾸는 매개체계로서는 L·a·b 체계가 많이 이용되고 있다. 1931년에 X·Y·Z에 의한 체계를 기반으로 색광을 규정해온 국제조명위원회(CIE)가 이 색체계를 다시 수정하여 1976년에는 L, a, b라는 값으로 색상을 정의하는 새로운 색체계를 내놓았는데, 이것이 L·a·b 색체계이다. L은 명도축, a와 b는 각각 R/G, Y/B의 보색축으로서, L·a·b 색체계는 이 세 가지 축을 기준으로 삼아 모든 가시광선을 정의하도록 되어 있다. 이것은 CIE의 기존 색체계들과 마찬가지로 가시파장의 스펙트럼을 모두 표현할 수 있으므로, 출력기기에 구애받지 않는 특성을 가질 뿐만 아니라, 한 색체계에서 다른 색체계로 변환할 경우에도 원래의 색상 값을 보존할 수 있는 유용성이 있기 때문에 매개체계로서 주로 쓰인다.

따라서 〔R·G·B 상태 ➡ L·a·b 상태 ➡ C·M·Y·K 상태〕의 과정으로 바꿀 경우에 유용하다. 물론 그 반대의 경우도 마찬가지다. 결국 L·a·b 색체계는 기기의 독립적인 색체계로서 모니터, 프린터 등의 출력기기들 간의 특성을 감안하지 않고도 일관되게 사용할 수 있는 색체계라는 점에서 '기기 독립 색체계'의 모범이 되며, 출력기기의 물리적 특성을 최소화하여 변환하여 주는 매개 색체계의 표준화로 자리잡게 되었다.

박은주 (홍익대 강사)

▶ 개인용 휴대단말 PDA
Personal Digital Assistants

일종의 휴대용 컴퓨터로서 일반적으로 노트북 컴퓨터보다 더 작아 휴대성이 강조된 제품이다. 데이터 및 정보입력을 위해 키보드 대신 터치스크린을 채용하여 사용상의 편의를 도모하고 출력장치로는 노트북과 같이 LCD를 채용한 제품이 주류이며, 일부 입출력 장치로 통신장비를 갖추어 이동 중에도 인터넷 및 PC 통신이 가능한 제품도 있다.

PDA는 일명 태블릿(tablet)이라 부르기도 한다.
사진 제공: LG전자 디자인연구소

▶ 개인휴대통신 PCS
Personal Communication System

미국의 FCC에서 정의한 바와 같이, 개인, 단말기 혹은 서비스의 이동성을 지원하는 개별적인 전기통신서비스의 집합으로서 포괄적 의미의 서비스이다. 셀룰러, 무선호출, 무선전화, 전자교환 특수서비스인 착신전환(call forwarding) 서비스를 포함한다. 각 개인마다 고유의 개인번호를 받아 단일 이동터미널을 이용해 멀티미디어 형태로 대화하는 통신서비스를 일반 사람들에게 저렴한 가격으로 공급하는 것이 PCS의 궁극적인 목적이다.

▶ 고품질 텔레비전 HDTV
High Definition Television

현재의 텔레비전 해상도를 비약적으로 발전시킨 고품질의 텔레비전으로 고화질 TV, 고해상도 TV, 고정세 TV라고 하는 경우도 있다. 해상도가 가로 1440 세로 960 등 기존의 텔레비전 화면보다 세 배에서 최고 네 배 이상 세밀하고 현장감이 있으며 선명한 화상과 양질의 음성을 제공한다. 또한 극장 스크린과 같은 16:9의 화면 비율도 표준으로 제정하여 홈시어터 등이 가능해 졌다. 초기 일본 NHK에서 아날로그 방식으로 개발하였으나 미국이 디지털 방식으로 전환하자 일본 역시 디지털 방식으로 전환하여 HDTV는 모두 디지털 기술을 기반으로 하게 되었다. 더욱 넓은 화면 종횡비(기존의 TV는 3:4, HDTV는 16:9) 등을 통해 35mm 영화와 동등하거나 그 이상의 화질을 가지며 음질 또한 CD에 가깝고 영화 화면(vista vision)에 필적하는 현장감을 실현한다. 40여 년 전에 결정된 현재의 컬러 TV 규격은 전송로, 영상 대역폭, 수상관 표시 능력 등의 하드웨어와 전파 영역에 많은 제약을 받는 가운데 만들어진 시스템으로 다음과 같은 문제점을 갖는다: ①주사선 부족으로 인한 통상 시험 거리(3m)에서 주사선 감지(시각 장애) ②비월 주사 방식에 의한 플리커(flicker) 발생(시각 장애) ③ 휘도 신호와 색 신호의 다중화로 인한 상호간섭으로 화질 저하(품질 저하) ④영상 신호 대역 제반으로 인한 해상도 부족(품질 저하) ⑤화면 종횡비 및 크기의 제한으로 인한 심리적 만족도 부족(현장감 부족) ⑥브라운관 곡면에 의한 시각 효과 불량(현장감 부족). 지금까지 HDTV 시스템에 관한 연구는 일본을 비롯한 미국, 유럽의 각국에서 매우 활발하게 진행되고 있으며 제안된 방식도 여러 가지가 있지만, 연구 방법에 있어 기본 요소가 되는 것은 시청 거리와 화각, 종횡비 화면 크기, 주사선 수, 스튜디오 규격과 전송 규격 등이다.

▶ 광 디스크 optical disc

디지털화된 대량의 정보를 빛을 이용하여 손쉽고 빠르게 저장 및 검색할 수 있는 매체이다. 일반적으로 사용하는 플로피 디스크는 대량의 정보 저장이 불가능하며, 하드 디스크의 경우 매체가 고정되어 있다는 단점을 가진 것에 반해 광 디스크는 하드 디스크 만큼의 빠른 검색시간 및 저장 능력을 가지고 있으며, 플로피 디스크처럼 매체를 자유로이 교환하여 사용할 수 있다는 장점이 있으나 그 동안

신매체 new media 김우룡 황상재 고영화

고가의 가격으로 많이 사용되지 않았으나 최근 들어 매체의 가격이 하락하여 차세대 보조 기억장치로 주목 받는 제품이다.

▶ 광 케이블 optical cable

광섬유로 된 케이블로서, 광섬유는 직경이 0.125mm의 매우 투명한 유리이며, 직경 0.05mm의 코어(core)라고 부르는 부분과 직경 0.125mm의 클래드(clad)라 부르는 껍질로 구성된다. 광섬유에 실리콘 수지나 나일론 수지 등을 싸서 강한 심선을 만들며, 광 케이블은 이 심선을 여러 개의 다발로 한 후, 동선 등을 첨가하여 당기는 힘을 강화시켰다. 코어의 굴절률(1.465)을 클래드의 굴절률(1.460)보다 약간 크게 해주면, 유리 섬유에 입사한 빛은 100% 내부 반사를 일으켜 빛의 손실이 없이 멀리까지 빛을 보낼 수가 있다. 또한 30km마다 하나씩 중계기를 설치만 해주면, 기존 방식에 비해 성능이 약 15-20배나 향상되어 원거리까지 정보를 깨끗하게 전달할 수가 있다. 광 케이블은 디지털 방식으로 정보를 전달하기 때문에, 재래식 전화에서 발생하는 아날로그 고유 잡음의 혼입을 막을 수 있어 고충실도의 정보 전달이 가능하다.

▶ 근거리 정보 통신망 LAN
Local Area Network

대형 컴퓨터를 비롯하여 단말기, 사무용 컴퓨터, 퍼스컴, 워드 프로세서, 팩시밀리, 전화 등을 광섬유나 동축케이블로 상호 접속해서 연결시킨 기업 내 네트워크를 일컫는 말이다. 기업 내의 정보 처리나 통신 기능을 합리적이고 유기적으로 일체화한 정보통신 시스템으로 협역 정보통신망이라고도 하며, 단일 조직 소유의 빌딩이나 제한된 지역 내에 밀집해 있는 소규모 빌딩들을 연결하여 음성, 데이터, 영상 등 종합적인 정보를 교환할 수 있도록 한 소단위 고도 정보 통신망이다.

▶ 데이터 방송

텔레비전 방송에서 영상뿐만 아니라 일기예보, 주식정보 및 영화 자막 등의 데이터를 함께 방송신호에 실어 서비스하는 것을 말한다. 방송 형태에 따라 아날로그 방식과 디지털 방식이 있는데 각각의 경우 데이터를 실어 보내는 방법이 다르다. 하지만 아날로그 방식이든 디지털 방식이든 방송이라는 특성이 단 방향의 전송밖에 할 수 없으므로 데이터를 전송중에 시청자가 채널을 바꾸면 데이터의 일부를 받지 못한다는 단점이 있으므로 전송하고자 하는 데이터를 일정시간 동안 반복해 보내는 기술 등이 사용되어 이러한 문제를 해결한다.

▶ 디지털 방송

영상을 이루고 있는 각 화소의 색상 정보를 0과 1의 숫자적인 조합으로 바꾸어 송출하는 방송 방식이다. 그리고 이러한 디지털 방송 신호를 수신할 수 있는 TV를 디지털 텔레비전이라고 한다. 아날로그 방송이 주파수의 변조를 통하여 영상정보를 전달하는 것에 비해 0과 1이라는 데이터 값으로 전달하므로 디지털 텔레비전 수신기로 하여금 동일한 품질의 영상을 재현하도록 할 수 있다. 또한 디지털로 표현된 영상신호는 MPEG이라는 표준 압축 알고리즘을 통하여 수십 배에서 수백 배까지의 압축이 가능하여 전송 효율을 높일 수 있으며, 영상신호와 더불어 컴퓨터에서 사용되는 디지털 형식의 각종 데이터를 함께 방송을 함으로써 기존 PC통신에서 가능했던 각종 부가 서비스를 텔레비전을 통하여 구현하

EPG(Electronic Program Guide)sample of interactive TV. 신문의 텔레비젼 프로그램 표를 전자적으로 대신 하는 것으로,향후 채널의 수가 수십, 수백 개에 이르게 되면 더 이상 신문의 텔레비젼 프로그램 표를 보고 찾기가 어려워지므로 지능적인 프로그램 가이드가 필요하다.

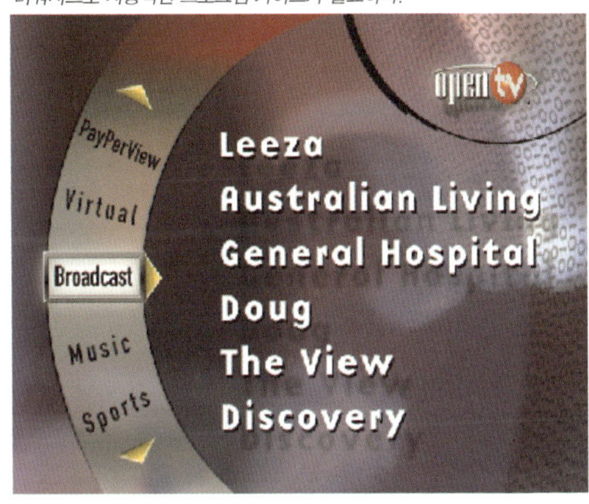

사진 제공: Open TV

기가 용이하다.

▶ 디지털 오디오 디스크 DAD Digital Audio Disc

오디오 신호를 디지털 부호로 변환시켜서 디스크에 기록한 것의 총칭이다. 종래 아날로그 레코드와 비교해서 기록되는 음의 범위(다이나믹 레인지)가 넓다. 이러한 디지털 오디오 디스크의 장점은 회전이 고르지 못해서 오는 음의 흔들림과 소리의 왜곡이 적다는 점이다. CD(compact disk), AHD(audio high density disc), MD(mini disk) 등 세 가지 방식이 있으나 상품화되어 있는 것은 CD와 AHD로 특히 CD가 주류를 이룬다. 음성 신호는 하나의 파형으로 표시할 수 있으며, 이것을 홈의 파형으로 변환한 것이 종래의 레코드인 아날로그 디스크이며 이것을 자기화해서 기록한 것이 테이프이다. 이에 비해 디지털 오디오는 음성 신호를 매 초 4만 4천 번씩 6만 5천 등급으로 분해하여 신호 전압을 '0'과 '1'의 2진 부호화하여 그 부호를 테이프에 녹음하게 된다. 디지털 오디오의 실용화는 PCM 방식의 테이프 레코더에서 시작된 것인데, 이 방식을 레코드에 응용한 것이 DAD라고 할 수 있다. DAD에는 몇 가지 방식이 개발되었는데 세계적으로 소니(Sony)사와 필립스(Philips)사가 개발한 CD 방식과 빅터(JVC)사의 ADH 방식 등 세 가지가 있다. 차세대 영상기록 매체로서 기존 CD가 갖는 저장 능력을 크게 향상시킨 매체로 기존 CD로는 하나의 매체에 하나의 영화를 담지 못하나, DVD는 12cm의 디스크에 3.7GB정도의 방대한 저장능력을 가지고 있어 고품질 영화를 담을 수 있다. 이 때 영상은 MPEG이라는 표준적인 방법에 의하여 압축되어 기록되며 영상의 움직임이 많을 때와 적을 때를 구분하여 저장 공간을 사용하므로 좀 더 효율적으로 사용이 가능하다.

▶ 디지털 위성 방송

디지털 방식을 수용한 위성방송 시스템. 이 방식은 기존의 아날로그 위성 방송에 비해서 정보를 압축하는 방법으로 전달량을 확대시켜 채널 수를 늘리게 할 뿐만 아니라, 컴퓨터 처리에 의한 데이터나 각종 어플리케이션 등을 손쉽게 전송할 수 있는 이점이 있으며, HDTV의 경우 아날로그 기술을 가장 먼저 확보하여 지원했던 일본은 미국의 디지털 전송 방식의 개발이 성공하자, 디지털 방식으로 방향을 바꾸었다.

▶ 문자 다중 방송 teletext

TV 전파의 틈새를 이용해서 문자나 도형 등의 정보를 정지화로 방송하는 것을 말한다. 국제적으로는 '텔레텍스트(teletext)'라고 부르고 있으며 통상적으로는 문자 방송이라고 약칭되고 있다. 아날로그 방송의 경우 영상과 영상사이의 빈 공간인 VBI영역을 이용해 문자정보를 전송하고 있으며, 문자 방송 시스템은 1972년 영국의 BBC가 시팩스(Ceefax)라고 부르는 시스템을 개발하여 발표한 것이 최초이다. 문자 다중 방송의 방식은 패턴 방식, 코드 방식, 그리고 하이브리드(hybrid) 방식으로 크게 구별된다. 패턴 방식은 한자나 임의의 도형을 보내는 데 적합하지만 단시간 내에 보낼 수 있는 정보량이 적다. 코드 방식은 정보량이 많긴 하지만 수신기의 가격이 비싸다. 하이브리드 방식은 양자의 장점을 합친 것이라고 할 수 있다. 방송사의 입장에서 보면 문자 다중 방송은 1국 2채널의 효과를 가져온다. KBS의 코인즈(KOINS), MBC의 마인즈(MINDS)문자 방송이 시행되었으나 MBC는 93년 4월에 폐지하였다. 일본의 하이브리드 방식, 영국 BBC의 시팩스(Ceefax)와 IBA의 오러클(Oracle), 프랑스의 안티오페(Antiope), 미국의 21라인 방식이 있다.

▶ 문자 발생기 CG Character Generator

TV에서 화면에 나타나는 도형이나 글씨를 만들어 방송이 나타내고자 하는 주제를 선명하게 알 수 있도록 해주는 장치로 카메라가 필요없는 비디오의 일종이다. 이러한 장치는 그래픽스 제너레이터(graphics generator), DVE(digital video effect), 로고 제너레이터(logo generator), 스틸 스토어(still store) 기능 등 여러 가지로 복합적으로 사용할 수 있게 제작되고 있다. 이들 장비의 기본 원리는 어떤 글씨나 그림의 아날로그 신호를 디지털 신호로 바꿔서 메모리 칩이나 디스크 등에 저장하는데, 각각의 정보들은 필요한 시기에 쉽고 빠르게 찾아낼 수 있도록 특정한 저장 번지를 가지게 된다. 문자 발생기를 통하여 전자적으로 생성된 글자나 그림들은 TV시스템에 직접적으로 융합될 수 있는 장점 때문에 스포츠, 선거, 뉴스 등에서 중요한 위치를 차지한다.

▶ 바이오 컴퓨터 biocomputer

생물의 뇌나 신경이 하고 있는 정보의 처리나 전달 방법을 해명하여 그것을 컴퓨터에 응용하려는 것이다. 생물의 세포에 들어 있는 단백질이나 효소를 사용한 바이오칩을 컴퓨터 내부의 반도체 소자와 교체한다. 컴퓨터를 사람의 뇌에 근접시키려는 것으로서, 미래의 컴퓨터가 나아갈 방향이라 할 수 있다.

▶ 박막 액정 표시 장치 TFT-LCD Thin Film Transister-Liquid Crystal Display

TFT 방식의 LCD. 고체와 액체의 중간 상태인 액정에 전기를 가해서 숫자나 영상을 표시하는 기기인 LCD를 박막 트랜지스터(TFT)로 제어하는 영상표시장치를 일컫는다. 이처럼 TFT는 LCD의 각 화소의 투명도를 제어하여 빛의 3원색인 빨강, 파랑, 초록빛의 세기를 조절하는 방식으로 컬러를 표현하며, 신호처리속도 대비(contrast)를 증대하는 데 중요한 역할을 하게 된다. TFT-LCD는 얇은 유리판 사이에 액정을 주입하기 때문에 40인치를 넘게 되면 경제성이 떨어지므로, 10-30인치는 TFT-LCD를 사용하고, 40-80인치는 PDP 방식을 사용하게 된다.

▶ 비대칭 디지털 가입자 라인 ADSL Asymmetric Digital Subscriber Line

기존의 아날로그 전화라인을 이용하여 음성뿐만 아니라 고속의 데이터를 전송할 수 있도록 해 주는 기술이다. 전송과 수신에 서로 다른 대역폭을 할당함으로써 전파 간섭을 최소화해 한쪽 방향의 전송속도를 극대화시키는 기술이다. 따라서 수신시 8Mbps 내외, 그리고 송신시 512Kbps 정도의 전송을 가능하게 하며 이를 이용한 VDSL, XDSL, HDSL 등의 기술의 모체가 되고 있다. 이 기술이 상용화되면 VOD 등 고속네트워크를 요구하는 서비스가 가능하게 된다.

▶ 비동기 전송 모드 ATM Asynchronous Transfer Mode

전송할 데이터를 셀(cell)이라는 작은 조각으로 나누고 이 셀을 비동기식으로 전송함으로써 데이터 전송의 효율을 높임과 동시에 초고속 통신을 가능토록 하는 기술이다. 현재 초고속 데이터 전송을 필요로 하는 VOD 등에 활용되고 있으며, 전화국 간의 음성신호 전송에도 활용되고 있다. 이에 반하여 데이터를 동기식으로 보내는 STM이 있다.

▶ 비디오그램 videogram

비디오카세트 또는 비디오디스크에 녹화되어 있는 영상 내용이나 영상 제품으로 일반적으로 비디오 소프트와 같은 뜻으로 해석된다. 비디오 테이프나 디스크를 통합하여 현재 영국에서 주로 사용하는 용어이다.

▶ 비디오디스크 videodisc

영상신호를 0과 1의 디지털 신호로 바꾸어 기록된 디스크이다. 보통의 오디오 CD처럼 생긴 것으로 비디오와 오디오 정보를 동시에 수록했다가 가정의 TV나 개인용 컴퓨터에 연결하여 재생할 수 있다. 패키지계의 뉴미디어로서 마그네틱 테이프, 필름과 더불어 TV 이미지를 저장할 수 있는 3대 형식의 하나이다. 디스크 면에 기록된 반사 영역과 난반사 영역으로 디지털 신호인 0과 1을 구분하며 레이저 광선의 빔(beam)이나 다이아몬드 바늘로 검출한다. 일반적으로 비디오디스크는 디스크를 만드는 재료의 비용이 VTR용이나 보통 필름에 비하여 훨씬 저렴하며, 디스크 자체가 가볍고 간편하며 보관과 이동이 편리하다는 장점이 있고, 테이프보다 평방 인치당 훨씬 많은 정보를 담을 수 있으며, 테이프는 한 장씩 복사해야 하는데 비해, 디스크는 일관 작업으로 찍어내기 때문에 값이 훨씬 싸고 앞뒤로 조작이 쉬워서 원하는 대목을 쉽게 찾을 수 있으며, 테이프보다 훨씬 수명이 긴 장점이 있다. 또한 비디오디스크는 그 자체를 복제하거나 편집하는 것이 쉽지 않지만 뛰어난 스테레오 음과 빠른 랜덤 액세스(random access)기능을 가지기 때문에 가정의 오락뿐만 아니라 산업용과 교육용으로도 각광을 받을 것이다.

▶ **비디오 라이터 video writer**

일종의 펜을 이용하여 모니터 화면에 직접 그림이나 도형, 정보를 나타낼 수 있는 기계이다. 컴퓨터 그래픽이 독립된 화면에 그림이나 도형을 처리하는 데 반하여 비디오 라이터는 이미 ENG(electronic news gathering, 비디오에 의한 뉴스 취재)나 필름 등으로 촬영된 화면 위에 원하는 그림을 그리는 역할을 함으로써 획기적인 시각 변화를 가져올 것으로 보인다. 비디오 라이터는 컴퓨터 그래픽과 비슷한 기능을 갖기 때문에 시간이 급박하거나 간단한 내용일 경우에는 컴퓨터 그래픽실에 의뢰하지 않아도 뉴스 센터에서 직접 그래픽 처리를 할 수 있다. 컴퓨터 그래픽에서는 아무래도 각 시스템에 입력된 딱딱한 활자를 처리하기 마련인데, 비디오 라이터를 이용하면 화면 위에서 자유롭게 글씨를 쓰듯이(free-handwriting) 할 수 있다는 장점이 있다. 퀴즈 프로그램에서 해답을 알려줄 때도 컴퓨터 그래픽을 통하지 않고 곧바로 알려 줄 수 있으며 선거나 입시, 재해 방송 때 빠른 속도로 처리할 수 있는 기능도 뛰어나다.

▶ **비디오 전화 video telephone, visual telephone**

비디오폰이라고도 불리우며 기존 전화가 음성 신호만을 송수신 하던 것에 비해, 영상 신호도 송수신할 수 있는 장치. 따라서 영상 신호를 입력 받기 위한 비디오 카메라와 이를 화면에 출력할 수 있는 TFT-LCD 스크린 등이 내장되어 있으며, 두 전화 사이의 유선매체에 따라 초당 3-4 프레임 정도를 전송할 수

있는 것에서부터 20-30 프레임을 전송할 수 있는 시스템도 있다.

▶ **수직 회귀 시간 VBI
Vertical Blank Interval**

텔레비전 영상의 전체 525개의 수직 주사선 중 실제로 화면상에 보이지 않는 빈 영역을 지칭하는 말이다. 이것은 특히 아날로그 방송에 있어서 데이터를 실어 보낼 수 있는 영역으로 클로즈드 캡션(closed caption), 인터캐스트(Intercast) 등의 기술이 이 영역을 이용하여 데이터를 방송한다.

▶ **시간분할 다중접속 TDMA
Time-Division Multiple Access**

물리적으로 단일한 전송매체를 다중화시키기 위한 표준 중의 하나로 전송하고자 하는 채널별로 시간차를 두어 전송하는 방식이다. 초당 수백 내지 수천 개의 시간 간격을 만들고 각 채널 당 지정한 시간 간격에만 데이터를 전송하고 수신하도록 하여 여러 가입자를 동시에 수용하는 방식이다.

▶ **유선계 미디어 wired media**

줄을 사용해서 정보 및 메시지를 전송하는 미디어. 재래식 유선계 미디어로는 전선, 전화, 텔렉스가 있으나 뉴미디어로는 케이블 TV, 팩시밀리(모사 전신), 영상 전화, 영상 회의, 문서 전자 우편, 음성 사서함 등을 들 수 있다. ①팩시밀리(facsimile) : 문서, 도면, 사진 등의 화면에 일정한 세기의 빛을 비추어 반사되는 빛의 세기를 전기적 신호로 변화시켜 다시 이것을 0과 1의 디지털 신호로 바꾸어 전송하고 수신측에서는 이 신호를 아날로그 신호로 바꾸어 기록하는 방식이다. 사진 또한 마찬가지 방식으로 전송되나 기록 방식이 필름에 인화되도록 하는 점에 차이가 있다. 최근에는 평면 주사식이 보급되어 복사기와 마찬가지로 기록지를 평면적으로 이동시켜 주사하게 되었다. 또 전자식이 개발되어 자동식으로 연속 수신이 가능하다. 전화선에 접속된 송신측에서 다이얼로 상대측을 호출하고 가동 버튼을 누르면 수신측에서는 자동적으로 연속 수신이 되는 것이다. 팩시밀리는 눈부시

게 발전하여 전송 속도가 더욱 빨라지고 있으며 OA 관련 미디어로 확고한 위치를 차지하였다. ②화상 전화(video telephone, picture phone, videophone): 소형 텔레비전의 기능이 전화기와 일체가 되어 있는 것이다. 우리나라도 종합 정보 통신망(ISDN)의 발전에 따라 제7차 5개년 계획(1992-1996)에서 이 서비스를 제공할 것으로 되어 있다. ③영상 회의(teleconference): 예를 들어 본사에서 회의를 시작할 때 각 지방으로부터 출장해서 참석하는 것이 아니라, 각 지방의 사무실과 본사를 연결하는 통신회선으로 텔레비전이나 각종 정보 기기를 연결하여 이것을 활용하여 회의를 하는 방법이다. 미국이나 캐나다에서는 상당히 실용화되고 있으며 우리나라에서도 한국전기통신공사와 각 메이커 간에 시험 운영을 시작하고 있다. ④문서 전자 우편(word mail): 워드 프로세서나 퍼스널 컴퓨터 등으로 작성한 문서나 그래프를 그대로 다른 기기에서 출력할 수 있는 시스템이다. 사무실의 통신 업무 중에서 우송, 기록 등 손을 거치는 일을 전기적 기억 방법과 결합시킴으로써 업무의 효율화를 기할 수 있다. 기억 장치에 일단 축적된 정보는 수신측이 언제든지 꺼내 볼 수도 있다. 공중 통신망을 사용하는 문서 통신 서비스를 텔레텍스(teletex)라 하며, 1980년 CCITT(국제 전신 전화 자문 위원회)에서 규격을 정한 바 있다. 현재 상용화 중인 나라는 독일, 영국, 일본, 캐나다, 스웨덴 등이다. 우리나라도 이러한 추세에 따라 1982년부터 텔레텍스 서비스, 터미널 기능 및 프로토콜에 대한 연구를 시작하였으며 현장 시험을 거쳐 1986년에 실용화 시험에 들어갔다. ⑤음성 사서함(voice mail): 보통의 전화 회선에 음성 축적 교환이라는 고도의 기능이 부과된 미디어이다. 부재 또는 통신 중일 때 음성 메시지가 도착하면 그 메시지를 기억 장치에 수용하고 차례를 기다린다. ⑥전자 사서함(electronic mail): 위에 기술한 문서 전자 우편, 음성 사서함을 포함하여 메시지 사서함과 전표 사서함 같은 뉴미디어를 총

칭해서 전자 메일이라 한다.

▶ 음성 응답 인식 시스템 audio response & recognition system

사람의 말을 인식하여 자동으로 응답을 하는 시스템이다. 음성인식과 음성합성 기술을 이용한 시스템으로 일반적으로 헬프데스크(Help desk) 등을 구축할 때 사용된다. 사용자가 전화를 걸어 말을 하면 이를 ARS시스템이 음성인식을 거친 후 필요한 작업을 컴퓨터로 처리한 다음 다시 음성합성을 통해 사용자에게 들려주는 시스템이다. 하지만 음성인식 부분은 아직 실용화할 만한 수준에 이르지는 않았으므로 대신 전화의 버튼 등으로 필요한 정보를 입력하는 경우가 많다. 실용화된 예로 은행의 업무를 은행 창구까지 가지 않고 사무실에서 전화로 할 수 있는 텔리뱅킹을 들 수 있는데 사용자가 자신의 계좌번호 및 비밀번호 그리고 서비스 받고자 하는 서비스 번호 등을 누르면 컴퓨터가 이를 처리하여 음성으로 들려주는 시스템이 이에 해당한다.

▶ 인터넷 TV

컴퓨터의 웹 브라우저를 통해야만 볼 수 있었던 인터넷상의 웹 컨텐츠를 일반 TV에서도 볼 수 있도록 TV내에 모뎀 및 웹 브라우저를 내장한 TV지만 기존 웹 컨텐츠가 컴퓨터의 모니터 해상도에 맞도록 디자인되었고, 키보드 및 마우스를 이용한 데이터 입력 등을 요구하는 것에 반해 TV는 상대적으로 낮은 해상도 및 주변 입력장치의 부족 등으로 인하여 크게 성공하지 못했다.

인터넷 TV

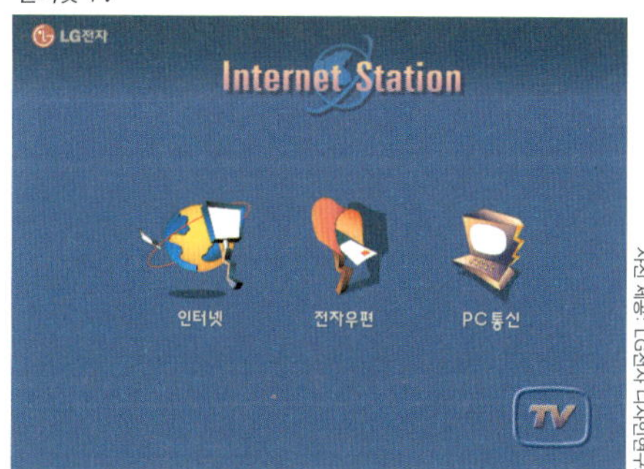

▶ 인터캐스트 Intercast

인텔사가 주축이 되어 개발된 방송 기술로서 아날로그 방송에 있어 사용되지 않고 있는 VBI영역에 데이터를 실어 보내기 위한 기술이다. 현재 국내에서는 'MBC 데이터 방송'이 Intercast와 유사한 기술을 사용하여 웹 컨텐츠를 서비스하고 있다.

▶ 입체 영상 hologram

빛의 상호간섭 작용을 이용해 보는 각도에 따라 보여지는 영상을 다르게 하여 입체감을 나타낸 영상. 일반적으로 빛의 상호간섭 형태를 기록할 수 있는 특수 필름에 출력된다.

▶ 입체 TV stereoscopic television

입체 영화의 원리인 양안 시차를 이용해 입체감을 나타낼 수 있는 TV이다. 일반적으로 입체 영화는 편광방식을 이용하지만 TV 화면상에서는 편광구현이 불가능하기 때문에 다른 방식으로 구현된다. 즉, TV화면상에서 왼쪽 영상 프레임과 오른쪽 영상 프레임을 초당 수십 번씩 교차하여 출력하고 이와 동기화 된 사용자의 LCD 안경은 왼쪽과 오른쪽을 번갈아 검게 차단하여 왼쪽 영상과 오른쪽 영상을 분리함으로써 입체감을 느끼도록 하는 방식이 주로 사용된다. 국내에서도 이를 이용한 제품이 일부 중소기업에서 개발되었으나 입체 영상 컨텐츠의 부족으로 많이 사용되고 있지는 않다.

▶ 전자 신문 electronic newspaper

전화선이나 케이블을 이용하여 정보를 전송하며, 이렇게 전송된 정보를 PC 화면을 이용하여 받아보는 형태를 전자 신문이라고 한다. 이미 미국은 1950년대부터 컴퓨터와 위성 통신을 이용한 전자 신문을 도입하였다. 컴퓨터에 의한 기사 작성과 신문 제작의 자동처리는 물론 신문에서 중요한 요인이 되는 교통과 운송, 즉 신문사가 직접 구독자에게 배달해야 하는 번거로움까지도 제거해 주었다는 점이 특이하다. 앞으로 신문 배달의 인력 부족이 예상되므로 신중하게 고려해야 할 과제로 전자 신문이 인식되고 있으며, 또한 속보를 필요로 하는 경우에도 전자 신문을 사용할 것이다. 이러한 전자 신문이 등장하게 된 배경은 CTS(computerized typesetting system)와 데이터 베이스를 가능하게 만든 컴퓨터 기술과 전자 신문 서비스를 이용자에게 비교적 저렴한 가격으로 전송하게 만들어 준 통신 기술의 발전을 들 수가 있다. 또한 전자 신문의 특성으로는 전통적인 신문에 비하여 정보전달 기능과 민주적인 담화 기능을 강화시켰으며, 기존 신문의 일방적인 기사 제공에 비해 이용자 자신이 원하는 정보만을 찾아볼 수 있는 선택의 특성이 강조되며, 전자 신문을 이용 중에 저장되어 있는 데이터 베이스를 유용하게 사용할 수 있으며, 다양한 각도에서 뉴스를 선택하고 전달받을 수가 있다는 점을 들 수 있다.

▶ 전자 파일 electronic files

기존 지면상에 기록된 형태로 보관되던 파일이 전자적인 디지털 신호로 바뀌어 플로피 디스크 및 광디스크 등 디지털 매체에 기록될 수 있는데 이렇게 기록된 파일을 전자파일이라고 한다.

▶ 정지화 방송 still picture broadcasting

TV 방송 한 채널 분의 전용 주파수를 사용하여 정지 화상과 음성으로 구성된 프로그램 40-50 종류를 동시에 전송하여 수신측에서 선택 시청할 수 있게 하는 것을 말한다. 정지화 방송에 적합한 프로그램으로는 정보원에서 온라인으로 데이터를 받아서 즉시 송출하는 주식 시황, 교통 정보 등의 온라인형, 짧은 공지 사항 등 정보를 간단하게 제작하여 즉시 방송하는 뉴스, 일기예보 등 안내 지식 프로그램의 간이 제작형, 10-30분 정도의 프로그램으로 제작하는 교육 프로그램, 교양 프로그램의 패키지형을 들 수 있다. 정지화 방송에 관한 기술적 실험은 NHK가 독자적인 개발을 계속하고 있고 중국이 NHK와 공동으로 1987년 2월부터 실용화를 위한 기술 실험을 하고 있다.

▶ 종합 정보 통신망 ISDN Integrated Service Digital Network

각 가정에서 하나의 회선으로 전화는 물론 텔

휴렛 페커드사가 오스트레일리아의 텔스타사와 공동으로 오스트레일리아의 수도권 인근에 세운 이동통신 송신탑

렉스, 팩시밀리, 비디오텍스, 컴퓨터 통신 그리고 텔레텍스 등의 서비스를 받을 수 있는 첨단 통신망이다. 한때 ISDN은 '꿈의 통신망'이라고 불리며 재택근무 및 홈 오토메이션 등을 기대하였으나 최근 들어 ADSL 및 Cable model 등의 추격으로 많이 보급되지 못한 실정이다.

▶ 캔버스 CANVAS
computer animation and video art system

2차원 표현에 의한 컴퓨터 애니메이션 화상을 TV 방송에 효과적으로 이용하기 위해 일본의 NHK가 개발한 시스템이다. 그래프나 문자, 간단한 도형 등을 리얼타임(real time)으로 움직이는 애니메이션 화상으로 만들어 선거 방송 개표 속보를 예측한 그래프나 개표 상황 변화를 쉽고 생생하게 방송할 수 있다.

▶ 캡셔닝 captioning

TV 프로그램 화면의 아래 부분에 부가되는 설명 자막이다. 오픈 캡션(open caption)과 클로즈드 캡션(closed caption)이 있다. 전자는 모든 시청자들이 볼 수 있는 것이고, 후자는 특수한 어댑터를 이용하여 이를 갖춘 TV 세트에서만 보는 것이다.

▶ 케이블 모뎀 cable modem

방송국과 각 가정의 텔레비전을 동축케이블로 연결할 때, 수신측에 장착되는 일종의 모뎀. 일반 전화선보다 동축케이블에 의한 데이터 전송량이 많아 텔레비전의 영상뿐 아니라 고속의 데이터 통신이 가능하며 이를 PC 통신에 응용하는 경우도 있다.

▶ 코드분할 다중접속 CDMA
Code-Division Multiple Access

물리적으로 단일한 전송매체를 다중화시키기 위한 표준 중의 하나. 전송하고자 하는 채널별로 시간차를 두고 별도의 코드를 할당하여 전송하며, 수신할 때도 시간차와 주어진 코드를 가진 데이터만을 수신하는 기술로서 이동통신에서 주로 사용된다. 이 기술을 PCS 등 이동통신에서 사용 시 사용자가 말을 안하고 있는 동안은 데이터를 전송하지 않음으로써 더 많은 가입자를 수용할 수 있다.

▶ 텔레포트 teleport

통신 위성을 이용한 지구 규모의 고도 정보 통신망의 기지. 텔레포트는 커뮤니케이션과 포트(항구)를 합친 용어로 전파 장해가 적은 항만 지역에 통신 위성과의 교신용 지상국 설비를 건설, 주변에 정보통신 수요가 많은 사무실 단지(office park) 등을 조성해 지역 개발을 촉진시킨다는 것이다. 통신 위성의 발달에 따라 세계적으로 엄청난 양의 정보가 신속하게 전송되면서 항(port)에 송수신 설비를 설치하여 도시 광통신으로 연결하는 텔레포트 구상이 나오게 되었다.

▶ 특수자막장치
closed captions for impaired hearing

시청각 장애자를 위한 TV 특수 장치. 방송국의 특수 시설을 이용하여 대사, 해설을 자막으로 보내면 해독 장치를 부착한 TV 세트의 화면에만 글씨가 나온다. 정규적인 방송에서는 사용되지 않는 TV 채널을 이용하여 특수한 어댑터를 갖고 있는 사람들에게 스크린 글로 쓰여진 설명 자막들이 수신되도록 한다.

▶ 팜 톱 PC palm top Personal Computer

손바닥에 올려 놓고 사용할 수 있을 만큼 작은 PC. 팜 톱 PC는 보험사와 자동차 회사의 영업원들이 주로 이용하고 있는데, 현재 국내에서 사용하고 있는 기종은 미국, 일본, 대만 등의 외제가 대부분이다. 그러나 1993년 3월 우리나라에서도 팜 톱 PC가 자체 개발되어

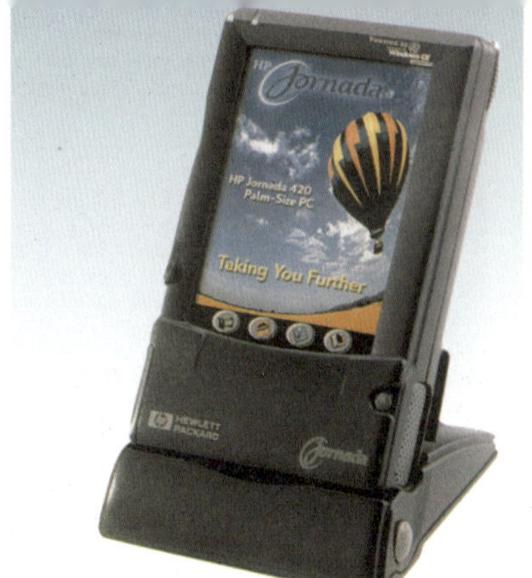

팜톱 PC

미국과 유럽 시장의 주문을 받고 있다. 한빛 기술의 'HPC-100'과 정풍물산의 'PC 클래식' 등이 그것이다. 대개 크기는 가로 18cm, 세로 10cm, 높이 2.7cm에 무게는 450g 정도로 안주머니에 넣고 다닐 수 있고 프린터에 연결해 출력도 가능하다. 컴퓨터에 팩시밀리로 직접 자료를 전송할 수 있는 '팩스 모뎀'이 장치되어 있고, DOS, PIM(개인 정보 종합 관리 프로그램), 스프레드 시트 등 각종 사무 처리 프로그램이 저장되어 있기도 하다.

▶ 패키지계 미디어 packaged media

중앙에서 유선 또는 무선으로 동시에 배급하는 형태가 아니라, 그것 자체가 독립된 기능을 갖고 있어서 개인이 필요할 때 언제나 조작이 가능한 미디어, 비디오테이프 레코더, 비디오디스크 등을 지칭한다. 전파로 정보를 전송하고 라디오 수신기나 텔레비전 수상기로 시청하는 형식을 안테나계 미디어라 하는데 대하여, 테이프 레코더나 VTR(video tape recorder) 등으로 시청하는 형식을 비안테나계 미디어라 한다. 비안테나계 미디어는 전달 내용을 테이프나 디스크에 담은 것으로 생각하여 일반적으로 이 표현을 이용한다. 최근에 급부상하고 있는 MP3 플레이어도 이에 속한다.

▶ 페이 퍼 뷰 PPV Pay Per View

시청한 프로그램마다 요금을 지불하는 유료 TV 방식. 일반 유료 방송은 채널 하나에 대해서 월정액을 추가 지불하나 양방향 케이블 방송 또는 제한수신 시스템을 갖춘 위성방송의 경우 프로그램마다 시청료를 부과할 수 있다. 무비 채널(movie channel), MTV, 니켈로디온(nickelodeon)을 소유하고 있는 워너

아이맥스(Warner Amex)사가 'qube'라고 하는 쌍방향 케이블을 설치하여 5개 채널을 PPV 방식으로 운영하고 있는데, 가입자는 프로그램마다 별도의 '시청료(admission fee)'를 내고 있다. 1989년 말 미국에는 케이블 가입 가구의 약 10%인 930만 세대가 PPV 가입자로서 주요 프로그램은 영화, 스포츠 행사, 연주회 실황 중계인데, 앞으로 운영 여하에 따라 가장 큰 수입원이 될 것으로 보인다. PPV 가입자를 늘리는 열쇠는 PPV 프로그램을 대대적으로 선전하는 정기적인 프로그램 가이드에 있다. 또 한가지 열쇠는 '가욋돈을 지불할 만한 가치가 있는' 영화라고 생각할 수 있는 시간대를 정확히 계산하는 것이다. 즉 영화의 경우 개봉관에서 상영된 후 23개월이 지나서 방송해야 한다. 그 동안 일반 대중이 광고나 사람들의 입을 통해서 그 영화에 대해 인지할 수 있는 시간을 허용하는 것이다. 동시에 적어도 프리미엄 네트워크에 보내기 9개월 전에 PPV에 내보내는 것을 관행으로 하고 있다.

▶ 환경 영상 environmental picture

쾌적한 실내 환경을 위해 사용되는 영상의 총칭. 벽이나 천정 혹은 특설 스크린에 영사하기도 하지만 대개는 TV 모니터를 사용하는 경우가 많다. 카페나 디스코텍 등에서 처음 사용했지만 가정에서도 자주 사용한다. 음악에서의 백그라운드 뮤직(BGM)과 비슷한 효과를 노린 것으로, 시각을 강하게 자극하기 쉬운 스토리를 가진 영상이나 주목받기 쉬운 영상 등은 제외된다. 해안에 부딪쳐 부서지는 파도나 명승지의 광경 등이 대부분이다. 비디오 테이프나 비디오 디스크 등으로 이러한 환경 영상이 시판된다. 일본에서는 인테리어 비디오(interior video)라고 부르기도 한다.

▶ ATSC Advanced Television Systems Committee

미국의 차세대 디지털 지상파 방송을 위한 표준을 제정하는 기구 또는 이 기구가 제정한 표준을 일컫는 말이다. 이 기구는 기존 텔레비전 방송의 해상도를 높인 HDTV 및 데이

터 방송을 하기 위한 표준 등을 정립하며, 이러한 표준이 정립되어 상용화가 되면 캐나다, 아르헨티나 등 많은 국가가 이를 응용한 자체 표준을 만들 계획이다.

▶ CD

소니와 필립스가 고품질의 오디오를 저장할 목적으로 개발한 대용량 저장매체이다. 하지만 오늘날 컴퓨터와 접목되어 다양한 멀티미디어 데이터를 저장하고 재생하는 매체로 발전하였으며, CD-G, CD-EG, CD-I 등 수많은 대화명 매체를 탄생시켰으며, 최근에는 CD-R, CD-RW 등의 대중화로 각 가정에서도 Audio-CD 및 컴퓨터용 멀티미디어 매체의 제작이 가능해졌다.

▶ DVB Digital Video Broadcasting

유럽의 차세대 디지털 지상파 방송을 위한 표준을 제정하는 기구 또는 이 기구가 제정한 표준을 일컫는 말이다. 현재 영국, 프랑스 등 유럽의 각국이 주축이 되어 표준을 제정하고 있으며, 고품질 영상을 위한 HDTV 관련 표준 및 데이터 방송을 위한 표준 등을 포함한다. 현재 일부 국가에서 이 규격에 맞는 방송을 하고 있으며 MHEG이라는 표준을 사용하여 데이터 방송도 병행하고 있다.

▶ MMDS
Multiple Multipoint Distribution Service, Multichannel Multipoint Distribution Service

무선 케이블 텔레비전이라고도 불리우며, 케이블 방송국에서 아파트 단지 등 가입자 밀집 지역의 중계기까지만 동축케이블로 구축하고 이 중계기로부터 각 단말까지를 무선으로 연결한다. 이로서 각 단말까지 동축케이블을 깔 필요가 없어 설비비가 크게 단축된다는 장점이 있다.

▶ PDP Plasma Display Panel

기존 텔레비전에 사용되는 CRT대신 두 장의 얇은 유리기판과 이온가스를 이용하여 영상을 표시하는 장치. 장치의 특성상 평면 영상 표시가 가능하며 주로 40-80인치의 대형 영상표시 장치에 적용된다. 네온, 아르곤, 제논

등의 혼합가스를 유리기판 사이에 채운 뒤 그 사이에 고전압을 가하면, 이온가스가 발생하면서 방출되는 자외선이 적색, 녹색, 청색의 형광 물질에 부딪히면서 컬러영상이 나타난다. PDP는 1964년 일리노이 대학에서 처음 개발된 후 1970-1980년대를 거치면서 후지쯔, NEC 등 일본 업체들이 기술을 개발했고, 현재 이들 일본 업체들은 40인치 급의 PDP를 월 수천 장 규모로 생산할 수 있는 생산라인을 사업화한 상태이다. PDP는 유리기판 사이의 간격이 10cm를 넘지 않아 기존 CRT 브라운관의 1/10 수준으로 줄일 수 있을 뿐만 아니라, 무게도 1/3 수준으로 줄일 수 있는 이점이 있다. 이런 이점으로 주식거래 상황판, 화상회의, 각종 프리젠테이션 디스플레이 등 다양한 분야에 활용되며 관련업계에 따르면 액정표시장치(LCD) 이후로 PDP가 실용화되면서 대우전자, LG전자, 후지쯔, NEC, 파이어니어 등이 40-60인치 PDP 벽걸이TV를 상품화한 데 이어 전세계 TV업체들이 PDP 등 새로운 화면표시 소자를 채용한 영상기기 개발에 속속 나서고 있다.

PDP

▶ SCN
Space Cable Net, Satellite Cable Net

통신 위성을 매체로 하여 국내 각지의 케이블 TV에 프로그램을 공급하는 시스템이다. 미국의 케이블 TV 사업은 국내 통신 위성을 이용한 프로그램의 공급에 따라 급속히 발전하였다. 케이블 TV가 당초 지상 TV 방송의 보완 미디어나 종속 미디어에서 탈피하여 오리지널 프로그램을 갖춘 뉴미디어 사업으로 발전하는 계기가 되었던 것은 통신 위성과의 제

휴, 즉 스페이스 케이블 네트 때문이었다. 1975년에 미국 타임(Time)사의 자회사인 HBO(home box office)는 통신 위성을 값싸게 쓸 수 있다는 데에 착안해 RCA(Radio Corporation of America)의 국내의 정지 위성 세트콤(satcom) 1호의 자동 무선 레이더를 빌려 케이블 TV를 대상으로 유료 케이블 TV 이용 촉진의 전기를 마련했다. 케이블 TV를 발전시키기 위해서는 프로그램 소프트를 확보해야 하는데, 미국의 케이블 TV는 HBO를 비롯한 스페이스 케이블 네트 실현으로 양질의 프로그램 공급이 원활하게 되었고, 그 결과 1975년 당시 11%인 케이블 TV 가입률은 10년 만에 47%로 비약적인 상승을 보였다.

▶ **SDTV Subscription Digital Television**

디지털 텔레비전 방송에서 현재 방송되고 있는 것과 같은 해상도의 영상을 지칭한다. 디지털 방송에 있어 표준적인 몇몇개의 해상도가 있는데, SDTV의 경우 수직 525개의 주사선을 이용한다. 이에 반해 HDTV는 가로 및 세로 각각 두 배 이상의 높은 해상도와 6:9의 화면비율 등을 지원함으로써 보다 고품질의 영상을 서비스한다.

▶ **SNG Satellite News Gathering**

위성을 이용한 뉴스 송수신 시스템. 이동형 방송 송신용 위성 지구국이라 불린다. ENG가 하나의 장비임에 비해 SNG는 이동 방송국이나 소지구국처럼 자체적으로 송수신이 가능한 시스템이라는 차이를 갖고 있다. 따라서 현지 방송사의 도움을 전혀 필요로 하지 않으며 발전기까지 가지고 다니기 때문에 전력 공급이 중단되더라도 자체 발전에 의해 가동이 가능하다. SNG는 자동차 적재형이나 휴대형 지상국에서 발신한 전파를 지상 3만 6천km의 적도 상공에 정지해 있는 방송 위성을 통해 키스테이션 통제 센터의 대형 안테나에 보내 어떤 불리한 지역에서도 선명한 영상을 볼 수 있다. 사용하는 주파수는 14-16GHz로 현재 사용되는 주파수 영역 중 가장 높다. SNG는 걸프전에서 미국의 CNN이

이용해서 화제가 되었지만 이미 85년 JAL기 추락시 후지 TV가 이 시스템을 이용해 추락 현장인 산악 지방에서 신속히 영상을 보낸 바 있다.

▶ **STV Subscription Television**

공중파 TV국의 전파를 쓰는 유료 TV 서비스로 미국, 프랑스에서 행한다. STV의 신호에는 스크램블(scramble)이 걸려 있어 서비스를 받기 위해서는 STV 사업자와 계약해서 TV 수상기에 디코더(decoder)를 장치할 필요가 있다. 서비스 내용은 극영화, 스포츠 등이 주류를 이룬다. 가입 세대는 최전성기인 1982년에 1백 40만 세대에 달했으나 해마다 떨어지고 있다. STV는 기존의 TV국 전파를 사용하기 때문에 케이블 TV 등과 비교해서 초기 투자가 적게 들어 영업 개시 직후부터 넓은 서비스 영역을 확보할 수 있다는 이점이 있다. 그러나 케이블 TV가 다채널의 서비스를 제공할 수 있는데 비해 STV의 서비스는 1채널이다.

▶ **VOD video on demand**

현재의 텔레비전 방송이 일방적인 영상 서비스인 것에 반해 VOD는 사용자가 원하는 영상만을 골라 서비스를 받을 수 있는 방송 형태로서 현재 싱가폴 등 일부에서 상용화가 되어 있다. 국내에서도 몇몇 시범서비스가 있었으며 향후 대용량 비디오 서버 및 초고속 네트워크 등이 구축되면 일반 가정에서도 VOD형태의 방송 서비스를 받을 수 있다.

▶ **VRS video response system**

화상 센터 컴퓨터와 TV 수상기를 광대역 전송로로 연결해, 센터에 축적되어 있는 각종 정보를 음성이 나오는 컬러 정지화 또는 동화를 이용자의 TV 수상기에 비추어 내는 대화형의 화상 응답 시스템이다. 일반 가정 대상의 범용 시스템과 기업 등 특정 이용자를 대상으로 한 전문 시스템 외에 이용 대상에 의한 활용이 생각될 수 있으나 기술적으로는 광대역 전송망의 정비, 운용면에서는 리퀘스트형의 TV 방송이 되기 때문에 운영 주체, 관리면 등 해야 할 사항이 적지 않다.

디자인 경영

'디자인 관리'라고도 부르는 이 용어는, 1990년대에 들어서면서부터 전세계적으로 가장 빈번하게 사용되고 있는 디자인 용어 중의 하나이다. 이처럼 디자인 경영에 대한 관심이 증대되고 있는 것은 나날이 복잡 다양해지고 경영 환경에 대응하기 위해 디자인을 전략적 경영 수단으로 활용해야 한다는 필요성이 커지기 때문이다. 특히 사업의 성공에 영향을 미치는 디자인의 역할에 대한 인식이 높아지면서 기업 디자인 부서의 위상이 제고되고, 규모 또한 확대되고 있는 것도 최근에 일어나고 있는 디자인 경영 붐의 주요 원인이 되고 있다. 디자인 경영은 디자인 조직의 활동을 기업 경영 전략과의 연계하에 합리적으로 통합 조정하여 줌으로써 디자인 서비스의 질적 수준과 생산성을 제고할 수 있도록 해주는 지식 체계라고 정의할 수 있다. 곧 디자인 조직을 구성하는 제반 인적, 물적 자원의 효율적인 운영은 물론 디자인 프로젝트의 추진과 관련되는 방법론과 수립을 위해 경영 이론과 기법이 활용되기는 하지만, 디자인 경영은 본질적으로 비즈니스 경영과 구분이 된다. 왜냐하면 디자인 경영은 고도의 창의성과 심미적 독창성을 바탕으로 하는 디자인의 문제를 다루는 것이기 때문이다. 디자인은 모든 것을 계량화하거나 정량화할 수 없는 질적인 문제를 수반하고 있다는 것도 중요한 이유 중의 하나이다. 그러므로 디자인 경영에 관한 연구는 디자인의 본질에 대한 폭넓은 이해와 경험을 바탕으로 경영의 지식을 선별적으로 도입하여 나름대로 체계화하려는 방향으로 전개되는 것이 바람직하다.

세계적으로 디자인 경영에 관한 연구는 디자인에서 앞선 유럽과 북미 지역에서 활발하게 전개되고 있다. 영국의 런던 비즈니스 스쿨(London Business School), 미국의 디자인경영연구소〔DMI(Design Management Institute)〕, 프랑스 파리경영대학원(Paris School of Management)이 유명하며 우리나라에서는 한국과학기술원, 서울대학교 대학원 등에 디자인 경영 강좌가 개설되어 있다.

정경원 (한국과학기술원)

미디어 · 아트 센터 ZKM/ NTTICC

The ZKM Center for Art and Media Karlsruhe

독일 칼스루에의 미디어 · 아트 센터(ZKM)의 설립을 위한 커미티의 구성은 1985년에 시작되었으며 Konzept '88로 명명된 프로젝트는 1988년 칼스루에시의 승인을 얻은 후 현재의 공장 건물을 인수받아 1997년 10월에 완공하였다. ZKM에는 두 개의 미술관과 미디어 극장, 미디어 도서관, 디지털 살롱 등이 있으며, 총감독은 Gerd Schwandner가 맡고 있다.

세계 최초로 예술 분야를 순수하게 뉴미디어에 연결하여 지원하는 센터로서 한 장소에서 연구, 개발, 컬렉션과 프리젠테이션까지 동시에 할 수 있다는 장점을 내세운다. 세계 각지로부터 초청한 작가들에게 작품 제작을 지원하여 제작과 기술적 변혁을 위한 비평과 창조적 노력을 병행한다. 이러한 과정은 ZKM을 찾는 일반인들에게 공개되어 새로운 가능성을 함께 실험할 수 있는 기회를 제공한다.

총 여섯 개의 부서 중 가장 큰 면적을 점유한 미술관은 크게 두 개의 층으로 구성되는데 1층의 〈현대 미술관(Museum for Contemporary Art)〉은 비디오와 키네틱 인스털레이션 위주의 전통적 설치 작업이 주류를 이루며 빌비올라와 백남준의 작품을 감상할 수 있다. 2층의 〈미디어 미술관(Media Museum)〉에는 ZKM이 자랑하는 인터랙티브 미디어 작품들을 볼 수 있는데, 관객의 참여에 따라 화면과 소리가 변조되는 작품들은 대부분이 미술관을 위하여 특별히 제작되었다. 이곳에서는 ZKM의 전 디렉터이자 작가인 Jeffrey Show의 대표작인 '읽히는 도시'를 볼 수 있다.

〈비주얼 미디어 연구소(Institute for Visual Media)〉는 미디어 문화에 대한 창조적 포럼을 계획하며 초청작가들에게 ZKM의 자료와 영상 장비, 멀티미디어 랩과 버츄얼 스튜디오 등을 제공한다. 디지털 사운드 합성과 알고리즘 컴포지션, 라이브 연주와 사운드 인스털레이션을 제작할 수 있는 〈IMA(Institute for Music and Accoustics)〉는 스피커와 컴퓨터를 이용하여 새로운 감성의 경험을 창출할 수 있는 장을 제공한다. 20세기 문학과 음악, 비디오 등을 소장하고 있는 〈미디어 도서관(Media Library)〉은 방문객이 의자에 앉아 터치스크린을 통해 자료를 선택해서 볼 수 있는 곳이다.

프랑크 덴 우스텐(Frank den Ousten), '부동의 아이덴티티(Floating Identities)', 1995

'블루 큐브(Blue Cube)', 뮤직 스튜디오 건물

틴 혹스(T. Hocks), '무제(Untitled)', 1988

스태시 스피겔, 로드니 호인크스(Stacey Spiegel and Rodney Hoinkes), 교차(Crossings), 1995

'오디오-체어(Audio-chair)', 미디어 자료실의 오디오

미디어 · 아트 센터

ICC InterCommunication Center

1989년 일본의 NTT는 전화서비스 100주년 기념 사업으로 '20세기형 예술을 위한 미술관'에 대한 계획을 발표하였다. 1996년 현재의 인터내셔널 오페라 센터에 자리잡은 ICC는 1997년에 개장하였다. 전기 통신을 기반으로 NTTICC는 과학과 기술, 예술과 문화의 상호 교류를 통해 창조적인 미래 사회를 지향하며 현재 카네코 다카시가 디렉터를 맡고 있다.

ICC의 전시는 상설 전시과 기획 전시로 나누어진다. 상설 전시는 가상현실이나 인터랙티브 테크놀러지 등의 진보적인 테크놀러지를 혼합해 과학과 예술의 새로운 표현을 모색하는 미래지향적인 작품을 전시한다. 기획 전시는 전통적인 매체나 현재의 실험적인 작품을 모두 포괄하는 실험적인 작가를 초빙해 주로 기존의 액자 구조 형태의 장르에서는 수용할 수 없는 새로운 테마의 작품들을 전시한다. 전시와 더불어 필름과 비디오 상영, 퍼포먼스, 워크샵과 심포지움이 병행되어 격년으로 각 국가의 미디어 작가들을 10명씩 선발해 제작비를 지원하고 전시하는 ICC Biennale를 개최하여 최종 선발된 3명의 작가에게 상금을 수여하고 있다. '소통/비소통' 이란 주제로 열린 1997년 비엔날레의 대상은 터치스크린을 이용한 인터랙티브 작품을 전시한 캐나다 작가 Luc Courchesne에게 돌아갔다.

심도있는 강좌가 '뉴스쿨' 이란 이름으로 매년 열리는데 1999년에는 '미디어 더하기, 사인 빼기' 라는 테마 아래 전통적으로 약속된 사인으로 소통하는 데서 나타나는 리얼리티의 문제와 미래의 미디어, 멀티미디어 언어와의 차이점에 대해 논의하였다. 또한 대형 건물에 이미지를 투사하는 작가로 잘 알려진 미국의 크리스치토프 보디치코의 심포지움이 진행되었으며, 비디오 아티스트 부르스 요네모토의 전시와 초청 거주 작가의 전시회가 열렸다.

현재 진행중인 프로젝트 '디지털 바우하우스' 는 21세기형 창조와 교육에 관한 전시회로서 20세기 초반 바우하우스의 테마인 예술과 과학, 조형, 건축의 상호 교류를 미래지향적인 관점에서 재조명하고 있다.

Luc Courchesne, '풍경 1(Landscape one)', 캐나다

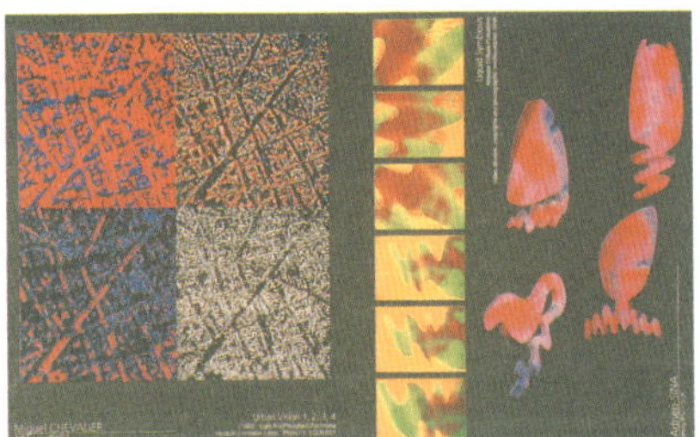

도시의 미래형(都市の未來型)

'즐거운 삶(Pleasure Life)', 1988

홍성민, 'Man and Queen', 비디오 프로젝터, 마네킨, 1994

홍성민 (계원조형대 교수)

▶ 극화 劇畵

극화라는 말은 일본에서 처음 사용하기 시작하였다. 일본 만화는 1948년 경 전후 만화 대본소를 중심으로 활성기를 맞았다. 일본의 영향으로 우리나라도 1960년 4·19를 전후하여 대본소가 급격히 증가하였는데, 일본의 경우 대본소란 그 곳에 앉아 만화책을 빌려 보는 것이 아니라 말 그대로 만화책만 빌려주는 곳이었다. 1956년에는 한 권에 한 가지 이야기를 담는 단행본이 아닌 여러 가지 이야기를 담는 옴니버스식 대본소용 만화잡지 〈가게(影)〉, 〈도오리(街, 1957)〉가 창간된 것을 계기로 만화의 스타일은 크게 다양해졌다. 1957년 다츠미 요시히로라는 사람이 일반 개그, 유머 만화와 줄거리를 지닌 드라마적인 만화를 차별화하기 위해 드라마성 만화라는 뜻인 극화라는 말을 사용하기 시작하였다. 이 용어는 널리 확고하게 자리잡았고 1960년대 초에 우리나라에도 소개되어 사용되기 시작하였다. 정작 일본에서 극화 선풍을 일으킨 주인공은 시라도 산헤이(白土三平)로, 그가 발표한 무협지 〈인자무예장(忍者武藝場)〉은 1959년 12월 1권이 출판되자마자 큰 화제작이 되었다. 이 작품은 일본에 극화 붐을 일으켰고 1964년 9월에는 최초의 극화 전문 잡지 〈가토〉가 그의 작품을 특집으로 하여 창간되었다. 그뒤 일본에서 극화 만화라는 범주에 속하면서 독특한 영역을 확대하여 개그, 유머 중심의 좁은 의미의 만화와 차별되는 장르로서 사실상 일본 청소년 만화 시장의 가장 큰 줄기로 자리잡고 있다.

▶ 더마트로프

애니메이션을 즐기기 위한 옵티컬 장난감의 첫 출발점으로 가장 손쉽게 제작할 수 있는 애니메이션 기법이다. 1820년 영국인 의사인 존 파리스(John Paris)에 의해 제작되었으며, 구성은 두 개의 얇은 끈이 양쪽에 부착된 둥근 카드 조각으로 이루어진다. 양쪽의 끈을 잡아당겨 원반을 회전시키면 한쪽 면에 그려진 이미지가 다른 쪽에 그려진 이미지와 시각적으로 합성된다. 우리의 눈에 보이는 각각의

이미지들은 시간적으로 먼저 본 이미지를 계속해서 망막상에 남아 있게 되므로, 각각 분리된 이미지일지라도 하나의 연결된 이미지로 인식하게 되기 때문에 이러한 현상이 나타난다. 더마트로프를 제작하기 위해서는 약간 두꺼운 카드보드지와 끈을 준비한 후, 카드의 양쪽에 연결된 그림을 그려 넣는다. 새와 새장(새장 속의 새), 표지판과 사람(표지판을 들고 있는 사람), 공과 물개(코에 공을 올려 놓고 있는 물개) 등을 실험적으로 제작해 볼 수 있다. 그림을 그려 넣을 때는 각각의 그림이 정확히 결합될 수 있도록 위치 조절을 잘 해야 한다. 그림의 위치를 정확히 잡아 주는 원리는 셀 애니메이션을 제작할 때에도 중요시된다.

▶ 로토스코핑 rotoscoping

1978년 톨킨(Tolkien)의 전설에 바탕을 둔 랄프 바크슈(Ralph Bakshi)의 'The Lord of the Ring'에서 소개되었다. 사진술과 회화 사이의 영역에서 독창적 애니메이션을 만들 수 있는 기법이다. 이 로토스코핑 기법은 실사의 움직임(live action)을 먼저 촬영하여 동화상을 만든 후 애니메이션 이미지를 합성하는 기법으로 셀에 그린 후 촬영된 애니메이션 필름과 동화상 필름을 하나의 필름으로 만드는 것이다. 사실적 이미지는 투사된 영역의 선택과 그리는 스타일에 따라 변경되고 과장될 수 있다. 이 방법의 장점 중에 하나는 손으로 그린 움직임을 표현하는 데 있어서 비교적 정확성을 유지한다는 것이다. 또한 이 기법은 중간(in-between) 프레임이 많기 때문에 일반적인 카툰 애니메이션보다는 섬세함과 정교함을 갖는다.

▶ 리미티드 애니메이션 limited animation

1초에 8장 또는 12장의 그림만 돌려도 움직임에 이상을 못 느끼는 것을 이용하여 1초에 24장을 그려서 이은 풀 애니메이션(full animation)과는 달리 1초에 8-12장의 그림만 그려 이은 애니메이션을 말한다. 즉 인간의 눈은 잔상을 1/24초까지 느낄 수 있으므로 8장의 그림을 그린 후 매 그림을 3장씩 연

애니메이션 animation 이원복 박재동

속으로, 12장의 경우 각 2장씩 연속으로 이어 1초에 이은 그림을 모두 24장으로 만드는 기법이다. 이 경우, 풀 애니메이션에 비해 원화 및 동화 제작비가 반 또는 3분의 1로 절감되는 장점이 있다. 미국의 애니메이션과 대결하고 폭주하는 TV 애니메이션 수요를 충족하기 위하여 일본이 주로 사용하는 기법으로, 유럽 및 국제 시장 가격면에서 미국 애니메이션을 제압하고 일본 애니메이션이 세계 시장을 장악하는 데 결정적인 역할을 하였다. 그러나 리미티드 애니메이션은 풀 애니메이션에 비해 작품성이나 완성도에서 크게 뒤떨어지는 단점이 있다.

▶ 모델 시트 model sheet

각본이 결정되면 콘티 작업과 함께 주인공 및 여러 등장 인물들의 모습을 정해야 한다. 한편 이 애니메이션에 적게는 너댓, 많은 경우 (장편) 수십 명의 주요 등장 캐릭터(인물, 동물, 또는 의인화된 등장 요소)들이 필요하다. 모델 시트란 일종의 표본 설정 작업으로, 등장 인물 하나 하나의 기본 동작, 응용 동작 및 앞모습, 옆모습, 뒷모습, 윗모습 등 어떤 애니메이터라도 이것만 보면 그 등장 인물의 응용된 움직임을 그릴 수 있도록 하는 설계도라 말할 수 있다. 동작뿐만 아니라 색채 지정도 해주어야 하는데, 한 등장 인물에 들어가는 모든 색채를 애니메이션 업계의 색채 지정 번호를 사용하여 지정해 주어야 한다. 이 작업은 수십, 수백 명에 이르는 채색 요원들이 모델 시트를 기준으로 수천, 수만 번에 걸쳐 반복되는 등장 인물의 그림에 통일되고 오차없이 채색할 수 있는 기본 지시도인 셈이다. 모델 시트란 등장 인물에 한하는 것이 아니라 배경의 경우도 해당된다. 영화에서 필요한 세트를 설계하고 건설하는 것과 마찬가지로, 애니메이션에서도 한 편에 필요한 전체적인 배경, 장비, 또는 소도구 등을 모두 모델 시트에 그려주고 색채 지정을 하여 배경 전문가들이 오차없이 제작자가 원하는 배경, 소도구들을 그려낼 수 있도록 한다. 모델 시트 작업은 애니메이션에서 가장 중요한 준비 단계로서 장

편 애니메이션의 경우 수백 장에 달하기도 한다. 콘티와 모델 시트가 완전히 결정되면 그 다음 작업은 사실상 단순 노동이라고 할 수 있다. 이 두 가지만 있으면 어떤 업체에 하청을 준다 하더라도 감독만 제대로 한다면 거의 같은 품질의 결과를 얻을 수 있기 때문에 미국, 일본 등의 회사들은 임금을 절약하기 위하여 본국에서는 이와 같은 전단계 작업만 하고 그 다음 단계는 한국, 태국, 대만 등에 하청을 주어 제작하는 것이 상례이다.

▶ 배경 background

애니메이션은 움직이는 동화 부분과 움직이지 않는 배경 부분으로 나누어진다. 움직이지 않는 부분은 모두 배경 담당에서 그린다. 가령 하늘이라든지 건물, 자동차 등 모든 배경이 그려지면 배경 위에 채색된 동화를 올려놓고 한 장씩 촬영한 것을 이어 연속으로 돌림으로써 애니메이션이 성립된다.

'캐스퍼(Casper)', 하비 엔터테인먼트, 1994년 영화 제작

▶ 상해미술영화제작소 上海美術電影制片廠

1947년 설립된 중국 최대의 애니메이션 스튜디오. 500여명의 직원들이 지금까지 300여 편의 장·단편 애니메이션 영화를 제작했다. 특히 이 제작소의 수묵화 애니메이션 제작은

세계에서 유일하고 특유한 기술로 유명하다. 그 중에서 '목적(牧笛, 1964)', '녹령(鹿鈴, 1983)'은 우리에게 널리 알려져 있는 작품이며, 역시 수묵 애니메이션 기법을 사용하여 1988년 터웨이(特偉), 먼산춰언(門善春), 마커샨(馬克宣)이 공동 연출, 완성한 '산수정(山水情)'은 같은 해 11월 개최된 상해 국제 애니메이션 대회에서 대상을 수상했다.

'목적(牧笛)', 서정시적 수묵 애니메이션 영화, 1980년 안델센 동화상 수상

▶ 서울 국제 만화 · 애니메이션 페스티벌 Seoul International Cartoon & Animation Festival

1995년부터 개최되기 시작한 페스티벌로 97년부터 문체부에서 민간으로 이관하여 한국 애니메이션과 만화의 발전 및 국제화를 지향하는 목적 아래 개최되고 있다. 다양한 전시 및 기획 행사, 애니메이션 및 캐릭터 공모전, 독립 상영관의 다채로운 상영 등을 통해 한국 애니메이션의 현 주소를 가늠하는 행사가 되고 있다.

▶ 세계 애니메이션 필름 페스티벌: 자그레브 The World Festival of Animated Film: Zagreb

크로아티아 공화국 자그레브시에서 격년제로 개최되고 있는 이 예술제는 ASIFA가 처음으로 공인한 페스티벌로 국제 애니메이션 예술의 발전과 진흥, 작가들의 창작의욕 고취, 결속을 목적으로 1972년부터 개최된 세계 최고의 애니메이션 페스티벌이다.

▶ 셀 애니메이션 cell animation

셀이라는 의미는 초기 플라스틱지의 화학적 물질인 셀룰로이드에서 온 것이다. 이 기법은 1914년 켄사스시의 얼 허드에 의해 고안되었으며, 다음 해에 이 기법은 특허를 받았다. 셀 애니메이션은 가장 대표적인 애니메이션으로 수많은 월트 디즈니(Walt Disney)의 영화들이 이 기법으로 제작되었으며, 현재 제작되고 있는 만화의 거의 대부분이 이 기법으로 제작된다. 미국의 만화 혹은 '캐릭터 애니메이션'은 새로운 예술 장르와 사업 분야를 창출해냈을 뿐만 아니라, 전 세계적인 애니메이션 필름의 시청자를 확보하기도 하였다. 제작 과정의 분업화가 가능하고 제작 결과의 정확한 예측과 수정이 용이한 특성을 가지고 있으며 현재 전세계적으로 가장 널리 보급되어 있는 제작기법이자 대표적인 표현 양식으로 거의 모든 TV, 극장용 작품이 이 방법으로 제작된다. 대량 제작과 자유로운 움직임 연출을 할 수 있으며 상당한 양의 작업량을 절약할 수 있다. 현재는 전반적으로 디지털 애니메이션으로 변환하고 있는 추세이다.

'포카혼타스(Pocahontas)', 월트 디즈니

▶ 수정 retake

원화, 동화, 채색, 촬영 과정에서 수 많은 수정 작업을 한다. 잘못된 그림, 동작을 바로 잡는 작업으로 특히 동작의 어색함은 동화와 원화 작업 과정에서는 연결해서 볼 수 없으므로 잡아내기 어렵다. 그래서 동화가 끝나면 채색에 들어가기 전에 컴퓨터에 동화를 입력하여 연결, 재생함으로써 동작의 어색함을 수정한다. 수정 과정은 한 편의 애니메이션이 완성되기까지 몇 차례에 걸쳐 행해지는 뒷과정으로서 그 과정이 계속될수록 점점 더 어려워지고 비용도 많이 드는 작업이다.

▶ 스토리보드 storyboard

콘티와 모델 시트가 작성되고 나면 본격적인 애니메이션 작업에 들어가게 된다. 스토리보드란 하나의 동작, 또는 하나의 장면을 놓고 이를 어떻게 움직임으로 처리해 나갈 것인가를 스케치로 연속 동작 형태를 그려 놓은 것을 말한다. 여기에 연출자의 감각과 기량에 의해 작품이 크게 달라질 수 있다. 따라서 하청을 주는 경우, 좀 더 정확히 원하는 결과를 얻기 위하여 스토리보드까지 작성하여 주는 경우가 많다. 같은 동작, 같은 장면이라도 장면 포착의 각도, 표정의 처리나 분위기의 설정 등 다양한 응용의 기능성이 많은 만큼 연출자의 역할이 크게 중요한 부분이다. ➡ 영상 디자인 참조

▶ 시나리오, 각본 scenario

만화 영화가 제작되려면 가장 먼저 각본이 있어야 한다. 이는 다른 영화나 TV 프로그램도 마찬가지이다. 만화 영화에서의 각본은 문자만으로 이루어진 것으로, 영화 전체의 스토리 전개와 등장 인물 및 대사가 결정된다. 이 각본은 만화 영화의 기본 골격이 되고, 감독과 진행자들의 협의를 거쳐 만화적인 요소를 가감하여 수정된다. 만화영화의 감독은 일반 영화의 감독이 배우를 대상으로 연기를 결정짓는 것에 비해 출현 만화 주인공의 모습 및 행동, 배경 등 만화적인 요소를 결정하고 기본 형태를 제작하는 임무를 지닌다. 일단 결정된 각본은 감독들에게 넘겨져 미술 부분 제작에

들어가며, 다른 한쪽으로 오디오 부분으로 넘겨져 성우들이 대사를 녹음하고 음악 부분은 작곡을 의뢰하게 된다. 이 과정에서 만화 영화의 시간 길이가 결정되고 전체적인 골격이 드러나게 된다.

▶ 실루엣 애니메이션 silhouette animation

그림자를 이용한 실루엣 기법으로 만드는 애니메이션 필름은 1940년대 독일의 Lotte Reiniger가 시도하였다. 기본적으로 컷아웃 애니메이션으로, 조명을 역광처리하여 실루엣이 움직이며 영화를 이어나간다. 실루엣 애니메이션의 특징은 필름화되는 사물이나 캐릭터의 윤곽선을 제외한 세부적인 모습들이 시청자에게는 완전히 가려진 채로 움직임을 만드는 데에 있다. 검정 컷아웃 캐릭터들과 밝게 빛나는 배경 사이의 대비는 연결된 부분들을 쉽게 감춘다. 따라서 연결 부위가 눈에 띄지 않지만 매우 효과적인 움직임으로 재현할 때 이 기법을 사용하면 효과적이다.

▶ 안시 국제 애니메이션 필름 페스티벌 Annecy International Animation Film Festival

세계에서 가장 오래되고 가장 큰 애니메이션 축제인 이 페스티벌은 프랑스 남부에 자리잡은 조그마한 예술의 도시 안시에서 매년 6월에 개최된다. 원래 깐느 영화제(The Cannes Film Festival)와 함께 있다가 1956년 처음으로 기구에서 벗어나 1960년에 이 작은 도시 안시에 자리잡은 후 현재 세계적인 경연장

안시 국제 애니메이션 필름 페스티벌이 열리고 있는 경연장

이 되었다. 70개국 이상의 나라에서 애니메이터, 필름 메이커 그리고 전문적인 제작자들이 4천명 이상이나 참여하는 대축제이다.

ANNECY 97 포스터

▶ 애니메이션 animation

일반적으로 만화 영화를 지칭하는 것으로 생각하지만, 사실은 '생명을 불어낸다' 라는 그리스어 애니마(anima)를 어원으로 하는 '동화(動畵)' 라는 해석이 옳다. 즉 움직임이 없는 무생물적인 존재를 여러 번에 걸쳐 변형을 시키고 이를 연속 촬영 또는 기타 영상적 수법을 이용하여 마치 생명이 있어 움직이는 듯한 눈의 착각을 일으키도록 하는 기술을 일컫는다. 따라서 만화 영화뿐만 아니라 그림자 놀이, 인형극 동작, 지점토 공작을 연속 촬영한 영상 등 현물(現物)자체는 생명이 없어 움직이지 못하는 것을 움직이는 것처럼 보이는 기술 전체를 애니메이션이나 동화라 하며, 만화 영화는 정확히 카툰 애니메이션(cartoon animation)이라 지칭한다. 인형극 자체는 공연(performance)으로 보아야 하며 인형의 동작 하나 하나를 연속 촬영하여 연결, 상영하는 것은 애니메이션에 속한다. 다시 말해서

영화, 광고, TV 등 모든 영역에서 움직이지 않는 대상을 움직이도록 하는 것을 일반적으로 애니메이션이라고 한다.

▶ 애니메이션의 역사

애니메이션의 역사는 동화의 기술과 함께 하므로 사실상 영화의 역사보다 앞선다. 영화가 탄생하기 이전인 1888년 프랑스의 에밀 레이노가 동화를 영사하는 장치인 프락시노스코프를 발명하고 '시각극장(視覺劇場)' 이라는 이름으로 파리에서 선보인 것이 공식적인 애니메이션의 시발이다. 1895년 뤼미에르 형제에 의해 '활동사진' 이 개발되었고, 1906년 미국의 스튜어트 블랙튼이 애니메이션 영화의 원형이라고 할 수 있는 '요술만년필' 을 발표하였으며, 1908년 프랑스의 에밀 콜이 세계 최초의 만화 영화 '팡파스마고리'를 비롯한 인형 영화, 그림자 극영화를 제작하였다. 만화 영화의 전성기는 월트 디즈니에 의해 열렸다. 1928년 최초의 발성(토키)만화 영화 '미키마우스의 증기 기관차' 를 발표하고, 1932년에 첫 컬러 작품인 '숲의 아침' 을 발표하였고, 1937년에 최초의 장편 색채 만화 영화 '백설공주' 가 발표되었다.

▶ 애니메이션 연관 산업

애니메이션의 특징 중의 하나는 연관 산업으로서의 확장 가능성과 파급 효과가 크다는 점이다. 이는 국가 이미지 홍보, 문화 이식 및 국내 산업 진흥, 해외 수출에 기여하는 등 문화적 가치와 경제적인 효율성을 얻을 수 있다. 이러한 측면에서 황금알을 낳는 미래 산업의 총아로 각광받고 있는 애니메이션 산업의 인접 분야(연관부수시장)로는 전자오락게임, 팬시/ 캐릭터산업, 광고, 홍보시장, 출판, 음반 산업, CD-ROM 등을 들 수 있다. 이 외에도 근래에는 컴퓨터 그래픽 기술의 발달로 애니메이션의 상당 부분이 컴퓨터 그래픽으로 이루어지고 있다.

▶ 오타와 국제 애니메이션 페스티벌 OIAF
Ottawa International Animation Festival

아메리카 대륙에서 가장 크고 중요한 축제로 캐나다의 수도 오타와에서 격년으로 치뤄지

고 있는 이 페스티벌은 애니메이션의 예술적 측면뿐만 아니라 산업적 측면이 비중있게 반영된 행사라는 측면에서 독특한 특성과 중요성을 가지고 있다. 히로시마, 안시, 자그레브와의 차별성을 강조함으로써 전세계 애니메이션 팬들의 관심과 호응을 얻고 있다.

▶ 원화 · 동화 原畫 · 動畫

만화 영화의 기본 원리는 1초에 24장의 그림을 이어서 연속적으로 돌림으로써 눈에 남는 잔상(殘像) 효과에 의해 움직이는 것처럼 착각을 일으키는 것이다. 따라서 1초의 동작에는 8-24장의 그림을 그려야 하는데, 이 그림을 원화 또는 동화라 한다. 일정한 시간 또는 일정한 동작을 애니메이션으로 제작할 때는 워낙 방대한 매수의 그림을 그려야 하므로 서로 분담해서 해야 한다. 이때 연출자는 한 동작의 시작과 중간, 그리고 끝나는 동작을 그려주고 나머지는 동화를 맡은 기술자들이 이를 기본으로 동작을 미분(微分)하여 그리게 된다. 이 작업에서 중요한 시작, 중간, 종료 동작을 원화(原畫)라 하며 그 사이를 미분하여 메꾸는 작업을 동화(動畫)라 한다. 동화가 비교적 단순한 능력을 요구하는 기술임에 반하여 원화는 상당히 고도의 기술이 요구되므로 보수와 대우 면에서 두 분야는 큰 차이가 있다. 대개 애니메이션계에 입문하면 가장 먼저 동화 작업을, 몇 년의 경력이 쌓이면 원화 작업을 하고 여기에 더 많은 경험과 기량이 쌓이면 비로소 연출까지 맡게 된다.

▶ 월트 디즈니 Walt Disney

1925년 월트 디즈니에 의해서 창설된 월트 디즈니사는 헐리우드의 역사와 함께 환상과 동화의 천국을 건설한 영화사이다. 권선징악적인 해피엔딩으로 남녀노소 국적을 막론하고 다 함께 즐길 수 있는 것이 바로 월트 디즈니사의 만화영화이다. 1937년 최초의 장편애니메이션 '백설공주와 일곱난장이' 는 오늘날 디즈니 스타일이라고 부르는 애니메이션의 규범을 만들었다. '피노키오', '정글북', '피터팬', '인어공주', '미녀와 야수', '노틀담의 곱추' 에 이르기까지 수많은 작품에서 알 수 있듯, 디즈니 스타일이란 고전들에서 완성된 애니메이션 양식을 말한다. 이러한 디즈니 스타일의 작품에서 핵심이 되는 것은 '사실적인 액팅' 과 '캐릭터들간의 커뮤니케이션', 그리고 '음악과의 조화' 이다.

'미녀와 야수', 월트 디즈니

▶ 이펙트 애니메이션 effect animation

애니메이션은 거의 절대적으로 인간의 손에 의존하지만 특수한 효과를 내려면 특수 기자재의 힘을 빌리지 않을 수 없다. 가령, 인물이나 동물 등의 캐릭터 이외에도 파도, 비, 바람, 번개 등의 자연 현상이나 불꽃 또는 SF에 쓰이는 갖가지 신비로운 영상 등은 특수 효과 처리를 하여야 한다. 대부분의 경우 이러한 효과를 전문적으로 처리해 주는 기계가 있지만 눈, 비, 번개, 섬광 등의 효과는 별도로 촬영하여 애니메이션과 합성하는 기법을 사용하기도 한다.

▶ 인형 애니메이션 puppet animation

인형극 놀이에서 도입된 입체 애니메이션의 대표적인 기법으로 인형에 조금씩 움직임의 변화를 주어 촬영하는 방법이다. 관절 구조를 갖춘 인형을 작가의 연출 의도에 맞게 조금씩 움직여서 촬영해야 하므로 자유롭게 서 있을 수 있고 무게도 지탱할 수 있도록 만들어져야 한다.

▶ 조우이트로프 zoetrope

1834년 윌리엄 호어(William Hornor)에 의해 만들어졌으며, 하나의 기구에 여러 가지 다른 종류의 그림들을 끼워서 다양한 애니메이션을 즐길 수 있었기 때문에 가장 대중적으로 인기를 끌었다. 이것은 드럼과 같은 원통형의 가장자리에 같은 간격으로 구멍을 뚫고 드럼 안쪽으로 일련의 연속된 그림을 위치시킨 뒤 원통을 회전시키면 구멍 사이로 드럼 안쪽의 그림들이 보이도록 고안한 것이다. 드럼의 직경이 크면 클수록 더욱 긴 애니메이션을 즐길 수 있으며, 드럼 안쪽의 그림이 그려진 종이를 다양하게 교체시킴으로써 하나의 기구를 이용하여 여러 가지 애니메이션을 즐길 수 있다. 이 기구의 이름은 1860년경에 피에르 다번스(Pierre Devignes)에 의해서 '휠 오브 라이프(Wheel of Life)' 즉, 생명력 있는 바퀴라는 의미를 지닌 명칭으로도 불려지게 된다.

▶ **재패니메이션 Japanimation**

재패니메이션은 미국 언론에서 편의상 일본 애니메이션에 붙인 미국식 용어이다. 보수적인 가족주의 이데올로기에 충실한 미국 애니메이션의 특징이 사실적인 움직임과 현란한 음악, 교훈적인 내용으로 이루어진다면 일본 애니메이션의 특징인 리미티드(Limited) 기법에 의한 독창적인 움직임과 연출, 상상력이 풍부하고 다양한 주제, 개성적인 캐릭터와 정교한 메카닉 디자인 등은 싸구려 TV시리즈

'마이 네이버 토토로(My Neighbor Totoro)', 지브리 스튜디오

로 생각되었던 아니메를 자신들만의 독특한 미학을 작품에 투영하면서 세계를 지배하는 문화상품이 되었다. 리미티드 애니메이션 기법에 의한 제작비 절감과 일본 특유의 시스템 정착, 그리고 이에 따른 보다많은 애니메이션의 탄생은 세계 TV애니메이션 시장의 65%를 장악하고 실질적인 세계 제1위의 애니메이션 제작국을 만들었다. 이는 산업적인 면에서 어느 산업 분야의 시장점유율과 다른, 전 세계 절반 이상의 수용자가 재패니메이션과 소통하고 있다는 점에서 가공할 만한 위력을 지닌다.

▶ **채색 coloring**

원화, 동화가 완성되면 복사기를 사용하여 투명한 셀룰로이드지(셀지)에 그 선을 옮긴다. 이렇게 하면 투명한 셀지에 동화된 24장(풀 애니메이션의 경우)의 먹선 그림이 생기게 된다. 복사된 셀지는 종이에 그려진 동화와 함께 채색부에 전달된다. 채색부에는 색감독과 채색 요원이 있어 또 다시 분업된다. 색감독은 전달된 동화와 셀지를 받아 동화에서 이미 전달받은 모델 시트와 연출자의 색채 지정을 기본으로 하여 약속된 색채 지정 번호로 각 장에 색채를 지정해 준다. 색채가 지정된 동화와 복사된 셀지는 채색 요원에게 전달되고, 채색 요원은 셀지를 뒤집어 그 위에 지정된 색깔을 입혀 나간다. 이 작업은 비교적 단순 노동에 속하지만 숙련도에 따라서 대단히 고속으로 채색할 수 있고, 채색한 매수에 따라 보수를 받으므로 숙련공과 미숙련공의 소득은 커다란 차이가 나게 된다. 셀지를 뒤집어 채색하는 이유는 사용하는 물감이 수용성(水溶性) 불투명 아크릴이라는 특수 도료로 뒤집어 채색해야만 반대 면에 유려한 채색 효과가 나타나기 때문이다.

▶ **컴퓨터 애니메이션 computer animation**

1980년대 이후 사용이 크게 확대된 컴퓨터 애니메이션은 인간의 손역할을 컴퓨터가 대신 맡은 애니메이션을 말한다. 컴퓨터의 활용은 그 빈도가 날로 높아가고 있으나 아직까지는 사람의 손이 더 빠르고 저렴하기 때문에

완벽한 컴퓨터 애니메이션 도입은 상당한 시간이 필요할 것으로 보인다. 다만 컴퓨터를 활용한 채색은 그 속도도 빠르고 색채도 다양하므로 선진국에서는 많이 사용하고 있다. 또 특수 효과도 컴퓨터를 사용해 진일보한 특수 기법이 선보이고 있는데, 컴퓨터 애니메이션이 그 진수를 보이고 있는 분야는 주로 SF 영화로, 카메라로는 도저히 묘사할 수 없는 특수 효과로 제작된다. → 컴퓨터 그래픽스 참조

'토이스토리(Toy Story)'

▶ 컷아웃 애니메이션 cut-out animation

애니메이션에 자른 종이 형태를 사용하는 기법은 과거 유럽에서 유행했던 실루엣과 그림자(Shadow)를 이용한 놀이에서부터 비롯된 것이다. 컷아웃 애니메이션이라는 명칭에서 알 수 있듯 종이 위에 형태를 그리고 잘라 낸 다음, 손으로 각각의 종이들을 직접 한 장면씩 움직여 가면서 촬영하는 기법이다. 이 기법은 하나의 그림을 계속해서 사용할 수 있기 때문에 작업의 양을 절약할 수 있다. 형태들 자체는 자유롭게 변화시킬 수 없다는 단점이 있지만 형태간의 분리와 연결이라는 과정을 통해 어느 정도 해결할 수 있다. 이야기상에서 캐릭터의 역할에 따라 잘리는 부분이 결정되고 이 부분으로 움직임을 만든다.

▶ 콘티 continuity

애니메이션 제작 과정에서 극영화의 촬영 대본에 해당하는 것으로, 문자로만 된 각본과는 달리 영화가 어떤 형태로 전개되는가를 결정하는 시각적 대본이다. 영화 스토리의 전개, 변화, 음악과 대사의 처리 등 모든 것이 간단한 그림 스케치로 연속적으로 엮어나가는 작업이다. 통상 1매에 5-6장면의 그림이 그려진 그림 콘티 용지를 사용하며, 연출가(감독)가 그리기도 하지만 콘티만 전문으로 작성하는 콘티 전문 작가가 있기도 하다. 이 콘티에 의하여 사실상 애니메이션의 골격은 물론 질적인 면도 결정된다고 보아야 한다. → 영상 디자인 참조

▶ 클레이 애니메이션 clay animation

'월레스와 그로밋', 아드만 애니메이션(Aardman animation)

클레이(clay)는 우리가 흔히 만지던 찰흙과 비슷한 것으로 재료의 특성상 자유로운 형태로 변형(metamorphosis)시키는 것이 용이하다. 즉 처음 만든 형태에서 점차적으로 변해 결과적으로 처음의 형태와는 연관되지 않은 전혀 새로운 형태로 만든다는 뜻으로, 클레이를 이용해 이러한 작업을 할 수 있다. 다양한 재질(texture)과 부피를 가진 형태, 색상을 표현할 수 있으므로 클레이를 이용하여 표현할 수 있는 세계는 무궁무진하다고 할 수 있다. 점토로 피사체를 제작하여 부조, 환조 등으로 세트에서 한 프레임씩 촬영하여야 하

므로 장시간의 작업 시간 동안 형태와 색상을 유지하기 위해서는 튼튼한 골조가 필요하다

▶ 페나키스토스코프 phenakistoscope

1832년 요셉 플라토(Joseph Plateau)는 로젯(Roget)의 '지각의 항상성' 이론을 응용하여 만든 옵티컬 기구인 '페나키스토스코프'를 만들었다. 플라토는 그리스, 로마 군사들이 그들의 원형 방패로 움직이는 그림을 만들었던 것에 착안하여 원판의 가장자리에 연관된 일련의 16장의 그림을 그려 넣고 한번에 하나씩의 그림만 볼 수 있는 구멍을 만들었다. 조금씩 변형되는 그림들을 한 장의 원형 카드 둘레에 배치하여 회전시키면 그 구멍을 통해 차례로 그림이 보이면서 움직이는 듯한 착시 현상을 일으키게 된다. 이 기구는 판타스코프, 스트로보스코프, 애니메토스코프, 필로스코프 및 조우이트로프 등으로 개선되어 간다. 재료로는 사각 일러스트레이션 보드, 나무 막대기, 압정과 거울이 필요하다. 일단 일러스트레이션 보드에 커다란 원을 그리고 잘라낸다. 이 원의 둘레를 정확히 12등분한 후 각각마다 작은 구멍들을 만든다. 그런 다음 원반 주위로 12장면의 그림들을 구멍의 바로 아래 쪽에 그려 넣고 원반의 중심과 나무 막대기를 겹쳐놓은 후 압정으로 고정시킨다. 거울을 앞에 놓고 그림이 그려진 원반 쪽을 거울로 향하게 한 후 원반을 회전시키면서 원반 구멍 사이로 시선을 고정시켜 거울에 반사된 상들을 보면 각각의 그림들이 일정하게 움직이는 듯한 착시 현상을 일으키게 된다.

페나키스토스코프(phenakistoscope)

▶ 페인트 온 글라스 paint on glass

1977년 캐나다의 애니메이터인 캐롤라인 리프(Caroline Leaf)가 개발한 독창적 기법이다. 한 대의 카메라를 반투명의 유리나 투명한 유리 위에 고정시키고 유리 아래로 특수 조명을 설치해서 유리판 위로 균등하게 비춰지도록 한 다음 유리 위에서 모래나 물감(쉽게 굳지 않는 물감)을 움직이면서 촬영하는 기법이다.

▶ 풀 애니메이션 full animation

영화의 원리가 1초에 24장의 그림을 이어 연속적으로 돌리는 것은 앞에서 기술하였다. 애니메이션이 영화의 효과를 활용하려면 1초에 24장의 그림을 연속적으로 돌려야 한다. 그러나 사람의 눈은 그 잔상을 1/24초까지 느낄 수 있으므로 1초에 24장이 아니라 8장의 그림을 각 3장씩 연속적으로 보여 주어도 그 결과는 마찬가지다. 그러나 1초에 24장의 그림을 연속으로 돌려 주는 것이 어느 면으로 보나 동작도 부드럽고 어색하지 않은데, 이처럼 애니메이션 동작의 완성도를 중요하게 생각하여 1초에 24장의 그림으로 채워서 만든 애니메이션을 풀 애니메이션 또는 풀 프레임 애니메이션(full frame animation)이라 한다. 월트 디즈니 프로덕션을 비롯해 미국의 애니메이션들이 대부분 풀 애니메이션으로 제작되고 있다.

▶ 프로덕션 production

종합 예술로서의 애니메이션은 수많은 화가와 공정을 필요로 하는 집단적 창작 단계를 거치게 되는데 이것을 프로덕션이라고 부른다. 프로덕션은 다시 3단계(프리프로덕션 단계 - 메인프로덕션 단계 - 포스트프로덕션단계)로 나뉘어 공정상에서 나타날 수 있는 혼란을 단순화시킨다.

1. 제작 준비 단계 pre-production

제작 준비 단계는 제작하고자 하는 작품의 성패가 좌우되는 중요한 단계로 작품의 기획에서부터 시작하여 시나리오, 홍보, 마케팅, 캐릭터 디자인, 설정, 스탭 구성, 이미지보드, 스토리보드, 색지정, 대사 사전녹음 등이 포

함된다.

2. 제작 단계 main-production

실질적인 제작 과정으로 많은 인원과 공정이 필요하다. 레이아웃, 배경, 원화, 크린업, Time Sheet(exposure sheet), 동화, 색지정, 제록스(채색 전에 원동화를 복사하는 과정), 선화(trace/inking), 라인 테스트(line test), 채색, 파이널 체크(final check), 촬영 등의 과정을 거친다.

3. 후반 작업 단계 post-production

현상, 색보정, 러쉬 편집, 본편집, 대사, 녹음, 효과, 음악, 사운드필름편집, 사운드네가현상, 프린트, 극장 상영, 비디오 출시 등 화면과 소리를 편집하여 하나의 완성된 프린트를 만들어내는 과정이다. 완성된 프린트는 극장 상영과 비디오 출시를 통해 관객이 볼 수 있다. 대다수 상업용 작품의 경우, 극장의 상영 시기와 홍보상의 문제로 이러한 후반작업에 충분한 시간이 주어지지 않는 것이 문제이다.

▶ 플립 북 flip book

1869년경 플립 북(flip book)이라 불리는 키네오그라프(kineograph)가 나왔다. 플립 북은 흔히 어린이들의 장난감에서 보던 바와 같이 책이나 노트의 끝부분에 조금씩 변해가는 그림들이 움직이는 듯한 효과를 만드는 것이다. 플립 북을 만드는 기법은 모든 애니메이션 제작 방법 중 가장 복잡한 셀 애니메이션 (cell animation) 기법과도 유사한 면이 많다. 예를 들어 플립 북에서 매 장면에 해당되는 그림들을 정확하게 정렬하고 맞추도록 유지해 주는 맞춤표 역할을 하는 것이 카드 묶음의 제본 부분이다. 그리고 이들 플립 북의 종이들을 일정한 속도로 넘기는 것은 애니메이션 프로젝터로 필름을 상영하는 것과 같은 과정이라 할 수 있다. 플립 북을 만드는 가장 손쉬운 방법은, 일단 작고 줄이 없는 흰 종이를 준비한다. 이때 가장 편리한 규격은 5×7 인치 정도가 적당하며 이들 종이 묶음과 연필한 자루만으로도 플립 북을 제작할 수 있다. 제일 처음 장면은 플립 북의 가장 마지막 페이지에 그리는 데 이는 플립 북의 전개 방법

이 뒤에서부터 그림을 제작하여야 먼저 그린 그림이 윗종이로 어느 정도 투과되어 드로잉을 쉽게 할 수 있기 때문이다. 모두 완성된 후에 한 손으로 카드 묶음을 잡고 뒤에서 앞으로 일정한 속도로 넘기면 애니메이션 효과를 느낄 수 있다.

▶ 픽실레이션 pixilation

1968년 영국의 비틀즈(Beatles)를 소재로 한 영화인 'Yellow Submarine'에서 새로운 기법인 픽실레이션이 소개되었다. 픽실레이션은 사람들을 소재로 애니메이션을 만드는 기법으로 어떤 자연적으로 벌어지는 사건 혹은 설정된 주제를 위해 연출된 장면들을 촬영하는 것이다. 순간 포착적인 연속 촬영 기법에 의해 완성시킨 이 픽실레이션 필름은 마치 무성 영화를 보는 것과 같이, 사람들이 도저히 표현할 수 없을 것 같은 동작들을 보여주는 특성이 있다. 픽실레이션은 위치가 고정된 카메라로 주인공들을 한 장면씩 움직여 가면서 촬영하기 때문에 많은 인내와 집중을 필요로 하며, 때로는 심한 육체적 노동을 필요로 하기도 한다. 소재가 살아있는 사람이기 때문에 완벽한 자세의 조절이 어렵고 필요로 하는 동작의 양을 산출해내기도 까다롭다.

▶ 히로시마 애니메이션 페스티벌
Hiroshima International Animation Festival

아시아권에서 개최되는 유일의 세계적인 애니메이션 페스티벌인 '국제 애니메이션 페스티벌, 히로시마'는 1984년도에 ASIFA(국제 애니메이션필름협회) 일본 본부의 주도로 창설된 지구촌 애니메이션 예술가들의 작품 경연장이다. 행사 장소를 원폭에 관한 관심 지역인 '히로시마'로 택하여 '사랑과 평화'라는 뚜렷한 주제를 내세움으로써 국제 애니메이션 예술가들의 주목을 끌기 시작한 이 애니메이션 페스티벌은 ASIFA가 공인한 전문 공모전 성격의 애니메이션 영상 예술제 형태를 취하게 되었다. 예술적 순수성과 투명성을 보장, 세계 애니메이션 영상문화인들의 참여를 유도함으로써, 이 대회는 세계 애니메이션 예

애니메이션 animation

이원복　박재동

술인들의 공감대와 호응을 이끌어내어 오늘날 세계 3대 애니메이션 페스티벌로 성장할 수 있었다.

히로시마 애니메이션 페스티벌이 개최되었던 아스터 플라자 전경

▶ 2차원 애니메이션 2D animation

필름에 담겨지는 피사체의 형태는 표현 대상에 따라 2D와 3D로 나눌 수 있는데, 그중 2차원의 평면상의 실체를 표현 대상으로 한 경우의 애니메이션을 2차원 애니메이션이라고 한다. 3차원의 강력한 현실성에 비해 2차원 애니메이션이 갖는 특성은 현실의 물리적 법칙에 구애를 받지 않는다는 점이다. 2차원 애니메이션의 이러한 기본적 성격은 회화적 장치를 통해 가상의 이미지를 만들어냄으로써 애니메이션 장르가 가지는 특출한 성격인 유희성과 無所無時力을 과시할 수 있는 원천이라고 할 수 있다. 2차원은 사실상 제한된 공간인 사각의 프레임에 구애가 있으나, 작가의 상상력에 따라서 얼마든지 강력한 힘을 가진 열린 공간이 될 수 있다. 드로잉 온 페이퍼 애니메이션(drawing on paper animation), 셀 애니메이션(cell animation), 페인트 온 글라스 애니메이션(paint on glass animation), 로토스코핑(rotoscoping), 샌드 애니메이션(sand animation), 파우더 애니메이션(powder animation), 실루엣 애니메이션(silhouette animation), 컷아웃 애니메이션(cut-out animation), 2D 컴퓨터 애니메이션(2D computer animation) 등이 2차원 애니메이션에 해당된다.

▶ 3차원 애니메이션 3D animation

3차원 공간 내의 입체적 실제를 표현의 대상으로 할 경우, 이를 3차원 애니메이션(three dimension animation)이라고 한다. 2차원 애니메이션이 가지는 공간적 깊이에 대한 표현에 있어서의 환경적 조건과 제약과는 달리, 3차원 애니메이션은 실제로 존재하는 현실이므로 그 자신의 원근감을 형성할 수 있고 그림자, 불빛, 물결 등 자연적 현상이 자연스럽게 잉태되어 나타난다. 이는 3차원 미디어가 갖는 물리적 현실이 보이는 공간으로 구성되므로 중력과 속도, 움직임에 있어서 그 실재적 현실성을 가지므로 질료의 성질에 따라 물리적인 제약을 받는다는 것을 의미한다. 따라서 애니메이션 제작시 대상의 대치나 변형이 쉽고 이것은 각각의 프레임을 일일이 새로 만들 필요없이 환경 속에서 조형 형상만 새로 움직이는 제작 조건을 갖게 된다. 이러한 성격은 리얼리즘적 양상을 보여주는 3차원 애니메이션의 기본적 조건이 되며 특성이라 할 수 있다. 대부분의 3차원 애니메이션은 스톱 모션 애니메이션(stop motion animation: 장면에 필요한 인형이나 모형을 제작하여 원하는 모양으로 조금씩 움직이며 한 프레임씩 촬영, 제작하는 방식)으로 제작된다.

'하트 앤드 소울(Heart and Soul)', BBC TV의 타이틀 장면

소리, 이야기, 그림, 미디어를 다루며 입체적인 작업을 하는 새로운 시대의 애니메이터는 만화의 기법을 익힐 필요가 있다. 만화에 대한 고정관념에 연연해하는 사람이 아니라면 만화가 모든 조형과 스토리 형식을 담을 수 있는 미디어 그 자체라는 것을 알 수 있을 것이다. 우리 애니메이션계의 열악한 현실은 만화와 애니메이션 분야의 닫힌 관계로부터 비롯된다고 해도 과언이 아니다. 일반 사람들이 서로 비슷하다고 생각하는 분야끼리 이러하니 미술, 디자인, 문학 등 기존 문화 역량과의 관계는 말할 것도 없다. 애니메이션의 발전은 각 문화 역량과의 열린 관계를 통하여 확보해야 한다. 만화 영화를 애니메이션으로 알고 있는 사람, 또 만화를 대본소의 흑백 인쇄로 된 값싼 책이라는 것을 전부로 생각하는 사람은 의아한 소리로 들리겠지만 우리업계의 현실을 잘 들여다 보면 이런 문화적 폐쇄 구조가 다양성을 막고 외국 영상물의 흥행 신화에 덩달아 헛춤추게 만든다는 것을 느끼게 될 것이다.

세계 3위의 산업 규모, 세계 1위의 관련 대학 수, 80년대 말 이후 지금까지 필름 수출 내역의 95%이상을 차지하는 비교 우위 전략 산업 등의 겉모양이 허망하지 않기 위해서도 창작 인프라의 신구조 구축은 필요하다. 수준 높은 일러스트레이션과 스토리 구성, 참신한 캐릭터 창안, 디자인, 채색 기술의 발전(만화의 발전과 뭐가 다른가?)은 결코 애니메이션 기술의 발전과 무관하지 않고 팬시나 기타 이벤트 사업도 마찬가지이다. 특히 정보화 사회의 뉴미디어, 컴퓨터 그래픽 관련 동영상 작업은 더욱 이러한 변화가 필요하다.

박세형 (한국예술종합학교 영상원 교수)

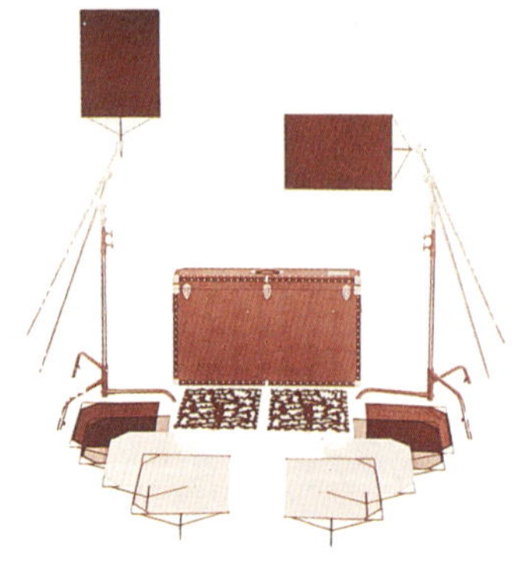

▶ 고보, 플래그 gobo, flag

조명에서 광선을 끊거나 가리는 데 사용되는 검정색 천으로 만든 가리개.

▶ 달리 dolly

촬영중 카메라의 위치를 자유롭게 바꾸는 이동 장치의 하나이다. 전동식, 수동식이 있으며 카메라를 위아래로 움직이는 장치가 없는 달리를 도어웨이 달리(doorway dolly)나 이동차라 한다. 이외에도 달리에는 움직임을 부드럽게 하기 위해 레일을 깔아서 쓰거나 작은 크레인의 기능을 대신하기 위한 지프(jeep) 등을 함께 쓰기도 한다.

달리(dolly)

▶ 동시 녹음 sync sound recording

우리나라의 경우 후시 녹음(더빙이라고도 함)을 하는 것이 일반적이지만 현장의 사실적인 음향을 위해서는 동시 녹음이 바람직하다고 할 수 있다. 동시 녹음을 할 때에는 카메라 역시 스튜디오용으로 사용되는 조용한 카메라를 사용해야 하며, 24프레임이 정확하게 맞는 크리스털 동조 시스템이 달린 카메라를 이용해야 한다. 전원의 불규칙한 공급에도 불구하고 항상 일정한 속도를 유지시키는 크리스털 동조 녹음기를 사용해야 함은 물론이다.

고보, 플래그 gobo, flag
달리 dolly
동시 녹음 sync sound recording
디지털 비디오 카메라 digital video camera
디지털 편집
디지털 효과 digital video effect
러쉬, 데일리, 워크 프린트 rush, daily, work print

▶ 디지털 비디오 카메라
digital video camera

영상 매체의 기술적인 진보로 인해 이제까지의 아날로그 정보들이 디지털 정보화되어 가고 있다. 특히 앞으로 다가올 고품위 TV시대를 맞이하여 디지털 비디오의 기술은 끊임없이 향상되고 있다. ➡ 신매체 참조

Sony DVCAM

▶ 디지털 편집

단순한 화면구성과 기본적인 색조를 만들 뿐만 아니라 새로운 이미지를 창조할 수 있다. 디지털 편집 과정에서는 아날로그 편집 과정을 쉽게 처리할 수 있다.

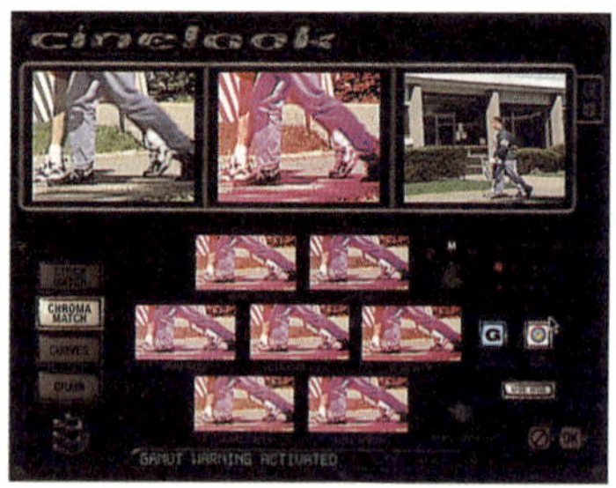

합성이나 몰핑의 화면 효과를 쉽게 구현할 수 있다.

▶ 디지털 효과 digital video effect

디지털 편집 과정 중 만드는 특수 효과들을 말하며, 그래픽이나 텍스트, 색, 빛 등을 만들며 필요한 부분의 화면도 만들 수 있다.

▶ 러쉬, 데일리, 워크 프린트
rush, daily, work print

촬영된 네거티브에서 색조정을 거치지 않고 뽑아낸 편집용 포지티브 필름을 말한다. 보통은 필름을 현상소에 맡긴 그날에 현상 인화되어 찾을 수 있기 때문에 촬영 확인용으로도

롱테이크 long take
매거진 magazine
매트 박스 matte box
모션 캡춰 motion capture
반도어 barn door
반사판
배면 영사 rear projection, background projection

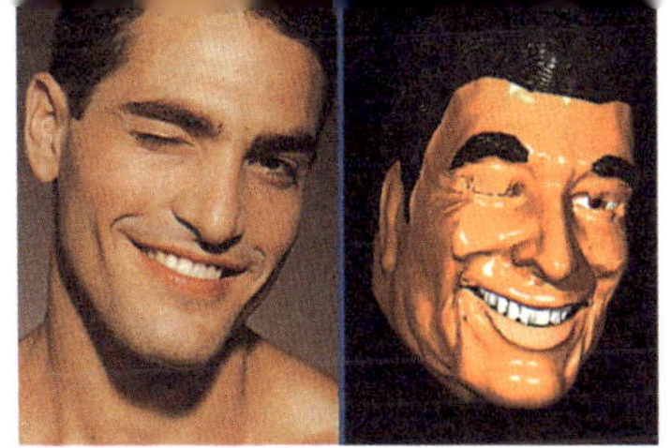
모션 캡춰

쓰이며 그런 이유로 러쉬, 데일리란 말을 쓰게 된 것이다. 러쉬란 말은 한국과 일본에서 쓰이는 말이며, 일반적으로는 데일리 혹은 워크 프린트라 부른다.

▶ 롱테이크 long take

촬영 방식의 하나로서, 하나의 씬이나 쇼트의 촬영이 부가적인 카메라 배치에 의해 단절되지 않는 것을 말한다. 롱 테이크는 그 활용의 정도에 따라 연출상의 강조에 영향을 끼치는 이유로 영상 예술에 있어서 미학적 함의를 갖기도 한다.

▶ 매거진 magazine

카메라나 영사기의 필름을 담는 통. 매거진은 카메라나 영사기의 종류에 따라 여러 종류가 있으며 카메라에 장착되는 형태에 따라서도 그 종류를 구분한다. 하나의 매거진 문으로 촬영된 필름과 아직 촬영되지 않은 필름이 연결되어 있는 것을 일체형 매거진이라 하며, 구형 아리플렉스나 시네마 프로덕트에서 제작되는 CP계열의 카메라들이 이에 해당된다. 반면 매거진 문은 분리되어 있되 한쪽에서 열도록 되어 있는 것을 애크미 시스템(acme system)이라 하며 애니메이션용 애크미 카메라나 미첼 카메라, 파나비전 카메라 등이 이에 속한다. 최근에 많이 사용하는 시스템은 DISPL 시스템으로 각각의 필름이 반대편에 위치하며 매거진 문도 양쪽에서 따로 열도록 되어 있다. 이에 속하는 것들은 최근에 나온 아리플렉스 카메라들과 에클레어(eclair) 카메라, 액션마스터 카메라 등이 있다. 분리형 매거진을 많이 사용하는 것은 만일의 경우 매거진 뚜껑이 열렸을 경우 어느 한쪽이라도 안전한 상태로 남기려는 것이다.

▶ 매트 박스 matte box

카메라 렌즈 앞에 장착하며, 카메라 필터를 끼우거나 화면을 끊어주는 매트 역할을 하고 햇빛을 가리는 복합적 용도로도 사용된다.

▶ 모션 캡춰 motion capture

실사의 움직임처럼 자연스러운 컴퓨터 그래픽을 만들기 위한 장비. 표정이나 행동, 그 이외 특수 효과를 사용할 때 쓰인다. 보다 자연스럽게 애니메이션을 만들 수 있다.

▶ 반도어 barn door

영어의 원뜻은 '창고문'이란 뜻이나 조명에서는 조명 기구 앞에 접었다 폈다 할 수 있게 만든 가리개를 일컫는다.

반도어

▶ 반사판

일반적으로 야외 촬영을 할 경우 광선을 반사하여 어두운 부분을 밝히고자 할 때 많이 쓰이는 조명용 도구이다. 반사판에는 은박지가 붙어있어 광선의 색과 성질을 그대로 전달해 주는 실버 페이스(silver face)와 약간 노란색으로 반사시켜 주는 골드 페이스(gold face), 광선을 부드럽게 반사시켜 주는 소프트 페이스(soft face) 등이 있다.

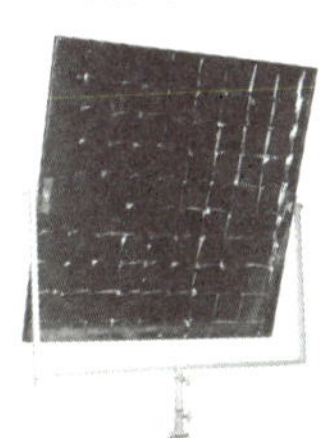

반사판. 플라스틱으로 만든 가벼운 반사판이나 보관과 이동이 간편한 반사용 천을 사용하기도 한다.

▶ 배면 영사 rear projection, background projection

동조용 특수 카메라와 프로젝터를 사용하여 찍고자 하는 피사체의 배경에 이미 촬영된 필름을 투사하여 촬영하는 방식. 한국에는 현재 영화진흥공사 스튜디오에 장비가 설치되어 있다.

비디콘 video assist unit
사운드 로고 · 징글 sound logo · jingle
사운드 이펙트 sound effect
색보정 color correction
쇼트 shot
스테디 캠 steady cam
시퀀스 sequence
씬 scene, 애니메이션 animation

▶ 비디콘 video assist unit

비디오 지원 시스템이라고도 하며 카메라의 뷰파인더에 장착해 카메라 렌즈가 포착한 이미지를 뷰파인더를 통하지 않고도 따로 설치된 TV 모니터를 통해 보거나 비디오에 녹화할 수 있는 카메라용 보조 장비이다.

▶ 사운드 로고 · 징글 sound logo · jingle

기업이나 상품의 이름을 더욱 인상적으로 전달하기 위하여 특별히 제작된 효과음이다. 초기 영상 광고에서는 CM이 그 역할을 해왔는데, 광고 방송이 짧아지고 기존의 노래 등이 그대로 사용됨에 따라 짧은 음의 효과를 겨냥한 징글이 유행했다. 그후 징글은 주로 기업의 개성을 단적으로 나타내는 음의 CI로 변해 사운드 로고로 활용되게 된 것이다. 이것은 그 기업에서 하는 모든 영상 광고물에 통일된 이미지를 심어 주기 때문에 커다란 효과가 있다고 볼 수 있다.

▶ 사운드 이펙트 sound effect

음향 효과.

▶ 색보정 color correction

색보정은 촬영 단계에서와 촬영 후의 포스트 프로덕션 단계의 색보정으로 나누어질 수 있다. 촬영 단계에서의 색보정은 자연광과 텅스텐 조명에 의한 차이를 카메라용 색보정 필터나 조명용 필터를 이용하며, 포스트 프로덕션 단계에서의 색보정은 비디오의 텔레시네 과정에서 하거나, 혹은 필름 네거티브 편집이 끝난 후 현상소에서 한다.

▶ 쇼트 shot

화면을 구성하는 기본 단위. 쇼트는 카메라가 작동되는 순간부터 멈추는 순간까지 한 장면이나 사물을 연속적으로 촬영한 것이다. 편집된 필름에서 쇼트는 커트한 이음새나 광학적 장면 전환으로부터 다음에 나올 연결 부분까지의 길이를 말한다. 쇼트는 다음과 같은 종류가 있다.

①extreme long shot(e.l.s)
②long shot(l.s)=full shot
③medium shot(m.s), ④close up(c.u)
⑤extreme close up(e.c.u)

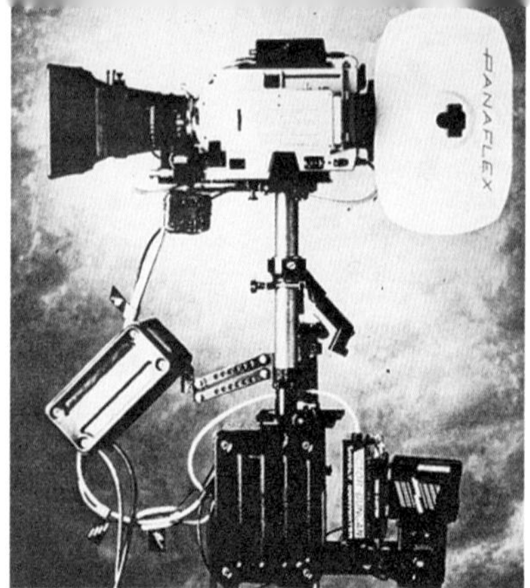

카메라 진동 방지 시스템의 일종

▶ 스테디 캠 steady cam

촬영 기사의 자유로운 움직임을 보장할 뿐만 아니라 핸드헬드 상태에서도 떨림이 없는 영상을 만들 수 있다. 이 시스템은 특수 고정 장치를 이용하여 카메라 자체의 무게를 촬영 기사의 몸으로 분산하여 균형을 잡아 촬영 기사의 움직임에 따른 흔들림이 카메라에 전달되지 않도록 한다. 이 시스템을 이용하면 카메라를 촬영 기사의 신체 일부처럼 움직일 수 있고, 따라서 카메라의 이러한 부드러운 이동은 촬영 기사의 눈, 팔, 뇌로 조정되는데, 이는 마치 인간이 유리잔을 들고 방이나 계단을 움직일 수 있는 것과 같은 이치이다.

▶ 시퀀스 sequence

화면을 구성하는 한 단위로, 서사 구조에서 통합된 한 부분을 이루는 상호연관된 몇 개의 쇼트나 씬으로 구성된다.

▶ 씬 scene

일반적으로 상호연관된 몇 개의 쇼트들로 이루어진 화면 구성의 한 단위를 말한다. 장소나 극적인 사건에 의해 통합된다.

▶ 애니메이션 animation

애니메이션이란 단순하게 보면 필름의 경우 초당 24개의 화면, 비디오의 경우 30개의 화면으로 분할하여 움직임을 만들어 내는 것이지만 그 기법과 재료에 따라 현대에 와서는 상당히 다양한 모습을 보이고 있다. 재료에 따라 분류할 경우, 투명한 셀로판지 위에 그림을 그리는 전통적인 셀 애니메이션(cell animation)과 컴퓨터가 등장하면서 나타난 컴퓨터 애니메이션(computer animation), 다양한 색깔이 있는 찰흙을 이용해 입체 혹은 평면으로 제작하는 클레이 애니메이션(clay animation), 그외에 실제의 사물을 한 동작씩 찍어서 만드는 실사 애니메이션, 종이에 일러스트나 그림을 그려서 만들거나 모래, 핀 등을 이용하는 기타 애니메이션이 있다. 일반적으로 애니메이션은 하나의 그림당 2장의 화면을 찍어 만들지만 경우에 따라 초당 24장을 모두 그리기도 하고 초당 6장만을 그리기도 한다. 미국의 월트 디즈니 프로덕션에서 주로 이용하는 기법은 초당 그림의 수에 충실한 풀 애니메이션(full animation)이라 하여, 화면 안의 물체나 동물의 움직임이 실제 동물의 움직임과 유사한 정밀함을 가진다. 이외에 주로 일본에서 제작비를 줄이기 위한 고육지계로 나온 일본 만화 영화의 주종을 이루는 스킵 프레임 애니메이션(skipped frame animation)은 초당 그림 수를 줄여 만드는 애니메이션이며, 이는 우리나라도 TV용 만화 영화 제작법으로 많이 활용하고 있다. 이외에 투광 기법에 의한 애니메이션, 에어 브러시를 사용하여 그림을 만들어 찍는 피스 애니메이션 등 여러 가지가 있다. 최근의 TV용 광고 영상에서는 하나의 단일 기법이 아닌 복합적 기법이 이용되어 애니메이션의 실험성과 표현의 폭을 넓혀준다. → 애니메이션 참조

▶ 오버랩, 디졸브 overlap, dissolve

페이드 인, 페이드 아웃 기술로 두 개의 화면을 겹쳐 바꾸는 것을 말한다. 편집 용어로는 에이비롤(abroll)이라고도 한다.

▶ 오프 라인 off line

VTR 편집을 할 때, 디지털 효과기나 컴퓨터 스위처가 포함된 본편집을 하기 전에 간단한 VTR 장비로 하는 편집. 일반적으로 U-matic이나 VHS 시스템으로 편집한다.

▶ 온 라인 on line

모든 디지털 효과기와 편집 장비 등을 동원해서 하는 본편집. 일반적으로 1인치 비디오 테이프나 디지털 테이프로 편집한다.

▶ 온 에어 on air

완성된 광고 필름이나 비디오가 방영되는 것. 방영되기까지 여러 가지의 과정을 거친다. 우선 완성된 광고 영상물이 광고주측으로부터 시사 통과가 되는 것을 시작으로 비디오로 방송용 소재를 복사해 각 방송사에 보내야 하며, 지방 방송사의 경우는 3/4인치 테이프로 복사하여 보낸다. 또한 극장용은 상영용 프린트 필름을 만들어서 배급해야 한다. 방송국의 경우 소재를 받은 날짜로부터 1주일의 작업 시간을 요구하기 때문에 소재 전달 후 1주일이 지나야 방송을 통해 광고를 볼 수 있다.

▶ 조명

조명은 색온도와 광원, 그 쓰이는 용도에 따라 여러가지가 있다. 촬영용 조명은 우리의 백열전구와 비슷한 3,200kw부터 태양광과 비슷한 색채를 가진 5,600kw까지 여러가지가 있다. 그 중 3,200kw의 광원을 가진 조명이 텅스텐 라이트이며, 태양광과 비슷한 5,600kw의 광원을 가진 조명이 HMI, ARC 라이트이다. 용량과 용도에 따라 여러가지로 나눌 수 있는데, 크게 광선을 모아 한 방향으로 보내는 스폿(spot)과 광선을 부드러운 간접광으로 만드는 소프트(soft)가 있다. 아주 작은 부분을 부분적으로 조명하기 위한 핀 스폿(pin spot), 650kw, 1kw, 2kw, 3kw, 5kw, 10kw 등 그 종류가 여러 가지이며, 무대용 조명으로 개발된 쥬피터와 스카이 등도 광고 영상 촬영을 위하여 자주 쓰인다.

HMI lighting

아리 플렉스 16SR-3

▶ 카메라

TV용 광고 영상은 보통 35mm 필름용 카메라, 방송용 비디오 카메라로 촬영하는데, 가장 많이 쓰는 필름용 카메라는 아리-3(arri Ⅲ), 미첼이 있고 고속용 카메라로는 액션 마스터가 있다. 비디오 카메라는 소니사의 베타캠이 주로 쓰이고 있으나 필름으로 만드는 것이 일반적 추세이다.

▶ 카메라 헤드 (유압식, 마찰식, 기어식)

트라이포드 위에 장착하여 카메라의 움직임을 부드럽게 하기 위한 카메라 지지 용구이다. 카메라 헤드에는 가장 일반적으로 쓰는 유압을 이용한 유압식과 몇 장의 철판을 겹쳐서 그 마찰력을 이용하여 부드러운 움직임을 만드는 마찰식 프릭션 헤드, 기어를 이용하여 정확한 움직임을 만드는 기어식이 있다.

▶ 콘티, 스토리보드
continuity, storyboard

콘티뉴어티를 줄여 부르는 콘티의 본래 뜻은 영어의 뜻 그대로 화면 안에서의 연속성을 말하나 한국, 일본에서는 스토리보드를 말한다. 스토리보드는 내용을 그림으로 설명한 것으로 TV용 광고 영상의 경우 처음의 기획 단계에서부터 제작 마무리 단계까지 스토리보드가 중요한 역할을 한다. 스토리보드에 싣는 내용은 촬영할 화면을 묘사한 그림과 스토리, 카피, 음향, 카메라의 움직임이나 편집의 방향 등이다. 그림은 화면 전환할 때마다 그리는 것이 원칙이나 보통 10초에 4장 내지 5장 정도의 그림이 기본이다. 스토리보드는 그 용도에 따라 세분할 수 있는데, 일반적으로 아이디어 회의나 기획 회의를 위해 간략히 그리는 스토리보드를 섬네일(thumbnail) 혹은 러프 콘티(rough conti)라 한다. 반면 프리젠테이션(presentation)을 위해 정밀하게 그린 스토리보드를 컬러 콘티, 혹은 일본말인 혼방 콘티라 한다. 촬영 전에 자세하게 만드는 스토리보드를 촬영 콘티 혹은 연출 콘티라 한

카메라, 카메라 헤드(유압식, 마찰식, 기어식)
콘티, 스토리보드 continuity, storyboard
콜 시트 call sheet, 크레인 crane
키라이트 key light, 테이크 take
트라이포드 tripod, 틸트 tilt, 팬 pan
페이드 인 · 페이드 아웃 fade in · fade out
포그 머신 fog machine

다. 그림으로 그린 스토리보드 대신 슬라이드나 비디오로 만든 스토리보드를 쓰기도 한다.
→ 애니메이션 참조

▶ 콜 시트 call sheet

제작진과 탤런트 혹은 모델들의 스케줄 관리표. 일반적으로 촬영 일정뿐 아니라 의상 체크와 소품, 프리 라이팅(실제 촬영 전에 세트나 로케이션에서 조명을 해보는 일) 등의 일정을 기록해서 촬영에 관련된 모든 사람들에게 배포한다.

▶ 크레인 crane

카메라를 위로 높이 올리거나 어떠한 물체 밖으로 내밀어 사용할 때 쓰는 카메라 지지용 기구.

▶ 키라이트 key light

조명에 있어서 주(主)가 되는 광원.

▶ 테이크 take

쇼트나 씬을 촬영하기 위한 카메라의 작동으로 한번 카메라가 돌기 시작해서 멈출때까지를 말한다.

▶ 트라이포드 tripod

카메라 지지용 삼각대. 트라이포드는 그 길이에 따라 종류가 나뉘어져 있으며 롱(long), 스탠다드(standard), 숏(short), 베이비(baby) 등으로 분류된다.

▶ 틸트 tilt

카메라 앵글의 상하 이동.

▶ 팬 pan

카메라 앵글의 좌우 이동.

▶ 페이드 인 · 페이드 아웃
fade in · fade out

화면을 전환할 때 화상이 점차로 밝아지는 것을 페이드 인이라 하며, 화면이 점차 어두워지는 것을 페이드 아웃이라 한다.

▶ 포그 머신 fog machine

특수 효과 용액을 사용해 인공적인 안개를 만드는 기계이다. 특수 효과 용액에는 수용성과 지용성이 있어 안개의 느낌과 질을 다르게 한다. 또한 광범위한 지역의 안개 효과를 위해서 젖은 짚이나 가마니 등을 태우기도 한다.

▶ 포커스 이동
follow focus, change focus

장면 안에서 피사체의 움직임에 따라서 카메라 포커스를 따라가 주는 것을 폴로 포커스라 하며, 하나의 피사체에서 다른 피사체로 카메라 포커스를 이동하는 것을 체인지 포커스라 한다. 포커스 이동은 일반적으로 제1촬영 조수가 맡아서 한다.

▶ 프레임 frame

영상용 필름이나 슬라이드 필름에서의 한 장면. 영상용 필름에서는 1초에 24프레임이 영사되며 비디오에서는 1초에 30프레임이 보여진다.

▶ 플래너/프로듀서/연출자/감독

광고 영상의 경우 제작의 효율성과 전문성을 위하여 일반 여타 영상 작업에 비하여 각각의 기능과 역할에 따라 직종이 세분화되어 있다. 일반적으로 플래너와 프로듀서는 광고 영상의 제작 단계에서 기획을 담당하는 사람들을 말하며, 연출자와 감독은 실제의 제작을 담당하는 사람들을 일컫는다. 플래너와 프로듀서, 연출자와 감독은 같은 개념이며 이외에도 조명에는 조명 감독, 촬영에는 촬영 감독을 따로 두는 경우도 있다. 미국, 유럽에서는 영상 전반을 책임지는 사람을 영상 감독(director of photography)이라 부른다. 광고 영상의 경우 한번 제작된 작품은 일과성으로 흘러가지 않고 계속하여 방영되므로 각각의 영상이 완벽해야 하며, 작품의 길이가 짧기 때문에 대개의 경우 감독의 영향력이 작품에 가장 크게 나타나며 감독의 자질에 따라 작품의 성격이 크게 달라진다.

▶ 피피엠 PPM preproduction meeting

프리프로덕션 미팅의 약자로 촬영하기 전에 최종적으로 모든 준비 사항을 검토하는 회의이다. 이때 촬영을 위한 스토리보드, 음악, 음향, 의상, 세트나 촬영 장소, 세트 디자인 등 그외의 촬영에 관련된 제반 사항들을 모두 검토한다.

▶ 하이 햇 high hat

마치 영국 신사의 굽이 높은 실크 모자를 닮았다고 해서 붙은 이름이다. 카메라 지지용 장치로서 트라이포드 즉, 삼각대가 미치지 않을 정도의 낮은 카메라 앵글을 잡을 때 사용하는 쇠로 만든 삼각대이다. 하이 햇의 높이는 고정되어 있으며 바닥에 붙여서 사용한다.

▶ 합성

일반적으로 두 가지 이상의 다른 이미지를 혼합하는 것으로 TV 광고에서는 여러 가지 용도로 사용된다. 최근에는 해리(harry)나 페인트 박스(paint box) 등의 특수 영상용 편집 장비들을 이용하여 전문가들도 식별하기 힘든 정도의 고난도 영상 합성을 자연스럽게 만들어 낸다. 간단한 합성 방법으로 첫째는 마스크 합성으로 하나의 영상물 안의 어떤 모양을 오려내어 다른 영상물 안에 넣는 방법이 있으며, 둘째로는 와이프 합성으로 화면 분할이나 커텐을 여는 것과 같이 이미 전자적으로 만들어진 여러 가지의 도형을 이용하여 합성하는 방식이다. 셋째로는 블루 스크린 합성으로 블루 마트 합성이라고도 한다. 이것은 피사체를 청색이나 녹색, 혹은 노란색 앞에 놓고 촬영한 후 피사체만을 색상 차이를 이용하여 분리시킨 후 다른 이미지와 합성시키는 방법이다. 그 외에 애니메이션 촬영대를 이용한 매트 합성 등이 있다. 최근에는 해리 등 컴퓨터를 이용한 합성이 주조를 이루고 있다.

▶ 핸드헬드 hand-held

카메라 지지용 삼각대나 기타 지지하는 장치 없이 카메라 촬영 기사가 직접 손으로 들거나 어깨에 메고 촬영하는 것을 말한다. 일반적으로 가벼운 카메라를 주로 이용하며 거칠은 카메라의 움직임이나 자유스러운 이동이 필요할 경우에 사용한다. 핸드헬드는 '데모찌'라고 부르기도 한다.

▶ 헐레이션 halation

빛이 렌즈를 통하여 직접적으로 들어옴으로 해서 생기는 흐려짐 현상을 말한다. 헐레이션이 생기게 되면 깨끗한 이미지를 얻기가 힘들어지므로 촬영시에 검정색 햇빛 가리개를 이용하여 빛이 렌즈에 직접 들어오는 것을 막아준다.

▶ 넥스케이프 Netscape

1993년에 일리노이대학의 안드레슨(Marc Andreessen)을 중심으로 한 팀은 웹상에서 효과적으로 정보를 검색할 수 있는 NCSA 모자익(Mosaic)을 개발하여 배포하였다. 모자익의 등장 이후에 웹사용자들은 놀라울 만큼 늘어났으며 웹에서의 가능성이 확산되기 시작하였다. 이어 실리콘 그래픽스의 클락(Jim Clark)이 안드레슨에게 동업을 요청하여 95년 8월에 넥스케이프 커뮤니케이션즈(Netscape Communications)사가 등장하였다. 초기 넥스케이프는 브라우저 이름이었고 회사 이름은 모자익 커뮤니케이션즈(Mosaic Communications)였으나 넥스케이프의 인지도가 점차 커지고 모자익에 대한 일리노이대학과의 상표권 문제로 인하여 회사 이름을 넥스케이프 커뮤니케이션즈 코퍼레이션즈(Netscape Communications Corporations)로 수정하였다. 넥스케이프의 등장으로 인하여 웹이 대중적으로 자리를 잡아가기 시작하였고 또 웹에 대한 사업성 검토와 투자가 생겨나기 시작했다고 해도 과언이 아닐 정도로 넥스케이프는 한때 유닉스의 전유물과도 같았던 인터넷을 일반 PC에서도 즐길 만한 가치가 있는 것으로 끌어올리는 데 큰 역할을 하였다. 어떤 의미에서는 넥스케이프의 역사가 곧 웹의 역사로 인식되기도 한다. 넥스케이프의 등장은 새로운 비즈니스를 창출하는 데 영향을 주었고, 디자인 분야에서도 한때

모자익

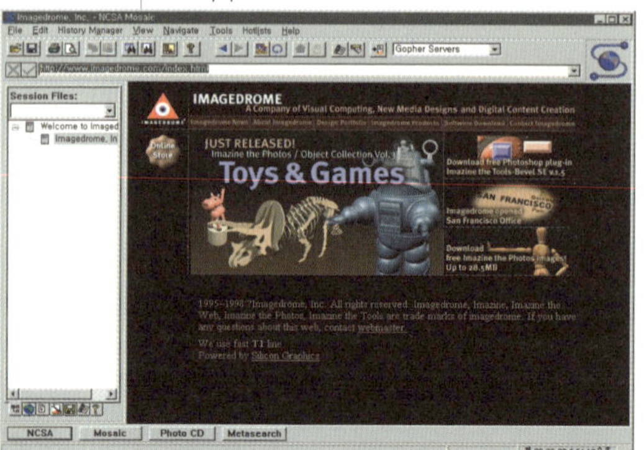

넥스케이프

뉴미디어 디자인의 주류로 인정받았던 씨디롬 타이틀 등의 시장을 멀찌감치 밀어놓고 웹 디자인이라는 새로운 디자인 분야를 탄생시키는 결과를 가져오기도 하였다. 한때 웹 브라우저의 거의 대부분의 시장을 장악하였던 넥스케이프는 마이크로소프트의 공격적인 마케팅으로 점차 열세에 몰리기 시작하여 한때는 여러 가지 악성 루머에 시달리기까지 하였으나 1999년초 AOL(America Online)에 의해 인수되면서 활기를 되찾기 시작하였다. 마이크로소프트가 자사의 브라우저인 인터넷 익스플로러의 점유율을 높일 수 있었던 이유도 AOL의 협력이 있었기 때문인데 AOL의 넥스케이프 인수로 브라우저간의 경쟁에 새로운 국면을 맞게 되었다.

▶ 야후! Yahoo!

야후!는 현재 인터넷상에서 가장 성공한 인터넷 검색 엔진 중의 하나로, 처음 웹이 등장하였을 때 스탠퍼드(Stanford) 박사 과정의 제리 양(Jerry Yang)과 데이브 필로(Dave Filo)는 단순한 흥미거리로 인터넷 검색 엔진을 개발해 웹상에서 제공하였다. 급기야는 두 사람이 소화할 수 없을 정도로 많은 사람들이 이 서비스를 이용하였고, 결국 그 상업성을

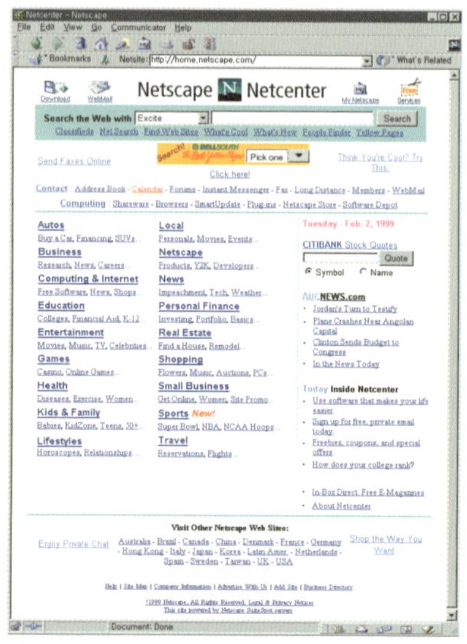

인식한 제리 양은 소프트뱅크(Soft Bank)의 손정의 등의 투자를 받아 야후!를 법인화하고 새로운 비즈니스로 출발하였다. 야후!의 등장과 성공은 많은 젊은이들에게 인터넷이 '기회의 땅'이라는 인식을 심어주기에 충분했고 이로 인한 새로운 검색 엔진들이 등장했다. 하지만 야후!만큼 사람들이 손쉽게 원하는 정보를 얻을 수 있는 곳은 찾기 힘들었기 때문에 야후!는 꾸준히 인터넷 검색 엔진 분야에서 선두를 달리며 지금은 단순 검색 엔진에서 벗어나 다양한 정보를 주는 인터넷 포털 사이트(portal site)로서의 가능성을 보여주며 인터넷상의 비즈니스 가운데 가장 성공한 모델 케이스이다. 99년초 인터넷 업계 규모 1위의 AOL이 2위의 야후!를 견제하기 위해 6위의 넷스케이프를 인수하자 곧이어 야후!는 3위의 지오시티스(Geocities)를 인수해 단숨에 AOL을 제치고 인터넷 업계의 최고 기업으로 올라섰다. ➔ http://www.yahoo.com

야후(Yahoo)

▶ 월드와이드웹 WWW World Wide Web

1989년 스위스 유럽공동입자연구소(CERN)의 팀 버너스 리(Tim Berners-Lee)는 인터넷상에서 필요한 자료를 찾는 방법에 많은 문제가 있음을 느끼고 하이퍼 링크 등을 이용하여 한번의 클릭만으로 원하는 정보를 찾을 수 있는 새로운 소프트웨어와 네트워킹 프로토콜(protocol: 네트워크상에서 컴퓨터들간에 의사 소통을 하기 위한 약속된 통신 규약)을 제시하였다. 이는 기존의 인터넷이 사용하기가 상당히 까다롭고 어디에서 어떤 정보를 찾아야 하는지 파악하기 어려웠던 환경에 새로운 길을 제시한 것이었다. 하지만 큰 대중성을 확보하지는 못하다가 1993년 최초의 웹 브라우저인 NCSA Mosaic이 등장하면서 그 사용자들이 기하급수적으로 늘어나기 시작하였다. ➔ http://www.w3.org

▶ 웹 마스터 webmaster

보통 웹 사이트를 관리하는 관리자를 지칭한다. 웹 마스터(webmaster)는 웹 서버의 소프트웨어와 하드웨어 등에 능통하여 이를 관리할 줄 알아야 하며 컨텐트(content)의 제작, 보완, 수정 등에도 관여하여 중요한 역할을 수행한다. 특히 웹 사이트를 방문한 방문자들의 질의 등에 적절하게 응답해야 하는 의무도 가진다. 웹 마스터의 업무 수행은 방문자가 그 사이트가 얼마나 잘 돼 있고 사용자들에 대한 배려가 철저한가를 가늠하는 척도가 될 수도 있는 만큼 상당한 책임도 아울러 따르게 된다.

▶ 웹 브라우저 web browser

인터넷상에서 웹을 보려면 HTML문법을 제대로 해석해서 시각적으로 보여주는 웹 브라우저가 필요하다. 초기에 모자익(Mosaic)을 개발한 안드레슨(Marc Andreessen)과 실리콘 그래픽스(Silicon Graphics)를 창업한 클락(Jim Clark)이 합심하여 세운 넷스케이프(Netscape)사의 넷스케이프 내비게이터(Netscape Navigator)는 인터넷과 웹을 대중적으로 끌어올리는 데 견인차 역할을 하였으며 이 브라우저의 등장으로 웹상에서 텍스트와 함께 이미지를 볼 수 있고, 멀티미디어 등을 구현할 수 있게 되었다. 이에 따라 수천만 이상의 사용자가 단기간에 이를 사용하게 되었고 급기야 한때 웹을 경시하던 마이크로소프트(Microsoft)조차도 이러한 현상에 놀라 웹 브라우저 시장에 뛰어들었다. 마이크로소프트가 넷스케이프를 견제하려고 개발한 인터넷 익스플로러(Internet Explorer)는 초기에는 조악한 기능 등으로 사용자들의 외면을 받았으나, 마이크로소프트의 끊임없는 투자와 마케팅으로 점차 넷스케이프와의 시장 점유율 격차를 좁혀갔다. 이러한 마이크로소프트와 넷스케이프간의 브라우저 전쟁은 양사의 지속적인 기술 투자로 사용자로서는 더욱 우수한 사용 환경을 거의 무료로 구축할 수 있다는 장점을 가지게 되었으나 한편으로는 양대 브라우저의 스펙(spec)이 완벽하게 통일되지 않아서 개발자들이나 웹 디자이너들로서는 양쪽에 모두 맞추거나 한쪽을 포기하여야 하는 골치아픈 문제를 안게 되기도 하였다. 이러한 전쟁은 급기야 두 회사가 법정에 서게 되는 상황까지 가게 만들었다. 99년 초 미국 최대 인터넷 통신회사인 AOL이 넷스케이프를 인수하게 됨으로써 브라우저 전

익스플로러(Explorer)

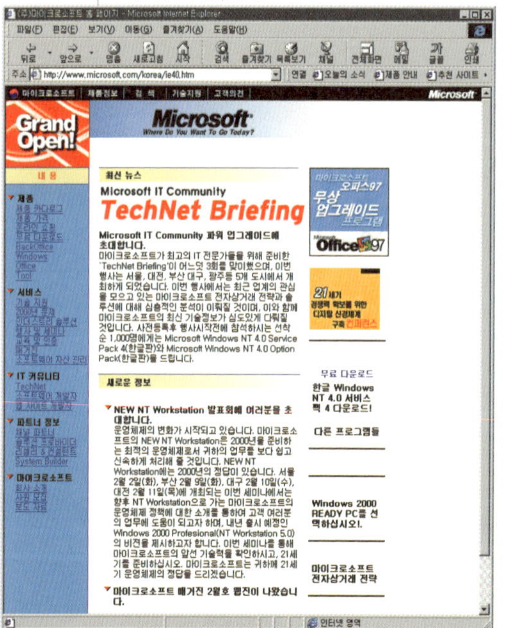

쟁은 새로운 국면을 맞게 되었다. 그동안 마이크로소프트의 인터넷 익스플로러가 활발히 보급되는 데 큰 역할을 맡았던 AOL이 전격적으로 마이크로소프트와 결별하고 넷스케이프를 인수함으로써 어려운 처지에 있던 넷스케이프로서도 다시 활기를 얻게 되었다. 국내의 많은 통신서비스 회사들도 자사의 브라우저를 AOL을 따라서 마이크로소프트 익스플로러(Microsoft Explorer)를 기반으로 해왔으나 이제 AOL이 넷스케이프를 인수한 상황에서는 AOL의 차후 움직임에 따라 국내에서 브라우저 대변동도 일어날 수 있는 상황이 되었다.

→ http://www.netscape.com
→ http://www.microsoft.com

▶ 웹진 webzine, e-zine

웹진은 웹상에서의 전자 출판물을 의미한다. 별도의 인쇄 공정을 거치지 않고 웹상에서 구현되기 때문에 훨씬 다양한 내용과 기획, 인터랙티비티(interactivity), 멀티미디어(multimedia)를 제공하는 것이 가능하다. 보통 광고에 그 수익을 많이 의존하기 때문에 한국과 같이 웹광고가 활성화되어 있지 않은 경우에는 운영상 많은 어려움이 따르기도 하나 그 가능성은 무궁무진하다고 할 수 있다. 국내에서는 웹진이라고 많이 부르나 미국에서는 이진(e-zine)이라고 많이 부른다.

▶ 이미지맵 image map

웹 디자인(web design)을 할 때 한 이미지 안에 여러 구획을 설정하여 각 구획이 특정 웹 사이트나 페이지로 이동할 수 있는 영역으로 작용할 수 있게 할 수 있다. 이때 이 구획들을 이미지맵이라고 한다. 보통 픽셀 좌표값으로 표현하며 최근에는 이미지 제작 프로그램 내부에서 별도의 좌표입력 없이 원하는 영역을 설정하여 이미지맵을 만들 수 있게 해주는 경우도 많이 있다.

▶ 인터넷 internet

인터넷은 초기에는 ARPAnet이라는 코드네임하에 미군의 통신이 핵공격에도 견디어 낼 수 있는 기반을 구축하기 위한, 군사적인 목

적으로 개발되었던 네트워크 환경이다. 점차 대학, 연구소로 확산되고 곧 일반인들에게 상업적으로 개방되면서 그 가능성을 인정받고 많은 사용자들이 이 네트워크를 사용했다. 인터넷의 개방은 인터넷을 기반으로 한 통신의 탄생을 유도했고, 그중에도 월드와이드웹의 탄생은 전세계를 웹이라는 새로운 규범하에 두는 결과를 가져왔다.

▶ 자바 Java

썬마이크로시스템즈(Sun Microsystems)사에서 개발된 자바는 플랫폼간의 특성과 관계 없이 작동되는 객체지향형(object oriented) 개발 언어, 도구 모음이다. 처음 OAK라는 이름으로 핸드헬드(handheld)기기나 셋탑박스(set-top box)를 위하여 개발되었다가 웹상에서의 가능성을 인식하게 되면서 자바로 개명하고 적극적인 마케팅을 벌이게 되었다. 서로 다른 기종간에 문제 없이 구동되는 프로그램의 개발이란 그동안 마이크로소프트의 굴레하에 있던 많은 프로그램 회사들에게 새로운 가능성을 던져주었고 곧 많은 소프트웨어, 하드웨어 회사들이 자바를 지원하고 나섰다. 현재 자바는 웹상에서뿐만 아니라 모든 가전기기들도 자바로 묶어서 제어할 수 있게 하는 연구를 계속 진행하고 있으며 이에 따라 마이크로소프트도 비슷한 컨셉의 연구 개발에 박차를 가하고 있다. 마이크로소프트로서는 기업들이 윈도우즈의 굴레를 벗어나는 것은 곧 마이크로소프트의 몰락을 의미하기 때문에 자바를 타도하기 위해서 대규모 투자를 서슴치 않고 있다. 사실 아직까지 큰 수익을 올리지 못하는 자바에 여러 대기업들이 큰 관심을 가지며 협력, 경쟁하는 것은 그만큼 자바의 가능성이 무한하다는 증거가 되기도 한다. 현재 넷스케이프 내비게이터(Netscape Navigator), 인터넷 익스플로러(Internet Explorer) 등은 기본적으로 자바를 채택하고 있으므로 사용자들은 별도의 소프트웨어 준비 없이도 브라우저만으로 웹상에서 자바를 경험할 수 있다.

→ http://java.sun.com

▶ 자바스크립트 JavaScript

자바스크립트는 넷스케이프사에 의해서 개발된 스크립트(script) 언어이다. 자바스크립트는 웹상에서 인터랙티브한 디자인을 가능하게 해주며 자바에서 볼 수 있는 많은 기능들을 공유한다. 단 자바와 다른 점은 자바는 애플리케이션(application) 형태의 애플릿(applet)으로 존재하여 구동되지만 자바스크립트는 HTML상에서 HTML과 같이 공존하면서 커뮤니케이션한다는 점에서 차이가 있다. 하지만 플랫폼에 관계없이 구동된다는 점은 자바와 마찬가지라고 할 수 있다. 현재 넷스케이프 내비게이터나 마이크로소프트 인터넷 익스플로러에서 지원되나 마이크로소프트는 Jscript라는 별도의 규격을 만들어서 따로 지원하고 있다.

▶ 플래쉬 Flash

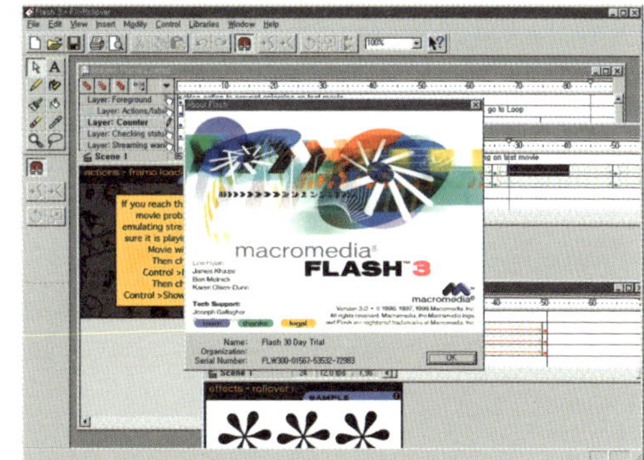

플래쉬는 매크로미디어(Macromedia)사가 개발한 웹저작 툴이다. 매크로미디어사는 이전에도 디렉터(Director)를 이용한 웹상에서의 멀티미디어 구현을 가능하게 하였고, 이어서 기존의 웹상에서의 이미지 표현이 용량 면에서나 여러가지 면에서 많은 제약을 받는다는 점에 착안해 벡터(vector) 이미지를 이용하여 기존의 JPEG 등의 이미지에 비해 작은 용량으로 멀티미디어 기능을 탁월하게 표현할 수 있는 플래쉬를 개발하였다. 이미 이전부터 GIF 파일을 통한 간단한 애니메이션은 가능하였으나 플래쉬와 같이 사운드 등을 포함하는 인터렉티브 기능을 갖추지는 못하였

다. 웹 브라우저를 위해 가장 많이 쓰이는 넷스케이프가 플래쉬를 자사의 브라우저에 기본 콤포넌트(component)로 채택함으로써 Flash는 웹상에서 가장 많이 쓰이는 저작도구와 포맷의 하나로 자리잡았다.

→ http://www.macromedia.com
→ http://www.nagafuji.com

▶ 홈페이지 home page

홈페이지와 웹 사이트와의 명확한 구분이 없이 쓰이는 경우가 많은데, 보통 홈페이지는 웹 사이트의 메인페이지를 지칭한다. 홈페이지는 웹 사이트의 얼굴과 같은 역할을 하는 곳으로 그 사이트의 컨텐트 목록 등을 주로 표시하며 방문자들은 이 목록들을 거쳐서 원하는 정보가 있는 곳으로 간다.

▶ GIF

GIF는 87년 미국 컴퓨서브(CompuServe)에서 개발한 이미지 파일의 한 형태로 통신상에서 빠른 속도로 이미지를 주고받을 수 있도록 개발되었다. 한동안 JPEG 등의 파일 포맷이 유행하면서 점차 자리를 잃어가는 듯하다가 웹이 활성화되면서 다시 가장 많이 쓰이는 포맷으로 등장하였다. GIF는 기본적으로 256이하의 컬러만을 사용하여 파일 사이즈를 최소화할 수 있고, 또한 트랜스퍼런시(transparency), 애니메이션 기능 등을 지원하여 간단한 작업으로 다양한 효과를 줄 수 있게 되어 웹상에서 가장 많이 쓰는 이미지 포맷이 되었다. 하지만 파일의 특성상 포토숍(Photoshop)같은 고급 이미지 제작용 프로그램에서는 256컬러 안에서 직접 원하는 작업을 하는 것이 힘들고 보통 24바이트(bite)로 작업한 뒤에 나중에 저장할 때에만 GIF 포맷으로 저장한다.

▶ HTML
HyperText Markup Language

HTML은 웹상에서 표현 가능한 문서를 만들기 위한 일종의 Authoring 언어이다. 주로 태그(tag)라는 것으로 구성되어 있는 HTML은 초기에 누구나 웹을 쓸 수 있게 하기 위해서 개발되었다. 그렇기 때문에 비전문가라도 쉽게 HTML을 배우고 응용할 수 있게 되었다. 하지만 최근에는 쉬운 HTML마저 까다롭게 생각하는 사람들을 위해 WYSIWYG으로 웹 페이지들을 제작할 수 있는 많은 소프트웨어들이 나오고 있다. HTML은 계속 버전이 높아지면서 많은 기능들이 추가되었고 덕분에 최근에는 초기의 웹에서는 상상할 수도 없었던 많은 기능들이 가능하게 되었다. 하지만 이러한 현상은 쉽게 배우고 만들 수 있는 웹이라는 초기의 취지를 무색하게 만들 정도로 웹을 복잡하고 전문적으로 변화시켜 이에 우려를 표하는 사람들도 많아지고 있다.

→ http://www.w3.org

▶ JPG, JPEG
Joint Photographic Experts Group

컬러 이미지의 이미지 손상을 최소화시키며 압축할 수 있는 기술 또는 포맷을 말한다. 통신상에서 특히 웹상에서 이미지를 표현할때 GIF와 함께 가장 많이 쓰이는 포맷으로 24바이트를 전부 구현할 수 있으므로 색상의 정교한 표현 등에 많이 쓰인다. 하지만 압축률을 높일수록 이미지의 손상도 커지므로 사용할 때에는 압축 정도를 이미지의 상태를 봐가면서 적절하게 하는 노하우도 필요하다. 일반적인 이미지 제작 프로그램에서는 거의 모두 이 포맷을 지원하며 호환성도 좋아서 많이 쓰인다. 최근에는 JPG보다 덜 손상되면서 압축률이 높은 프랙탈(Fractal) 압축이라는 기술도 나와 있으나 JPG 같은 범용성을 가지지 못하기 때문에 JPG를 대체하는 새로운 압축 포맷이 등장하기는 어려울 것으로 보인다.

▶ PDF
Portable Document Format

PDF는 미국 어도비(Adobe)사의 아크로뱃(Acrobat)문서 파일 형식이다. PDF는 다른 기종 간에도 동일한 문서 형식을 공유할 수 있게 만들겠다고 하는 어도비의 야심찬 기획으로 시작되었다. 처음 등장했을 당시에도 그 잠재력에는 사람들이 어느 정도 공감했지만 그 성공 여부에 대해서는 부정적이었다. 역시 예상대로 PDF는 일부 전문 분야에서만 쓰이는 포맷이 되어가고 있었지만 웹이 등장하면 서부터는 이야기가 달라지기 시작하였다. 웹은 그 기능의 한계상 특정 스타일 이상의 다양한 형식의 문서를 제공할 수 없었지만 PDF는 웹을 경로로 삼아서 웹 브라우저상에서 PDF 파일을 볼 수 있도록 만드는 플러그인(plug-in)인 아크로뱃 리더(Acrobat Reader)를 사용자들에게 무상으로 배포하였다. 그로 인해 QuarkXPress나 PageMaker 등에서 만든 파일들을 누구나 웹을 통하여 공유하고 심지어는 폰트나 이미지, EPS 파일 등의 문제가 거의 발생하지 않으며 타인의 프린터에서도 바로 출력할 수 있게 되는 등의 기능을 구현하면서 PDF는 웹을 통해 재탄생하게 되었다. 어도비의 아크로뱃 리더는 이미 2,000만번 이상 다운로드되는 등 그 사용자는 날로 늘어가고 있으며 정부기관, 관공서, 연구소, 기업 등 정확한 문서를 인터넷 등을 통해서 배포하려 할 때 가장 중요한 수단으로 자리매김하고 있다.

→ http://www.adobe.com/prodindex/acrobat/

PDF

▶ PNG
Portable Network Graphics

GIF 포맷이 유료화하려는 움직임을 보이자 이를 대체할 수 있는 PNG라는 포맷이 개발되었다. 보통 핑이라고 발음한다. 이 포맷은 WWW 컨소시엄으로부터 이미 GIF를 대체할 수 있는 새로운 포맷으로 공인을 받았으며 넷스케이프 내비게이터 4.0이나 인터넷 익스플로러 4.0부터 이를 지원하고 있다. PNG는 24바이트의 이미지를 처리하면서 어떤 경우는 GIF보다 작은 용량으로 표현이 가능하며 원 이미지에 전혀 손상을 주지 않는 압축과 완벽한 알파채널(alpha channel)을 지원하는 등 이전에는 불가능했던 다양한 기능들을 포함한다. 하지만 아직 PNG를 주된 포맷으로 지원하는 사이트들이 거의 없고 이미지 편집 프로그램들에서도 많은 지원이 이루어지지 않기 때문에 PNG가 GIF나 JPG를 100% 대체하기까지는 다소 시간이 걸릴 듯하다.

▶ VRML
Virtual Reality Modeling Language

VRML은 웹상에서 3차원 오브젝트를 구현할 수 있게 하는 일종의 규약이다. 1993년부터 마크 페스(Mark Pesce)와 그의 파트너 패리시(Tony Parisi)가 래버린스(Labyrinth)라는 이름으로 고안한 VRML은 1994년 WWW 컨소시엄에 의해 VRML로 자리잡고 웹의 한 표준 형태로서 인정받기 시작하였다. 기존의 텍스트와 이미지로만 구성된 2차원적인 웹에서 3차원 공간 구성이 가능한 것은 획기적인 아이디어였으며 곧 실리콘 그래픽스, 썬마이크로시스템 등의 대기업이 이 기술의 보급을 위해 뛰어들기 시작하였다. 하지만 아직까지는 인터넷의 속도문제, 기타 여러 가지 여건의 미비로 VRML은 가능성만을 남겨놓은 채 웹의 주체로서 등장하지 못하고 있다. 그렇지만 고속 인터넷이 가능하면 VRML이 차세대 웹의 중요한 주체로서 자리잡게 될 것이다. → http://www.vrml.org

▶ 가시도 可視度 visibility

대상 물체(target)가 주변과 분리되어 보이는 정도를 말한다. 보통 가시도는 대비, 광속 발산도, 물체의 크기, 노출 시간, 휘광, 움직임(관찰자, 물체) 등의 영향을 받는다.

▶ 감각 sensation

내부나 외부 환경의 자극이 협의의 감각 기관인 감각 수용기로 들어와, 구심성 신경계를 매개로 대뇌피질의 감각 영역으로 전달되어 그것에 의해 직접 생기는 의식 체험을 말한다. 지각이나 인지가 그 의식 체험의 내용에 행동적인 의미나 상징을 갖는 것에 비해, 감각에는 그것이 없는 것으로 구별된다. 여기에는 시각, 청각, 후각, 미각, 촉각의 오감(五感)이 속한다.

▶ 감성 공학 sensibility ergonomics

인간이 가지고 있는 소망으로서의 이미지나 감성을 구체적인 제품 설계로 실현해 내는 공학적 접근 방법으로 인간 감성의 정성(定性), 정량적(定量的) 측정, 이의 분석과 평가를 통한 제품, 환경 설계에서의 반영 과정을 포함한다.

▶ 골격 구조 骨格構造 skeletal structure

인체가 고유한 형태를 이루는 것은 내부에 다수의 뼈가 연결되어 골격을 형성하기 때문이며, 이 전체를 골격 구조라 한다. 인간의 골격은 모두 206개의 뼈로 되어 있으며 신체의 지지 및 가슴, 내장 등 체내의 중요한 기관을 보호함과 더불어 수동적인 운동 기관으로서도 중요하다. 골격은 딱딱한 구조물이지만 체내에서는 활성이 매우 강해 조혈 및 칼슘, 인산 대사에도 커다란 역할을 한다. 골격은 다음과 같이 분류한다.

	척추(脊椎)	26
체간 골격(體幹骨格)	두개골(頭蓋骨)	22
	설골(舌骨)	1
	늑골(肋骨) 및 흉골(胸骨)	25
체지 골격(體肢骨格)	상지골(上肢骨)	64
	하지골(下肢骨)	62
이소골(耳小骨)		6
계		206

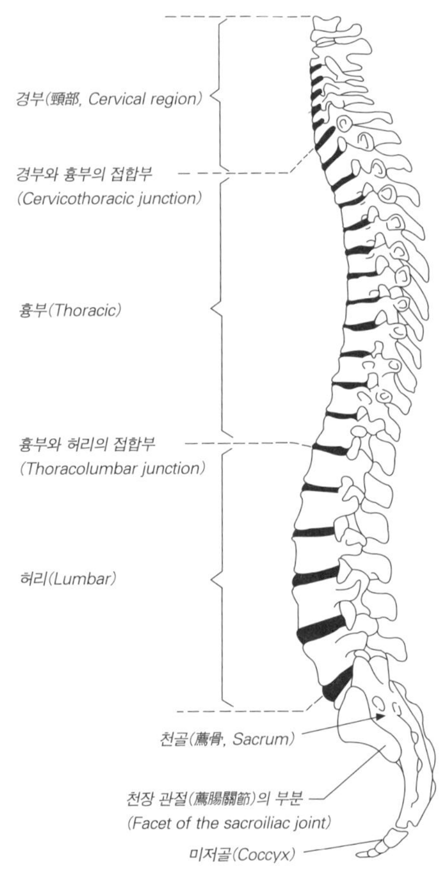

등의 골격 구조

▶ 과학적 관리법 scientific management

테일러의 창안과 주장에 의해 확립된 하나의 경영 관리 체계이다. 그는 과학적, 합리적 임률을 결정하기 위해 각 동작을 요소별로 세분화하여 분류, 파악하고, 이에 따라 표준 동작을 결정하고 다시 시간 연구에 의한 공평한 일당 표준 작업량을 결정한 후 이를 표준 과업이라 하였다. 그리하여 이를 달성한 자에게는 고율, 그렇지 않은 자에게는 저율의 임률을 적용하는 차별적 성과급 제도를 주장하였는데, 이를 '요소적 임률 결정법' 또는 '과학적 임률법' 이라 한다. 그리고 이 제도는 합리적 운용을 위한 공장 전반의 관리 제도의 개혁을 주장하였는데, 내용은 계획부 제도, 직능식 관리 조직, 지도표 제도 등이다. 그리하여 임률 인하와 조직적 태업을 해소하는 것은 표류 관리(drifting management) 제도가 아니고, 각 노동자의 일당 과업을 과학적으로 결정하여 이를 기초로 하는 관리, 즉 과업 관리(task management)라 한다. 테일러가 창시한 과학적 관리법은 여러 후계자에 의하여 발전되었는데, 길브레스(F. B. Gilbreth)에 의한 동작연구(motion study), 에머슨(H. Emerson)에 의한 표준 원가 계산, 퍼슨(H. S. Person)에 의하여 과학적 관리법을 적용할 수 있는 모든 영역을 대상으로 하는 기술적 체계가 명확하게 세워졌고, 마샬(L. C. Marshall)이 이를 이론적으로 체계화하려고 시도하였다.

▶ 관절 운동

①굴절(flexion): 신체 부분을 구부리거나 각도를 줄이는 동작. ②신장(extension): 신체 부위 사이를 곧게 하거나 각도를 증가시키는 행위로서, 보통 굴절 상태에서 원래로 돌아오는 행위. 관절이 보통의 동작 범위를 넘어서 신장될 때를 최대 신장(hyperextension). ③내전(adduction): 신체 부분이나 부분의 조합이 신체 중앙이나 그것이 붙어 있는 방향으로 움직이는 동작. ④외전(abduction): 신체 중앙이나 신체 부분이 붙어 있는 부위에서 떨어지는 방향으로 움직이는 동작. ⑤중앙 회전(medial rotation): 신체 중앙쪽으로 회전하는 운동. ⑥측회전(lateral rotation): 신체 바깥 방향으로 회전하는 운동. ⑦손의 내전(pronation): 손바닥을 밑으로 해서 전박을 회전하는 운동. ⑧손의 외전(supination): 손바닥을 위로 해서 전박을 회전하는 운동. ⑨발의 내전(inversion): 엄지 발가락 쪽으로 발을 움직여 발바닥 안쪽으로 회전하는 운동. ⑩발의 외전(eversion): 발의 측면을 발바닥 바깥쪽으로 회전하는 운동. ⑪볼소켓관절(ball and socket joint): 엉덩이나 어깨 관절처럼 자유로운 회전과 운동이 가능한 관절.

▶ 구조적 치수 structural dimension

인체의 각 부분이 고정된 자세에서 측정된 인체의 치수. 정적 치수(static dimension)라고

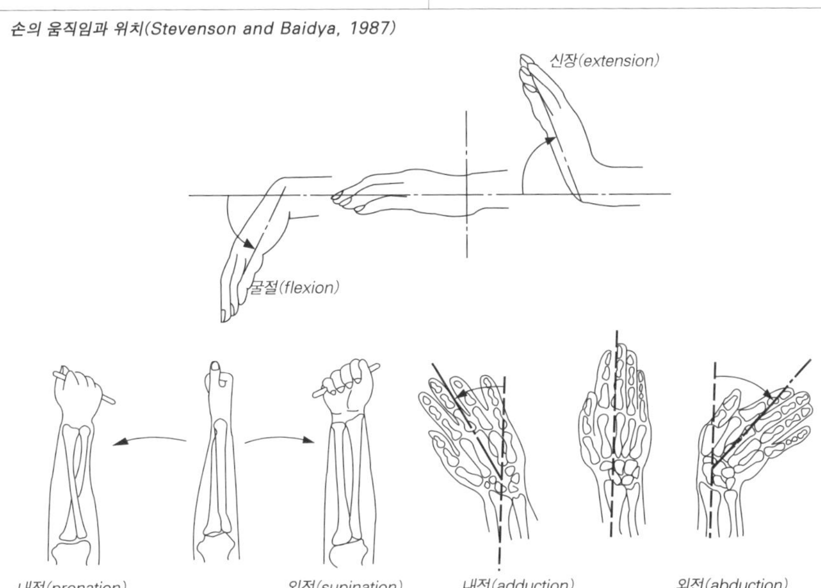

손의 움직임과 위치(Stevenson and Baidya, 1987)

도 한다.

▶ 기능적 치수 functional dimension

다양한 동작 상태에서 측정된 인체의 치수를 뜻하며, 역동적 치수(dynamic dimension)라고도 한다.

▶ 노동 과학 Arbeit Wissenschaft

인간 노동의 조건과 결과에 관하여 그 인과적 관계를 기술, 설명하는 과학을 말한다. 여기서 말하는 노동이란 경제 생활을 위한 노동 일반만이 아니라, 널리 객관적 가치를 갖기 위해 어떠한 특정한 환경 속에서 일정 시간 계속적으로 이루어지는 인간 활동(경기나 예술 등의 활동)의 전부를 포함한다. 그 결과란 활동의 결과(생산의 양과 질)뿐만 아니라 건강, 재해 등 그것이 인간의 심신 및 사회의 복지에 미치는 영향도 포함한다. 그러므로 노동 과학은 이와 같이 인간 노동의 실태를 연구하여 그 사용에 있어 최적의 원칙을 수립하고 생활과 노동과의 그에 따른 조건을 합리화하는 방도를 구명(究明)하는 실천 과학이다.

▶ 도구

동물이 자신이 갖고 있는 기능을 보충하거나 개량하기 위해 자신의 신체 연장물로 이용하는 물건을 도구라고 한다. 도구를 전통적인 방법으로 제작해 사용하는 것은 인간의 특질이다. 사람에게는 직립 보행에 의한 신체의 이동이라고 하는, 동물로서 중요한 역할에서 상지(上肢)가 개방되었다. 손의 개방과 대뇌 피질의 발달이 서로 작용해서 손의 파악 능력이 발달해 여러 종의 도구의 제작과 사용을 가능하게 했다. 특정한 기능과 구조를 갖는 체내의 기관에 비교하면 도구는 체외의 인공 기관이라고 생각할 수 있다. 기관과 비교하면 도구는 교환 가능하고, 사람은 정황에 따라 특수한 내용을 바꿀 수 있다. 이것이 도구 사용의 중요한 의의이다. 도구 제작자와 사용자가 다르므로 분업 및 대량 생산이 발달하였다. 인간 공학에서는 인간-기계의 개념도 인간의 광범위한 도구의 사용으로 성립한다.

▶ 동선 절약의 원리

①양손을 몸쪽이나 바깥쪽으로 움직일 경우 좌우 대칭으로 한다. ②갑작스런 방향 변화가 있는 직선 운동보다는 계속적인 곡선 운동이 좋다. 되도록이면 연속 동작을 하도록 한다. 제한된 운동보다는 자연스러운 것이 좋다. ③ 가능하면 팔꿈치를 몸 가까이 붙인다. 팔이나 몸 전체를 움직이는 것보다 손가락을 움직이는 편이 힘을 절약할 수 있다. 해당 작업에 가장 합당한 부위를 사용하고 될 수 있으면 발이나 다른 부분을 이용하여 손을 쉴 수 있도록 한다. ④자연스럽고 쉬운 리듬으로 동선을 배열한다. 계속적 운동의 경우는 한 동작에서 다음 동작으로 유연하게 넘어갈 수 있도록 계획한다. ⑤기구를 손으로 필요 이상 받치지 않도록 잘 고정시키며 정적인 작업은 피한다. ⑥작업 전달 장치를 최대한 이용하여 불필요한 동작을 없앤다. 경사 채널을 쓰면 두 가지를 함께 모으기가 쉽다. ⑦중력의 법칙에 역행하는 동작이 없도록 설계한다. ⑧팔을 길게 뻗치거나 많이 움직이지 않도록 배열한다. 팔이 짧은 작업자도 무엇이나 쉽게 잡을 수 있어야 한다. 최근의 팔길이 데이터를 쓰면 좋은데, 노년층이나 병약한 작업자는 이것보다 짧아야 할 것이다. ⑨도구나 재료는 찾기 쉽도록 표준 위치로 놓는다. ⑩자리를 바꾸며 일하는 것이 좋은 작업도 있다는 점을 고려한다. ⑪작업자가 편리한 높이로 작업장 및 자리 등을 설비하며 높이 조절 장치도 필요하다. ⑫시각적 작업 아이템은 가깝게 배열하는 것이 좋고, 자주 쓰는 핸들이나 스위치 등은 쓰기 좋게 배열한다. 컨트롤이나 공구 등은 필요한 힘이나 손의 운동, 인간 공학과 생물 역학적(biomechanical) 원리에 따라 설계한다. ⑬설비를 다루는 파워 공구와 재료를 공급한다. ⑭안전하고 쾌적한 환경을 제공한다. ⑮지루함을 줄이도록 작업을 진행한다. ⑯청결하고 정돈된 환경을 만든다.

▶ 동작 경제의 법칙
principle of motion economy

쓸데없는 동작을 없애고 되도록이면 효율있는 동작을 하기 위해 고안된 법칙으로, 1930-1940년대 미국에서 동작 연구 학자가 제안하었다. 이 법칙에 의해 손동작을 더욱 쉽고 빠르고 정확하게 할 수 있다. ①양손의 동작은 할 수 있는 한 동시에 시작할 것. ②좌우 팔은 반대 방향으로 동시에 대칭으로 움직이도록 할 것. ③동작의 부담을 발이나 다른 신체 부위에 주어 양손의 부담을 줄일 것. ④손 대신에 바이스(vice : 공작, 작업 등에서 재료를 끼워 움직이지 않게 해주는 기계) 등의 보특구(保特具)를 이용해 양손은 동작을 위해 비워 둘것. ⑤급속한 방향 전환이 있는 직선적인 동작은 피하고 원활하게 곡선을 그리는 듯한 동작을 할 것. ⑥공구, 재료, 조작구는 작업 영역 안에 두어 작업자 가까이 둘 것.

▶ 동작 연구 motion study

작업에서 비생산적이며 비경제적인 동작을 없앰으로써 동작에 대한 가일층의 효과적이며 생산적인 유형을 발전시키는 제절차를 말한다. 연와적공(煉瓦積工)으로서 건축업에 종사한 길브레스는 육체적 노력의 소모가 큰 연와적상 작업을 개선하여 독특한 작업 방식을 고찰하였다. 그는 이 방법을 실제적으로 적용하여 상당한 효과를 올렸고, 이 방식을 건축 작업뿐만 아니라 모든 작업에 적용하였다. 동작 연구의 특색은 테일러의 경우와 같은 요소 동작보다도 더욱 세분화하여 동작을 눈으로 확인할 수 있는 최소한의 단위인 더블린 (therblin= 길브레스의 逆)으로 분해하여 불필요한 동작을 없애고 필요한 동작만을 합리적인 순서로 조합해 최선의 작업 방법을 정한다. 이와 같이 동작을 최소한의 단위까지 세분하며 직종별이나 전문별로 특수한 문제도 얻어지며, 인간 동작의 합리성만을 생각하기 때문에 적용 범위가 넓어진다. 길브레스는 동작 개선의 근본적인 목표와 사고 방식을 명확히 하기 위해 '동작 경제의 원칙'을 발표하였다. 동작 연구의 관측 수단으로는 주로 고속도 영화 필름이 사용되지만 눈으로 보는 것만으로도 개략의 관측은 가능하며 그 외의 특수한 조사 방법도 쓴다. 또한 작업의 흐름에 대한 조사 방법으로서 공정 분석 도표(process chart)를 사용한 것도 주목할 만하다.

▶ 맨-머신 시스템 man-machine system

인간-기계 시스템이란 주어진 입력으로부터 요구되는 결과를 얻기 위해 상호 작용하는 인간과 기계와의 유기적 결합이다. 인간은 기계 혹은 도구의 힘을 빌어 생활하는데, 두 시스템의 접점에서 여러 가지 문제가 생겨 이 두 가지 시스템을 하나의 커다란 시스템, 즉 맨-머신 시스템으로 조직화할 필요가 생겼다.

▶ 맨-머신 인터페이스 man-machine interface

컴퓨터와 OA 기기 등이 보급되어 전문가뿐만 아니라 불특정 다수의 일반인도 기기와 접할 수 있게 되자 쓰기 쉬운 기계, 편리한 기계에 관심이 쏠려 맨머신 인터페이스가 중요하게 되었다. 맨-머신 인터페이스를 향상시키기 위해서는 장치의 조작성뿐만 아니라 소프트웨어의 지원 시스템 전체도 사용하기 쉽게 만들어야 한다. 예컨대 장치의 응답 시간은 인간이 조급해 하지 않는 범위로 제한하고 장치의 처리 집행 상태도 표시한다. 입력이 정확하게 되었는지의 여부. 잘못되었다면 어떻게 수정하면 되는가, 정상적으로 작동되는가, 고장인가 등을 들 수 있다. 또 이용자가 키보드에 익숙하지 못한 점을 고려하여 입력 방법의 개선에 힘을 쏟아 음성과 필사 문자에 의한 입력 방법의 연구, 개발이 추진되고 있다.

▶ 모듈 module

서양 고건축에서 원주의 모든 부분의 비율과 균형을 정하는 데 사용한 용어로, 기둥 직경이 기본 치수였다. 현대 건축에서 모듈은 건축이나 그 부분의 모든 치수를 결정하는 데 편리한 단위로 되어 있다.

▶ 반응 시간 反應時間 reaction time

인간이 외부 환경에서 감각 기관(sensory organs)을 통하여 받은 자극은 생체 전기적 자극으로 바꾸어 중추 신경계로 보내져 인식하고 판단하며, 다시 골격 근육계의 활성화 (activation) 단계를 거쳐 자극에 대한 반응을 나타낸다. 이와 같이 인간에게는 자극을 받아 반응으로 나타낼 때까지의 시간 지연 (time lag and delay)이 있는데, 이를 반응

시간이나 응답 시간(response time)이라 하는데, 자극과 반응의 종류, 연령과 개인차 등에 따라 다르며 자극의 강도(intensity), 자극의 판별성(discriminability of stimulus), 시간적 불확실성(temporal uncertainty), 양립성(compatibility), 기대(expectancy), 반복(repetition) 및 요구되는 반응의 정확도(accuracy)에 따라서도 다르다. 보통 전기자극이나 음자극은 광자극에 비해 반응 시간이 짧다고 한다. 그리고 단순 반응 시간(simple reaction time)이 다자극에 대한 선택 반응 시간(choice reaction time)보다 짧다.

▶ 반향

음원에서 직접음과 벽체 등에서 반사된 소리가 그 시간차 때문에 한 소리가 둘 이상으로 들리는 현상이다. 직접음과 반사음의 차가 1/20초 이상일 때 반향이 일어난다.

▶ 생체 계측 somatometry

인간의 외관적인 형태를 일정한 기구로 측정하여 수량으로 나타내는 것으로, 데이터의 객관적 표시와 통계 처리가 가능하고 인간 공학의 자료로서 가장 기본적인 것의 하나이다. 생체 계측에서 이용되는 계측기는 직선 거리를 재는 것, 곡선 거리를 재는 것, 각도를 재는 것, 무게를 재는 것 등으로 크게 나눈다. 직선 거리를 재는 것에는 마루에서 각 측정점의 높이를 재는 장신계(anthropometer), 장신계의 일부를 이용해서 두 점 사이의 거리를 재는 간상계(large sliding caliper), 간상계보다 짧은 거리를 재는 데 편리한 활동계(sliding caliper), 직접 손을 대어 잴 수 없는 부분을 재는 촉각계(spreading)이 있는데, 이때 계측을 위한 피험자의 자세는 편하게 서 있는 자세가 기본이고 등줄기를 펴 특별한 근육 긴장을 없애고 발끝은 45도 각도로 편다.

▶ 소음 noise

'원하지 않는 소리'를 의미하며, 버로우즈(Burrows)의 정보 이론적 관점에서는 '당장 해야 할 업무의 완성이나 존재와는 관련 없이 산출된 청각적 자극'으로 말한다. 소음은 간헐적 소음과 연속적 소음이 있다. 또 소음에

는 전자적으로 발생하는 백색 소음(white noise)과 순수 음조(테이프-레코드 기계 소음), 사무실 소음, 거리의 소리들(벨, 경음기), 공기 압축식 경음기(탱크, 헬리콥터, 비행기), 로켓트 소음(음악, 심지어는 횡설수설하는 소리) 등이 있다. '조용함(quiet)'의 정의는 0에서 90dB사이의 범위이다. 우리는 종종 70 또는 80dB(A) 소음도 방해되는 경향이 있다는 것을 발견한다. 이것은 단기간 기억(short term memory)에 필요한 업무의 수행에는 특히 더 그렇다.

▶ 시각 視角 visual angle

보는 물체의 높이로 유지되는 눈에서의 대각이다. 즉 물체 표면에서 수정체의 중심을 거쳐 망막에 이르는 직선이 방향선(drive line)이며, 물체 양끝에서 시작되는 두 방향선이 수정체의 중심에서 이루는 각이 시각이다.

▶ 시계 視界

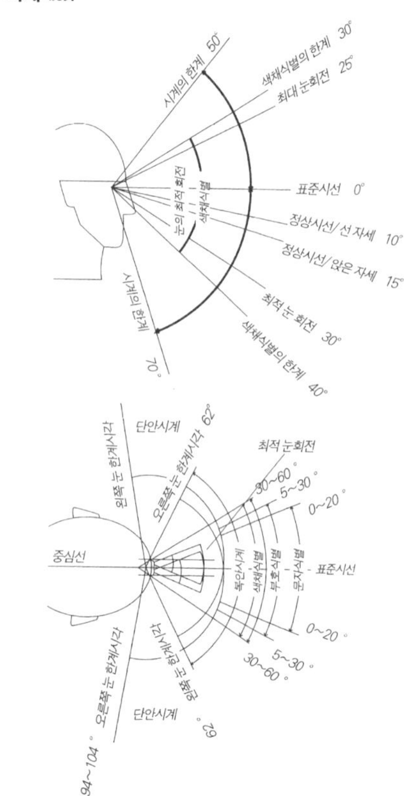

시계는 머리와 눈이 완전히 정지한 상태에서 볼 수 있는 공간을 각도로 표시한 것이다. 한쪽 눈이 볼 수 있는 시계를 단안 시계, 좌우 눈의 시계가 겹쳐 한 눈으로 볼 수 있는 시계보다 넓은 중심 시계를 형성하는 것을 복안 시계라 한다. 좌우 방향으로 약 60도의 영역 안에서는 매우 선명한 영상들이 뇌에 전달되어 정확한 인지와 색채뿐만 아니라 문자와 기호의 판독도 가능하다.

▶ 시스템 system

인간 공학의 가장 중심적이고 기본적인 개념이 바로 시스템이다. 어떤 목적을 위해 있는 실체(identity)라고 할 수 있다. 구성 요소들이 따로따로 이룰 수 없는 어떤 목적을 달성하기 위해 상호 작용(interact)하는 인간과 기계 등으로 구성된다. 시스템은 목적을 이루기 위해 특정한 기능을 하는데 이를 시스템 기능(system function)이라 한다. 각각의 기능은 인간이나 기계에 적절히 할당되어 수행되며, 각 기능을 수행하는 데는 전형적으로 감지(sensing), 정보 보관, 정보 처리 및 의사 결정, 행동 기능과 같은 네 가지 기본 기능이 필요하다.

▶ 신체 역학 身體力學 biomechanics

신체 운동 과학을 운동 기능학(kinesiology)이라 하는데, 그리스어의 'kinesis(운동)' 와 'logia(學)' 로 이루어진 합성어이다. 기초 학문은 해부학(anatomy), 신경근 생리학(神經筋生理學 neuro muscular physiology), 역학(mechanics) 등이 있다. 신체 역학은 운동 기능학의 한 분야로 뉴턴의 운동 법칙과 생명체의 생물학적 법칙(biological laws of life)에 의해 움직이는 하나의 시스템으로 생체에 작용하는 힘과 그 결과로 생기는 운동에 관하여 연구한다. 이는 생체에 작용하는 힘이 평형 상태의 정지한 신체를 연구하는 정역학(statics), 운동하고 있는 신체를 연구하는 동역학(dynamics)으로 나뉘며, 동역학은 운동학(kinematics)과 운동 역학(kinetics)으로 세분화된다. 운동학(kinematics)은 힘과 관계되는 운동 중의 인체 변위(displacement),

속도(velocity) 및 가속도(acceleration) 등을 연구하고 운동 역학은 운동을 일으키거나 변화하게 하는 힘을 연구한다. 인간 공학에서 자세나 동작의 연구에 응용된다.

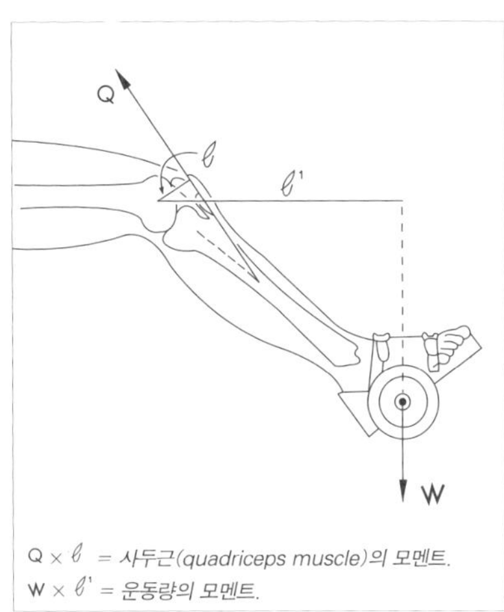

$Q \times \ell$ = 사두근(quadriceps muscle)의 모멘트.
$W \times \ell'$ = 운동량의 모멘트.

▶ 신체 완충 영역 body buffer zone

개인을 둘러싸고 있는 공간. 개인이 주위의 물체나 환경을 지각하고 상황에 대처하는 데 필요한 공간을 말한다.

▶ 양립성 兩立性 compatibility

인간-기계 시스템은 기능적인 면에서 보면 SOR(stimulus-operation-response) 시스템이라고도 볼 수 있다. 이때 자극(stimulus)은 입력 요소가 되고, 또한 반응(response or reaction)은 출력 요소가 된다. 이러한 관계에서 S-S, S-R, R-R 간에 인간의 기대와 틀

여러 면에 배치한 회전 막대형 제어 장치와 선형 표시 장치에 대해 권장한 동작 관계. (Grandjean, 1988, 112)

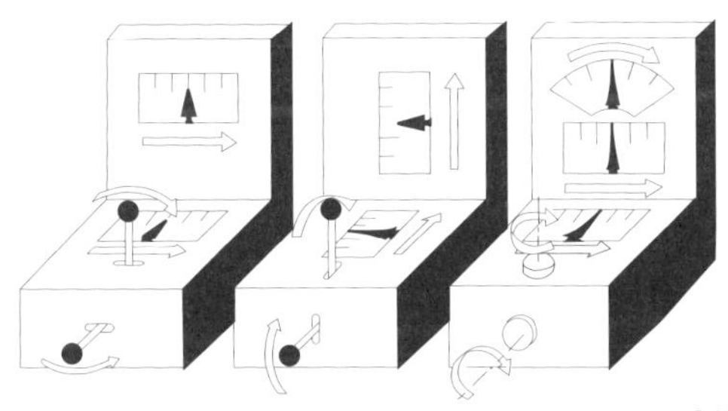

리지 않는 관계의 정도를 양립성이라 하는데 개념적 양립성(conceptual compatibility), 운동 양립성(movement compatibility)으로 나눌 수 있다. 양립성이 좋은 인간-기계 시스템은 인간의 학습(learning)이 빨리 이루어지므로 교육 훈련 기간을 줄일 수 있고, 자극에 대한 반응 시간이 빠르며 인간의 오류가 적으므로 결국 사용자가 만족할 수 있다. 인간 공학적 시스템(ergonomic system)의 설계를 위해서는 앞서 말한 인간의 각종 기대 특성을 알고 적용함으로써 실재 설계된 시스템의 기능과 인간의 기대가 조화되어야 한다.

▶ **에르고노믹스 ergonomics**

희랍어 노동(ergon)과 관리 법칙(nomos), 학문(ics)의 세 단어를 조합하여 만든 용어이다. 유럽에서 널리 사용되는 용어이며, 산업계에서는 주로 인간 공학적인 노력을 말한다. 미국에서는 심리학을 중심으로 휴먼 팩터(human factors)라는 용어를 주로 사용하였으나 최근에는 두 용어를 혼용하는 경우가 증가하고 있다.

▶ **인간 공학 人間工學 ergonomics, human factors engineering**

인간이 사용하는 도구, 기계, 설비 또는 환경을 설계할 때 인간의 특성, 능력의 한계를 고려하여 설계함으로써 더욱 효율적이며 안전한 체계를 만들고자 연구하는 분야이다. '인간이 사용할 수 있도록 설계하는 과정'으로 '물건' 또는 '시설'의 설계 이외에 운용 방법 및 절차, 이들의 인간 요소적 면에서의 시험 및 평가, 작업 설계, 요원 선발 및 훈련 등 관련 기능의 연구도 포함된다.

▶ **인체 측정 anthropometry**

신체 부위의 치수와 신체적 특성을 측정해 자료를 산출하는 작업으로 표준 자세에서 움직이지 않는 상태로 신체의 각 부위의 길이, 무게, 부피, 둘레 등을 측정한 구조적 인체 치수(structural static body dimension)와 움직이는 자세에서 관절의 운동이나 동작 범위의 동적 특성과 각 부위의 관성 특성(center of gravity, moment) 등을 측정한 기능적 인체

치수(functional dynamic body dimension)로 분류된다. 인체 측정은 인체 측정기를 사용하거나 사진 촬영술을 이용하며, 형상의 측정을 위해서는 형상 측정기나 무아레 간접 촬영술을 사용한다.

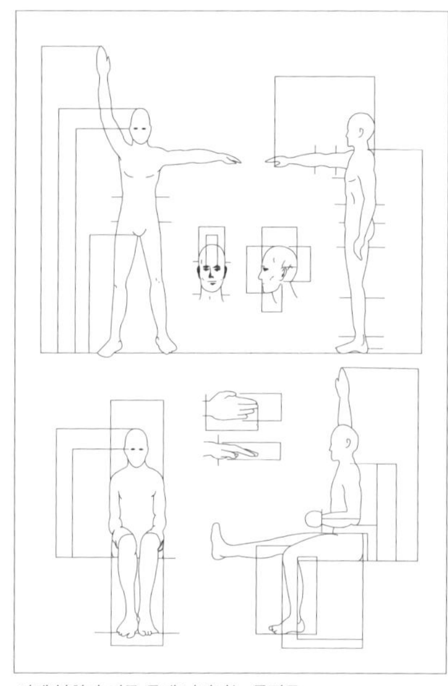

인체 분할과 이를 통해 나타나는 특징들.
(Courtesy of R. W. Bailey)

▶ **작업 영역 working area**

인간이 한 장소에 서서 신체 각 부위를 움직였을 경우의 궤적을 생각하면 평면이나 입체에 있어 일정한 영역이 형성된다는 것을 알 수 있으며, 이와 같이 형성된 영역을 인간의 작업 영역이라 부른다.

▶ **작업 효율 work efficiency**

에너지 소비의 관점에서 사람의 작업 수행도(performance)를 나타내는 척도로 쓰이며 '작업 효율(%) = 작업량/에너지 소비량 × 100'으로 나타난다. 최적의 작업 조건에서 인간의 육체적 작업 효율은 30% 정도이며, 에너지 소비의 70% 가량은 열로 바뀌어 정적 근육 활동(static effort), 구부리거나 부자연스러운 자세, 또는 비능률적인 기구나 작업 방법 등에 소비된다고 한다.

▶ 잔향 殘響 reverberation

실내의 음이 멈춘 후에도 잠시 소리 울림이 남아 있는 현상. 실내 표면에 반사해 일어나므로 벽, 바닥, 천장 등 각 면의 소리 반사면이 많을수록 그 시간이 길어진다. 반대로 흡음성이 큰 실내에서는 잔향 시간이 짧아진다.

▶ 조작 기기 controls

조작 기기와 인간의 관계에서 중요한 것은 양자의 상대적 위치, 조작 공간(work space), 환경, 기기의 기능 등이다. 상대 위치는 사람의 자세와 자세에 따른 작업 영역이 기본이 되지만 조작 방향이나 작업량의 요인도 중요하다. 조작 공간은 기기를 조작할 때 손조작이면 팔꿈치나 어깨가 움직이기 위한 공간도 포함되어 2차적이지만 조작상 중요하다. 조작 기기의 기능은 많은 요인으로 구성되는데 조작량-표시량비(C/D比: control-display rate), 조작 방향과 동작 조작력이나 기기 레이아웃의 균형이 요인이다. C/D比란 조작량과 표시의 가동량의 비이고, 조작의 이동에 드는 시간은 최소가 좋다. 조작과 동작 방향은 최종 동작과 감각적으로 일치한 조작이 좋다. 기기 레이아웃의 균형은 대상에 따라 변하지만 보통 기기의 상대적 중요도나 기능별로 분류해 배치를 정하고 동류(同類) 기능의 것은 가능한 한 똑같은 조작 방식으로 한다.

▶ 착시 optical illusion

지각의 항상성과 반대되는 현상으로 원격 자극을 왜곡해서 지각하는 것을 착시라 한다. 착시 현상은 지각 체계가 항상성을 충분히 고려한 나머지 무의식적 추리의 결과로 틀린 정보가 의식에 제공된 것으로 외계 사물의 객관적인 성질(크기, 형태, 빛깔 등)과 눈으로 본 성질 사이에 차이가 있는 경우의 시각이다.

→ 기초 조형 · 기본 용어, 지각 심리 참조

▶ 청각 표시 hearing display

시각 표시와 비교할 때 표시를 볼 필요가 없고, 무지향성(無指向性)이며, 무의식 중에 정보를 전할 수 있다는 장점이 있다. 따라서 경고, 경보 표시 등을 목적으로 많이 사용된다. 청각적 표시 장치는 다음과 같은 경우에 유리하다. ①전언(傳言)이 짧거나 간단할 때, ②

여성 조작자가 수평과 수직선상에서 작업할 수 있는 정상과 최대 작업 영역. *(Farley, 1955)*

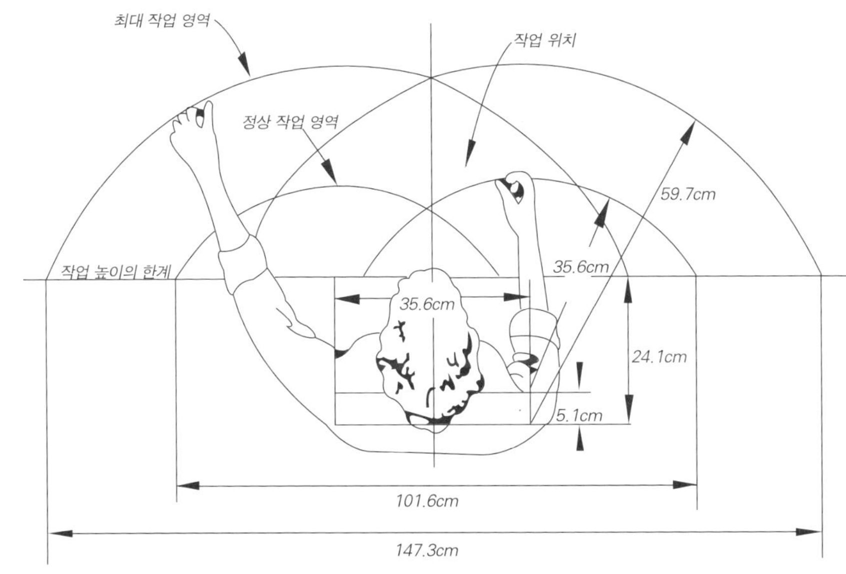

촉각적 표시 장치 tactual display
최대치수
최소치수
파악 한계 把握限界 arasping reach
평면 작업 영역
표시 display

환경 environment
VDT Visual Display Terminal

전언이 후에 재참조되지 않을 때, ③전언이 시각적인 사상(事象)을 다룰 때, ④전언이 즉각적인 행동을 요구할 때, ⑤수신자의 시각 계통이 과부하 상태일 때, ⑥수신 장소가 너무 밝거나 암조응(暗調應) 유지가 필요할 때, ⑦ 직무상 수신자가 자주 움직이는 경우, ⑧ 신호원 자체가 음일 때, ⑨무선 거리(radio range) 신호, 항로 정보 등과 같이 연속적으로 변하는 정보를 제시할 때, ⑩음성 통신 경로가 전부 사용되고 있을 때(청각적 신호와 음성이 구별되는 경우)이다.

▶ **촉각적 표시 장치 tactual display**
피부 감각을 통해 정적, 동적인 정보를 전하는 매체. 현재까지는 주로 맹인용 점자와 형상 암호화된 조종 장치의 용도로 쓰인다.

▶ **최대치수**
관련 인체측정 변수분포 1, 5, 10% 등의 하위 백분위수(下位百分位數)를 기준으로 정한다. 예를 들면 선반의 높이, 조종 장치까지의 거리 등이며, 팔이 짧은 사람이 잡는다면 이보다 긴 사람은 모두 잡을 수 있다.

▶ **최소치수**
관련 인체 측정 변수의 상위(上位) 백분위수(百分位數 percentile)를 기준으로 90, 95 혹은 95%가 사용된다. 전형적으로 최소치수는 문, 탈출구, 통로 등과 같은 공간 여유를 정할 때 사용된다.

▶ **파악 한계 把握限界 arasping reach**
작업자가 앉은 자세에서 특정한 수작업 기능을 편히 할 수 있는 공간의 외관 한계.

▶ **평면 작업 영역**
앉아서 바로 앞의 테이블 위에서 손을 움직였을 때 나타날 것이라 생각되는 범위로 이 영역은 마음껏 손을 펴서 형성되는 좌우 두 종류의 큰 원호로 생긴 영역인 최대 작업 영역(maximum working area), 팔을 굽혀 편하게 작업을 할 수 있도록 하며 좌우의 손을 움직였을 때 생기는 작은 원호에 의한 정상 작업 영역(normal working area)으로 나눈다.

▶ **표시 display**
인간이 정보를 얻는 수단은 오감(시각, 청각, 후각, 미각, 촉각)이 있다. 필요한 정보를 쉽고 정확하고 빠르게 다량으로 받아 조작으로 피드백할 수 있어야 한다. 시각 표시(visual display)에 필요한 조건은 기기의 문자와 도로 표식의 문자의 시인(視忍)에 대해 생각하면 사람과 문자의 위치 관계, 문자의 크기나 밝기, 주변 문자와의 관계 등을 요인으로 생각할 수 있다. 한편 도로 표식이나 교통 표식은 사람의 이동 속도와 표식 위치의 관계가 일정치 않은 것에서 사람과 표식의 위치 관계가 중시되어 같이 쓰는 문자 크기 등도 중요하다. 청각 표시(hearing display)의 이점은 표시를 눈으로 볼 필요없이 무지향성이고 뜻과는 관계없이 정보가 쉽게 소멸하지 않는 것이다. 경고, 경보 표시로 쓰이며 무지향성의 이점을 살려 많은 사람에게 정보를 알리는 아나운서에게도 이용된다.

▶ **환경 environment**
현실에 인간이 관계되는 작업은 인간의 내적 조건만이 아닌 외적인 환경 조건에 대해서도 영향을 주고 받는다. 작업 환경 인자로서는 온도, 습도, 조명, 색채, 기압, 기류, 공기 성분, 소음, 무향(無響), 잔향, 진동, 가속도 등의 물리화학적 인자와 기계, 기구 등의 물적 인자, 인간 관계 등의 인적 사회적 인자 등이 있다. 이같은 연구의 발전에 기여한 것은 바이오트로닉스(biotronix) 개념이다. 이러한 개념은 환경 생물에게 주는 영향 혹은 생물의 환경에게 주는 영향을 확실히 하기 위해 환경을 적극적으로 조절하고 조성해 인공 환경에서 생물의 반응을 분명히 하려는 학문이다. 바이오트로닉스의 수법에 따른 인간-환경계의 연구는 인간 공학을 비롯한 인류학, 환경 생리학, 생기상학 혹은 생기후학, 위생학, 건축학 등 여러 분야에서도 적극적으로 받아들이고 있다.

▶ **VDT Visual Display Terminal**
정보(그림, 문자 등)를 표시하는 시각 표시 장치. 컴퓨터 단말기를 의미하는 경우가 많은데 유럽에서는 VDU(Visual Display Unit)라고 한다.

한민족의 정원문화는 7천여 년 전 부족사회로 발전되면서 뒷산에 꾸민 신원(神苑)으로 시작되었다. 초기에는 거석형(据石型)의 제단석이 신원의 중심 경물을 이루었고 점차 양적인 입석형(立石型)의 선돌로 변천되었으며, 마침내 음양 화합형의 고인돌(支石)과 같은 거석 문화를 이루게 되었다. 그후 5천 3백여 년 전 마당에 약용식물을 가꾸는 뜰(garden)이 개발되었고, 4천여 년 전에는 동물원과 비슷한 형태로 조성되었는데 이는 중국보다 9백여 년이나 앞선 것이다. 이러한 정원 문화의 주된 구성물은 산수경관(山水景觀)의 골격이라고 할 수 있는 나무와 돌과 물이었고 여기에 단(壇)·대(臺)·정원 건축물과 석조물(石造物) 등을 뜰에 도입하여 복합적인 정원경관을 꾸미는 과정에서 음양사상(陰陽思想)과 천(天)·지(地)·인(人)의 삼재사상, 치국경전(治國經典)인 천부경(天符經), 빛과 물과 바람에 의한 풍수사상, 자연에 순응하면서 하늘을 섬기는 신선사상(神仙思想) 등을 바탕으로 하고 주(主)와 종(從), 자력(自力)과 타력(他力), 명(明)과 암(暗), 정중동(靜中動)의 원리를 응용하여 신비로운 4차원의 경관을 조성하여 왔으나 삼국시대 이후 중국의 정치적 영향력이 증대되면서 우리 고유의 문화가 퇴색되고 중국풍의 원림문화(園林文化)가 성행되었다.

서양 정원과는 달리 동양의 정원을 통칭 자연풍경식이라 하는데, 중국은 권위적이고 원색적이며 모조적이라 한다면 일본의 정원은 인공미가 강한데 반하여 한국의 정원은 자연의 섭리를 존중한 생태적인 복합체로서 주위 경관의 조망을 위해 울타리 개념이 없는 개방적인 정원이 많았으며 건물과 뜰 사이의 접경미가 다양한 순수한 자연 풍경식 정원이라고 말할 수 있다. 특히 고려시대 이후 민가 정원에 보급되어 1천여 곳에 정원이 조성되었으며 당시의 선비들은 백성을 다스리기 위해 자연의 섭리를 바탕으로 학문을 하였기 때문에 명원을 남길 수 있었으며 또한 선정을 펼 수 있었다고 볼 때 한국정원학은 자연계과 공학계는 물론 사람을 다스려야 하는 정치·경제·경영분야의 필수 과목으로 이수하여야 할 것이다. 숲과 돌과 물을 매개로 한 한국의 들과 뜰은 하늘과 땅과 사람 사이의 공생적 질서를 확보한 생태적 복합체로서 자연과 상호유기적인 조화와 균형을 이루고 있는 자연풍경식 정원이라고 말할 수 있다.

민경현 (전 경원대 교수)

▶ 가늠표, 맞춤표, 돔보, 레지스터 마크 register mark

다색 인쇄를 할 때 각 판의 가늠을 맞추기 위해 인쇄판의 양쪽 끝에 잠자리 모양의 십자형 눈금을 표시한 것. 가늠의 일치 여부는 인쇄기의 급지 방법, 압통과 판면의 표면 속도 일치, 용지의 신축, 인쇄실의 습도 등에 영향을 받는다. 특히 인쇄실 안의 습도 조절은 정밀한 인쇄물을 얻기 위해 필수적이다. 또 다색의 인쇄판을 만들기 위해 원판을 노광하는 가늠, 전사판의 전사 위치의 가늠 등 모든 공정에 가늠표를 붙여 정확하게 일치시켜야 한다.

▶ 감광성 수지판 感光性 樹脂版 photoresin plate

인조의 초고분자 합성 수지판. 빛(주로 자외선)에 닿으면 분자 간에 가교 반응이 일어나 굳어지고 녹지 않는 성질을 이용하여 네거티브 사진을 노광하여 볼록판, 평판, 포지티브 사진으로 오목판을 얻을 수 있고, 수지의 합성 조성을 변화시킴으로써 경도를 임의로 하는 판재가 얻어진다.

▶ 겹침 trapping

색과 색이 만나는 경계면이 서로 겹치도록

기존 트래핑: 원청을 원적 부위 위로 넓힌다. 전통적 필름 제작 방식에서는 노련한 촬영 기술자가 노광을 기준치보다 많이 혹은 적게 주는 방법으로 조절해 작업하였다.

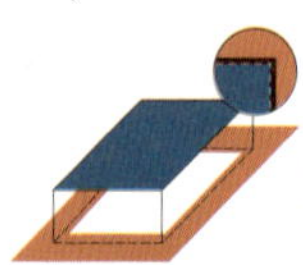

데스크탑 트래핑: 뽑히는 이미지 위로 덧씌워지는 부분을 선 테두리로 해결한다. 이러한 것은 디지털 이미지 처리가 갖는 장점이다.

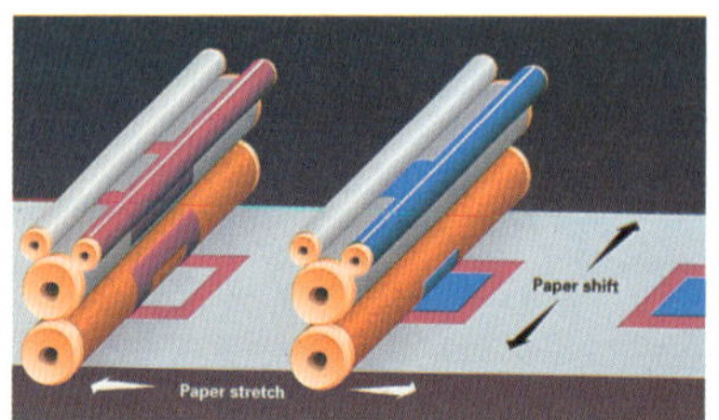

좋은 품질의 인쇄를 위해 필름을 아주 정교하게 만들었더라도 종종 인쇄기 상에서 종이의 신축 문제로 정확히 핀트를 맞추기 힘들다. 종이는 세로뿐만 아니라 가로로도 늘어날 수 있다.

하는 제판 기법으로, 핀트의 미세한 어긋남에도 경계면이 서로 떨어져서 흰 라인이 생기는 것을 방지하는 것을 말한다. 이때 두 색면 중 밝은 면을 늘려주며, 겹치는 두께를 상황에 따라 조절해 준다.

▶ 고무칠 gumming up

아라비아 고무액이나 고무에 산(酸)을 섞은 에칭 고무액을 인쇄 판면에 칠하는 것으로, 이 작업은 제판 완성 후 공기에 의한 판면의 산화, 또는 기름 등에 의한 손상을 방지하며, 인쇄 도중 5분 이상 정지하는 경우나 판을 임시 보존할 필요가 있을 때 판면의 보호에 사용된다.

▶ 곡면 인쇄 curved surface printing

성형 가공된 입체면에 행하는 인쇄 방법으로, 피인쇄체의 종류와 용도에 따라 볼록판 인쇄, 오프셋 인쇄, 스크린 인쇄, 정전(靜電) 인쇄 등을 이용한다. 또 데칼코마니, 가열 전사(hot stamping) 인쇄, 화상 성형, 열수축 라벨 등에 의한 방법도 있다.

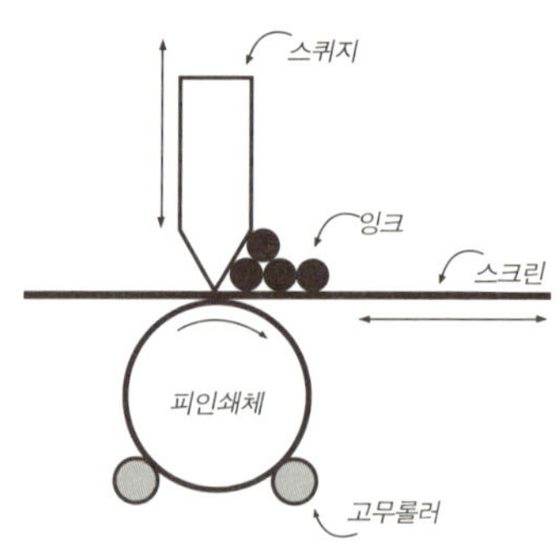

곡면 인쇄

▶ 골판지 인쇄 flexo printer slotter

초기의 골판지 인쇄는 유성 잉크를 사용한 볼록판 인쇄로 행해졌으나, 최근에는 건조가 빠른 플렉소 인쇄가 채택되고 있다. 대체로 인쇄와 제본을 온라인으로 한 콤비네이션 머신(combination machine)이 많다. 잉크는 내마찰성이 요구되므로 바니스를 많이 이용한 유성 잉크를 사용하고, 수성 잉크는 수용성 아크릴 수지를 사용한다.

▶ 광택 잉크 gloss ink

특히 광택이 강한 인쇄물을 얻기 위해 만든 고광택 잉크로 일반적으로 아트지 위에 인쇄했을 때 가장 효과가 크다.

▶ 그라데이션 스케일 gradation scale

망판의 망점 크기를 나타낸 기준 스케일. 하이라이트에서 중간조를 거쳐 암부에 이르기까지의 망점 크기를 망점 면적률(%)로 단계적으로 나타난 것이다.

▶ 그라비어 스크린 gravure screen

컨벤셔널 그라비어 방식으로 잉크셀을 만들기 위해 원판 포지티브를 노광하기 전에 이용하는 스크린. 일반적인 망점 스크린과 달리 유리 또는 필름의 검은 막면에 투명한 백선이 서로 교차하고 있으므로 백선 스크린이라고도 한다. 벽돌 쌓은 모양과 같은 벽돌 무늬 스크린, 모래발 스크린, 망그라비어용의 망포지티브를 만들기 위해 쓰는 그라비어 콘택트 스크린이라고 하는 필름 스크린도 있다.

▶ 그라비어 인쇄 gravure printing

사진 제판법에 의한 오목판 인쇄. 부식 방법에 따라 산분법(散粉法) 그라비어, 간접 리지스트법 그라비어, 직접 리지스트법 그라비어의 세 가지로 구분된다. 또 판면의 구조에 따라 스크린법(모래발 그라비어판), 백선(百線)스크린법(컨벤셔널 그라비어판), 망점 스크린법(망점 그라비어판)으로 분류된다. 초기 산분법 그라비어가 발전되어 클리쉐에 의해 현재의 간접 리지스트법에 의한 백선 스크린법 그라비어판이 발명되었다. 이후 컨벤셔널 그라비어법으로 계승되어 그라비어판의 주를 이루었다. 그 판면은 화상을 구성하는 각 부분이 극히 미세한 오목점으로 구성되어, 각각 오목점의 깊이가 화상의 농담에 따라 깊고 얕은 차를 가진 것으로 되어 있다. 이 오목점에 착색 잉크를 주고 가압하면 인쇄가 되는데, 이때 오목점의 깊이에 따라 잉크의 양이 다르므로 잉크량이 많으면 농도가 짙고 잉크량이 적으면 농도는 연하다. 잉크는 용제 증발 건조형 잉크로서 평판용, 볼록판용 잉크에 비해 유동성이 크며 점착성이 약하다. 출판용, 포장지용, 셀로판용, 비닐용, 폴리에틸렌용, 금박용 등 종류가 많다. 그라비어 인쇄기는 판이 평면인 동판을 인쇄통에 감는 평판 그라비어 윤전기와 원통형의 실린더 판을 인쇄부에 장착시키는 원통판 그라비어 윤전기가 있다. 용지에 따라 낱장 인쇄기와 두루마리 인쇄기로 크게 구별되며 두 종류 모두 급지부, 인쇄부, 배지부로 이루어져 있다.

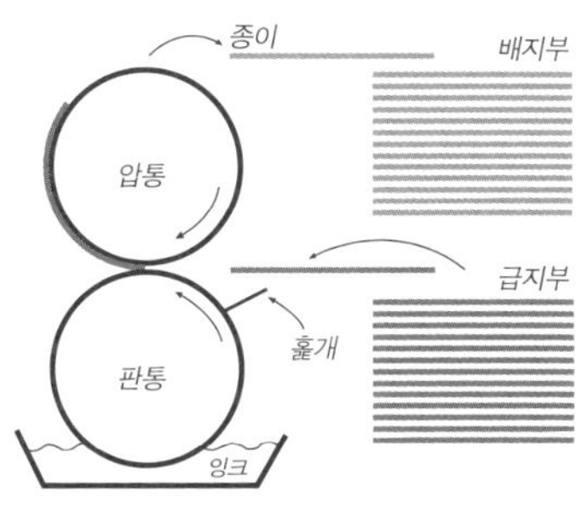

낱장 그라비어 인쇄

▶ 그레이 밸런스 gray balance

중성 회색의 복제를 얻기 위한 3원색 잉크의 균형. 3원색 잉크는 불필요한 색을 흡수하기 때문에 같은 양의 인쇄로는 다갈색을 띠므로 중성 회색을 얻지 못한다. 이 경우 망점 면적률의 크기에 따라 시안(cyan)판의 콘트라스트를 다른 두 판보다 높여 정확한 중성 회색을 표현한다.

▶ 그레이 스케일 gray scale

무채색 회색(gray)을 백색에서 흑색까지 일정한 농도차에 따라(0.10–0.30) 순차적으로 (11–31단) 배열한 것. 농도를 염료로 착색한 것과 은으로 입힌 것이 있다. 필름으로 작성한 투과용은 스캐너 분해, 제판, 인쇄판에서의 최적 노광 조건 등의 결정, 관리에 사용된다. 인화지로 작성된 것은 반사 원고의 스캐너 분해, 제판 카메라의 촬영 조건의 결정, 관리에 사용된다. 코닥사에서는 투과용을 스텝 태블릿(step tablet), 반사용을 그레이 스케일이라고 부른다.

▶ 금박 金箔 gold leaf, gold foil

표지의 금박 찍기 등에 쓰이는 박. 가장 순도 높은 금박을 순금, 다음을 농색(22금), 최하위를 길색(18금)이라 한다. 또 용도에 따라 박의 두께를 달리 하는데, 표준 두께의 것을 1매 걸이, 두꺼운 것을 2매 걸이로 불러 구별한다. 포일(foil), 리프(leaf)란 금, 은, 알루미늄 등의 전성(展性)이 풍부한 금속을 매우 얇게 늘인 것을 말한다. 제본의 금박 찍기 및 금붙이에 쓰는 금박, 은박, 황동박, 알루미늄박 외에 분박, 색박, 에나멜박 등이 있다.

▶ 금속 인쇄 tin plate printing

함석판, 알루미늄판, 기타의 금속판에 하는 인쇄. 1870년 프랑스에서 시작되었고, 1872년경 미국의 바클리가 전사 인쇄에 의한 방법을 고안하였다. 1880년에 고무 블랭킹을 하는 간접 인쇄법(오프셋 인쇄방식)이 개발되었다. 금속 인쇄의 피인쇄체로서 경질 플라스틱판도 사용되고 있다. 금속 인쇄는 오프셋 인쇄법에 의하므로 이에 사용되는 인쇄기는 거의 보통 오프셋 인쇄기와 같은 기구이다. 잉크도 오프셋 잉크에 속하는데, 바이클에는 페논 수지와 같은 고형 수지를 건성유에 섞은 바니스 및 알키드 수지를 사용한다.

▶ 다색 동시 인쇄 wet printing

다색 인쇄의 일종으로 다색 인쇄기로 연속적으로 여러 색을 인쇄할 때, 색을 인쇄한 직후 그 인쇄 잉크가 젖어 있는 상태에서 다음 색을 인쇄하는 것. 잉크가 차례로 찍혀지기 위해서는 잉크의 점성이 중요한 역할을 한다.

▶ 뒷면 인쇄 backing printing

투명한 셀로판이나 플라스틱 필름 따위에 그라비어 인쇄를 할 때 표면에 인쇄하지 않고 반전된 화상을 뒷면에 인쇄하는 것. 이 인쇄 방법은 인쇄면의 파손, 더러움을 방지하여 인쇄 효과를 높일 수 있다.

▶ 루페
magnifier, magnifying glass, lupe

인쇄물, 인쇄판, 필름 원판 등의 인쇄 상태나 망점의 크기 등의 화상을 보는 확대경. 확대율로서는 10배, 25배, 50배 등 여러 가지 종류가 사용된다.

▶ 리스형 필름 lith type film

상품명에 리스(lith)라고 하는 글자를 사용하는 각종 제판용 필름. 문자, 선화, 망사진의 촬영이나 복사에 사용한다. 어느 것이나 해상력이 크고 경조(硬調)이며, 흑백의 대비가 크다. 제판에 적합한 원판을 얻을 수 있으며 밀착용과 촬영용이 있다.

▶ 리터치 retouch, stripping

컬러 인쇄물의 색을 맞추는 일. 좁은 의미에서는 수공적인 색수정을 가리키며, 미국에서는 도트 에칭(dot etching)이라고도 부른다. 현재는 넓은 의미로 카메라 작업이나 색분해한 다음부터 판을 만들기 위해서 행하는 필름의 정리 작업(집판, 스트리핑)까지의 공정을 말한다. 인쇄물을 만들려면 컬러 원고나 사진, 문자, 일러스트레이션 등의 선화 원고를 색분해, 망촬영, 선화 촬영해 네거티브 또는 포지티브 필름으로 만든다. 그러나 이대로는 판을 만들 수 없다. 좁은 의미의 리터치에는 색분해한 것을 수정한다던가 망점을 감력(減力)하여 색을 맞춘다든가 흠집을 수정한다거나 혹은 2조 이상의 화상을 합성하기도 한다. 또 선화 촬영한 것은 오페이크(opaque) 등으로 수정해 놓는다. 넓은 의미의 리터치는 완성 예상도(comprehensive layout)에 맞추어서 수정이나 합성이 끝난 필름을 종합하여 완성하기까지를 말한다. 이 작업은 수공적인 부분이 많으므로 숙련이 필요하다. 리터치는 인쇄물의 완성 품질에 커다란 영향을 미치는 작업이다.

▶ 릴리프 조각기
relief engraving machine

입체형의 원형을 문질러서 부조(浮彫)의 느낌을 나타내는 화상을 판면에 조각하는 기계. 입체적으로 깎은 원형에서 평면으로 여러 개의 평행선을 조각하면 평행선의 간격이 부분적 변화에 의해 입체감을 나타낸다. 조각기의 덧그리는 침으로 원형면의 한 끝에서 평행선을 그리면서 점차 다른 끝까지 전면을 주사한다. 1827년 미국의 필라델피아에서 독일의 고브레히트(Gobrecht)가 고안하였다.

▶ 망점 면적률 dot percent

일정 면적에서 차지하는 망점의 면적을 백분율로 나타낸 것. 사진 볼록판이나 평판에 의한 인쇄물 등과 같이 망점을 사용하여 중간조를 얻는 경우에는 색의 농담을 망점의 크기로 나타낸다. 그러나 망점의 모양이나 규격은 사용하는 콘텍트 스크린 종류에 따라 다르므로 색의 농담 정도를 나타낼 때는 색이 있는 부분과 없는 부분과의 면적비로 표현하는 것이 좋다.

▶ 망확대 제판

망점을 확대하여 사용하는 제판. 단순히 확대라고도 하며 카탈로그, 포스터에 이용되고 있다. 큰 사이즈의 포스터를 제판할 경우 스캐너의 출력 사이즈 문제 때문에 완성 사이즈의 분해를 할 수 없어서 B3 판이나 A3 판으로 제판을 하고 최후에 카메라로 확대해서 제판하는 공정이 있다. 일반적으로 60line/inch의 망점을 사용한다.

▶ 무광택 잉크 mat ink, non gloss ink

인쇄 완성면에 광택이 나지 않는 인쇄 잉크. 일반적으로 유성의 비이클을 사용한 인쇄 잉크는 상당한 광택을 지닌다. 그러나 목판화의 복제 등의 미술 인쇄에는 오히려 광택이 없는 무광택 잉크가 적당하다. 수성 잉크나 에멀젼 잉크 및 셀룰로오스계의 그라비어 잉크 등은 원래 광택이 없지만 평판, 볼록판에 쓰이는 유성 잉크를 광택이 없게 사용하려면 광택 소거제 등이 첨가된 무광택 잉크를 선택할 수 있다.

▶ 무늬 조각기 geometrical lathe, guilochin machine

지폐, 채권을 비롯하여 고급 유가 증권의 무늬를 조각하는 극히 정밀한 기계. 성능이나 메이커에 따라 여러 형식이 있으며, 미국의 채프먼(Chapman)사, 디킨슨(Dickinson)사, 독일의 미카엘 캠프(Michael Kampt)사의 것이 알려져 있다.

▶ 무아레 moire

기하학적으로 또는 규칙적으로 분포된 점이나 선을 포갰을 때에 생기는 얼룩 무늬. 예를 들면 3색 판의 인쇄로 각 판을 겹쳐 찍었을 경우, 스크린 각도를 틀리게 하면 현저하게 무아레가 나타나기 때문에 스크린 각도를 바르게 정하여 무아레(물결 무늬)가 생기는 것을 방지해야 한다. 또 망판 인쇄물을 원고로 하여 망판을 복제할 경우 또는 묘화 평판에서 필름 전사 등의 경우에도 무아레가 생긴다.

▶ 블로킹 blocking

잉크의 접착성 때문에 인쇄물이 서로 접착하는 현상. 이 경우 인쇄물을 무리하게 떼어내려고 하면 종이가 뜯기거나 찢어진다. 그 원인은 다음 두 가지의 경우가 있다. 첫째 인쇄 중에 잉크를 너무 많이 묻혔거나 잉크 적성이 불량하여 뒷묻음이 심해져 포개져 쌓인 인쇄물이 붙었기 때문이다. 둘째, 인쇄 중에 뒷묻음은 없지만 뒤에 가압, 가열 등을 하면 일단 건조한 잉크 피막이 다시 접착성을 띠어 접착하기 때문이다.

▶ 비닐 입히기 PVC laminating

인쇄물 표면을 보호 또는 광택을 내기 위해 인쇄면에 얇은 비닐 필름을 입히는 것. 레코드의 재킷, 서적, 잡지의 표지 등에 입힌다. 필름 두께는 0.03-0.05mm, 접착재는 비닐 계통이다. 인쇄물에 접착재를 칠하고 건조후 가열, 가압하는 방법과 미건조 상태로 상온에서 가압하는 방법이 있다.

▶ 사진제판 photomechanical process

사진술을 응용하여 인쇄판을 제판하는 방법의 총칭. 그림, 사진, 글자 따위의 원고를 촬영하여 네거티브 또는 포지티브를 만들고 미리 감광액을 도포한 금속판, 기타 판재면에 빛을 쬐여 화상을 만든다. 볼록판으로 할 때는 화상 이외 부분을 부식하며, 평판으로 할 때는 지방성 잉크를 반발하도록 불감지성 처리를 하며, 오목판의 경우에는 판재면에 네거티브 화상을 만들어 화상 부분을 식각(蝕刻)하여 인쇄판을 만든다.

▶ 색교정 color proof

컬러 인쇄물을 만들 때에 행하는 교정. 색교정의 목적에는 크게 두 가지가 있다. 컬러 사진 원고 등을 제판할 때의 마무리를 점검하는 경우와 인쇄물이 발주자가 지정한 색으로 완성될 것인가를 확인하는 경우가 있다. 평판의 교정 인쇄를 만들려면 실제의 인쇄에 사용하는 기계를 사용하여 교정 인쇄를 얻는 방법이 가장 이상적이지만 적은 매수에 큰 기계를 움직이므로 비경제적이다. 그 때문에 일반적으로 색교정용의 판을 미리 제판하여 전용의 교정기로 몇 장의 교정 인쇄를 만들어서 본 인쇄기에 의한 인쇄 결과를 예측하여 다시 본 기계용의 실용판을 만드는 방법이 쓰여지고 있다.

▶ 색분해 color separation

다색 제판시 원고가 가지고 있는 여러 가지 색을 옐로, 마젠타, 시안 및 그레이 밸런스(gray balance)를 조정하기 위한 먹(black)의 각 성분으로 나눈 네거티브 필름을 얻기 위한 촬영. 3색 판의 원리에 따라 제판 카메라의 렌즈 또는 광원에 필터를 걸고 팬크로매틱 필름으로 촬영한다. 옐로판을 만들려면 청자 필터, 마젠타판을 만들려면 녹필터, 시안판을 만들려면 적필터를 사용한다. 블랙판은 필터를 사용하지 않고 촬영하든가, 황필터 또는 적, 녹, 청자의 각 필터를 사용하여 분할 노광을 한다. 색분해에는 제판용 카메라 또는 스캐너를 사용하며, 다이렉트 스캐너에 의해 색분해와 동시에 망촬영을 한다. 최근에는 7색도 분해 방법이 개발되어 4색도에 오렌지, 그린, 바이올렛의 중간색 도판을 첨가하여 별색 인쇄함으로써 높은 채도의 생생한 별색을 얻게 되었다. 특히 중간 농도를 선명하게 유

원청, 원적, 노랑, 프로세스 컬러의 색깔 조합. 검정은 가장 어두운 곳에 첨가되어 진흑색의 효과를 더한다.

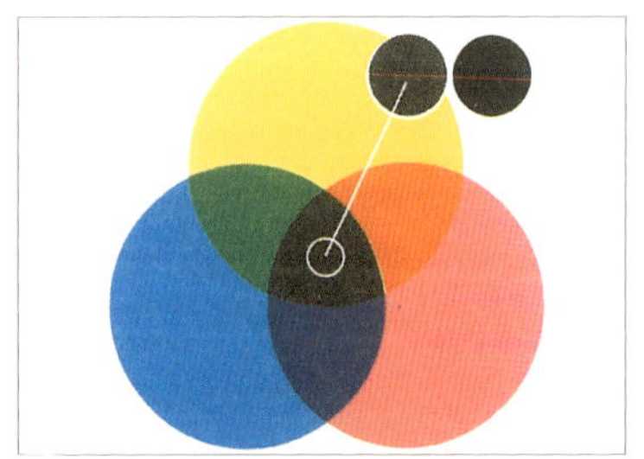

지하면서도 암부가 깊이 있게 표현되는 특징이 있다.

▶ 스크린 각도 screen angle

망촬영할 때 스크린선이 수직선으로 되는 각도를 말한다. 원색판 등의 다색 제판에서는 인쇄물에서 각 색판의 망점이 잘 겹쳐지지 않거나 보기 싫은 무아레가 생기지 않도록 하기 위해 각 색판용 사진 원판 스크린 각도를 적당하게 조절한다. 인쇄물의 복사 또는 직물, 건물의 사진 등과 같이 규칙적인 점이나 선으로 구성된 원고를 복제할 때는 무아레가 생기지 않도록 스크린 각도를 조절해야 한다.

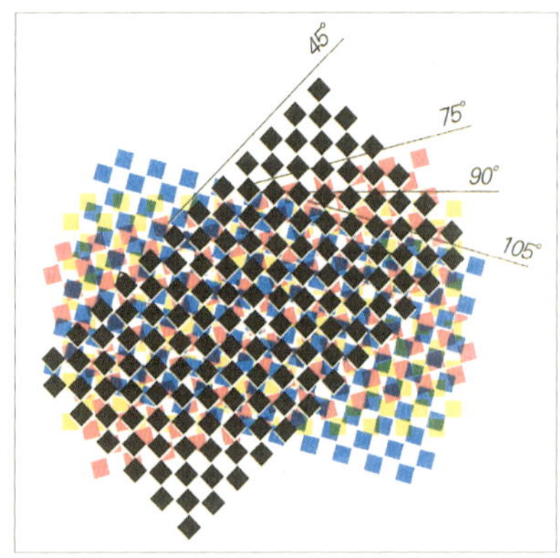

확대된 망점은 인쇄 4원색의 인쇄 각도를 보여준다. 전통적인 인쇄 방식에서 무아레를 방지하기 위해 원청 45도, 원적 75도, 노랑 90도, 검정 105도의 각도를 엄정히 유지한다.

▶ 스크린 선수 screen running

스크린의 1인치 폭 안에 들어가 있는 선이나 점의 수. 일반적으로 볼록판에서는 150선 이하, 그라비어에서는 105-175선이 많고, 평판에서는 175-200선이 많이 사용된다. 스크린 인쇄에서도 이와 같은 스크린 선수의 단위로 나타낸다. 스크린을 사용할 때 거친 종이에는 굵은 스크린 선수, 매끈한 종이에는 가는 스크린 선수를 사용한다.

▶ 스크린 인쇄 screen process printing

틀에 견포(絹布), 기타 스크린을 걸고 수작업 혹은 사진 원리의 방법에 의해 화상 이외 부분의 스크린 결을 막고 스퀴지로 스크린 결을 통해 잉크를 압출하여 인쇄하는 방법. 예전에

는 전부 견직물을 썼기 때문에 실크 스크린 프로세스라 하였으나, 현재는 실크 스크린에 한하지 않고 나일론 스크린, 폴리에스테르 스크린, 금속 스크린 등을 쓰게 되었다. 1905년 영국인 시몬이 일본의 형지(型紙)에서 착상하여 특허를 얻은 것을 시작으로 제1차 세계 대전 당시 필위스(John Pilsworth)가 이를 개량하여 하나의 틀에서 다색 인쇄를 하는 방법을 고안하여 값싼 포스터나 간판류의 제작에 이용하였다. 다른 인쇄법에서는 인쇄하기 곤란한 강한 표면이나 곡면체에도 쉽게 인쇄되며, 잉크의 선택도 자유롭고, 잉크층이 두껍기 때문에 포스터 또는 디스플레이의 인쇄, 플라스틱, 유리, 도자기 등의 용기 및 직물의 날염, 선전, 장식의 분야, 프린트 배선, 각종 눈금판의 제작 등 공업 분야에 있어서도 그 용도가 다양하다.

▶ **아트지 art paper**

코팅 종이의 일종. 백토(白土) 등의 안료를 카세인 등의 접착제로 짓이겨 원지의 편면 또는 양면에 기계적으로 도포하여 건조시킨 후 수퍼 캘린더 등으로 강한 광택을 주어 평편한 면으로 완성한다. 치수는 4×6 전지(788mm×1,091mm), 국판전지(636mm×939mm)가 있다. 평량(g/㎡)은 4×6 전지에서는 편면이 70, 80, 90, 100, 110, 120, 양면이 80, 100, 120, 150, 180, 200, 국판 전지에서는 편면이 70, 80, 90, 100, 110, 120, 양면이 80, 100, 120, 150, 180, 200으로 규정되어 있다.

▶ **양면 인쇄기
perfecting press, perfector**

1회의 인쇄로 안팎 양면을 인쇄하는 인쇄기. 두루마리지 인쇄기의 양면 인쇄가 보통이지만 일반적으로 매엽 인쇄기를 칭한다.

▶ **에칭 etching**

부식액을 사용하여 금속을 용해시켜서 표면을 가공하는 기술. 에칭에는 예술적 분야의 것과 공업적 분야의 것이 있다. 예술적 분야인 판화의 에칭은 식각(蝕刻) 오목판이라고도 불리운다. 판재로는 일반적으로 동판이 사용되며, 이것을 곱게 연마하고 판을 조금 데운 다음 베르니를 바르고, 가죽 롤러로 얇게 펴고 기름 연기로 그을려 에칭침으로 그려 동면을 노출시킨다. 다음에는 부식액으로 화선을 오목하게 부식한다. 계조를 만들기 위해 부식은 몇 번으로 나누어 한다. 이 판으로 인쇄하는 방법은 먼저 판면을 조금 덥혀 놓고, 탐폰으로 잉크를 묻혀 오목선의 바닥까지 매운 다음에 남는 잉크를 묻혀 오목선의 바닥까지 남는 잉크를 걸레로 닦아 내고, 오목선 이외의 부분에도 약간의 인쇄 잉크의 엷은 막을 남겨 농담을 가감하면서 인쇄한다. 이 인쇄물에는 판 크기에 상당하는 움푹 패인 플레이트 마크가 생긴다. 농담이 풍부하고 우아한 인쇄가 되기는 하나, 판의 내쇄력이 적어 대량 인쇄에는 적당치 않다. 1판으로 1백 매 이상의 인쇄를 하기는 어려우며, 게다가 처음 인쇄된 것과 수십 매째 인쇄된 것에는 품질에 차이가 있다.

▶ **엠보싱 embossing**

철인 요철 사이에 종이를 끼우고, 그 뒷면에 볼록형을 강하게 주어 도드라진 무늬를 만드는 특수한 가공법. 오목형은 동 또는 황동 등에 오목하게 조각한 것을 원형으로 하여 여기에서 볼록판을 뜬다. 볼록형은 얇은 종이에는 탄력성이 있는 고무, 보통 두께의 종이에는 석고형 혹은 물유리와 진흙 등을 이겨서 만든 압형, 두껍고 굳은 종이에는 손으로 새긴 압형을 사용한다. 엠보싱하는 데는 특히 강압을 필요로 하는데, 2회전 볼록판 인쇄기, 엠보싱 전용 평압식 형압기 등을 사용한다. 엠보싱에는 백지 그대로 형압(型壓)하는 것과 미리 글자 또는 무늬를 인쇄하여 이것을 형압하여 엠보싱을 하는 것이 있다.

▶ **연 蓮 ream**

종이를 세는 단위. 양지(洋紙)의 경우 우리나라에서는 5백 매를 1연으로 하고 있다. 유럽에서는 필기 용지는 24매, 인쇄 용지는 25매를 가지고 1첩(quire: buch)으로 하고, 20첩을 1연으로 계산한다.

▶ 연량 蓮量 ream weight

1연의 종이 무게. 양지(洋紙)의 경우 종이 5백 매의 중량을 파운드로 나타냈으나 미터법이 제정되면서 중량을 kg으로 표시하게 되었다. 전자를 파운드 연량(PR), 후자를 킬로그램 연량(KR)이라고 한다.

▶ 옵셋 인쇄 offset printing

보통의 인쇄가 판면에서 직접 종이에 인쇄되는데 반하여, 오프셋 인쇄는 판면에서 일단 잉크 화상을 고무 블랭킷에 전사하여 거기에서 종이에 인쇄하는 방법으로 전자를 직접 인쇄라고 하며, 후자를 간접 인쇄(indirect printing)라고 한다. 금속 평판 인쇄는 거의 오프셋 인쇄 방식이기 때문에 일반적으로 오프셋 인쇄 즉, 평판 인쇄라는 관념을 가지고 있다. 그러나 이 방법은 볼록판 또는 오목판 인쇄에 이용되기도 한다. 드라이 오프셋, 튜브 인쇄 등은 볼록판 오프셋 인쇄이다. 오프셋 인쇄의 장점은 정밀한 화선이 비교적 표면이 거칠은 종이에도 선명히 인쇄되며 직접 인쇄보다 판면의 내쇄력이 크다는 점이다.

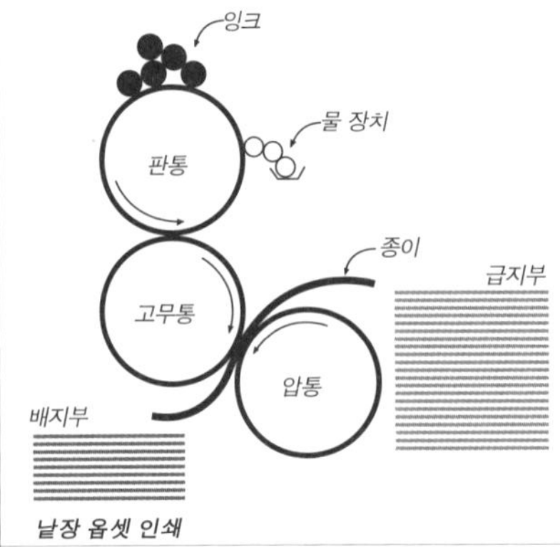

낱장 옵셋 인쇄

▶ 인라인 인쇄기 in-line press

인쇄 유닛마다 압통(impression cylinder)을 갖추고, 그라비어 인쇄기처럼 직선상에 배치한 플렉소 인쇄기. 두루마리 외에 낱장 인쇄도 가능하다. 인쇄 유닛 사이의 거리를 확보할 수 있기 때문에 건조 유닛을 조합할 수 있다. 톰슨기 등 각종 가공기와 일관 작업이 가능하고, 골판지나 판지 상자의 인쇄에 이용되고 있다.

▶ 인쇄 용지 printing paper

인쇄용으로 만들어진 용지. 잉크 용제의 흡수성, 평활성, 백색도, 불투명도, 표면 광도, 내절도(耐折度), 두께, 평면도, 탄력성 등 인쇄에 적합한 인쇄 적성을 필요로 한다. 용지의 종류는 여러 가지가 있으며, 그 중에서 책자로 쓰이는 용지로는 상질지(아트지, 백상지 등), 중절지, 하급지의 구분이 있는데, 상질지는 고급 책자, 증권 용지 등에 쓰이는 고급 종이로서 표면이 평활하고 백색도가 높다.

▶ 인쇄 잉크 printing ink

인쇄에 의해 얇은 막의 화상(畵像)을 형성하는 착색 조성물(組成物). 일반적으로 안료와 염료 등의 착색제와 인쇄기 상에서의 유동과 전이를 도우며 피인쇄면에 고착시키는 비이클, 용제로 조성되어 있으며 필요에 따라 건조제나 콤파운드 등의 보조제를 첨가한다. 인쇄 양식, 피인쇄 소재 및 인쇄물의 용도에 따라 각종 잉크가 만들어진다. 인쇄 판식에 따라 볼록판 잉크, 평판 잉크, 오목판 잉크, 공판 잉크의 4종으로 대별된다. 그밖에 금분, 은분 가루 잉크도 있다.

▶ 입체 인쇄 stereoscopic printing

입체적으로 보이는 인쇄물. ①아나글리프법: 수평 방향으로 좌우 눈의 거리만큼 떨어진 위치에서 2대의 카메라로 동일한 물체를 촬영하여 적, 청 2색으로 인쇄한다. 좌우의 눈으로 각각 적, 청 2색의 필터를 통해 인쇄물을 보면 좌우 눈에 각각 대응하는 화상이 보이므로 두 눈의 시차(視差)로 입체적으로 보인다. 1894년 프랑스 오롱(Ducos du Hanron)이 고안하였다. ②렌티큘러 렌즈법: 고해상력이 필요해 1960년대에 와서 일반화되었으나, 현재는 카드, 디스플레이, 카탈로그, 패키지 등 거의 모든 인쇄 부분에 널리 이용되고 있다. ③홀로그래피: 홀로그램은 기록된 입체에서 파도면을 재현하므로 실제의 입체상이 관찰된다. 최근 가열 전사를 이용한 인쇄물에 이용되고 있다.

▶ 자기 인쇄 磁氣印刷 magnetic ink printing

자성(磁性)잉크를 사용하여 문자나 기호, 줄무늬(stripe)를 인쇄하는 것, 문자나 기호의 자기 인쇄는 눈으로 쉽게 판독할 수 있는 이점과 기계적으로 판독할 수 있다는 이점이 있어 수표나 증서에 폭넓게 이용된다.

▶ 전자 제판 electronic color scanner, electronic photoengraving

광전 변환을 이용해 원고에서 제판하는 기술로 과정을 나누면 ①컬러 스캐너(electronic color scanner: 원고를 광전으로 주사하여 색분해, 색수정이 된 원판 필름 만들기), ② 전자제판 조각기(electronic photoengraving machine: 광전으로 원고를 주사하여 전류의 강약을 조각침의 스트로크로 바꾸어 직접 원판을 조각하는 것)으로 나눌 수 있다.

▶ 제본 製本 bookbinding

제본은 제책이라고도 부르며 크게 나누어 간이 제본, 재래식 제본, 양장 제본의 세 가지로 분류된다. 간이 제본은 한쪽 끝부분에 풀칠을 한 후 반복해 덧붙여 뭉치로 만들고 그 위엔 표지를 씌워 완성하는 간단한 제본 방식이며 재래식 제본이란 옛날 고서 등의 제본 방식이다. 오늘날 제본은 보통 양식 제본 방식을 말한다. 제본의 종류는 양장, 반양장, 무선철, 호부장, 중철 등이 있다.

▶ 체인 도트 스크린 chain dot screen

망점이 마름모꼴 모양으로 그 양끝이 사슬처럼 이어진 스크린이다. 보통 콘텍트 스크린을 쓰면 잉크 올림 형식에 따라 50%망점의 네 귀가 끊겼다 이어졌다해 중간조가 크게 변화하므로 방지하기 위해 만들어졌다.

▶ 크리스탈래스터 cristalraster

일정한 간격으로 배열되는 일반적인 하프톤 스크린과 달리 불규칙한 배열의 점으로 화상을 표현하며, 라이트 부분의 섬세한 재현성이 뛰어나다. 연속 계조의 표현에 있어서도 톤의 질이 현저하게 향상되어, 스크린 각도에 구애받지 않으므로 무아레 현상이 최소화되었다.

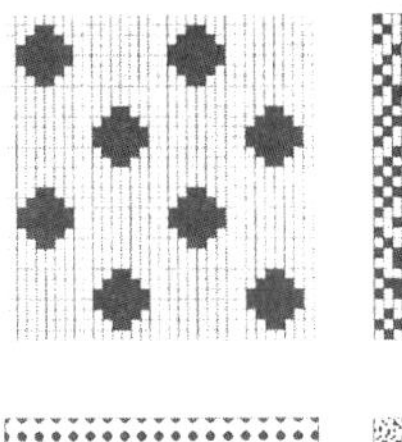

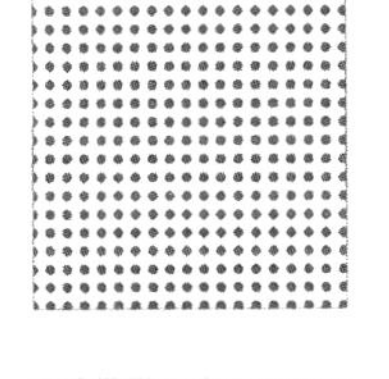
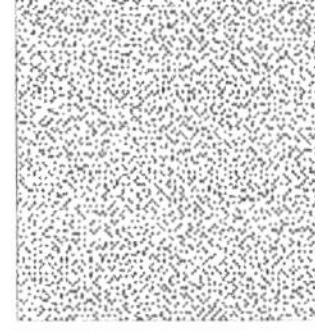

왼쪽은 기존 망점이고 오른쪽은 새로 개발된 크리스탈래스터 정밀 망점이다.

▶ 흑백 사진의 제판

흑백 사진 원고의 분해시 4원색으로 분해한 후 포토숍(Photoshop)의 채널을 이용하여 블랙 원판 외에 암부(暗部)를 강조하기 위한 별도의 블랙판을 추가함으로써 계조를 늘릴 수 있다. 이때 중간 톤의 섬세한 표현을 위해서 중간 농도의 회색 별색을 이용하여 3색도로 인쇄하면 매우 효과적이다.

▶ UCR Under Color Removal

컬러 원고를 제판할 때, 섀도부의 옐로, 마젠타, 시안의 망점 면적률을 적게 하고 그만큼 먹판의 망점 면적률을 크게 하여 인쇄 효과를 올리는 방법. 컬러 인쇄에서는 3원색 이외에 먹을 더하여 4색으로 인쇄하고 있다. 이것은 인쇄 잉크의 특성이 색채를 재현하는 데 불충분하기 때문이다. 먹색이 찍힐 곳에 3색 잉크가 겹쳐 인쇄되어 있으므로 다른 색의 잉크량을 줄여 놓지 않으면 먹색 잉크가 잘 얹히지 않으므로 먹색 부분에서 다른 색을 제거하는 데 이를 밑색 제거라고 한다. UCR 마스크에 의해서 한다. 전자 색분해에서는 전자 회로의 작동으로 컴퓨터에 의해 밑색이 제거된다.

인터페이스 디자인

interface design   황지연

▶ 계층구조, 계층구조식 메뉴 hierarchical menu

하나의 상위 항목 밑에 몇개의 하위 항목이 반복되는 구조를 말하며 정보를 분류하고 조직하는 기본 개념이다. 보통 트리(tree) 구조라고 부르는데 트리 구조 메뉴에서 수평으로 놓여진 메뉴 항목들을 위쓰(width)라고 하며, 수직으로 이어지는 레벨의 개수를 뎁쓰(depth)라고 한다. 다시 말하면, 한 화면에 나타나는 메뉴 개수를 위쓰, 하나의 메뉴를 선택해서 다음 단계의 화면으로 넘어가는 횟수를 뎁쓰라고 한다. 소프트웨어의 메뉴 설계에서 위쓰와 뎁쓰의 횟수가 크면 클수록 복잡성이 증대하여 사용성이 낮아진다. 따라서 메뉴를 계층구조만으로 조직하는 것보다는 비계층구조를 계층구조 안에서 효과적으로 결합하는 방식도 연구되고 있다. 또한 위쓰의 수를 줄이기 위해 뎁쓰의 수를 늘일 것인가, 또는 이와 반대로 위쓰를 늘이고 뎁쓰를 줄일 것인가는 메뉴를 구성할 때 가장 기본이 되는 선택 과제이다. 다음 그림은 13개 메뉴의 위쓰와 뎁쓰가 다르게 구성된 예를 보여준다.

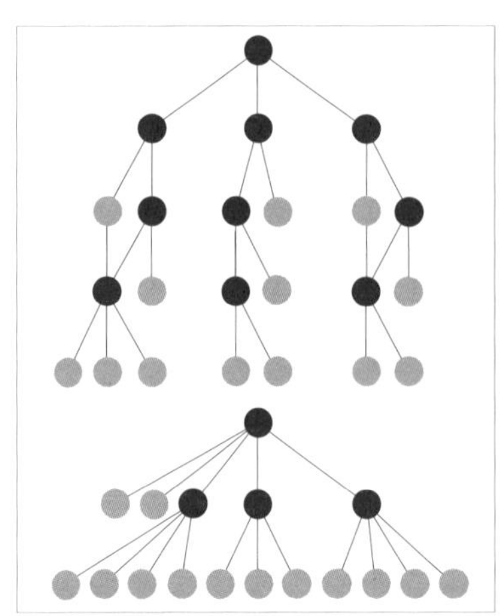

트리(tree)구조

▶ 구이, 지유아이 GUI Graphic User Interface

디스플레이(display) 그래픽을 이용한 컴퓨터 소프트웨어의 인터페이스 사용자 대화방식이다. 기본 구성 요소가 윈도우(window), 메뉴(menu), 아이콘(icon), 포인팅 장치(pointing device)이기 때문에 머릿글자를 따서 윔프(WIMP)시스템이라고도 한다. 1990년대 이후 대부분의 소프트웨어 인터페이스는 GUI의 범주에 해당될 만큼 그 중요성이 크다. GUI의 유래는 직접 조작 입력 장치의 연구와 관련이 깊다. 1962년 이반 서더랜드(Ivan Sutherland)의 스케치 패드 시스템, 1964년 더글라스 엥겔바트(Douglas Engelbart)의 마우스, 그 밖에 1970년대의 직접 조작 입력 장치의 연구들이 있었으나 GUI개념이 널리 쓰인 것은 1980년대부터이다. 기본 인터랙션은 사용자들의 눈을 끄는 스크린의 그래픽 오브젝트들을 마우스로 직접 움직여 조작하는 것이다. 즉 GUI는 오브젝트(object) 즉, 객체지향적 인터페이스 방식이다. 객체지향적(object-oriented) GUI는 전통적으로 쓰였던 기능지향적(function-oriented) 문자 인터페이스와 자주 비교되어 사용성이 연구되어 왔는데 일반적으로 문자 인터페이스보다 높은 사용성 테스트의 결과를 갖는다. 또한 스크린 전체를 이용해 자연스럽게 사용자에게 접근할 수 있어 GUI는 더 많은 가능성을 갖는다. 사회의 각종 시스템이 컴퓨터화되고 소형 컴퓨터가 제품에 적용되면서 이동 전화기, 전자 수첩, 현금 출납기 등의 LCD 패널(Liquid Crystal Display panel) 디스플레이를 통해 GUI의 다양한 형태가 응용되어 나타난다.

▶ 내비게이션 navigation

소프트웨어 인터페이스에서 사용자의 작업 절차 또는 사용자가 원하는 정보를 찾아가는 경로이다. 따라서 쉽고 효율적인 내비게이션은 적절한 메타포의 사용과 효율적 메뉴 구성의 결과이다.

▶ 대화언어 방식

축약된 명령어(예: MS DOS)를 입력하거나 사람이 쓰는 언어와 비슷하게 짧은 문구(예: lingo)를 쓰기도 하며 대화 시스템의 질문에 사용자가 답하는 인터페이스 방식을 말한다.

▶ 대화상자 dialogue box

컴퓨터 시스템의 특정 기능에 관련하여 사용자 입력을 요구하거나 안내를 해주는 팝업 디스플레이 윈도우(pop-up display window)이며 GUI의 구성 요소로써 중요하게 쓰이고 있다. 주로 기존 화면에 중첩되어 나타나며 단순히 '예' 또는 '아니오'를 요구하는 것, 시스템의 옵션을 체크하고 내용을 기입하는 것, 메시지만 전달하는 경고 상자 등이 있다.

단순히 사용자의 대답을 묻는 대화상자

형식채우기(fill in form) 대화상자

오너스타일(owner style) 대화상자 디자인

▶ 디폴트 default

시스템에서 미리 지정된 '값' 또는 '형태'인데 사용자 정의와 대비되는 의미이다. 즉 메모리 설정이나 그래픽 요소의 디자인도 디폴트 값과 사용자가 그 값을 바꿀 수 있는 사용자 정의 값이 있다.

▶ 드롭 쉐도우 drop shadow

아이콘이나 버튼에 그림자를 주어 3차원적 표현을 하는 것이다. 컴퓨터의 기능이 강화되면서 색에 대한 메모리 할당이 많아지면서 3차원적 표현이 유행되었는데 인터페이스 내에서의 무분별한 장식 때문에 사용성에 해가 되는 예도 많다. 3차원의 효과는 장식보다는 요소들간의 가독성 차별화로 메뉴를 그룹핑하는 데 적절한 도구로 쓰여야 사용성을 지향하는 인터페이스 디자인을 추구할 수 있다.

▶ 라디오 버튼 radio button

대화상자에 자주 나타나 켜고 끄는 스위치 버튼 형태로 사용자가 시스템의 옵션을 선택하는데, 주로 구나 원의 형태이다.

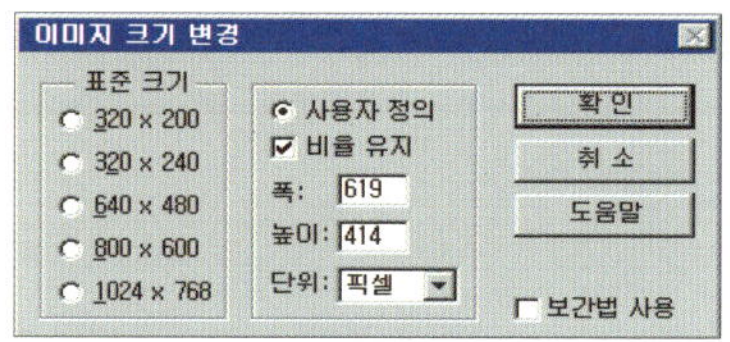

대화상자의 라디오 버튼 및 체크 박스

▶ 리스트 메뉴 방식 list menu

한번의 콘트롤 동작으로 메뉴를 한꺼번에 열거해 보여주고 선택하는 방식으로 메뉴 항목이 밑으로 펼쳐지는 방식을 풀다운 메뉴(pull-down menu), 위로 펼쳐지는 방식을 풀업 메뉴(pull-up menu)라고 한다. 또한 리스트 메뉴 방식은 토글 메뉴(toggle menu) 방식과 대비되기도 한다.

▶ 멀티미디어 인터페이스 multimedia interface

보고 듣고 말하고 만지는 매체들을 이용한 인터페이스 디자인을 설명한다. GUI에 있어 멀티미디어적 요소들이란 그래픽 요소가 시각적 매체이며, 경고음 등이 청각적 매체, 마우스로 아이콘이나 메뉴를 포인팅하는 것이 촉각적 요소라고 할 수 있다. 이러한 여러 매체들은 사용자와의 인터랙션(interaction)을 위해 효과적으로 써야 한다.

▶ 메뉴방식

사용자가 명령어를 미리 암기하여 소프트웨어를 사용하는 것이 아니라 계층구조와 같이 단계별로 사용자가 선택 가능한 작업 명령이나 기능들의 리스트를 시스템이 미리 제안하

인터페이스 디자인

interface design   황지연

면 그 때마다 사용자가 선택만 하면 되는 사용자 인터페이스 방식으로 GUI에서도 가장 핵심적 개념 중의 하나이다. 종류는 문자, 아이콘, 음성 메뉴가 가능하다.

▶ 메타포 metaphor

콘트롤 판넬 메타포

어의상의 정의는 어떤 것의 이면에 숨어 있는 의미나 상징을 말한다. 인테페이스에서는 사용자의 일상 행동 양식이나 습관을 인터페이스 안으로 자연스럽게 유도하기 위해 의미있는 그림이나 그래픽을 이용하여 가상의 환경을 만드는 것이다. 이 가상환경은 사용자가 사용법을 따로 익히지 않고 사용자로 하여금 자연스럽게 사용법을 이해하도록 해주는 것이다. 대표적 예로는 사람이 책상에서 일하는 사무 환경을 은유한 것으로써 데스크탑 메타포(desktop metaphor)가 있는데, 파일(문서), 폴더(folder), 서류함, 휴지통, 시계 등을 이용한 것이다. 즉, 사용자가 작성한 정보 데이타들은 파일로 은유되고 그 데이타를 삭제하기 위해 삭제 명령어를 외우는 것이 아니라, 그 파일을 집어서(drag) 화면의 휴지통에

화상전화의 콘트롤 판넬 메타포

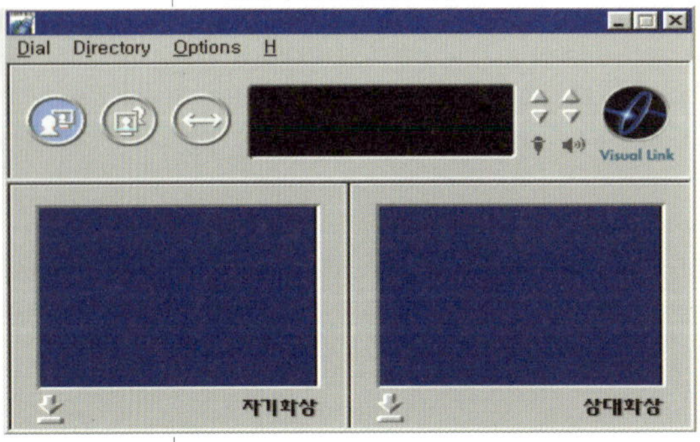

건물 메타포 1

버리면 삭제되는 가상 사무 환경을 만든 것이다. 그 밖에 건물과 사람과의 관계를 은유한 건물 메타포가 있고, 버튼, 슬라이드 바, 다이얼, 표시창 등을 이용해 실제 제품의 조작 판넬을 본딴 콘트롤 판넬 메타포가 있다.

건물 메타포 2

▶ 비실행 disactive, disabled 형태

메뉴나 윈도우의 형태를 사용자의 현 상황에서 기능을 할 수 없는 부분을 할 수 있는 부분과 구별해서 사용자에게 보여주는 것이다. 이는 사용자의 올바른 내비게이션과 작업 수행을 돕는 시각적 표시이다.

▶ 사용편이성 usability

업무를 수행하는 데 있어서 쉽고 편리함을 말한다. 이를 결정하는 요소는 업무 수행 속도, 에러율, 사용 방법을 이해하는 데 드는 시간, 만족도 등이 있다.

▶ 상태바 status bar

작업의 진행 정도나 상태를 보여주는 수평 막대 그래픽.

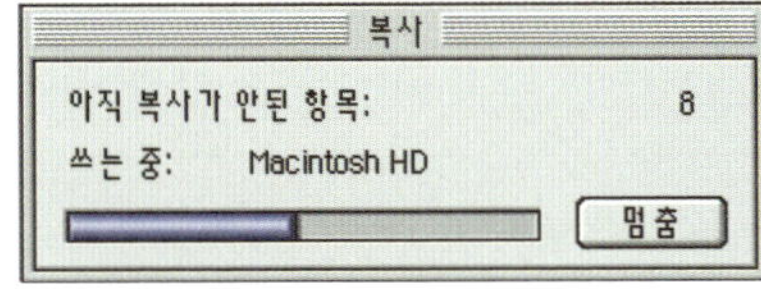

진행상태를 알려주는 상태바(status bar)

▶ 스크롤 scroll

텍스트, 숫자, 그래픽 정보를 행 또는 컬럼 단
위로 수평 수직으로 전진 후진하는 콘트롤 방
법으로 윈도우의 주요 구성 요소이다.

▶ 시카이 SIGCHI Special Interest Group of Computer Human Interface

미국에서 열리는 HCI(Human Computer
Interaction)에 관련한 가장 권위있는 국제
학회 중의 하나이다.

▶ 아이콘 icon

아이콘이란 의미를 가진, 또는 의미를 이해하
기 쉽게 해주는 그림, 오브젝트 등의 시각적
표현이다. 이는 심볼이나 인덱스와는 약간의
의미 차이가 있다. 심볼은 국기 디자인의 예
처럼 독단적인 형태 표현으로 오랫동안 사람
들에게 학습되는 경향이 있고, 반면에 인덱
스는 어떤 과정이나 이유를 유추할 수 있는
표시라 할 수 있다. 예를 들면 현관 앞의 흙묻
은 발자국을 보면서 놀이터에서 놀았던 어린
아이가 방금 집안으로 들어갔다는 것을 유추
할 수 있을 것이다. 그런데 컴퓨터의 아이콘
인터페이스에서는 아이콘, 심볼, 인덱스의 의
미가 함께 혼재되어 있다고 볼 수 있다. 아이
콘 디자인은 GUI에 있어 메타포를 이루는
핵심적 요소인데, 표현 방법은 몇 가지로 구
분된다. 애플리케이션 아이콘(application
icon), 도큐멘트 아이콘(document icon), 기

직접 대상 아이콘　기호적 아이콘　간접 대상 아이콘

도큐멘트 아이콘　애플리케이션 아이콘

능 버튼 아이콘(function icon) 등으로 구별
되기도 하고, 그래픽의 표현 방법에 따라 나
누면 직접 대상 아이콘(resemblence icon:
실제 기능의 직접 대상을 표현하는 방법으로
예로는 프린터 모양의 아이콘을 들 수 있다),
간접 대상 아이콘(reference icon: 간접 이미
지의 대상을 표현하는 방법으로 프로그램을
종료하는 아이콘으로 건물 출구를 표현한 예
를 들 수 있다), 기호적 아이콘(화살표나 교
통 심볼과 같은 문화나 습관적 경험의 정해진
그래픽 표현)으로 분류되기도 한다.

일반(normal) 상태

포커스(focus)된 상태

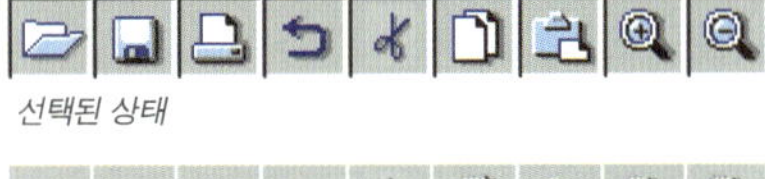

선택된 상태

비실행 상태

▶ 에치씨아이 HCI Human Computer Interaction

인간과 컴퓨터의 상호 작용에 관한 연구를 공
통 목표로 하여 컴퓨터 공학, 인지 공학, 산업
디자인, 시각 디자인, 심리학, 인류학 등이 포
함된 학제적(interdisciplinary) 학문 영역이
다. 인간 공학이 폭넓게 인간과 기계의 상호
동작에 관한 연구를 하고 있다면 HCI는 주로
인간과 컴퓨터에 초점이 맞추어져 있다고 할
수 있다. 미국에서는 컴퓨터 공학(computer
science)의 대학원 과정에서 이 분야가 활성
화되어 있고 실제로 그 연구 구성원의 학문적
배경이 심리학, 시각 디자인 등 다양하다. 국
내에서는 산업 공학내에 인간 공학의 한 분야
로써 연구되고 있다.

▶ 엑스 윈도우 X window

유닉스(Unix)용 윈도우 시스템이다. X 윈도
우를 기본으로 만들어진 응용 프로그램들은
메인 프레임, 워크스테이션, 개인용 컴퓨터

인터페이스 디자인

interface design 황지연

등의 이질적인 환경에서도 동작할 수 있는 특징이 있다. 기본적으로 클라이언트-서버 시스템에 해당된다. X서버에서 클라이언트의 요구에 의하여 윈도우를 생성하며 다른 시스템의 윈도우와는 달리 타이틀바, 스크롤바 이외의 장식이 없으나 클라이언트의 요구에 따라서 윈도우상에서 그래픽 조작을 하는 기능을 실행할 수 있다.

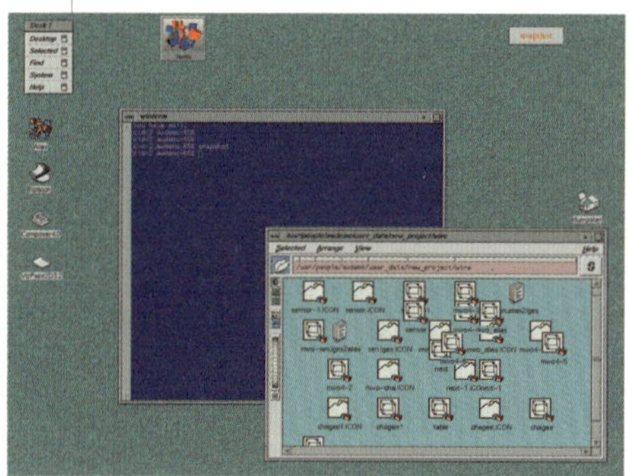

X window

▶ 오에스디 OSD
On Screen Display

각종 제품의 소프트웨어적인 기능을 조작하기 위해서 그 제품의 디스플레이 부분의 인터페이스로써 1980년대에는 주로 텍스트 형태로 보여졌으나 1990년대부터는 텍스트 형태

TV OSD

보다는 그래픽 형태가 주류를 이룬다. 특히 TV OSD, 전자 수첩의 OSD 등이 GUI로 되어 있다.

▶ 위짓 widget

구성 요소들을 뜻하는데 GUI의 위짓은 윈도우, 아이콘, 버튼, 대화상자 등이며 위짓보다 단위가 낮은 것은 게짓(gadget)이라고 한다. 즉, 윈도우의 게짓(gadget)은 타이틀바, 줌박스(zoom box), 스크롤 바(scroll bar) 등으로 설명된다.

▶ 윈도우 window

GUI 이전의 문자적인 인터페이스가 문자행을 중심으로 한 1차원이라고 한다면 윈도우는 여러 개의 사각 화면이 겹쳐 이루어져 있어 2.5차원의 인터페이스 방식이라 말할 수 있다. 윈도우는 GUI의 가장 핵심이 되는 요소라고 할 수 있는데 이 사각 영역에서 입력, 출력을 보내고 받을 수 있으며 화면상의 독립 작업 영역으로 이러한 여러 개의 독립 영역을 도트 단위로 자유롭게 크기를 변형, 이동하면서 내비게이션 및 시각적 작업 절차에 있어서 인지적 편리함을 준다. 여러 개의 윈도우를 늘어 놓는 형태로는 타일형(tiling window), 오버랩핑(overlapping window), 캐스케이딩 윈도우가 있다.

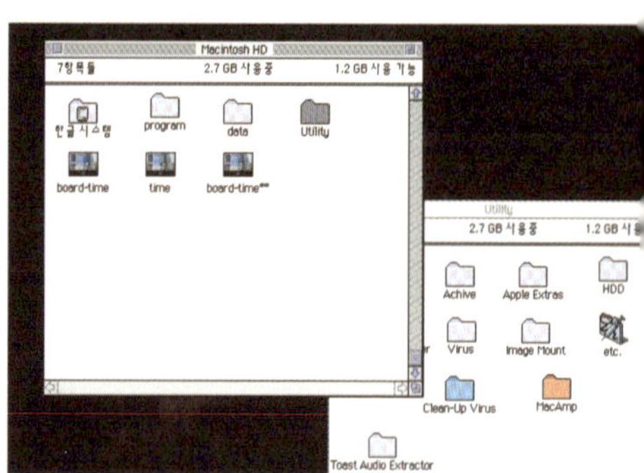

윈도우(*window*)

▶ 윈도우 시스템 window system

1960년대 이후 컴퓨터에서 모니터와 같은 디스플레이 터미널이 사용된 이후부터 스크린상에서 다양한 정보를 체계적으로 사용해야

콘트롤 판넬 메타포

할 필요성이 생겼다. 그리하여 스크린 안에 여러 개의 직사각형을 나누고 그 직사각형들 안에 메뉴나 프롬트 표시 등을 각각 만들어서 쓰게 되었다. 그리고 직사각형 영역의 몇 개는 개별적으로 스크롤하는 것도 만들어졌는데 이 직사각형이 스크린 안에서 창이 열린 것처럼 보인다고 해서 윈도우라는 용어로 자주 설명되었다. 1970년대에서 제록스사에서 그래픽과 함께 여러 개의 겹쳐진 윈도우 환경을 개발하였으며 1980년대에 이르러 애플사가 이 개념을 개인용 컴퓨터에 적용하여 상업적으로 크게 성공했다. 이후 1990년대에 IBM용 컴퓨터에서도 마이크로소프트사에서 개발한 윈도우 시스템을 대중화시켰다.

▶ 윔프 WIMP
Window, Icon, Menu, Pointing

윈도우(window), 아이콘(icon), 메뉴(menu), 포인팅(pointing)의 영문 머릿 문자를 조합하여 만든 명칭이며 네 가지의 구체적인 요소가 GUI의 기본적인 개념을 설명하기 때문에 GUI를 보통 WIMP 시스템이라고 부른다.

▶ 유아이에스엠 UISM
User Interface Standard Manual

UISM이란 인터페이스 스크린의 외관이나 사용자간의 인터랙션(interaction)에 관해 세부적인 명시와 가이드라인을 주는 것인데 대형 회사의 CI(Corporate Identity) 매뉴얼과 유사하다. UISM은 사용자 인터페이스의 다양한 요소를 어떻게 완성하고 생산하는가를 제공하는 데 목적을 두고 있으며 하나의 GUI 체계를 세우는 과정을 용이하게 하는 중요한 도구이다. 또한 소프트웨어 개발사들의 완성된 GUI체계는 소프트웨어 제품의 브랜드 이미지 아이덴티티는 물론 사용성 아이덴티티를 제공해 준다. 사용성 아이덴티티는 소프트웨어 상품의 마케팅에 있어서 무엇보다 중요한 문제인데 그 이유는 어떤 제품의 운영체계에 익숙해진 사용자들은 좀처럼 다른 브랜드의 제품을 구매하지 않기 때문이다.

UISM은 단 한번에 끝맺을 수 없는 작업이며 소프트웨어의 업그레이드(upgrade)처럼 계속적인 개정이 필요한 분야이다.

▶ 인지 공학 cognitive engineering, cognitive ergonomics, cognitive system engineering

인지 공학이란 인간이 일상에서 일어날 수 있는 어떠한 복잡한 과제에 부딪쳤을 때 어떻게 문제를 해결하는가에 대한 행동을 연구해서 제품에 적용하는 분야이다. 여기에는 인간의 학습 패턴, 기억 능력과 습관 등 다양한 인간 행동에 관한 연구를 포함한다. 특히 시각 디자이너로서 인지 공학에 접근한다면 색, 형태, 배치 등과 같은 시각 언어의 가독성 연구가 인지 공학 영역 안에 있다. 인간의 인체 활동에 관한 효율성을 과학적으로 연구하는 분야가 인체 공학이라고 한다면 인지 공학은 인간의 두뇌 활동에 관한 효율성을 과학적으로 연구하는 분야라고 할 수 있다. 인지 공학은 항공기의 콘트롤 판넬 디자인에서부터 일반적인 제품의 조작 부위, 컴퓨터 소프트웨어의 화면 디자인 등 실제로 적용할 수 있는 범위가 더욱 늘어나고 있다.

▶ 인터페이스 디자인 interface design

원래 인터페이스(interface)란 말의 사전적인 의미는 두 영역이 만나는 곳이라고 되어 있는 만큼 그 의미가 폭넓게 사용되고 있다. 사람과 기계간의 인터페이스, 기계와 기계간의 인터페이스, 또는 사람과 건물 간의 인터페이스 등 상황에 따라서 두 개체 간의 사용 편이성에 초점을 맞춰 쓰이고 있다. 최근에는 컴퓨터와 관련한 복잡한 기능의 소프트웨어가 일반화되고 사용자들이 그 기능들을 이해하고 쉽게 사용하는 데 관점을 둔 커뮤니케이션이 중요한 이슈가 되면서 특히 사람과 기계 간의 인지적 인터페이스를 자주 지칭하면서 쓰이고 있다. 예를 들면 복사기를 조작하는 판넬 버튼의 기능적인 정의, 개수, 배치, 형태 등을 들 수 있고 스크린 디스플레이로 표현되는 소프트웨어의 사용 구조 및 시각적인 디자인을 총괄해서 말하기도 한다. 인터페이스 디자인의 가장 큰 목적은 이해하기 쉬운, 조작하기 편한 디자인을 하는 것인데 그것은 인간 공학과 디자인이 뚜렷한 경계없이 함께 공존함을 의미한다.

▶ 일관성 consistency

어떤 내용이나 개념이 반복적으로 어떤 한정된 조건 안으로 들어 오게 하는 것으로써, 쉽게 말하면 어떤 규정이나 규칙이다. 일관성은 복잡한 정보를 구조화해서 단순화하는 기본 원리이며 이해하기 쉬운 인터페이스 디자인의 기초가 된다. 특히 시각 인터페이스 안에서 시각 요소들이 유기적으로 일관성을 갖기 위해서는 정보의 배치와 색의 사용이 전략적 체계를 이루어야 한다. 또한 일관성은 "커서는 노란색으로 한다"와 같이 한정된 조건의 범위가 작을 수도 있고 " 커서는 배경색 계통의 고채도로 한다"와 같이 조건의 범위가 클 수도 있는데 인터페이스 디자인의 상황에 따라 적절한 일관성을 주는 일이 필요하다.

▶ 직접조작 인터페이스 direct manipulation interface

사용자가 마우스나 트랙볼 등으로 스크린에 표시된 아이콘, 메뉴 등 오브젝트의 위치를 움직이거나 형태를 변화시키면서 시스템과 대화하는 방식으로 어려운 명령어를 외우지 않아도 단지 화면을 보고 오브젝트들을 건드리면서 작업 환경의 기능을 쉽게 이해함과 동시에 직접 조작한다는 느낌을 준다.

▶ 체크박스 check box

주로 대화상자의 메뉴에 등장하여 사용자가 선택을 표시하는 사각 박스.

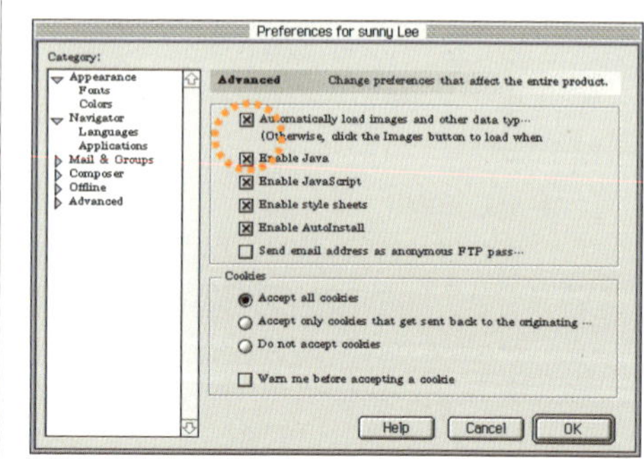

▶ 커서 cursor

위치를 나타내는 표시 바늘, 즉 입력 장치의 위치를 화면에서 표현한 오브젝트.

▶ 컬러 코딩 color coding

인터페이스 디자인의 사용 편이성을 위하여 색을 기능적으로 일관성있게 사용하는 것을 말한다. 스크린에 보이는 메뉴의 종류에 따라서 컬러별로 하위 메뉴를 묶어준다든지, 경고 메시지는 붉은색으로 일반적인 표현을 하는 것을 예로 들 수 있는데 스크린 안에서 뿐 아니라 리모콘(remote control)의 버튼에 기능을 정의할 때에도 컬러 코딩은 자주 응용된다. 형태 코딩, 크기 코딩 등의 용어도 같은 맥락에서 이해할 수 있다.

▶ 토글 메뉴 toggle menu 방식

반복적인 콘트롤로 몇 개의 메뉴가 돌아가며 같은 장소에서 디스플레이 되는 방식이다. 리스트 방식에 비하여 메뉴 디스플레이 공간이 적게 필요하지만 학습성이 떨어지는 단점이 있다.

▶ 트레이드오프 trade-offs

추구하는 두 가지의 목적이 서로 상충될 때 하나를 포기해야만 하는 상황을 말한다. 이 때, 더 중요한 목적을 선택하는 것이 인터페이스 디자인에서는 중요하다. 전형적인 트레이드오프의 예를 들면, 메뉴 구조 디자인을 할 때 초보자를 대상으로 하면 숙련자에게 불편함을 주고 숙련자를 대상으로 하면 초보자가 배우기 어려운 상황이 발생할 때이다.

▶ 팝업 메뉴 pop-up menu

키나 마우스의 입력으로 현재의 메뉴 위의 한 부분에 중첩되어 디스플레이되는 메뉴.

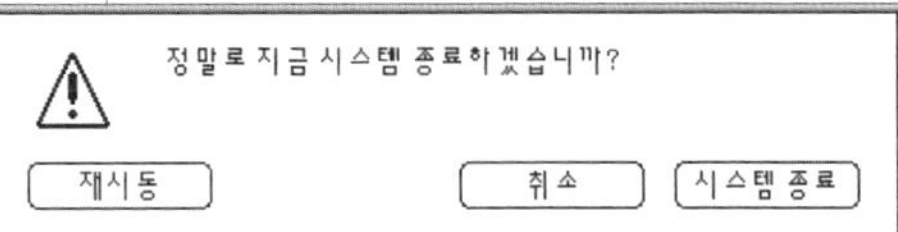

팝업 메뉴(pop-up menu)

▶ 포인팅 pointing

마우스나 트랙볼을 이용하여 커서를 특정한 아이템으로 움직이는 방법.

▶ 풀다운 메뉴 pull-down menu

하나의 상위 메뉴를 선택하면 상위 메뉴가 사라지지 않고 그 메뉴의 하위 메뉴가 꼬리표처럼 펼쳐지는 표현 방식.

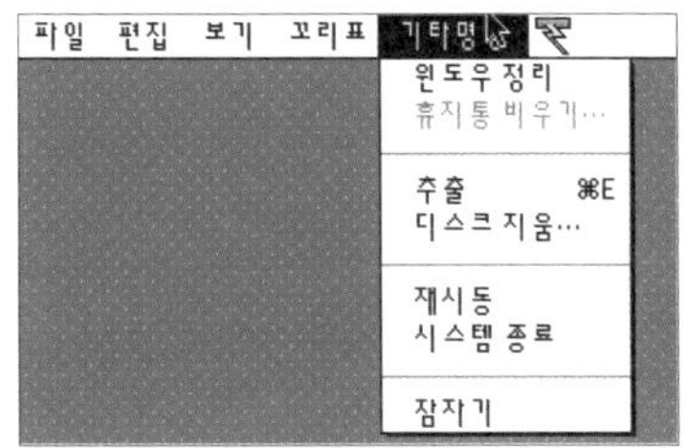

풀다운 메뉴(full-down menu)

▶ 프로토타입 prototype

프로토타입이란 일반적으로 모형 제작을 의미하는데 인터페이스 디자인 프로토타입은 크게 두 가지로 나눌 수 있다. 개략적 내용만을 알 수 있는 스케치 형태의 래퍼드(rapid) 프로토타입과 정교한 작동과 내비게이션이 가능한 인터랙티브 프로토타입이 있다. 보통 디자이너에게 유리한 프로토타이핑 도구는 매크로미디어 디렉터의 링고(lingo)이고 프로그래머는 비주얼 베이직을 주로 쓴다. 프로토타이핑은 디자인을 평가하고 수정하는 기본 수단이 되는데 프로그래머가 프로그래밍을 디버깅(debugging)하는 것이 중요하다. 시각적 디자인도 실제 인터랙션과 함께 디버깅하는 것이 중요하기 때문에 GUI 디자이너에게 프로토타이핑 기술은 기본적으로 갖추어야 하는 기술이다. 보통 GUI 디자인의 프리젠테이션은 인터랙티브 프로토타입으로 이루어진다.

▶ 프롬트 prompt

사용자가 내비게이션할 때 현재의 입력 상태를 기다리는 신호, 또는 사용자의 눈을 끄는 신호로써 사용자를 올바른 내비게이션으로 유도하는 역할을 한다. 커서(cursor)의 깜박임 등을 예로 들 수 있다.

▶ 형식 채우기 form filling

시스템이 제공하는 입력란에 사용자가 원하는 내용을 기입하여 완성하는 대화 방식.

233

근접학 proxemics
디자인 개념 design concept
디자인 경영 design management

디자인 과정 design process
디테일 detail

▶ 근접학 proxemics

개개인이 다양한 사회나 서로 영향을 주고 받는 인간 관계에서 필요한 공간 분리의 상징적이고 사회적인 역할에 대한 연구이다. 또한 공간 배치의 특성이나 정도가 환경적, 문화적인 요인과 어떻게 관계하는가에 대한 연구로 영역성이나 개인 공간 등에서 알 수 있는 영역적 행태(territorial behavior)와 밀접한 관계가 있다. 영역성(territoriality)이란 세력이나 영역을 경계짓거나 방어하는 것과 관련된 행동 패턴이며, 개인 공간(personal space)이란 한 사람이 다른 사람과 편안하게 대화할 수 있다고 느끼는 일정치 않은 주관적인 거리를 뜻한다.

▶ 디자인 개념 design concept

인테리어 디자인을 할 때 그 규모나 시점에 관계없이 디자인 사고는 하나의 생각(모든 것을 포괄하는 하나의 아이디어)에 바탕을 둔다. 이것을 개념(concept)이라고 한다. 개념이란 마음 속에 가진 아이디어이며 프로젝트에 관해 처음부터 지속적으로 생각하는 하나의 아이디어나 의향을 말한다. 창조를 바탕으로 하는 모든 행위와 마찬가지로 디자인에서의 개념은 과정의 시작이 된다. 때에 따라 시작은 정보 수집으로 나타나고 또는 영감에 의해 출발한다. 인테리어 디자인 개념은 프로그램 요구 사항에 따른 제한점과 기존 평면의 한계를 의식하지만 가장 적절한 이상적 결과를 목표로 해야 한다. 주어진 공간의 한계 속에서 최상의 결과를 얻으려는 이상이 디자인 개념의 진수가 된다.

▶ 디자인 경영 design management

일반 비즈니스 경영과 마찬가지로 인테리어의 비즈니스도 성공적으로 경영하여 소기의 목적을 달성하기 위해서는 최고 경영자는 물론 관련인 모두가 비즈니스 경영에 필요한 사항에 관해 철저한 이해를 바탕으로 업무를 수행해야 한다. 업계의 치열한 수주 경쟁, 고객 욕구의 다양화, 디자인 관련 정보의 지속적 변화, 기술 및 재료의 변화, 종업원 및 디자이너의 요구 증대, 관계 법규 및 각종 규제 등 내적, 외적 환경의 변화에 능동적으로 대처하면서 디자인 수준의 질적 향상, 고객 욕구 충족 및 기업의 경영 합리화를 이루기 위해서는 충분한 시장 조사를 통한 비즈니스 계획을 세우고 이를 바탕으로 여러 경영 관련 사항을 관리해야 한다. 충분한 경험과 준비없이 무계획적으로 시작되는 비즈니스의 실패는 디자인 분야에서 너무나 당연하다. 안일한 경영은 치열한 경쟁에서 뒤질 수밖에 없기에 주도 면밀한 계획 아래 단계별로 철저히 관리를 해야 디자인 기업의 지속적 발전을 기대할 수 있다. 관심을 가져야 할 내용은 디자이너 개인 관리, 사무실 운영, 일의 수주를 위한 프로모션과 서비스의 판매를 다루는 마케팅 관리, 시간과 경비를 제한 조건으로 적절한 계획하에 계약된 일을 마무리하는 프로젝트 관리, 인사관리, 재정 관리 등이다. 중요한 것은 이들 내용을 분리해서 생각할 것이 아니라 전체를 하나의 묶음으로 보아 조정하고 상황에 따라 통합 관리해 나가는 시스템을 만드는 것이다. 실제로 적용할 때, 각 과정 및 시간의 경과에 따라서 축적되는 정보를 수시로 평가하고 이에 대한 수정, 보완을 지속적으로 해야 한다.

▶ 디자인 과정 design process

현재의 상황을 미래에 적합하게 만들려는 계획을 세우는 목적있는 활동으로 계속되는 단계들로 이뤄져 순환적이며 서로 영향을 주는 과정으로 문제 해결(problem solving)을 위한 총체적인 탐구가 따른다. 디자인 전개 과정은 문제 인식(identity), 아이디어 수집(gathering), 아이디어 정선(refine), 분석(analysis), 결정(define), 실행(implement)으로 이루어지며 이는 끊임없이 반복되는 작업(feedback) 속에서 시행착오 과정을 포함한다.

▶ 디테일 detail

디테일의 특성은 디자이너가 공간에서 원하는 전체적 인상을 강하게 만드는 것이다. 일단 디자인의 기본적 개요가 만들어지면 디테일 활용의 방향은 바꿀 수 없게 된다. 적절치

234

못한 디테일의 사용은 그림에서 익숙치 못한 붓자국이 그림을 망치듯 인테리어 디자인을 망치게 된다. 인테리어 디자인에서 두 종류의 디테일을 생각할 수 있는데, 첫째는 디자인 작업을 통해 구축된 결과의 부분으로서 디자인 결과를 부수지 않고는 디테일을 제거할 수 없는 경우이다. 둘째는 디자인 과정에서 도입되고 쉽게 제거할 수 있는 경우이다. 창문 주위의 몰딩이나 벽난로의 선반 받이와 같이 건축 구조의 일부분으로 사용되는 경우가 첫번째에 해당되고 가구 표면이나 액세서리에 사용되는 경우가 두번째에 해당된다. 첫번째 경우의 디테일은 주변에서 많이 볼 수 있는데 재료를 가공하거나 시공할 때 종종 생긴다. 디테일은 표면이나 재료의 변환을 자연스럽게 하거나 시공이나 재료 자체의 결함을 보완, 감추는 역할을 하기도 한다. 이런 실질적 기능 외에도 단순한 장식적 성격의 디테일이 사용되기도 한다. 시공에서 다양한 디테일 표현이 가능한데 디자이너는 사용 재료와 공간의 성격을 고려하여, 적절한 디테일을 만들 수 있다.

▶ **버내큘라 디자인 vernacular design**

개인의 창조적인 디자인이 아니라 오히려 개인적인 부분은 극히 제한된 특정 사회의 '유형'을 나타내는 것으로, 예술가(또는 전문적인 장인)들의 의식적인 사고나 계획에 따르지 않고 일상적인 개념이나 습관적인 방법에 의한 민속 조형 예술을 뜻한다. 민속은 일상의 전통에서 이루어지므로 민속 조형에 근간을 두는 버내큘라 디자인은 대부분 작자 미상의 것이 많고 지리적, 풍토적 생활 환경과 양식의 독특한 특성을 보여준다. 버내큘라 디자인 가운데 가장 개인적이며 순수하게 종족적 특색을 보여주는 것은 전통 주거 공간으로 환경적 · 경제적 · 문화적 요인 등의 여러 가지 조건에 따라 민족 · 종족마다 각각 다른 디자인 패턴을 볼 수 있는데 이는 자연 발생적이며 풍토적 환경에의 순응이라는 보편적 특성을 갖는다.

▶ **색채조화론**

색채학자 저드(D. B. Judd)는 종래의 조화론들이 전제했던 원리들의 보편성을 정리해 질서(order), 친숙함(familiarity), 유사성(similarity), 명료성(unambiguity) 등 색채 조화의 네 가지 원칙을 세웠다. 질서의 원리는 먼셀 색체계상에서 규칙적으로(직선, 삼각형, 원) 선택된 색은 질서있게 조화됨을 뜻한다. 색을 접하는 사람들에게 쉽게 어울리는 배색이 조화로운 느낌을 불러일으킨다는 친숙함의 원리는 자연과 더불어 사는 인간들이 자연에 동화되어 안정감을 얻고자 하는 본능적인 심리에서 나온다고 할 수 있다. 대부분의 사람들이 자연 풍경을 묘사한 작품은 쉽게 이해하고 친밀감을 느끼나, 낯선 배색은 이국적인 매력을 줄지는 모르지만 친숙하게 받아들이지는 않는다. 유사성의 원리는 색들끼리 공통된 양상과 성질이 들어 있을 때 조화된다는 원칙이다. 즉, 색상, 명도, 채도의 차이가 비교적 작고 이 색채의 속성들이 공통적으로 가깝다고 느껴지면 조화되는 것이다. 명료성의 원리는 색상 차이나 명도, 채도 또는 면적의 차이가 분명한 배색이 조화롭다는 원칙으로 가령 면적의 경우 흰색, 회색, 검정색은 어떤 색과도 조화되지만 채도가 높은 바탕색 위에 작은 면적으로 사용되면 조화되기 어려운데, 이유는 색대비와 색순응의 효과가 그림색에 영향을 끼쳐 색의 외양이 불안정하게 되기 때문이다. 한편 색상의 경우 색상차가 너무 작으면 구별하기 힘들고 애매한 느낌을 주며 색상차가 너무 커도 시선을 자극해서 좋지 않다. 이런 경우에는 명도나 채도를 바꿔서 조정할 필요가 있다.

▶ **생태환경 ecological environment**

인간을 둘러싼 생태계의 균형을 유지하고 미래에 지속적으로 개발 가능한 개발이다. 환경과 개발하려는 인간 활동간의 조화를 찾는 미래 지향적인 환경 개념으로 삶의 질에 대한 관심과 환경 문제의 심각성에 대한 인식을 높여서 환경에 미치는 악영향을 최소화하려는 ESSD(Environmentally Sound and Sus-

인테리어 디자인

interior design

유영배 권영걸

tainable Development: 환경적으로 건전하고 지속가능한 개발)가 이를 대표한다. 대량 생산과 대량 소비를 추구한 기계론적 산업화의 패러다임이 지속가능한 발전의 패러다임으로 변화되면서 이에 따른 '인공적인 쾌적함'에서 '자연의 기분좋음'을 추구하는 자연 친화적 환경은 지구 환경의 보전과 주변 환경과의 친화(사람과 자연과의 접촉을 통하여 양호한 관계를 유지하고자 하는 것)를 함께 도모한다.

▶ 소재 material

현대의 건물들은 과거와는 다른 양식과 재료로 만들어지고 있는데, 인테리어 디자이너들은 이에 따라 실내에서 사용되는 재료들이 어떻게 조화를 이룰 것인가에 대하여 관심을 가져야 한다. 이러한 재료를 올바르게 사용하려면 재료의 구조에 대한 지식, 좋은 재료와 나쁜 재료의 구분, 새롭고 가치 있는 재료를 식별할 수 있는 안목이 있어야 한다. 지속적으로 개발되는 재료의 사용과 비용에 대해서도 신경을 써야 한다. 요구에 따르는 최선의 결과를 위해서는 적절한 가격 안에서 소재를 선정해야 하고 사용하는 목적에 알맞는 선택 기준을 정해야 한다. 재료에 대한 완벽한 지식을 가지고 각각의 재료가 가지는 특수한 성질을 바탕으로 디자인할 때 목표했던 결과가 나타난다.

▶ 시각 인식력 visual literacy

시각 표현을 통한 보편적 의사 전달을 이해하는 힘을 뜻하며, 시각 정보의 이해는 시지각과 근육 운동 감각의 힘과 생리학적 특질뿐만 아니라 심리적 상태, 문화적 조건, 환경적 기대, 세계관 등에 영향을 받는다. 정보를 전달하기 위한 시각 메시지 (visual message)는 그 특정에 따라 크게 재현적 시각 자료와 상징 체계, 추상적 하부 구조로 나누어진다. 시각 혹은 디자인 요소와 원리들의 총체적이며 복합적인 구성으로 이루어진 시각적 구문법을 터득함으로써 시각 메시지에 대한 보다 분명한 이해를 이끌어낼 수 있다.

▶ 시스템 가구 system furniture

모듈화된 시스템 가구는 다양한 배치가 가능하며, 기능에 따라 여러가지로 조립하고 손쉽게 해체할 수 있으며, 공간 성격의 변화에 대한 이동성과 융통성이 크다. 단일 공간을 상이한 기능의 공간으로 구획, 분할할 수 있어 각 공간별 성격을 차별화할 수 있다. 칸막이의 사용으로 시각적 프라이버시를 유지할 수 있으며 이에 따른 업무의 능률을 기대할 수 있다. 시스템 가구를 디자인할 때에는 기능적인 고려로서 규격화된 디자인이 되어야 하고 이동과 조립이 쉬워야 하며 인간 공학적 측면이 바탕이 되어야 한다. 모듈화에 의해 재료와 작업 공정의 경제성에 유의하고 사용, 유지, 관리의 편리성에 관심을 갖도록 해야 한다. 또한 사용자의 심리적 면을 고려한 재료와 색채를 선택해야 시스템 가구의 특성이 나타난다. ➡ 인간 공학 참조

빌 스텀프(Bill Stumpf), 에토스페이스 오피스 시스템

▶ 심상, 이미지 image

어떤 특정한 자극없이 이전에 지각된 어떤 것이 떠오르는 정신적인 표현이다. 이미지를 떠올리는 행위는 재현적 상상(reproductive imagenation)과 창조적 상상(creative imagenation)으로 구분된다. 재현적 상상은 연상되는 이미지를 함께 떠올리면서 기억 속에 저장된 이미지를 재현하는 힘이며, 창조적 상상이란 특정 목적이 있어 문제 해결에 도움

이 되는 새로운 이미지를 창조할 때, 그 이전의 경험을 다시 결합할 수 있는 힘을 뜻한다.

→ 기초 조형, 기본 용어 참조

▶ 액세서리 accessory

인테리어 공간은 실내 건축 요소의 처리와 가구의 배치, 조명의 설치 등에 의하여 전체적인 분위기는 형성되지만 공간의 개성과 완성된 느낌, 전체의 조화된 모습을 위해서는 장식적 요소인 액세서리의 활용이 필요하다. 디자인 과정의 마지막 단계로서 액세서리 계획은 전체 이미지 계획을 바탕으로 일관된 맥락을 갖도록 처리하여야 한다. 액세서리의 선택과 배치는 가구, 조명, 색채, 재료 등 디자인 요소의 계획과 마찬가지로 신중한 배려가 있어야 하며, 배치 장소의 선정과 이에 적합한 액세서리의 확보를 위해서는 시간적 여유를 가지고 준비해야 한다. 액세서리의 구입은 대량 생산, 주문 생산, 독점 생산 업체로부터 구입하는 등 여러 가지 경로가 있다. 디자이너는 위 시장에서 구입하는 것 외에도 필요한 액세서리들을 디자인하는 개별적 아티스트들을 알아야 한다. 액세서리의 선택에서 고려해야 할 점은 우선 놓여질 공간의 디자인에서 상대적으로 어느 정도 관심을 끌도록 해야 할지를 결정해야 한다. 공간 전체의 리듬 속에서 단순한 악센트로서의 역할이 필요하며 전체의 한 부분으로서 장식적 역할을 해야 한다. 둘째, 실용적인 목적을 가진 액세서리는 장소에 맞는 적절한 기능을 수행해야 한다. 셋째, 소재와 디자인의 질을 고려해야 한다. 마지막으로 액세서리의 표현성을 고려해야 공간의 목적에 적합하고 소유자의 개성 표출이 가능하다.

▶ 에스닉 스타일 ethnic style

지역적 전통이 디자인으로 나타난 것으로 일상의 사회·문화적 전통에서 태어나서 지방성을 바탕으로 풍토적 조건에 순응하는 특성이 있다. 에스닉 스타일은 오늘날의 다국적·다중 문화적 디자인 환경의 특성을 잘 보여주는 것으로, 흔히 지중해풍·아프리카풍·산타페풍·동양풍·스페인풍 등의 이름으로 본토의 환경 이미지를 빌어 디자인에 활용하는 것이 일반적이다. 버내큘라 디자인이 그 지방에 뿌리를 둔 작자 미상의 풍토적 디자인이라면 에스닉 스타일은 버내큘라 디자인의 원형적인 이미지를 빌려온 현대적 변형이며, 오히려 공간적 한계를 벗어나 다른 지역에서도 사용할 수 있는 이국풍 디자인이라는 의미가 더 크다.

▶ 유형학 typology

구조적 특성에 따른 유형들의 체계적인 분류나 연구이다. 여기서 유형(type)은 공통적인 특징이나 성질을 근거로 하여 만든 집단이며, 원형(아키타입 architype)은 같은 종류의 것들을 복제하거나 기초로 하는 원래의 모델이나 패턴을 말한다. 한편 전형(프로토타입 prototype)이란 특정 집단의 기본 특성을 보여주며, 다음 단계의 기본이 되거나 판단의 근거가 되는 원형이며, 대표적인 예라고 할 수 있다.

▶ 이벤트 event

이벤트란 인간의 참가를 전제로 하는 모든 사건, 행위, 행사 등을 의미하나 마케팅의 판매 촉진을 위한 특별 행사에서 발전되어 공공 문화적 성격의 행사까지도 포함하는 커뮤니케이션 미디어인데, 어떤 목적을 가지고 특정한 기간에 특정한 장소에서 대상으로 하는 사람들에게 직접적인 체험을 주는 속성을 가지고 있다. 목적에 따라 판매 촉진, 계몽, 교육, 정보 파급, 홍보, 관계 개선 등의 효과를 가져온다. 다른 미디어와 달리 직접 접하므로 메시지의 흡수가 빠르고 대상인의 오감에 호소하여 반응도가 크다. 매스 미디어의 한계를 극복할 대안으로서의 이벤트는 커뮤니케이션 대상 요구 개성화, 가치관의 변화, 시장의 다변화, 세분화 등에 따라 새로운 효과적 커뮤니케이션 미디어이다.

▶ 인간 공학 ergonomics

인간이 갖는 생리적·해부학적·심리적 제 특성과 기능을 정확히 알고 인간에게 가장 적합한 기계 장치를 설계·제작하거나 작업장의 합리적 배치 및 작업 환경 조건을 최적화시키기 위한 실천 과학이다. 또는 인간 공학 (human engineering)이라고도 한다. 인체측정학(anthropometry)은 인체의 크기나 비례에 관한 치수에 관한 것으로 인간과학 연구의 한 분야이다. 치수는 인체와 인체 각부분의 치수인 구조치수(structural dimension)와 손이 닿는 범위, 한 걸음 폭, 통과 치수 등과 같이 신체의 위치나 동작에 따라 결정되는 치수인 기능치수(functional dimension)로 구분된다. → 인간 공학 참조

▶ **자연광 natural light**

실내에서 자연광은 기존의 건축 구조에 의해 대부분 미리 결정된다. 일광(daylight)은 색상의 선택과 밝기 정도에 영향을 주며 자체의 색채를 더하고 채광량에 따라 실내 공간을 역동적이거나 또는 차분한 분위기를 만드는 역할을 한다. 자연광의 다른 측면은 광의 양, 질, 창과 실내의 양감 관계, 일광 조절이나 개인적 프라이버시를 위한 창 가리개의 종류 등으로 색채와 함께 고려해야 한다. 자연광의 양감은 방위에 따른 창의 위치에 따르게 되고, 자연광의 질 또한 개구부의 위치에 따른 여러 환경 조건들이 실내로 들어오는 자연광의 질에 영향을 주는데 예를 들면 부근의 표면이나 형태에 의해 반사된 자연광은 실내의 광을 변화시킨다.

▶ **조형기호학 plastic semiology**

의미 생성의 조건과 더불어 시각적인 기표 (signifiant)와 기의(signifi) 사이에 있는 어떤 유형의 의도성을 찾기 위한 조형 이론의 한 분야이다. 형태, 색채, 위상적 배치를 통하여 나타나는 의미의 대상들 속에서 단지 이들의 구상적인 차원만을 어휘로 바꾸기 위한 것이 아니라 이들 시각적 자질들이 의미생성의 과정에서 어떤 역할을 하는 지에 중점을 둔다. 이는 이미지 전체를 구체적으로 연구함으로써 차츰 기호-상징적인 유형의 '의미체계'에 가까이 가며, 기표의 범주와 기의의 범주를 이루는 사항들 간에 서로 동등한 관계를 갖는 기호-상징적인 유형의 체계에 대한 연구이다.

▶ **지원성 affordance**

오늘날 환경 디자인 이론의 강력한 기초 개념으로 받아들여지며, 여러 형태의 구축 환경 (built environment)은 서로 다른 행태와 미적 경험을 준다는 개념이다. 또한 어떤 사물의 지원성이란 그것이 물질적이든 비물질적이든 간에, 특정한 공간에서 인간이 어떤 방식으로든 '사물을 이용하게 하는 사물의 특성'을 뜻한다. 인간은 환경 안에서 대상물의 '지원성'을 느끼며 이것은 인간이 환경과 어떻게 상호 작용하는지를 느끼는 것이다. 인간은 환경 안의 다양한 지원성을 느끼고 이러한 느낌을 바탕으로 환경 안에서 행위를 결정한다. 따라서 환경의 지원성은 환경이 만들어지는 방식에 따라 개인의 행동과 미적 선택을 제한하기도 하고 넓히기도 한다. 환경이 갖는 지원성은 인간 행태를 위한 '잠재적 환경'을 만드는데, 이때 사람들은 지원성을 모두 느낄 수 없으며, 선택되고 이용되는 지원성은 관련된 사람들의 성격, 동기, 경험, 가치, 그리고 주변 세계에 관한 미적 해석 등에 달려있다.

▶ **텍스처 texture**

텍스처는 시각적, 촉각적으로 느낄 수 있는 재료의 구조와 표면과 관련이 있다. 텍스처의 성질은 내부 구조의 자연적인 표출이거나 그것에 수정을 가한 것일 수도 있다. 촉각은 시각과 함께 텍스처를 느끼는 데 사용되는 기본적 감각이다. 그러나 텍스처의 어떤 특성은 그 이해를 위해서는 여러 가지 특별한 감각이 요구되기도 한다. 텍스처는 어떤 물질을 시각과 촉각의 감각으로 볼 수 있는 방식이며, 인간은 물질의 표면(texture)으로 그 내부 구조를 판단할 수 있다. 텍스처에 대한 인식은 여러 감각 상호간의 작용에 의한 것이므로 이에 대한 세련된 감각을 가지는 것은 실내 디자인 작업을 하는데 있어 필수적이다. 다양한 재료의 혼합적인 사용에 따라서 이에 적절한 시각적 정리와 계산된 효과 추출을 위해서는 텍스처가 주는 최종적 마감에 대한 메시지를 만드는 것이 중요하다. 이 속성은 복잡한 정신적 특성을 전해 줄 수 있다. 이를 통하여 인테리

어는 의도하는 느낌을 쉽게 만들 수 있고 전달할 수 있다. 현대의 인테리어에서 텍스처는 상당히 중요한 부분을 차지하지만 텍스처의 조화가 거의 고려되지 못함이 문제인데, 이에 대한 디자이너들의 지속적인 훈련과 관심이 있어야 한다.

▶ 프로젝트 관리 PM Project Management

디자인 사무소의 효율성을 높이기 위해 의사 결정을 디자인과 분리시킨 것으로서, 작업 과정 그 자체만 관리하는 프로젝트 관리팀이라는 전문가 집단이 프로젝트의 기획, 설계, 자재 구매 및 시공 단계에 이해 관계를 갖는 다양한 당사자들을 상호 조정하고 관리한다. 이로써 발주자의 대변인 역할을 하면서 발주자의 목표 및 요구들을 달성하려고 노력하는 프로젝트의 운영 방식중 하나이다. 프로젝트 관리 원칙으로 인사 및 계획, 상호조정, 제어 및 통제를 들 수 있다. 인사 및 계획은 팀원들로 하여금 자기가 무엇을 할 것인가, 그리고 언제 할 것인지를 확인하고 명백히 함으로써 다른 사람들이 그들의 작업을 계획하고 예정하게 하는 역할을 말하며, 헌신은 프로젝트 팀원들은 공기 준수와 적합한 품질과 노력의 수준에 헌신해야 함을 뜻한다. 그리고 여러 프로젝트 팀원들의 노력들을 상호 조정하는 것, 프로젝트의 전반적인 진행과 품질에 관한 제어 및 통제가 있다.

▶ 프리젠테이션 presentation

디자이너는 문제를 풀어가는 과정에서 단계별로 고객에게 디자이너의 의도를 전해야 한다. 언어, 시각적 방법에 의해 프리젠테이션이 이루어질 수 있는데, 이때 고객에게 문제 해결 내용에 대한 이해를 하도록 하여 그의 결심을 유도하고 문제 해결 과정에 관심을 적극적으로 갖도록 최종적으로 가장 적절한 해결 방안을 찾아낼 수 있게 된다. 프리젠테이션은 크게 구분하여 비정형적 방법과 정형적 방법으로 구분할 수 있다. 비정형적 방법은 가장 손쉽게 이루어질 수 있는 커뮤니케이션이다. 디자이너는 필요에 따라 고객과 접촉해 필요한 자료를 얻거나 간단한 시각적 도구를 써서 의도를 전하고 고객의 의견을 청취, 문제 해결에 반영할 자료를 만든다. 전형적 방법은 일정한 형식으로 그들을 대상으로 단계별 결과에 대한 이해를 돕는데 필요한 시간과 경비가 많이 들 수 있으나 성공적 결과를 위해 디자이너는 모든 노력을 해야 한다. ➡ 광고 참조

▶ 하이 테크 High tech

모더니즘을 바탕으로 하나지만 약간 다른 방향성을 지닌 하이 테크는 컴퓨터, 우주 공간과 자동화된 산업 현장 등의 고도화된 기술, 과학의 시각적 표출이나 촉진, 활용을 강조한다. 초기의 모더니즘은 현대화, 기술화된 세계에 알맞는 디자인 언어를 만들고 기계에 관심을 가지며 이에 따른 기술과 연관을 가졌다. 이에 반해 하이 테크 디자인은 전자, 우주 개척의 후기 기계시대의 기술에 따른 미를 추출하고 진보된 기술로부터 배우려는 방향으로 나간다. ➡ 디자인사, 현대 건축 참조

▶ 행태장치 behavior settings

환경은 서로 겹치고 포함되는 일련의 '행태장치'들로 이루어지며, 좋은 환경은 이러한 행태 구조와 매우 단단하게 결합되어 있다. 행태 장치는 공간과 시간에 따라 한정되어 물질적, 사회적, 문화적 속성을 갖는 상호 구조를 지니고 있어 공통적으로나 정규적으로 진행되는 행동 양상을 유발한다. 즉 어떤 행태 장치가 갖는 물리적 속성은 그것들의 함축적 목적과 함께 장치 이용자(환경의 사용자)에게 하나의 명시적인 행동 양식을 제시한다는 점에서 지원성(affordance)과 함께 인간과 환경과의 관계를 종합된 하나의 단위인 상호간에 영향을 주고받는 상호보완적 관계로 보는 환경 심리학의 매우 중요한 개념으로 인식된다. 또한 이는 인간의 외적 행동전형과 물리적 구조 속성 간의 관계를 정하여 행태를 바르게 지원하고 보다 나은 행태를 창출할 수 있는 환경의 잠재적 가능성을 개발하기 위한 것이다.

▶ 그림 동화책 picturebook for children

그림 동화책의 일러스트레이션은 주 독자층인 어린이들의 관심과 경험의 수준에 맞게 제작되어야 한다. 또한 그 책이 정보를 주기 위한 것인지, 즐거운 읽기 체험을 위한 것인지, 교육하기 위한 것인지의 목적에 따라 그리기의 형태나 내용이 달라야 한다. 이런 제작상의 어려움에도 불구하고 어린이 책은 일러스트레이터들에게 사랑받는 분야이다. 자신의 그림과 글을 통해 어린 영혼들에게 꿈을 심어주는 일은 누구도 마다하기 어려운 매력적인 일이기 때문이다.

김태현, '선생님 쟤들 좀 보세요'

▶ 스케치, 밑그림 sketch

스케치란 작업을 완성하기 위해 준비하는 구상 단계의 자유로운 그림들을 뜻하는데 여기서는 작품을 제작하기 전에 디자인팀, 아트디렉터 또는 클라이언트에게 주제의 이미지를 보여주기 위한 밑그림들을 의미한다. 스케치의 제시는 일러스트레이터와 의뢰자가 긴밀한 커뮤니케이션을 통해 더욱 효율적인 결과를 얻을 수 있다는 점에서 권장되는 반면, 일러스트레이터의 상상력을 제한하는 역기능도 갖는다.

▶ 신문 일러스트레이션
newspaper illustration

신문에서는 대략 네 가지 정도의 일러스트레이션이 사용된다. 복잡한 정보를 알기 쉽게 시각화하는 정보 그래픽(infographics), 특집 기사 등의 내용을 함축하여 보여주는 기사 일러스트레이션, 현장을 답사하여 그림으로 보도하는 현장 보도(르포) 일러스트레이션

(reportage), 그리고 만화, 만평 등이 있다. 신문은 제작 시간이 짧기 때문에 간단하고 정확한 시각화(visualization)가 중요하다. 만드는 동안 사건의 진행 방향이 달라질 수 있으므로 일러스트레이터는 항상 대기 상태에 있어야 한다. 이런 사정으로 우리나라에서는 신문사마다 일러스트레이터를 몇 명씩 고용하기도 한다.

▶ 일러스트레이션 illustration

어원적으로 '조명 (illumination)', '밝게 하다(to make light)' 의 뜻을 가지고 있다. 어두운 곳에 빛을 비추면 그 실체가 밝게 드러나듯이, 전하고자 하는 뜻을 보다 쉽게, 편하게, 명확히 알게 해주는 그림이라는 의미이다. 따라서 오랫동안 일러스트레이션은 구체적이고 해설적인 그림을 뜻했다. 그러나 근래 들어 일러스트레이션은 더 이상 그런 설명적, 예증적 개념만으로는 설명할 수 없는 다양한 양상을 보이고 있다. 많은 일러스트레이션들이 텍스트(text)의 설명적 재현이 아닌, 텍스트의 해석을 보여주며, 텍스트와 무관해 보이는 '자유로운 표현' 들로 페이지가 장식되기도 한다. 표현 형식도 사실적, 묘사적인 것으로부터 벗어나 작가들의 개성적인 표현 세계가 다채롭게 전개되고 있다. 일러스트레이션은, 인류가 가져왔던 오랜 표기 체계인 글쓰

김교만, 'Rhythm of Korea', 1998

기와 그림 그리기가 하나로 합쳐진 그림 언어이다. 일러스트레이션 안에는 글이 있고 이야기가 있다. 뜻을 가진 그림, 말하는 그림, 그림으로 된 이야기가 곧 일러스트레이션이다.

▶ 일러스트레이션과 순수 회화

일러스트레이션은 조형상으로는 순수 회화와 같은 분야이면서 그것과는 구별되는 '목적 미술'이라고 할 수 있다. 제작 동기에 있어 일러스트레이션은 커뮤니케이션이라는 구체적인 목적을 가지나, 순수 회화는 작가의 내면을 표출하는 스스로의 행위이다. 또한 일러스트레이션은 인쇄나 영상 매체를 통하여 다량으로 다수의 대상에게 전해지는 현실의 조형 활동인 반면, 회화 작품은 소수의 대상을 위한 주관적인 표현이며, 희소가치가 있는 조형 활동이다. 오늘날 시각 예술의 한 분야로서 일러스트레이션은 순수 회화와 상호 공존하며 창작이라는 예술의 본질을 공유하고 있다. 일러스트레이션과 회화는 그 조형 영역, 시대 정신, 표현 형식 등에서 상호 밀접한 영향을 주고 받으며 사회를 위한 예술로서의 역할을 다하고 있다.

전갑배, '내마음의 열 두 친구'

▶ 일러스트레이터 illustrator

전통적으로 일러스트레이터는 그림을 통해 의사를 전달하는 메신저(messenger) 역할을 해왔다. 그러나 오늘날에는 그 역할이 확장되고 분화되면서 한 마디로 정의하기 힘들 정도로 다양한 활동을 보이고 있다. 그림 속의 발언으로 사회를 풍자하는가 하면, 페이지를 인상적으로 만들어주는 장식 미술가이기도 하고, 아름다운 이야기를 펼쳐내는 그림 이야기 작가이기도 하다. 일러스트레이터는 신문, 잡지, 브로슈어, 포스터 등 인쇄 매체를 비롯하여 영화, TV, 컴퓨터, 비디오 등의 영상 매체에서 활동하고 있다. 또한 무대 장치, 건물 내외벽, 공원 등의 공간과 섬유, 도자기 등의 입체 작업에 이르기까지 활동 영역이 넓어지고 있다. 오늘날에는 시각 디자인 전공자뿐만 아니라 회화, 건축, 영상, 패션 분야의 전공자들도 일러스트레이터로 많이 활동하고 있다. 일러스트레이터는 한 마디로 삶을 그리는 이야기꾼이다. 그는 현재의 현실적 조건과 승부하는 시장의 화가, 땅의 예술가이다.

이성표, '21개의 계단', 기업 브로슈어 일러스트레이션

▶ 입체 일러스트레이션 3D illustration

입체 일러스트레이션에는 평면적인 그림에 비하여 입체감을 강력히 주장하는 표현 또는 페이지를 펼쳤을 때 입체 형태로 변하는 표현 등이 있다. 입체감을 필요로 하는 일러스트레이션은 골판지, 지점토, 각종 종이, 투명 필름, 우드락 등의 소재로 제작하고 광선과 그늘의 효과를 이용하여 입체감을 연출한다. 결과적으로는 인쇄된 평면 작품이지만 그 효과는 생동감 있고 부피를 느끼게 하는 흥미로운

241

일러스트레이션이 된다. 또한 독자의 손동작으로 종이를 접거나, 투명 필름을 이용하여 평면에서 돌출되는 입체 효과는 보는 각도에 따라 변화가 다양해 신선한 느낌과 흥미로운 요소가 있으며 주로 어린이 지능 개발과 교육 자료에 이용된다. 그 밖에 디스플레이, 무대 장치 등 대형 일러스트레이션의 공간 연출 형태도 있다. 릴리프 일러스트레이션(relief illustration)은 종이, 플라스틱, 철판 등을 사용하여 화면에 요철 효과를 표현하는 일러스트레이션이며, 보는 사람의 이동에 따라 화면의 표정이 바뀌는 효과를 얻을 수도 있다. 종이를 이용한 입체 일러스트레이션은 아동을 위한 픽처 북(picture book)에 사용되며, 플라스틱이나 철판 등을 이용한 작품은 주로 건물 안팎의 벽 장식에 사용되기도 한다.

한병호, '도깨비'

▶ 잡지 일러스트레이션
illustration for magazine

잡지에는 그야말로 온갖 내용의 이야기가 혼재하므로 일러스트레이션의 형식도 다양하다. 단순한 장식 기능의 일러스트레이션부터 현장을 답사하고 보고하는 르포 형식의 일러스트레이션, 소설이나 특집 기사의 일러스트레이션, 요리 일러스트레이션 등 그 사용의

이복식, '미군철수', 월간지 표지 일러스트레이션

폭이 매우 넓다. 잡지 일러스트레이션의 역할은 독자를 텍스트로 안내하는 '다리'의 역할이다. 잡지는 다른 매체보다 일러스트레이터의 해석 능력과 자유로운 발상을 존중하기 때문에, 비교적 낮은 고료에도 많은 일러스트레이터가 잡지 일러스트레이션을 선호하는 편이다.

▶ 책 표지 일러스트레이션
book jacket illustration

곽영권, '80년대 이야기', 발언으로서의 일러스트레이션

책 표지의 일러스트레이션은 첫째, 독자의 시선을 사로잡아야 하며, 둘째, 책의 주제를 정확히 전달해야 한다. 책 표지는 대개 독특한 표현 효과를 추구하기 때문에 개성있는 일러스트레이션이 환영받는다. 유의할 점은 표지의 그림이 제목 글자와 잘 조화되어야 한다는 점이다. 제목 글자는 책을 대표하는 중요한 요소이므로 일러스트레이터는 그림과 글자가 잘 통합되도록 디자이너와 협조해야 한다.

▶ 카툰 cartoon

원래는 그림을 그리기 위해 스케치한 한 컷을 의미했지만 오늘날에는 만화적인 그림에 유머나 아이디어를 넣어 완성한 그림을 말한다. 이 분야는 신문 등 시사적인 내용을 다루는 매체에 많이 활용되며, 수 많은 독자에게 영향을 주는 만큼 작가는 세계관과 철학을 갖추고 있어야 한다. 경험과 유머 감각 그리고 날카로운 현실 인식 능력이 동시에 요구되는 분야이다.

▶ 캐리커처 caricature

주로 인물을 소재로 익살, 유머, 풍자 등의 효과를 살린 그림이다. 어원은 이태리어 '과장하다(caricare)'에서 유래된 말이다. 원래는 이상적이고 숭고한 인물화에 반하는 시도였

양한모, '이명박', 시사주간지 일러스트레이션

으며 영국, 프랑스, 이태리, 독일 등의 유럽을 중심으로 크게 유행했다. 정치가의 권위를 풍자해 야유의 수단으로 삼았던 캐리커처리스트(caricaturist)들은 대상의 특징을 과장하였다. 작가가 되려면 드로잉 능력과 관찰력, 상상력, 균형있는 현실 감각이 필요하다.

▶ 캐릭터 character

기업, 단체, 행사, 제품 등 특정 대상의 성격에 맞는 시각적 상징물을 캐릭터라 하며, 그 대상과 표현의 영역은 광범위하고 심볼 마크와 구별해 사용한다. 일러스트레이션 분야에서의 캐릭터 개념은 흥미로운 이미지를 일관성 있게 전달하는 특정한 주인공을 말하는 것으로, 88올림픽의 호돌이, 대전엑스포의 꿈돌이처럼 국가적 공공 행사에서 광고, 애니메이션, 동화책, 문구류, 팬시용품 등 상업적인 트레이드 캐릭터(trade character)에 이르기까지 그 사용 범위가 대단히 넓다. 미키마우스, 도날드덕, 스누피와 같이 주로 동물들을 의인화하는 예가 많으며, 국내의 캐릭터로는 팬시 제품의 금다래, 산머루, 떠버기, 리틀토미 등 다수가 있다. 성공적인 작품은 다양하게 응용되며, 막대한 사용료를 받기도 한다.

디즈니 캐릭터, '포카혼타스'

▶ 컷 cut

신문, 잡지, 팜플렛 등 인쇄 매체에 활자의 지루함을 덜거나 문안의 이해를 돕기 위하여 그리는 그림으로 독자에게 시각적인 즐거움을 줄 수 있다. 컷의 표현 스타일은 사실적인 표현, 추상적인 표현, 유머러스한 표현, 장식적인 표현 등 매우 다양하다.

일러스트레이션

illustration 김교만 이성표

▶ 특수분야 일러스트레이션
specialist illustration

"쉽게 이해할 수 있도록 그림으로 설명하여 준다"는 일러스트레이션의 사전적 정의에 가장 가까운 분야이다. 이 분야의 일러스트레이터는 숙련된 고도의 테크닉과 함께 작업할 분야에 대한 전문적 지식이 필수적이다. 대체로 자연 생태계를 상세히 묘사해 보여주는 일러스트레이션(natural history illustration), 자동차, 선박 등 기계의 내부를 보여주는 일러스트레이션(technical illustration), 의학, 과학 분야 일러스트레이션(medical & science illustration)이 이에 속한다. 오랜 조사를 통해 정보를 종합해야 하고 또한 그것을 그림으로 정확히 전달해야 하므로 어려움이 따르지만, 많은 사람에게 영향을 끼치는 상당히 보람있는 분야이다.

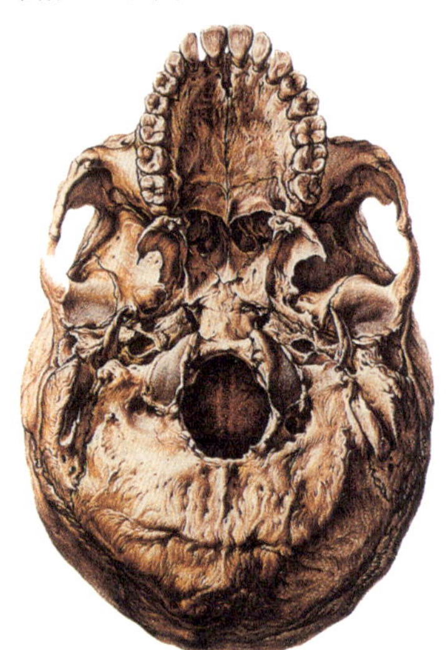

안보선, '하악골', 메디컬 일러스트레이션

▶ 패션 일러스트레이션
fashion illustration

그 시대의 새로운 패션 유행을 효과적으로 그린 그림으로, 패션의 멋과 개성을 그림으로 보여 주는 분야이다. 복식 디자이너가 그리는 스타일화와는 구별되며 인체, 옷 무늬, 색채, 머리 스타일, 장신구, 기호품 등의 소재를 드로잉, 수채화, 유화, 파스텔화, 몽타주 등 다양한 표현 기법으로 그린다. 패션 일러스트레이터는 인체 드로잉, 해부학, 색채학 등을 공부해야 하며 멋과 분위기를 표현하는 분야이므로 최신 유행에 대한 세심한 관찰과 앞선 감각이 필요하다.

코인 바네스, 패션 일러스트레이션

▶ 현장 보도 일러스트레이션
reportage illustration

'일러스트레이션 르포'라고도 하며 보도할 내용과 현장 보도 내용을 그림으로 전한다. 사진이나 TV로는 충분히 묘사할 수 없는 사건을 작가의 손을 통해 시각적으로 보도한다. 예를 들어 공개하기 어려운 법정 현장이나 폭동, 비행기 납치 같은 사건들을 재구성하여 일반에게 보고하는 형식의 일러스트레이션이다. 현실감과 시사성을 더하기 위하여 글자를 함께 사용하기도 한다.

버트 실버맨, 법정 르포르타주

미국 메트로폴리탄 뮤지엄에는 한국의 전통민화와 미켈란젤로의 작품이 함께 전시되어 있다. 교회나 대부호들의 주문에 의해 이루어진 미켈란젤로나 레오나르도 다빈치의 작업들은 200년 미국 일러스트레이션 역사를 통해 로만 록코웰을 걸쳐 마샬 아리스만, 브롤트 브롤츠, 브래드 홀랜드 등 수많은 일러스트레이터들에 의해 실험되고 모색을 거쳐 현재 전세계 70%의 점유율을 차지하며 그 완성도를 이루어 가고 있다. 시스틴성당의 천정화는 오늘날 메디치가의 주문에 의해서가 아니라 유수의 기업들이 클라이언트가 되어 일러스트레이터들이 재현하고 발전시키고 있는 것이다.

한편 일본의 경우 수세기전 그들만의 독특하고 정교한 목판화가 서구 유럽에 하나의 방법으로 많은 예술가들에게 영향을 미치면서 그들만의 스타일과 외국에서 들여온 다양한 형태들을 일본화시켰다. 현대 일본의 일러스트레이션과 애니메이션에서 정교한 목판화의 요소가 그대로 녹아있는 것이 발견되고 있다.

우리 자신을 보자. 불과 일백년도 되지 않은 짧은 시간에 수천년 왕조의 종말과 역사 자체의 단절 그리고 전쟁과 가난으로 모든 문화적 상황이 정지되어 있었다. 수백년 이상의 검증을 걸쳐 화려하게 성숙되어온 우리 그림들은 극히 일부를 제외하고는 거의 전시 상태에서 고사되어 있는 것이다. 문화의 일반적 생리로 볼 때 이 땅의 일러스트레이션은 이제 겨우 시작 단계라고 할 수 있다. 만약에 우리들 중에 누군가가 일러스트레이터라고 한다면, 그리고 몇 개의 작업이라도 가지고 있다면 그것이 무엇인지 바로 보아야 한다. 극히 일부를 제외하고 우리 일러스트레이션의 상황은 우울하기 짝이 없다. 뿌리를 내리지 못하고 물위를 떠도는 부초처럼 여기 저기서 밀려드는 작업들에 이렇게 저렇게 기대면서 자위하고 있는 것이다. 문화의 흐름이 역사적 상황에 의해 그 다리가 끊어져 버린 현 상황에서 우리 문화 대리인들의 해야 할 일은 자명하다. 단절되어 건널 수 없는 문화의 다리를 연결하는 것이다.

조선경 (일러스트레이터)

그린 하우스 green house
네오 클래식 neo classic
뉴에지 스타일 new edge style
랠리 rally
랩 어라운드 wrap around

레크리에이션 비클 RV recreation vehicle
로드스터 roadster
리무진 Limousine
리트로 디자인 retro design
마스터 모델 master model
마이너 체인지 minor change

▶ 그린 하우스 green house

차체의 웨이스트 라인(waist line)부터 윗 부분의 유리 부위를 뜻한다. 일반적으로 승차자가 타는 공간을 말한다.

▶ 네오 클래식 neo classic

올드 클래식 카(old classic car)가 갖은 이미지를 현대감각으로 변형시킨 스타일이다.

네오 클래식

▶ 뉴에지 스타일 new edge style

1990년대 중반에 들어서면서 서정적 분위기나 느낌 등의 감성적 측면을 중요하게 여겼던 유기적 추상 조형 표현에서 날카롭고 예리한 기하학적 추상 표현이 가미된 디자인으로 곡선과 직선의 적절한 조화를 이룬 스타일이다.

뉴에지 스타일

▶ 랠리 rally

일반 도로에서 규정된 속도를 준수하며 하는 장거리 자동차 경주.

▶ 랩 어라운드 wrap around

일체감으로 감싸는 느낌을 말하는데, 예를 들어 자동차의 C-필라(pillar) 부위가 유리 처

랩 어라운드

리로 백글래스(back-glass)와 하나로 연결되어 보이는 스타일과 인테리어에서는 도어 트림(door trim)과 계기판(IP: Instrument Panel), 콘솔박스가 운전자와 승객을 부드러운 곡선의 형태로 둘러싸인 스타일을 말한다.

▶ 레크리에이션 비클 RV recreation vehicle

여행을 위한 교통 수단과 자연 속에서의 숙박 시설을 겸한 자동차이다. 식사를 만들기 위한 설비나 숙박을 위한 설비 등 생활에 필요한 설비가 모두 있는 것도 있다.

▶ 로드스터 roadster

스포츠카의 일종으로 2인승 오픈카(open-car) 위주로 제작되었으며, 이러한 로드스터는 벤츠-SLK(BENZ-SLK), 마츠다 미아타(Mazda-Miata) 등이 있다.

로드스터

▶ 리무진 Limousine

운전석과 객석 사이에 유리 칸막이를 해서 뒷좌석의 승객을 중요하게 생각한 대형 승용차이다. 보조 좌석을 설계해서 4명 이상(보통 6-8명 정도)이 승차한다.

▶ 리트로 디자인 retro design

자동차 디자인의 한 추세로 패션과 같은 복고풍의 모티브가 자동차 디자인에도 도입된 것이다. 주로 디자인 트렌드 예측을 위한 컨셉 모델에서 나타나며, 양산모델의 경우에도 전체적인 프로포션에서 과거의 모델이나 그의 일부 장식을 이용하는 방식으로 제작된다.

▶ 마스터 모델 master model

양산시에 견본이 되는 모델로서 생산용 프레스(press) 금형을 만드는 기초가 된다.

▶ 마이너 체인지 minor change

페이스 리프트의 내용에 첨가하여 바디 판넬의 일부(엔진후드, 펜더, 트렁크 리드, 범퍼)를 바꾸는 것을 말한다.

마이크로 미니카 micro-mini-car
머스큘러 muscular
멀티퍼포즈비클 MPV multi-purpose-vehicle
미니카 mini-car
바이오 디자인 bio design

세단 sedan
스위블 시트 swivel seat
스윕 sweep
스테이션 왜건 station wagon
스포츠 유틸리티 비클 SUV Sports Utility Vehicle

▶ 마이크로 미니카 micro-mini-car

마이크로 미니카는 미니카(mini-car)보다 작은 등급(grade)이며 주로 2인승 시티 커뮤터카(city commutor car)로 벤츠스마트(Benz smart), 르노줌(Renault zoom) 등이 있다.

마이크로 미니카

▶ 머스큘러 muscular

근육구조와 같은 역동적이고 개성적인 형상을 표현하는 스타일로 스포츠카 개념의 차량에서 많이 나타난다.

▶ 멀티퍼포즈비클 MPV multi-purpose-vehicle

높은 공간 효율성(space saving)과 다기능성을 접목한다. 다목적 자동차를 뜻한다. 1984년 미국과 유럽에서 미니밴이 등장한 이후 많은 모델이 등장했다.

▶ 미니카 mini-car

서브 컴팩트카(sub-compact car)보다 작은 등급으로 매우 경제적인 4인승 소형차의 대명사이기도 하며 유럽과 일본에서 인기가 높은 차종으로 오스틴미니(Austin-mini), 시트로엥(Citroen 2CV) 등이 있다.

미니카

▶ 바이오 디자인 bio design

바이오 디자인은 1980년대 초 루이지 콜라니(L. Colani)가 사용하면서 본격적으로 시작

되었다. 콜라니는 바이오 디자인을 하이 테크의 반대 개념으로 사용했으며 디자인의 비인간화를 우려하여 새로운 방향을 찾고자 했다. 유기적 질서 안에서 유기체로 존재하는 자연물의 존재 방식(생존)이 디자인의 기본 원리가 된다. 이를 바탕으로 자동차 디자인에도 유기적 곡선미에 세련된 균형미를 조화시킨 감성적 비례감을 보여주는 형태가 추구되고 있다. ➡ 산업 디자인 참조

▶ 세단 sedan

고정된 루프를 가지고 전후 2열의 좌석이 있는 3박스 형태의 승용차로 2도어, 4도어 세단이 있다.

▶ 스위블 시트 swivel seat

밴(van)이나 RV차종에서 승객에게 보다 자유로운 환경을 제공하기 위해 좌석이 180° 회전할 수 있도록 설계된 의자이다.

스위블 시트

▶ 스윕 sweep

느슨한 곡선이나 다양한 곡선들을 그리기 위한 자나 템플릿(template)을 말한다.

▶ 스테이션 왜건 station wagon

세단 뒷부분을 바꾸어 차의 실내를 길게 하고 그 뒷부분을 화물칸으로 해서 뒷면에도 도어를 설계한 승용차이다. 화물칸 대신에 좌석을 설계해서 7-8명이 탈 수도 있다.

▶ 스포츠 유틸리티 비클 SUV Sports Utility Vehicle

지프(Jeep)로 통칭되는 4WD 비클과 패신저 비클(passenger vehicle)의 장점들을 적용한 새로운 개념의 차로 역동적이고 거친 도로 주파 성능을 가지면서도 품위있고 안락한 실내 공간과 편의성을 추구한 자동차이다.

스포츠카 sports car
시쓰루 모델 see-through model
아마츄어 armature
애드밴스 디자인 advanced design
에지 스타일 edge style
오가닉 셰이프 organic shape

오프로더 off roader
온로드카 on road car
웨지 스타일 wedge style, low front/ high deck
익스테리어 디자인 exterior design

스위블 시트

▶ 스포츠카 sports car

고성능의 엔진과 스피드한 형태를 가진 차이고 IP부위는 기능 위주의 게이지(gauge)만 있으며 몸을 감싸는 딱딱한 시트로 구성되고 주로 자동차의 성능과 스피드를 즐기기 위한 것으로 페라리, 람보르기니가 있다.

▶ 시쓰루 모델 see-through model

디자인 결정 단계에서 클레이 모델 다음 단계로 설계 검토 내용이나 정확한 수치 등을 토대로 만든 하드모델이다. 레진(resin)류 또는 아크릴(acryl), 유리(glass), FRP 등을 이용하여 실물과 유사하게 만들어 최종 디자인을 확정시킨다.

▶ 아마츄어 armature

1:1 클레이 모델(clay model)을 제작하기 위한 내부의 골격으로 목재, 알미늄-스틸(AL-steel) 등을 재료로 구성된 구조로서 액슬이나 서스펜션 등을 갖추기도 한다.

▶ 애드밴스 디자인 advanced design

인류의 모든 가능성을 발휘하여 미래지향적인 새로운 개념의 자동차를 창조하려는 자세에서 나타난 디자인이다. 단적으로 일반의 디자인이 현대 생활에 있어서 질의 향상을 제일의 목표로 한다면 애드밴스 디자인은 인류의 끝없는 꿈을 자동차 디자인 매체로 실현하고자 하는 것이다.

▶ 에지 스타일 edge style

1970년대 중반부터 시작된 경향으로 자동차의 전체적 이미지가 직선과 각이 살아있는 스타일이다.

▶ 오가닉 셰이프 organic shape

80년대 직선적 바디 스타일(body style)에서 라운드 스타일(round style)로 형태가 바뀌면서 바디(body)의 면들이 유기적으로 연결되거나 다양한 곡선으로 구성되었다.

오가닉 셰이프

▶ 오프로더 off roader

주로 비포장 도로에서 달릴 수 있도록 제작된 차로 최저 지상고가 높은 4륜구동 방식.

오프로더

▶ 온로드카 on road car

포장된 도로를 달리는 모든 차를 말한다.

▶ 웨지 스타일 wedge style low front/ high deck

80년대 중·소형차에서 주로 나타났던 경향으로 바디스타일이 앞쪽이 낮고 뒷쪽이 높은 쐐기형 스타일이다.

웨지 스타일

▶ 익스테리어 디자인 exterior design

자동차의 외관 디자인이며 이것은 자동차를 처음 보았을 때 차의 이미지를 강렬하게 심어주는 역할을 한다.

▶ 인테리어 디자인 interior design

탑승자를 위한 거주성, 조작성, 안정성을 생각하고 실내를 계획하고 디자인하는 것이다.

▶ 인테리어 벅 interior buck

계기판(IP), 도어, 루프, 트렁크 등으로 분리하여 제작한 다음, 전체를 조합시켜 인테리어의 공간구성을 이루도록 한 구조물이다. 이것은 자동차의 실내 디자인과 설계를 할 때 기준이 되며 목적과 뒷처리 정도에 따라 여러 단계가 있다. 주로 치수와 레이아웃 검토를 하는 시팅벅(seating buck)에서 모델의 겉모습을 실차에 가깝게 처리한 인테리어 모델이 있다. 이 호칭 방법과 정도의 구분에 대해 명확한 기준은 없고 대체로 겸용으로 사용하는 것이 보통이지만 탑승자 위치, 페달의 위치, 핸들, 노브(knob)류의 위치와 헤드 클리어런스(head clearance), 미터(meter)류의 위치와 반사조건, 시계 등의 검토가 가능하다.

인테리어 벅

▶ 지프 Jeep

2차 세계대전에 군용으로 사용된 것을 상용화한 모델로 험한 길이나 비포장도로에서 운행할 수 있는 차량으로 그랜드 체로키(Grand Cherokee), 랭글러(Wrangler)가 있다.

▶ 캐릭터 라인 character line

자동차 디자인의 요소 중에 사이드 바디(side body)면에 디자인 핵심이 되는 요소로 웨이스트 라인(waist line)이라고도 한다.

▶ 캐빈 리어워드 cabin rearward

캐빈 부위를 뒤쪽으로 옮긴 형태로 긴 후드와 작은 캐빈으로 클래식카(classic car)에서 많이 사용된 스타일이다.

▶ 캐빈 포워드 cabin forward

인테리어 공간의 확대를 목적으로 윈드 쉴드(wind shield)가 앞쪽 방향으로 이동하여 캐빈(cabin) 부위가 커지고 후드(hood), 엔진룸(engine room)이 짧아져 넓은 실내 공간을 확보할 수 있는 미래 지향적인 프로포션(proportion)이다.

▶ 컨버터블 Convertible, Cabriolet

일반 승용차에 루프 전체를 개폐할 수 있는 오픈카(open-car) 형식으로 설계된 차이다.

▶ 컨셉카 concept car

양산보다 미래의 신기술 개념을 도입해 자동차의 새로운 모델을 제시하는 것을 말한다. 근래 들어서는 컨셉모델이 3-4년 후 실용 가능성 있는 개념의 차로 제시되는 추세이다.

▶ 컴팩트카 compact-car

1960년경 미국에서 수입소형차에 대항하여 만든 소형차이며 전장이 4.6m 전후이며 휠베이스(wheel base)가 2.6m 전후였으나 현재는 4인승 위주의 경제적인 크기의 차량을 말하며 폭스바겐 골프(VW Golf), 기아 프라이드(KIA Pride)가 있다.

▶ 콤비네이션 램프 combination lamp

일반적으로 말하는 테일 램프(tail lamp)이다. 여기에 테일 램프(tail lamp), 스톱 램프(stop lamp), 턴씨그널 램프(turn signal lamp), 해저드워닝 플래셔(hazard warning flasher), 라이센스 램프(licence lamp) 등의 기능들이 하나로 조합된 차량 뒷 부분의 램프를 말한다.

▶ 쿠페 coupe

앞좌석 위주이며 뒷좌석은 보조개념으로 설계된 2도어 스포티 세단(sporty sedan). 원래는 루프가 작은 2인승 마차에서 유래한 명칭으로 2도어의 4-5인승이 주류를 이루며 보

클레이 clay
템플릿 template
톨 보이 스타일 tall boy style
티어 드롭 셰이프 tear drop shape
패스트 백 fast back
패키지 레이아웃 package layout

페이스 리프트 face lift
포뮬러 Formula
풀 모델 체인지 full model change
프로토타입 prototype
픽업 pick-up

다 스포티(sporty)한 분위기의 패스트백 쿠페(fast back coupe)와 조금 사나운 분위기의 노치백 쿠페(notch back coupe)가 있다.

쿠페

▶ **클레이 clay**

50-60℃의 온도에서 수정 작업을 자유롭게 할 수 있어 형상 변경의 작업성이 용이한 유연한 재질의 자동차 모델용 재료로서 재활용도 가능하다.

▶ **템플릿 template**

단면을 뜬 형판으로 정확히는 템플릿 게이지(template gauge)이다. 클레이 모델(clay model)과 마스터 모델(master model)을 만들때 단면을 잘라내기 위한 기준이 된다.

▶ **톨 보이 스타일 tall boy style**

경자동차의 실내를 최대한 넓게 사용하기 위해 시팅 포지션(seating position)과 루프를 높인 스타일로 짐의 적재 공간을 세로 방향으로 많이 확보할 수 있는 스타일이다. 이러한 스타일로는 스즈키 왜곤-R(Suzuki Wagon-R), 현대 아토즈(Atoz) 등이 있다.

▶ **티어 드롭 셰이프 tear drop shape**

에어로다이나믹한 스타일로 물방울이 떨어지는 형상이다.

▶ **패스트 백 fast back**

패스트 백은 리어(rear) 부분의 루프, 백글래스(back glass), 트렁크 리드(trunk lid)까지 스피디(speedy)한 선으로 이어진 모습으로 루프와 백 윈도우(back window)가 이어졌기 때문에 뒷좌석에서 머리 부분의 공간 확보가 나쁘므로 앞 좌석 우선의 스포티한 쿠페(coupe)나 하드 탑(hard top)에 적용되는 예가 많다. 공기역학적으로 우수하며 GT카에 이런 스타일이 많다.

▶ **패키지 레이아웃 package layout**

자동차를 설계하는 데 있어 엔진, 탑승자 공간, 짐을 싣는 공간 등의 크기와 위치를 결정해 주는 작업이다.

▶ **페이스 리프트 face lift**

기본적 바디 패널(body panel)은 바꾸지 않고 바디 컬러, 스트라이프, 그릴(grille) 등의 변화를 주는 것으로 1-2년에 한 번씩 행한다.

▶ **포뮬러 Formula**

포뮬러는 세계의 자동차 스포츠를 통괄하고 있는 FIA가 정한 것으로 보다 빨리 달리는 것을 추구한 자동차 스포츠의 꽃이며 이 경기를 통해 세계 유수한 자동차 회사들이 이 대회에 자체 개발한 신기술을 시험하는 무대로 활용하고 있다.

포뮬러

▶ **풀 모델 체인지 full model change**

바디 판넬의 전부와 차량의 레이아웃 등을 변경 개량하여 차를 새롭게 탄생시키는 것이다. 이 중에서도 기구 부분, 레이아웃은 크게 바꾸지 않고 바디 판넬만을 변경하는 것은 별도로 스킨 체인지(skin change)라고 한다.

▶ **프로토타입 prototype**

디자인 프로세스에서 설계, 검토의 최종 확인을 하기 위한 단계로 제작되는 실물 모형이며 차체의 외관과 실내는 물론 세심한 곳까지 미관상으로 실제의 차와 틀리지 않게 손질한다. 또한 양산차가 아닌 한정된 목적을 위해 만들어진 시작적 성격을 가진 것도 프로토타입이라 한다. ➡ 산업 디자인 참조

▶ **픽업 pick-up**

많은 짐을 적재할 수 있고, 짐을 싣고 내리는 것이 자유로우며 화물실은 지붕이 없고 사이드 패널(side panel)이 일체가 되어 있는 소형의 트럭이다. 최근에는 스포츠카의 스타

일과 접목한 픽업도 등장하고 있다.

▶ 하드 톱 hard top

견고한 루프를 가진 차로 지금은 도어에 샤시 (sash)가 없고 센터필러(center pillar)가 없는 세단(sedan)이나 쿠페(coupe)형 차이다. 센터필러가 없기 때문에 도어글래스(door glass)를 전부 열면 개방감이 있는 차이다.

▶ 헤드 램프 head lamp

헤드 램프는 최근 세 가지 유형으로 나뉜다. 보통 컨벤셔널 타입(conventional type), 프로젝트 타입(project type), 컴플렉스 타입 (complex type)이 있다.

헤드 램프

▶ 1 박스카 box car

엔진 룸, 객실, 트렁크 룸이 한개의 박스형으로 공존하며 현재의 밴(van)류가 대표적인 형태이다. 기존에는 1.5 및 1.3 박스 형태와 미니밴을 포함한 것을 일컬었으나, 미니밴의 수요확대와 모델증가로 인해 별도의 타입으로 분류되고 있다.

1 박스카

▶ 1:1 스케일 모델 scale model

여러 대의 1/4 모델 중 한 가지 모델을 택하여 1:1 제작에 들어가게 되는데 어느 정도의 엔지니어링 검토가 된 상태에서 제작되는 과정이다. 1단계는 아마츄어(armature) 제작,

2단계로 스티로폴(styropol) 적층, 3단계로 클레이(clay) 적층, 4단계로 클레이 가공, 5단계로 스타일 정리, 마지막으로 완성한닷.

1:1 스케일 모델작업

▶ 1:1 테입 드로잉 tape drawing

최종 렌더링(rendering)에 나타난 디자인 의도를 1:1 레이아웃으로 구현하는 작업으로서 차량의 외곽선과 파팅 라인(parting line), 주요 캐릭터 라인(character line) 등을 다양한 두께의 테입으로 표시하는 작업으로 수정이 용이하기 때문에 디자이너에게 적합한 표현방법이다. 이러한 단계가 클레이 목업(clay mock-up)의 기초로도 활용되고 엔지니어들과 설계사항의 협의조정도 여기서 이뤄진다.

1:1 테입 드로잉

▶ 1/4 스케일 클레이 모델

완성된 1/4 테입 드로잉(tape DWG)을 기초로 각 부분의 단면형상을 끌어내어 클레이 재질로 입체화된 모델로서 디자인 테마(design theme)를 파악하는 데 사용되며 디자인 체크 및 풍동 시험용으로 활용된다.

▶ 1.3, 1.5 박스 타입

1 박스형으로부터 파생된 타입으로 보닛 부

251

1.3 박스

1.5 박스

분을 앞으로 내밀어 충돌시 안전성을 향상시킨 형태이다. 앞 바퀴를 승객실 앞쪽으로 옮기고 1.3 박스, 경우에 따라 엔진까지 앞으로 옮긴 1.5 박스 형식이 등장하였다.

▶ **2 박스**

객실과 트렁크룸(trunk room)이 함께 있는

타입으로서 최근 소형차에 많이 적용되었다. 리어 게이트(rear gate)를 가진 해치백(hatch back) 스타일이 많다.

▶ **3 박스**

엔진룸, 승차 공간, 트렁크룸(trunk room) 등이 3개의 독립 공간으로 분리된 형태.

▶ **4WD 4 Wheel Drive**

4바퀴굴림방식을 뜻하고 지프나 픽업 (pick-up)처럼 힘을 필요로 하는 차에 적용되나 요즘은 승용차에도 적용되고 있다.

▶ **4WS 4 Wheel Steering**

네 바퀴 모두 방향을 바꾸는 4륜 조향장치를 말하며 자동차의 속도가 빨라지고 성능이 다양해지면서 가치를 인정받고 있다.

4WS

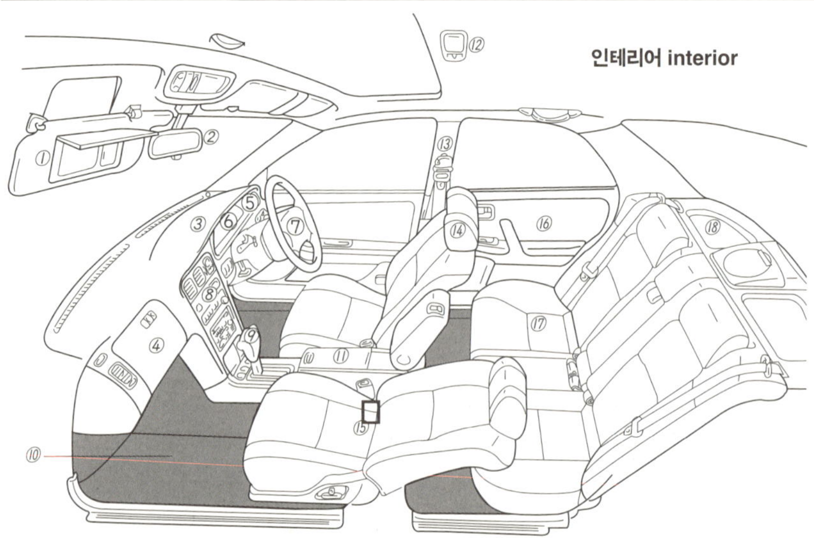

① 썬 바이저(sun visor)
② 인사이드 미러(inside mirror)
③ 인스트루먼 패널(instrument panel)
④ 카울 사이드 트림(cowel side trim)
⑤ 미터 클러스터 하우징(meter cluster housing)
⑥ 미터 클러스터(meter cluster)
⑦ 스티어링 휠(steering wheel)
⑧ 센터 콘솔(center console)
⑨ 쉬프트 놉(shift knob)
⑩ 플로어(floor)
⑪ 콘솔 박스(console box)
⑫ 룸 램프(room lamp)
⑬ 시트 벨트(seat belt)
⑭ 헤드 레스트(head rest)
⑮ 프론트 시트(front seat)
⑯ 도어 트림(door trim)
⑰ 백 시트(back seat)
⑱ 백 셸프(back shelf)

익스테리어 exterior

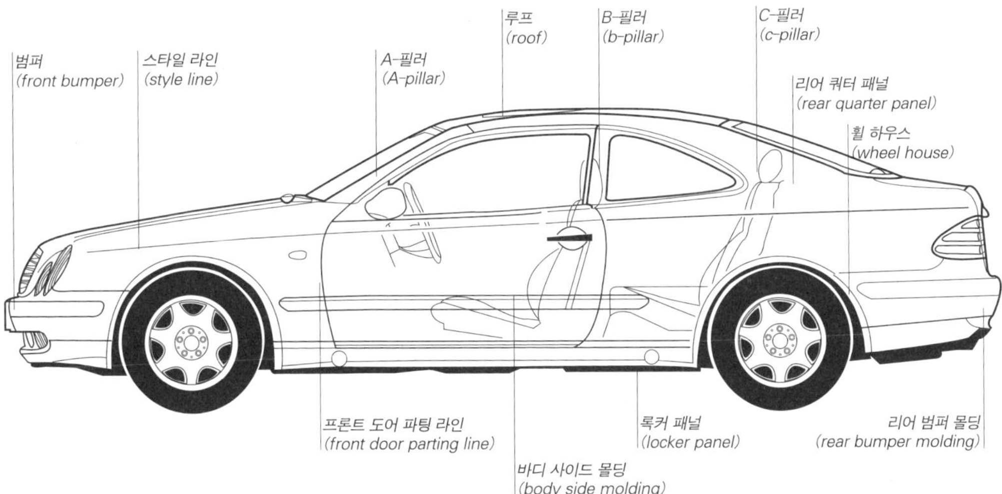

홀로그램 hologram

홀로그램(hologram)의 어원적 의미는 그리스어(Greek)인 holos(완전한: complete, whole)와 gram(기록하다: record, 저장하다: store)이라는 두 개의 의미가 합성된 개념이다. 단어적인 의미로 본다면 완전하게 기록하거나 저장하는 매체라고 볼 수 있다. 그래서 이것을 초기에는 '저장그림(store picture, Speicherbild)'이라고 칭할 정도로 '저장력'에 관한 측면에서의 특징이 부각되어 있다. 이 홀로그램은 레이저(laser: light amplification by stimulated emission of radiation, 원자 내부의 격렬한 전자 파동 상태를 이용하여 전자기파를 증폭하는 장치) 빛에 의해서 물체의 상이 기록되는 것이다. 원래 헝가리 태생인 영국의 물리학자 데니스 가보(Dennis Gabor)에 의해서 1947년 개발된 것이다. 그는 전자 현미경의 능력을 개선하는 과정에서 렌즈없이 사진을 찍을 수 있는 방법을 모색하다가 홀로그램 제작 기법을 개발하게 되었다. 당시에는 수은등과 같은 빛을 사용하여 간섭성이 좋은 빛(coherent light: 빛의 파면이 시간 및 공간적으로 일정하게 유지되는 빛)을 사용할 수 없었기 때문에 선명한 상을 얻을 수가 없었다. 그러다가 1960년 미국의 E. Leith와 J. Upatnics에 의해 이 레이저가 개발되어 고화질의 상을 얻을 수 있었고, 이에 따라 홀로그래피(holography: 홀로그램 제작 기술)의 개발과 응용 측면에서 빠른 속도의 진전을 볼 수 있었다. 그후 러시아의 Y. Denisyuk에 의해 반사형 홀로그램이 개발되었고, 특히 미국의 벤톤(S. Benton)이 화상의 표현 효과면에서 우수할 뿐더러 RGB 색상 표현을 가능하게 하는 레인보우 홀로그램(Rainbow hologram)을 개발하여 오늘날 디스플레이 홀로그램(Display hologram)의 폭넓은 보급이 시작되었다.

홀로그램의 원리

오늘날 이 홀로그램은 데니스 가보가 시도했던 초기의 방법과는 달리 two-axis기법을 사용한다. 하나의 레이저 빛을 분광시켜 그중 하나의 빛을 물체에 조사(照射)하고, 또 하나의 빛을 직접 건판에 조사(照射)하여 이 두 개의 빛이 건판 위에서 상호 간섭 현상을 일으키면서 기록되는 것이다. 이 때 물체에 조사하여 반사된 빛을 물체파(object beam), 건

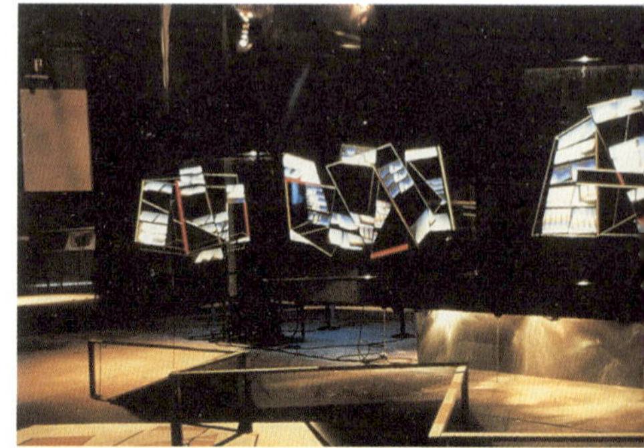

더글라스 타일러(Douglas Tyler), *'Dream Passage series'*, 1983

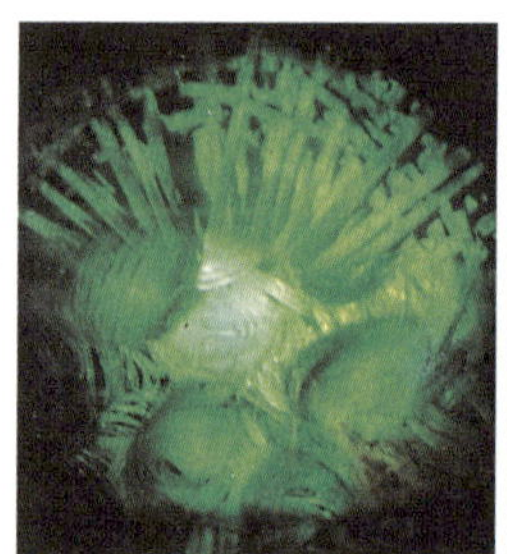

최병상, *'십자가의 소리'*, *stainless steel*

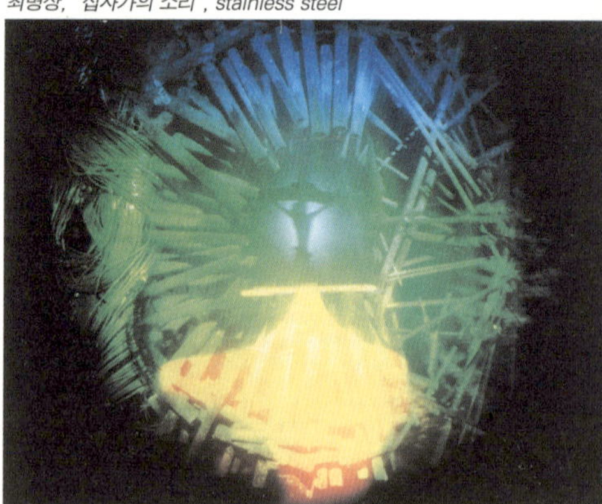

파동의 간섭 무늬

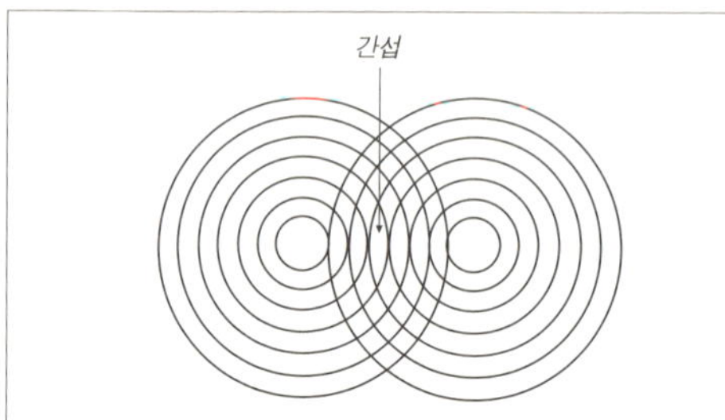

홀로그램 제작 모형

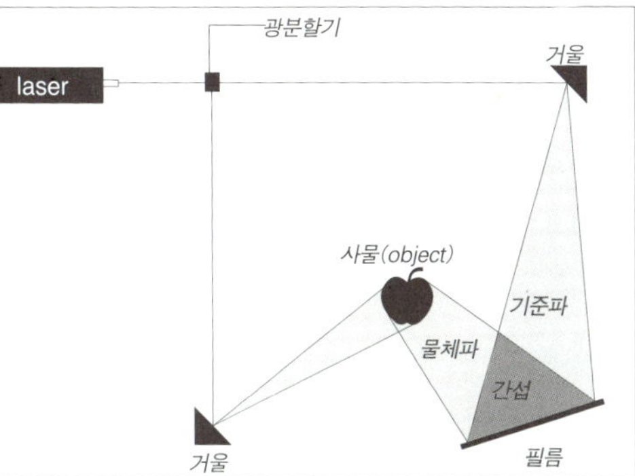

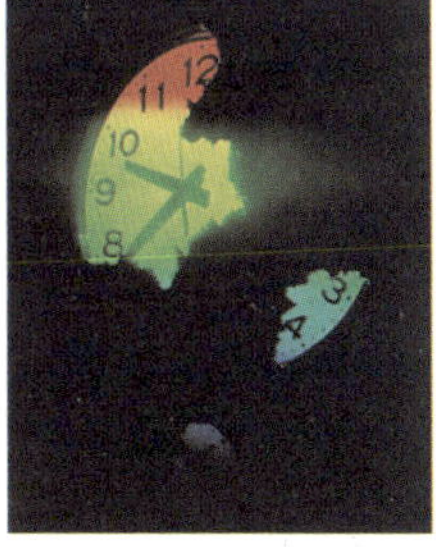

박순보, '시간의 소멸(Transient Time)'

김만석, '보리밭', stainless steel

판으로 직접 조사되는 빛을 기준파(reference beam)라고 말하고 있다. 홀로그램의 원리는 마치 수면 위에 두 개의 돌을 던졌을 때 각각 파장을 만들게 되며, 그 두 개의 파장이 만나는 곳에서 서로 간에 간섭 현상이 일어나게 되어 파장의 높낮이가 증폭되는 것과 같이 설명될 수 있다. 즉 분광된 두 개의 파장이 서로 간섭 현상을 일으키게 된다. 이것을 빛의 회절현상이라고 말하고, 이것이 건판에 기록되는 것인데, 이 때에 그 물체(object)가 지니고 있는 세세한 위치 정보가 기록된다. 그 기록의 정도는 1mm에 약 1,000개에서 10,000개 정도 라인(line)의 간섭 무늬가 기록되기 때문에 사진 건판(약 100-200개 정도)에 비해 매우 정밀한 것이다. 또한 물체로부터 반사되는 물체파가 간섭을 일으킬 때 제작 방법에 따라서는 360도까지의 다양한 각도로 기록될 수 있기 때문에 입체적 표현이 가능한 것이다. 여기에서 상이 기록된 건판을 H1이라고 칭한다. 이 H1은 사진에 있어서 상이 기록된 필름과 같은 것이고, 우리가 일반적으로 대하게 되는 홀로그램은 H2라고 하여 사진이 인화된 것과 같이 원고(H1)가 재생된 것이다. 이러한 재생에는 두 가지 방식이 있다. 원칙적으로 H1을 제작하는 과정에서 결정되는 것이지만, 재생시에도 다른 과정을 거친다. 하나는 우리가 쉽게 대하는 스티커같은 형태로서 반사형 홀로그램이 있고, 다른 하나는 투명한 홀로그램 필름에 기록되는 투과형 홀로그램이 있다.

홀로그램과 산업

홀로그램이 응용되어 제작되는 제품으로는 평면적인 인쇄물에서부터 반도체와 **CD-ROM** 등 정보의 저장 및 기록 장치에 활용되며, 80년대 이후부터는 산업 전반에 걸쳐 활용되고 있는 실정이다.

평면 제작물

엠보싱 홀로그램(embossing hologram) 기법을 활용하여 대량 생산 체제에 적용시킨 인쇄물들이 있다. 신용카드의 앞면에 붙어 있는 2D, 3D 홀로그램 스티커나, 유럽의 지폐류, 위조 방지를 목적으로 제품의 표면이나 포장지에 붙은 스티커, 그림 동화책이나 일반 서적의 표지에 적용된 동판 인쇄

255

물과 포장지류가 있다. 홀로그램이 사용된 포장지는 미국에서 원단이 개발된 불투명 포장지가 주류인데 비해 국내에서는 'Simple' 담배의 투명 포장지가 개발되기도 했다. 이 투명 포장지는 특히 엠보싱 홀로그램 기법을 활용한 것이다. 이 엠보싱 홀로그램은 반사형과 투과형으로 구분되는데, 일반적으로 투과형 Rainbow hologram을 많이 활용하고 있고, 이것은 디스플레이용 홀로그램의 경우도 마찬가지다. 또한 이 엠보싱 홀로그램은 기록된 상의 해상도가 매우 높기 때문에 전시용이나 예술 작품에 많이 적용되고 있다. 80년대부터는 이러한 기법을 구미나 일본의 예술가들이 많이 활용하였고, 우리나라에서는 90년대에 들어서 국내의 독자적인 기술로 예술 창작 작업에 적용하고 있다. 비록 제작시에는 평면물이나 그 적용면에서는 입체적, 공간적 표현 효과가 뛰어난 사례들이라 할 수 있다. 특히 디스플레이 홀로그램은 고가의 홀로그램 필름에 재생되어야 하는 관계로 일반화되기가 어려웠다. 그러나 90년대 초 (주)송산에서 값이 저렴한 일반 필름의 엠보싱 처리 기법을 개발, 이의 대량 생산을 가능하게 되어 Rainbow display hologram의 기수인 Benton을 감탄케 할 정도로 이 분야에서는 선두를 누리고 있다.

영상물 적용

영상물 적용의 예로는 90년대 초부터 구미의 여러 나라를 비롯해 국내의 방송사들도 연구 개발중인 입체 영상물이 있다. 이러한 기술이 개발되면 앞으로 가정의 TV 브라운관을 통해서도 화상이 시청자에게로 돌출하는 입체 영상을 경험하게 될 것이다. 노트북 컴퓨터 LCD 화면의 적용도는 display window류는 해상도가 일반적 컴퓨터 모니터에 비해 해상도가 많이 떨어져 사용자들에게 불편한 점들이 있으나, HOE(광학소자) 기술을 이용해 국내의 독자적인 연구가 진행중이다. 이로 인하여 LCD 화면의 해상도 문제는 쉽게 극복될 것이며, 새로운 화상 재현도 가능할 것으로 예상된다.

운송기기 적용

홀로그램이 운송기기에 적용된 것은 이미 오래전부터이다. 항공기의 조종석에서 조종사가 계기판

김수자, 참회(Confession), stained glass

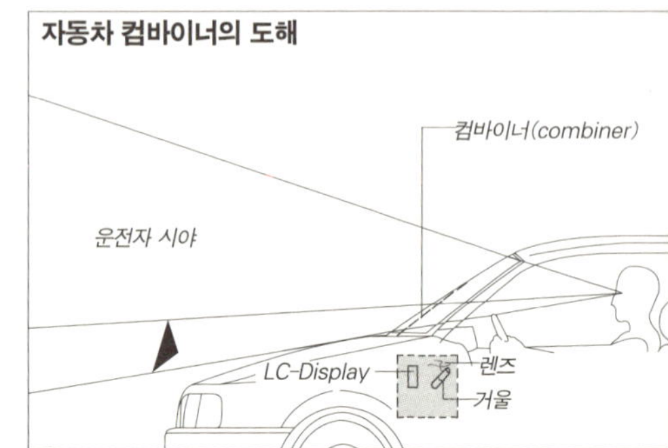

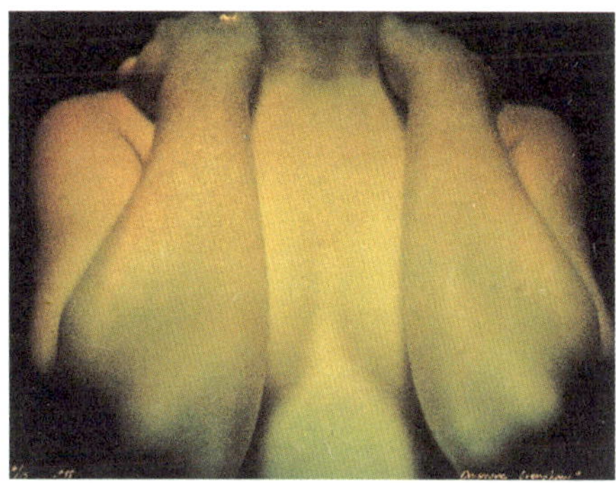

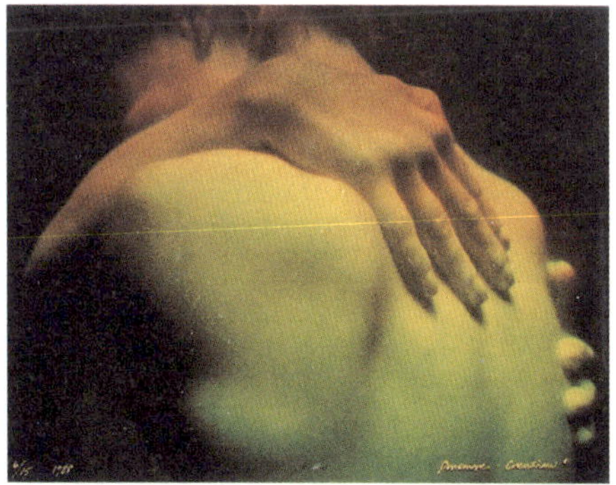

을 보기 위해서 시선을 아래로 이동하지 않고, 자신의 시선을 앞유리 바깥쪽으로 고정시킨 채 앞유리 면에 투영된 계기판만 보고도 조종이 가능하다. 자동차의 경우 1989년부터 독일의 유리 제조업체인 VEGLA와 폭스바겐(Volkswagen) 자동차 회사가 공동으로 진행하는 연구를 들 수 있다. 이들은 홀로그램의 효과를 이용하여 우선 자동차 실내의 온도를 유지하는 연구를 하고 있다. 이것은 자동차의 유리 표면에 홀로그램의 반사 기능을 적용시켜 햇빛을 차단하여 실내 온도가 임의로 상승하는 부작용을 막기 위한 것이다. 다음으로는 HUD(head-up-display) 효과를 이용하여 LCD 계기판을 운전자가 주행중에 아래쪽으로 시선을 옮길 필요없이 앞유리면에서 판독이 가능할 수 있다. 주행 속도나 앞차와의 간격, 자동차의 현재의 상태들뿐만 아니라 심지어 도로면에서의 특정 위험을 알려주기도 하고, 거기에 특수 제작된 자그마한 화면을 통해 도로면에 표시된 방향 표식등을 두드러지게 관찰할 수 있는 기능이 있다. 그러나 2년 여의 연구 결과로는 앞유리의 기울기와 햇빛의 밝기 때문에 확실한 효과를 아직 보장할 수는 없지만 이 연구가 성공적으로 마무리될 경우 운송 기기의 조종에는 물론 그러한 제품의 판매 상황에 커다란 변화가 있을 것이다.

박순보 (홍익대 교수)

멜리사 크렌샤우(Melissa Crenshaw), 시드니 딘스모어(Sydney Dinsmore), '선택-무엇을 선택할 것인가?(Choice-what choice?)', 여러 가지 그림을 사용하여 만든 홀로그램.

강조 조명 accent light
건축화 建築化 조명 architectural lighting
고압 나트륨 램프 high pressure sodium lamp
광도 luminous intensity
광선 일광 조명 beam daylighting
광섬유 optical fiber

광속 luminous flux
광속 발산도 luminous emittance
글레어 glare
글레이징 조명 glazing light
다운라이트 down light

▶ 강조 조명 accent light

시야의 한 부분에 주의를 집중시키거나 대상물을 강조하기 위한 방향성 조명으로, 건축 공간, 상업 시설에 시선을 유도시키는 기능으로 이용되며, 박물관과 미술관, 백화점 등에서 극적인 연출을 위해 사용되기도 한다.

▶ 건축화 建築化 조명 architectural lighting

건축물을 이루는 각 부분의 구조나 일부분을 이용해 조명하는 방식으로, 공간적인 건축의 구조나 완성된 표현이 조명 기구 이상의 역할을 한다. 건축화 조명의 방식은 크게 직접 조명과 간접 조명 방식으로 구분되는데, 직접 조명 방식에는 광천장 조명, 광창 조명이 있고, 간접 조명 방식에는 코브 조명, 벽면 조명, 캐노피 조명 등이 있다.

▶ 고압 나트륨 램프
high pressure sodium lamp

증기압이 높은 나트륨 발광을 이용한 고휘도 방전으로 수은 램프에 비해 램프 효율이 높고 점등 방향이 자유로우며, 긴 수명과 광속 감퇴가 적다는 장점이 있다. 공장, 야외 작업장, 점포의 전반에 쓰이는 중요 조명용으로 에너지 절약의 고효율 광원으로 수은 램프 대신 널리 보급되고 있다. 주요 용도: 천장이 높은 공장 조명, 도로 조명, 실내외의 스포츠 센터 조명, 주유소, 주차장 등의 투광 조명, 점포 조명, 홀이나 로비의 조명, 간판, 건물 등의 투광 조명, 박람회장.

▶ 광도 luminous intensity

광원이 갖는 빛의 강도를 뜻하며, 광도에서는 광속이 사방으로 발산되지만 보통 그 광속이 모이는 방향은 광도의 방향에 따라 다르다. 광속이 집중되는 곳은 어둡고, 광속의 조밀 정도에 따라 광원의 조명 능력이 결정된다. 광도의 단위는 칸델라(candela: cd)이고 1촉광은 10,067cd에 해당한다.

▶ 광선 일광 조명 beam daylighting

반사율이 높은 천장재로 일광을 건물 실내에 깊숙히 반사 유도시키는 일광 조명기법.

▶ 광섬유 optical fiber

모든 내부 반사의 원리를 사용하여 긴 가변적

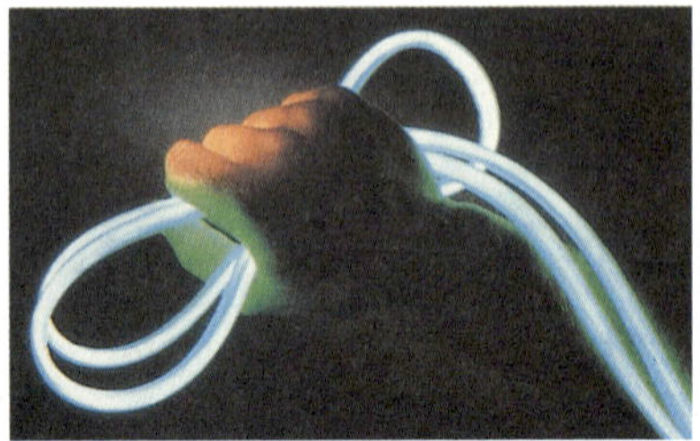

광섬유

유리나 플라스틱 섬유를 통해 전달되는 빛의 방향을 나타내는 소재.

▶ 광속 luminous flux

광원에서 나오는 빛에너지를 뜻하며, 눈에 보이지 않는 적외선, 자외선은 빛 에너지에 포함되지 않는다. 단위는 루멘(lumen)을 사용하며 lm으로 표시한다. 1w의 소비 전력으로 백열 램프는 10-14lm, 형광램프는 50-60lm의 광속을 발생시킨다.

▶ 광속 발산도 luminous emittance

물건이 보이는 것은 그 물건에서 방사된 광촉이 육안으로 들어오기 때문이다. 방사할 광속 밀도의 크고 작음에 의해 보이는 것이다. 어떤 물체의 표면에서 나온 광속 밀도를 그 점의 광속 발산도라 하고, 단위는 래드럭스(rlx)이다. 광속 발산도는 면에서 나오는 광속을 그 면적으로 나눈 값이다.

▶ 글레어 glare

시간적, 공간적으로 부적절한 휘도 분포, 휘도 범위나 심한 대비에서 나타나며, 잘못된 방향에서 오는 눈이 적응하지 못할 정도의 밝은 빛으로 시력의 저하를 가져온다. 이때의 시지각을 눈부심이라고도 한다.

▶ 글레이징 조명 glazing light

광원을 마감면에 평행하게 가까이 배치해 수직면의 재질을 강조하는 방향을 띤 조명.

▶ 다운라이트 down light

천장을 이중 구조로 하여 그 사이 공간에 조명 기구의 몸체를 매립시키는 방법. 조명 기구는 보이지 않고, 빛이 아래 방향으로 수직으로 직사된다. 천장면을 깔끔하게 보여주며, 부분과 전체의 조명을 위해 사용할 수 있다.

▶ 디퓨저 diffuser

광원에서 나오는 빛을 분산시키는 기본적인 매개 장치로서의 빛 확산 장치.

▶ 라이트 업 light up

주로 역사적 건축물이나 토목적으로 가치가 있는 건축물을 야간 조명하는 것으로 거리에 밝기와 시각적 정취를 준다.

▶ 루버 louver

어떤 각도에서 보이는 광원 자체를 차단시키기 위하여 사용하는 장치로 일면의 조절판의 역할을 수행한다.

▶ 멀티 할로겐 램프 multi halogen lamp

나트륨, 탈륨, 인듐, 스칸듐의 금속 증기 중의 방전에 의한 발광이나 자외선에 의한 형광 물질의 발광을 이용한 고휘도 방전 램프이다. 수은 램프에 비해 램프 효율이 높고 연색성이 우수하여 에너지 절감과 질의 향상이 실현 가능한 고효율, 고연색성의 고휘도 방전 램프로 수은 램프 대신에 널리 보급되고 있다. 주요 용도: 사무실, 공장 등의 높은 천장 조명, 체육관이나 스타디움, 골프장 등 실내외 스포츠 센터의 조명, 광장, 공원, 주차장 등의 사람이 많이 모이는 장소의 조명, 간판이나 건물 등의 투광 조명.

▶ 반사율 reflectance

어떠한 표면상에서의 입사광과 재방사되는 빛의 백분율로서, 입사각이나 그밖의 요소에 영향을 받는다.

▶ 방습 기구 防濕器具 dampproof fixture

욕실, 실내 수영장 등 상대 습도가 90%이상의 습기 중에서도 사용될 수 있도록 조명을 보호하는 기구를 말한다.

▶ 방우 기구 防雨器具 waterproof fixture

비바람을 맞으며 옥외에 설치되어 있는 가로등이나 정원등, 투광기 등의 기구이다. 연직(鍊直)에서 60도 각도로 내리는 비에도 유해한 영향을 받지 않는 구조를 갖는다.

▶ 배경 조명 background lighting

전체적으로 어둡고 차분한 조명으로 일정한 초점이 없는 간접 조명이다.

▶ 백열 램프 incandescent lamp

1879년 토마스 에디슨이 발명한 램프로, 텅스텐 필라멘트에 의해 전류를 통하게 하여 고온 필라멘트에서 발생하는 빛을 이용하게 고안된 광원이다. 빛의 광속이 75-3,450lm, 효율은 15-20lm/w, 평균 수명이 1,000-1,500시간 정도이며 순간 점등이 가능하고 집광, 산광이나 조광이 간단하며 안정된 분위기를

거실에 사용된 여러 가지 조명 기구들. ①다운 라이트(down light), ②천장등(ceiling light), ③브래킷(bracket), ④플로어 스탠드(floor stand)

사진 제공: 국제조명(주)

자아낸다. 연색성이 좋고 발광 면적이 적기 때문에 조명된 물체의 광택, 밝기, 입체광 등을 연출하고, 스포트라이트 등의 국부 조명에서 효율이 높고, 넓은 부분에 대량으로 사용되고 있다. 주요 용도: 일반 주택, 호텔 등의 거실, 상점의 스포트라이트용 광원, 탁상용 스탠드, 다운라이트용 광원.

▶ **밸런스 조명 balance lighting**

창문의 커튼 위에 설치하여 상향광일 경우에는 천장에서 빛의 반사로 전반 조명의 역할을 하며, 하향광일 경우에는 커튼을 강조하는 역할을 한다.

▶ **볼라드 bollard**

정원, 산책로 조명 등에 사용되는 폴(pole) 높이가 1미터 정도의 저위치형 조명 기구.

볼라드

▶ **분광 분포 spectrum distribution**

모든 빛의 파장 단위별 밀도(energy)를 나타내는 것으로, 연색성을 중시하는 경우 가시광 전역에 걸쳐 편차없이 균일한 빛의 밀도를 갖는 이상적인 광원이며, 그림은 평균연색지수 Ra99인 자연광에 극히 가까운 색의 외관을 갖는 형광 램프(색평가용)의 이상적인 분광 분포인 것을 알 수 있다.

▶ **브래킷 bracket**

벽에 설치하는 장식성이 매우 높은 조명 기구로 욕실, 세면대, 화장실, 처마밑 등의 조명에 쓰이며, 거실과 침실의 벽에도 좋다. 샹

들리에와 같은 글로브(glove)를 쓰면 실내는 통일감이 있다.

브래킷

▶ **빛, 가시광 light**

색은 가시 광선이라고 불리는 파장을 갖는 빛이 모여서 나타내는 것을 말하며, 빛은 전자파의 일종으로 우리로 하여금 주변 세계를 볼 수 있도록 해주는 중요한 매개체이다. 전자파는 빛 이외에 TV, 라디오, 레이더, 전력 등 통신에 사용되는 것(전파)과 X선, 감마선, 자외선, 적외선 등이 있다. 빛으로 인간의 눈에 감지되는 범위(가시광)는 사람에 따라 약간의 차이가 있기는 하지만 상한은 760-780nm사이에, 하한은 380-400nm사이에 있다. 또한 가시광은 파장의 길이가 짧은 쪽에서 긴 쪽으로 이른바 일곱 가지 색의 빛(보라색, 남색, 청색, 녹색, 노랑색, 주황색, 빨강

전자파의 파장

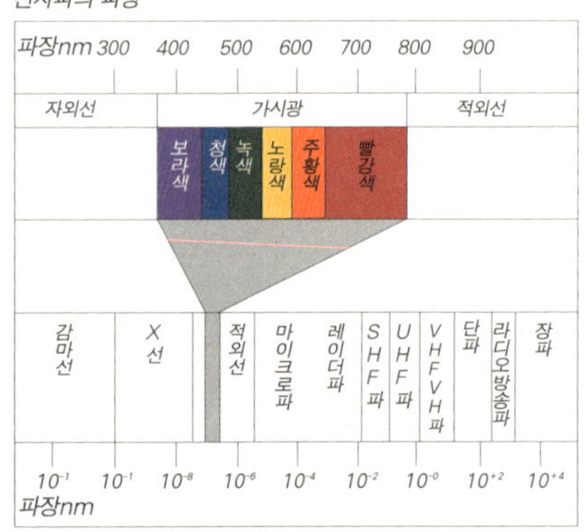

색)으로 색상은 각기 다른 파장으로 나뉜다. 빛의 파장 단위로서 nm(nanometer)를 쓰는데, 1nm의 100만분의 $1(1nm=1\times10^{-6}nm)$ 이라는 길이를 나타낸다.

색온도 color temperature

백열 램프, 형광 램프처럼 생활에서 어두울 때 접하는 각종 광원의 빛과 낮에 보는 태양광의 색조는 다르게 보일 수 있다. 이 광원이 방사하는 빛의 색조를 물리적, 객관적인 척도로 나타낸 것이 색온도로서, 이것은 조명 부위의 분위기를 결정하는 중요한 요소이다. 색온도는 K(Kelvin)로 표시되는데, 일반적으로 색온도가 높아짐에 따라 낮의 태양광처럼 백색을 띠는 빛이 되며, 높아지면 청색에 가까운 시원한 빛이 된다. → 색과 색채 참조

샹들리에 chandelier

기네스북에 오른 세계 최대의 샹들리에.
폭: 6.6m, 길이: 12m, 무게: 10.5ton, 램프수: 700EA, 전기 용량: 54KW, 국제조명(주), 한국, 1988

대체로 천장 면에 매달며 구조의 측면보다 장식적인 측면에서 채택되는 경우가 많다.

섬광 sparkle

쾌적한 광휘를 발하는 매력적이고 화려한 불빛으로 로비나 레스토랑의 샹들리에, 극장 입구의 캐노피 조명, 소형의 백열 램프로 장식된 유리 엘리베이터 등에서 볼 수 있다.

소핏 조명 soffit lighting

보통 부엌의 작업대 위에 설치하여 높은 조도의 빛을 아래 방향으로 조사하는데 이상적이다. 또한 욕실이나 탈의실에서 사용자의 얼굴을 조사시키기 위해 사용되며 큰 거울과 세면대 위에 설치한다. 길이는 거울의 크기에 의해 결정되고 확산판을 장식적으로 설치함으로써 화려함을 더할 수 있다.

수은 램프 mercury-vapor lamp

관내에 봉입한 고압의 수은 증기의 방전에 의해 발생되는 빛을 이용한 광원으로 그 수명은 12,000시간 정도이다. 수은 증기의 압력이 낮은 경우에는 자외선이 발생하지만, 고압의 상태에서는 가시 광선이 발생하여 효율이 높은 빛을 내는 원리를 이용한 것이다. 도로 조명, 공장 조명 등 대규모 조명에는 높은 와트의 수은 램프를 많이 사용해 왔으나, 생에너지 광원으로 경제성이 요구되는 곳에서는 멀티 할로겐 램프로 바뀌고 있다. 낮은 와트의 수은 램프는 정원등이나 가로등으로 널리 보급되고 있다. 주요 용도: 가로등, 방범등, 도로 조명, 높은 천장의 공장 조명, 실내외의 스포츠 센터 조명.

수중 水中 조명기구 underwater luminaire

수영장이나 연못 등 물의 깊이가 얕은 곳에 수몰시키는 조명기구로 12볼트 할로겐 램프용(다이크로익 밀러 부착용을 포함)이 보급되어 있으며, 물을 빼지 않아도 램프 교환이 가능한 것도 늘고 있다.

스포트라이트 spot light

특수한 면이나 장소, 특정 부분을 강조하고자 할 때 사용되며 이에 광선이 사람의 눈에 직접 비치지 않도록 각도를 고려해야 한다.

아크릴 acryl
안정기 安定器 ballast
앰비언트 조명 ambient lighting
업라이트 uplight
연색성 演色性 color rendition

월 워셔 wall washer
유도 誘導 램프 leading light

▶ 아크릴 acryl

내후성, 내충격성에 뛰어난 플라스틱으로서 조명기구의 투과 재료로 방등에 주로 쓰인다.

사진 제공: 국제조명(주)

아크릴

▶ 안정기 安定器 ballast

주로 방전 등의 램프 시동과 점등 후의 전류 증가를 제어하는 장치를 말한다.

▶ 앰비언트 조명 ambient lighting

실내 환경조명, 또는 전반조명의 총칭으로서 좁은 의미로는 천장이나 벽면 등의 주위를 균일하게 하는 조명을 말한다.

▶ 업라이트 uplight

조명 기구를 벽이나 기둥에 설치하여 천장에 비추어 시각적으로 편안한 간접광을 유도하는 조명 방법으로 다운라이트에 의존해 오던 기존의 조명 방식에서 탈피하여 1980년대 이후 사용하기 시작했다. 할로겐 램프, 백열 램프 외에 비교적 전력 소모가 적은 수은 램프를 광원으로 사용하고 있다.

사진 제공: 국제조명 (주)

사발 모양의 업라이트

▶ 연색성 演色性 color rendition

차를 운전하며 터널에 들어갈 때 옆사람의 얼굴색이 바뀌는 것을 볼 수 있다. 또 양복을 사서 점포 밖에서 보면 색깔이 조금 다른 것을 알 수 있는 것처럼 물건의 색이 조명에 의해

달라 보이는 성질을 연색성이라 한다. 연색성을 평가하는 단위를 연색 지수라 하는데 이것은 물건의 색이 자연광 아래서 본 경우와 어느 정도 유사한가를 수량적으로 나타낸 것이다. 그 방법은 정해진 여덟 종류의 시험색을 측정하려고 하는 경우와 기준 광원 아래서 본 경우의 차이로 측정한다. 이 여덟 종류 색의 차이의 평균을 계산하고 평균 연색 지수를 합한다. 이 경우 평가하려는 광원과 같은 색온도의 기준광으로 비교한다(다른 색온도의 광원에서 연색성을 비교하는 방법은 정해지지 않았다). 측정한 광원이 기준 광원과 같으면 Ra100으로 나타내고, 색차이가 크게 나면 Ra값이 작아진다(요컨대 100에 가까울수록 연색성이 좋다. 이밖에 고채도의 색채와 나뭇잎, 피부 등 특정한 것에 대한 연색성을 보기 위해 따로 일곱 종류의 색표가 정해졌다. 이것을 특정 연색 지수(Ra9-Ra15)라 하는데 일곱 색의 특별히 선명한 색깔의 시험표에 따른 연색 평가이다.

▶ 월 워셔 wall washer

수직면을 시각적으로 똑같이 비추는 것으로 공간 안에 방향성을 유도하고 많은 양의 부드러운 반사광이 공간 내부로 투사되어 전반 조명을 보충하는 역할을 한다.

월 워셔로서 사용된 직접적인 다운라이트는 강한 빛의 홍수를 이룸으로써 극적이고 흥미로운 인테리어를 만들어 내기도 한다.

▶ 유도 誘導 램프 leading light

보행이나 피난 방향으로 유도를 표시하기 위해 상시 점등하고 있는 표식등으로, 소방법(消防法)에 따라 위치가 의무화된다.

▶ 유지율, 보상률 MF Maintenance Factor

주어진 면적에 떨어지는 초기 광량에 대해 시간이 지난 후의 광량의 비율. MF는 LDD(먼지에 의한 기구 광량 감소)에 LLD(시간 경과에 의한 기구 광량 감소)를 곱한 값이다.

▶ 작업 조명 task lighting

관측자가 시각 정보를 얻기 위해 시작업 면에 주는 조명으로 생활 행위에 맞춰 사용하기 편리하도록 배치하고 빛을 유효하게 활용하는 조명 방법이다. 예를 들면 독서나 조리, 수예, 봉제, 세면 등 비교적 조명과 가까운 곳에서 기능적인 행위를 할 때 이용된다.

▶ 저압 나트륨 램프 low pressure sodium lamp

증기압이 낮은 나트륨 발광을 이용한 방전 램프이다. 현존하는 실용 광원 가운데 가장 램프 효율이 높고, 거의 오렌지빛이기 때문에 물체가 날카롭게 보이고 배기 가스 등의 매연 중에서도 투시성이 우수하다. 동일 휘도에서는 다른 램프보다 눈부심이 적고 냉한지에서도 안정된 작동을 하는 등의 장점이 있다. 단지 백색 광원이 아니기 때문에 연색성이 떨어진다. 주요 용도는 자동차나 터널 등의 조명, 안개나 매연 등에 의해 투시에 지장을 받는 도로의 유도를 위한 조명, 냉동 창고 등의 저온 창고의 조명으로 사용된다.

▶ 점광원 point source

조명되어야 할 표면과 광원 사이의 거리가 1/5보다 작은 크기의 광원.

▶ 조광기 dimmer

램프의 밝기를 높이거나 낮추는 데 사용하는 일정한 범위의 조절 장치. 백열 램프용의 저항식(전압 조절식)과 반도체를 사용한 백열 램프, 형광 램프용의 SCR(전류 위상 제어)이 있다.

▶ 조도 照度 illuminance

비춰진 면에 들어온 빛의 양으로 단위 면에 입사하는 광속량. 기호는 E, 단위는 럭스(lx)이다. 1lx란 1㎡의 면적 위에 1루멘의 광속이 평균적으로 투사되고 있을 때의 크기를 말한다. $E=\phi/A$(E: 조도, ϕ: 광속, A: 면적)

▶ 조명 기구 luminaire

램프와 램프를 보호하고 고정시키는 부분이다. 빛에 방향을 주는 부분과 전원 연결 장치까지의 기구 일체로 완전한 조명 단위를 말하며 fixture라고도 한다.

▶ 조명률 CU Coefficient of Utilization

한 기구의 광원들로부터 방출되는 광속량과 작업면 위에 도달하는 광속량의 비율을 말한다. CU값은 실표면의 반사율, 실내 크기의 형태, 기구의 위치, 기구의 형태 등에 의해 영향을 받는다.

▶ 조명 방식

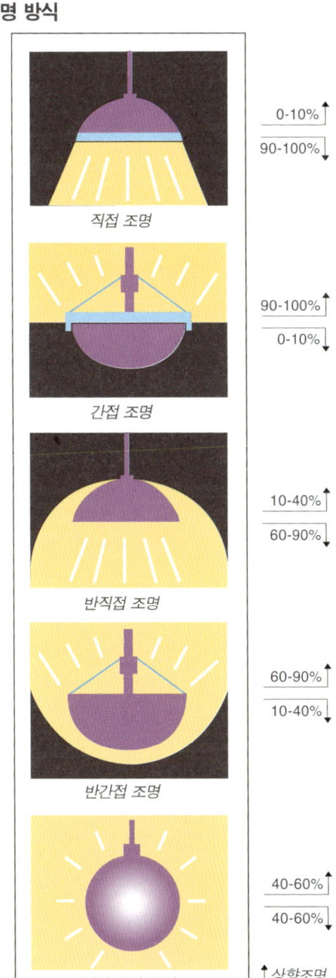

조명 기구의 형태, 배치, 배광 등에 따라 조명 방식은 각각 분류할 수 있는데, 그 중에서 조명 효과상 근원적인 분류 방법이라 할 수 있는 배광에 의한 조명 방식은 다음의 다섯 종류가 있다. ①직접 조명: 빛을 직접 대상물에 비추는 조명으로 빛의 효과가 높고 사물을 뚜렷하게 돋보이게 하지만 그만큼 진한 그림자가 생긴다. ②간접 조명: 빛을 벽이나 천장에 비추어 반사시킨 뒤 방을 비추는 방식으로 광원이 직접 눈에 들어오지 않기 때문에 눈부심이 없는 부드러운 빛을 얻을 수가 있다. ③반직접 조명: 직접 조명과 같이 직접 비추는 빛과 쉐이드 밖으로 나오는 빛을 이용한 조명으로 이때 쉐이드는 빛이 부드럽게 투과될 수 있는 반투명의 소재가 사용된다. ④반간접 조명: 벽이나 천장으로 반사시킨 빛과 쉐이드 밖으로 나온 빛을 조합시키는 방식으로 빛의 효율은 상당히 떨어지지만 효과적인 액센트를 만들어 낼 수 있다. ⑤전반 확산 조명: 반투명의 커버 밖으로 나온 빛을 앞방향으로 비추는 방식으로 눈부심이 적고 진한 그림자도 생기지 않아 따뜻한 느낌이 나는 공간을 연출할 수 있다.

▶ 천광 sky light

자연 주광의 이점에 대한 인식이 높아짐에 따라 상가 건물 안에서의 자연 주광의 사용과 통제가 더 빈번해졌다.

대기로부터 방향이 재조절되어 투사되는 태양으로부터의 빛.

▶ 천장등 ceiling light

건축물의 공간을 구성하는 바닥, 벽, 천장등 세 요소 가운데 천장에 부착하는 조명 기구를 의미하며 매입 방식에 비해서 눈부심 현상은 있으나 조명 효율이 좋다.

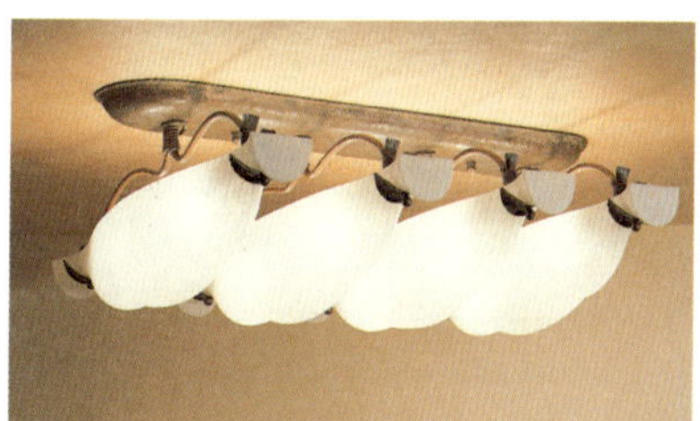

천장등

▶ 천장 조명 illuminated ceiling

매달리거나 벽에 부착된 조명 기구 혹은 실내의 가구에 설치된 광원에 의해 직접 조명되는 천장.

▶ 천창 skylight

일광 조명을 수용하고 채광이나 환기를 위해 투과성 또는 반투과성의 지붕에 낸 창.

▶ 캐노피 조명 canopy lighting

욕실, 탈의실 등 공간의 전반 조명으로 사용되며, 사용자의 얼굴에 적당한 조도를 분배하는데 이상적으로 사용된다.

▶ 컴팩트 형광 램프
compact fluorescent lamps

컴팩트 사이즈의 전용 램프와 안정기 점등판 등을 일체화시켜 전구와 같이 꼭지쇠를 붙인 형광 램프로 형광 램프가 갖는 높은 효율, 긴 수명과 백열 램프의 꼭지쇠 구조의 장점을 겸한 것이기 때문에 백열 램프에 비해 전기료가 절감되고, 발열량이 뛰어나며, 수명은 약 3-8배인 고성능 램프이다. 이미 설치된 전구식 조명 기구의 램프와 바꿔 사용할 수 있어 경제성이 요구되는 백열 램프 대체용 램프로서 용도가 다양해지고 있다. 주요 용도는 상점, 호텔 등의 장식 조명이나 다운라이트용 광원, 주택 등의 복도, 계단 같은 점등 시간이

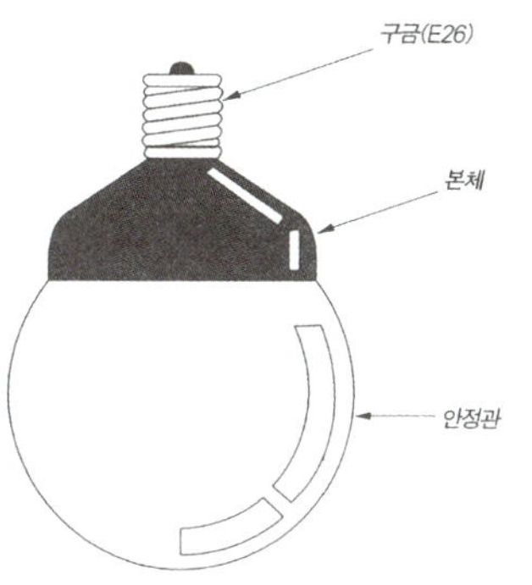

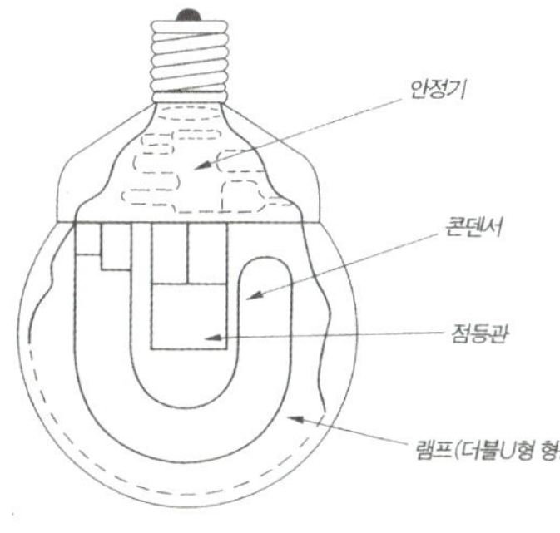

형광 램프를 구부려서 전구 형태로 만든 형광 램프. 기존에 설치되어 있는 백열 램프와 간단하게 바꿔끼울 수 있는 램프로 비교적 효율이 높고 수명이 길다.

긴 장소의 조명으로 사용된다.

▶ 코니스 조명 cornice lighting

벽에 평행한 패널 뒷부분의 천장에 부착된 광원에서 발생되는 조명으로, 모든 빛이 아래로 직사되므로 벽지, 커튼, 벽화 등에 흥미를 주며 낮은 천장의 공간에 이상적이고, 시각 대상물과 그 주변의 명암 차이가 거의 없기 때문에 시선의 이동에 의해 생기는 눈의 피로를 방지할 수 있다.

▶ 코브 조명 cove lighting

몰딩이나 선반, 혹은 수평면이 우묵하게 들어간 곳의 숨겨진 광원으로부터 나오는 조명으로 빛은 벽의 상부와 천장면에 분포된다. 특히 간접 조명 기구를 사용하지 않고 천장 또는 벽의 구조만으로 만든 조명이다.

▶ 코퍼 조명 copper lighting

사각뿔 모양이나 반원형 등으로 디자인된 천장의 움푹 들어간 곳에 광원을 내장한 건축화

조명을 말한다.

▶ 크세논 램프 xenon lamp

태양 광선과 비슷한 스펙트럼을 갖는다. 낮은 와트 타입은 색의 외양을 중시하는 곳에 쓰이며, 크세논, 쇼트 아크(short arc) 등 주로 1kw에서 4kw의 높은 와트타입은 서치라이트(search light)로 밤하늘을 연출하는 일이 많다. 서치라이트 기구는 회전시키거나 컬러나 빛을 수십 개의 빔으로 분할시키는 일도 가능하다.

▶ 테이블 스탠드 table stand

테이블이나 책상 위에 놓고 작업 보조용이나 장식용으로 활용하는 조명기구.

테이블 스탠드

▶ 토치어 torchire

바닥에 설치된 간접 조명 기구로, 대부분의 빛이 윗쪽을 향하고 있다.

▶ 트로퍼 troffer

일반적으로 긴 형태로 매립하는 조명 기구로 하우징(housing)을 천장 속에 매립하는 형태를 띤다.

▶ 펜던트 pendant

조명 기구를 천장에 매달아 조명하는 방식으로 전선이나 와이어 또는 체인으로 천장에 매달게 되며, 반간접 또는 전반 확산 조명의 효과를 얻을 수 있다.

펜던트

▶ 포커싱 focusing

목적하는 조명 효과를 얻을 수 있도록 조명 기구의 부착 높이나 조사(照射)방향, 빛의 넓이 등을 최종 조정하는 것을 말한다.

▶ 풋 라이트 foot light

부분적으로 강조할 때 아래에서 집중적으로 빛을 비추는 조명 방식으로, 강조되는 진열면의 전체를 같은 밝기로 사용할 때 좋다.

▶ 플로어 스탠드 floor stand

실내 바닥에 놓는 조명 기구로 거실에서 독서를 하거나 가족끼리 단란한 분위기를 연출하는 데 사용된다.

▶ 할로겐 램프 tungsten-halogen lamp

관 안에 할로겐 원소를 봉입해 할로겐 사이클이 활동과 점등 중에 광속이 저하되는 것과 색온도가 변하는 것을 억제한 램프이다. 일반 램프에 비해 콤팩트 사이즈로 고효율, 고색온도, 긴 수명의 설계가 가능하고, 사용 중 밝기나 색온도의 변화가 거의 없다. 질이 높은 조명용 광원으로서 용도가 다양하다. 주요 용도는 상점의 스포트라이트와 고도의 조명 효과가 필요한 장소의 조명, 비디오용 라이트나 극장 등의 무대 조명, 실내의 높은 천장 조명이나 스포츠 센터, 건물의 투광 조명, 자동차

형광 램프는 직관형과 환형(위)에서 소형(아래)에 이르기까지 현재 사용되고 있는 모양과 형태가 다양하다.

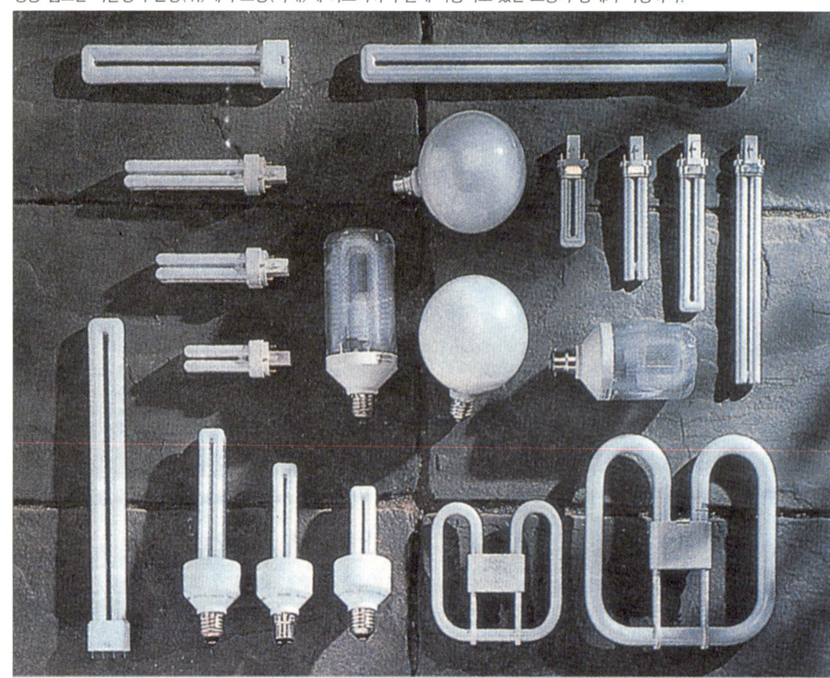

의 전조등, 비행장의 진입 활주로, 복사기 등 OA관련 기기용 광원으로 사용된다.

다양한 저전압 텅스텐 할로겐 램프

▶ 현휘 dazzle

시각을 감소시키거나 압도할 만큼 강렬한 빛이나 대비가 강한 동일한 모양의 문양과 배경 형태.

▶ 형광 램프 fluorescent lamp

램프 효율이 높고, 수명이 길며 발광 면적이 넓고 가감이 적어 전체를 한 모양으로 조명하는 데 적당하다. 연색성이 우수하고 광색이 풍부해서 넓은 곳에 대량으로 사용하기에 경제적인 램프이다. 램프의 형태를 전구에 접근시킨 소형 형광 램프가 나왔으며, 경제성이 크게 요구되는 백열 램프를 대신해 에너지 절약 광원으로 용도가 다양하다. 주요 용도는 일반 사무소, 공장, 주택 등의 조명, 대상물의 조명과 밝기가 중시되는 쾌적함이 필요한 곳에 쓰이며, 연색성을 중시한 인쇄, 연색 등의 색채 관련 작업장이나 색을 충분히 관찰할 필요가 있는 색검사, 복식의 피팅실, 병원의 진찰실에 사용된다.

▶ 화이트 도그 효과 white-dog effect

조명의 감소로 인하여 흰색과 회색 사이에서 발생되는 명시 대비의 증가 현상으로, 이 램프의 정격 수명은 약 2,000시간이다.

▶ 환경 조명 environmental lighting

전체적인 환경을 보다 풍요롭고 아름답게 연출하기 위하여 야간의 도시 경관에 조명 개념을 도입한 것으로 1920년대부터 시작되었다. 파리에서 최초로 행해졌으며 궁전, 교회, 시청의 역사적인 건축물이나 분수, 기념물, 랜드마크, 큰 길, 프라자, 공원 등에서 약 100여 곳이 조명되어 야간의 도시 경관을 훌륭하게 연출하고 있다.

▶ PAR 램프
Parabolic Aluminized Reflector lamp

빛의 조절이 정확한 타원형의 알루미늄 반사경을 가진 램프로, 필라멘트와 빔각도를 조절하는 렌즈의 위치가 정확하고 내부에 반사면을 가진 백열 밀폐광.

환경 조명, 울산 현대백화점

환경 조명 environmental lighting 사진 제공 : 국제조명(주)

KBS(한국방송공사)

인천국제공항 시뮬레이션

에버랜드

오크밸리

에버랜드

제주 풍림 후렌드리 콘도

KBS (한국방송공사)

조명 디자인의 특성

150억 년 전 태양은 지구상의 만물을 생성하는 에너지를 공급하였다. 인류는 태양이 자취를 감춘 밤에는 불빛으로 햇빛을 대신하는 지혜를 발휘하였다. 1879년 토머스 에디슨이 발명한 백열전구를 사용한 지도 백 년이 넘는 이즈음 형광등, 할로겐, 레이저 광선체의 개발에 따라 다양한 양상의 조명이 공존하게 되었다. 광원에 따라 분위기와 효과가 달라져 장소와 기능에 따라 장소 조명이 선택됨은 당연한 일이나, 환경적 특성에 맞는 조명 연출을 꾀한다는 것은 그리 쉬운 일은 아니다. 물리적 계측에 의한 조도 측정은 용이하나, 기본 조명에서 국부 조명에 이르는 균형 감각과 감성 공학적인 배려를 꾀한다는 것은 하나의 공간 연출에 속하는 창조 행위가 되기 때문이다. 일반적으로 조명 디자인은 건축적 연관성과 보편성에 의한 조도 유지라는 일차적 목적에 부응하기 위해 단순하고 명쾌하다. 그러나 펜던트, 월 브래킷, 플로어 램프, 테이블 램프 등 신변과 가까워지면서 그 양상은 다채롭고 개성적인 것이 된다. 그것은 사용자의 취향도 있겠으나 전체 공간적 환경디자인의 컨셉에 의해 꾸며지므로 선택의 여지가 많아지기 때문이다. 혁신적인 디자인 개발은 물론 광원체의 새로운 발명이나 신소재가 개발되지 않으면 인정받기 어렵다. 그러나 디자인은 과학 그 자체가 아니라 예술과 과학과 공간(환경)이 균형있게 통합된 개념이기 때문에 현존하는 소재로도 얼마든지 참신하고 우수한 작품이 구상될 수 있다.

산업 디자인의 의미가 50-60년대에는 소비자의 요구에 부응하는 외관의 시대였으며, 70년대에는 합리적이고 위험 부담이 적은 것이 요구되고, 80년대는 하이테크를 전제로 한 상호 작용의 시대로, 90년대는 사회성이 강한 현상 디자인 시대, 2천년대 초에는 더욱 복잡한 다원론 시대가 될 것으로 예견한다. 또한 동기면에서 70년대는 마케팅, 80년대는 테크놀러지, 90년대는 사회성, 21세기에는 문화가 될 것이라고 예견한다. 이러한 관점에서 볼 때 조명 디자인이야말로 다양한 양식과 다품종 소량 생산, 독자적이고 창의성이 농후한 것을 요구하게 되는 21세기 산업 디자인의 총아가 될 것은 물론이고, 환경 디자인적 측면에서도 무한한 가능성을 지닌 분야이다.

민철홍 (서울대 교수)

▶ 기능지

최근 재료 과학의 진보와 함께 새로운 소재가 개발됨에 따라 종이도 특별한 기능을 지닌 것이 많이 나오고 있다. ①합성지: 목재 섬유 펄프가 아닌 석유 화학에 의한 합성수지로 만든 제 2의 종이이다. 물에 강하고 잘 찢어지지 않고 인쇄도 정밀하게 되며 보통 종이에서 볼 수 없는 장점도 갖고 있다. 옥외포스터, 식품의 라벨, 야외용 지도, 교육용 챠트 등에 쓰인다. ②수용지: 보통 종이처럼 쓰다가 불필요할 때 물에 넣으면 슬며시 녹아 없어지는 종이. ③흡취지: 악취를 흡수해 없애는 종이. ④방청지: 철판 등 강철 제품에 녹스는 것을 방지하는 것으로, 종이에 기화성 방청제를 넣어 만들어 철판 사이 또는 강철 제품 포장에 이용하면 녹스는 것이 방지된다. ⑤도공지: 종이에 점토를 섞어 만든 종이로 물에 적셔 성형을 하여 요(가마)에 넣고 소성(燒成)하면 도자기의 성형물이 된다. ⑥향수지: 좋아하는 향료를 합성 수지에 넣어 필름으로 만들고 그 위 양면에 얇은 종이로 합지하면 향수지가 되는데, 종이의 기공으로 향내가 조금씩 새어 나와 냄새가 오래 간다. ⑦무진지: 모든 종이는 찢거나 구기거나 비빌 때 보이지 않는 먼지가 생긴다. 종이에 생고무, 라텍스 또는 수지 등을 함침(含浸)시켜 먼지가 나지 않게 만든 종이를 무진지(clean paper)라 한다. 이는 반도체 등 첨단 정밀 산업체 공장에서 사용한다. ⑧의혁지: 가죽 같은 종이로 물에 젖어도 찢어지지 않는다. 이외에 방충지, 불연지, 전기 절연지, 전기도전지, 원적외선 용지 등이 있다.

▶ 도공지 塗工紙 coated paper

원고에 충실한 인쇄 재현을 위해 종이 표면에 노출된 펄프 섬유를 점토와 접착제 등을 혼합한 도료로 종이 위에 입혀 그 표면을 균일하고 평활성이 뛰어나게 함으로써 인쇄의 재현성을 높일 수 있게 한 것이다. 도공량에 따라 아트지, 코트지, 경량 코트지, 미량 코트지 등으로 구분한다. 아트지는 1㎡ 당 편면 20g/㎡ 이상 도공한 것으로 가장 질이 좋다. 고도의 인쇄 효과를 요하는 캘린더, 팜플렛, 카탈로그 등의 상업 인쇄물에 많이 이용되고, 그 종류도 표면의 광도를 없앤 것은 매트 아트지(mat art paper), 광도가 있는 것을 글로스 아트지(gloss art paper), 거울과 같은 광택이 있는 것을 경면 광택지(cast coated paper, 일명 CCP)로 구분한다. 경량 코트지와 미량 코트지는 잡지 본문, 광고지 등에 주로 쓰이고 한 면만 도공하면 편면 도공지, 양면 모두 도공하면 양면 도공지로 분류한다.

▶ 백색도

종이의 하얀 정도는 가시 광선을 100% 반사하는 물질인 산화 마그네슘의 흰 정도를 100으로 할때, 이에 대한 어두움의 비율로 표시한다. 보통 인쇄 용지에서 백색도가 높은 종이를 높이 평가하나, 눈이 부실 정도의 종이는 도서나 필기할 때 눈에 피로가 쉽게 와서 최근에는 백색도를 줄인 자연색(natural color)을 많이 쓴다. 백상지나 백상지에 도공한 아트지 등의 백색도는 약 80%이고 중질지 또는 중질지에 도공한 미량 도공지나 신문 용지 등은 백색도가 더 떨어진다.

▶ 비도공지 非塗工紙 uncoated paper

초지기에서 생산된 보통 종이로 표면에 코팅되지 않은 상태로 백상지, 중질지, 서적용지, 신문 용지 등이 해당된다. 백상지는 표백 화학 펄프만으로 만들어 백색도와 불투명도가 매우 높고 표면 강도도 좋아 인쇄 용지로 가장 많이 쓰이며 서적, 교과서 등은 물론 포스터, 팜플렛 등의 상업인쇄에도 널리 이용된다. 표면의 광택에 따라 유광 백상지, 무광 백상지로도 구분한다. 중질지는 백색도는 떨어지나 불투명도가 높고 경제적이므로 잡지나 서적의 본문 용지로 많이 사용된다.

▶ 에콜로지 페이퍼, 비 목재 펄프 종이 ecology paper, non wood free paper

비목재 펄프 종이란 일반적인 목재 펄프 이외의 자원으로 만든 종이를 말하며, 각종 식물들이 그 원료가 된다. 목재 펄프 섬유에 비해 강도나 표면 감촉, 인쇄 적성 등 독특한 개성이 있어 보통 목재 펄프와는 또 다른 맛의 지질로 평가되어 주목받고 있다. 다만 현재로서는 그 원료가 제한 상태라 크게 활용되지는 않는다. 세계 각국에서 많이 개발되고 있는데, 대표적인 것으로는 ①게나프: 1년생 초목으로 반 년만에 밑둥이 직경 3-5cm, 높이는 3-4m까지 성장하는 식물로서 비 목재펄프의 원료로 가장 주목받는다. ②바가스: 사탕수수에서 설탕물을 짜낸 찌꺼기를 이용하는 것으로 농업 폐기물을 유효하게 이용했다는 데 주목된다. ③대나무: 섬유는 비교적 짧지만 대단히 아름답고 섬세한 종이가 된다. ④솜: 중성으로 반 영구적 수명을 지닌 이상적인 종이가 된다. ⑤알게: 바다 속의 해조류(海藻類)로서 그 자체가 거의 셀룰로스 섬유라 그 종이는 상업미술 인쇄, 각종 출판물에 쓰인다. ⑥마, 아마, 볏짚, 갈대, 보리 짚, 옥수수. ⑦한지의 원료인 닥(楮), 삼아, 암피. ⑧씨리얼 섬유, 땅콩의 속껍질, 엽차나 홍차의 찌꺼기, 옥수수 찌꺼기, 비지, 밀기울, 맥주 찌꺼기 등이 있다.

▶ 재생지 recycle paper

고지(古紙)는 종이나 판지의 주원료가 되기도 하지만 지구를 푸르게 가꾸고 산림 자원을 절약해 지구 환경 보존에 기여하기 위해서도 고지의 회수와 재생은 매우 중요하다. 수집 회수된 신문, 잡지, 골판지, 각종 사무용지,

에콜로지 페이퍼의 원료

헌책 등은 모두 재생지의 자원으로 쓰인다. 고지는 용해하여 인쇄 잉크를 빼내고 탈묵 펄프로 만들어 다시 여러 가지 종이로 재생되나, 공정 중에 펄프 섬유가 짧아지고 약해지므로 3-4회의 재활용이 한계라고 한다. 최근에는 탈묵 기술의 발달로 재생지라 해도 일반 소비자는 구별할 수 없을 정도로 손색없이 생산되어 고급지류에까지 고지가 널리 활용되고 있다. 우리나라의 고지 회수량은 1997년에 396만여 톤으로 회수율이 54.7%에 달하고 수입고지 144만여 톤을 합하면 고지 이용 비율은 68.1%에 달한다. 종이를 사용하는 수요자나 생산자가 새롭게 인식해야 할 것은 고지 1톤은 30년생 나무 20그루에 상당한다는 사실이다.

▶ 종이 paper

식물의 섬유질을 필수 원료로 이것을 물에 풀어 막상(膜狀)으로 얇게 떠 건조시킨 것을 종이라 하는데, 식물 섬유를 물에 분산시켜 물을 매개로 떠올리는 뜬다(鹿)는 점이 종이의 특징으로 종이 이외의 것은 이 특징으로 구별한다. 즉 고대 이집트의 파피루스나 최근의 합성 섬유지, 합성지 등은 정확히 종이라고는 할 수 없고 유사 종이라고 해야 할 것이다. 예

전과 지금 종이의 차이점은 손으로 뜬 것(手鹿紙)과 기계로 뜬 것(機械抄紙)이 다를 뿐 그 원리는 같다.

▶ 종이와 판지

종이는 한 겹으로 만들어지며 판지는 두 겹 이상으로 만들어지는데 이 모두가 넓은 의미의 종이에 속한다.

▶ 종이의 결, 접힘 그리고 신축

종이는 초지기(抄紙機)로 뜰 때 섬유질이 일정한 방향으로 연이어져 만들어지므로 결이 생긴다. 이것은 종이를 가로나 세로로 찢거나 말아 보면 알 수 있다. 긴 네모꼴의 종이를 놓고 볼 때, 그 결이 긴 변에 병행하게 나 있으면 세로결(종목 long grain), 짧은 변에 병행하면 가로결(횡목 short grain)이다. 이 결은 책을 만들거나 팜플렛 등을 만들 때 매우 중요하다. 종이를 결대로 접었을 때(순목으로 접기) 마무리가 좋고, 반대로 접었을 때(역목으로 접기)는 잘 접히지 않거나 접힌 곳이 매끄럽지 못하고 접힌 후에도 종이가 들뜨는 경우가 있다. 종이는 마른 상태라 하더라도 섬유와 섬유 사이에 수분을 품고 있으므로 수축된다. 그러므로 종이는 살아 있다고도 표현하는데 이때 수축 정도는 세로결 쪽이 적고 가로결 쪽으로 더 심하게 나타난다.

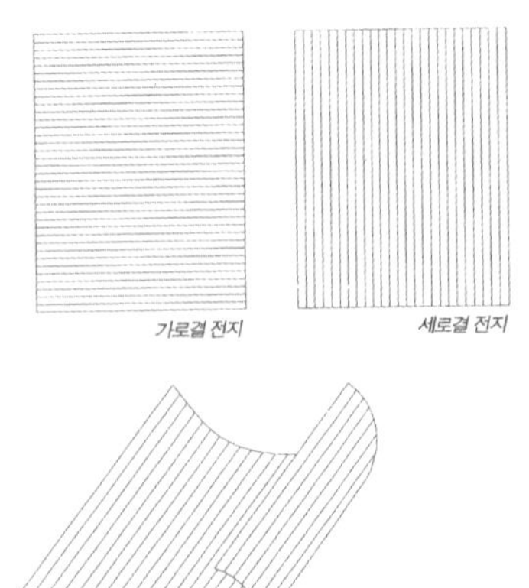

▶ 종이의 광택

광택 있는 종이나 없는 종이, 어떤 쪽이 좋을까? 인쇄 디자인의 내용, 용도에 따라 선택해야 하지만 일반적으로 화려함이나 고감도의 인상이 강한 광택이 있는 종이를 선호하는 경우가 많다. 광택이 있는 것은 빛의 반사가 강한 것이며, 종이 표면의 요철을 줄여줌으로써 평활도가 높아져 광택도도 높아지는 것이다. 백상지의 경우는 초지기의 건조부 다음 공정에 붙어 있는 캘린더롤의 광택롤에 통과시켜 광택 가공을 하는데, 이것을 기계 광택기라고 한다. 도공지는 슈퍼 캘린더라고 하는 기계에 걸어 표면을 더 평활하게 하고 도공을 하는데 도공량이 많을수록 광택도는 더 높아진다. 그러나 최근에는 평활도를 높여 인쇄 효과는 증진시키되 광택도는 줄여 은은한 멋을 내는 것이 유행하고 있다. 광택도가 가장 높은 것은 캐스트 코트지, 아트지, 코트지, 경량 코트지, 유광 백상지 순이다.

▶ 종이의 두께와 무게

종이의 두께는 미크론으로 표시되야 하나 그 질감에 따라 두께가 다르므로 종이 한 장의 1 m² 당 무게를 기본 단위로 하여 평량(坪量)이라 칭하고 그램(g/m²)으로 나타내며 이 평량으로 종이의 두께를 가늠한다. 종이의 실 거래는 우리나라의 경우 종이 500매를 한 연으로 하여 다루어지는데 이때 한 연의 무게를 연량(連量)이라고 한다.

▶ 종이의 발명

서기 105년 중국의 후한(後漢)시대에 궁궐 내 상방령(尚方令)직(궁중 물품을 조달하는 장관)에 있던 환관인 채륜(蔡倫)이 나무 껍질, 천조각, 폐어망 등을 이용하여 종이를 만들어 당시의 황제에게 바쳤다는 사실이 후한서(後漢書)에 기록되어 있어 채륜이 종이의 발명자로 전해내려오는 것이 통설이지만, 지난 1950-60년경 중국 서역에서 전한(前漢)의 문제(文帝), 경제(景帝), 무제(武帝)시대(B.C 176-141)에 대마(大麻)로 만들어진 종이들이 발굴되면서 종이는 채륜 이전에 이미 발명된 것으로 추정하고 있다. 그러나 채륜의 제지법 개발에 대한 공헌은 크게 평가되는 것이며 그 방법이 편리하여 세계 각국으로 널리 전해지게 된 것이다. 우리나라에는 서기 200년부터 400년 사이에 제지 기술이 도입된 것으로 추정되며, 일본 서기(書記)에 의하면 610년에 고구려의 담징(曇徵)이 일본에 그 기술을 전했다고 한다.

▶ 종이의 부피와 허리

종이를 여러 장 겹쳤을 때 그 두께에 대한 느낌은 같은 매수, 같은 무게의 종이라도 서로 다르다. 어떤 것은 두껍게, 어떤 것은 얇게 느껴진다. 이를 종이 부피의 다름이라고 한다. 또한 종이 한 장을 구부리면 다시 원 상태로 되돌아가려는 성질(저항력)을 종이의 허리(강직성, 강도)라 한다. 허리가 강한 종이는 옵셋 인쇄기에서 급지, 배지가 쉬워 인쇄 속도가 빨라 능률이 있으나 종이의 부드러운 성질이 떨어지므로 서적이나 잡지의 본문에는 오히려 허리가 약한 종이가 더 많이 쓰인다.

▶ 종이의 생산량과 소비량

우리나라의 1997년 종이 총생산량은 836만여 톤이며 1인당 연간 종이 소비량은 150kg이다. 세계 주요국의 1996년 종이 생산량은 미국 8,184만톤, 일본 3,001만톤, 중국 2,600만톤, 캐나다 1,842만톤, 독일 1,473만톤, 핀란드 1,044만톤, 스웨덴 902만톤, 프랑스 853만톤 순이다.

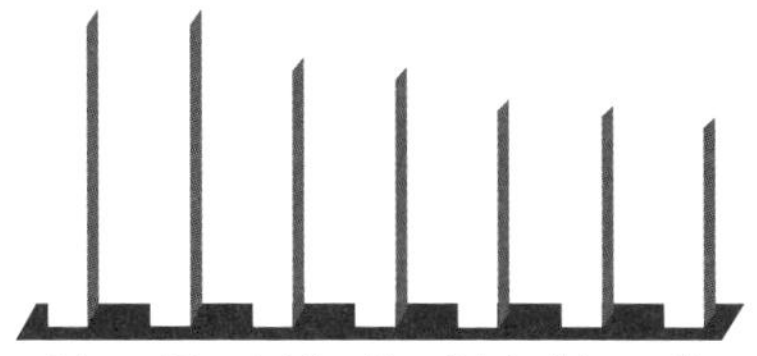

각 나라의 종이 소비량 (연간 1인당 기준)

▶ 종이의 쓰임과 종류

①인쇄 용지: 백상지, 서적 용지, 신문 용지, 아트지, 색 엠보스지, ②필기 용지: 노트용지, 편지지, ③서화 용지: 수채화 용지, 화선지, 서도 용지, ④정보 용지: 복사 원지, 프린터 용지, 노카본 원지, 감열 원지, 복사지, ⑤위생 용지: 미용 용지, 화장지, 타올지, ⑥포장 용지: 크라프트지(봉투 용지), 포대 용지, ⑦잡종지: 각종 공업용 원지.

▶ 종이의 인쇄 적성 printability

종이의 선택에서 인쇄 적성은 매우 중요하다. 인쇄 적성은 흡수성과 평활도 두 가지에 의해 결정된다. 좋은 인쇄 적성은 다름 아닌 컬러와 망점 인쇄에서 망점 하나 하나가 종이 위에 어떻게 전이되어 재현되느냐에 달려 있기 때문이다. ①흡수성: 코팅이 안된 종이는 잉크를 빨아 먹는다. 그러므로 망점이 선명하게 인쇄되지 않고 경계가 부스러진다. 반면 코팅지는 망점 재현에서 선명하게 되어 고품질의 인쇄에 사용하기는 하나, 특정 인쇄 목적에 따라 흡수성을 이용하기도 한다. ②평활도: 만일 종이 표면이 매끈하다면 인쇄에서 잉크 전이는 아주 정확하고 깨끗하게 될 것이다. 이 결과 컬러 재현에 강점을 가지며, 디테일과 콘트라스트는 섬세해진다. 그러나 종이 표면이 거칠다면 인쇄 정밀도는 떨어지고, 인쇄 이미지는 힘이 없고 디테일 재현은 힘들다.

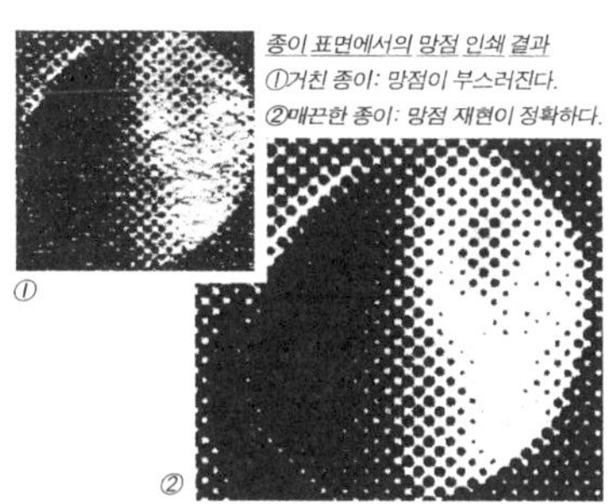

▶ 종이의 치수와 황금 비율

우리나라에서 일반적으로 사용하고 있는 종이의 규격 치수는 다음 페이지의 표와 같다. 종이는 모두 긴 네모꼴로 되어 있다. A열은 그 기준이 되는 A^0판의 면적이 1m² (B열은 B^0판이 1.504m²)로 짧은 변과 긴 변의 비율이 1:1.414로 되어 있다. 이것을 반절씩 계속 재단해도 비율은 변치 않는다. 이 양변의 변

국전지, 46전지의 절수

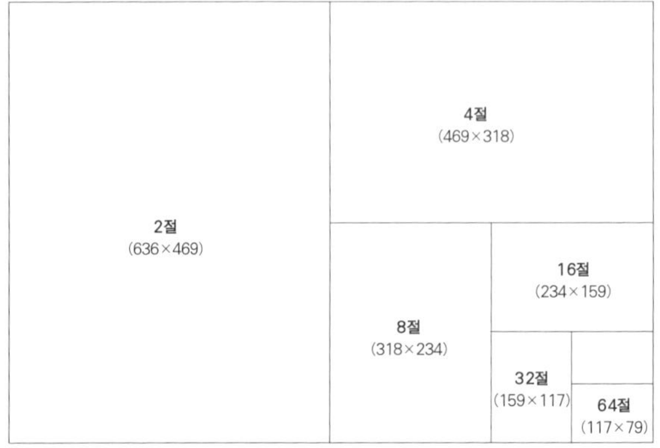

국전지 (가로 3자1치, 세로 2자1치/ 939×636mm)

46전지 (가로 3자 6치, 세로 2자 6치/ 1,090×788mm)

ISO 종이 규격

A열		B열		C열	
A0	841×1,189	B0	1,030×1,456	C0	917×1,298
A1	594× 841	B1	728×1,030	C1	648× 917
A2	420× 594	B2	515× 728	C2	458× 648
A3	297× 420	B3	364× 515	C3	324× 458
A4	210× 297	B4	257× 364	C4	229× 324
A5	148× 210	B5	182× 257	C5	162× 229
A6	105× 148	B6	128× 182	C6	114× 162
A7	74× 105	B7	91× 128	C7	81× 114
A8	52× 74	B8	64× 91		
A9	37× 52	B9	45× 64		
A10	26× 37	B10	32× 45		
A11	18× 26	B11	23× 32		
A12	13× 18	B12	16× 23	단위 mm	

일반 잡지, 서적에 흔히 사용되는 규격

크기	mm	치	절수 46전지	국전지
46배판	257×188	8.5×6.2	16절	–
46판	188×128	6.2×4.2	32절	–
46반절판	128× 94	4.2×3.1	64절	–
국배판	297×210	9.8×6.9	10절	8절
국판	210×148	6.9×4.9	25절	16절
국반절판	148×105	4.9×3.4	50절	32절
18절판	248×176	8.2×5.8	18절	–
신46판	176×124	5.8×4.1	36절	–
36판	182×103	6.0×3.4	40절	–

하지 않는 비율을 옛 그리스 시대부터 황금비, 황금 비율이라 불렀다.

▶ 중성지

19세기 후반 이후 20세기의 책들은 산성 종이로 만들어졌기 때문에 백 년이 채 되기도 전에 훼손될 수밖에 없었다. 오늘날에 사용하는 양지의 대부분은 산성지이다. 단적으로 신문 용지를 햇빛에 놓아 두고 10분만 지나면 누렇게 변하는 것을 볼 수 있는데 이것을 종이의 황변(黃變)이라 한다. 이것은 종이에 남아있던 산성 물질이 산화를 촉진시켜서 시간이 흐르면서 섬유질이 분해되어 색이 변화하고 종이가 열화하여 파손되는 현상이 나타나는 것이다. 종이의 번짐을 막기 위하여 종래에 쓰던 사이즈제는 유산 알미늄(유산반도라고도 함)으로 산성이었는데, 최근에는 펄프에 스며드는 중성 사이즈제가 개발되어 이를 사용하여 만든 종이가 중성지인 것이다. 중성지는 보존이 좋고 불투명도와 백색도가 높다. 우리나라도 중성지가 많이 생산되고 있다. 오래 보존되어야 할 미술 용지 등은 모두 중성지 또는 중성 판지를 이용해야 하며 이를 보존하는 포장지도 중성지를 사용해야 함은 물론이다.

▶ 투문 water mark

종이를 빛에 비쳐보면 보이는 문양이 투문인데 흰 무늬로 나타나면 흰 투문, 검은 무늬로 나타나면 검은 투문이라 한다. 이는 종이를 뜰 때 철사 등 금형으로 모양을 만들어 댄디롤(dandyroll)에 붙여 종이를 뜨면 그 부분이 주위보다 얇게 또는 두껍게 되어 흰 투문과 검은 투문이 된다. 이는 이탈리아의 파브리아노(fabriano)사가 1282년에 처음으로 발명한 것이다. 흰 투문은 서한 용지(letterhead paper)에 많이 쓰고 검은 투문은 위조 방지 목적으로 지폐나 증권 등에 많이 쓴다.

▶ 파피루스 papyrus

고대부터 의사 전달을 위한 언어를 기호로 해서 글자를 만들고 이 글자를 기록할 소재로서 나무 껍질이나 돌을 이용하다가 점차로 돌판, 점토판, 나무판(木簡), 대나무판(竹簡), 천,

파치먼트(羊皮) 등을 서사(書寫) 재료로 썼다. 그 후 B.C 3,500-3,000년경 번영을 누리던 고대 이집트인들이 나일강가의 무성한 파피루스라는 갈대의 줄기를 일정한 길이로 잘라 외피를 벗겨내고 속피를 얇게 떼어 먼저 가로로 가지런히 늘어놓은 다음 그 위에 세로로 다시 가지런히 겹쳐 늘어놓고 물에 적시고 강하게 눌러 종이장 같이 말렸다. 파피루스(papyrus)는 페이퍼(paper)의 어원이다.

▶ 팬시 종이 fancy paper

갖가지 색상이나 질감과 다양한 표면 처리 등으로 치장한 종이들이 생산되는데 이를 팬시 페이퍼(fancy paper) 또는 파인 페이퍼(fine paper)라고 한다. 전체의 종이 생산량으로 보면 1%에도 미치지 못하는 다품종 소량 생산의 종이들이지만 그 수요는 날로 증가하고 있다. 종이의 질감이나 표면 상태 등으로 구분할 수 있는 데 플레이트(plate : 평활한 상태), 펠트 피니쉬(felt finish), 엠보스 패턴(embossed pattern : 형압 모양), 크레이프(crepe : 주름잡음), 레이드(laid : 발눈 모양), 플록(flock : 뭉게구름 모양)이라든가 표면의 특수 광택 또는 꺼칠꺼칠한 매트(mat) 등 종이의 종류는 다양하다. 색상은 풍부하여 많게는 130여 가지 색을 갖춘 종이도 있다. 이 종이들은 출판물의 표지나 면지, 커버나 띠지로 사용되고 상자의 표면지 또는 편선지와 봉투지로도 사용되며 포스터, 캘린더, 카탈로그, 팜플렛, 메뉴, 패키지, 디스플레이 등 폭 넓게 사용된다.

▶ 펄프 pulp

종이의 원료인 펄프는 식물에서 뽑아낸 셀룰로스(섬유소)의 집합체로 크게 기계 펄프와 화학 펄프로 나눌 수 있다. 제지 공장에서 원목 통나무의 겉껍질을 벗기고 그대로 그라인더에 갈아 부수어 만든 것을 기계 펄프(GP)라 하는데 불순물이 많이 섞여 변질, 변색하기 쉽지만 잉크의 흡수성이나 종이의 불투명성이 좋아서 신문 용지 등의 원료로 불가결하게 이용된다. 화학 펄프는 목재칩(chippu)을 압력솥에서 약품과 같이 쪄내어 불순물을 없

애고 섬유질만 뽑아낸 것으로 KP 또는 SP로 구분한다. 목재에는 각기 섬유의 길이가 다른 활엽수(섬유의 길이 1mm 내외)가 있으나 어떤 목재로든 펄프로 만들 수 있고 최근에 유행하는 화학 펄프의 경우 표백 과정에서 종래 염소를 사용하여 공업 폐수로 인해 환경 오염에 많은 영향을 주었으나 최근 미국, 일본 등지에서는 무염소(Elemental chlorine free) 표백 방법을 들여와서 에코 펄프(Eco pulp)를 생산, 배수에서 완벽한 환경 관리를 하고 있다.

▶ 페이퍼 크래프트 paper craft

옛부터 종이의 수공예는 종이 접기, 종이 오리기, 종이꽃 만들기 등의 형식으로 전해졌으나 얇고 부드러운 한지에서 두껍고 강한 양지들이 나타나면서 종이 수공예도 다양하게 발전하였다. 이 발전된 종이 공예를 페이퍼 크래프트라 하는데, 작품 표현은 종이의 특성과 색을 이용해 접거나 오리거나 직곡선으로 굽혀 접든지, 종이에 힘줄을 주든지 하여 멋있는 입체적 작품을 만듦으로써 일명 종이의 조형예술이라고도 한다. 종이 조각을 체계화한 것은 영국의 아서 써드라라고 하는데 일본에서 이 분야가 많이 발전되고 있다.

▶ 한솔종이박물관

1997년 10월 21일 국내 최초로 개관한 종이 전문 박물관으로 종이와 종이 문화에 대한 모든 것을 담고, 관람에 그치는 것이 아닌 살아 있는 참여형 박물관을 표방한다. 제1전시실, 제2전시실, 한지재현관, 기획전시관으로 구성되며, 제1전시실은 종이 이전의 기록 매체에 대해 전시한 '종이 이전의 세계'와 제지 원료의 발달사에 대해 알 수 있는 '종이의 탄생과 전파', 종이 유물을 직접 체험할 수 있는 '종이의 과거 생활 문화'라는 세 가지 테마로 이루어진다. 제2전시실은 오늘날의 종이 모습을 알 수 있는 '종이의 오늘'과 '종이의 내일'에서 나타나는 종이의 특성에 따른 상징성을 보여주며, 한지재현관에서는 전통 종이의 생명력과 전통염료로 물들인 한지, 종이의 재료인 닥나무를 전시하며, 지장이 직접 나와서 전통 종이 만드는 과정을 보여준다.

▶ 한지

4-5세기경부터 오늘날까지 대대로 이어오는 우리나라의 전통적인 종이를 한지(韓紙: 조선 종이)라고 한다. 우리나라에 자생하는 닥나무의 속껍질인 인피(靭皮) 섬유를 쓰고 닥풀을 써서 손으로 뜬 종이라야 순수 우리 한지라 할 수 있다. 이는 외국의 닥나무인 백닥(白皮)을 수입해 쓰든지 화학 합성풀 등을 사용한 한지가 많기 때문이다. 한 장 한 장 손으로 뜨는 손종이는 독특한 맛이 있고, 부드러우면서도 질긴 중성지이므로 천 년을 간다. 우아하고 따뜻한 질감은 현대에 대량 생산되는 양지(洋紙)에 비해 또 다른 운치와 정서가 있다. 서예의 필수적인 화선지로, 한옥의 창호지, 장판지로도 쓰이며 특히 창작 예술의 소재로, 민예품의 고급 포장지, 부채, 등롱(燈籠), 표구 등의 바름 종이로도 많이 쓴다. 그외에도 한지, 명함지, 편지지, 봉투지, 장지(壯紙), 벽지 등이 생산되고 있다. 가장 오래된 한지는 경주 불국사 석가탑 속에서 발견된 무구정광다라니경을 새긴 목판인쇄본인데, 석탑 축조 연대가 751년인 것을 보면 그 당시에도 닥나무 껍질로 뜬 한지를 사용했던 것을 알 수 있다. 고려 말기까지는 우리나라의 한지(고려지)가 동양 3국에서 가장 품질이 우수해 문필가들이 꼭 써보고 싶어하던 명물이었다고 전하나 현재는 그 영예에서 물러나 있고, 더욱 아쉬운 것은 한지에 관한 문헌이나 비방을 거의 찾아볼 수 없다는 것이다.

우리의 전통 종이인 한지만큼 물성(物性)이 다양한 물건도 드물 것이다. 부드러우면서도 질기고, 강인하면서도 너그러우며, 소박하면서도 윤택하고, 질펀하면서도 단아하기 그지없다. 일찍이 신라의 '백주주'를 중국 사람들은 천하 제일이라고 칭송하였고, 고려 종이와 조선 종이에 대해서도 "어떻게 만드는지 모르겠다"고 말하면서 극찬하였는데, 이것은 우리 종이의 우수성과 제지법의 독특함을 단적으로 말해주는 예라 하겠다. 과연 우리 종이의 우수성은 무엇이고 제조법의 독특함은 무엇일까? 우리 종이의 우수성은 질기고, 매끄럽고, 누런 듯 희고, 광택이 나고, 먹물의 번짐이 단아하고, 물이 잘 들며, 반투명으로 채광성이 좋고, 보온성과 통풍성이 좋고, 습기를 조절하고, 가소성(可塑性)이 있고, 가볍고, 수명이 오래 가는 등 헤아릴 수 없이 많다. 그러나 세월이 흐르고 생활 양식과 필기 도구가 바뀌고 종이의 용도와 표현 방법이 다양해진 현대에서도 과연 우리 종이를 우수하다고 말할 수 있을까? 수많은 새로운 종이들이 쏟아져 나오고 있는 요즈음 여전히 답보 상태에 있는 한지를 과연 좋은 종이라고 우길 수 있을까? 이러한 질문에는 선뜻 답을 못하고 망설이게 하는 답답한 한지의 현실이 있다. 구한말 이후 양지와 기계지가 종이 수요의 절반을 차지하면서 범람할 때 한지는 소외되고, 지장들은 하나 둘 발과 지통을 버렸으며 농가에서는 닥나무를 가꾸지 않게 되었다. 시기 적절하게 보호받지 못한 우리 한지는 값싸게 유통되는 양지 틈바구니에서 질보다는 양으로 가는 명맥을 이어 옴으로써 제지술은 오히려 퇴보하고 질은 더 이상 자랑할 수 없게 되었다. 이것은 참으로 애석한 일이다. 그러나 아직 희망은 있다. 우리의 민속 공예품들이 그 실용성을 잃고 단지 보존되어 보여지기 위한 공예품으로 남아있는 현실에서 한지는 실용성과 가치가 살아있는 몇 안되는 전통 공예품 가운데 단연 개발 육성의 가치가 돋보이는 우리 민족의 고유 산업이다. 전통 종이의 우수성을 잘 가꿔 보존하면서 특성을 살려 현대에 맞게 잘 개발한다면 한지는 세계 시장에 진출하여 우리 전통 문화의 우수성을 드날리며 국익에도 한 몫을 하리라 믿는다. 우리 종이의 우수성과 소중함을 다시 인식하고 선조들이 애써 이룩한 찬란한 종이 문화를 잘 지키고 더욱 빛내는 것은 후손된 우리 세대와 지장(紙匠)의 도리일 것이다.

영담 (스님)

▶ 게슈탈트 심리학의 현대적 접근

1920-1930년대는 게슈탈트 심리학의 황금시대였다. 그 후 다른 이론들에 밀려 쇠퇴했지만 형태 지각에 있어서는 아직도 막대한 영향을 미치고 있다. 현대의 게슈탈트 추종자들은 고전적 게슈탈트를 맹목적으로 신봉하기 보다는 비판자로서 새로운 이론 체계를 세우고 있다. 그 중의 한사람인 카니짜(Gaetano Kanizsa)는 다음과 같이 말한다.

1. 지각의 문제는 지각의 기초를 만드는 기구의 문제라기보다 관찰된 대상의 내적 체제화의 문제이다.

2. 실제로 볼 수 있는 것 중에 무엇이 전체의 구조에 중요한 역할을 하고 있는가를 실험적으로 결정하는 것이 지각 연구의 목표이다.

3. 실험적 분석의 이론적 좌표는 어떤 경험에 관한 일반적 기술이 무엇을 말할 수 있는가, 혹은 무엇을 말할 수 없는가를 나타내는 데에 있다. 단 문제는 인식의 일반적 기술이 아니라 사고와 지각과의 관계, 과거 경험과 눈앞의 대상의 체제화와의 관계 등처럼 인식의 이론 구성에 관해 심리학적으로 중요한 것들 사이의 관계를 보여주는 개별적, 구체적인 기술에 관한 것이다.

　　게슈탈트 이론에 관해서도 과학적인 심리학에 일반적인 관심을 가진 지식인들뿐만 아니라 전문 심리학자마저 오해나 통속화가 일어날 수 있다. 따라서 게슈탈트 이론가나 연구자의 생각, 논의나 실험적 연구를 직접 참조하지 않음으로써 생긴 오해를 검토하는 것이 게슈탈트 심리학을 보다 정확하게 해두는 데 도움이 될 것이다.

① '게슈탈트'를 어떻게 해석할 것인가

영어, 프랑스어, 이태리어 등으로도 독일어 '게슈탈트(Gestalt)'를 정확하게 표현할 수 없다. '게슈탈트'는 '형태'라는 말로 번역되어 혼란을 초래하였다. '게슈탈트'의 바른 뜻은 '체제화된 구조(organized structure)'라고 해야 하며 '집합체'나 '누적', 또는 단순한 '총합'과 구별되어야 한다. 즉 적절하게 번역하면 질서를 가지고 법칙에 따르는 '체제화'나 '전체'라는 개념에 중점을 두어야 한다. 따라서 이 개념은 임의적이고 구조화되어 있지 않은 집합과는 정반대의 것이다. 또한 '게슈탈트'라는 용어는 체제화의 과정의 결과를 기술하는 데만 사용되는 것이 아니라 과정 그 자체의 구조적인 특성도 나타낸다. '유기체(organism)'라고 사용될 수도 있지만 이 단어는 식물이나 동물을 뜻하는 일이 많으므로 적당하지 않다. 마찬가지로 '형태'라는 말도 게슈탈트의 한 속성을 나타내는 데 지나지 않아 부적절하다.

② 지각 체제화에 있어서 규칙성의 역할

프레그난쯔, 또는 '좋은 형태'의 개념은 게슈탈트 이론의 중심 개념이지만 동시에 가장 심하게 비판되는 개념이기도 하다. 게슈탈트 체제화의 다른 원리는 충분히 명확하게 정의되거나 실험적인 검증도 뒷받침되어 있지만 프레그난쯔의 원리에 대해서는 그렇지 못하기 때문이다. 그러나 공간적, 시각적 거리, 폐쇄와 개방 등의 원리는 정확하게 정의되고 실험이 가능하다. 유사성, 방향의 연속성, 공동운명의 정의는 그 정도로 쉽지는 않지만 어느 정도 측정이 가능하다. 그러나 프레그난쯔의 정의는 명확하지 않으며 통제하기 곤란하고 다른 요인에 간섭을 받기도 한다. 그리고 프레그난쯔를 양적으로 표현하는 것은 어려운데 예를 들면 두 개의 형태 분포의 프레그난쯔가 같은가를 측정하는 경우 직관적 판단에 의하는 것이 많다. 프레그난쯔의 정도는 통상 단순성, 규칙성, 안정성, 균형, 질서, 조화, 균질성 등의 정도에 대응한다고 할 수 있지만, 이 정의는 애매하다. 단순성의 정도를 정확한 방법으로 측정하는 것은 곤란하기 때문이다. 순수하게 양적인 시점을 취한 경우에는 단순성을 요소나 부분의 최소수로 특징지을 수 있다. 그러나 무엇을 '요소', 혹은 '부분'으로서 보는가를 결정하는 것은 곤란하며 현상적 단순성이 요소의 수라는 기준에 의한다는 확실한 보증은 없다. 요소를 몇 개 없애는 것보다 덧붙이는 쪽이 단순성을 높인다는 것을 보여주는 예도 있다. 예를 들면 형태 분포가 무엇인가를 '결핍하고' 있을 때, 즉 '결손'에 의해 현상적인 불완전성이 생길 때에는 이 불완전성을 없애는 요소를 덧붙여 줌으로써 단순해진다. 또 어떤 경우에는 몇 가지 '여분의' 요소를 제거하여 단순하게 될 수도 있다. 자극의 복잡성을 높여도, 줄여도 같은 결과가 나온다면 단순성을 측정하는 규준을 한 마디로 말할 수 없다. 프레그난쯔 개념의 이러한 기본적인 애매함으로 프레그난쯔의 개념을 기하학적 규칙성, 특히 대칭성의 개념과 동일한 것으로 생각하는 경향이 있다. 그림의 '좋은 형태'라는 개념의 좁은 견해는 아마도 게슈탈트 심리학자 자신이 여러가지 가능한 체제화 속에서 규칙적인, 대칭적인, 질서화된 구조가 선택되는 예를 많이 사용했기 때문에 강해졌다고도 할 수 있다. 지각 체제화 법칙의 고전적인 예증을 보아도 규칙적인 기하도형(정사각형, 삼각형, 원, 육각형, 파형, 입방체)이 많이 사용된다. 이와 같은 도형만을 예로 들면 오해를 불러 다음과 같은 반론이 생긴다. "혹시 지각 체계가 가장 좋은 형태를 만드는 경향이 있다면 어째서 우리들은 원, 삼각형, 정사각형 등의 규칙적인 도형으로 채워진 세계를 볼 수 없는 것일까?" 이러한 종류의 반론은 프레그난쯔를 기하학적 규칙성과 동일하게 생각하는 경향에서 나오고 있다.

③주관적 윤곽

윤곽은 보통 시야 속에 물리적 자극작용(명도, 색상, 포화도)에 변화가 있을 때 생기지만 그렇지 않은 경우에도 윤곽이 지각되는 경우가 있다. 이렇게 실제 윤곽이 없는데도 윤곽이 현상학적으로 나타나는 도형들이 있다. 이러한 주관적 윤곽의 현상적 특징은 다음과 같다. 물리적으로는 동일 자극임에도 불구하고 현상적으로는 '명암'의 변화, 또는 '지각되는 형태'의 변화, 혹은 둘 다 일어난다. 주관적 윤곽이 만드는 영역은 3차원적인 변화를 받아 앞 또는 위에 있는 것으로 보인다. 이 영역은 본래 자극의 질적, 또는 양적 변화가 없음에도 주변의 영역을 나누는 경계를 가진다. 최적조건하에서는 위에 든 모든 특성(명

도의 변화, 3차원적 변화 또는는 층의 형성, 경계의 존재)이 매우 확실하게 나타나며 실제 존재하는 것으로 보인다. 이와 같이 주관적 윤곽은 일반적인 시각 특성을 수반하고 현상적으로 존재한다. 어떤 구조가 시각적으로는 존재하지만 실제는 존재하지 않는 경우를 '주관적 존재'라고 한다. 이렇게 주관적 윤곽을 형성하는 요인을 살펴보면 일반적으로 나타나는 한 가지 조건이 있다. 보다 안정된, 규칙적인, 단순한 도형으로 변환하는 완결화를 요구하는 부분이 존재한다는 것이다.

3개의 예각과 3개의 검은 불완전한 원으로 구성되었다. 대부분의 사람들은 3개의 원반과 검은 선으로 그려진 삼각형의 위를 흰색 삼각형이 부분적으로 겹쳐졌다고 본다. 이러한 경향은 간결성과 안정성에서 유리한 점이 있으므로 일어난다. 즉 3개의 예각이 하나의 삼각형을 만들고 3개의 불완전한 원은 3개의 완전한 원반이 됨으로써 '완결성'이라든가 '규칙성'을 얻는다. 그러나 이 전체적인 체제화가 생기기 위해서는 중앙의 흰 부분은 검은 도형 위에 겹쳐진 불투명한 삼각형의 면으로 보여야 한다. 그리고 그 표면은 경계가 있어야 존재할 수 있으므로 현상적 경계의 출현은 층이 형성됨으로써 생기는 직접적 결과인 것이다.

▶ **눈구조 단서**

①수렴과 조절

수렴과 조절은 눈근육으로부터 나오는 정보로 우리가 가까운 물체를 볼 때는 두 눈동자가 안으로 모이고 먼 곳의 물체를 볼 때는 바깥으로 몰린다. 이것을 눈의 '수렴'이라고 한다. 눈이 수렴(convergence)할 때는 두 눈이 응시하는 방향이 각도를 만든다. 물체가 가까이 있을 때 이 각도는 커지며 물체가 멀리 있을 때 각도는 작아진다. 무한대의 것을 볼 때는 두 방향은 평행하며 각도는 0이 된다. 따라서 눈의 수렴 각도는 거리에 대한 단서가 될 수 있다. 이러한 정보는 자신으로부터 물

체까지의 절대적 거리를 알게 해준다. 또한 가까운 곳에 있는 물체를 볼 때는 렌즈가 두 꺼워지고 먼 곳에 있는 물체를 볼 때는 얇아진다. 이것이 눈의 '조절(accommodation)' 작용이다.

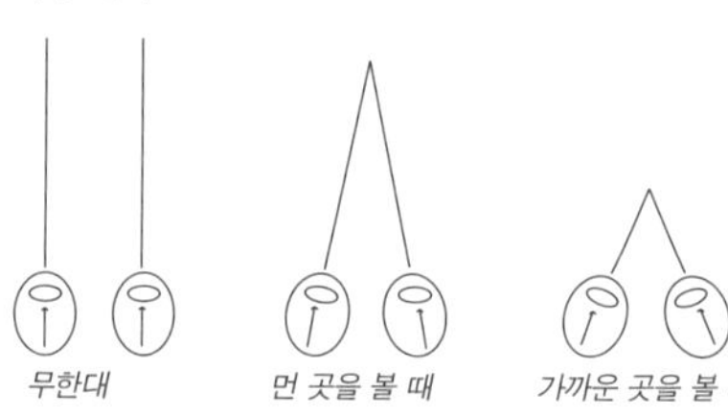

②그림단서

수백년 동안 화가들은 2차원의 평면에 원근법, 명암, 기타 방법들을 사용하여 효과적으로 3차원을 표현하였다. 그림단서는 그림이 3차원으로 보이게 만드는 단서로 망막에 그려지는 상도 근본적으로는 그림과 비슷하다.

③중첩단서

A라는 물체가 B라는 물체를 가리고 있으면 A는 B보다 앞에 있는 것으로 느껴진다. 중첩단서는 그 물체로부터 자기까지의 거리에 대한 정보를 주는 것이 아니라 물체간의 상대적 거리만을 제공한다. 즉 한 물체가 다른 물체보다는 가까이 있다는 것을 나타낸다.

④시야에서의 크기

큰 것이 작은 것보다 가까이 있는 것으로 보인다. '크기원근법'이라고도 한다. 크기원근법은 크기항상성의 결과인 것으로 보인다.

⑤시야에서의 높이

높이 있는 것이 더 멀리 있는 것으로 보인다. 이것 역시 크기항상성의 결과이다.

⑥그림자

깊이감을 크게 주는 단서로 데생을 할 때 거의 유일한 입체감은 이 그림자를 사용하는 것이다. '시각적 유희(Trompe l'oeil)'는 이 그림자 단서를 가장 효과적으로 사용한 예이다.

⑦공기원근법

공기원근법은 멀리 있는 물체가 희미하게 보이는 현상인데 물체와 관찰자 사이에 있는 공기와 미립자들 때문에 생긴다. 멀리 있는 건물은 가까이 있는 건물보다 희미하게 보인다. 반면 달에 있는 분화구를 보았을 때를 생각하면, 달에는 공기가 없으므로 멀리있는 분화구도 가까이 있는 분화구만큼 선명하게 보일 것이다. 공기원근은 멀리 있는 물체를 희미하게 보이게 할 뿐 아니라 푸른 색이 돌게 한다. 이것은 공기가 푸른 색을 띠기 때문이다. 이것은 하늘의 색을 생각하면 된다. 15세기와 16세기의 화가들에게 많이 이용되었으며 멀리 있는 물체가 파란색을 띤다고 학생들에게 강조한 것은 멀리 있는 산들을 실제보다 파랗게 칠하게 만드는 결과를 초래하였다.

⑧익숙한 크기

같은 크기의 물체들이 있을 때 익숙한 물체가 가까이 있는 것으로 느껴진다. 그러나 이것은 한 눈으로 보았을 때 일어나는 현상이며 두 눈으로 보았을 때는 같은 거리에 있다고 느낀다. 이는 두 눈이 깊이를 지각하는 데 중요한 역할을 한다는 것을 의미한다. 어쨌든 익숙한 물체는 거리에 대한 정보를 줄 수 있다. 이텔슨(William Ittelson)의 실험에 따르면 캄캄한 방에서 피험자에게 정상적 트럼프 카드의 두 배의 크기를 제시하였을 때 피험자들은 그것이 실제 거리의 반 정도 되는 위치에 있는 것으로 보았다. 정상적 카드의 반의 크기를 보여 주었을 때는 두 배 멀리 있는 것으로 보고하였다. 그러나 보다 애매한 자극을 보여 주었을 때, 예를 들면 흰공을 보여주면서 탁구공이라고 말하면 테니스공이라고 말했을 때보다 그것이 더 가까이 있는 것으로 보고하였다. 이러한 효과는 익숙한 물체들은 거리에 대한 단서를 제공할 수 있다는 것이다.

⑨모든 단서들이 융합되었을 때

일상 생활에서 깊이 지각 단서들이 어떻게 융합되어 작용하는지 정확하게는 알 수 없다. 하나의 단서보다는 그 이상의 단서가 있을 때 보다 정확한 3차원 지각이 가능할 것은 확실하다. 스테레오그램을 예로 들어도 기하학적 선으로 된 스테레오그램보다는 원근법 단서들이 많이 포함된 스테레오그램이 더 입체적이다. 그러나 보다 재미있는 것은 단서들간의 상호작용이다. 어떤 단서들은 절대적 거리에 대한 정보를 주며 어떤 종류는 상대적 거리에 대한 정보를 준다. 절대적 거리에 대한 정보를 제공하는 것은 눈의 수렴, 조절, 익숙한 크기 등이다. 이 두 가지 단서들이 상호작용을 할 때 보다 생생한 입체감을 느낄 수 있다.

⑩선원근

우리가 그림을 그릴 때 3차원이라는 인상을 주기 위해서는 어떻게 하는가? 이것은 그리이스 시대부터 연구되어 온 것이지만 1435년 알베르티(Leon Battsta Alberti)가 처음으로 선원근이라고 불리우는 화법을 제안하였다. 선원근은 2차원의 평면에 수렴하는 깊이를 그리는 것이다. 원근이 나타난 그림을 그리는 방법은 다빈치(Leonardo da Vinci)의 "원근법이란 투명하고 평평한 유리를 경치 앞에 세워놓고 유리를 통과하는 물체의 윤곽을 따라서 유리 위에 그리는 것에 불과하다"라고 말하였다. '알베르티의 창'이라고 하는 이 기법을 사용하면 누구나 원근있는 그림을 그릴 수 있다. 선원근을 사용하면 재미있는 결과가 나타난다. 평행한 두 선은 멀리 갈수록 수렴되게 나타난다. 거리가 크면 클수록 수렴 정도는 커지며 무한대까지 간다. 이 선이 만나는 점을 소실점(vanishing point)이라고 한다. 이러한 평행선의 수렴은 기차길에서 볼 수 있다. 선원근으로 그려진 이미지는 망막에 비춰지는 이미지와 가장 가깝다.

▶ 반전 도형

반전되는 도형은 두 가지 이상의 지각체제화가 일어나는 경우이다. 하나의 망막 이미지가 두 가지 물체로 보일 수 있음을 의미하는 이 반전 도형은 중요한 것을 시사한다. 즉 입력되는 자극은 논리적으로 말하면 애매한 것이라는 것이다. 이러한 애매성은 앞에서도 말한 크기와 형태의 항상성에서도 볼 수 있다. 우리는 망막에 나타난 그대로 물체를 지각하지 않는다. 지각체계에 의해 물체와의 거리를 계산하여 물체의 상을 추론한다. 이렇게 두 가지 이상의 특징을 가진 물체로 보이도록 설계한 것 중 가장 유명한 것이 보링이 디자인한

그림이다. 이 그림은 매력적인 젊은 여자로 보이기도 하고 무서운 노파로 보이기도 한다. 서로 완전히 다른 두 가지 지각이 공존한다. 본질적으로는 같은 그림에 두 가지 지각이 일어나는 것은 굉장한 경험이다. 각 형태의 의미는 서로 너무나 극단적이어서 그림이 객관적으로는 전혀 바뀌지 않았다는 것이 놀라울 뿐이다. 이 그림은 눈을 다른 부분으로 움직이지 않는 동안에는 그대로 유지되는 경향이 있다. 이러한 반전은 뇌의 중추신경에 의한 것이지 정보 자체의 변화는 아니다. 이것은 우리의 지각이 망막 이미지를 수동적으로 받아들이는 것이 아니라 능동적으로 추론한다는 것을 의미한다.

▶ 불가능 도형

모든 그림은 2차원인 동시에 3차원의 물체로 보인다는 모순을 가지고 있다. 화가는 자신이 선택한 어떠한 시각적 세계도 자유롭게 그릴 수 있다. 사진기와 달리 화가는 기하학적 원근법에 제한되지 않고 가까이 있는 것을 멀리, 멀리 있는 것을 가까이에 그릴 수 있다. 그들은 다양한 왜곡 기법을 사용할 수 있으며 '세계'를 창조할 수 있다. 호가드(Hogarth)는 그의 판화에서 의도적으로 잘못된 원근법을 사용하였다. 처음 보았을 때는 정상적으로 보이지만 실제로는 일어날 수 없는 것이다. 어부의 낚싯대와 낚시줄, 다리가 놓여 있는 장소 등에 모두 시각적 모순이 있다. 호가드는 원근의 법칙을 설명하기 위하여 의도적으로 왜곡된 판화를 만들었다. 네덜란드의 화가에서(M. C. Escher)는 깊이의 모순을 보여주는 환상적인 판화를 많이 만들었다. 펜로즈

부자(I. S. & R. Penrose)는 불가능 물체라는 것을 만들었다. 그 중 '불가능한 삼각형'은 특히 인상적인데 처음에 그것은 정상적인 삼각형으로 보이지만 실제로는 아니다. 또다른 불가능 도형이 세날쇠스랑이다. 가운데 날은 어떻게 된 것인가? 가운데 날은 다른 두 개와 같은 깊이에 있는가, 아니면 밑에 있는가? 기묘하게 둘 다 가능한 것처럼 보인다.

▶ 시지각

우리가 어떤 것을 지각할 수 있는 것은 감각기관이 있기 때문이다. 감각기관은 외부에서 일어나는 사건들을 뇌로 전달하며 정보를 뇌가 판단한 후에 지각을 하게 된다. 감각기관을 통해 정보가 뇌로 들어오는 것은 순간적이므로 감각기관의 존재를 모른 채 지각하게 된다. 예를 들어 보고 듣는 것을 생각해 보면 빛에너지는 눈으로 들어가고 소리 에너지는 귀로 들어간다. 사람은 빛을 '보고', 소리를 '듣는다'고 말한다. 그런데 이렇게 보고 듣는 경험을 일으키는 것은 무엇인가? 사람들은 뇌가 보고 듣는다고 대답할 것이다. 그러나 빛이 실제로 뇌에 도달하는 것도 아니며 소리가 뇌에 직접 닿는 것도 아니다. 빛이나 소리는 감각기관에서 전기적 신호로 바뀌어 신경 섬유를 따라 뇌에 도달해 보고 듣게 된다. 빛을 본다거나 소리를 듣는 것, 말하자면 지각한다는 것은 신경 섬유의 전기 신호에 의한 물리적인 과정인 것이다. 지각심리학의 목적은 물리학적 과정이 어떻게 지각적 경험으로 바뀌어 우리가 주위의 사물을 보고 느끼고, 그것에 관해 사고하는가를 연구하는 것이다. 시지각 연구에는 여러 가지 접근 방법들이 있다.

1. 경험주의와 구조주의적 접근

지각에 관한 이론은 인식론의 문제에 관심을 가졌던 철학자들로부터 시작되었다. 영국의 경험론자들인 홉스(Hobbes), 로크 (Locke), 흄(Hume) 등은 지식이란 감각경험과 생각들의 연합으로 얻어진다고 하였다. 태어날 때의 마음은 백지(tabula rasa)와 같으며 감각을 통해 얻어진 경험들이 그 위에 '쓰인다'고 하였다. 특히 철학자 버클리(Bishop George Berkeley)는 시각에 의해 직접 주어지는 것만으로는 세계를 바르게 지각할 수 없으며, 경험에 의해 감각된 것을 해석하는 방법을 배워야 한다고 하였다. 헬름홀츠(Hermann von Helmholtz)는 이와 유사한 이론을 발전시켰는데 버클리보다 체계적이었다. 지각이 과거의 경험을 통한 추론 과정에 기초를 두며, 이 과정을 '무의식적 추론'이라 불렀다. 일종의 '문제해결(problem solving)'로 해석한 것이다. 20세기 초반의 지각심리학은 경험주의에 입각한 구조주의가 우세하였다. 구조주의에 따르면 지각이 많은 감각들의 합으로 이루어졌다고 하지만, 오늘날에는 받아들여지지 않으며 이러한 사고방식에 반발하여 게슈탈트 심리학이 나타났다.

2. 게슈탈트 접근법

게슈탈트 심리학의 창시자인 베르트하이머(M. Werthiemer)는 다음과 같은 제시를 하였다. 컴컴한 곳에서 왼쪽의 불빛이 켜졌다 꺼지고 50msec(50/1,000 sec) 후에 오른쪽 불빛이 켜졌다 꺼진다. 전구 - 어둠 - 전구의 순서대로 제시하면 가현 운동(apparent movement)이 일어난다.

두 막대기 불빛 사이의 공간을 통해 왼쪽의 막대기가 오른쪽으로 이동하는 것처럼 보이는 현상은 네온사인 불빛에서 알 수 있다. 이러한 현상을 감각 작용만으로는 설명할 수 없으며, 지각이 감각으로만 일어난다면 자극물이 실제로 움직이는 것이 아니므로 감각이 생기지 않을 것이며 따라서 지각도 일어나지 않아야 한다는 것이다.

이후에 게슈탈트 심리학은 구조주의를 대치하였으며 "부분의 합은 전체와 다르다"라는 말이 게슈탈트 심리학자들의 구호가 되었다. 게슈탈트 심리학자에게 있어서 지각은 뇌와 감각의 상호작용의 결과인 반면, 헬름홀츠와 같은 구조주의자에게는 지각은 받아들여진 감각들을 과거의 경험에 따라 무의식적 추론을 한 결과이다.

3. 구성주의적 접근

구성주의는 자극물의 속성에 따른 지각적 집단화 외에도 보는 사람이 정보를 받아들이는 과정을 함께 고려해야 하며, 지각이란 주어진 자극물을 관찰하는 동안 얻어진 지각적 '자료들'을 환경에 대한 지식과 지각 경험에 따라 해석함으로써 구성된다고 주장하였다.

호크버그(J. Hochberg)는 '응시(fixation)'와 '눈운동(eye movement)'으로 사람들이 어떤 장면을 볼 수 있다고 하였다. 응시는 눈을 고정시키고 자극물의 부분들을 검색하는 것으로 1초에 1-3번씩 일어난다. 눈운동이란 한 응시점에서 다음 번 응시점으로 눈을 옮기는 행동을 말한다. 이렇게 응시와 눈운동을 되풀이하면서 우리는 어떤 물체를 보고 전체적인 장면을 볼 수 있는 것이다. 아이 카메라(eye camera)를 사용하면 어떤 물체를 볼 때의 눈운동을 기록할 수 있는데 이것은 시지각 연구에 많은 도움을 준다. 시선의 자취를 기록함으로써 어떤 형태를 볼 때 어느 부분을 사람들이 많이 응시하며, 형태의 어느 부분에 먼저 주의를 주는지 알 수 있다. 이러한 접근은 구성주의적 접근의 한 예이다. 지각이란 마음에 주어진 정보를 합성하거나 처리하는 능동적 구성 과정의 결과임을 시사한다. 이러한 지각 견해는 정신물리학적 접근과 비교되는데 정신물리학적 접근에서 지각이란 신경 자극이 전달하는 정보로 구성된다고 주장하기 때문이다.

4. 생태학적 접근

지각의 생태학적 접근의 창시자는 깁슨(J. J. Gibson)이다. 그는 실험실이라는 한정된 공간에서 시지각에 관한 실험을 하다가 사람은 환경 속에서 움직인다는 것을 깨닫고 실험실이 아닌 자연에서 일어나는 지각을 연구하고, 환경 속에서 움직이며 부딪치는 자극물을 연구해야만 한다고 느꼈다. 즉 실험실에서는 자극물 하나 만을 제시해 그것에 관한 지각을 연구하지만 실제로 우리가 어떤 물체를 지각할 때는 환경 속의 맥락과 함께 그 물체를 보기 때문에 단일한 물체보다는 환경을 같이 연구해야 한다는 것이다. 환경 자극을 고려하는 견해는 표면의 결에 대한 연구로 나타났다. 그의 견해에 따르자면 우리가 원근감을 지각할 수 있는 것은 배경이 원근에 대한 단서를 주기 때문이라고 할 수 있다. 생태학적 접근에서는 구성주의의 견해를 부정한다. 생태학적 접근에서 사람은 환경 속에서 자극물에 대한 정보를 충분하게 제공받고 있으며 사람 마음의 계산은 불필요하다고 주장한다. 반면에 생태학적 심리학자들은 거리를 계산하는 것은 불필요하며 환경 속에 이미 크기를 지각할 수 있게 하는 정보가 있다고 한다.

5. 인지적 접근

인지적 접근에서는 지각을 자극물의 의미와 관찰자의 기대에 영향받는 것으로 본다. 자극물이 가지는 의미와 보는 사람이 갖는 기대는 서로 영향을 준다. 지각은 우리의 인지적 과정에 영향을 받는다는 것이다. 사람의 뇌에는 자라면서 경험한 것에 대한 개념들이 비슷한 것들끼리 각각 범주화되어 묶여 있어 어떤 위계질서를 가진다. 예를 들어서 2차원 도형을 범주화시켜 위계질서를 만들면 이등변삼각형, 정삼각형, 직각삼각형은 삼각형이라는 범주로 묶이며 정사각형, 직사각형, 평행사변형은 사각형이라는 범주로, 그리고 삼각형, 사각형, 오각형, 육각형 등은 다시 2차원의 기하학적 도형이라는 보다 큰 범주로 묶이게 된다. 2차원 도형을 예로 들지 않아도 우리 주위의 물체들은 모두 범주화시켜 위계를 만들 수 있다. 이런 범주화로 우리는 약간씩 다른

그림 A를 먼저 보고 B를 보면, 그림은 아마도 쥐로 볼 것이 틀림없다. 그러나 만일 C를 먼저 보고 그림 B 본다면 아마도 남자의 얼굴로 보일 것이다.

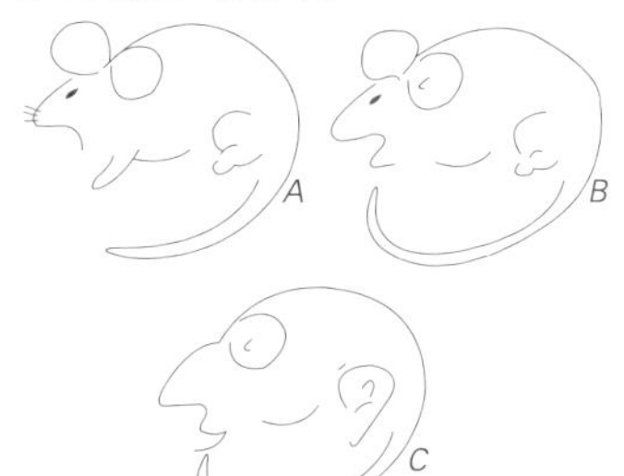

지각 심리

perceptional psychology   김은조

형태를 가진 물체들을 같은 종류의 물체로 인식할 수 있다.

▶ 양안시차

깊이 지각에 있어 가장 중요한 단서이다. 지금까지 논의한 다른 단서들은 눈의 수렴을 제외하고서는 모두 단안단서이다. 왜냐하면 그것들은 한 눈으로만 볼 때도 작용하는 단서이기 때문이다. 그러나 양안시차는 두 눈으로 보았을 때만 일어나는 깊이지각이다. 양안시차는 우리의 두 눈이 물체를 볼 때 두 눈 사이의 거리만큼 약간 다른 시야를 보게 되는 데서 일어나는 현상이다. 양안시야는 인간이나 고등동물에게만 있다. 인간의 두 눈의 축은 수렴할 수 있다. 두 눈이 서로 약간 다른 시야를 본다는 것은 물리학자인 휫스톤(Charles Wheatstone, 1802-1875)이 제안하였다. 이를 실험할 수 있는 입체경(stereo-scope)을 발명하였다. 이 장치는 1800년대에 유행하였으며 지금도 어린아이들에게는 뷰마스터라는 장난감으로 알려져 있다. 이것은 두 개의 렌즈로 된 카메라에 두 개의 그림이 각각 한 눈으로만 보내지게 하여 렌즈를 들여다보면 깊이가 나타나게 한 것이다. 인위적으로 양안시차를 만드는 입체경의 원리는 입체영화에도 사용되고 있다. 입체영화는 1950년대에 처음으로 상업적으로 유행하였다.

①스테레오그램(stereogram)

양안시차를 만드는 그림쌍을 스테레오그램(stereogram)이라고 한다. 다음 그림과 같은 스테레오그램을 입체경으로 보면 깊이감을

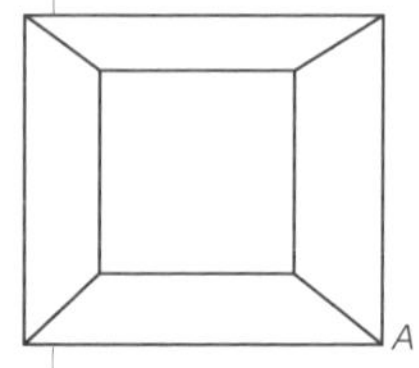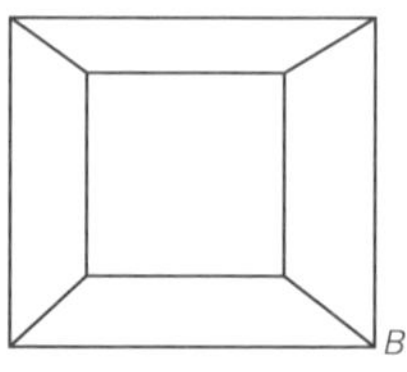

A가 왼쪽 눈에 보이고 B가 오른쪽 눈에 보이면 작은 사각형은 큰 사각형보다 앞에 있는 것처럼 보인다. 그러나 A가 오른쪽 눈에, B가 왼쪽 눈에 보이면 작은 사각형은 큰 사각형보다 뒤에 있는 것처럼 보인다. 이렇게 양쪽의 그림을 바꾸면 깊이가 반전된다. 이것을 보기 위해 가운데에 종이를 세우고 보아도 되고 스테레오그램을 두 가지 색(빨강과 초록)으로 만들어 필터를 끼고 보아도 된다.

느낄 수 있다. 입체시야에서는 단안단서는 그다지 중요하지 않으며 양안시차가 큰 역할을 한다. 그러나 망막 상의 2차원의 정보로부터 3차원의 세계를 정확히 추론하기 위해서는 단서들은 많을수록 좋을 것이다.

▶ 운동시차

관찰자가 걷거나 움직일 때 얻어지는 단서를 살펴본다. 운동시차는 차나 기차를 타고 있을 때 크게 나타난다. 가까이 있는 물체는 아주 빠른 속도로 지나가고 지평선 가까이 있는 물체는 매우 천천히 지나간다. 따라서 가까이 있는 물체는 멀리 있는 물체보다 큰 시차를 가진다 이렇게 운동 속도의 차이가 만드는 시차를 '운동시차(motion parallax)'라고 한다. 19세기의 헬름홀츠와 20세기의 깁슨은 운동으로부터 얻어지는 정보가 가장 중요하다고 하였다. 이러한 운동 효과를 화가나 사진작가는 만들 수 없으며, 영화에서나 가능하다. 차가 움직일 때 안에 있다고 생각해 본다. 차가 앞으로 갈 때 눈의 시점을 응시점이라고 하면 가까이 있는 물체는 차의 움직임과 반대 방향으로 움직이며 멀리 있는 물체는 차가 움직이는 것과 같은 방향으로 움직인다. 방향뿐 아니라 움직임의 속도도 물체와 차와의 거리에 따라서 다르다.

▶ 착시 optical illusion

우리는 사물을 있는 그대로 지각하지는 않는다. 과거의 경험, 연상, 욕구, 상상 등이 착시를 만드는 데 영향을 준다. 착시 현상은 우리가 일상 생활에서 늘 경험하는 것이다. 어떤 때는 착시라는 것을 깨닫지만 어떤 때는 전혀 깨닫지 못하는 경우도 있다. 지각심리학에서 말하는 착시는 착각이라는 말과는 다른 것이다. 착각이란 생각을 잘못한 것을 의미하는 경우가 많다. 따라서 틀렸다는 것을 깨달으면 생각을 바르게 고칠 수 있다. 반면 착시는 자기가 틀리게 지각한다는 것을 알고 주의깊게 관찰하여도 여전히 나타난다. 착시는 잘못 오판한 것이 아니다. 착시에는 다음과 같은 여러 가지 현상이 있다.

1. 뮐러-리어 착시

뮐러-리어(F. C. Muller-Lyer)가 1889년에 만든 이 착시는 가장 잘 알려진 것이다. 동일한 두 개의 선분이지만 화살표 머리의 방향 때문에 길이가 틀려 보인다. 이 착시에 대해서는 수백 개의 논문이 발표되었지만 아직 만족할 만한 것은 나오지 않았다. 이것을 원근법설로 말하는 사람이 있다(Thiery 1896, Tausch 1954, Holst 1957, Kristof 1961). 두 개의 물체가 망막상의 크기는 같더라도 한쪽의 물체가 다른 것보다 멀리 있는 것으로 보이면 멀리 보이는 대상이 가까이 있는 것보다 크게 보인다는 것이다. 그레고리에 의해 더욱 이 이론은 유명해졌다.

2. 동심원 도형과 원형 도형

두 개의 동심원의 안쪽 원의 크기는 객관적으로는 같지만 주관적으로는 바깥쪽 원이 작은 동심원 쪽이 더 작아 보인다. 원들로 둘러싸인 중앙의 원은 객관적으로는 같은 크기이지만 큰 원들로 둘러싸인 것이 더 작아 보인다. 크기대비 착시로 에빙하우스(Ebbinghaus, 1902) 또는 티치너(Titchener)의 도형이라고 불리운다.

3. 분할거리 착시 도형과 수직 수평 착시 도형

분할된 거리(또는 길이)는 분할되지 않은 객관적으로는 같은 거리(길이)보다 일반적으로 크게 보인다. 단 특수한 도형 조건으로서 첫번째 것처럼 2등분으로 분할된 경우에는 분할된 쪽이 작게 보인다. 1855년 오펠(Oppel)에 의해 소개되었으며 1863년 쿤트(Kundt)에 의해 분할 거리 착시가 연구되었다. 그래서 이 도형은 오펠쿤트 도형이라고 불리운다. 오펠은 이 분할 거리 착시에 대해 기하광학적 착시(geometrical optical illusion)이라고 이름붙였다. 실험에 의하면 분할선이 균질적, 분산적, 등간격일 때 과대시의 경향이 더 커짐이 밝혀졌다. 세번째의 분할 거리 도형은 등분할, 분산적, 균질적으로 분할선의 수나 길이가 적당하여 최적 조건에 가까운(과대시량, 약 15%) 착시 도형이라 할 수 있다. 정사각형과 위 아래의 정사각형을 살펴보면 이 분

할 효과를 더 잘 알 수 있다. 횡선이 쳐진 정사각형은 세로가 긴 직사각형으로 보이며 가운데의 정사각형은 수평수직 효과에 의해 직사각형으로 보인다. 세번째의 정사각형도 분할 효과에 의해 직사각형으로 보인다. 이러한 착시를 헬름홀츠의 정사각형이라고 부른다. 첫번째 사각형의 착시량은 14%인데 반해 세번째 사각형의 착시량은 4%이다. 이것은 분할 거리 착시와 수직 수평 착시가 결합되었기 때문에 생기는 현상이다.

4. 3차원적 도형과 그외의 크기 착시 도형

①폰쪼 착시

이태리의 심리학자 폰쪼(Mario Ponzo)는 다음과 같은 착시를 발견하였다. 두 개의 수렴하는 선에 같은 선분을 두 개 놓으면 뒤에 있는 것이 더 길어 보인다. 이러한 폰쪼 착시는 앞에서도 말한 원근법설에 의하여 설명할 수 있는데 즉, 크기항상성 때문에 일어난다고 할 수 있다. 수렴하는 두 선은 원근감을 일으키기 때문에 같은 크기로 보이는 두 선분은 당연히 뒤에 있는 것이 실제로는 클 것이라는 무의식적 추론을 하는 것이다.

②쮈너 도형

쮈너 도형은 1860년에 라이프찌히 출신의 천문학자 쮈너(F. Zollner)가 고안한 것이다. 이 쮈너 도형에서는 각 수직선(주선)들은 객관적으로는 평행선이지만 주관적으로는 평행선으로 보이지 않고 다수의 교차되는 사선(조건선)의 기울기와 반대 방향(교차되는 예각이 확대되는 듯한 방향)으로 기울어져 보인다. 또한 쮈너 도형은 푀겐도르프 착시도형과 밀접한 관계가 있다. 지금까지의 실험 결과에 따르면 주선과 조건선과의 교차에 의한 각도의 조건과 착시량(평생선이 기울어져 보이는 정도)과의 관계에 대해서는 각도가 20도에서 30도일 때 착시 효과가 극대로 나타나는 것으로 나왔으며 90도가 되면 착시는 완전히 사라진다.

③푀겐도르프 착시

쮈너 도형과 푀겐도르프 도형과는 착시 발견의 역사적 사실로 보아 극히 밀접한 관계가

있다. 죌너가 1860년에 죌너 도형에 대한 논문을 발표했을 때 편집 위원인 푀겐도르프(J. C. Poggendorff)는 이 논문의 비평을 담당하였다. 푀겐도르프는 죌너의 착시 도형에는 본래의 주선(수직의 평행선)이 기울어져 보이는 착시 외에 또 하나 다른 종류의 착시가 있다는 사실을 발견하였다. 이 도형을 주의깊게 관찰하면 주선을 횡단하는 사선(조건선)은 객관적으로는 일직선이지만 주관적으로는 일직선으로 보이지 않고 어긋나 있는 것으로 보인다. 푀겐도르프는 이 착시 효과에도 주의하도록 죌너에게 말하였다. 그래서 죌너는 그의 원고를 수정하여 이 착시 효과의 분석도 논문에 포함하였는데 이때 이 착시 효과를 푀겐도르프 착시라고 이름붙였다.

④뮌스터버그 도형

서로 엇갈리는 정사각형들이 맞물리는 중앙의 직선(주선)은 객관적으로는 바깥의 두 수직선과 평행이지만 주관적으로는 오른쪽으로 기울어져 보인다. 이것은 일종의 방향 착시인데 뮌스터버그(Munsterberg, 1897) 도형이라고 불리운다. a와 b를 비교해 볼 때 a에서는 중앙 직선이 없는 정사각형이 3개 있지만 주관적으로는 중앙선의 존재가 느껴지며 이때는 착시 효과가 반감한다. 주선과 정사각형을 검정색으로 칠하면 최적 조건이 되어 착시 효과가 가장 커진다. c는 착시 효과가 전혀 없다. 뮌스터버그 도형의 정사각형을 평행사변 형태로 기울여 주선과의 각도를 예각 30도까지 변형한 도형 조건에서는 방향 착시 효과는 강력하고 현저해진다. a와 b를 비교하면 착시 효과는 a에서도 명확하지만 b쪽에서 훨씬 강하게 나타난다. a는 죌너 도형의 변형이며 착시 효과는 죌너 도형이라고 할 수 있다. b의 방향 착시에는 뮌스터버그 착시 효과와 죌너 착시 효과가 복합되어 나타나며, b의 착시에서는 방향 착시 효과가 강력하게 나타난다.

⑤슈만의 정사각형

변의 방향이 수평, 수직축과 일치하는 보통의 정사각형과 변을 45도 기울인(대각선이 수

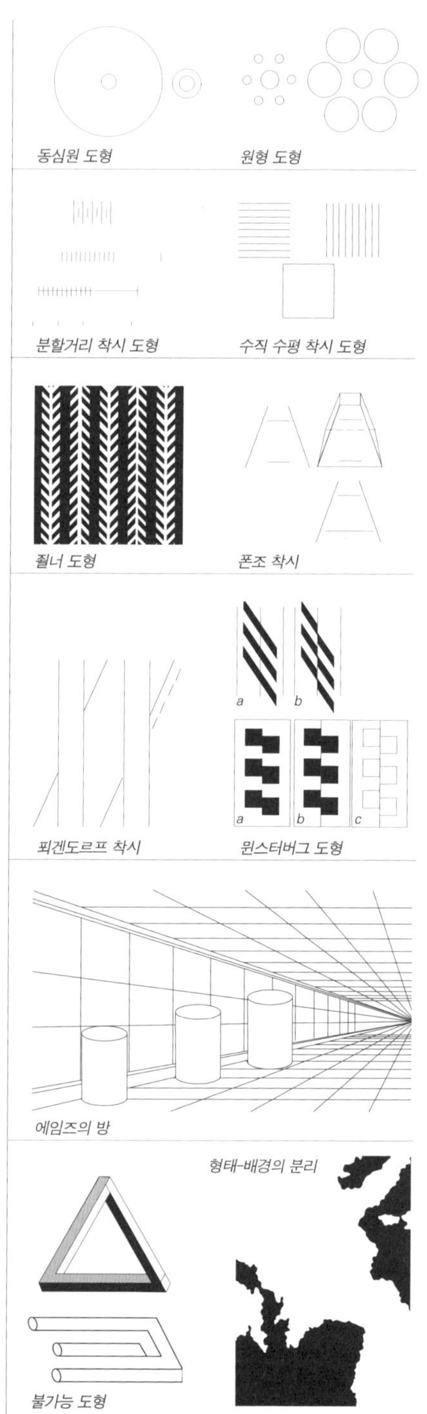

평, 수직축과 일치한다) 정사각형이다. 45도 기울인 정사각형 조건에서는 정사각형의 아래 위의 각은 약간 예각으로 보이며 수직 방향의 대각선은 수평 방향의 대각선보다 약간 길어 보인다. 이 착시 도형을 슈만의 정사각형이라고 부른다(Schumann, 1900).

⑥복도 착시

원근에 의해 일어나는 착시를 가장 잘 보여주는 것이 복도 착시이다. 복도 착시는 항상성의 효과를 보다 잘 보여준다. 각 원기둥은 실제로는 같은 높이지만 복도의 벽에서 차지하는 비율이 상대적으로 다르다. 따라서 멀리 있는 것으로 보이는 원기둥이 가장 높은 것으로 지각된다. 이것은 폰쪼 착시와 아주 닮은 착시이다.

⑦에임스의 방

에임스(Adelbert Ames)는 화가로 시작했지만 '시각적 시범(visual demonstration)'을 많이 만들었다. 에임스가 고안한 '왜곡된 방'을 대부분의 사람들은 방이 정상적이고 사람들의 키가 비정상적인 것으로 본다. 이러한 착시는 방의 구조에 의해서 일어나는 것이다. 실제로 에임스의 방은 왼쪽 모서리가 오른쪽 모서리보다 두배 정도 더 멀리 있다. 우리는 그 방이 정상적인 방모양을 하고 있다고 생각하기 때문에 원통의 높이의 차이가 거리에 의한 것이 아니라 실제의 크기의 차라고 보는 것이다.

⑧달착시

달은 하늘 꼭대기에 있을 때보다는 지평선 상에 있을 때 더 커 보인다. 이 현상은 지평선 멀리 있는 것은 하늘 한복판에 있는 것보다 멀리 떨어져 있는 것으로 생각되는데 달이 만드는 시각은 동일하므로 지평선에 있는 달이 더 크게 느껴지는 것이다.

▶ 항상성

지각항상성(perceptual constancy)이란 우리의 망막에 비춰지는 모습은 바뀌어도 그 물체를 일정한 것으로 지각하는 것이다. 어떤 물체를 앞에서 보았을 경우와 약간 옆에서 보았을 경우 망막에 비춰지는 형태는 바뀌지만 그것은 하나의 물체로 지각된다. 실내에서 보는 옷의 색과 실외에서 보는 옷의 색은 틀리지만 우리는 그것을 같은 색의 옷으로 지각하게 된다. 망막에 초점이 맞춰지는 방식은 바늘 구멍 상자의 원리와 같다. 바늘 구멍 상자는 카메라와는 달리 바늘 구멍만한 구멍으로 빛이 들어간다. 바늘구멍은 아주 작기 때문에 한 광선만 스크린에 투영되는 것으로 볼 수 있다. 따라서 초점을 맞출 필요가 없다. 초점 맞추는 것만 뺀다면 바늘 구멍 상자는 우리의 눈과 유사한 방식으로 경치를 묘사한다고 할 수 있다. 망막에 상이 맺어지는 방식에 대하여 생각해 보면 상을 맺을 때 고려해야할 두 가지 원칙이 있다. 첫째는 빛은 직진한다는 사실과 둘째, 두 지점에서 나오는 두 개의 광선이 만드는 각도와 망막에 맺어진 상에서의 그 두 지점이 만드는 각도는 같다는 사실이다. 따라서 망막에 맺히는 상의 크기는 응시 각도로 결정된다고 할 수 있다. 망막에 맺히는 상의 형태는 물체의 위치에 따라서 각각 다르다. 이렇게 망막에서의 상이 변화하는데도 불구하고 물체는 항상 같은 형태로 지각된다. 망막에서의 크기가 변해도 언제나 같은 크기로 지각되는 것을 '크기항상성(size consistancy)', 물체의 형체가 변해도 같은 형태로 지각되는 것을 '형태항상성(shape consistancy)', 같은 방향(사선, 수직, 수평)으로 지각되는 것을 '방향항상성(orientation consistancy)'이라고 한다. 또한 자신이 움직이면 망막 위의 상의 위치도 그에 따라서 바뀌지만 그 물체는 같은 위치에 정지된 것으로 지각되는 것을 '위치항상성(position consistancy)', 조명의 변화에 따라서 물체가 반사하는 빛이 달라져 색이 약간씩 달라져도 항상 같은 색으로 지각되는 것을 '색채항상성(color consistancy)'이라고 한다. 항상성은 망막 위의 상이 끊임없이 변화해도 우리가 세계를 항상 일관성있게 지각하도록 해주지만, 때로는 그러한 항상성 때문에 착시가 일어나는 경우도 많다. ➡ 기초 조형·기본 용어 참조

대본 script
대사
메시지
바디 카피 body copy
박스 헤드 box head

배너 헤드 banner head
배드 카피 bad copy
본문 활자 body type
부제 subheadline
서울카피라이터즈클럽 SCC Seoul Copywriters Club

▶ **대본 script**

방송에서 모든 방송 내용을 시간적 순서에 따라 표시 작성한 것. TV에서는 라디오의 대본에 지시되어 있는 것 외에 카메라 앵글이나 컷(cut)을 표시하는 도면을 지시한 대본까지 작성한다.

▶ **대사**

대본 중에 배우가 이야기하도록 지정된 것.

▶ **메시지**

커뮤니케이션의 기본적인 구성 요소의 하나로, 커뮤니케이션의 송신자측에서 수신자측으로 전달되는 기호나 상징 등을 말한다. 광고에서는 송신자(제작자)가 수신자에게 영향을 미치기 위해 언어나 그림, 소리 등으로 표현하는 실제적이고 물리적인 광고물을 의미한다.

▶ **바디 카피 body copy**

광고의 본문. 바디 텍스트(body text)라고도 한다. 길이에 관계없이 바디 카피는 도입부, 중간부, 종결부로 구성된다. 통상적으로 도입부는 헤드라인으로 제시된 광고의 테마 또는 아이디어를 더욱 확대 전개하여 독자를 광고 본문으로 유도하는 부분, 중간부는 기본 테마의 사실이나 증명을 제시하고 독자의 욕망을 북돋운다든지 신뢰감을 불어넣는 부분, 종결부는 직접 행동을 요구하는 부분이 된다.

▶ **박스 헤드 box head**

괘선으로 둘러싸인 헤드라인.

▶ **배너 헤드 banner head**

큰 헤드라인을 일컫는 말이다. 페이지의 좌에서 우로 가득 펼쳐진 대형 헤드라인. 이를 스트리머(streamer)라고도 한다.

▶ **배드 카피 bad copy**

지저분하고 더러운 원고. 매우 더러워졌거나, 악필이어서 보기 힘든 원고를 말한다.

▶ **본문 활자 body type**

헤드라인이나 서브 헤드라인 등의 활자체에 대비되는 바디 카피의 활자체를 말한다.

▶ **부제 subheadline**

보조적인 헤드라인. 메인 헤드라인의 내용을 받아 이를 해설, 확대하여 광고의 흥미를 높이기 위해서, 헤드라인만으로는 표현이 부족한 점을 보완하기 위해서, 또는 본문 카피로 쉽게 유도하기 위해 사용된다. 서브 타이틀(sub-title)이라고도 하며, 헤드라인과 함께 광고의 주제를 집약적으로 표현하는 역할을 한다.

▶ **서울카피라이터즈클럽 SCC Seoul Copywriters Club**

1976년 7월 3일 창립된 한국 카피라이터들의 단체. 카피라이터라는 직종이 생소했던 당시 광고대행사, 광고주사 등에서 카피라이팅을 담당했던 21명의 인원이 모여 시작한 전문직 단체로 1994년 현재 247명이 회원으로 가입해 있다. 이 단체가 그동안 치러온 주요 행사는 회보 '카피' 발간(1994년 12호), SCC상

미그로스(Migros)사의 환경 광고, "왜 쓰레기 재활용이 가정에서부터 시작되어야 하는가?"
① 헤드라인, ② 비주얼, ③ 바디카피, ④ 회사명과 로고

시상(1993년 12회), 광고세미나 개최, 외국 카피라이터 단체와의 교류 등이다.

▶ 설명 광고, 해설 광고

소비자의 이익이나 보호를 목적으로 정보를 주며 나아가 광고주 전체의 이익을 꾀하는 것을 목적으로 한 해설적인 광고를 말한다.

▶ 소구 appeal

인간의 욕구와 흥미를 자극하여 사람들로 하여금 의도한 방향으로 움직이도록 하는 그 무엇. 이성 소구, 감성 소구 등 수백 가지의 소구 방법이 이용된다.

스웨덴 볼보자동차 광고, "우리는 모든 볼보자동차가 이렇게 보이도록 디자인합니다", 앞과 뒤는 여지없이 부서져도 내부만은 안전하다는 안전성에 대한 소구.

▶ 소제목

본문을 몇 개로 나누어 그 하나하나에 붙인 제목. 긴 카피에서는 이 소제목을 이용하여 가독성을 높이고 카피의 단락을 구분한다. 소제목이 많은 카피는 소제목으로 나누어진 하나하나의 문장 구조가 간단하게 되어 읽기 쉽고 또 알기 쉽게 되는 이점이 있다.

▶ 소프트 카피 soft copy

하드 카피에 대비되는 단어. 연성 카피. 아름다움, 분위기, 유머 등에 호소하는 간접적인 광고 카피로 직설적이고 정보적인 내용이 아닌 부드럽고 상징적인 내용과 형식으로 쓰며, 주로 이미지 광고에 많이 쓴다.

▶ 스토리 광고 story advertising

소설이나 사건 등을 각색하여 극화한 것으로, 드라마타이즈드(dramatized) CM이라고도 한다. 드라마타이즈드 CM은 인간적 흥미, 공명, 공감 위에서 상품이 가진 세일즈 포인트를 각색, 극화하여 스토리를 구성하는 CM

을 말한다. 이 기법은 직설적으로 상품을 설명하는 기법과 대비되며 하나의 드라마로 세일즈 포인트와 같은 장면이 설정되며, 인물이 대사를 하고 연기를 한다.

▶ 슬로건 slogan

계속되는 시리즈 광고에서 중심 메시지를 표현하기 위해 지속적으로 사용되는 문장이나 문구(어구). 상표를 알리거나 캠페인의 계속성을 제공하기 위해 반복적으로 사용되는 캐치프레이즈(catch-phrase)를 뜻하기도 한다.

▶ 아트 카피 세션 A-C Session

아트 디렉터와 카피라이터의 아이디어 회의. 판매 제언(selling proposition)을 결정한 후, 그것을 구체적인 표현 아이디어로 만들기 위해 아트 디렉터와 카피라이터가 하나의 팀이 되어 행하는 회의로, 이때 아트 디렉터가 헤드라인을 제출하기도 하고, 카피라이터가 시각적 아이디어를 제안하기도 한다. 따라서 아트 디렉터와 카피라이터가 별도로 작업하는 것보다 더욱 일체감 있는 표현이 나오게 된다. 이런 광고를 '아트와 카피가 결혼한 광고'라고 흔히 말한다.

▶ 애드버토리얼 advertorial

데이비드 오길비(David Ogilvy), '기네스 런칭 광고'

논설 형식 광고. 어원은 광고(advertising)와 편집(editorial)을 합친 것이다. 논설 형식이나 학술 논문 형식, 혹은 사회, 문화, 가정과 같은 부분의 연구나 르포 형식으로 소개되며 필자로는 권위 있는 논설가나 과학자나 평론가가 선발되기도 한다. 그 논설의 내용은 결코 직접적이거나 노골적으로 광고주를 선전하는 것이 아니며 광고주의 회사명이나 제품명이 나온다 해도 다른 회사와 함께 얼굴을 보이든가, 경우에 따라서 전혀 모습을 보이지 않는 방식을 취한다.

▶ **원형 헤드라인**

원형 헤드라인이라는 말은 아주 특수한 레이아웃 용어이다. 과거에는 사식 문자나 활자의 청쇄(淸刷)를 한 자씩 흐트러서 풀로 붙이면서, 활자로는 할 수 없는 원형의 헤드라인을 만들었지만, 지금은 컴퓨터가 발달되어 화면을 직접 보면서 간단하게 작업을 할 수 있게 되었다. 원형에만 한정되지 않고 곡선적인 헤드라인도 가능하다.

▶ **이어 캐처 ear catcher**

소비자의 청각을 끌기 위해 사용되는 소리로 장기적으로 사용해 광고주를 연상시키는 것. 시각을 끄는 아이 캐처(eye catcher)에 대응되는 말이다.

▶ **이유 설명형 카피 reason why copy**

소비자에게 자기 상품의 구매 이유를 강력한 이성적 동기로 설명하고 그 이유를 논리적으로 제공하는 카피 형식. 소비자 이점이 강조되는 것이 특징이며, 형식은 '왜냐하면 – 때문이다(because)'의 형으로 구성된다.

▶ **인포머셜 informercial**

상품 판매를 위한 광고(commercial)와 소비자에 대한 정보(information)의 합성어로, 일반 방송 광고보다 긴 시간 동안 광고 메시지와 상품 정보를 주는 새로운 광고 형식이다. 종래의 TV CM과 달리 주로 CATV의 CM 전용 채널에서 상품의 광고와 함께 소비자에 대한 정보를 제공하기 위해 이용된다.

▶ **징글 jingle**

본래는 상품명이나 슬로건 등을 짧게 연호(連呼)하는 것을 지칭하였으나, 현재는 일반적으로 광고 노래(commercial song)를 가리키는 것으로 사용되기도 한다.

▶ **카피 copy**

일반적으로는 복사, 사본, 등사, 원고 등을 말하는데, 광고 용어로서는 '광고 문안'을 말한다. 광고 용어로서의 카피는 크게 다음 3가지 의미로 사용되고 있다. ①광고의 본문, ②광고 내용 중 글이나 말로 된 광고 요소 일체(헤드라인, 부제, 리드, 소제목 등), 즉 문자로 쓴 것 전부, ③광고물 전체.

데이비드 오길비, '롤스로이스'

▶ **카피 기법 copy technique**

카피 작성의 몇 가지 기법을 말하며, 크게 내용상 기법과 형식상 기법으로 구분된다.

▶ **카피 디렉터 copy director**

광고의 카피라이팅을 지휘 감독하는 카피 책임자. 아트 디렉터(art director)와 대비되는 말로 사용되는 일본식 호칭이다. 원래 카피라이터는 그 자체가 아트 디렉터와 대등하므로 카피 디렉터라는 존재는 없으며, 카피라이터를 지도하고 때때로 그들의 할 일을 체크하는 입장에 있는 카피라이터는 카피 치프(copy chief)라고 하여 치프 아트 디렉터 (chief art director)와 동격이다.

▶ 카피라이터 copywriter

광고 카피를 쓰는 사람. 아트 디렉터, 디자이너, 일러스트레이터 등과 협력하여 광고를 만드는 문안 담당의 전문가로서 광고 작품의 기초 아이디어를 카피라이터가 내는 경우도 많다. 좁은 의미로 카피라이터란 인쇄 매체용 광고의 카피를 만드는 자를 말하고, 전파 매체용 광고의 카피를 만드는 자는 CM라이터 또는 커머셜 라이터라고 한다. 그러나 넓은 의미로는 양자를 합하여 카피라이터라 한다.

▶ 카피 소스 copy source

카피 아이디어의 원천. 광고의 표현 아이디어와 카피 아이디어를 얻기 위한 단서로 보통은 조사 자료, 자신의 영감(inspiration), 동료의 시사(示唆), 제품 자체의 분석, 상사의 시사, 경쟁 광고의 연구 등이 그 원천으로 되는 일이 많다.

▶ 카피 수퍼바이저 copy supervisor

광고 회사의 카피 부문, 즉 카피 그룹을 통괄하는 직명(職名)으로서 아트 수퍼바이저(art supervisor)에 대응되는 말이다.

▶ 카피 아이디어 copy idea

카피 작성을 위한 착상(着想). 광고의 기본 테마나 소구 방향이 결정된 후 이것을 카피로 표현하기 위한 창조적 아이디어를 뜻한다. 시각적 표현을 포함하여 광고 전체의 골격이 되는 것이 카피이므로, 일반적으로는 광고의 표현 아이디어라는 확대된 의미로 일컬어지는 경우가 많다.

미국 안전협의회 광고, '반지는 빼앗기기 쉬운 물건'

▶ 카피 테스트 copy test

광고물의 효과 조사. 광고 출고(出稿) 전에 하는 사전 조사와 출고 후에 하는 사후 조사가 있는데 좁은 의미로는 사전 조사만을 의미하여 사용된다. 카피 테스트는 원고 조사, 표현 조사, 광고 조사라고도 일컬어진다. 또한 카피 테스트라고 하는 경우의 카피는 단순히 광고의 문안만을 의미하는 것이 아니고 광고물 전체를 의미한다.

▶ 카피 토대 copy platform

광고 메시지의 배후 논리. 즉 제작 전략의 대략을 기록한 문서로서, 목표 수용자, 광고 문제점, 광고 목표, 제품 위치, 소구 방법, 크리에이티브 접근 방법, 판매 제안점 등을 간략하게 정리해 놓은 기록물이다.

▶ 카피 피팅 copy fitting

광고 카피와 레이아웃과의 조정을 말한다. 보통 카피를 먼저 쓰고 그것을 레이아웃하는 경우가 많은데, 이 경우 숫자나 행수(行數)에 따라 단어가 2행에 걸친다든지 구두점이 부적절한 위치에 온다든지 때로는 문장이 길다든지 하는 일이 있다. 그런 경우, 독자가 읽기 쉽도록 레이아웃을 변경하든가 카피를 일부 수정하거나 하는 것을 카피 피팅이라고 한다. 드물게는 레이아웃이 먼저 들어가고 그에 맞게 카피를 쓰는 경우가 있는데 이는 바람직한 일이 아니다.

▶ 카피 형식

카피의 내용을 중심으로 구분하는 표현 형식. 여기에는 크게 주장형, 유리한 점 제시형으로 나누어지며, 유리한 점 제시형은 다시 약속형, 이유 설명형, USP형 등으로 세분된다.

▶ 캐치프레이즈 catch-phrase

소비자의 주위를 끌기 위한 광고의 표어. 헤드라인, 캐치프레이즈의 기능은 독자의 주의를 끌고 불특정 다수의 광고 독자 중에서 특

카피

copy

조 병 량

정 소구 대상을 선별하여 독자를 본문으로 유도하는 것 등이다. 따라서 광고 표현이나 카피라이팅의 기교는 캐치프레이즈에서 집중적으로 발휘되며 이에는 절묘한 표현으로 사람을 놀라게 하기 위한 의문형, 비유를 사용한 것, 네거티브 어프로치(부정적 소구) 등 다양한 기법이 활용되고 있다.

▶ 캠페인 테마

캠페인 테마는 일정 기간 동안 실시되는 일련의 캠페인 광고에서 각각의 광고물에 공통의 기초가 되고 그 중심이 되며 광고 표현의 기조가 되는 '캠페인의 주제'를 말한다. 캠페인 주제는 통상적으로 광고의 주제는 물론 슬로건이나 캐치프레이즈로 표현되어 캠페인 기간 동안 지속적으로 사용된다.

▶ 캡션 caption

사진 또는 일러스트레이션의 짧은 설명문. 광고에서는 카피의 한 요소가 된다. 캡션 카피는 바디 카피의 한 형식으로 사진 또는 일러스트레이션에 붙인 캡션이 그대로 바디 카피가 되는 것을 말하며, 상품 각 부분의 기능 설명, 사용 방법 등을 그림과 더불어 나타내는 카피, 혹은 연속된 그림을 사용한 스토리 카피 등이 여기에 속한다. 이런 종류의 광고를 픽처 앤드 캡션(picture and caption) 형식의 광고라고 한다.

▶ 태그 tag

상품에 붙이는 작은 표찰. 상품명 외에 심벌이나 로고타입을 조합시킨 것이 많다.

▶ 퍼블리시티 publicity

보도 자료를 이용한 홍보. 광고주가 자기 회사의 상품, 서비스, 또는 기업 이념이나 여러 가지 회사 방침, 정책 등을 각종 매체에 홍보하기 위해 보도 자료를 이용해 기사화나 프로그램화하는 것을 말한다. 게재료를 지불할 필요없는 무료 광고라고 할 수 있으나 반드시 게재한다는 보증은 없다. 따라서 광고주는 기사나 프로그램이 받아들여지도록 그에 상응하는 자료와 필요한 설명서를 제출하는 것이 중요하며 이를 퍼블리시티 자료, 퍼블리시티 물(publicity materials)이라고 한다.

▶ 하드 카피 hard copy

하드 세일(hard sale)한 카피, 즉 강하고 직설적인 표현을 쓴 경성 카피. 소프트 카피는 부드러운 무드가 있지만 하드 카피는 간단명료하게 직설적으로 상품의 장점을 말하고 소비자의 이익을 강조한다. 바겐세일이나 대매출 같은 경우에 흔히 사용된다.

"머지않아 그들이 여러분의 주머니를 노리게 될 것입니다. 지금 미리 주는 것이 어떨까요?"

▶ 헤드라인 headline, head copy

광고의 제목이나 표제. 광고에서 한 단어 또는 몇 단어로 이루어진 광고 표제로 독자의 흥미를 환기시켜, 바디 카피로 자연스럽게 유도하기 위해 큰 활자(display type)를 쓴다.

데이비드 오길비, '폭스바겐(Volkswagen)', 1962. 폭스바겐은 당시의 사치스러운 디트로이트산 자동차를 도전자로 포지셔닝하였으며, 이 광고의 카피 'think small'은 모든 면에 있어 남의 눈에 띄는 소비벽을 감추려는 미국인의 선호 대상이 되었다.

카피라이터가 꿈꾸는 세일즈맨

급변하는 세상속에서 과연 광고인은 어떤 모습으로 존재할 것인가, 광고하는 사람 누구나 자문하고 질문할 것이라고 생각한다. 그 누구도 예측할 수 없는 변화무쌍한 세상 속에서 광고인 누구나 안전 지대라고 생각하는 사람은 없을 것이다. 10년전만 하더라도 카피라이터는 광고의 문안을 작성하는 사람으로 일컬었다. 혹자는 지금도 카피라이터를 글 잘 쓰는 사람, 유행어를 창조하는 사람 정도로 인식하는 경우도 있을 것이다. 이제 광고는 커뮤니케이션이다. 전파 광고, 인쇄 광고, 기타 다이렉트 메일 등을 통해, 상품을 알리고 상품의 구매를 촉진시키는 정도의 일이 광고인의 몫이라면, 예측 불가능한 미래의 세상 속으로 헤쳐나갈 수 없을 것이다. 앞날을 예측하는 카피라이터가 되어야 할 것이다. 가장 훌륭한 카피라이터는 물론 상품을 잘 팔 수 있는 커뮤니케이션을 이루는 카피라이터일 것이다. 그러나 가장 효과적으로 상품을 팔아야 한다면 어떻게 하는 것이 효과적일까? 우리는 버스안에서, 집집마다, 팔아야 할 소비자를 직접 만나 자신의 상품을 사달라고 호소하는 세일즈맨들을 주목해야 할 것이다. 가장 큰 광고 효과를 달성하려면, 소비자를 직접 만나 커뮤니케이션하는 것이 방법일 것이다. 그러나 일일이 소비자를 만나 알리고 설득할 수 없기 때문에 우리는 TV나 신문, 라디오, 잡지 등을 통해 소비자에게 광고하는 것이다. 비록 불특정 다수에게 커뮤니케이션하지만, 카피라이터는 직접 소비자를 만나 상품을 세일즈한다는 가정 아래, 당신만을 위한 것이라고 유혹한다. 그 한계와 가능성은 미디어(media)에 의해 좌우된다. 결국 카피라이터는 소비자를 만나는 세일즈맨을 꿈꾸며, 미디어의 한계를 극복하는 카피라이터로서 일어서야만 성공할 수 있다. 카피라이터가 미디어를 지배할 수 없다면, 단지 세일즈맨에 대한 환상 속에서 헤매고 말 것이다. 지금 미디어는 급변하고 있다. 신문 매체가 주목받던 80년대 초만 하더라도, 카피라이터는 글 잘 쓰는 작가로 머물러 있었다. 그러나 전파 매체가 각광받는 시대가 되었을 때, 카피라이터는 영상 매체를 어느 정도 알아야만 카피라이터로서의 역할을 다할 수 있었다. 지금은 어떨까? 토탈 커뮤니케이션의 중심에 카피라이터는 서 있어야만 한다. TV는 물론 다양한 매체의 출현에 능수능란하게 대비하려면, 소위 컨셉이라는 것을 요리할 줄 알아야만 한다. 내일의 카피라이터에겐 다양한 매체를 솔루션할 수 있는 컨셉츄얼리스트(conceptualist)를 요구한다. 새로운 매체가 전파나 인쇄 매체를 밀어내고, 그 자리를 차지할지도 모른다. 어떤 매체가 당신 앞에 닥치더라도, 그 미디어의 한계와 가능성을 극대화시키면서, 세일즈맨의 꿈을 이루어가는 카피라이터, 그런 카피라이터가 필요한 세상이 찾아온다.

조동원 (카피라이터)

▶ 가상 현실 virtual reality

VR 기술이란 인간이 실생활에서 느끼는 빛의 신호인 시각 정보를 컴퓨터 그래픽스 기술로 만들 수 있음을 뜻한다. 고정된 영상보다는 인간의 동작에 따라 변화되고 움직이는 영상을 이용해 인간에게 가상 환경 속에 실제로 있는 듯한 느낌을 갖도록 할 수 있다. 이러한 가상 환경에 소리, 힘, 온도, 냄새 등의 정보를 합성할 수 있다면 실제와 동일한 가상 환경을 만들 수 있으며 동일한 감각도 일으킬 수 있다. 인간의 동작을 직접 훈련하고 그 움직임에 따라 변화되는 장면을 보여주고 장면 속의 물체를 조작할 수 있게 하는 VR 장비로는, VLP사가 세계 최초로 머리의 움직임에 따라 변하는 영상을 출력하는 HMD(Head Mounted Display)와 손의 움직임을 측정해 컴퓨터에 입력하는 데이터 장갑(date glove) 장치를 기본으로 하는 RB2 시스템을 상품화했다.

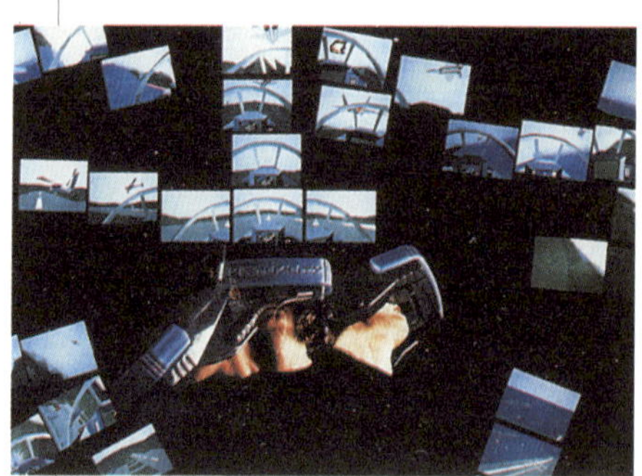

비행 시뮬레이션과 오락의 즐거움을 주는 아래의 가상현실 시뮬레이션에서는 감성적인 접근이 필수적이다.

▶ 고라우드 쉐이딩 gouraud shading

3차원 그래픽 화면에 나타난 입체의 표면에 적절한 색을 입혀 물체의 입체감과 질감을 나타내는 채색 알고리즘의 한 가지. 이는 두 평면이 만나는 곳에서 색이 급격히 바뀌는 것을 막기 위해 평면의 중심에서 교차면까지 연속적으로 색을 점차 변하게 한다. 고라우드 쉐이딩의 기본 개념은 반사광을 다각형의 중심에서가 아닌 각각의 정점에서 계산한다. 다각형의 정점에서 음영은 사실적이 되고, 이들

고라우드 쉐이딩

경계가 두드러지지 않도록 혼합하게 된다. 이에 따라 다각형 모델을 효율적이며 사실적으로 처리할 수 있다.

▶ 광선추적법 ray tracing

렌즈를 통한 빛의 굴절을 추적한다는 뜻의 고전물리학 용어에서 유래한 이 방식은, 카메라에서 빛이 들어오는 역방향으로 추적하여 그 광선의 굴절, 반사를 계산한 후 화면에 그려 나가는 방법으로 가장 전문적이며 현실감있는 방식이다. 이 기법을 사용하면 거울과 같이 매끈한 표면에 주위의 물체가 비치는 효과를 얻을 수 있지만 수많은 빛의 경로를 일일이 계산해야 하므로 전용 하드웨어가 없으면 실용적이지 못하다.

광선 추적법

▶ 구이 GUI Graphic User Interface

그림을 기반으로 사람과 컴퓨터를 연결하는 일종의 맨-머신 인터페이스(man-machine interface)이다. 이 기법은 사람이 알아보기 편리할 뿐 아니라 의미 전달률도 매우 높다. 이 개념은 1970년대 중반에 제록스사의

PARC(Palo Alto Research Center)에서 알토(Alto)와 스타(Star)같은 워크스테이션과 스몰 토크(small talk)와 같은 환경을 위해 출발했다. 매킨토시 컴퓨터는 운용 체제 차원에서 GUI 방식을 도입함으로써 많은 성공을 거두어 사용자의 접근을 쉽게 하였다. 그외에 MS-DOS를 기반으로 하는 WINDOWS, UNIX상에서 돌아가는 X-WINDOWS 등이 있다. → 인터페이스 디자인 참조

▶ 그래픽 입력 장치 graphic input device

컴퓨터 영상 데이터를 입력시키는 장치로서 마우스, 그래픽 타블렛과 스타일러스 펜, 라이트 펜, 조이스틱, 스캐너, 비디오 카메라 등이 있다.

▶ 그래픽 출력 장치 graphic output device

컴퓨터에 의해 생성된 영상을 화면이나 종이 위에 출력할 수 있는 장치. 소프트 카피 (soft copy)용 출력 장치로는 CRT 디스플레이가 있고, 하드 카피용 출력 장치는 종이나 필름 또는 슬라이드를 만드는 플로터와 프린터 그리고 필름 레코더가 있다.

▶ 그래픽 포맷 graphic format

그래픽 파일은 보통 일반적인 프로그램에 비해 수십 배의 크기를 갖는데, 효율적인 저장 공간을 갖기 위해서 데이터 양의 축소를 필요로 한다. 그래서 각각의 그래픽 프로그램을 만드는 회사에서는 저마다 효율적인 저장 공간을 갖기 위하여 자기 회사만의 독특한 저장 형식을 만들었는데, 이와 같은 그래픽 포맷으로는 TIFF, TGA, GIF, PICT, PCX, JPEG, MPEG 등이 있다.

▶ 그래픽 표시 해상도 graphic display resolution

그래픽 표시 장치 화면의 정밀도를 나타내는 것. 일반적으로 널리 쓰이는 그래픽 표시 장치는 래스터 스캔(raster scan) 방식을 사용하는데, 이때는 화면에 나타날 수 있는 가로와 세로의 점(pixel)의 수가 해상도를 나타낸다. 워크스테이션이나 전문 그래픽 단말기 등의 해상도는 1024×768 이상이 일반적이다.

▶ 그로스 모델 growth model

암몬 조개, 선인장, 나무 등 식물이나 패류의 성장에서 일정한 법칙성을 찾아내어 컴퓨터로 그 과정을 그려내게 한다. 컴퓨터 그래픽스에 있어서 프랙탈(fractal)의 한 분야로 분류되며, 자연계에 있는 복잡한 패턴을 단순한 형태로 재현시키는 수단으로 주목되고 있다.

▶ 니코그라프 NICOGRAPH

일본컴퓨터그래픽스협회(Nippon Computer Graphics Association)에서 주관하는 컴퓨터 그래픽 관련 전시회를 말한다. 매년 11월에 열리는 니코그라프는 미국의 시그라프(SIGGRAPH)에서 소개된 것과 일본 내부의 정보를 소개하는 행사이다. 이른바 시그라프의 일본판으로 기획되었다. 이 행사는 기기 전시, 특별강연, 필름쇼, 세미나, 논문발표 등 다양한 내용으로 매년 개최되나 시그라프의 운영 모체가 학회인데 반해 니코그라프는 업체이다. 성격은 NCGA(National Computer Graphics Association)에 가깝다.

▶ 래스터 그래픽스 raster graphics

화상을 래스터 방식으로 생성하는 컴퓨터 그래픽스의 총칭으로 오늘날 컴퓨터 그래픽의 대부분은 이 방식을 사용하고 있다. 래스터 방식은 점의 모임으로 화상을 나타내므로 해상도는 점의 크기와 개수로 결정된다. 근래의 마이크로 컴퓨터 그래픽스에서는 저해상도가 320×200, 중해상도는 640×480, 고해상도는 1024×768 이상이 보통이다. 각 점의 정보는 프레임 버퍼(frame buffer)에 기억되며, 단색에서는 1비트가 한 점에 대응되나 컬러를 나타내기 위해서 한 점당 여러 비트가 필요하다.

▶ 래스터 스캔 CRT raster scan CRT

CRT 화면에 그래픽을 표시하는 방법으로 래스터 방식을 사용한다. 즉 화면을 작은 점들의 모임으로 보고 각 점을 켜고 끔으로써 영상을 만들어낸다. 전자 빔은 화면상의 주사선들을 위에서 아래로, 같은 줄 안에서는 왼쪽에서 오른쪽으로 순차적으로 주사하며 그때마다 해당 점의 점멸이나 색정보가 전자빔의

강도에 반영되어 CRT 화면에 분포된 인 (phosphor)의 발광을 결정하게 되고 이것이 화상을 결정한다.

▶ 렌더링 rendering

3차원 그래픽에서 화면에 그린 물체의 각 면에 적절한 색을 입히고 여러가지 효과를 가하여 화상의 실제감을 나타내는 작업으로, 화면상에 실제로 표현되거나 그려지는 방식을 말한다. 입방체가 와이어 프레임(wire frame)으로 그려질 것인가 아니면 솔리드 입체로 그려질 것인가, 광원은 그림자를 드리울 것인가, 광원과 표면은 어떤 식으로 상호작용할 것인가 하는 것 등을 말하는 것이다. 렌더링 또는 시각화 알고리즘은 근본적으로 어떤 물체인가 하는 것보다 그려지는 방식에 관계한다. 렌더링은 평면적인 모델에 3차원적인 입체감을 주기 위해서 빛의 변화 등을 계산하여 채색해 나가는 기법으로, 제트버퍼(z-buffer)법과 스캔라인(scan line)법, 광선추적법(ray tracing) 그리고 조도계산법(radiosity)으로 세분화될 수 있다.

'Fossilized Honeys', HDTV, 1986

▶ 멀티미디어 multimedia

멀티미디어란 문자정보, 음성정보, 영상정보 등 여러 가지 형태의 매체로 이루어진 정보를 컴퓨터로 통합 처리하여 상호전달이 가능하게 한 것이라 할 수 있다. 다시 말해 오감을 가진 인간이 감각작용을 통해 다양하게 접하는 정보의 다양한 유형이 실시간으로 상호전달이 이루어질 수 있도록 자연스러운 정보환경을 지향하는 미디어를 의미한다고 할 수 있다. 멀티미디어의 모든 정보표현은 디지털화이다. 이러한 기술이 주요 요소로서 상호호환과 정보의 가공을 용이하게 하고, 다양한 데이터 처리를 가능하게 함으로써 하나의 표현 형식에 제한받지 않는 장점을 제공한다. ➡ 신매체, 인터페이스 디자인 참조

▶ 모델링 modeling

결정된 대상의 입체를 x, y, z의 3차원 수치정보로 바꾸어 컴퓨터에 입력시키는 과정으로, 가장 많은 시간과 노력이 요구되어 자동화가 어려운 부분이다. 예를 들어 인체와 같이 엄청난 양의 데이터를 가진 입체는 피부또는 석고로 모델을 만들어 중요한 정점에 x와 y의 선을 긋고 교차점을 입력한다. 이렇게 입력이 끝난 3차원 입체는 상대적으로 쉽게 조정하고 수정할 수 있으며 대상을 어느 위치에서나 볼 수 있다.

▶ 몰핑 morphing

2차원의 이미지나 3차원의 이미지를 다른 형상으로 변화시키는 작업을 말한다. 이러한 작업은 첫째, 2차원의 정지화를 디자이너가 다른 이미지로 변환시키는 데 사용되며, 두번째로는 3차원의 애니메이션 이미지나 스캐너로 받아들인 이미지를 애니메이션하면서 원하는 형상으로 변환시키는 데 주로 사용된다. 예를 들면 마이클 잭슨의 뮤직 비디오 'Black or White'에서 많은 몰핑 기법을 볼 수 있다.

▶ 법선 벡터 surface normal

3차원 그래픽에서 면의 음영을 표현하는 경우, 정확히 그 처리를 실행하기 위해서는 몇 가지의 정보를 컴퓨터에 입력해야 한다. 이 정보의 내용으로서는 광원의 방향, 광원의 위치 및 면의 재질이 포함된다. 이들 이외에 또 하나 중요한 면의 속성이 있다. 이러한 정보를 면에 대한 법선 벡터(surface normal)라

고 부른다. 법선 벡터는 보통 평면에 대해 수직으로 표시한다. 이 법선 벡터의 방향에 의해 그 점에 있어서의 음영처리가 제어된다

▶ **베지어 곡면 Bezier surface**

3차원 모델의 형상 정의에 이용되는 자유곡선의 하나로서 곡면 형상의 개략을 표시하는 다각형의 정점 데이터(제어점)를 기초로 곡면을 표현한다. 정점 데이터의 변경으로 곡면의 형상을 제어할 수 있는 것이 특징이다. 표현식은 여러 종류의 3차원 CAD에 도입함으로써 실용화되고 있다. 이 곡면의 표현 방법은 프랑스의 자동차 회사 르노의 베지어에 의해 1970년대에 제안되었다. 그때까지의 자유곡면을 표현하는 방법으로는 퍼거슨과 쿤즈의 식이 있었으나 양자 모두 형상변형이 어려운 단점을 가지고 있었다. 이 점을 극복하기 위해 베지어 곡면이 제안되었다.

▶ **벡터 vector**

화면이나 플로터에 그려지는 선분을 가리키는 말. 특히 점을 사용하지 않고 실제로 점과 점을 연결하는 선분에 의하여 그림을 나타내는 방식. 공간 상에서 물체의 위치를 나타내는데는 점이 최적이지만 그것은 전혀 움직이지 않는 물체에 한해서만 가능하다. 물체의 위치, 이동 방향, 이동 속도는 모두 흔하게 만나는 일반적인 것이며, 더욱이 일괄 처리하는 경우가 많으므로 이들 3개를 한꺼번에 표시할 수 있는 심벌로서 화살표를 사용하고 있는데 이를 벡터라고 한다.

▶ **벡터 그래픽스 vector graphics**

그림을 그릴 때 점 단위로 그리는 비트맵 그래픽스에 반해 선 단위로 그림을 그리는 방식을 말한다. 원하는 대로 그림의 축소, 확대, 회전 등이 자유롭고 특히 프린터 출력이 깨끗한 것이 장점이다. 글자꼴에도 벡터 방식이 있는데, 벡터 폰트 방식은 IBM PC에서는 외곽선 폰트(outline font), 매킨토시에서는 트루타입 폰트(true type font)라는 이름으로 부른다.

▶ **벡터 스캔 CRT vector scan CRT**

캘리그래픽 CRT(calligraphic CRT)라고도 하며 선만을 묘사한다. 래스터 스캔 (raster scan) CRT와 비교하여 우수한 점은 고정밀도의 선을 묘사하는 것이다. 또한 묘사된 선은 그 제어 방법 때문에 더욱 부드럽게 보이며 화면상에서 빠르게 움직인다. 랜덤 스캔 (random scan) CRT라 부르기도 한다.

▶ **복셀 voxel**

3차원상에 존재하는 점으로서, 이 점은 입체의 가장 작은 단위이며 입방체로 된 3차원적인 것이다. 복셀은 색조나 가시성을 나타내는 값을 뜻하는 것이 아닌 정밀한 기구로 얻어진 실제 부피의 데이터 표본을 뜻한다. 복셀은 CAT(Computerized Axial Tomography) 스캔이라고 하는, 깊이를 측정하는 스캐너로 측정, 입력될 수 있다. 이 스캔은 하나씩 분리된 절단면이나 외형의 집합으로 만들어지는데, 각 CRT 스캔으로 잡은 절단면들이 화상처럼 보인다 할지라도 그것의 자료는 밝기의 값이 아니라 깊이를 가진 조직들인 것이다.

▶ **비디오 램 video RAM**

비디오 램은 컴퓨터의 화상 정보를 기억, 재생시켜 주는 기억 장치로서 모니터의 경우 화면의 한 점이 비디오 램 하나의 메모리에 대응하는 방식으로 비디오 램으로 읽혀진 화상 정보는 영상 신호로 변환되어 모니터에 표시된다. 따라서 비디오 램의 용량이 클수록 해상도가 좋아지고 표현할 수 있는 색상 수가 많아진다.

▶ **비트 맵 데이터 bit map data**

컴퓨터의 프레임 버퍼에 저장된 여러 비트의 모임. 컴퓨터에서는 화면이나 프린터에 출력되는 화상의 각 점을 프레임 버퍼의 각 비트에 대응시켜서 나타내므로, 비트 맵 데이터라고 하면 그래픽 데이터를 가리키는 경우가 많다. 흑백 화면의 경우에는 한 비트가 한 점에 대응되지만 컬러 화면의 경우에는 여러 개의 비트가 한 점에 대응되어 그 비트의 2진수 값이 그 점의 색을 결정하도록 한다.

▶ **상대좌표계 relative coordinate system**

바로 전에 사용했던 좌표의 위치를 기준좌표 (0,0)로 하는 좌표계를 말한다. 예를 들어

297

솔리드 모델 solid model
쉐이딩 shading
스무드 쉐이딩 smooth shading

스케치 패드 시스템 sketch pad system
스켈리턴 테크닉 skeleton technique
스크립트 파일 script file
스플라인 spline

(1,1)에 중심을 둔 물체를 X축으로 3만큼, Y축으로 4만큼 이동시켰을 경우, 이동후의 이 물체의 중심 좌표값은 절대좌표로는 (4,5)가 되지만 바로 전의 좌표 (1,1)을 기준으로 하는 상대좌표로는 (3,4)가 된다. 참고: 절대좌표계(absolute coordinate system).

▶ 솔리드 모델 solid model

이 모델은 입체의 속이 가득 찬 것으로 정의 정의하는데, 예를 들면 프리머티브 솔리드(primitive solid)로 불리우는 입방체, 원통, 원추, 구 등을 겹치거나 빼거나 하는 등의 집합 연산(boolean operation)으로 최종적인 입체를 생성한다. 이외에 평행 이동, 회전, 확대, 축소, 소거, 절단, 분할, 대칭 등의 조작도 가능하다.

▶ 쉐이딩 shading

컴퓨터에 입력된 와이어 프레임 모델에 입체감을 주기 위하여 각 면의 광원으로부터의 거리, 각도, 색채, 밝기 등을 계산하여 입체 표면에 음영을 부여하는 처리 기술을 말한다. 즉 빛이 비치는 면은 밝고, 비치지 않는 면은 어둡게 보인다. 쉐이딩 방법으로는 램버트(lambert), 고라우드(gouraud), 퐁(phong) 방식이 있다.

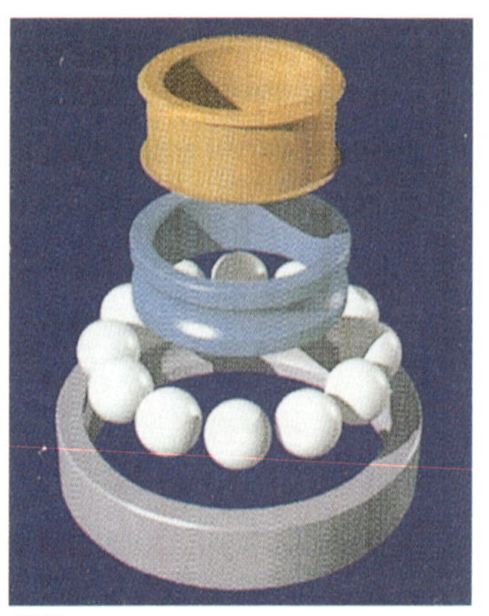

쉐이딩

▶ 스무드 쉐이딩 smooth shading

컴퓨터 그래픽스에서 입체물의 곡면 처리를

위한 방법이다. 쉐이딩이 행해지는 경우 입체의 형상은 다각형을 조합하고 있으므로 하나 하나의 면은 어디까지나 평면이다. 이것으로서는 막 빚어낸 석고상의 각진 모양과 같은 상태이지만, 서로 이웃하는 면과의 그늘의 휘도차를 측정하여 연속적인 그라데이션으로 치환하면 대단히 부드러운 곡면과 같은 형상을 표현할 수가 있다.

▶ 스케치 패드 시스템 sketch pad system

1963년 MIT에서 개발한 시스템으로, 컴퓨터의 화면에 라이트 펜(light pen)이나 기능 키(function key)를 이용해 그림을 그리면 그대로 기억 장치에 입력되어 수정, 확대, 축소가 가능한 대화형 컴퓨터 그래픽스의 효시라 할 수 있다.

▶ 스켈리턴 테크닉 skeleton technique

컴퓨터 애니메이션에서 물체의 움직임을 제어할 때, 전체를 움직이는 것이 아닌 골조와 근육 부분을 분리해 생각하는 것이 편리하다. 골조 부분만을 간단한 직선 동작으로 정하고 그밖의 것은 정해진 순서에 따라 컴퓨터가 살을 붙이는 작업을 하는 방법이다.

▶ 스크립트 파일 script file

컴퓨터 애니메이션에서 물체나 카메라, 조명 등의 변화를 기록해 놓은 문서 파일을 가리킨다. 이 스크립트는 보통 문서 파일로 되어 있어 문서 편집기를 사용하여 수정을 가할 수 있으므로 애니메이션의 세밀한 동작 지정이나 수정을 하는 것이 가능하다.

▶ 스플라인 spline

컴퓨터 그래픽스에서 유선형의 모양을 만들

컴퓨터 그래픽스

computer graphics 서태규

기 위해 제어점들을 지정하고 이들을 잇는 곡선을 계산해 내는 것, 또는 그 곡선, 자동차나 비행기의 표면과 같이 유선형의 곡선을 설계할 때 많이 사용된다.

▶ 시그라프 SIGGRAPH Special Interest Group on Graphics

컴퓨터의 기술 증진을 위하여 1967년에 미국의 컴퓨터 학술 단체인 ACM(Association for Computing Machinery) 산하의 한 분과로, 컴퓨터 그래픽스에 관련된 각종 행사를 매년 8월 말일부터 일주일간 개최하고 있다. 이 행사에서 전시되고 발표되는 작품 및 연구 논문은 가장 첨단의 연구 결과를 담고 있는 것으로 유명하다.

▶ 실시간 처리 real time processing

현재 진행되고 있는 물리적 현상을 제어하기 위해 충분히 빠른 응답 시간(통상 수초내)을 가지는 실시간 처리 방식을 말한다. 컴퓨터를 이용한 시뮬레이션이나 애니메이션에서 실제의 움직임과 같이 빠르게 반응하도록 처리하기 위해서는 컴퓨터의 처리 속도를 고려하여 디스플레이 영상의 해상도를 작게 하거나 압축을 하여 영상의 용량을 줄임으로써 해결하고 있다.

▶ 아이콘 icon

소프트웨어의 기능을 조그마한 그림으로 표현해서 그 내용을 시각적으로 이해하기 쉽게 만들어 놓은 것을 말한다. 컴퓨터 그래픽 소프트웨어들은 대부분 기능들을 아이콘화해서 보여주고 있다. 특히 매킨토시 컴퓨터는 운용 체제 차원에서부터 GUI 방식을 도입하여 아이콘화함으로써 사용자의 호평을 받고 있다.

➡ 그래픽 디자인, 인터페이스 디자인 참조

▶ 안티앨리어싱 anti-aliasing

래스터 방식에서는 모든 것이 점으로 표시되므로 직선이 톱니 모양으로 우툴두툴하게 되는 앨리어싱(aliasing) 현상이 일어난다. 이 현상은 화면의 해상도를 높이면 어느 정도까지는 해소할 수 있지만 그것 때문에 전용 디스플레이, 대량의 화상 메모리 등이 필요하게 된다. 특히 화소 수가 증가함에 따라 컴퓨터의 처리 능력도 부담을 주게 된다. 그래서 될 수록 적은 계산량으로 고가의 기재를 사용하지 않고 충분한 효과를 얻기 위하여 고안된 것이 바로 안티앨리어싱이라는 수단이다. 톱니 모양의 거칠은 부분을 중간색으로 보완시켜 줌으로써 부드러운 직선으로 보이게 한다.

▶ 앰비언트 라이트 ambient light

물체를 보이게 하는 빛의 종류로는 빛이 방출되는 광원과 빛이 반사되는 면이나 물체를 생각할 수 있다. 물체가 광원에 직접 노출되지 않더라도 빛이 근처의 물체로부터 모두 반사되면 일정한 밝기(uniform illumination)의 빛이 물체에 도달한다. 바로 이러한 빛을 앰비언트 라이트(ambient light) 또는 백그라운드 라이트(background light)라 하며, 3차원 컴퓨터 그래픽스의 물체 표현 중에 음영부분이나 흐린 날씨 등을 표현할 때 쓰인다.

▶ 영상 압축 image compressing

영상 데이터는 문자 데이터보다 많은 양의 저장 공간을 필요로 한다. 이의 효율적인 저장을 위하여 여러 가지 영상 압축 기술이 개발되었는데, 현재 표준으로 사용되는 영상 데이터의 압축 기술로는 정지 화상 압축 기술인 JPEG(Joint Photographic Experts Group)와 동화상 압축 기술인 MPEG(Moving Picture Experts Group)가 있다. 압축된 영상을 복원할 때 약간의 데이터 손상이 있지만 JPEG는 10~40:1의 압축률을 가지며 MPEG는 100~140:1의 놀라운 압축률을 가진다.

▶ 영상 처리 image processing

컴퓨터 시스템에 의한 영상 정보의 처리 기법. 일반적으로 영상 처리는 화상을 창조한다기보다는 이미 만들어진 화상을 적절히 변형시키는 작업을 한다. 주로 비디오 카메라가 잡은 영상 정보를 저장하고, 사용자에게 유용한 형태로 바꾸는 작업을 거친 후에 변형된 영상이나 원래의 영상을 출력하는 모든 행위나 기법을 가리킨다. 이는 위성 전송 사진의 처리나 손상된 화상을 원래의 영상으로 회복하는 것, 로보트의 시각 부여 등 매우 다양한 응용 분야를 지니고 있다.

영상 처리의 예

▶ 와이어 프레임 wire frame

3차원 물체의 형상을 수많은 선의 모임으로 표시하여 입체감을 나타내는 것. 이것은 마치 철사를 이어서 만든 뼈대처럼 보이므로 와이어 프레임이라 한다. 이것은 구조가 간단하여 물체를 표시하는 데 시간이 적게 걸리는 장점이 있으나, 와이어 프레임만으로는 물체의 실제감을 느낄 수 없으므로 선들이 만나서 생기는 각 면에 적절한 색을 입히는 렌더링 작업과 가려 보이지 않는 선을 없애는 은선 제거(hidden line removal) 작업이 뒤따라야 실제감있는 화상을 만들 수 있다.

▶ 은선·은면 제거
hidden line · hidden surface removal

컴퓨터 그래픽스에서 3차원 물체를 나타낼 때 물체의 뒤쪽에 있어서 보이지 않는 선이나

은선 제거

면을 나타나지 않게 하는 일. 이는 3차원 그래픽에서 매우 중요한 요소로 물체의 실제감을 나타내는 효과를 낸다. 그래픽을 전문으로 하는 대부분의 프로그램에서는 이 기능을 제공하고 있으며, 그래픽 전용 하드웨어에서는 이 기능을 하드웨어에서 자동적으로 처리하는 것도 있다.

▶ 전자출판 DTP
Desk Top Publishing

①개인용 컴퓨터와 조판 프로그램, 스캐너, 그리고 레이저 프린터의 출현으로 책상 위에서 출판의 전과정을 처리할 수 있게 된 것을 일컫는다. 하지만 레이저 프린터는 효율성에 있어 대량인쇄에 적합치 않고 그 출력의 질이 고품질 인쇄물에 미치지 못하므로 현 단계에서 DTP의 개념은 본격출판이 아닌 인쇄 전까지의 과정을 책상 위에서 처리한다는 개념으로 탁상출판이라 불리고 있다. 이는 1980년대 중반 그래픽 방식의 애플 매킨토시 컴퓨터와 레이저 프린터가 보급되면서 급속히 성장하여 근래에는 컴퓨터의 중요한 응용 분야 중의 하나이다. ②전자출판의 본래의 의미는 종이책이 아닌 디스크나 CD-ROM 책과 같은 화면책을 만드는 것을 말한다. 표현될 내용이 종이에 담기지 않고 전자적 형태로 담기므로 전자출판이라는 말이 생기게 된 것이다. 하지만 국내에서는 전자출판을 DTP와 같은 개념으로 보거나 컴퓨터를 이용한 출판 즉 컴퓨터출판과 같은 의미로 사용되고 있다. 그리하여 전자출판은 경우에 따라 다음의 두 가지 의미로 나뉘어 쓰인다. 첫째, 넓은 의미의 전자출판: 컴퓨터를 이용한 편집 및 출판(컴퓨터출판). 둘째, 좁은 의미의 전자출판: 화면책을 만드는 것.

▶ 절대좌표계
absolute coordinate system

사용되고 있는 좌표계의 고정된 기준좌표(0,0)로부터의 거리를 위치로 표시하는 좌표계를 말한다. 예를 들어 (1,1)에 중심을 둔 물체를 X축으로 3만큼, Y축으로 4만큼 이동시켰을 경우에 이동 후에 이 물체의 중심 좌표

값은 (4,5)가 된다. 월드좌표계(world coordinate system)라고도 부른다. 참고: 상대좌표계(relative coordinate system)

▶ 조도 계산법 radiosity

미국 코넬대학(Cornell University)에서 1984년 연구되어 실용화된 렌더링 알고리즘으로, 레이 트레이싱 기법에서는 빛과 물체와의 기하학적인 관계로부터 인간의 눈에 보이는 물체의 휘도를 구하지만, 조도 계산법 알고리즘은 열역학에서 도입된 개념으로, 빛을 에너지로 치환하여 계산하고 빛에너지 분포가 적정 수준에 도달할 때까지 계산하는 방식이다. 이 방법으로 렌더링된 그림은 더욱더 사실적이며, 건축이나 조명 시뮬레이션 분야에서 활용되고 있다.

▶ 종횡비 aspect ratio

화소(pixel)의 가로 폭과 세로 높이의 비례를 나타내는 말. 컴퓨터의 모니터 화면은 직사각형이므로 정사각형인 화소와 비례가 맞지 않는다. 그러므로 모니터의 디스플레이 해상력(display mode)이 바뀔 때마다 화소의 종횡비를 조정해 작업하여야 한다.

▶ 중간 분할법 inbetween

애니메이션을 제작하기 위해서는 먼저 원화(key frame)를 그리고, 그 원화와 원화 사이를 원활하게 동화로 연결시켜 주는 중간 그림이 필요하게 된다. 애니메이션 제작중 많은 노동력과 시간을 필요로 하는 중간 그림을 컴퓨터로 생성하는 것을 중간 분할법이라고 한다. 먼저 애니메이터가 원화를 디지타이저를 사용하여 컴퓨터에 입력한 후, 그 움직임의 경로를 지시한다. 그러면 컴퓨터가 비례 배분에 따라 사이사이에 선화를 그려나간다. 이렇게 함으로써 자연스런 동작을 만들 수 있다.

▶ 질감 전사 texture mapping

3차원 입체 표면 질감을 수치적으로 표현하기 어려울 때 입체의 표면 위에 2차원적인 그림을 덧붙여 질감을 표현하는 기법을 말한다. 이를 이용하면 물체의 형태를 고려하지 않고도 벽돌 질감을 낼 수 있다. 즉 벽돌 질감 자체의 3차원 데이터가 없어도 디자이너는 벽돌 질감의 2차원적인 데이터만 만들어서 3차원 입체 위에 전사시킬 수 있다. 이러한 질감 전사 기능에는 귤껍질이나 골프공처럼 올록볼록한 느낌의 볼록 전사(bump mapping)와 주변 경치가 거울에 반사된 것처럼 표현하는 반사 전사(reflection mapping), 그리고 특정한 무늬의 데이터를 프로그램상에서 지원하는 3차원 질감 전사(3D texture mapping) 등이 있다.

질감 전사

▶ 캐드 CAD
Computer Aided Design

기계, 전기, 건축 등의 분야의 설계에 컴퓨터를 이용하는 것. 가장 기본적으로는 컴퓨터의 그래픽 능력을 이용하여 종이에 그릴 도면을 컴퓨터에 입력하고 그것을 화면이나 플로터 등으로 그려내는 것이지만 보다 진보된 시스템에서는 설계에 대한 분석이나 지정된 기준에 대한 검사도 할 수 있다. 컴퓨터 그래픽스의 응용분야 중 가장 큰 비중을 차지하고 있는 분야의 하나인데, 종래에는 대형 컴퓨터에서만 작업이 가능했으나 최근에는 개인용 컴퓨터나 워크스테이션의 보급과 함께 소형 컴퓨터에서 CAD 작업이 많이 이루어진다.

▶ 커서 cursor

CRT 모니터 화면에서 그림이나 글자가 입력되거나 출력될 위치를 나타내는 표시로, 일반적으로 깜박거리는 사각형이나 화살표, 밑줄로 나타난다. 커서는 저장되어 있는 데이터에 영향을 주지 않고 위치를 정하거나 움직이는 지칭형이 될 수도 있고, 화면에 표시된 사각형 안을 선택하는 선택형이 될 수도 있다.

▶ 컬러 인코더 color encoder

컴퓨터에서 사용하는 CRT 디스플레이와 가정용의 텔레비전은 그 취급하는 영상 신호가 전혀 다른데, 컴퓨터의 단말에서 송출되는 RGB 신호를 TV 모니터의 NTSC 신호로 변환시키는 데 필요한 기기를 컬러 인코더라 한다. 이것을 사용함으로써 컴퓨터의 화면을 비디오 레코더 등의 기계를 사용하여 녹화하는 일이 가능하게 된다.

▶ 컴퓨터 그래픽스
computer graphics

컴퓨터를 이용하여 도형이나 화상 등의 그림 데이터를 생성, 조작, 출력할 수 있도록 하는 데 관련된 모든 기술을 말한다. 1960년대부터 개발되기 시작하여 최근에는 컴퓨터의 응용 분야에서 매우 큰 비중을 차지하게 되었다. 오늘날 컴퓨터 그래픽스는 문자와 숫자로 표현된 정보를 알기 쉽게 나타내거나, 컴퓨터를 이용한 설계, 인간과 컴퓨터 사이의 교류에서 컴퓨터 미술에 이르기까지 많은 분야에서 이용된다. 컴퓨터 그래픽스는 2D(two dimension), 3D, 4D로 구분할 수 있는데,

2D는 컴퓨터 페인팅으로, 평면으로 출력된 모든 이미지 및 2차원 상의 모든 작업 과정을 총칭하는 말로 좁은 의미의 컴퓨터 그래픽스로 말하기도 한다. 3D는 물체의 3차원 데이터를 입력하여 만든 3차원 모델 및 음영 표현, 재질 표현 등 프로그램에 의한 모든 입체 표현 과정을 뜻하며 CAD·CAM 분야의 렌더링이 대표적이다. 현재는 컴퓨터 그래픽스의 모든 분야가 3D를 주축으로 발전되고 있다. 4D는 3차원 공간에 시간축을 더한 것으로 시간 예술이라고도 하며, 컴퓨터 애니메이션(computer animation)이라고도 한다.

▶ 컴퓨터 비전 computer vision

컴퓨터 비전 시스템은 화상을 지각하고 물체를 찾아내고 물체의 형태와 볼륨과 같은 물리적인 특징을 찾아내는 일을 한다. 컴퓨터 비전은 화소를 선과 형태로 바꾸는 것뿐만 아니라 형태끼리의 관계나 그들이 의미하는 것이 무엇인지를 결정하는 것이다. 컴퓨터 비전은 컴퓨터 그래픽스와 상반되는 개념이며 그것은 지각과 아주 깊은 관련이 있다.

▶ 컴퓨터 시뮬레이션 computer simulation

어떠한 현상이나 사건을 컴퓨터로 모형화하여 가상적으로 수행시켜 봄으로써 실제의 상황에서 결과를 예측하는 것. 예를 들면 비행기의 날개나 자동차 엔진의 동작 등을 시뮬레이션함으로써 최적의 설계를 하는 데 도움을 줄 수 있다. 이러한 시뮬레이션은 비용과 시간을 절약시켜 주며 실제 상황에서는 도저히 할 수 없는 가상적인 시험도 할 수 있다.

컴퓨터 그래픽스로 만들 수 있는 가상 이미지

항공 시뮬레이션

▶ 컴퓨터 아트 computer art

컴퓨터 아트는 전자 계산기의 연산 기능이라

'A Special Creature', NTSC, 1985

는 과학 기술을 이용함으로써 예술의 새로운 가능성을 적극적으로 추구하려는 새로운 예술 형식의 하나라 할 수 있다. XY 플로터나 CRT 디스플레이 등을 사용하여 보여주는 기하학적인 형태, 동적인 애니메이션 등은 컴퓨터 프로그램을 사용하여 제작된 작품들이라 하겠다. 그 어느 도구들보다도 기능이 풍부하고 다양하므로 자연 과학의 광범위한 데이터뿐만 아니라 눈으로 볼 수 없는 영역의 데이터까지도 가시 영상으로 보여준다. 현재 세계 최초의 컴퓨터 아트로 인정되고 있는 작품은 당시 벨 연구소의 연구원이었던 라포스키(Ben F. Laposky)가 1950년에 제작한 일련의 작품인데, 특히 '오실론(oscillon) 35와 40'은 SIGGRAPH'86에서 세계 최초의 컴퓨터 아트로 주목받았던 작품으로서 당시로는 드물던 원형 디스플레이로, 아날로그 제어의 오실로스코프(oscilloscope) 모양의 CRT를 사용한 리사주 곡선(lissajous curve)과 곡선 표시의 선화였다. 1970년 후반까지 컴퓨터 아트의 이미지는 이러한 수학적 2차원 곡선 표현으로 정착하고 있다.

▶ **컴퓨터 애니메이션 computer animation**

컴퓨터 애니메이션은 전통적인 애니메이션의 원리를 적용하기도 하나 전혀 새로운 기법을 적용할 때도 있다. 컴퓨터를 이용한 애니메이션(computer aided animation)은 촬영을 위한 하드웨어를 제어할 뿐 아니라 전통적인 사진 기법을 답습하는 데 반해, 컴퓨터 애니메

이션(computer generated animation)에서는 컴퓨터로 만들어진 이미지에 움직임이 부여되는데, 모든 물체와 움직임이 숫자로 처리되며 3차원 공간상의 움직임이 자유롭다. 2차원과 3차원 소프트웨어로 만든 형상 모델들은 3차원 공간에서 다양한 속도로 움직이고 운동 궤적을 조절할 수 있으며, 키 프레임 간의 모델 생성은 중간 분할법(inbetween)을 이용하고 있다.

▶ **키 프레임 key frame**

애니메이션의 흐름 중 동작의 중요한 변환점을 키 프레임이라 한다. 이 그림을 기준으로 중간 분할된 다수의 그림을 보조 애니메이터(inbetweener)가 그려넣어 움직임을 매끄럽게 하는 것이다. 컴퓨터 애니메이션의 경우에는 키 프레임 사이의 중간 그림을 컴퓨터로 처리하게 해줌으로써 많은 시간과 노동력을 절감하고 있다.

▶ **파세티드 쉐이딩 faceted shading**

3차원 그래픽스의 음영 처리 기법 중 가장 간단한 것이다. 이 기법은 다각형 또는 다른 면 위의 특정점에 대하여 어느 정도 빛이 집중되는가를 계산한 후 그 다각형에 음영을 주며, 하나의 다각형에 음영 처리가 완전히 끝나면 다음 다각형으로 옮겨 처리한다. 파세티드 쉐이딩이라는 용어의 유래는 이 기법에 따라 주어지는 대상물이 다수의 소평면(facet)으로 구성되는 데서 비롯된다. 램버트 쉐이딩(lambert shading)이라고도 부른다.

▶ **패치 patch**

컴퓨터 그래픽스에서 3개 또는 4개의 변을 갖도록 잘라낸 곡면 조각. 이것들의 변을 서로 연결하면 2차원적인 연속된 형상이나 복잡한 3차원 표면을 만들 수 있다. 패치의 변은 다항식 또는 다항식 비의 수식으로 표시된다. 곡면의 데이터를 컴퓨터가 처리하기에는 이 방법이 불편하지만 하나의 패치가 수백 개의 다면체를 대표해서 표현할 수 있으므로 기억장소가 절약된다.

▶ **페인트 시스템 paint system**

이미지를 나타내는데 있어서 비트 맵(bit

map) 방식을 사용한다. 비트 맵 방식은 컴퓨터 그래픽스에는 에어브러시 기법이나 부분 색채 혼합 기법을 통해 부드러운 경계를 만들어 내는 등 기존의 회화와 유사한 이미지를 만든다. 페인트 시스템은 일러스트레이션용으로는 좋으나 프레임 내의 개별 요소를 제어하기에는 적합치 않다.

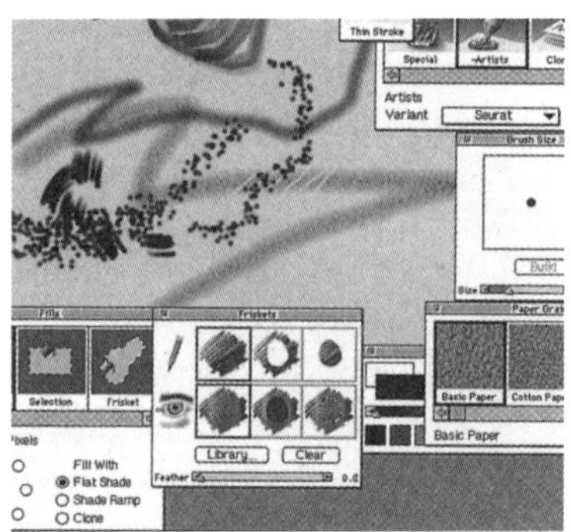

페인트 시스템

▶ 포스트스크립트 PostScript

어도비(Adobe)사에서 개발한, 기계에 무관한 그래픽을 위한 페이지 설명 언어(PDL)의 이름. 이는 그림이나 문자를 비트 맵의 값이 아닌 비례적인 수치만을 가지고 있어 출력기에 따라서 더 좋은 해상도로 출력할 수 있는 장점을 가지고 있으며, 주로 레이저 프린터에서 사용된다. 이 언어를 채택한 레이저 프린터는 그래픽을 자유롭게 인쇄할 수 있고, 글자의 크기나 모양을 다양하게 변화시킬 수 있어 고급 워드프로세싱이나 전자 출판(DTP)에 필수적이라 할 수 있다.

▶ 퐁 쉐이딩 phong shading

3차원 컴퓨터 그래픽스에서 화면에 나타나는 물체의 각 면에 적절한 색을 입혀서 물체의 질감이나 입체감을 나타내는 채색 알고리즘의 하나이다. 물체를 구성하는 각 점에 대해 색을 계산하는 방법을 사용하므로 계산량이 많아 속도는 느리지만 우수한 화질의 그림이 얻어지며, 고라우드(gouraud) 및 램버트(lambert) 쉐이딩에서 나타나는 결점을 해결함으로써 3차원 화상 생성 시스템에서는 표

준적인 쉐이딩 모델로 사용되고 있다.

▶ 표면 모델 surface model

이 모델은 대상을 구성하는 전체 면에 대한 정점의 좌표치를 입력해서 얻을 수 있다. 이것은 한 면마다 데이터를 입력해야 하므로 복잡한 입체나 곡면은 작업량을 줄이기 위해 거칠게 단순화시켜 입력한 후 렌더링할 때 스무드 쉐이딩을 통해 표면의 각진 부분을 부드럽게 해준다. 보통 입체를 구성하는 다각형의 정점의 수가 4개 이상인 경우 각 정점이 면에 평행하지 못하므로 삼각형 패칭으로 좌표 변환 및 은선, 은면 처리를 쉽게 한다.

▶ 표면 조각 입히기 surface patches

매개 변수를 사용하여 표면을 조각으로 입혀 3차원 물체를 그려낸다. 이 물체는 그 표면의 모양과 굴곡 정도를 정의하는 일정한 수의 참고 점들에 의해 형성되며, 나머지 점들은 자동적으로 계산된다. 이러한 패치 방식의 장점은 크고 연속적인 곡면을 적은 수의 참고 점만으로 정의할 수 있고 조정할 수 있다는 점이다. 패치 방식은 차량, 항공 디자인뿐만 아니라 복잡한 표면을 가지고 있는 조각물 등 다양한 분야에 응용된다.

▶ 풀 컬러 full color

실제색(true color)이라고 부르기도 한다. 컴퓨터 그래픽스의 경우에는 RGB라고 하는 빛의 3원색으로 처리한다. RGB 각각에 8비트의 정보량을 배분하면 RGB 각각이 256색으로 조합되어 24비트, 1,677만($256 \times 256 \times 256 = 16,777,216$)가지 색을 만들어 낸다. 일반적으로 이 1,677만 가지 색을 풀 컬러(full color)라고 부른다. 그러나 색 전문가에 의하면 1,677만 가지 색을 표시할 수 있다 하더라도 표현 불가능한 색이 있다고 한다. 이 문제를 해결하기 위해 PIXAR 시스템이나 고해상도 컬러스캐너 등은 RGB 각각에 12비트를 배분한다.

▶ 프랙탈 fractal

프랙탈은 기하학적인 형태가 아닌 물체를 만드는 데 이용하되 기본적으로 구름, 산, 강, 해안선 같은 자연적이고 유기적인 물체를 모

델링할 때 사용된다. 이와 같은 기하학 이론은 1970년대 후반 프랑스의 수학자 만델 브로트(Mandel Brot)에 의하여 탄생되었으며, 대표적인 것으로는 만델 브로트 곡선이 있다. 이 수학적인 식은 매우 화려하면서도 자기 자신이 끝없이 반복되는 그림이 되고, 여기에 난수를 가미하면 산, 해안선, 나무껍질 등 자연계의 물체와 아주 비슷한 그림을 얻을 수 있다.

프랙탈

▶ 프레임 frame

래스터 스캔 방식의 표시 장치에서 한 번의 완전한 주사로 화면에 생성되는 영상을 말한다. 보통 모니터에서는 1초에 약 30 내지 60번의 비율로 주사를 하므로 초당 약 30 내지 60개의 프레임이 생성된다. 이러한 원리가 응용되는 곳이 애니메이션 분야로 초당 30프레임 정도를 순차적으로 연결해 디스플레이하면 자연스럽게 움직이는 영상을 얻을 수 있다. 영상의 기본 단위로 극장용 애니메이션은 1초에 24 프레임, PAL 방식은 25 프레임, NTSC 방식은 30 프레임을 사용한다. 그 1초를 이루는 기본 단위를 프레임이라 하는데, 이것이 움직임을 만드는 기본 단위이다.

▶ 프레임 그래버 frame grabber

화상 처리에 사용되는 고해상도의 그래픽 카드를 가리키는 말. 특히 카메라로 잡은 아날로그 영상을 디지털 영상으로 처리할 수 있는 인코더(encoder)·디코더(decoder) 기능을 가지고 있는 그래픽 보드를 말한다.

▶ 프레임 버퍼 frame buffer

컴퓨터 그래픽에서 화면에 나타난 영상 정보를 저장하는 기억 장치. 즉 화면의 각 점의 on/off나 색을 비트 맵으로 기억하며, 이 기억 장치에 어떤 내용을 써넣으면 그것이 화면에 표시된다. 이는 대개 시스템의 주기억 장치와는 별도로 분리되며, 특별한 기술을 사용해 속도를 빠르게 하기도 한다. 보통 마이크로 컴퓨터에서 프레임 버퍼는 1-2MB이며, 프레임 버퍼의 용량이 클수록 해상도와 컬러가 향상된다. 기본적으로 비디오 램(video ram), 비디오 컨트롤러(video controller), 비디오 바이오스(video bios) 등 세 가지 기능을 지원하는 블럭으로 이루어지며, 그래픽 보드, 그래픽 어댑터, 비디오 디스플레이 등으로 부르기도 한다.

▶ 화소 pixel

Picture element의 합성어. 래스터 그래픽 화면은 작은 점의 열과 행으로 나눌 수 있는데, 이 점이 화소이다. 화소는 화상의 가장 작은 양이다. 저장될 수 있고, 보여질 수 있고, 주소화될 수 있는 화면의 가장 작은 단위이다. 계산된 그림은 화소의 사각 배열로 구성된다. 그림의 해상도는 화면의 화소의 수로 표시된다. 예를 들면, 320×200 화소의 그림보다 640×480 화소의 그림이 더 선명하다. 각 화소의 값은 화상의 각 부분의 색의 강도를 표현하며 전체 화소의 사각 배열을 비트 맵이라 부른다.

▶ CRT 표시 장치 CRT display

음극선관 CRT(Cathod Ray Tube)를 사용해서 컴퓨터의 출력 결과를 화면으로 표시하는 장치. 출력 데이터는 화면상의 문자, 숫자, 도형, 그림으로 나타난다. 가장 많이 쓰는 출력 장치이며 문자만을 표시할 수 있는 텍스트

DPI Dot Per Inches
GKS Graphical Kernel System
LUT Look-Up color Table
RGB 화상 RGB video

Z-buffer 알고리듬 algorithm
2차원 그래픽 시스템 2D graphic system
3차원 그래픽 시스템 3D graphic system

표시 장치와 그림을 나타낼 수 있는 그래픽 표시 장치의 두 종류가 있다.

▶ DPI Dot Per Inches

모니터나 프린터의 해상도를 나타내는 수치로 1인치(2.54cm)당 표현되는 점의 개수를 말한다. 또한 여러가지 입출력 기기의 성능을 나타내는 표시로 사용되기도 한다. 예를 들어 24핀 도트 프린터는 180dpi 수준으로 글자 한 자에 24×24=576개의 점으로 구성되고, 300dpi 레이저 프린터는 글자 한 자가 40×40=1,600개의 점으로 구성된다.

▶ GKS Graphical Kernel System

그래픽 소프트웨어가 표준화되지 않으면 다른 기종의 하드웨어와 호환성을 유지하기 어렵다. 이렇게 되면 프로그램은 하드웨어에 맞춰 디자인되고, 다른 기종으로 옮길 때는 다시 그 하드웨어에 맞게 디자인되어야 한다. 문제를 해결하기 위한 국제적인 노력으로 컴퓨터 그래픽의 표준을 확정하여 여러 나라에서 받아들였는데, 이를 GKS라 한다. ISO(International Standards Organization : 국제표준기구)에 의해 채택된 표준 그래픽 소프트웨어 체계로 2차원 그래픽 패키지를 기준으로 디자인되었지만 3차원 GKS로의 확장도 개발되었다.

▶ LUT Look-Up color Table

컬러 모니터에 있어서 실제로 표시되는 색을 선택하기 위한 표로서, 1,677만 가지의 색 중에서 동시에 표시 가능한 256색이 실제로 어떠한 색인가를 보여준다. 개념상 그림을 그릴 때 실제로 사용하는 색을 팔레트에 모아둔 것과 같다. 인덱스 컬러(index color)라고도 부르며, 웹 디자인에 자주 사용되는 GIF 포맷의 그래픽 이미지나 GIF animation을 제작할 때 사용된다.

▶ RGB 화상 RGB video

일반 표준 텔레비전에 사용하는 복합 컬러 비디오(composite color video) 신호와는 달리 적색, 녹색, 청색의 각 신호를 독립적으로 전송하는 컬러 비디오 신호, 화면이 산뜻하고 밝으며 해상도가 높다. 그래서 시스템에서는 각각의 색신호에 최대 8비트를 할당하므로 256 단계의 명암 표현과 3색의 조합에 의해 16,777,216(256×256×256) 색을 표시할 수 있다.

▶ Z-buffer 알고리듬 algorithm

컴퓨터 그래픽스를 이용해 입체를 표현하고자할 때, 가상의 카메라를 통해 보이는 면만을 표시하는 은면 소거법의 하나. 각 픽셀마다 시점으로부터 면까지의 거리를 비교하여 가까운 쪽의 면만을 표시한다. 광선추적법과 비교해 계산 시간은 빠르게 끝나지만 투명한 물체나 반사, 굴절, 다른 물체의 그림자 등을 표현하기에는 특별한 연구가 필요하다. Z-buffer 알고리듬에서는 화상표시용의 프레임 버퍼(frame buffer) 이외에 표시 해상도에 맞는 용량을 가진 Z-buffer라고 하는 메모리 영역이 필요하다. 예를 들어 해상도가 1,024×1,024로 각 픽셀마다 16비트의 Z-buffer를 준비한다면 그 용량은 2MB로 꽤 커진다.

▶ 2차원 그래픽 시스템 2D graphic system

디자이너를 위한 것으로, 더욱 능률적인 작화를 할 수 있도록 만들어지고 있다. 이 시스템을 가지고는 평면적인 작품과 움직이지 않는 부동적인 작품 표현밖에 안되지만, 디자이너가 필요한 것을 즉시 나타내고 취소할 수 있고, 그린 것을 저장해 두었다가 다시 쓸 수도 있다. 그래서 디자이너가 최종적으로 그림이 완성되었다고 결정을 내리기 전에는 얼마든지 그렸다 지웠다 할 수가 있어 수정과 추가 작화가 아주 편리하다.

▶ 3차원 그래픽 시스템 3D graphic system

물체의 형태를 수치적인 정보로 컴퓨터에 입력하여 묘사해야 하며 인체를 묘사하는 경우에는 실제 인물의 피부에 x선과 y선을 그려 넣거나, 그 인물과 똑같은 석고상을 만들어서 표면에 x, y선을 그려놓고 전자펜으로 선의 교차점을 찍어 눌러서 화면에 와이어 프레임(wire frame)으로 모양을 형성시킨다. 그후 이렇게 작성된 입체물에 여러 가지 표현 기법을 사용하여 실사에 가까운 형상을 표현할 수 있는 것이다.

새로운 창작 표현으로의 컴퓨터 그래픽스

1950년 처음 탄생된 이래, 컴퓨터 그래픽스는 우리가 비시각적 현상(non-visual phenomena)들을 실제로 존재하지 않는 공간속에서 창조하는 데 큰 공헌을 해왔다. 최근 20여 년간 기술적인 진보에 힘입어 더욱 강력해진 디지털 컴퓨터로 과학적, 기술적, 상업적인 용도뿐만 아니라 예술적인 목표를 수행하는 데 따른 여러가지 실험을 해왔다. 이 새로운 미디어로 우리는 눈과 두뇌로 구성된 시각인지 시스템이 수행하는 것과 마찬가지로 시각정보(visual information)를 수집하고 다룰 수 있을 뿐만 아니라, 시각적 인식(visual perception)의 한계를 뛰어넘어 그 영역을 무한대로 확장시킬 수 있게 되었다.

컴퓨터 그래픽스는 이미지를 만드는 기술적(technology)인 부분과, 그것을 시각 정보로 바꾸는 미적(aesthetic)인 방법과 체계로 구성되어 있다. 하나의 장비가 우리의 눈을 대신하여 사물을 인식할 때, 우리가 보는 것의 퀄리티(quality)를 판단하는 데 있어 그 장비는 매우 중요한 역할을 하게 된다. 우리는 장비의 과학적이고 기술적인 사양을 이해해야 그것을 통한 시각화 작업(visualization)을 효율적으로 이룰 수 있다. 우리가 이 세상에 존재하지 않는 비현실적인 것을 시각적인 형태로 만들 때 이 기술은 보다 세심하게 디자인되어야 하며, 변환 과정에 있어 현혹하는 부분이 없어야 하고 주관적 고찰이 있어야 한다. 시각화 작업에서 이미지 변환은 기술적인 부분들을 잘 이해해야 할 뿐만 아니라 예술적인 부분도 고려해야 한다. 컴퓨터 그래픽스는 창조적인 목표를 위해 사용되었을 때 비로소 우리의 주목을 받으며, 고품위의 미학적 가치(aesthetic value)를 창출하기 위한 창의적인 아이디어를 요구한다. 아이디어가 컴퓨터로 처리되기 전에 아이디어 추출 단계에서부터 컴퓨터만의 독특한 시각적 표현 어법(visual vocabulary)이 있기 때문에 컴퓨터에 의한 시각화 작업은 보다 새로운 미적 가치 체계하에서 다루어야 한다. 그러므로 철저하게 컴퓨터적인 사고와 처리 과정을 추구해야 하며 미적, 디자인적 구성 요소에 맞는 작업이 필요하다.

컴퓨터 그래픽스 작품에서 검토해야 할 것은 예술적인 표현 방법으로 컴퓨터가 얼마나 창조적으로 실험되었는가이다. 예술가나 디자이너는 전달자(communicator)로서 한 아이디어를 한 사람으로부터 다른 사람들에게, 보다 효과적인 방법으로 전달하기 위하여 컴퓨터와 프로그램의 특성을 잘 이해하고 이에 걸맞는 아이디어를 시각화해야 보다 효과적인 커뮤니케이션이 이루어질 수 있을 것이다.

홍석일 (한양대 교수)

▶ 가독성 legibility, readability

가독성이라는 뜻을 나타내는 말에는 레지빌리티(legibility)와 리더빌리티(readability)가 있다. 레지빌리티는 개개의 글자 형태를 '식별하고 인지하는 과정'을 일컫는 것이며, 리더빌리티란 '보고 지각하는 과정(scan-and-perceiving process)의 성공도'를 나타낸다. 초기에 독서의 용이함과 독서 속도에 영향을 미치는 요소를 논의할 때 '레지빌리티'라는 용어가 사용되었고 '리더빌리티'라는 말은 1940년 경부터 일부 학자들이 사용하기 시작하면서 '리더빌리티'라는 말은 '독서 재료의 정신적 장애(mental difficulty)의 수준을 측정하는 것'이라고 말하게 되었고, 용어가 두 갈래로 갈라져 혼동을 초래하였다. 결국 레지빌리티는 글자나 낱말을 지각하는 것과 연결된 본문 독서 재료의 읽기와 관련되어 있다. 글자꼴은 꼭 식별되어야 할 뿐 아니라 특성을 지닌 낱말의 형태로 지각되어야 하며, 연속적인 본문은 빠르고, 정확하게, 그리고 쉽게 읽혀 이해되어야 하는 것이다. 다시 말하면 '레지빌리티'란 독서의 용이함과 독서 속도에 영향을 미치는 글자나 다른 심볼, 낱말, 그리고 연속적인 본문 독서 재료에서 본질적인 타이포그래피 요소를 통합하고 조정하는 것을 취급하는 것을 말한다.

TYPOGRAPHY
typography

소문자로 이루어진 집합이 대문자의 경우보다 윤곽선(외곽선)이 뚜렷하기 때문에 더욱 빠르게 인식된다.

▶ 가라몬드 Garamond

영문 글자체 이름으로 클로드 가라몽(Claude Garamond, 1480-1561)이 디자인한 글자. 프랑스인이 만든 글자답게 매우 고상하고 세련되었다. 최근 프랑스의 장 자농(J. Jannon)이 1615년에 디자인한 활자가 발견되었는데 오늘날 가라몬드라는 이름을 가진 많은 것들은 이 자농의 활자꼴을 바탕으로 다시 제작한 것이다. 가라몬드는 전형적인 고전적 활자체

ABCDEFGHIJKLMN
OPQRSTUVWXYZ
&abcdefghijklmnopqrs
tuvwxyz1234567890$

가라몬드

이다. 고전적인 활자체의 특성은 굵은 획과 가는 획의 차이가 크지 않으며, 브라케트(bracket)가 둔하고, 동그라미의 축이 사선 방향으로 되어 있는데, 바로 이점이 가라몬드의 특성과 일치한다. 글자꼴은 C의 경우 터져 있고 곡선적이므로 이러한 모양이 가독성을 높여준다. 대문자의 키가 소문자의 어센더(ascender)보다 작은 것이 특징이다.

▶ 국제 타이포그래피 양식
The International Typographic Style

1950년대 스위스에서 나타난 스위스식 디자인 양식. 그 객관적이고 과학적인 명료성으로 대표되는 스타일에 세계의 디자이너들이 매료되어 그 후 20년 이상 영향력을 발휘하였

아민 호프만, 전시회 포스터, 바셀, 1952

다. 이 양식의 시각적 특징은 디자인 요소들을 수학적 그리드에 맞추어 비대칭적으로 구성하여 시각적 통일을 이루고, 헬베티카나 유니버스 활자체로 오른끝 흘리기를 많이 사용하며, 구상적 사진과 문안은 정확한 사실에 바탕을 두고 배치하여 시각적, 언어적 정보를 전달하는 것이다. 이의 대표적인 디자이너로는 에른스트 켈러(Ernst Keller), 테오 발머(Théo Balmer), 막스 빌(Max Bill), 안톤 슈탄콥스키(Anton Stankowski), 아민 호프만(Armin Hofman), 요셉 밀러-브로크만(Josef Müller-Brockmann), 카를로 비바렐리(Carlo L. Vivarelli), 루더(Emil Ruder), 지그프리드 오더마트(Siegfried Odermatt) 등을 들 수 있다. 2차 세계대전 이후 언어 장벽을 뛰어넘기 위한 다언어적 체재와 명료한 전달, 그리고 세계인들이 이해할 수 있는 픽토그램 등이 요구되었고, 이러한 점에서 스위스에서 발달한 새로운 디자인 개념과 방법이 그 요구를 충족시켜 세계적으로, 특히 미국으로 퍼졌다.

▶ **글꼴 모임**

1979년 한글의 글자꼴 디자인에 뜻을 같이 한 이상철, 김진평, 안상수, 석금호 등이 만든 모임. 이들은 이후 한글 글자꼴 개발에 뜻을 같이 하고 있으며, '한글 글자꼴 부분 명칭의 확립' 등 여러 가지 활동을 전개하고 있다. 현재는 김진평, 안상수, 석금호, 한재준, 윤영기, 민창기가 회원으로 있다.

▶ **글자, 문자 letter**

글자란 말 소리나 뜻을 눈으로 알아 볼 수 있도록 만든 기호이다. 그 근원을 따져 설문해자(說文解子)를 보면 '문(文)'이란 사물의 기본적인 모양을 구체적인 그림이나 추상적인 부호로 그려서 나타낸 것, 곧 무늬를 말하며, 자(字)란 이 '문(文)'과 '문'을 서로 합해서 만들어진 글자를 말한다. 한자에서 '문'이란 독립적인 형태로 이루어진 글자를 말하며, 육서로 본다면 상형과 지사가 '문'에 해당된다, '자'란 두 개 이상의 '문'이 합쳐 새로운 음과 뜻을 가진, 합체 문자로 육서에서 회의와

형성이 '자'에 해당하게 된다.

▶ **글자 부분 명칭 nomenclature**

레터링에서 쓰는 글자의 부분을 가리키는 이름이다. 다음은 영문 부분 명칭으로 ①어센더(ascender), ②디센더(descender), ③엑스하이트(x-height), ④베이스라인(baseline), ⑤카운터(counter), ⑥스템(stem), ⑦세리프(serif), ⑧바(bar), ⑨보울(bowl)이다.

① 어센더(ascender), ② 디센더(descender), ③ 엑스하이트(x-height), ④ 베이스라인(baseline), ⑤ 카운터(counter), ⑥ 스템(stem), ⑦ 세리프(serif), ⑧ 바(bar), ⑨ 보울(bowl)

▶ **글줄**

점에 비유될 수 있는 글자가 모여 낱말을 만들고, 낱말은 서로 모여 글자 그대로 문장을 만들어 내고, 또 타이포그래피적 선이라 표현할 수 있는 글줄을 만든다. 글줄의 윤곽이나 배치는 타이포그래피 구조에 직결된다. 글줄은 좌우 대칭이나 또는 비대칭으로 배열될 수 있다. 보거나 읽는 사람은 이미 확연하게 만들어진 개개의 글줄과 그를 둘러싼 공간을 포함하여 인식한다.

▶ **글줄길이 line length**

문장에서 글줄의 길이. 타이포그래피에서는 글줄길이 문제가 가장 중요하다. 이것은 낱쪽에서 단을 정하며 여백을 결정하고 가독성에서 가장 중요한 역할을 한다. 종래 글줄길이에 대한 견해는 두 가지 설이 상반되어 왔다. 예컨대 1881년 베버(Weber)는 글줄길이가 긴 것이 좋다고 주장했고, 콘트(Cornt)도 베버의 '긴 글줄설'을 지지하여 90mm 정도의 길이가 읽기에 적합하다고 하였다. 이에 대해 자발(Javal)은 눈의 피로도의 입장에서 글줄이 길면 눈동자는 그 조절에 많은 노력을 필요로 하게 되므로, "길이가 긴 글줄은 피하는 것이 좋다"고 하였다. 휴이(Huey) 역시 눈동자의 피로 때문에 행간 운동에 적당하지 않으

글줄사이 行間 leading
돋움체
들여짜기 indent

디지털 폰트 digital font
라이노타이프 linotype

므로 '짧은 글줄설' 을 주장한다. 영문 10포인트 활자의 경우 글줄길이는 80mm가 최적의 상태라고 하며, 통상적으로 9-12포인트로 짠 글줄길이는 대략 10개 내지 12개 정도의 낱말을 포함하는 길이, 즉 18-24 파이카(pica)가 최적의 상태라고 한다. 한글의 경우 10 포인트 활자일 때 10cm 길이가 가독성 조사에서 높게 나온 결과가 있다.

▶ 글줄사이 行間 leading

글줄과 글줄의 사이. 정확하게 말하면 첫 글줄의 바닥선과 다음 글줄의 바닥선까지의 거리를 말한다. 이는 가독성에 중요한 영향을 미치며, 타이포그래피적 이미지에 결정적으로 작용한다. 글줄길이와 글줄사이, 글자크기, 글자사이 등은 서로 영향을 주고 받는다. 그러나 글줄사이는 그 너비에 따라 독서의 난이도가 변하는데, 글줄사이가 좁으면 위아래 글줄이 압박되어 보여 독서할 때 눈의 줄바꿈 운동을 방해한다. 반면 글줄사이가 넓으면 산만함을 느끼고 정보 수용 공간이 늘어 종이를 낭비하게 되며, 눈의 줄바꿈 운동시 시점이 불안정해져 '부적응 응시수(不適應凝視數)' 가 많아진다. 벡커 등에 의한 공동 연구에 따르면 글자꼴에 따라 글줄사이는 달라야 하고, 벤틀리는 글줄사이를 좁히면 상대적으로 독서 속도가 느려진다고 지적했다. 글줄이 길 경우 글줄사이는 넓힐 필요가 있고, 세로짜기의 경우는 눈의 착각을 고려하여 가로짜기보다 글줄사이를 넓게 잡을 필요가 있다.

▶ 돋움체

한글 고딕체를 문화부가 1991년에 새로 정한 이름.

▶ 들여짜기 indent

문단의 시작 부분에 독자의 독서 이해를 돕기 위해 빈칸을 남기는 조판 기법. 대개 한 자에서 두 자 정도를 들여짠다. 이는 기능적으로 처리되어야 하는데도 무조건 들여짜는 경향이 있는데, 기능적이라면 첫번째 글마디에서 굳이 들여짤 필요가 없다는 것이 근래의 정설이다. 대개 긴 글줄은 많이, 짧은 글줄에서는 적게 들여짠다.

▶ 디지털 폰트 digital font

CRT나 레이저빔 등으로 조판되는 글자는 글자 서체가 작은 화소(pixel)의 집합으로 분해되고, 그 화소는 전기 신호 1과 0으로 치환되어 나타난다. 이것을 디지털 글자라 부른다. 디지털 글자는 분해한 화소의 수, 위치 등을 기억시켜 주사선 위에 재표현하는 도트 매트릭스 방식이나, 글자의 획선 주변 굴절점의 좌표나 곡선에서 그 곡선 비율을 재현하는 데 필요한 곡선상의 복수 좌표를 기억시켜 재현할 때, 그 좌표의 중심에 전자파를 주사하여 채우는 벡터 방식도 보급되고 있다. 이 방식에서 곡선은 부자연스럽지 않을 정도의 다각형으로 되어 있는데, 이 좌표 사이를 컴퓨터로 연산하여 2차 내지 3차 관수 곡선(關數曲線)으로 만드는 방식도 개발되어 주류를 이루게 되었다. 이 방식의 특징은 글자의 확대, 축소, 변형, 회전의 자유가 크다는 것이다. 한편 데이터 처리나 사무 처리용 글자 출력기는 글자의 한 변이 16-32도트 정도인 저해상도 디지털 글자가 사용된다.

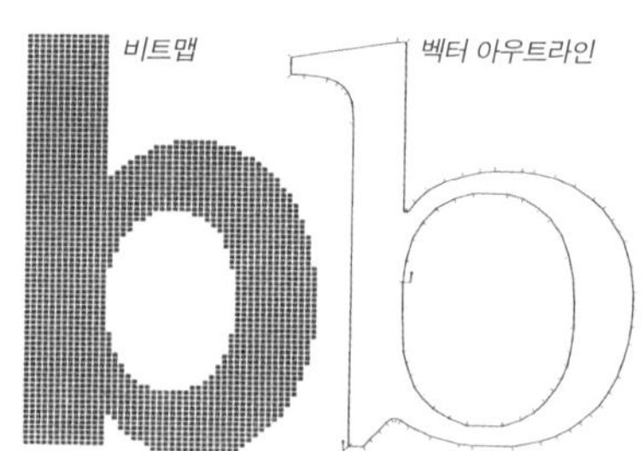

▶ 라이노타이프 linotype

라이노타이프는 1886년 '오트마 머겐탈러(Ottomar Mergenthaler)' 에 의해 발명되었다. 이것은 식자 자동화에 첫번째 커다란 전기가 된다. 라이노타이프라는 이름은 식자공이 미리 글줄길이를 결정하여 한 글줄 단위로 뽑는다는 데 기인한다. 라이노타이프의 동작은 활자 자모가 순환되는 것이 특징이다. 글쇠를 두드릴 때마다 놋쇠 자모가 기계 상단의 매거진에서 떨어져 내려 90개의 세로 홈통을 따라 내려와 한 글줄을 만든다. 그 다음 녹은

납물이 놋쇠 자모에 부어지고, 한 글줄의 활자가 식어 만들어진다. 만들고 난 자모는 다시 순환되어 원래의 위치로 돌아간다. 이렇게 만들어진 글줄의 납덩이를 슬러그(slug)라고 한다.

▶ 러시아 입체미래파 Cubo-futurism

1910년대 러시아의 부를류크(D. Burliuk), 마야코프스키(V. Mayakovsky), 크루초느이흐(A. Kruchonykh)와 흘레브니코프(V. Khlebnikov) 등의 시인들이 '여태까지 사용해오던 언어에 대한 강한 증오심'을 가지고 푸쉬킨으로 대표되는 기존 러시아문학 규범에 반기를 들었다. 곧 그들은 말의 기표(記標)적 표현이 기의(記意)에 종속되는 것을 거부하고, 언어의 자기가치적인 말이 지니는 아름다움에 주목하였다. 그들은 '말 그 자체'가 갖는 형태적인 면인 '재질(faktura)'을 중시하고, 말을 사물화하여 보았다. 이러한 그들의 생각은 뒤에 현대 타이포그래피에 많은 영향을 미쳤다.

▶ 로고타입 logotype

마크가 대개 도형적, 회화적인데 반해 글자의 판독성을 이용, 개성적으로 디자인된 것을 로고타입이라 한다. 로고는 회사 이름이나 상표 이름이 갖는 의미를 확실하게 전달하지만 마크에 비해 기호적 특성이 약하다. 때문에 마크와 로고는 한벌로 사용되기도 하고 로고의 한 부분을 마크로 표시할 때도 있다. 로고의 글자 판독성과 마크의 강한 기호성을 하나로

모아 추측하는 발상으로 디자인한 것도 있는데, 워드마크, 로고 등으로 부른다. → 기업 디자인 참조

허브 루발린(Herb Rubalin), 〈Mother and Child〉지의 로고타입

▶ 문자도 文字圖

일명 효제도라고 하며, 효(孝), 제(弟), 충(忠), 신(信), 예(禮), 의(義), 염(廉), 치(恥) 여덟 자를 여러 가지로 도식화하여 변형시킨 우리 민화의 한 종류. 부모에게 효도하고, 형제간의 의가 좋고, 나라에 충성하며, 신의를 잊지 않고, 예의 바르게, 의로움을 지키고, 청렴한 마음을 가지며, 부끄러움을 알아야 한다는 뜻이다. 예를 들어 '효' 자 위에 죽순과 잉어가 그려 있는 뜻은 중국 진나라 학자 왕상이 비록 마음씨 못된 계모일망정 병상에 누워 잉어를 먹고 싶어 하기에 고생하며 얼음을 깨어 잉어를 잡아드렸다는 '왕상빙리(王祥氷

문자도(文字圖), 의(義)

바스커빌 Baskerville
바탕체
박경서

보도니 Bodoni
성각 문자 聖刻文字 hieroglyph

鯉)’와, 중국 오(吳)나라 관리였던 맹종이 나이든 어머니 병을 고치기 위해 눈덮힌 대나무밭에 들어가 뜨거운 눈물로 죽순을 소생시켜 캐어드렸다는 ‘맹종설순(孟宗雪筍)’의 고사를 표현한 것이다. 특히 민화 글자도에 담겨 있는 글자의 회화화 방식이나 글자와 그에 따른 상징물의 조합, 형상을 구체화하는 상상력, 자획을 꾸며내는 장식 무늬와 색감 등 시간을 초월하는 탁월한 디자인 감각은 한국적 타이포그래피 유산의 좋은 예라고 하겠다.

▶ **바스커빌 Baskerville**

1757년 바스커빌(John Baskerville)에 의해서 디자인된 이 활자는 과도기체의 전형적인 특징을 지니고 있다. 이것을 과도기체라고 부르는 이유는 올드 스타일에서 모던 스타일로 옮겨가는 과도기적 형태를 띠었다는 점에 있다. 올드 스타일에 비해서 굵은 획과 가는 획의 차이가 크고, 세리프의 브라케트가 조금 덜 둔하며, 동그라미의 축이 수직에 가깝다. 글자는 엑스하이트가 크고, 치밀하게 짜였으며, 우수한 비례를 갖고 있다. 바스커빌의 이러한 점이 보기에도 좋고 가독성이 높은 활자가 된 이유이다.

ABCDEFGHIJK
LMNOPQRST
UVWXYZ&abc
defghijklmnopqr
stuvwxyz

바스커빌

▶ **바탕체**

한글 명조체를 문화부가 1992년에 새로 정한 이름.

▶ **박경서**

나무로 원래 활자 크기의 자모를 새기고 이에 경편 전태 자모 방식으로 구리를 입혀 떼어낸 후 납을 부어 활자를 주조하는 방식으로 한글 글자체를 개발했다. 1936년 이후 5호, 4호 활자를 완성하여 당시는 물론 광복 이후까지도

국정 교과서에 사용하였고, 현재까지도 북한과 연변 글자체에 그 흔적을 남기고 있다.

박경서 (사진: 장봉선)

▶ **보도니 Bodoni**

보도니는 1700년 이탈리아인 타이포그라퍼 보도니(Giambattista Bodoni)에 의해 디자인된 모던 활자체이다. 18세기 말 굵은 획과 가는 획의 굵기가 강한 콘트라스트를 이루고, 세리프의 브라케트가 없어지고, 수직적인 스트레스가 활자체에서의 유행으로 나타나게 된다. 이러한 특성을 지닌 활자를 모던 활자체라고 부른다. 보도니는 엑스하이트가 작음에도 불구하고 넓고 진하게 보인다. 이는 굵은 획과 아주 가느다란 획이 보여 주는 강한 콘트라스트로 한층 과장된, 강한 수직 스트레스 때문에 편안한 독서를 위해 수평적 흐름을 보정해야 할 필요가 있다. 그러므로 보도니를 쓸 때는 글줄사이를 다른 활자보다 약간 더 띄워주어야 한다.

ABCDEFGHIJKLMN
OPQRSTUVWXYZ&
abcdefghijklmnopqrs
tuvwxyz1234567890

보도니

▶ **성각 문자 聖刻文字 hieroglyph**

신성한 조각 글자라는 뜻으로 원래는 고대 이집트 상형 글자를 말한다. 성각 글자는 소리나 뜻을 전달하기 위한 글자로서 모음은 표기

하지 않았다. 장식적 측면에서 전체적으로 조화로운 공간의 선택과 배열이 이루어졌다. 성각 글자의 디자인은 단순명쾌한 형태와 더불어 릴리프적 표현, 즉 평면 실루엣 같은 조형성을 특징으로 한다. 성각 글자의 문법은 어순은 일정하지만 배열은 가로 세로 어느 쪽부터 써도 되는 자유로움을 갖고 있는데, 이 특징은 노이라트의 아이소타이프에 큰 영향을 미쳤다.

송아지 (U̇a) 수면 (N) 독수리 (Å)

물뱀 (F) 백로 (Ba) 정원 (Sha)

▶ **세리프 serif**

영문 활자 기둥(stem)의 위아래 끝을 맺음 장식하는 돌출 형태. 본디 로마시대에 돌에 글자를 새기는 끌의 형태에서 기인된 것을 필법이 따라간 것이다. 이 세리프의 유무 및 그 형태가 영문 글자꼴 분류의 기준이 되며, 세리프가 있는 글자꼴은 가라몬드, 바스커빌, 센추리, 이집션 등이 있다. 세리프가 없는 글자꼴을 '산세리프체(sans serif)에서 sans은 없다는 뜻. 이를 '고딕체'라고 잘못 부르고 있다)'라고 한다. 영문 로만체의 세리프는 형태에 따라 ①삼각형(베네치안), ②브라케트형(올드 로만 계열, 예: 가라몬드), ③직선형(모던 페이스 계열, 예: 보도니), ④각형(이집션)으로 나눌 수 있다.

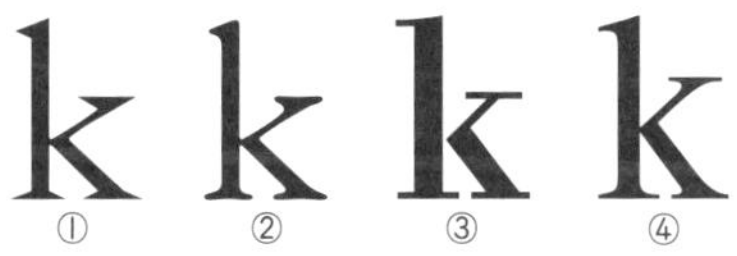

① ② ③ ④

▶ **센추리 익스팬디드 Century Expanded**

이 활자는 이집션 활자체의 세련됨을 보여 주는 아주 훌륭한 예이다. 이 활자체는 1894년 벤튼(L. B. Benton)과 드빈(T. L. DeVinne)이 〈센추리〉라는 잡지에 사용할 활자로 만든

것이다. 보도니 이후 활자 디자이너들은 새로운 타이포그래피적 표현 형태를 모색하기 시작했다. 1815년경 하나의 활자 스타일이 나타났다. 그 특징은 툭 끊어진 세리프에 굵은 획과 가는 획의 대비가 크지 않은 것이다. 이 스타일을 우리는 이집션이라고 부른다. '센추리 익스팬디드'는 엑스하이트가 크기 때문에 글줄사이를 다른 활자체보다 더 띄워 주어야 한다. 일반 활자보다 크고 형태가 단순하므로 이 활자는 높은 가독성을 갖게 되어 특히 아동용 도서에 많이 애용된다. 다른 이집션 활자체와 마찬가지로 센추리 익스팬디드는 획이 굵어 제목용 활자로 많이 이용되고 있다.

ABCDEFGHIJK
LMNOPQRSTU
VWXYZ&abcdef
ghijklmnopqrstuv
wxyz1234567890

센추리 익스팬디드

▶ **손조판 handsetting**

1455년 구텐베르크(Johannes Gutenberg)가 발명한 방법으로 19세기 후반까지 유일한 인쇄 수단으로 지속되었다. 활자에는 글자가 거꾸로 새겨져 있다. 모든 조판 작업은 손으로 하기 때문에 속도가 느리다. 왼손에 조판 스틱을 들고 오른손으로 한 자 한 자 활자를 뽑아 놓아가며 작업한다. 모든 타이포그래피적 판단은 이러한 과정에서 행해지며 만일 양끝맞추기 문장을 문선하는 경우 양끝을 맞추기 위해 낱말 사이의 공간은 얇은 공목을 추가 삽입하여 조정하기도 한다. 글자 사이 조정도 아주 얇은 공목을 집어넣어 넓히기도 하지만, 글자사이를 좁힐 수 없다는 단점을 가진다. 글줄사이를 넓힐 경우 역시 글줄사이에 납이나 나무로 만든 인테르를 집어 넣어 작업한다. 작업 순서는 채자 - 조판 - 조임 - 잉크를 묻힌다 - 인쇄 - 활자 세척 - 다시 원 위치로

타이포그래피 typography 안상수

– 재사용.

▶ 안 치홀트의 신타이포그래피 The New Typography

1920년대 독일의 타이포그라퍼인 치홀트 (Jan Tschichold, 1902-1974)가 주창한 타이포그래피 이론. 이전의 중축적인 장식으로부터 탈피한 기능적인 비대칭적 타이포그래피로 대표되며, 신타이포그래피의 본질은 가독성에 기초한 명쾌함으로 표현된다. 미국의 폴 랜드(Paul Rand)는 "현대 타이포그래피에서 치홀트가 이룩해 놓은 것 말고는 아무것도 해 놓은 것이 없다"고 지적한 바 있다.

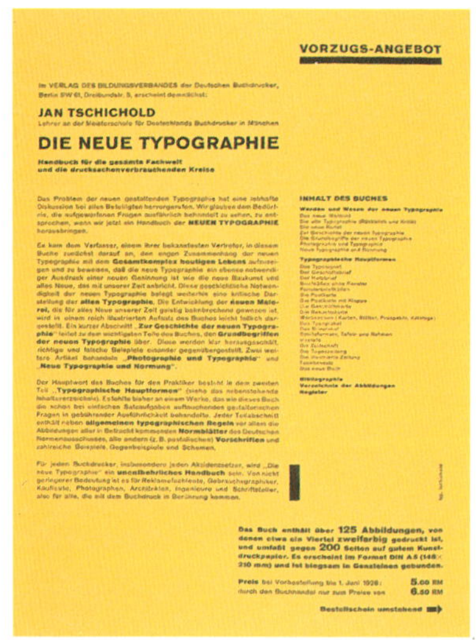

안 치홀트(Jan Tschichold), 신타이포그라피를 위한 안내서, 1928

▶ 영문 글자꼴

영문 글자꼴은 수천 종이 넘는데 현재도 계속 새로운 글자꼴이 발표되고 있다. 이 글자꼴을 크게 나누면 로만계, 산세리프계, 이집션, 스크립트, 장식계 등 다섯 가지의 계열로 나눌 수 있다. 로만계는 르네상스의 발상지인 이탈리아에서 발달하여 급속하게 보급되었으며 현재는 본문용 글자꼴의 주류를 이루고 있다. 베네치안, 올드 스타일 등으로 만들어졌던 시대에 따라 분류되며, 산업 혁명 이후에 메카닉한 구성의 모던 페이스, 보도니 등이 등장

했다. 현대 직립체의 로만에 이탤릭의 유려함을 받아들인 글자꼴이 나오게 되었다. 로만체는 일명 세리프 글자꼴로 불리는데, 세리프가 없는 산세리프(sans serif) 글자꼴이 19세기에 들어와 생겨나 기능주의를 배경으로 발달했다. 현대에는 푸트라, 유니버스, 헬베티카 등 뛰어난 글자꼴이 많다.

▶ 이상 李箱, 1910-1937

우리에게 시인으로서만 알려진 그는 대학에서 건축을 공부했던 한국 현대 타이포그래피의 선구자였다. 그는 시 작업에서 띄어쓰기의 무시, 구두점의 배제, 대칭 구조, 반전의 사용, 숫자의 형태 놀음, 글자의 회화화(繪畫化), 기호와 약물의 콜라주, 활자꼴이나 크기의 변화 사용 등을 창의적으로 구사했다. 이상은 그의 시 '오감도', '삼차각설계도–선에의한각서' 등을 통해 활자의 물성적 표현과 운용을 의식한 타이포그래피적 실험을 통해 시에서의 활자의 조형성을 전면으로 부각시킨 실천적 시인이었다.

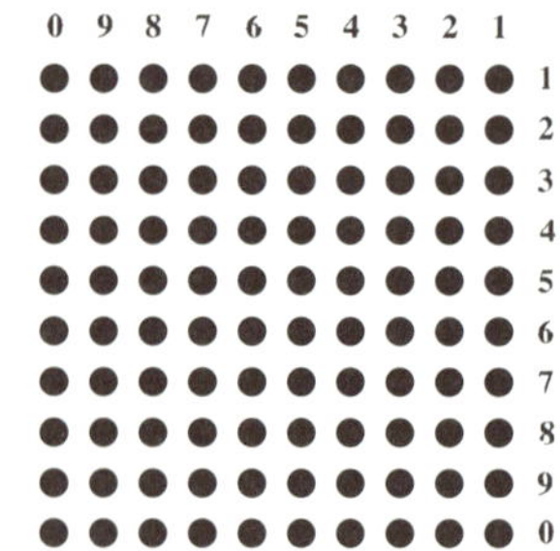

이상의 시, '삼차각설계도–선에의한각서', 부분

▶ 자족 type family

활자에서 동일 계통 디자인에 속하는 활자들을 묶어서 말하는 것으로 보통 글자꼴의 이름이 된다. 대개 한 가지 디자인을 기본으로 하여 굵기, 너비, 이탤릭 등으로 변형한 모든 글자체를 통칭한다. 주로 처음 만든 디자이너의 이름이나 활자주조소의 이름으로 명명하는 예가 많다. 보통 한 가지 일에 조화와 통일을 위해 한 자족 내에서 활자를 운용하는 것이 고전적 통례로 되어 있으나, 판면의 변화를

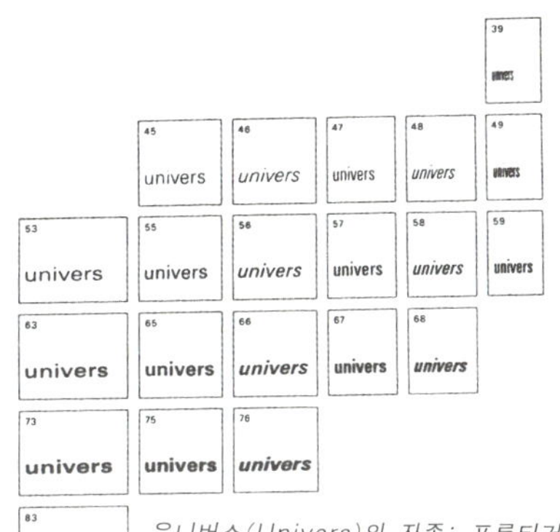

유니버스(Univers)의 자족: 프루티거 (Adrian Frutiger)가 디자인한 유니버스의 21가지 자족. 이 중 '유니버스 55' 체가 기준체로, 모든 엑스하이트, 대문자 높이, 어센더, 디센더가 같다. 활자체 이름을 숫자 체계로 매긴 것이 특징이다.

위해 다른 자족과 같이 쓰기도 한다.

▶ 조판 금칙 組版禁則

활자 본문 조판의 경우 글줄 머리와 꼬리에서 일부의 기호 활자 등의 사용을 관습상 제한하는 것이다. 일반적으로 글줄 머리에는 쉼표, 마침표. 짧은줄(-) 등의 부호나 닫는 괄호류 },],) 등의 사용을 피하며, 글줄 꼬리에는 여는 괄호류인 {, [, (등의 사용을 피한다.

▶ 조판 5형식

본문이나 제목 등에 활자를 배열하는 방법으로 양끝 맞추기, 오른끝 흘리기, 왼끝 흘리기, 가운데 맞추기, 엇갈리기를 말한다. 양끝 맞추기는 대개 서적 본문에 많이 이용되며, 오른끝 흘리기는 띄어쓰기에 따라 글줄을 나누며, 양끝 맞추기에 비하여 가독성이 높다는 조사 결과가 나와 있다. 가운데 맞추기는 '뽑음글' 혹은 제목 등에 많이 이용되며, 왼끝 흘리기는 사진 설명에, 엇갈리기는 시(詩) 등의 조판에 많이 이용된다.

▶ 최정호 崔正浩, 1916-1988

우리나라 최고의 한글 디자이너. 가로, 세로 각 5cm 크기의 종이 위에 글자본을 그리고 자모 조각기를 활용해, 활자를 조각하는 조각기 시대의 뜨거운 활자부터, 사진 식자기로 대표되는 차가운 활자 시대에 우리의 한글을 다듬은 한글 디자인의 개척자이다. 한글 가로짜기를 위한 글자체를 현대적 감각으로 독자적으로 개발해 가로짜기용 한글 글자체 개발 원칙을 확립했다. 현재 우리가 쓰는 바탕체(명조체), 돋움체(고딕체), 궁체 등의 원형 골격을 완성하였다.

최정호의 한글 디자인 모습, 1981

▶ 캘리그래피 calligraphy

영문자의 초서(草書)적 서사 예술. 동양의 서예에 견줄 수 있다. 15-6세기 이탈리아에서 문화 분야에 중세의 고딕적 경향이 퇴조하고 고전 복고적 사조와 자율을 존중하는 시대 정신이 캘리그래피를 번성하게 만들었다. 그 중 많은 서예가의 활약이 스스로의 서풍을 확립시켰고, 동판 등을 사용하여 출판, 유통시켜 문자 보급에 커다란 공헌을 했다. 초기의 타이포그래피는 이렇게 손으로 쓴 글자의 복각에서부터 시작하여, 양산과 대중화라고 하는 특질 속에 개성적 표현과 우연성을 중시하는 캘리그래피와는 다른 인쇄 독자의 표현을 확립했다. 현대 타입페이스 디자인에서 캘리그

315

래피를 직접 실천한 이로서는 독일의 헤르만 자프(Herman Zapf)가 대표적이며, 미국의 허브 루발린 등이 있다. 또한 아랍 글자 등도 찬란한 캘리그래피의 전통을 가지고 있지만, 우리나라 및 동양의 서예와 같은 타이포그래피와는 별개의 세계를 이루고 있다.

데이빗 퀘이(David Quay), 1980년 펜트하우스(Penthouse) 달력

▶ 타이포그래피 typography

원래 활판 인쇄술을 가리키지만, 볼록판 전성 시대의 인쇄술 전체를 의미하는 말이었다. 좁은 뜻에서는 이미 디자인된 활자를 가지고 디자인하는 것을 가리키며, 넓게는 레터링을 포함한다. 오늘날에는 활판 인쇄술을 넘어, 글자 및 활자꼴, 디자인, 판짜기 방법, 가독성을 포함하고 그것에서 발생하는 조형적인 사항을 모두 말한다. 곧 이제는 고전적 의미에서 활자, 사진식자의 범주를 포함하여 미디어의 확장으로 말미암은 컴퓨터, 멀티미디어, 인터넷, 영상, 신정보전달매체 등에 표현되는 글자에 의한 모든 정보커뮤니케이션의 문자조형적 표현으로 확대 해석되고 있다.

▶ 타이포그래픽 아트 typographic art

루샤(Edward Ruscha), 'safe and effective medication'

주로 활자나 기호 등을 이용하여 미적 표현을 하는 것으로, 단지 커뮤니케이션의 수단으로서 타이포그래피가 아닌 조형미를 더하여 예술의 차원으로 끌어올린 것이다.

▶ 탈네모틀 한글꼴

한글의 글자꼴이 네모 형태에서 벗어난 것들을 통칭하는 말. 한글꼴의 문제는 네모꼴과 탈네모꼴 두 가지로 압축될 수 있다. 탈네모틀 글자는 기능적인 측면이 강하며, 네모틀 글자는 일반인들의 습관적 미감에 만족을 주는 미적 측면이 강하게 나타난다. 이 기능과 습관은 이율 배반적인 특성을 지닌다. 습관에 따르자니 그 제작이나 경제적인 운용에 불편하고, 또 기능만을 추구하자니 이미 길들여진 네모틀의 독서미감에 거슬린다. 그러나 이 둘은 현재의 상태에서 동시에 해결되기란 쉽지 않다. 이러한 면에서 탈네모틀 글자의 특징을 정리하면, ①기능적이다. ②글자의 원도 디자인의 부담이 최소한 10배 이상 줄어든다. ③글자 디자인에 관심이 있는 사람이 이러한 원도 부담이 줄어들게 됨으로써 이 분야에 참여하는 사람이 늘어나 글자꼴의 발전이 활발해진다. ④기계화에 용이하다. ⑤최저 24자의 쪽자 만을 사용하여 조합해 내는 방식이므로 글자 기계의 생산비가 싸게 먹힌다. 값이 싸지면 한글 기계화 보급을 빠르게 하는 요인을 제공하며, 사무 자동화 문제 등 고도의 정보 사회화를 앞당겨 국제 경쟁력이 높아진다. ⑥글자꼴 자체의 판별력이 월등하기에 생리적

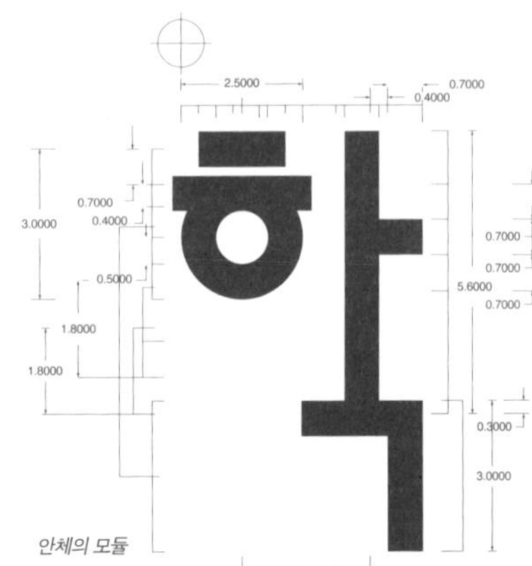

안체의 모듈

인 판독성이나 가독성이 높다. ⑦문화적인 독창성이 기대된다. ⑧한글의 글자 창제원리에 맞아 한글의 뛰어남을 실감할 수 있다. 이렇게 보면 한글은 네모틀에서 탈피하는 쪽이 많은 장점을 지닌다.

▶ 포스트스크립트 PostScript

미국의 어도비(Adobe)사가 개발한 그래픽 처리에 탁월한 프로그래밍 언어. 글자와 그래픽 등을 프린터로 표현하기 위한 PDL(Page Description Language)의 한 종류이다. 매킨토시가 DTP(Desk Top Publishing)의 대명사로 자리잡게 된 것은 바로 이 포스트 스크립트의 지원을 받는다는 장점 때문이었다. 매킨토시는 이것을 글자꼴의 표준 포맷으로 하면서 본격적으로 보급되기 시작했다고 할 수 있다.

▶ 폰토그라퍼 Fontographer

미국 알트시스(Altsys)사가 개발한 포스트스크립트 언어를 구사하여 쉽게 윤곽선 활자체와 로고타입 등을 디자인하는 영문 전문 그래픽 편집 프로그램. 영문 폰트 디자인을 위한 프로그램이기 때문에 한글 디자인에 이용하기에는 다소 불편한 점이 있지만, 우리나라 글자 디자이너들은 대개 한글 폰트 제작에 이 프로그램을 사용하고 있다. 원래는 매킨토시용 프로그램밖에 없었으나 최근 윈도용도 나왔다. 이와 함께 폰트 에디터 프로그램으로서는 '이카루스', 에셀트(Esselte)사의 '레트라 스튜디오(Letra Studio)' 등도 많이 쓰인다.

▶ 폰트 font

한 가지 글자꼴을 이루는 시리즈 한 벌. 활자 및 기호 활자, 약물들을 모두 포함하며, 영문의 경우에는 본문용 폰트의 예를 들면, 본문용(job font), 이탤릭, 대문자와 소문자, 대소문자(small capital), 2중 모음, 이음 글자(ligature), 기호 활자, 숫자, 분수, 악센트, 스페이스 등이 포함된다.

▶ 한글 모임 구조

한글의 모임 구조는 가로 모임, 세로 모임, 섞임 모임, 세 가지이다. ①가로 모임: 닿자가 'ㅏ, ㅑ, ㅓ, ㅕ, ㅐ, ㅔ, ㅒ, ㅣ'와 같이 세로로 긴 홀자와 가로로 모여 글자를 이룬다. 예) 가, 타, 너, 재, 예. ②세로 모임: 닿자가 'ㅗ, ㅛ, ㅜ, ㅠ'와 같이 가로가 강조된 홀자와 세로로 모여서 한 글자를 이룬다. 예) 고, 구, 요, 류, 스. ③섞임 모임: 닿자가 두 종류의 홀자가 섞여서 이룬 섞임 홀자와 만나 글자를 이룰 때는 섞임 모임 글자가 된다. 예) 과, 눠, 죄, 왜, 궤.

▶ 한글 부분 명칭

가로줄기, 기둥, 상투, 고리, 뻗침, 점, 꺾임, 굴림, 올려붙임, 맺음으로 구성된다.

한글 부분 명칭

▶ 헬베티카 Helvetica

현대 활자 디자인의 대표적인 글자체로서

1957년 스위스 디자이너 막스 미딩거(Max Miedinger)가 디자인한 것이다. 원래 이름은 그로테스크 하스(Grotesque Haas). 세리프가 없는 활자가 19세기에 이미 사용된 예는 있지만, 20세기에 들어와서야 비로소 널리 사용되게 된다. 헬베티카는 1957년대에 이르러서야 처음 쓰이게 되었다. 헬베티카는 엑스하이트가 커서 시각적인 안정감을 주며, 글자 디자인으로서 헬베티카가 갖는 완벽한 비례는 가독성을 높이는 데 결정적인 역할을 하고 있다. 산세리프 활자는 상대적으로 굵은 획과 가는 획의 차이가 없으며, 획의 굵기는 시각적으로 동일하게 보인다. 세리프가 없는 것은 시각적으로 횡적인 흐름을 강조하기 위한 것이다. 주의할 것은 사용시 가독성을 높이려면 항상 다른 일반적인 활자보다 글줄사이를 1 포인트 정도 더 띄워줘야 한다.

ABCDEFGHIJKLMNOPQRSTUVWXYZ&abcdefghijklmnopqrstuvwxyz1234567890

헬베티카

▶ 혁필 革筆

가죽 끝을 잘게 잘라 먹과 무지개 색깔을 묻혀 글자를 쓰거나 형상을 그리는 것. 혁필은 가죽의 갈라진 틈 때문에 글자꼴의 흰 부분이 거칠고 분방하게 드러나는 글씨풍으로, 자획의 유연하고 멋드러진 필세와 색감 등 탁월한 디자인 감각이 돋보이는 우리의 고유한 타이포그래피의 중요한 유산이다. 유득공의 '경도잡지'를 보면 "비백서는 버드나무 가지를 깎아 그 끝을 갈라지게 하고 먹을 찍어 효, 제, 충, 신, 예, 의, 염, 치 등의 글자를 쓴 것이다. 점을 찍고 긋고 파임하고 삐치는 것을 마음대로 하여 물고기, 게, 새우, 제비 등의 모양을 만든다"고 한 것을 보면, 민화의 '글자그림(문자도)'과 혁필은 기원을 같이 한다

*팔산 홍지성의 '용(龍)' 자
혁필*

고 볼 수 있다. 혁필을 이용하여 글자를 그림으로 풀이하는 재미와 신기한 조형은 혁필의 특징이다. 주로 용(龍), 봉(鳳), 귀(龜), 호(虎) 등의 길상 글자가 대상이 되었다. 1990년대 초반까지만 해도 '팔산 홍지성' 님이 민속촌 저잣거리에서 관광객을 상대로 혁필을 써주었으나, 지금은 다른 분이 그 뒤를 잇고 있다.

▶ 활자성 type-ness

활자 그 자체가 갖는 표현적 성질. 활자성이란 언어와 활자 사이의 관계이며, 곧 활자라는 재질과 언어로서의 소리, 그림 사이의 관계이며, 나아가 활자 개체와 활자 무리가 이뤄내는 전체 형태와의 관계 속에서도 활자성은 태어나며, 여기에서 타이포그래피 이미지가 태어난다. 타이포그래피의 대상으로서 활자라는 유기체가 갖는 정신을 지칭한다. 요컨대 타이포그라퍼나 디자이너는 활자에 정신을 불어넣어 활자 자체가 지닌 조형성이나 잠재가치, 곧 활자의 예술성을 이끌어냄으로써 활자에 내재된 정신성의 생명력을 표출시키게 된다. 바로 그 감응대상이 활자성이다.

▶ 활자 척도

인쇄 활자의 척도는 급, 포인트, 호수 등이 쓰이고 있어 복잡하다. 급은 일본 사진식자 시스템을 위해 창안된 것으로 1급은 0.25mm이다. 호수계는 일본 메이지 시대 초 활판술을 처음 개발한 本木昌造가 만든 경척 1푼(5호)을 기준으로 한 것을 그대로 쓰는 것이고, 포인트는 미국의 포인트와 동일한 수치로 1포인트=0.3514mm를 채용하고 있고, 1인치는 6파이카, 1파이카는 12 포인트로 현재 가장 널리 사용하는 척도가 되고 있다.

컴퓨터 시대의 한글 활자: 가치 기준의 문제

컴퓨터가 널리 보급되고 그 기술 향상이 계속되고 있는 오늘날, 타이포그래피는 이제 비전문적인 일반 대중들도 쉽게 접근할 수 있는 분야가 되어 서투른 타이포그래피 표현들이 어느 때보다 자주 눈에 띄고 있다. 활자 디자인에서도 활자 설계 프로그램의 발달로 활자 디자인에 관심이 있는 사람이면 비전공자들도 어느 정도 한글 활자를 설계할 수 있게 되었으나, 동시에 그 결과물의 질적 수준 또한 보장되기 어렵게 된 것이다. 적어도 주조 활자 및 사진 식자 시대의 활자 설계로 이름난 활자체는 최소한 형태의 완성도는 보장될 수 있었다.

오늘날 갑자기 출현되고 있는 많은 활자체들, 즉 주조 활자 이래 활자 형태의 전통을 따르거나 손글씨의 성격이나 혹은 탈네모틀의 개혁적 또는 실험적 성격을 띠는 많은 활자들을 평가할 수 있는 질적 가치 기준은 무엇인가. 필자는 여기서 활자의 질적 가치 기준으로 활자의 창의적 성격(concept)과 형태적 완성도를 들고 싶다. 활자의 창의적 성격은 새로운 활자체에서 마땅히 요구되는 것으로, 만약 이것이 애매하거나 희박할 경우에는 새로운 활자체 창작으로 인정되기 어렵다. 또한 모든 글자의 형태적 완성도는 균일하게 높아야 하는데, 글자에 따라 완성도가 달라진다면 그 활자체는 실용화될 수 없다. 창의적인 개발자일수록 활자의 창의적 성격에 비중을 두면서 그 형태적 완성은 소홀히 하는 경향이 있으나, 사용자들은 오히려 형태적 완성도에 더 비중을 두고 선택하는 데에서 개발자와 사용자 사이에 활자의 질적 가치 기준이 혼동되고 있다. "많은 활자체들이 나오기는 하나 정작 쓸 만한 활자체가 없다"고 하는 사용자들의 말 속에서 활자의 질적 가치 기준의 혼동이 분명히 나타나고 있는 것이다.

컴퓨터의 기술 향상에 따른 비전문성(amateurism)의 밀물 앞에 계속 침식되어 가고 있는 가치 기준을 재설정하고 끌어올리면서 기술을 계속 쌓아가야 할 책임이 이 분야의 전문가들에게 어느 때보다 더 있다고 생각되며, 실제 쓰임에 부족함이 없는, 완성도가 높고 신선한 이미지의 활자체들이 속속 발표되기를 기대하고 있다.

김진평 (전 서울여대 교수)

한글꼴은 1443년에 창제된 이후 여러 형태의 어려운 과정을 거치면서도 꾸준하게 다듬어져 왔다. 그러나 이러한 변화는 1945년 8 · 15 해방까지만 하더라도 한자 문화권의 영향이라 할 수 있는 세로쓰기 체제와 네모틀이라는 한계에 머물러 있었다. 그런데 1950년 6.25동란을 전후하여 가로쓰기의 합리성을 받아들이기 시작하였고, 한글의 기계화 등이 추진되면서 그에 알맞는 새로운 형태의 한글꼴들이 요구되었다. 그에 따라 1947년에 개발된 공병우(1906-1995)의 세벌식 속도타자기 한글꼴은 오늘날의 '탈네모틀'이라는 새로운 한글꼴의 씨앗이 되었으며, 1970년대에 일반화된 최정호(1916-1988)의 사진판 한글꼴은 오늘날의 가로쓰기 체제 네모틀 한글꼴의 기본 바탕으로 자리매김 하였다.

이러한 관점에서 현대적 개념의 한글꼴은 가로쓰기 체제가 도입된 1950년 무렵을 그 출발점으로 보는 것이 적절하다고 판단된다. 따라서 현대 한글꼴의 변화과정은 크게 다음의 두 갈래로 나누어 말할 수 있겠다. 첫째로는 1950년 무렵부터 오늘날까지 끊임없이 진행되고 있는 세로쓰기용 한글꼴을 가로쓰기에 적합하도록 개선하는 방향이며, 둘째로는, 공병우 타자기 활자체가 씨앗이 되어 1990년대 초반에 이르러 한글꼴의 새 바람을 일으킨 '탈네모틀'이라는 새로운 개념의 개발 방향이다.

이와 같이 네모틀과 탈네모틀의 두 방향을 기본으로 하여 다양한 형태로 전개되고 있는 오늘날의 한글꼴은 시간이 갈수록 상상을 초월하여 빠르고 다양한 변화를 보여주고 있다. 이러한 변화의 현상은 일반적으로 사회 환경과 과학 기술의 변천에 따른 새로운 도구와 매체의 출현을 주요 원인으로 꼽고 있다. 그러나 한글꼴의 경우, 일반적인 외적 변화만으로 그 원인을 말하기에는 충분하지 않다. 왜냐하면, 1990년대 초반부터 불과 7-8년만에 글꼴의 구조까지 다양해진 현상은 세계 글자 어디에서도 찾아 볼 수 없는 특이한 현상이기 때문이다. 필자의 생각으로는 이것은 한글의 창제 배경과 깊은 관련이 있으며, '창제정신과 원리의 깨달음'이 여러 형태로 작용했기 때문이라는 판단이 든다. 다시 말해 외적인 문제점들이 근본을 제대로 살펴보는 자극제 역할을 하였고, 결국 문제 해결의 실마리를 근본에서 찾으며 그 다양성이 확대되는 것이다.

공병우 타자기 한글꼴, 1949

최정호의 사진판 활자꼴, 1970년대

개발 방향에 따른 현대 한글활자꼴의 종류

세로짜기 체제에서 개발, 발전된 전통적인 한글꼴을 가로쓰기용으로 개선 · 보완 (소프트매직 신신명조, 소프트매직 중고딕, 신명 궁서체, 신명 굴림체, 신명 그래픽, 한양 순명조, 윤디자인 신문명조, 산돌 제비, 산돌 돌)

폰트뱅크의 효봉축제. 윤정굴림. 페스티벌

한글나아름답고빼어난그를사랑했노라

한글나아름답고빼어난그를사랑했노라

한글나아름답고빼어난그를사랑했노라

전통 활자꼴을 바탕으로 가로쓰기 체제에 알맞게 글자 구조를 개선
(윤디자인 소망, 산돌 아트, 산돌 이야기)

한글 나아름답 고빼어난그를사랑했노라

한글 나아름답 고빼어난 그를 사랑했노라

손글씨나 서예 글씨의 활자화 (산돌 비상, 산돌 개벽)

한글나아름답고빼어난그를사랑했노라

한글 나아름 답고빼어난그글 사랑했노라

한글 아름 답고빼어난그글사랑했노라

한글나아름답고빼어난그글사랑했노라

한글나아름답고빼어난그글사랑했노라

창제 원리와 특성에 바탕을 둔 한글 원형태의 탐구
(안상수체, 마노체, 미르체, 한체, 공한체)

한글나아름답고빼어 난그를 사랑했노라

한글나아름답고빼어난그를사랑했노라

옛 활자의 복원 또는 응용 (산돌 성경, 윤 디자인 우리목각)

한글나아름답고빼어난그를사랑했노라

한글나아름답고빼어난그를사랑했노라

글꼴의 향기를 전하고 싶습니다

한글나아름답고빼어난그를사랑했노라

한글나아름답고빼어난그를사랑했노라

동해바다를 내려다보며

디지털 환경의 특성을 살린 혼성, 해체적 이미지, 장식적이거나 공상적인
다양한 표현 (윤디자인 흔적, 구름, 탈명조, 빙점, 폰트뱅크, 페스티벌)

사진판 활자가 주류를 이루던 80년대 말까지만 하더라도 한글꼴의 종류는 명조, 고딕, 그래픽, 궁서, 굴림고딕 등으로 그 종류가 채 10종도 되지 않았으며 형태 변화의 폭도 넓지 않았다. 그러나 90년대 초반에 들어서부터 제목용 활자를 중심으로 다양하고 새로운 이미지의 활자꼴들이 활발하게 개발되었고 오늘날에 와서는 무려 백 여 종의 색다른 활자꼴들이 활용되고 있다.

그럼에도 불구하고 오늘날의 한글꼴은 그 종류와 양에 비해 완성도 있는 결과물은 드물다는 평가를 받고 있다. 일부 지각없고 무분별하게 개발되고 있는 활자꼴들이 오히려 시각문화의 질서를 어지럽히는 역 현상까지 낳고 있음이 우려되고 있다.

활자꼴은 그 크기에 비해 자연 환경에 견줄 만한 커다란 영향력을 가진 대상이다. 활자꼴의 수준은 그 글자를 사용하는 국가와 민족의 정서뿐만 아니라 국가와 기업을 포함한 개인의 정보화에도 막대한 영향을 끼친다. 활자꼴을 물이나 공기 또는 고속도로에 비유하는 것도 이러한 이유 때문이다. 이와같이 한글 활자꼴의 완성도는 의사 소통을 원활하게 하는 정보 고속전달 기능에 영향을 끼치며, 시각문화와 예술을 균형있게 발전시키는 핵심적인 요인이므로 그 중요성이 더욱 강조되어야 한다.

오늘날의 글씨 쓰기 도구는 이미 붓이 아닌 펜과 글자판(keyboard)으로 바뀌었으며, 글자꼴의 생산과정도 새기고 찍어내는 과정이 아니라, 컴퓨터를 활용하여 전자적으로 표현하는 디지털 방식으로 자리잡고 있다. 이제 활자꼴이라 함은 종이에 잉크로 인쇄하는 인쇄 활자만이 아닌 전자적 장치의 빛을 이용해 TV나 컴퓨터 화면 등에 비춰지는 이른바 '디지털 폰트(digital font)'를 포함한다.

따라서 오늘날의 한글꼴이 바람직한 방향으로 발전하기 위해서는 한글의 창제 정신과 원리를 바르게 이해하고, 현대적 개념의 디자인 과정과 다양한 형태의 도구 개발에 대한 끝없는 노력과 연구가 뒤따라야 할 것이며, 겉과 속의 완성도를 높이기 위한 '장인정신'이 되살아나야 할 것이다.

한재준 (서울여대 교수)

견본작업 S/O Strike Off
날염 printing
넥타이 디자인 necktie design
니트 knit

다비 dobby
르네상스 룩 Renaissance look
리펠런시 repellency 기법

▶ 견본작업 S/O Strike Off

날염 본작업에 들어가기 전에 실제 날염작업과 같은 조건에서 하는 소량의 샘플작업을 S/O라고 한다. S/O 샘플의 크기는 보통 제판된 스크린 크기로 필요에 따라 스크린 크기의 1/2, 1/3, 1/4로 나누어 작업한다.

▶ 날염 printing

부분적인 염색으로 무늬를 표현하는 방법이다. 현재 가장 많이 이용되고 있는 것은 실크 프린트이며, 판의 모양에 따른 프린트 방식에는 핸드 스크린, 주행식 스크린, 벨트식 자동 스크린, 로터리 스크린 등의 종류가 있다. 또한 날염의 기법에는 직접 날염법, 방염법, 발염법이 있다. 최근 많이 사용하는 방법으로 종이에 무늬를 인쇄하고 그것을 천에 압착하는 전사 프린트가 있어 사진 등의 폭넓은 표현이 가능하다. 텍스타일의 시각 효과를 상승시키기 위해서도 프린트의 방법을 잘 이용하는 것은 바람직하다.

▶ 넥타이 디자인 necktie design

패션 액세서리로 다양한 직물 디자인이 사용되며 주 소재는 실크이다. 주로 사용되는 직물 디자인은, ①아뮤어(armure)직, ②밴다너(bandanna), ③바틱(batik), ④버레디어(barathea), ⑤버어즈 아이(bird's eye), ⑥캐닐(cannele), ⑦챌리스(challis), ⑧차이니즈 다마스크(Chinese damask) ⑨다비 패턴(dobby pattern), ⑩풀라아드(foulard), ⑪그로스그레인(grosgrain), ⑫헤링 본(herring bone), ⑬하운즈 투스(hound's tooth), ⑭자카드(jaquard), ⑮무아레(moir'e), ⑯옴브르(ombre'), ⑰오버 체크(over check), ⑱포플린(poplin), ⑲새틴(satin, 공단) 등이 있다.

▶ 니트 knit

편물로 짜임새에 따라 위편(weft knit)과 경편(warp knit)으로 나누어진다. 위편은 수평 방향의 고리 형식으로 이루어지고 경편은 수직 방향의 조직을 가진다. 직물과 편물의 기본 조직 차이는 직물은 위사와 경사(날실)가 직각으로 교차되고, 편물은 고리 모양으로 얽혀 있다.

▶ 다비 dobby

작고 기하학적인 형태의 문양을 짜기 위해 직기의 종광을 조절하는 기계의 기술적인 부분을 뜻하거나, 그러한 형태의 패턴을 넣어 짠 직물. 일반적으로 3종광부터 30종광까지 사용된다.

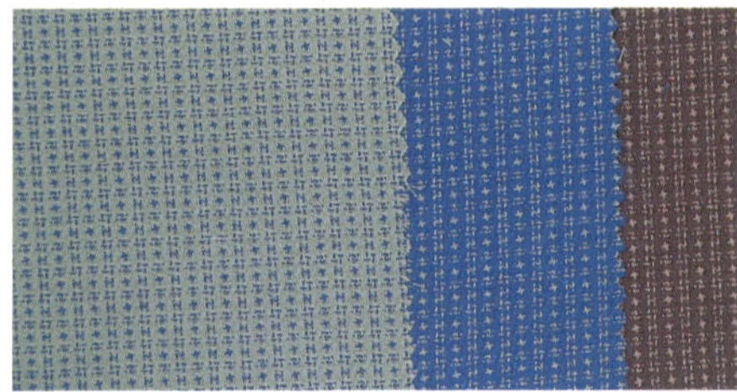

박영란, 다비, 스튜디오 니브

▶ 르네상스 룩 Renaissance look

르네상스(Renaissance)는 15-16세기에 걸쳐 이탈리아에서 전 유럽으로 퍼진 미술양식으로, 그 시기의 중세 유럽사람들이 손으로 짠 화려한 천이나 카펫 등에서 영감을 받아서 디자인한 패턴의 한 장르를 르네상스 룩(Renaissance look)이라 한다. 프린트된 디자인들은 벨벳이나 능직, 실크, 금실과 은실로 짠 비단같이 풍성한 느낌을 준다.

르네상스 룩

▶ 리펠런시 repellency 기법

이질적인 재료에 의한 상호 반발성을 응용한 기법으로 독특한 텍스추어 효과를 낸다. 수성과 유성 컬러 잉크, 포스터 컬러와 크레파스, 유화물감과 수채물감, 파라핀과 염료 등이 대

리피트 repeat
머천다이저 merchandiser
머천다이징 merchandising
바로크 룩 Baroque look

반합성섬유 半合成纖維 semi-synthetic fiber
방적 紡績 spinning
번-아웃 burnt-out
브로케이드 Brocade

표적인 재료들이라 할 수 있다. 대체적으로 정교한 표현보다는 문양이나 질감 표현을 할 때 사용하는 기법이다.

▶ **리피트 repeat**

연속적인 무늬를 만들기 위한 패턴의 전개 방식을 말하며, 이 전개 방식에 따라 원단이 만들어진다. 리피트되기 위해서는 제조 방법(문직, 프린트물, 니트 등)이나 공정에 따라 다르지만 기본은 좌우 이동, 상하 이동, 동심원 이동, 하프드롭스텝 이동의 네 종류로 크게 나누어진다. 텍스타일 디자인의 기본 요소로 연속적인 무늬를 이루는 필수적 요소이다.

▶ **머천다이저 merchandiser**

마케팅으로 소비자의 니즈(needs)에 부응하기 위한 상품 기획, 생산, 판매에 이르기까지의 총체적 역할을 하는 사람으로서, 리테일 머천다이저(retail merchandiser)와 어패럴 머천다이저(apparel merchandiser)로 대별할 수 있다. 리테일 머천다이저란, 유통업에 있어서 상품 구성 계획을 담당하는 전문가를 뜻하며, 매입계획을 담당하는 바이어(buyer)와 기능이 분화된다. 이에 반하여 어패럴 머천다이저는 상품 기획 기능, 생산 기능, 판매 기능 등 일반적으로 패션 머천다이저가 이에 해당한다.

▶ **머천다이징 merchandising**

'Merchandising 영', 'Merkauf 독'로 관점에 따라 여러 가지로 해석되며 실제로 다르게 사용되기도 한다. ①마케팅과 동일한 개념으로 해석되는 경우, ②상품 전략과 판매 촉진의 개념으로 해석되는 경우, ③상품 기획 및 상품 개발의 개념으로 해석되는 경우, ④상품의 매입과 판매 활동의 개념으로 해석되는 경우를 들 수 있다. 대체로 패션 머천다이저의 역할 및 기능은 상품 기획 및 상품 개발의 개념으로 인식된다. 이러한 기능을 수행하고 책임지는 적임자를 머천다이저(merchandiser)라고 한다.

▶ **바로크 룩 Baroque look**

바로크는 16세기 초에서 18세기 중엽에 걸쳐 유럽 및 서유럽에 성행했던 미술 양식이다.

이 미술 양식의 일반적인 특징은 강한 명암대비, 힘찬 동세, 격정적 감정 표현, 철저한 현실주의적 경향을 들 수 있다. 주요 모티브는 인물이 있는 풍경이 사실적으로 표현되며, 그 위에 장식이 들어간다. 전체적 분위기는 로코코(Rococo)가 여성적 경향이라면, 바로크(Baroque)는 남성적 경향이라 할 수 있다. 바로크란 말은 포르투갈 보석상의 '일그러진 모양의 진주'에서 시작되었으며, 스페인어로 이상한(odd), 기괴한(grotesque)의 뜻을 가진다. 곡선이 많고 장식이 지나친 고전적이지 않은 건축이나 장식을 멸시하는 말로 쓰기도 한다.

▶ **반합성섬유 半合成纖維 semi-synthetic fiber**

대표적 반합성섬유인 셀룰로오스 아세테이트의 경우, 아세테이트에 천연 고분자인 셀룰로오스에 합성분자인 초산을 화합시켜 만든 섬유이다.

▶ **방적 紡績 spinning**

섬유의 원료인 단섬유(staple)를 실로 변환하는 작업을 말한다. 섬유를 실로 변환하는 공정은 여러 단계로 나누어지지만, 초기 단계인 단섬유는 많은 불순물과 엉키는 성질을 지니므로, 불순물 제거와 엉키는 성질을 제거한 후 조금씩 같은 방향으로 꼬임을 주어 실을 만드는 과정을 말한다. 이 과정을 통해 생겨난 실을 방적사라고 한다.

▶ **번-아웃 burnt-out**

두 가지 서로 다른 직물을 사용해 제작한 다음 화학약품으로 산화 용해시켜서 무늬나 문양을 얻어내는 직물로 화학 약품에 의해 용해되는 섬유와 용해되지 않는 섬유의 성질을 이용한 것이다. 대체로 부드럽고 반투과성의 특성을 지녀 드레스, 신부의상, 이브닝웨어 등 특별 행사용 의상으로 많이 사용되며, 최근에는 여름철 침구류 세트에도 활용되고 있다.

▶ **브로케이드 Brocade**

자카드직으로 부조적 표현 효과를 나타내며 섬세한 문양 표현에 효과적이다. 대체로 금속사가 섞인 필라멘트사나 스펀사가 많이 쓰이고, 정장류와 액세서리에 사용되며 커튼이나 가구용으로도 활용되고 있다. 라틴어 'bro-care'는 '형태'를 나타낸다.

▶ 빗살 무늬 기법

무늬 모양이 빗의 살처럼 생겼다 하여 빗살 무늬라고 하며, 표현하고자 하는 사물의 이미지를 어떻게 연출하느냐에 따라 빗살 무늬를 가늘게, 넓게, 거칠게 표현하는 방법이다. 일본식 표현으로는 가스리라고 한다.

▶ 샴브레이 Chambray

가벼운 평직 목면으로 경사는 염색되고 위사는 염색되지 않은 상태에서 짠 천으로 투톤(two-tone) 효과를 나타내며 레이온과 교직한 경우도 많다. 스포츠웨어, 작업복, 인테리어용으로 많이 쓰이며, 요즘은 셔츠용으로 쓰인다. 샴브레이의 어원은 프랑스 북부도시 캄브레(Cambrai)에서 나온 말이다.

▶ 선염 先染 yarn dye

미리 염색된 실을 제직하여 만드는 원단 디자인으로 후염(後染)과 구분되며, 후염(날염) 직물에 비해 고가의 직물이다. 선염 디자인은 일정한 조직에 의해 이루어지며, 조직의 변화에 따라 다양한 디자인을 만들 수 있다. 대표적인 선염 직물로는 체크, 샴브레이, 옴브르 등이 있다.

▶ 섬유 미술 fiber work

송번수, 타피스트리 설치 작업, 1994

현대의 섬유 미술은 벽면에 장식되는 종래의 평면적 태피스트리의 개념이 아니다. 평면에서 입체로 더욱 공간적인 것으로 전개됨으로써 실과 조직의 조형, 조각이라고도 부르며 이것이 새로운 예술 장르를 형성하고 있다. 기법도 직물만의 순수함을 거부하고 다른 요소를 도입하는 등 작가가 금속, 유리, 돌 등을 자유롭게 다루는 것처럼 섬유가 가지는 형상을 최대한으로 이용하고 직기에서 만들어지지 않는 여러 가지 기법으로 자유로이 제작되고 있다. 입체로서 섬유 조각, 섬유를 이용한 설치 작업 및 공간을 연출하는 것 등은 텍스타일의 가능성을 더욱 확장시키고 있다.

▶ 손수건 디자인 handkerchief design

손수건 디자인의 방식은 정사각 스카프 디자인과 거의 동일하며, 플로럴 디자인이 주를 이루고 있다. 면에 프린트한 손수건이 1940년대와 50년대에 미국에서 널리 성행하였으며, 생일과 크리스마스 선물로 인기가 높다. 프린트 디자인 외에 선염 디자인인 체크 패턴이 주를 이루고 있다.

정경연, 스카프·손수건 디자인, (사)한국텍스타일디자인 협회

▶ 스카프 디자인 scarf design

스카프 디자인은 크기 및 용도에 따라 정사각 스카프(square scarf)와 롱 스카프(long scarf)로 나누어진다. 스카프 디자인의 특성은 사방이 보더(border) 패턴으로 이루어지며, 대체로 데코레이션을 강조한 미를 들 수 있다. 스카프 디자인을 제작할 때 모티브의 중앙과 외곽이 균형을 잡을 수 있도록 세심한 배려가 필요하다.

▶ 실, 얀 yarn

섬유의 최소 단위로, 구성 섬유의 성질에 따라 장(長)섬유와 단(短)섬유로 나누어진다. 구성 섬유의 상태에 따라 분류하면, 생사(生絲), 인견(人絹) 그리고 나일론을 비롯한 합성 섬유 등과 같이 긴섬유를 가지런히 해서 만든 필라멘트사(絲)가 있고, 면(綿), 양모(羊毛), 마(麻), 합성 섬유의 스프 등과 같은 짧은 섬유를 나란히 꼬아 만든 방적사가 있다. 실의 명칭은 섬유의 길이, 외관, 평행한 정도에 따라 결정된다.

▶ 아르누보 룩 Art Nouveau look

아르누보란 프랑스어로 '새로운 예술' 이라는 의미로 1880년대 말부터 1900년경까지 성행했던 미술 사조이다. 사회, 문화적으로 새로운 것을 갈망하던 사회적 분위기는 전통을 버리고 미래 지향적인 미학을 추구했지만 아르누보는 19세기의 특징이었던 복고적 경향에 영향을 받은 세기말의 데카당스 양식이다. 아르누보는 반 데 벨데(Henry van de Velde, 1863-1957)가 새로운 양식의 가구에 이 이름을 붙인 것이 시초인데, 모리스의 미술공예운동에서 큰 영향을 받았다. 아르누보의 소재로는 꽃과 식물, 그리고 여인이 대표적이며 동물이나 곤충도 많이 이용되었다. 형식적 특징은 곡선 위주의 우아한 느낌이 주를 이루는 여성적 경향이 짙다.

▶ 아르데코 룩 Art Déco look

아르누보가 수공예적 경향이 짙은 반면, 아르데코는 2차 세계대전 전후로 공업적 생산 방식을 기반으로 나타난 미국식 합리주의 경향이 짙다고 할 수 있다. 전체적 모티브는 사슴, 여인, 식물, 기하형태 등이 주를 이루며 큐비즘의 영향으로 모티브의 처리 방식은 극단적인 직선과 곡선을 지양하고 있다. 전체적인 색채는 화이트(white), 블랙(black)이 주를 이루며 액센트 컬러는 레드(red)와 옐로우(yellow)가 사용된다. 이는 전쟁의 암울함과 대비되는 새로운 세상을 희구하는 열망이 전체적 색채 분위기에서 짙게 나타나고 있다. 형식적 특징은 직선 위주의 심플한 느낌의 남성적 경향이다.

▶ 아트웍 artwork

아트웍은 원단을 생산하기 위한 밑그림, 원화를 말하며, 텍스타일 산업의 소프트웨어라 할 수 있다. 사용 목적에 따라 어패럴 디자인, 인테리어 디자인, 액세서리 디자인 등으로 나누어지며, 디자인의 특성과 경제적 합리성에 따라 패턴 전개 방식인 리피트(repeat)가 결정된다. 리피트의 종류에는 스퀘어 리피트(square repeat), 하프드롭 리피트(half drop repeat), 미러 리피트(mirror repeat), 스트라이프 리피트(stripe repeat), 브릭 리피트(brick repeat) 등을 들 수 있다.

▶ 애플리케 applique

'첨부한다' 는 뜻에서 전용된 말로 천 위에 배색이 좋은 천이나 가죽, 펠트 등을 좋아하는 모양으로 잘라 붙이는 방법이다.

▶ 액세서리 디자인 accessory design

액서서리 디자인이란, 소품 디자인을 말하며 그 종류는 스카프, 손수건, 머플러, 넥타이 등을 들 수 있다. 최근에는 생활 수준의 향상으로 인해 자기 개성 표현의 한 수단으로 널리 사용된다.

▶ 얀 릴 yarn reel

번수를 측정할 때 실을 일정한 길이의 타래로 감는 기계를 말하며 크기로는 둘레 1미터, 1야드, 1.5야드 등이 있다.

▶ 어소트 assort

어소트는 텍스타일 디자인(아트웍)에 있어서 색채 계획에 대한 분류 및 정리 작업을 뜻한다. 색채 분류 작업은 컬러칩(color chip)으로 이루어지며, 이 데이터를 통해 실제 작업(날염, 선염)이 이루어진다. 좁은 의미로는 컬러칩을 붙이는 장소를 말한다.

▶ 어패럴 apparel

어패럴은 광의(廣義)로는 의복이란 뜻으로 널리 사용된다. 이러한 의복의 개념은 드레스와 같은 아웃웨어(out-wear)와 속옷(under-wear, inner-wear)을 포함한 모든 의복을 말한다.

▶ 어패럴 디자인 apparel design

셔츠 및 남방, 스커트 등에 필요한 원단 디자인으로, 하나의 모티브가 인테리어 디자인에 비해 작게 이루어진다. 우리 나라의 경우 대체로 원단의 크기가 44인치에 준하므로 아트웍 크기는 16×20인치(41× 51cm)가 가장 널리 사용된다. 컬러 도수의 경우 경제성을 감안하여 1-6도의 범위를 넘지 않는 것이 보편화되어 있다.

▶ 이중직 double cloth

두 겹으로 제작된 직물, 각각의 경사와 위사로 짜여지며 이것은 서로 붙여 짜기도 하고 떨어져 짜기도 하며, 양면으로 사용할 수도 있다. 주로 두꺼운 천을 필요로 하는 오버코트나 인테리어용 직물에 사용된다.

노혜경, 이중직

▶ 인테리어 디자인 interior design

우리 나라의 경우 80년대 초까지만 해도 침장류에 국한된 개념으로 사용되다가 최근에 이르러서 생활 주거 환경의 모든 요소로 그 영역이 확대되고 있다. 인테리어 디자인의 종류는 침장류(이불 및 침대커버 등)를 포함한 벽지, 커텐, 주방용품, 쇼파, 나아가 바닥 장식재에 이르기까지 생활 전반에 걸친 공간의 중요한 요소로 자리잡고 있다. 이른바, 토털 홈패션(total home fashion)의 실현으로 경제 성장에 따른 실내 공간 문화의 질적 향상을 도모하고 있다. 아트웍의 경우 어패럴 디자인에 비해 하나의 모티브가 크며 아트웍 크기는 대체적으로 20×24인치(51×61cm)가 보편적으로 사용되는 치수이다. 컬러 도수의 경우 어패럴이 1-6도인 반면, 1-12도가 보편적이다. 이는 어패럴에 비해 모티브나 원단의 적용 범위가 크기 때문에 좀더 디테일한 표현이 요구되는 것이다.

▶ 자연 지향

마, 목면, 견과 같은 천연 섬유가 가지는 느낌과 외관 자연이 가지는 텍스처를 연상시키는 직물과 무늬 패턴, 색채에서도 천연 염료에 의한 자연 색채가 주목받고 있다. 끊임없이 발전하는 현대에 자연 지향의 텍스처가 생활의 균형을 유지시키고 있는지도 모른다. 인테리어에서도 돌과 나무, 종이 같은 소재가 제시되고 서로 유연한 조화를 보여준다. 의복에서도 그러하다. 이러한 것들은 현재 많은 인기를 모으고 있지만, 이것은 단지 한 순간의 유행은 아니고 텍스타일의 원류로서 당연한 일이다.

▶ 자카드 jacquard

직물의 제작 방법 중의 하나로 기술적인 면에서 디자인과 크기의 제약이 적어 아주 다양한 문양을 표현할 수 있다. 자카드 직기는 19세기 초 프랑스의 '조셉 마리 자카드(Joseph Marie Jacquard)'가 발명하였다. 펀칭카드에 의해 경사실이 조절되며 현재는 펀칭카드 없이 컴퓨터에 의해 제직되는 기술이 개발되었다. 자카드 제작 방법을 사용하여 브로케이드, 다마스크, 태피스트리, 브로케텔 등을 제직하여 의류용 직물, 인테리어 직물 등을 생산한다.

인치희, 자카드

▶ 재생 섬유 再生纖維 regenerated fiber

천연 고분자 화합물을 용해하여 재생시킨 섬유로 인조 섬유 중에서 해조질(海藻質) 섬유(fiber from sea weed), 단백질 섬유(protein fiber), 무기 섬유(inorganic fiber), 레이온류(rayons, fiber on cellulose base)의 4종류가 있다.

▶ 제도 製圖 engraving

디자이너에 의해 완성된 페이퍼 디자인을 실제 제품화하기 위한 첫단계이며 디자인을 색상별로 분해하여 폴리에스터 필름에 먹으로 옮겨 그려서 제판을 하는 공정이다.

▶ 제판 製版 screen making

완성된 제도 필름을 이용하여 천(sheer, 폴리에스테르의 모노필라멘트를 제직하여 스크린형을 만드는 데 사용되는 천)을 팽창시켜 부착한 스크린 형틀에 불용성 피막의 무늬를 만드는 공정이다. 즉 제도실에서 넘어온 제도 필름을 감광대 위에 올려놓고 그 위에 감광막을 입힌 스크린을 기본점에 맞춰 올린 후 필요한 시간만큼 빛을 투과한 후 세척하면 필름에 먹으로 그려진 무늬 부분만 세척과 동시에 씻겨 지워지고 무늬 외에 빛을 받은 부분은 그대로 남게 된다. 이와 같은 방법으로 스크린에 색상별로 무늬를 형성하는 작업을 제판이라고 한다.

▶ 천연 섬유 天然纖維 natural fibers

천연 섬유는, 식물성과 동물성 섬유로 분류할 수 있다. 식물성 섬유로는 면(綿), 마(麻), 모시 등을 들 수 있고, 동물성 섬유로는 견(絹), 양모(洋毛) 등을 들 수 있다. 천연 섬유는 합성 섬유에 비해 원자들이 사슬형으로 이루어져 있기 때문에 매우 복잡하고도 긴 분자식을 가진다. 여러 형태의 합성 섬유가 많이 개발되고 있으나, 인체 피부에 가장 친밀하고 트러블이 없기로는 천연 섬유가 으뜸이라 할 수 있다. 대체로 합성 섬유에 비해 가격이 비싼 편이다.

▶ 천연 염료 天然染料 natural dyes

동식물에서 추출한 염료로서, 합성 섬유와 구분되며, 천연 섬유 염색에만 국한된다. 주요 염료로는, 람(藍: 쪽염), 코치닐(cochineal) 등을 들 수 있다.

▶ 침실 세트

침실 세트는 대체로 3종 및 5종 세트로 이루어지며, 사용 용도 및 구색 상품의 첨가에 따라 그 범위가 넓어진다. 침실 3종 세트란, 침대커버(싱글 ⓢ$100 \times 200 \times 47$cm, 더블 ⓓ $137 \times 20 \times 47$cm, 퀸 ⓠ$153 \times 205 \times 47$cm), 이불커버(ⓢ155×220cm, ⓓ180×220cm, ⓠ200×230cm), 베개커버(1인용 40×60cm, 50×70cm, 2인용 50×110cm)가 기본 구색이며, 침실 5종 세트는 3종 세트에 패드(pad, ⓢ100×200cm, ⓓ140×205, ⓠ155×210cm)와 쿠션커버(38×38cm)가 추가되며, 구색으로 방석커버(50×50cm)가 추가된다. 침대커버 스타일에는 스커트 스타일(skirt style), 아르누보 스타일(Art Nouveau style)이 있다.

▶ 침염 浸染

실로 짠 원단을 염액에 통과시키는 무지염(無地染)이 주를 이룬다. 실을 방적하기 전에 섬유 원료를 먼저 염색하여 만든 색실을 교직하여 실을 만드는 것도 가능하다. 또 면과 폴리에스테르와 같이 다른 종류의 실을 같이 짜서 만든 천을 여러 가지 적당한 염료로 다양한 색으로 물들일 수 있다. 실과 직물, 염료의 종류는 다양하므로 이들을 서로 결합시켜 아름다운 색을 얻기 위해서는 적절한 화학적 방법을 써야 한다.

▶ 카펫 carpet

바닥재로 사용되는 타일, 돌, 나무 등 딱딱한 재료에 비해 부드러운 섬유로 만들어진 카펫은 그 질감에서 큰 차이가 있어 실내 공간을 부드럽게 만든다. 카펫의 촉감도 섬유 소재에 따라 차이가 있는데, 울은 매우 부드러운 느낌을 가지고 있어 생활 소품 제작에 많이 사용한다. 공공 장소에서는 마찰에 강한 나일론, 아크릴 등 합성 섬유를 주로 쓴다. 카펫은 핸드 후크(hand hooked), 와이어 월튼(wire wilton), 페이스 투 페이스(face to face), 액스민스터(axminster), 터프티드(tufted) 등의 조직으로 짠다. 카펫 디자인은 털길이, 색채, 패턴뿐만 아니라 실의 촉감에 대한 연구도 매우 중요하다. 차갑고 딱딱한 바닥과 부드러운 섬유재에 의한 카펫의 대비는 실내 공간을 한층 더 아늑하고 변화있는 공간으로 만들어 준다.

▶ 컬러웨이 color way

동일한 디자인 패턴에 여러 종류의 각기 다른 색상이 배색된 것을 말한다. 하나의 패턴에 한 배색으로 끝나는 것이 아니라 보통 3-5개 또는 그 이상의 각각 다른 색상의 배색으로 변화를 주어 그 패턴에 나타낼 수 있는 효과를 최대한 다양하게 표현할 필요가 있다. 컬러웨이 배색의 목적은 소비자에게 상품 선택의 폭을 넓혀주는 데 있다.

▶ 퀼팅 quilting

옛날부터 의류와 침대보에 많이 사용되었다. 천과 천 사이에 솜을 넣고 천조각을 바느질하여 연결시키는 기법이다. 일반적으로 구하기 쉬운 천조각을 모아서 만들지만 특별히 그 구조의 색채 계획에 따라 천을 수집하고 자르고 재조합하여 새로운 느낌의 섬유 조형 작품으로 제작하는 경우도 많다.

▶ 크레퐁 crepon

크레퐁은 가공 후에 주름이 생기는 직물을 말하며 실의 종류가 다른 것을 교직하거나, 조직을 조합시킨다. 필라멘트사나 스펀사를 쓰며 직조는 복합직(jacquard)으로 길방향의 구김이나 파상 무늬를 만든다. 크레퐁은 '오그라든다' 는 의미로 프랑스어 'crepe' 에서 유래되었다. 주요 소재로는 면, 마, 레이온이 사용되며 나무 껍질과 같은 구김 효과가 있는 점이 특징이다.

▶ 타탄 체크 tatan check

타탄 플래드라고도 한다. 다양한 색의 실을 사용한 바둑판 무늬이며, 스코틀랜드의 고지대 사람의 어깨걸이(plaid)로 쓰이던 모직물로 경사와 위사가 동일하게 배열되는 패턴이다. 2/2 능직 구조이며 오늘날에는 아동복, 여성복 등 모든 의류에 사용된다.

타탄 체크

▶ 태피스트리 룩 tapestry look

태피스트리는 여러가지 문양이나 디자인을 수직(手織)에 의해 제작하는 기법을 말하며 중세 유럽의 실내장식 및 실용적 요소로 널리 이용되었다. 태피스트리 룩이란 프린트로서, 태피스트리의 느낌을 재현하는 기법으로 실제 태피스트리와 유사한 느낌을 전달한다. 최근에는 요철이 강한 원단에 프린팅을 함으로써, 태피스트리 고유의 텍스추어를 재현하고 있다. 전체적인 디자인 느낌은 중세의 태피스트리의 주제와 양식을 모방하며, 컬러에 있어서도 색이 바랜듯한 느낌을 강조함으로써 옛 것에 대한 항수를 불러일으킨다.

태피스트리 룩

▶ 텍스타일 textile

라틴어의 텍스틸리스(textilis)의 동사에서 유래된 말로, 짜다(織)라는 뜻을 내포하고 있다. 보편적 의미로는 직물을 만드는 섬유, 실, 제직 또는 편성 제품, 펠트, 그물 레이스, 수예품 등을 말하며, 섬유 조직으로 이루어진

봉제품을 만들기 위한 소재, 즉 섬유 또는 직물을 뜻한다

▶ 텍스타일 디자인 textile design

직물 또는 편물의 조직과 표면에 다양한 무늬와 형태, 색상 등을 부여하여 심미성을 추구하며, 제품 형태에 따라 날염(프린팅) 디자인과 선염 디자인으로 크게 나누어진다. 오늘날의 텍스타일 디자인의 개념은 섬유 소재뿐만 아니라 바닥 장식재, 포장지,벽지 등 표면 디자인(surface design)의 확대된 개념으로 적용되고 있다.

▶ 텍스타일 컴퓨터 디자인 CAD

CAD(Computer Aided Design) 시스템이 우리 나라에 소개된 것은 1980년대 초반으로 전자공학 분야가 급격히 발전하기 시작한 때였다. 종래 수작업에만 의존해왔던 텍스타일 디자이너 및 의상 디자이너들도 컴퓨터 디자인 시스템의 보급이 점차 증가되면서 CAD에 많은 관심을 가지게 되었으며, 디자인 및 생산에 이르기까지 업무의 효율을 가져다 주고 있다.

캐드를 이용한 텍스타일 디자인

▶ 페이즐리 paisley

18세기 중엽 인도를 통해 유럽에 들어온 고

이남정, 페이즐리

가의 숄을 대량 생산하기 위해 스코틀랜드의 페이즐리(Paisley)라는 도시에서 생산하면서 유래되었다. 최초로 캐시미어(염소의 속털) 숄이 유럽에 알려진 17세기 후반 이래로 18세기에 크게 유행했고, 오늘날 다양한 형태로 변형되어 사용되고 있다. 모든 의류 및 가정용, 인테리어 직물 등에 사용된다.

▶ 표면 디자인 surface design

물건을 싸고 덮는 것으로 여러 종류의 표면을 만들 수 있다. 이러한 것을 표면 디자인이라고 하며, 변화시키기 어려운 외부 표층의 디자인을 간단하게 변화시킬 수 있는 특징이 있다. 침대를 예로 들어보면, 침대보에 의해 침대가 변화한다. 무늬없는 원단과 커다란 무늬가 있는 다양한 색상을 가진 침대보는 전혀 다른 느낌을 준다. 때로는 침대보가 오브제일 수도 있다. 오브제인 침대에 침대보를 덮어씌우면 바로 가치 전환이 일어난다. 동시에 그 표면 디자인이 실내 공간 전체와 관련을 지니며 표면 디자인된 한 장의 직물이 실내 전체의 분위기를 좌우하기도 한다.

▶ 플로킹 flocking

섬유를 잘게 잘라 만든 잔털을 천의 면 위에 고착시키는 방법으로 독특한 섬유의 질감처리를 위해 사용되는 기법이다. 접착제인 천연 고무, 합성 고무 라텍스, 폴리 초산 비닐, 폴리 아크릴산 에스테르 수지 등을 바탕천에 바른 후 0.1-5mm 정도의 가늘게 끊은 짧은 섬유를 수직 또는 경사지게 전착식모법(電着植毛法)에 의해 고착시키는데, 이 공정을 가리켜 전착 가공 또는 플록 가공이라고도 한다. 여기에서, 플록(flock)이란 짧은 섬유를 뜻하는 말이다.

▶ 하운드 투스 체크 hound tooth check

사냥개의 송곳니가 나란하게 있는 것처럼 보이는 무늬로 프랑스에서는 피에드 폴(pied de poule) 또는 피에드 코크(pied coq)라고 한다. 어두운 실과 밝은 실이 동일하게 교직되어 나타나는 문양으로 격자의 형태가 별 혹은 개의 이빨처럼 보인다고 해서 붙여진 이름이다. 크기는 4-5cm 정도로 검정색과 백색의

배색이 많다.

▶ 합성 섬유

천연 섬유와 대비되는 섬유로 천연 섬유의 속성을 화학적으로 응용해 대량 생산 및 저가 실현을 위해 만들었다. 최근에는 최첨단 신소재의 개발로 고가에 유통되기도 한다. 원래의 합성 섬유의 개발 동기는 1884년 샤르도네(Chardonnet)가 견을 인공적으로 만들기 위한 목적으로 인조견을 발명하였으며, 1938년 카로트(Carothe)가 화학적으로 섬유 분자를 만들었다. 초기에는 천연고분자 셀룰로오스 섬유 분자를 만들었다. 초기의 천연 고분자 셀룰로오스를 원료로 한 레이온, 큐프라, 아세테이트에서 점차 석유 등을 원료로 한 합성 섬유인 폴리에스터, 나일론, 아크릴 등이 개발되었다.

▶ 화학 염료 化學染料 chemical dyes

저가 실현 및 대량 생산을 목적으로 개발된 천연염료의 대체 염료로 개발된 염료로, 초기의 목적 외에 다양한 섬유 소재의 개발과 함께 그 종류와 폭이 다양해지고 있다. 염료는 화학적인 구조에 의해 분류되기도 하지만, 보통 염색 방법에 따라 분류되며 직접 염료, 산성 염료, 염기성 염료, 매염 염료, 산성 매염 염료, 배트 염료, 황화 염료, 아조익 염료, 탄화 염료, 분산 염료, 반응성 염료, 안료 염료 등이 있다.

▶ 환경 연출

커튼과 태피스트리 등으로 인테리어 환경을 만드는 일상적인 것 외에 경기장에 선명하게 드리워진 막이나 대규모 행사, 축제에 사용되는 깃발도 화려함을 연출하는 데 없어서는 안 되는 도구이다. 또 박람회 등의 행사장을 텍스타일로 설치하는 등 단기적인 환경 조성에 텍스타일은 최적이다. 천으로 환경을 덮는 행위로 잘 알려진 예술가 '크리스토(Christo)'가 설치한 환경 예술 작품인 40km의 길이에 걸쳐서 들판을 하얀 천으로 둘러싼 것이나 협곡에 걸려진 거대한 커튼, 마이애미의 바다에 핑크빛 원단을 띄워 섬을 둘러싼 것 등이 있다. 이와 같이 상상을 초월한 환경 연출이 가능한 것은 가볍고 다루기 쉬운 직물을 사용하여 짧은 시간에 설치하고 제거할 수 있는 장점을 잘 이용했기 때문이다.

크리스토(Christo), 계곡 커튼(Valley curtain). 1972

인위적 자연,
디자인 조각.
효율성, 예술성,
정서적 기능, 건축 환경으로부터의 독립,
환경의 예술화.
입체, 공간을 보는 마음,
촉각으로 이루어진 조각.
사이 공간, 사이 시간

그제 나는 마당을 맴돌고 있었다.
감나무 밑을 지날 때 철이른 감 하나가 내 머리 위로 떨어진다.
그 머리 위에서 떨어지는 푸른 감을 잡아 올렸다.
내 머리와 내 손 사이에
뉴턴도 그리고,
푸른 감은 그리지 않아도 알고
만유인력은 보지 않아도 되고
붉은 감, 곶감까지 말할 필요는 없고
두루두루 모르고, 알리지 않아도

꽃은 피고 지고 열매 맺는다.
나는 떨어진 감을 위로 살짝 던져주며,
"놀라지 마시오!!!"

땅과 하늘 사이에 나도 있었다.
어린 감이 스스로 그 가지에 붙을 수는 없을 것이고,
내가 풀로 붙쳐준다 하더라도 감나무는 답이 없다.

꿈의 조각, 환상 조각, 낭만 조각, 환경 디자인
환경 조각은 인위적 자연,
디자인도 자연의 모방.

나는 선 채로 풀밭 위를 맴돌고,
나무는 팔 벌리고 위아래로 천천히 돈다.
아들 '드레'도 떠올랐다.

조각은 자연 속에 떠있는 한 순간의 열매.

금누리 (국민대 교수)

▶ 가르손느 스타일 garçonne style

소년풍의 스타일을 말함. 허리선을 내려 허리 곡선을 완화시킨 원통형(tubular) 의복에 주름이나 리본으로 장식했다. 가슴은 납작하며 어깨는 강조하지 않고, 무릎 길이의 스커트에 아코디언 플리츠(accordion pleats)를 사용하여 소녀다운 분위기를 연출하기도 한다. 머리는 짧게 잘라 눈 근처까지 내려오는 모자 (bobed hat)를 썼다. 제1차 세계대전 후 대중문화의 활성화와 개방적 분위기와 함께 1925년경 크게 유행했다.

▶ 가브리엘 샤넬 Gabrielle Chanel, 1883-1971

코코 샤넬이라는 애칭을 가진 패션 디자이너. 1883년 프랑스 오베르뉴 지방의 쇼뮬에서 태어났으며, 1910년 파리의 모자점에서 일하였다. 그 당시 모자의 소재였던 저지로 옷을 만든 것이 호평을 받아 1915년 모드계에 진출했고 '샤넬' 을 창설했다. 전세계 여성의 영원한 원형 '샤넬스타일' 을 유행시킨 샤넬은 실용성과 기능성을 겸비한 단순한 '튜브 라인' 으로 20년대 모드를 리드했다. 그녀의 의상은 극히 논리적이고 단순했다. 제1차 세계대전 후 사회 변화를 예리하게 포착하였다. 단추나 주머니까지도 디자인에 활용했으며, 단순하고 짧은 튜브 라인 드레스에 모조 보석을 사용하여 대단한 반응을 얻기도 했다. 그밖에 장딴지 길이의 짧은 판타롱, 빌로드 재킷, 발목 길이의 이브닝 드레스, 금속 단추나 대형 프레임의 선글래스 등도 그녀의 디자인으로 부각된 것들이다. 1953년 은퇴해 코모 호반에서 은둔 생활을 했으나 이듬해 2월에 컴백하여 71년 사망까지 파리 모드계 여왕으로 군림했다.

▶ 건틀릿 gauntlet

목이 길고 깔대기 같은 커프스가 달린 장갑. 가죽, 벨벳, 비단 등 다양한 소재로 만들며 손목 부분은 금사로 화려하게 장식한다. 원래 중세 기사의 토시에서 유래했다.

▶ 그런지 룩 grunge look

복식 스타일을 나타내는 새로운 용어. 1970 년 미국 서해안을 중심으로 나타난 룩의 한 형태로 '남루하고 초라함' 을 의미한다. 오물, 쓰레기, 타락의 뜻을 지닌 'grungy' 에서 파생된 용어로 단정하고 깨끗하지 않은 복장을 말한다. 따라서 90년대에 문제로 대두되는 '재생, 재활용' 이란 개념을 수용해 과거의 의복을 다시 착용하거나, 다양한 의복을 서로 맞춰 착용해 피복비의 과잉 지출을 지양하려는 메시지도 담는다. 겹쳐 입기, 비대칭, 패치워크, 줄무늬, 이색 소재의 대비, 벗거지, 늘어지는 액세서리 등이 그런지 룩의 특징적 요소이다. 편안한 대로 입는 게으른 이미지의 그런지 룩은 70년대 히피를 재현한 부분도 있으나, 과거 히피와 비교할 때 소재, 색채, 장신구 등에서 90년대의 산업적 분위기가 강한 것이 특징이다.

▶ 네크라인 neckline

의복의 목선(neckline)으로 얼굴과 몸의 중계 역할을 하는 부분. 네크라인의 모양은 얼굴과 가장 밀접하므로, 의상 디자인을 할 경우에는 얼굴의 형에 어울리는 네크라인에 대하여 심각하게 고려해야 한다.

▶ 뉴 룩 new look

제2차 세계대전 직후인 1947년 2월 파리 컬렉션에서 크리스찬 디오르가 발표한 획기적

크리스찬 디오르, 뉴 룩, 1947

인 모드. 그동안 착용해 온 남성풍의 밀리터리 룩에 식상한 여성들에게 신선한 충격으로 수용되었던 복장이다. 풍만한 가슴과 가는 허리의 곡선을 드러내는 상의에 풍성히 퍼지는 롱 플레어 스커트로 상하를 대조시켜 여성스러움을 부각시켰다.

▶ 다트 dart

입체인 인체 위에 평면의 직물로 재단할 때 생기는 여분을 기술적으로 처리하는 방법. 다트는 성격상 기능적인 용도로 사용된 경우가 많으며, 솔기와 더불어 의복의 선을 구성하는 중요한 요소이다. 평상복, 의례복, 작업복 등에 따라 다트의 위치나 크기를 조절하며, 의복에 따라서는 디자인 요소로 활용할 수도 있다. 특수한 경우를 제외하고는 일반적으로 좌우 대칭으로 잡는다.

▶ 데콜타쥬 décolletage

가슴이 많이 노출되도록 네크라인이 깊이 파인 것을 뜻한다. 중세 시대까지 목을 감싸던 여성의 의복이 15세기 말부터는 목과 가슴을 대담하게 노출시키는 V자형 혹은 U자형 네크라인으로 변형되었다. 이것은 르네상스 시대에 강조했던 인체 곡선미의 강조와 일맥 상통한다. 현재는 의례용 정장 드레스에 주로 이용되고 있다.

▶ 드레스 dress

의복의 총칭. 외관을 장식하여 시간과 장소에 맞게 '정장한다'는 의미가 강하므로 일반적인 의복(clothing)과 복장(apparel)과는 구분되는 개념이다. 일반적으로 외관을 꾸며 다듬는 성장(盛裝), 예장(禮裝), 사교복 등을 막연하게 의미한다. 19세기까지 로브(robe)의 개념이었으나 현대는 보통 원피스로 된 여성용 혹은 아동용 겉옷을 말한다. 드레스의 실루엣, 착용자, 입는 때와 장소에 따라 다양한 이름이 붙는다.

▶ 디테일 detail

의복 구성을 할 때 마무리를 하게 되는 세부 사항을 말한다. 보통은 기능성이나 실용성의 용도를 가졌으나, 장식성을 겸비한 경우도 많아졌다. 그 구체적인 예로는 주머니, 칼라, 소매, 여밈, 지퍼 등이 있다.

▶ 레이어드 룩 layered look

층이 지게 착용하거나 여러 겹을 겹쳐 입은 복장. 70년대 히피들에 의해 반모드로 유행되었던 레이어드 룩은 새로운 개념으로 의상 디자인계에 수용되었다. 바지 위에 덧입는 튜닉 원피스나 코트, 긴 셔츠에 조끼와 스커트를 겹쳐 입는 방식 등의 레이어드 경향은 민속풍의 영향을 받은 것이다.

진태옥, 1994

▶ 로인 클로스 loin cloth

허리에 둘러 입는 가장 간단한 의복. 고대 이집트 왕국에서 왕과 노예에 이르기까지 남녀 모두가 입었던 의복이다. 바느질을 하지 않고 천을 그대로 허리에 둘러서 입고 그 끝은 허리에 끼워 입거나 천 위를 돌려매어 고정시켰다. 옷감이 풍부해지고 외래 문화와의 교류로 장식적인 주름을 잡는 등 다양한

이집트 벽화에 나타난 로인 클로스

333

착용 방법이 출현하였다.

▶ 르뎅고트 redingote

영국의 승마복에서 유래한 코트로 그레이트 코트라고도 불렸다. 길이는 장딴지나 발목 길이지만, 1780년 이후의 영국식 승마복은 옷 길이가 바닥에 끌릴 정도로 길고 넓은 칼라와 라펠, 더블 여밈이 특징적이다.

르뎅고트

▶ 맨틀, 망토 mantle, manteau

본래는 소매가 없는 헐렁하고 긴 코트를 말한다. 근세에 이르러서 소매가 있는 코트도 망토라고 부르며, 영어의 오버코트(overcoat)와 같은 뜻으로 사용된다.

▶ 밀리터리 룩 military look

군복 스타일의 복장. 제2차 세계대전 중 물자 부족 및 사회 제반 여건으로 인해 1930년대 말부터 등장하기 시작한 짧은 스커트의 테일러드 슈트. 직선적인 실루엣으로 옷의 기능성을 중요시하였다. 재킷의 어깨에는 패드를 넣어 각이 지게 하였고, 폭이 좁은 스커트는 무릎까지 짧아졌다. 활동이 편한 박스 형태의 테일러드 슈트가 대표적이다. 밀리터리 룩은 현대에 이르러 전문직 여성의 테일러드 슈트로 정착되었다.

▶ 바디스 bodice

길(옷본의 몸통 부분). 다트를 넣어 동체에 맞게 만든 원형 슬로퍼(slopper)의 하나로, 다양한 의복의 원형을 제도하기 위한 기본 원형 중 길 부분의 앞판, 뒷판을 말한다. 제도에

필요한 치수로는 등 길이, 가슴 둘레, 어깨 넓이 등이 필요하며 앞길과 뒷길로 나누어 제도한다.

▶ 버슬 bustle

데이 드레스(day dress), 1885

스커트의 뒷부분, 힙부분을 과장하기 위해 나온 패드나 페티코트로 1870년대에 유행한 스타일이다. 스커트 겉자락을 뒷중심에 드레이프시켜 버슬 스타일이 되도록 끌어 올리는 페티코트가 주로 사용되었다. 1680년대에 스커트의 뒷부분에 매우 긴 트레인을 길게 늘어뜨려 입은 것에서 기인한다. 1870년에서 1890년을 버슬시대라고도 한다.

버슬(bustle)

▶ 벌크 실루엣 bulk silhouette

상부, 하부가 좁고 허리 부분이 밖으로 풍성

하게 나온 볼록렌즈 형태로, 아우어 글래스와는 반대의 선을 갖는 실루엣. 오벌(oval) 실루엣, 배럴(barrel) 실루엣이라고도 한다.

▶ 베스트 vest

소매없는 상의의 총칭. 블라우스, 스웨터, 셔츠 위에 입거나 투피스, 슈트 또는 코트 안에 입는 옷. 길이는 다양하며, 웨이스트코트(waistcoat), 웨스킷(weskit), 베스티(vestee)라고도 한다. 남녀노소 두루 입고 단순한 방한용뿐만 아니라 의상을 멋지게 코디네이트할 수 있는 중요한 아이템이다.

베스트(vest), 프랑스, 1780

▶ 빈티지 드레스 vintage dress

빈티지란 '우량 포도주'라는 의미로 특정 해의 지방산의 포도주나 유명한 상표에 부착하는 이름이다. 이러한 의미를 가진 빈티지 룩(vintage look)은 독특하며 개성있는 코디 감각을 가리키는 것으로, 중고 시장에서 찾은 고급 소재의 의상들을 조화롭게 맞춰 입는 것이다. 획일화된 산업 사회에서 자신만의 개성을 찾으려는 감각파 신세대들 사이에서 유행하는 새로운 개념의 복장이다.

▶ 샤넬 라인 chanel line

샤넬의 디자인에서 무릎 길이의 스커트를 말한다. 대부분 샤넬 슈트, 카디건 슈트, 롱토르소(long torso) 재킷과 같이 한 벌로 구성된다. 직선적 실루엣을 이루는 것으로 무릎에서 5-10cm 길이의 스커트를 말하는데, 유행에 따라 좌우되지 않는 길이라는 의미도 있다. 시대와 연령을 초월하여 누구에게나 어울리는 선으로 알려져 있다.

▶ 솔기 seam

박음선. 평면의 옷감을 입체적인 몸에 입히기 위해서 옷감을 이어붙일 때 봉합되는 선을 말한다. 옷감이 연결되는 부위와 의복의 부위에 따라 실용성이나 장식성을 고려한 다양한 솔기를 사용할 수 있다.

▶ 쇼핀느 chopine

터키 사람들이 키를 커보이게 하려고 신었던 신에서 유래된 신발의 일종으로 굽이 매우 높다. 16세기 후기 이탈리아 베니스에서 신기 시작해 스페인, 이탈리아에서 매우 유행되었다. 앞뒤 하나로 된 나무나 코르크에 가죽이나 천을 씌우고 금장, 보석으로 장식하였다. 굽의 높이가 6-15인치 정도로 걸을 때는 몸종이 옆에서 팔을 잡아 주었다고 한다.

쇼핀느(chopine)는 코르크창을 두껍게 댄 높은 구두로 17세기경에 여자들이 신었다.

▶ 스모킹 smocking

옷감 위에 점을 표시한 후 그 점을 규칙적으로 봉하여 생기는 독특한 주름으로, 주름의 모양에 따라 여러 가지 모양의 무늬가 나타난다. 요크나 소맷부리의 장식으로 많이 이용된다. 실이 겉으로 보일 때는 색실을 이용할 수도 있으며 종류에 따라 완성된 길이의 2-3배의 옷감이 필요하다.

▶ 스토머커 stomacher

가슴과 아랫배에 걸쳐 역삼각형으로 붙인 로브의 가슴 장식판. 두꺼운 린넨이나 면에 풀

스트레이트 실루엣 straight silhouette
슬래쉬 slash
슬리브 sleeve

아워 글래스 실루엣 hour glass silhouette
앤드로지너스 룩 androgynous look
에넹 hennin

을 먹여 평평하게 만들고 패드를 넣어 단단하게 만들었다. 로브에서 가장 눈에 띄기 때문에 화려하게 장식을 했다. 르네상스 시대의 스토머커는 위엄있는 역삼각형이었으며, 바로크 시대에는 허리선 아래로 길게 내려가며 끝이 둥글게 변했다. 로코코 시대의 스토머커는 많은 리본 장식이 특징이다.

흉의(가슴받이),
영국, 1730

▶ **스트레이트 실루엣 straight silhouette**

상하가 거의 수직선에 가깝게 직선으로 내려온 실루엣. 몸에 끼는 정도에 따라 타이트한 쉬스(sheath) 실루엣, 풍성한 박시(boxy) 실루엣, 컬럼(column) 실루엣, 쉬프트(shift) 실루엣, H-실루엣 등이 있다. 1920년대를 대표하는 실루엣으로, 이때에는 여성적인 특성을 부정하여 가슴을 납작하게 하고 허리 곡선을 완화시켰다.

▶ **슬래쉬 slash**

속의 옷이 보이도록 겉감에 의도적으로 작은 절개를 낸 장식 방법의 하나. 16세기에 크게 유행했던 이 장식 기법은 겉옷을 째어 대조적인 색의 안감이 보이도록 하여 특이한 복식미를 나타내었다. 중세 십자군의 군복에서 시작된 이 유행은 일반인과 귀족들 간에 성행되어 150여 년간 계속되었다.

▶ **슬리브 sleeve**

소매 부분. 소매의 길이, 폭, 붙인 모양, 끝동 등의 변화로 다양한 디자인에 활용할 수 있다. 이집트나 그리스 시대에는 의복에 별도의 소매를 붙이지 않고 길에 연결하였다. 르네상스, 바로크, 로코코 시대에는 신분과 계급에

따라 다양한 소매가 사용되었다.

▶ **아워 글래스 실루엣
hour glass silhouette**

모래시계같이 허리 부분은 꼭 끼고 상의와 하의는 상대적으로 큰 실루엣(silhouette) 실루엣의 모양에 따라서 프린세스(princess) 실루엣, 피티드(fitted) 실루엣, 크리놀린(crinoline) 혹은 돔(dome) 실루엣, 머메이드(mermaid) 실루엣, 버슬(bustle) 실루엣, 미너렛(minaret) 실루엣 등이 있다.

아우어 글래스 실루엣

▶ **앤드로지너스 룩 androgynous look**

'앤드로지너스'란 1985년에 새롭게 나타난 의식 혁명으로 자웅 동체, 양성 공유의 뜻. 여성과 남성이 갖고 있는 특성을 부정하지 않고 그 순수한 아름다움이 가진 멋을 자유로운 감성으로 조화시킨 룩이다. 즉, 성을 초월하여 개성적인 존재로서 인간 이미지를 부각시키는 것이다. 머리를 남성처럼 치켜 깎거나 남성적인 테일러드 슈트, 넥타이, 셔츠, 재킷 밑으로 나온 셔츠 자락, 여성적인 디테일 등을 순수한 감각으로 표현하였다. 남녀가 구별없이 입을 수 있는 다양한 니트도 새로 부각된 아이템이다.

▶ **에넹 hennin**

14-15세기 유행한 원추형의 여성 모자. 에넹

부인이 고안한 것이다. 모자 끝에 원형 베일 (veil)을 덮어 옷자락까지 늘어뜨렸다. 모자의 형태가 고딕양식을 잘 나타낸다.

▶ 에이 라인 A-line

1955년 봄 디오르의 H라인에 이은 대표적 실루엣의 하나로 작은 모자에 좁은 어깨, 약간 하이 웨이스트, 편평한 가슴, 주름스커트가 아래로 퍼져 A자형을 이룬다.

에이 라인 실루엣은 슈트, 원피스, 코트 등에 다양하게 적용되었다.

▶ 엠파이어 스타일 empire style

프랑스 혁명 후에 인간 본래의 모습을 이상으로 하는 고전주의를 표방한 복식의 한 형태이다. 특히 자연스러운 몸매를 드러내는 홀쭉한 수직선의 여성복으로 고대 그리스의 키톤 (chiton)에서 영감을 받았다. 옷감은 얇고 비치는 것이나 몸에 감기는 부드러운 소재를 사용하였다. 그 시대의 패션 리더인 조세핀에

엠파이어 스타일(empire style)

의해 18세기 말부터 19세기 초까지 세련되게 착용되었다.

▶ 오트 쿠티르 houte couture

고급 맞춤복. 고급 디자인 하우스 소속 디자이너들이 독창적인 컬렉션을 발표하고, 이를 개인적인 맞춤 방식으로 재생산하는 회사들의 집단을 말한다. 최초의 오트 쿠티르는 1858년 찰스 워드(Charles F. Worth)가 파리에서 시작했으며, 정교한 봉제 기술, 디테일의 완벽함이 오트 쿠티르의 작업 정신이다. 각 회원은 매년 50개 혹은 그 이상의 모델을 대개 1월과 7월 두 차례에 걸쳐서 발표하고 있다.

▶ 질레 gilet

긴 조끼. 1990년대에 유행한 것으로 무릎밑으로 오는 긴 조끼를 겉에 겹쳐입어 새로운 복장 양식을 연출했다. 대개 레이스나 턱 (tuck), 자수 등을 활용한 장식적인 것이 많으며 옷깃이 있는 것과 없는 것이 있다.

▶ 칼라 collar

목을 장식하는 부분. 목둘레(neckline), 외곽선(collar line), 서는 부분(stand)과 외형 등 네 부분으로 구성된다. 칼라는 크게 두 가지 종류로 나뉘는데, 서는 부분이 거의 없이 어깨 위에 납작하게 눕는 플랫 칼라와 서는 부분이 있는 칼라가 있다. 또한 활용 방법에 따라 스탠드(stand) 칼라, 프릴(frill) 칼라, 터틀(turtle) 칼라, 러프(ruff) 칼라 등이 있다.

▶ 커프스 cuffs

소매 끝에 밴드나 옷감으로 손목을 덮는 의복 부분의 총칭. 때로는 바지단이나 부츠, 장갑 손목 등을 일컫기도 한다. 원래 북방계 의복에서 유래한 것으로 15세기 르네상스 시대에는 칼라 장식과 더불어 복잡하고 화려한 레이스로 장식되기도 하였다. 프랑스 혁명 이후에는 주로 셔츠나 블라우스 소매 끝의 장식으로 남게 되었다. 대표적인 종류는 셔츠 커프스 (shirts cuffs), 밴드 커프스(band cuffs), 턴백 커프스(turn-back cuffs), 컨버터블 커프스(convertible cuffs), 러프 커프스(ruff cuffs) 등이 있다.

▶ 퀼팅 quilting

두 천 사이에 양모나 솜, 우레탄 폼 등을 고르게 넣고 함께 박은 봉제 방법으로 한국 전통 누비 기법과 유사하다. 이불장, 침대 커버, 테이블 커버, 홈웨어 등에 쓰인다. 중세 이후 추위나 적의 공격에서 신체를 보호하기 위해 더블릿에 썼다. 집안에서 천조각으로 다양한 소품을 만드는 것에서 출발하였으나, 다양한 색채와 문양 구성 등의 특징으로 인해 현대에는 하나의 예술 표현 기법으로까지 광범위하게 활용되고 있다.

▶ 크라바트 cravate

17세기경부터 남성들이 목에 감아 앞에서 매었던 천으로 그 소재는 실크, 린넨, 레이스 등 고급천이었다. 프랑스 상류사회에 처음 등장했고, 1660년대 유럽 남성복에 일반화되었다. 1670년경 코트가 생기면서 더욱 장식적이 되었다. 착용하는 법, 형태, 장식, 소재에서 다양한 모습을 보이며 19세기까지 남성들 사이에서 계속 사용되었고, 그후 남성복의 가장 중요한 액세서리가 되었다. 1890년에 더비타이(derby tie)와 포인핸드(four-in-hand) 등 현대 넥타이가 생겼다.

▶ 크리놀린 crinoline

크리놀린 스타일 드레스, 한때 스커트 자락의 지름이 사람의 키와 비슷할 정도로 확장되기도 하였다.1860

라틴어의 크리니스(馬毛 crinis)와 리눔(linum)의 합성어로 스커트를 부풀리기 위해서 입었던 버팀살, 즉 페티코트를 말한다. 초기에는 혼방직 천으로 만들었고 그후 고래뼈나 철사를 여러 층으로 늘어 놓고 이것을 세로 리본으로 엮어 만든 개량형이 나타났다. 이것은 여성들이 여러 벌의 페티코트를 겹쳐 입어야 하는 불편을 덜어주었고, 허리 부분도 벨트가 겹쳐지지 않아 허리가 가늘어 보이기 때문에 1860년대에 프랑스에서 대유행하였다. 확대된 스커트 부분에 많은 직물이 들었는데, 보통의 의상이 한벌에 약 9m의 직물이 든다면 주름이 많은 것은 27m 정도의 직물이 들기도 했다.

▶ 크리스찬 디오르 Christian Dior, 1905-1957

패션 디자이너. 1905년 프랑스 노르망디 그랜빌에서 실업가의 아들로 태어났다. 38년부터 피케, 르롱 등의 메종에서 일하다 46년 독립, '화관 라인'으로 데뷔했다. 둥글고 완만한 어깨, 가늘게 죄인 허리, 풍성한 플레어 스커트의 '뉴 룩' 선풍을 일으켰다. 54년 H 라인, A 라인, Y 라인, 56년 '마그넷 라인' 발표, 57년 '스핀들 라인'을 개발하여 발표 준비를 하던 중 세상을 떠난 그는 "엘레강스, 그것이 패션이다"라는 개념을 확립했다. 그 밖에도 모드의 세계화, 기업화를 위한 발판을 구축했고, 피에르 가르뎅(Pierre Gardin), 입생 로랑(Yvessaint Laurant) 등 후진 양성에도 기여했다.

▶ 키톤 chiton

고대 그리스의 남녀가 입었던 가장 단순하고 기본적인 의복으로, 도릭 양식(dorian style)과 이오닉 양식(ionian style)이 있다. 대형의 직사각형 천을 접어서 피블라라는 핀으로 어깨를 연결시키고 허리에는 띠를 매어 고정시켜 착용한 원피스형이며, 입는 방법은 성별, 연령, 사회적 지위에 따라 다양했다. 육체의 곡선에 따라 자연스럽게 드러나는 드레이프의 미와 부드러운 천에 생기는 주름이 리듬과 율동감을 나타낸다.

턱 tuck
토가 toga
트리밍 trimming
파니에 panier

파팅게일 farthingale
팬츠 pants
폴 프와레 Paul Poiret, 1879-1944

▶ 턱 tuck

일정한 간격으로 접어박은 장식주름. 턱이 있는 의복을 만들 때는 턱을 만들어 다림질한 후 그 위에 만들 의복을 재단한다. 턱 넓이는 박음선과 접은선 사이의 간격이다.

▶ 토가 toga

가장 대표적 로마의 의상. 라틴어로 '평화복' 또는 '덮다'를 의미한다. 반원형이나 타원형, 팔각형의 천을 접어 몸에 둘러 입었다. 소재는 주로 울(wool)이나 린넨(linen), 실크(silk) 등이 쓰였으며 착용 방식은 그리스의 히마티온(himation)과 같다. 초기에는 남녀노소 모두 착용하다가 제정시대부터는 공식복으로 지배 계급의 남자들만 입었다. 시대에 따라 변화하면서 크기, 색채, 장식 등에 따라 명칭이 달랐다.

▶ 트리밍 trimming

장식, 끝마무리. 개성적인 의복을 만들기 위해 장식적인 끝마무리를 하는 것을 말한다. 트리밍은 대부분 흥미의 초점이 되어 의복의 선을 강조하거나 부드럽게 완화시켜 준다. 트리밍은 각 시대마다 소재나 의복의 실루엣에 따라 유행이 변한다. 종류에는 브레이드, 파이핑, 셔링, 프린징, 프릴, 러플, 루우프, 탭, 상침(탑 스티치) 등이 있다.

▶ 파니에 panier

스커트를 부풀리기 위한 장치로 스커트의 양 옆만을 과장되게 강조한 속옷이다. 파니에가

18세기에 유행했던 페티코트의 일종

극단적으로 큰 것은 8-10 피트가 된다. 초기에는 원추형의 실루엣이었고 재료는 등나무 줄기, 고래 수염 등으로 골격을 만들고 천을 씌워 만들었다. 1760년대에는 타원형이며, 여러 단의 철사에 헝겊 테이프로 연결해 고정시켜 허리에 입었다. 양옆의 철사는 상하로 접힐 수 있었다. 그후 다른 형태는 양쪽에 하나씩 파니에를 끈으로 연결해 입은 것으로 두블레(doublet)라 하였다. 두블레는 길이가 짧고 크기도 축소되는 등 편리하게 개선되어 여러 계층이 입었다.

▶ 파팅게일 farthingale

16세기 르네상스 양식의 크게 확대된 스커트의 실루엣을 유지하기 위한 페티코트이다. 스페인 양식은 원추형이고, 영국 양식은 드럼형이다. 여러 가지 재료를 사용하여 틀을 만들고 헝겊을 씌운다. 1545년 이후 유행되기 시작하여 모든 계층에 확산되었다. 둥근 테를 일정한 간격으로 배열하고, 고정시키는데, 테의 크기와 배열을 조절하는 것에 따라 윤곽선이 다르게 나타난다.

▶ 팬츠 pants

바지의 총칭. 트라우저스(trousers)나 팬털룬즈(pantaloons)로 통용되기도 한다. 15세기 더블릿 밑에 착용한 호즈에서 바지의 개념이 도입되었다. 16세기의 독특한 바지는 트렁크 호즈(trunk hose), 그 외에 무릎 길이까지 꼭 맞는 베네치안(venetians)은 이탈리아의 베니스 사람들이 입기 시작해서 붙은 이름이다. 프랑스 혁명으로 부각된 서민들의 쌍큐롯이 현대 바지의 원형이 된다.

▶ 폴 프와레 Paul Poiret, 1879-1944

1910년대에 활약했던 뛰어난 디자이너. 1904년에 자신의 점포를 열었고, 항상 새로운 모드를 발표하여 주목을 받았다. 유럽 여성복에 동양적인 요소를 도입하는 등 시대 흐름을 활용하여 여성의 인체 곡선을 살리는 우아한 스타일을 창안하였다. 호블 스커트, 미나레 스타일, 기모노 스타일, 소매없는 튜닉, 터번 등을 새롭게 등장시켰다. 콜셋을 제거하여 여성 해방 운동에 많은 기여를 한 반면, 호

푸렌느 poulaine
푸르프엥 pourpoint

프레타 포르떼 prêt-à-porter
프릴 frill
플라운스 flounce
피블라 fibula
필 박스 pill box

블 스커트로 여성의 행동 반경을 제약했다는 평가를 받기도 했다. 단순하고 편안한 복장을 제창하였고 터번과 팬츠를 공식 복장으로 등장시키는 등 여성복의 근대화에 이바지했다.

폴 프와레(Poul Poiret), 살로메 이브닝 드레스, 1914

▶ 푸렌느 poulaine

앞이 뾰족하고 긴 신발로 14세기 무렵의 고딕 양식을 보여주는 신발이다. 불어로 크랙코우라고도 불렀다. 때로는 앞부분에 패드를 넣어 보강하기도 하였으며, 나막신 패튼을 덧신어 가죽 푸렌느를 보호하였다.

▶ 푸르프엥 pourpoint

갑옷 속에 입는 누비옷으로 신체에 꼭 맞도록 재단된 남성 상의이다. 14세기부터 중요한 남성 겉옷이었다. 영국에서는 더블릿이라 하였다. 상체는 허리까지 꼭맞고 소매는 꼭끼며 앞트임은 단추로 여몄다.

현대 남성 재킷의 원형을 제공한 의복

▶ 프레타 포르떼 prêt-à-porter

프랑스어로 고급 기성복이란 의미로 제2차 세계대전 후 파리에서 처음으로 사용하기 시작하였다. 경제적으로 여유가 생김에 따라 고급 맞춤복인 오트 쿠튀르 수준의 기성복을 원하는 수요층이 늘어나자 나타난 것으로, 기존의 기성복과 차별화하기 위하여 사용한 명칭이다. 프레타 포르떼를 영어로는 레디 투 웨어(ready to wear)라고 한다.

▶ 프릴 frill

옷감에 잡은 가늘고 긴 주름. 의복의 단, 옷깃, 소맷부리 등에 장식으로 사용한다. 의복에 부착된 부분은 주름이 잡히고 다른 한쪽은 평평한 형태이다. 의복과 같은 소재로 만들거나 레이스 등을 이용하기도 한다.

▶ 플라운스 flounce

둥글게 재단하여 길이가 짧은 쪽을 의복에 붙임으로써 물결과 같은 리플(ripple)이 생기게 하는 것을 말한다. 블라우스의 앞단, 커프스, 칼라 등에 낭만적인 분위기를 표현하는 장식으로 많이 쓰인다.

▶ 피블라 fibula

고대 그리스와 로마에서 옷을 어깨에 고정시키기 위해 사용한 장식핀. 키톤(chiton), 히마티온(himation), 클래미스(chlamys) 등은 재단이나 바느질을 하지 않으므로 옷을 입을 때 고정시키는 여밈 장치로 사용되었다. 로마 시대에는 그 형태와 문양이 매우 다양해졌다.

실용과 장식을 겸한 장신구로 중요한 역할

▶ 필 박스 pill box

12세기 여성들의 머리 장식(head dress)으로 등장한 모자의 일종이다. 위가 평평하고 얕은 원통형에 챙이 없는 형태이다. 턱을 가리는 넓은 친 밴드(chin band)를 하고 그 위에 필 박스를 착용하기도 했다. 1960년대에 재현되어 유행한 바 있다.

패션 디자이너의 감각

"지구상에 온전하게 새로운 것은 없다"는 회의, 그리고 한 순간의 새로움에 눈 뜰 때 느끼는 엑스터시, 패션 디자인은 그런 회의와 엑스터시의 교차점에서 탄생한다. 순수한 창조 의식으로 출발해야 하지만 비즈니스로서 열매를 맺어야 한다는 갈등, 시대와 사회상을 예견하면서 동시대인과 공감대를 형성해야 하는 모순, 패션 산업은 이런 갈등과 모순 속에서 성장한다. 다행스럽게도 최근 이런 갈등과 모순을 조율하는 MD(managing director)의 기능이 패션 산업 발전기에 큰 몫을 하고 있다. 그러나 디자인 속에 "감성과 이성의 농도를 어떻게 조정해 용해시키느냐" 하는 고민은 여전히 디자이너의 몫으로 남아 있다. 이 때문에 평이하지만 디자이너가 늘 되새김질해야 할 좌우명이 '알레그로 마논 트로포'이다. 빠르게 그러나 지나치지 않게 감성과 이성의 사이를 오가며 감성과 이성의 화음을 연주해야 한다. 패션 디자인은 늘 깨어 있는 감각으로 빠르게 앞서가야 한다. 그러나 동시대인들이 이해하지 못할 만큼 빠른 속도로 앞서가서는 곤란하다. 패션 디자인의 존재 이유는 어디까지나 지금 우리와 함께 살고 있는 사람들을 위한 것이기 때문이다. 앞선 감각을 표현하되 보편적인 정서에도 부합하려면 보통 사람들의 생각과 행동 근거에 가라앉아 있는 본질적인 욕구를 파악하려는 부단한 노력이 필요하다. 현실 속에 단단히 뿌리박고 있으면서 미래와도 연결되어 있는 패션 디자인이라야 소비자와 공감대가 형성된다. 감성에 치우쳐서 감각만을 너무 앞세우거나 지나치게 시류에 편승해서 대중의 취향에 맞추려 드는 패션의 생명은 짧다. "새롭다고 느끼는 순간 낡은 것이 되어 버린다"는 패션 디자인의 변덕스러움, 이따금 패션의 현란한 변덕스러움 때문에 막막하고 지칠 때가 있다. 그리고 감성과 이성의 불협화음으로 엮어내는 연주 작업과도 같다. 연주 속도는 아무래도 '알레그로 마논 트로포'가 제격이다. 빠르게 그러나 지나치게 앞서가지 않도록 스스로를 조율해야 한다.

이신우 (패션 디자이너)

그리드 grid
네빌 브로디 Neville Brody, 1957-

데이빗 카슨 David Carson, 1957-

▶ 그리드 grid

그리드의 사전적인 뜻은 격자, 바둑판의 눈금 등을 말한다. 이는 일반적으로 수직과 수평으로 면이 분할된다. 레이아웃의 수단인 그리드는 인쇄물의 시각적 질서와 일관성을 유지시키는 도구이다. 포인트(point)로 활자를 지적할 경우 그리드 단위는 포인트가 된다. 필드(field)는 단(column)을 수평으로 나눈 공간이며 반복되는 최소 이미지 단위 면적을 기준으로 하는 것이 좋다.

'CCA Today' 지의 그리드 적용 예

▶ 네빌 브로디 Neville Brody, 1957-

영국의 그래픽 디자이너이자 타이포그래퍼. 처음에는 회화를 공부했으나 1976년부터 3년 동안 런던인쇄대학(London College of Printing)에서 교육받았다. 졸업 후 몇 개의 음반 회사의 디자이너로 일하면서 그의 세계를 펼치기 시작하였다. 1981년부터 1986년까지 〈페이스(The Face)〉의 아트 디렉터로 근무하면서 펑크(Punk) 이후의 포스트 모더니즘 디자인을 전개하여 독창적인 활자체의 개발, 관습적 타이포그래피의 개혁, 혁신적인 레이아웃 등을 통해 세계적인 디자이너로 각광을 받기 시작했다. 1987년에는 〈애리너(Arena)〉에 합세, 다시 한번 혁신적인 편집 디자인을 선보였다. 이후 그는 이태리의 〈페르 뤼(Per Lui)〉와 프랑스 〈악튀엘(Actuel)〉 등의 잡지 아트디렉션을 하기도 했다. '브로

네빌 브로디(Neville Brody), F State 포스터, 1991

디 현상'으로까지 불리는 수많은 추종자들을 낳았다. 빅토리아 앤 앨버트 미술관(Victoria & Albert museum)에서 개인전(1988)을 가졌으며, 두 권으로 된 〈네빌 브로디의 그래픽 언어(The Graphic Language of Neville Brody, 1988, 1994)〉가 간행되었다. 컴퓨터 시대 포스트 모더니즘 디자인의 개척자로 평가받고 있다.

▶ 데이빗 카슨 David Carson, 1957-

미국의 아트디렉터, 그래픽 디자이너. 산디에고 주립대학에서 사회학을 전공했으며, 세계 8위의 파도타기 프로선수 경력과 고등학교 교사로 일하기도 했다. 1983년에 카슨은 스위스의 라페르스빌(Rapperwil)에서 3주간의 그래픽 디자인 코스를 거쳤다. 1983-87년까지 〈트랜스월드 스케이트보딩(Transworld Skateboarding)〉, 1988년에는 〈뮤지션(Musician)〉, 1989년부터 1989년부터 91년까지는 〈비치 컬춰(Beach Culture)〉, 1991년부터 92년 사이에는 〈서퍼(Surfer)〉, 1992년부터 95년까지는 〈레이건(Raygun)〉 등의 잡지에서 아트디렉션과 편집 디자인을 하였다. 카슨의 편집 디자인은 지금까지의 서구적 타이포그래피에 잠재력으로 놓여있던 기능성을

혁신적으로 뛰어 넘었다. 그의 디자인적 특징은 직관과 디지털시대의 감성을 읽어내는 태도에 근거하는 해체적 접근으로 요약될 수 있다. 그의 해체적 편집 디자인은 디지털 타이포그래피시대의 최첨단 유행을 블러일으킨 '카슨 돌풍'으로 각국에서의 전시회와 강연 등을 통해 세계적인 영향을 만들어내고 있다. 그는 "금세기의 아트디렉터(영국 잡지, 크리에이티브 리뷰 Creative Review)"로 이미 불리고 있으며, 특히 창간부터 30호까지 〈레이건〉의 편집 디자인 만으로도 "미국 디자인 사상 가장 중요한 업적"으로 평가되고 있다. 우리는 카슨의 작업을 통해 디지털 테크놀로지, 미국 디자인의 사회적 환경과 디자인의 절묘한 조화를 보게 된다. 네빌 브로디, 루디 반더랜스 등의 작업과 함께 카슨의 디자인은 금세기말 그래픽 디자인의 기념비적 '사건'으로 디자인사에 씌어지고 있는 중이다. 저서는 루이스 블랙웰(Lewis Blackwell)과 함께 펴낸 〈디 엔드 오브 프린트(The End of Print, 1995)〉, 〈세컨드 사이트(2nd Sight, 1997)〉 등이 있다.

데이빗 카슨(David Carson), 〈레이건(Raygun)〉

▶ **로베르 마쌩 Robert Massin, 1925-**
프랑스의 북 디자이너 겸 저술가. 아버지에게 조각을 배우고 포쉐(Pierre Faucheux)에게

로베르 마쌩(Robert Massin), 〈대머리 여가수(La Cantatrice chauve)〉, 1964

서 타이포그래피와 그래픽 디자인을 배웠다. 영미 계통의 디자인 저널리즘의 무관심을 넘어 불어 사용권에서 그의 작업은 피에르 포쉐와 함께 북 디자인 분야의 현대적 개척자로 꼽힌다. 1958년부터 1978년까지는 파리의 출판사인 갈리마르(Gallimard)의 아트디렉터로 활동했다. 1964년 이오네스코(Eugene Ionesco)의 〈대머리 여가수(La Cantatrice chauve)〉 북 디자인으로 세계 그래픽 디자인계에 충격을 던졌다. 희곡의 주인공을 사진으로 도입했으며 내용에 따른 활자의 크기와 놓임쇄의 시각적 표현, 희곡에서는 불가능한 대사의 동시적 발화를 겹침과 병치로 시각적 효과를 창출하는 등, 그의 디자인은 현대 타이포그래피의 선구적 성과를 집대성했다는 평가를 받고 있다. 이외에도 역시 이오네스코의 희곡인 '두 사람은 돌았다(Délire à Deux)'와 레이몽 크노의 시집 〈수천만 편의 시(Cent mille milliards de poèms)〉 등의 작품을 통해 실험적 작업을 보여 주고 있다. 〈문자와 이미지(La lette et l'image, 1979)〉, 〈편집 디자인(La Mise en pages, 1991)〉, 〈마쌩(Massin, 1990)〉, 〈작업의 기초(L'ABC du métier, 1988)〉 등의 저서가 있다. 특히 〈대머리 여가수〉의 북디자인은 디지털 시대 타이포그래피의 선구적 작업으로 새롭게 평가를 받고 있다.

▶ **루디 반더랜스**
Rudy VanderLans, 1955-
네덜란드에서 디자인 교육을 받고 1982년 캘리포니아의 버클리대학에서 사진을 공부하기 위해 미국으로 갔다. 샌프란시스코에서 발행

〈에미그레(Emigre)〉

되는 잡지인 〈에미그레(Emigre)〉의 발행인 겸 아트디렉터이다. 이 잡지의 타이포그래퍼는 체코 출신 리코(Zuzana Licko)로 '못할 것이 없는 잡지(The Magazine That Ignores Boundaries)'를 모토로 하는 컴퓨터 시대 타이포그래피 디자인을 대표하는 가장 전위적인 그래픽 디자인 잡지이다. 각 호마다 새로 개발된 컴퓨터용 디지털 활자를 써서 관습적인 활자체의 사용을 배제하는 것으로 알려졌으며 이미지와 활자의 실험적인 결합을 시도하고 있다. 각 호마다 다루는 전위적 디자이너들과 디자인 주제와 함께 포스트 모더니즘 시대 가장 영향력있는 디자이너 중의 한 사람이다. 근래 〈에미그레〉의 타이포그래피와 본문 디자인은 초기에 비해 기능성을 중요시하는 쪽으로 선회하고 있다.

▶ 모하메드 훼미 아가
Mohamed Fehmy Agha, 1896-1978

터키계 러시아 출신으로 키예프와 파리에서 공부한 아가는 미국 잡지계에서 현대적 감수성을 발휘한 최초의 아트디렉터로 불리는데, 유럽적 모더니즘 시각 언어를 미국에 전한 것이 무엇보다 큰 공로로 인정되기 때문이다.

베를린에서 독일판 〈보그(Vogue)〉에서 일할 때 출판업자인 공데나스트(Condé Nast)를 만나 이듬해 미국판 〈보그〉의 아트디렉터로 일하기 시작했다. 1943년까지 공데나스트사의 〈베니티 페어(Vanity Fair)〉, 〈하우스 앤 가든(House & Garden)〉의 작업을 맡기도 했다. 에드워드 슈타이켄(Edward Steichen)을 고용, 잡지 사진에 혁신을 일으켰고 유럽풍 산세리프체 도입, 사진의 비대칭 레이아웃, 잡지에 최초로 컬러 사진을 쓴 것 등 개척자적인 면모도 보였다. 또 잡지 디자인에 블리드 페이지(full bleed page)를 처음으로 시도한 것으로도 알려졌다.

▶ 보그 Vogue

미국 패션 디자인 잡지. 원래 1892년 주간 신문으로 출발했으나 1909년 공데나스트가 발행 권리를 산 후, 세계 패션 디자인계에 영향을 주는 선진적 국제 규모의 잡지로 바뀌었다. 현재까지 〈보그〉의 성격은 강한 캐릭터를 가진 편집자가 결정하는 것으로 유명하다. 그 중 1952년까지 활동했던 편집의 귀재 체이스의 활약으로 〈보그〉는 국제적으로 명성을 떨쳤다. 1916년 영국, 1920년에는 프랑스에 지사를 세웠다. 〈보그〉의 대상 독자는 중산층 생활을 누리는 경제적 여유가 있는 계층이며

〈보그(Vogue)〉, 1939

하이패션과 인테리어 디자인에 관한 아이디어를 주고 있다.

▶ 블리드 bleed

인쇄물의 재단선까지 이미지가 인쇄되도록 레이아웃하는 방법. 블리딩된 사진 이미지는 잘려진 쪽으로 연장감을 만든다. 작품 사진이나 역사적 자료 사진 등을 다룰 때는 블리딩을 하지 않는 것이 좋다. 디자인할 때 주의할 점은 재단 후 경계선에 흰 여백이 남지 않도록 재단선보다 3-5mm 정도 원고에 여유를 주어야 한다.

▶ 빌리 플렉하우스 Willy Fleckhaus, 1925-1983

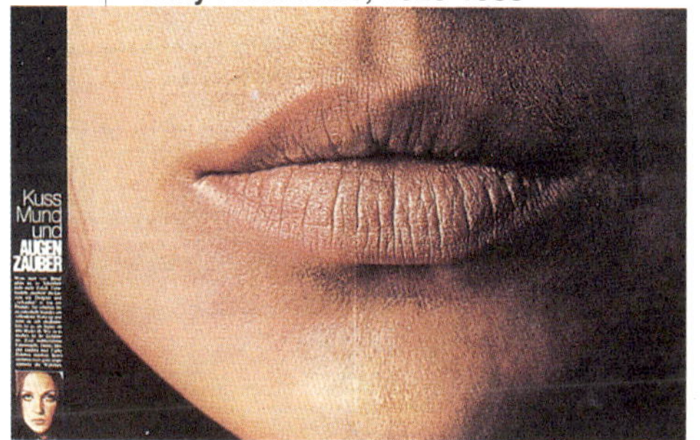

〈트벤(Twen)〉

전후 독일의 가장 영향력 있는 편집 디자이너로 평가받는 그는 처음엔 저널리스트로 훈련을 받았으나 곧 디자이너로 방향을 바꾸었다. 특히 알렉세이 브로도비치 등 미국 잡지 디자이너의 영향을 많이 받았으며 1952년 〈아우프바르츠(Aufwarts)〉의 디자인을 맡았다. 1959년 그의 아트 디렉션으로 현대 잡지 디자인의 혁신적인 획을 그은 〈트벤(Twen)〉이 창간되었다. 이 잡지를 통해 화이트 스페이스의 적극적 도입, 사진 디자인에서 과감한 크로핑과 스케일의 대담함, 절묘한 시각적 의미 등을 연출한 것으로 유명하다. 그의 타이포그래피적 재능은 〈트벤〉에서 가장 주목할 부분이다. 이러한 천부적인 재능은 주르캄프(Suhrkamp)와 인셀(Insel)사의 북 디자인을 통해서도 유감없이 발휘되었고, 12년 동안의 〈트벤〉 작업후 〈프랑크푸르트 알게마이네 자이퉁(Frankfurter Allgemeine Zeitung)〉의

창간 아트 디렉터를 하였다. 1974년부터 에쎈대학, 1981년부터 부퍼탈대학에서 교수로 지냈다. 그는 대륙적, 비 영미문화권 편집 디자인의 큰 봉우리이다.

▶ 시각 중심 optical center

직사각형의 시각 심리학적인 중심. 이것은 기하학적 중심보다 높아서 수학적 중심에 위치한 요소는 독서 시에 아래로 처져 보인다. 이로부터 전통적 판면(type area) 놓임 자리의 원형을 유추할 수 있다. →〈판면〉 참조

▶ 신문 디자인 newspaper design

사진과 텔레비전의 출현은 독서를 노동 개념으로 전락시켰다. 시각 전파 매체를 통해 정보를 소비하는 것은 독서라는 행동에 비해 상대적으로 비노동적이기 때문이다. 인쇄 매체는 자구책으로 독자들에게 합리적 즐거움을 주지 않으면 안되게 되었다. 즉 좋은 내용만이 아니라, 독자의 변화된 정보 욕구를 충족시키기 위해 그들에게 지적 호기심을 자극하고 시각적 즐거움과 보임성 높은 시각 체제를 만들어 주어야 하는 것이다. 바로 이것이 앞으로 신문 디자인의 요체라고 할 수 있다. 신문 디자인은 감성적 타이포그래피 엔지니어링이라 할 수 있다. 그것은 방대한 정보를

신문 디자인, '대한매일', 1998

TV 등에 비해 상대적으로 치밀하게 설계하고, 거기에 편집자의 객관적 가치가 추가되는 행위를 의미한다. 그러므로 신문 디자인에서는 기사 가치에 입각한 친절한 배치가 가장 중요하다. 우리에게 신문 디자인 문제는 한글의 특성이나 독자의 기호를 염두에 둔 한국형 가로짜기 신문 디자인의 개발이라는 문제로 요약될 수 있다. 좋은 신문 디자인이란 ①지면에서의 정보 파악의 용이함, ②활자 매체의 특성을 살리는 꼼꼼한 디자인적 디테일, ③영상 매체가 주지 못하는 독자 만족, ④일목요연하게 기사 내용과 협력하는 편집, ⑤뉴미디어와 상보하는 시각적 독창성에 충실한 것이라 할 수 있다.

▶ **알렉세이 브로도비치**
Alexey Brodovitch, 1898-1971

러시아 출생의 미국 디자이너로 1934-1958년까지 〈하퍼스 바자(Harper's Bazaar)〉의 아트디렉터로 활동하였으며, 현대 잡지 디자인 발전에 커다란 공헌을 하였다. 1920-1930년까지 파리에서 여러 분야에서 활동한 후, 1930년 미국으로 이주해 필라델피아예술대학에 광고 디자인학과를 설치해 디자인 교육을 맡았다. 그가 아트 디렉션을 맡은 후 〈하퍼스 바자〉는 단순한 의류 잡지에서 패션 잡지로 바뀌었다. 잡지 디자인에 새로운 아이디어와 에디토리얼 그래픽, 과감한 사진을 적극적으로 도입했으며, 계속되는 펼침 페이지(spread page)에 이미지들을 앞, 뒤 페이지와 관련시키는 연속적인 배치는 브로도비치만의 독창성이다. 만 레이(Man Ray), 까르띠에 브레송(Cartier Bresson), 리차드 아베돈(Richard Abedon), 어빙 펜(Irving Penn), 카쌍드르(A. M. Cassandre), 허버트 바이어(Herbet. Bayer), 살바도르 달리(Salvador Dali) 등의 유명한 사진 작가나 화가를 과감하게 잡지 디자인에 등장시킨 것으로 유명하다. '디자인 실험소(Design laboratory, 1930-1940)'라는 개인 연구소에서 오토 스토치, 헨리 울프(Henry Wolf: 하퍼스 바자의 브로도비치 후임 아트디렉터), 아트 케인(Art

Kane: 브로도비치의 영향으로 그래픽 디자이너에서 사진가로 전업) 등 제자를 키워낸 뛰어난 선생이었다. 1949-1951년까지 짧은 기간 동안 발행된 기념비적 시각예술 잡지인 〈포트폴리오(Portfolio)〉에 그래픽 디자이너로서 최절정기에 달한 능력을 한껏 발휘하여 현대 잡지 디자인의 선구적인 시각적 유려함과 우아함을 보여 주었다.

〈하퍼스 바자(Harper's Bazaar)〉, 1934 (사진 Man Ray)

▶ **앨런 허버트**
Allen Hurbert, 1911- 1983

미국의 아트디렉터. 1932년 펜실베니아대학에서 경제학을 공부한 후, 만화가로 출발. 2차 대전 후에 NBC방송국을 거쳐서 1951년부터 폴 랜드(Paul Rand)와 함께 광고 회사에서 일하기도 했다. 1953년부터 1968년까지는 〈루크(Look)〉지에서 아트디렉터로 근무하며 50-60년대 미국 출판 디자인의 수준을 끌어 올렸다. 그 후 그는 영국으로 이주하여 자신의 경험을 바탕으로 한 저술 활동을 통해 오늘날 출판 디자인의 기초를 다지는 데 큰 교육적 공헌을 한 것으로 널리 평가받고 있다. 〈출판 디자인(Publication Design, 1971)〉, 〈레이아웃(Layout: The Design of the Printed Page, 1977)〉, 〈그리드(The Grid, 1978)〉, 〈사진 디자인(Photographic

〈루크(Look)〉, 비틀즈(The Beatles) 특집면, 1968 (사진 Richard Avedon)

Design, 1983)〉 등의 저서가 있다.

▶ 엘 리시츠키 El Lissitzky, 1890-1941

러시아의 그래픽 디자이너, 화가, 건축가, 사진가로 현대 유럽 시각 디자인에서 모더니즘의 발전에 가장 영향력을 발휘한 개척자. 1925년에는 금속 활자 대신 사진 제판 기법이 디자인계에 새 지평을 열 것이라고 예언한 것으로 유명하다. 1909년 독일의 다름슈타트(Darmstadt)의 공학, 건축 학교에서 건축학을 공부했고 1919년 비텝스크(Vitebsk)의 미술 학교 교장인 마르크 샤갈(Marc Chagall)의 권유로 건축과 그래픽 디자인을 강의했다. 말레비치(Kasimir Malevich)의 영향으로 '프룬(PROUN: 새로운 예술의 확립을 위한 계획. 건축개념과 회화가 결합된 구성주의적 이미지로 된 시리즈 작품을 가리키는 그의 조어)'이라는 회화 양식을 개발했다. 1921년 베를린으로 이주하여 데 스틸, 바우하우스에 관계하며 당시 독일의 우수한 인쇄술로 편집 디자인 작품을 제작했다. 소비에트 정부의 선전 예술지인 〈베쉬스(Veshch 독: 불어와 함께 3개 국어로 됨, 1921)〉를 창간했고, 현대 북 디자인의 문을 연 어린이 그림책 〈두 개의 사각형(Two Squares, 1922)〉과 마야콥스키(V. Mayacovsky)의 시집 〈음성을 위하여(For the voice, 1923)〉를 디자인했다. 1924년 슈비터스(Kurt Shwitters)와 함께 〈메르츠(Merz)〉를, 아르프(Hans Arp)와는 〈예술 사조(Isms of Art, 1914-1924)〉를 편집, 디자인했다. 1925년 러시아로 돌아가 교육 및 출판 디자인, 건축, 소련 정부를 위한 대규모 전시회 기획 등에 참여했다. 그의 디자인 특징은 초기 작품의 실험적인 타이포그래피에 바탕을 둔 포토 몽타주, 판화, 그래픽 등 다양한 인쇄 기법의 응용을 통해 현대적 그래픽 디자인의 가능성을 제시한 점이다. 특히 〈예술 사조〉는 수평과 수직의 그리드 사용, 과감한 타이포그래피, 정보화를 위한 체계적 포맷 계획, 화이트 스페이스의 도입 등 현대 디자인 초기의 기념비적 작품이다.

마야콥스키(V. Mayacovsky)의 시집 〈음성을 위하여(For the voice)〉 디자인 중에서, 1923

▶ 인큐나불라 incunabula

요람을 뜻하는 라틴어로 1501년 이전 50년 동안 활자로 인쇄된 책들을 가리키는 용어. 이 시기는 인쇄술의 요람기였으며 이 기간 동안 약 3만 9천 권의 책이 만들어졌다. 인큐나불라는 대개 종교적 내용으로 되었으나 일부는 교과서, 역사, 그리스와 로마의 고전들도 발견된다. 근대적인 책의 틀을 갖추기 시작한 전범으로 삼고 있다.

▶ 책의 내부적 구조: 도입부, 본문, 종결부

1. 도입부 front matter, prelims

책의 본문 앞에 놓이는 여러 요소들. 여기서 해당 책에 관한 전체적인 정보를 알 수 있다. 도입부는 책의 입구로 정보와 함께 디자인적 달성 또한 중요하다. 단순한 구조로 된 책에서는 도입부야말로 미적인 다양성을 성취할 수 있는 디자인 영역이다. 체계화된 책 만들기의 질서와 디자인의 핵심적 부분이다. 도입부 각 요소의 디자인적 특징으로, 각 부분은 홀수 페이지에 놓는 것이 원칙이며(단, 표제화와 판권은 짝수 페이지에 놓임) 페이지 숫자는 본문에서는 아라비아 숫자를 쓰며 도입부에서는 로마자 숫자체를 쓴다(간단한 책에서는 모두 아라비아 숫자를 쓰기도 한다). 만약 같은 저자의 저서 목록, 같은 시리즈의 다른 책을 소개할 때는 반표지의 뒤쪽 표제화 자리에 싣는다. 다음은 도입부의 구성 순서와 디자인적으로 고려해야 할 사항들이다.

1) 반표지 half title, bastard title

책을 펼쳤을 때 가장 먼저 접하는 페이지. 책의 제목만 인쇄되고 다른 요소는 모두 생략된다. 시리즈일 때 시리즈 명칭만 쓰거나 책 제목을 같이 쓰기도 한다. 반표지의 제목 활자

2) 머리 그림 front piece
3) 속표지 title page
4) 판권 copyright
5) 헌사 dedication
6) 감사의 말 acknowledgement

7) 서문 preface, foreword
8) 차례 contents
9) 몇 가지 차례들
10) 또 반표지 second half-title
2. 종결부

는 속표지보다 작아야 하며 같은 글자체를 쓴다. 반표지는 책이 대량생산되기 전 수제본 시대의 유산이며 면지와 함께 책의 본체와 표지를 연결시키는 기능적 역할도 한다. 이 점이 강조된 디자인의 경우 반표지 앞에 따로 백지를 한 장 두기도 한다. 이것을 일본에서는 '도비라(扉)'라고 하며 흔히 본문과 다른 지질에 장식적 디자인을 한다.

2) 머리 그림 front piece

반표지 뒤 짝수 페이지에 놓이며 책의 내용을 상징하는 사진이나 그림이다. 예로 〈링컨의 일생〉이라는 책의 머리 그림은 링컨 초상화를 사용한다.

3) 속표지 title page

책에서 본문이 사람의 몸이라면 도입부는 머리이고 속표지는 얼굴이다. 속표지는 책 내용의 특징을 한눈에 표현한 것으로 본문 디자인과 조화를 이루는 것이 무엇보다 중요하다. 보통 홀수 페이지 한 면을 쓰지만, 경우에 따라 펼침 페이지를 전부 쓸 수도 있고 본문의 판면을 넘어 디자인할 수도 있다. 속표지에는 제목, 부제, 저자와 함께 편집자, 일러스트레이터, 사진가, 서문의 필자 등의 이름과 함께 발행처, 발행 시기, 발행지를 표시할 수 있다. 이미지 자료는 주로 책 내용을 상징하는 심벌이나 회사 트레이드 마크를 쓴다.

4) 판권 copyright

서양의 경우 일반적으로 속표지 뒤에 온다. 한국과 일본에서는 대개 책의 제일 마지막 부분에 놓인다. 법적인 사항과 도서관 카탈로그 정보 등이 실린다. 독자를 의식한 페이지가 아니므로 작은 활자를 사용한다.

5) 헌사 dedication

판권란과 마주보는 펼침 페이지의 홀수 면에 놓는데, 경우에 따라 도입부의 편리한 곳에 놓아 페이지를 절약 또는 조절할 수 있다.

6) 감사의 말 acknowledgement

이곳의 활자 크기는 본문 크기보다 크면 디자인적으로 곤란하다. 감사의 말로 간단한 저작권 사항의 양해 표시로 사용되는 기능에 주의해야 한다.

7) 서문 preface, foreword

프레피스(preface)는 저자가 쓴 서문. 포워드(foreword)는 다른 사람이 쓴 서문. 길이가 길 경우 차례 뒤에 놓기도 한다. 일반적으로 포워드가 프레피스 앞에 놓인다.

8) 차례 contents

차례는 책의 내용이 한눈에 드러나는 곳이다. 페이지 순서대로 구성되며, 두 페이지로 끝날 경우라도 펼침 페이지 구성보다는 홀수 페이지로 시작, 다음의 짝수 페이지에서 끝나는 것이 좋다. 특히 주의할 점은 페이지의 숫자체 선택이다. 숫자체 선택은 본문의 페이지 숫자체와 일치하는 것이 원칙이다. 차례가 수직적인 개념으로 순서대로 책의 구성, 내용을 일목요연하게 보여주는 것이라면 종결부에 놓이는 찾아보기(index)는 수평적으로 책내용을 요약한다. 차례에서는 부(part), 장(chapter) 등에 따라 활자 크기의 차이가 있지만 찾아보기에서는 항목마다 활자 크기가 같아야 한다. 찾아보기의 수록 순서는 페이지 순서가 아니고 가나다 순서이다.

9) 몇 가지 차례들

차례 디자인은 책의 구성을 한눈에 보여주는 것을 최우선으로 해야하므로, 차례 내용이 매우 길 때는 중요한 내용 제목만으로 구성되는 큰 차례(short contents)와 자세한 본 차례(contents)로 구분해서 디자인해야 할 때가 있다. 내용 차례 이외에, 그림 차례(list of illustrations), 표 차례(list of tables) 등 필요에 따라 설정될 수 있다. 본 차례 외에는 책의 종결부에 놓이기도 한다.

10) 또 반표지 second half-title

본문 시작을 알리는 페이지. 앞의 반표지의 모든 것이 디자인적으로 그대로 반복된다. 꼭 있을 필요는 없으나 인쇄 대수를 맞추거나, 도입부가 길때 의식적으로 사용되며 격을 갖춘 책에서는 빠지지 않는다.

2. 종결부 backmatter

책의 시각적인 인상을 결정짓는 곳은 도입부지만 종결부의 디자인 원칙도 도입부와의 조화가 기준이 된다. 종결부의 구성은 일반적으

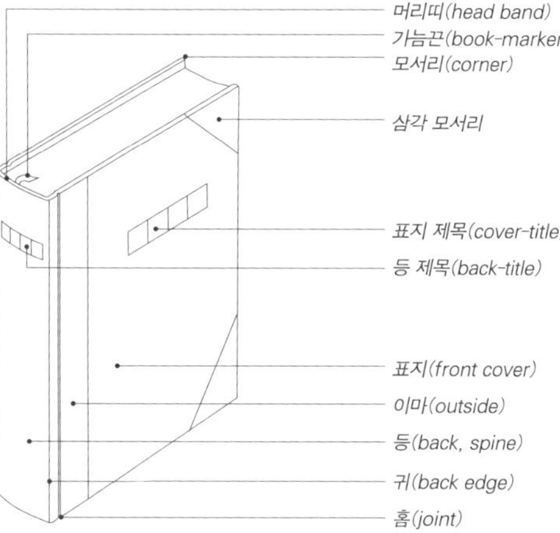

책의 외부 구조와 명칭

판면과 부분 명칭

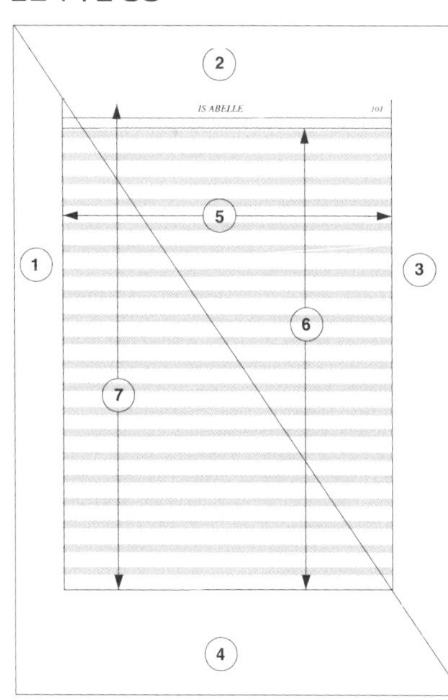

① 안쪽 여백
② 윗쪽 여백
③ 바깥쪽 여백
④ 아래쪽 여백
⑤ 글줄길이
⑥ 본문 높이
⑦ 판면 높이 (오른쪽 페이지 , 홀수 페이지 기준)

전통적인 책 판면의 기본틀

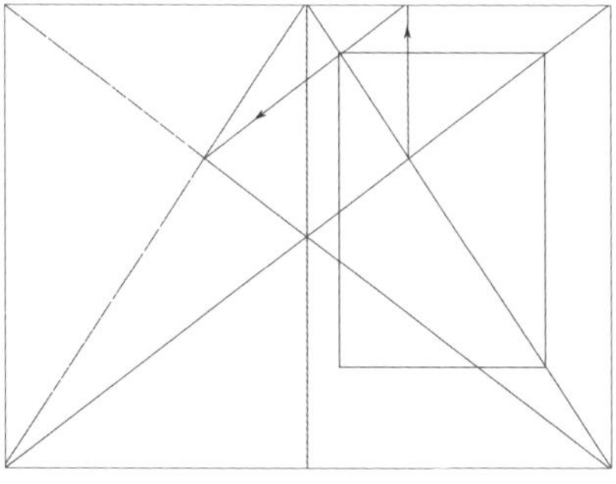

판면 위치
편집 디자인 editorial design
허브 루발린 Herb Lubalin, 1918-1981
화이트 스페이스 white space

로 다음과 같은 순서를 갖는다: ①부록 (appendix), ②주(notes), ③참고문헌 (bibliography), ④용어 해설(glossary), ⑤ 찾아보기, ⑥간기(colophone). 간기의 요소 는 주로 제작에 관련된 사항이며, 한국과 일 본에서는 관습적으로 간기와 도입부의 판권 을 합하여 책의 제일 끝부분에 놓는다.

▶ 판면 위치

책의 한 페이지(book size)는 활자로 채워진 부분인 판면(type area)과 이를 둘러싼 여백 (margin)으로 양분되는데, 초기 인쇄물에서 부터 지켜지는 전통적인 판면의 비례적 위치 는 위로 솟아있고 안쪽으로 쏠려있는 공통점 을 가진다. 이는 독서의 자세와 책과 손과의 관계를 고려한 결과이다. → 이전 페이지 그 림 참조

▶ 편집 디자인 editorial design

잡지, 신문, 책 그리고 책자 형식의 소형 인쇄 물을 시각적으로 구성하는 그래픽 디자인의 한 분야이다. 1920년대 미국에서 사용되기 시작한 용어로 광고 디자인과 상대적으 로 쓰인다. 광고 디자인이 소비자의 상품 구 매를 위한 기능을 하는 반면, 편집 디자인은 독자의 독서 행위를 염두에 두며 시각 커뮤니 케이션의 효과적인 표현에 중점을 둔다는 점 에 차이가 있다. 초기에는 매거진 디자인과 거의 동의어로 쓰였으나 사회의 변화, 매체의 분화, 인쇄 기술의 다양화로 근래에는 집필된 원고, 사진, 일러스트레이션을 디자인하는 행 위 모두를 말하는 포괄적인 용어가 되었으며 요즈음은 출판 디자인(publication design)이 라는 용어로 통일되는 추세이다. 신문 디자인 (newspaper design), 잡지 디자인(magazine design), 책디자인(book design), 브로슈어 (brochure), 카탈로그(catalogue) 등 소형 인 쇄물 디자인(small printed design)으로 구분 된다.

▶ 허브 루발린
Herb Lubalin, 1918-1981

미국의 타이포그래퍼이자 그래픽 디자이너. 뉴욕출생. 쿠퍼유니온학교(Cooper union

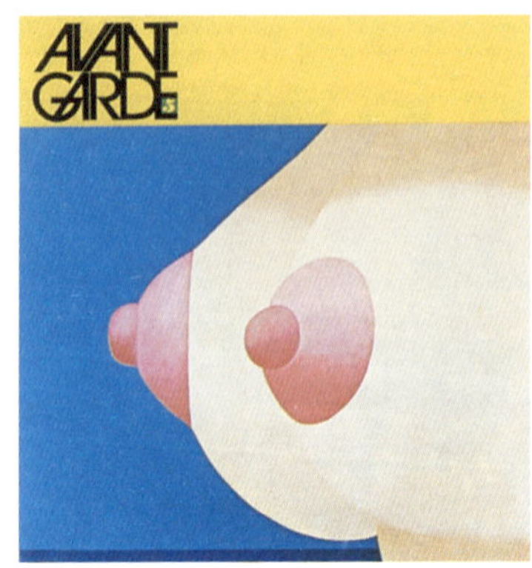

허브 루발린, 〈아방가르드(Avant-Garde)〉지의 표지

school, 1939)를 졸업하고 미국 타이포그래 피에 관한 한, 당대 최고의 천재로 찬사를 받 았다. 자신의 회사를 설립(1964), 활자 제작 및 배포 회사인 ITC(International Typeface Cooperation, 1976)를 아론 번즈 등과 공동 으로 설립하여 유럽의 기능주의적 태도를 거 부하고 독특한 활자와 이미지의 융합을 시도 해, 개념과 시각 이미지가 하나의 단일체로 형상화되는 뛰어난 작품들을 낳았다. 1960년 대는 편집 디자이너로 〈새러데이 이브닝 포 스트(Saturday Evening Post)〉, 〈에로스 (Eros, 1962)〉, 〈팩트(Fact, 1967)〉, 〈아방가 르드(Avant-Garde, 1968)〉, 이어서 70년대 에는 〈U & LC〉를 통해 세계적으로 그의 영 향을 넓히는 등, 기념비적인 업적을 쌓았다. 〈아방가르드(Avant-Garde)〉 표지를 위하여 디자인된 아방가르드 자족(Avant-Garde family)은 그의 타이포그래피 대표작이다. 기하학적인 레이아웃의 구조를 바탕으로 하 지만, 스위스파의 기하학적 컨셉이 아닌 풍부 한 상상력과 낙관적인 미국적 개성을 지녔다.

▶ 화이트 스페이스 white space

스위스파에 의해 생겨난 개념. 말그대로 지면 에서 비워진 흰 공간이다. 여백(margin)이 비의도적인데 대해 화이트 스페이스는 의도 적이고 적극적이라는 점이 다르다. 이로 인해 활자와 이미지는 숨쉬며 살아있게 된다. 본문 과 이미지의 조화에서 화이트 스페이스의 중 요성은 일찍이 현대 잡지 디자인의 필수불가 결한 디자인 요소로 인식되었다. 화이트 스페 이스는 역동성에 바탕을 둔 2차원적인 평면 성의 편집 디자인에 입체적 공간성을 주기 위 한 주요한 방법이다.

책의 세계는 인간의 가장 괄목할 만한 창조 분야이다. 책이란 인간화될 수 있는 상상의 논리와 감동의 공간을 포함한 대상이라는 사실과 단순한 정보의 집적체로서가 아니라 인간과의 만남을 그 생명으로 한다는 이유로 현대 사회에서 하나의 훌륭한 상품으로 존재한다. 출판 산업은 '이동성'이라는 책의 특성이 자본주의적 생산 구조와 유통 구조 속에 깊게 관련되면서 독자에게 선택되어야 하는 필연적인 조건을 갖게 되었다. 독자와 저자 간의 커뮤니케이션에 있어 최초의 관문이 바로 표지이며, 그 시각적 서사 형식(visual narration)의 커뮤니케이션 디자인 방법이 표지 디자인이다. 커뮤니케이션 수단으로서의 표지 디자인은 문학과 미술의 만남, 책과 인간과의 최초의 만남이라는 숭고한 의미를 지니고 있으며, 완성의 신호와 함께 서적의 종류, 성격, 내용을 알린다. 또한 책을 대표하는 얼굴과 올바른 안내자적 기능은 독자를 서점 안으로 끌어들이고 직접 손으로 책을 만지면서 지속적으로 생각하게 하는 독서 문화의 촉매제 역할도 수행하고 있다. 이것은 표지 디자인이 물체의 장식 이전에 하나의 교감 통로가 되어야 한다는 숙명적인 조건이다. 특히 책 한 권 한 권이 바로 독립된 기업으로 인식될 수밖에 없는 오늘날의 구조적 특성과 출판 환경에서 판매의 절대적 요인으로 부각된 표지 디자인의 영역은 지대하다고 볼 수 있다. 그러므로 마케팅 전략의 핵으로서, 그리고 고도의 정신 작업의 결과물인 책의 표지를 디자인한다는 것은 디자이너에게 있어서도 역시 고도의 창의성을 요구한다. 저자의 언어적 메시지가 던져주는 기본 정보 위에 무한한 상상력을 통해 하나의 이미지를 창조적으로 선별하는 한편 진실하게 전달하지 않으면 안되기 때문이다.

출판 형식의 커뮤니케이션 과정인 표지 디자인은 '인간 활동의 디자인', '디자인의 사회적 위상', '문화적 위상'이라는 세 가지 중요한 관점을 갖고 있다. 이제 표지 디자인은 책의 불멸성인 지식과 사상, 정보의 커뮤니케이션 형식을 실현하는 의미에서 '디자인의 사회적, 문화적 위상'이란 명제를 회복해야 하는 디자인의 현대적 의미에 가장 부합되고 있고, 새로운 문화적 실천 행위로서 순수 미술과 디자인이라는 조형 예술의 분리 현상을 극복하는 적극적인 매체라는 점에서도 주목되어야 할 것이다.

서기흔 (경원대 교수)

디자인 잡지 design magazine

세계 최초의 디자인 전문잡지는 1849년 산업혁명 직후 영국에서 창간된 잡지인 〈Journal of Design and Manufacture〉로 기록되어 있다. 이후 계속된 디자인 분야의 확대와 전문화는 디자인 잡지의 발달에도 영향을 미치게 되었는데, 세분된 전문분야를 다루는 전문지와 포괄적인 시각에서 디자인을 접근하는 잡지 등 크게 두 종류로 대별할 수 있다. 현재까지 발행되고 있는 역사가 오래된 디자인 잡지는 〈Form(스웨덴, 1905)〉, 〈Domus(이탈리아, 1928)〉, 〈Print(미국, 1940)〉 등이 있다. 국내에는 1970년대부터 외국의 디자인 잡지들이 본격적으로 수입되기 시작해 디자인계에 많은 영향과 자극을 주어왔으며, 1976년 월간 〈디자인〉이 창간됨으로써 디자인 전문지 시대가 열리게 되었다.

세계 각국에서 발행되는 디자인 잡지 중 그래픽 디자인 전문지는 미국의 〈Communication arts(이하 CA, 연8회)〉, 〈Print(격월간)〉, 〈How(격월간)〉, 〈Step by Step Graphics(격월간)〉 등과 스위스〈Graphis(격월간)〉, 일본〈Idea(연10회)〉, 프랑스〈Etapes Graphiques(연10회)〉, 브라질〈O-Zone〉, 〈AdD:〉, 독일〈Novum(월간)〉, 〈Archive(격월간)〉 등이 있다. 광범위한 독자층을 자랑하는 〈CA〉는 기업, 환경, 광고와 출판 디자인 등 폭 넓은 분야를 다루며, 매년 디자인, 일러스트레이션, 광고, 사진 등 4개 분야의 연감을 발행한다. 엄격한 스위스적 디자인 포맷을 구사하는 것으로 유명한 〈Graphis〉는 10여 년 전부터 뉴욕에서 편집을 진행함으로써 새로운 변화를 시도하며 여전히 가장 화려한 디자인 전문지의 명성을 잃지 않고 있다. 디자인 잡지의 대명사라 할 수 있는 〈Print〉는 시각 커뮤니케이션, 영화, 애니메이션, 컴퓨터 그래픽스 등에 관한 다양한 예시와 기사를 통해 그래픽 디자인 전반에 관한 세계 트렌드를 알 수 있는 잡지이다. 〈Idea〉, 〈Novum〉, 〈Archive〉 등은 포트폴리오 형식으로 광고와 그래픽 디자인 분야의 전문회사나 프로젝트를 소개한다.

이밖에도 보다 기술적인 정보를 주는 잡지로는 〈HOW〉와 〈Step by Step Graphics〉가 있다. 〈HOW〉는 업계 정보와 관련 기술 정보는 물론 프로젝트의 집중 분석 등으로 디자이너에게 필요한 실무적인 기사를 제공하고 있다. 〈Step by Step

〈FORM〉

〈GRAPHIS〉

〈CA〉의 Design Annual

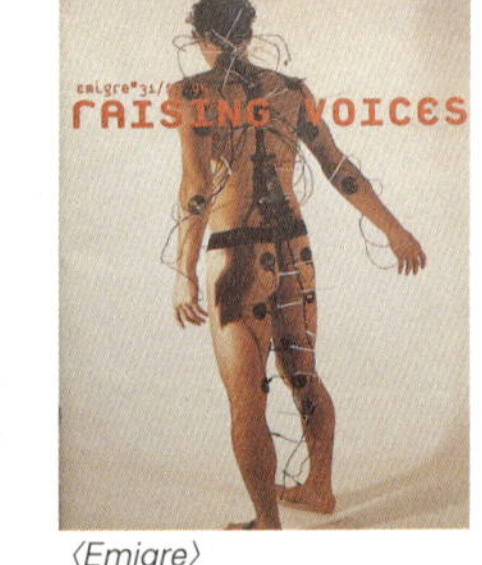

〈Emigre〉

Graphics〉는 제호 그대로 디자인 과정의 전개를 충실히 설명해 주는 잡지로 정평이 나 있고, 1991년부터 발간된 〈Eye(계간)〉는 영국 특유의 전통적이고 일관성있는 포맷을 유지하면서도 젊은 편집자의 개성이 반영되어 있는 잡지로서 국제적으로도 인지도가 높은 잡지이다.

타이포그래피 분야의 대표적 잡지로는 미국에서 발행되는 〈Upper & lower case(이하 U&lc, 계간)〉와 〈Emigre(반년간)〉, 영국의 〈Baseline〉 등을 꼽는다. 국제서체연맹(ITC)에서 발행하는 〈U&lc〉는 ITC의 타입페이스만을 활용하여 디자인·문화에 관한 새로운 정보를 제공하는 서체정보지이다. 디지털 타이포그래피의 개척자로서 입지를 굳힌 미국의 〈Emigre〉는 뉴 타이포그래피(New typography)와 최신의 실험적 디자인 경향을 한눈에 볼 수 있는 디지털 시대의 디자인 전문지인데, 기존의 타이포그래피와는 다른 독자적이고 파격적인 타입페이스와 기타 데스크 탑용 서체 등을 접할 수 있다.

제품 디자인 분야의 전문지로는 이탈리아의 〈Ottagono(계간)〉와 영국의 〈Design(월간)〉, 독일

〈Ottagono〉

〈I.D.〉

〈Nikkei Design〉

〈Domus〉

의 〈Design Report(월간)〉, 〈Form(계간)〉, 〈Art Aurea(계간)〉, 핀란드의 〈Form · Function(계간)〉, 일본의 〈Design News(계간)〉을 들 수 있다. 8개 기업의 스폰서쉽에 의해 이탈리아어와 영어로 발간되는 〈Ottagono〉는 이탈리아 제품 디자인을 중심으로 정평있는 기사와 함께 중요한 디자인 프로젝트에 관한 정보가 있다. 〈Art Aurea〉는 제품 디자인 외에 장신구를 중심의 공예품도 다룬다.

건축 · 인테리어 디자인 분야의 잡지로는 이탈리아의 〈Domus(격월간)〉, 〈Interni(연10회)〉, 일본의 〈Wind(계간)〉 등이 있다. 건축가 지오 폰티에 의해 창간된 〈Domus〉는 알레산드로 멘디니, 에토레 소트사스 같은 유명 디자이너가 편집에 참여해 왔으며, 이탈리아는 물론 세계의 디자인과 건축 분야에 많은 영향을 주어왔다. 〈Interni〉는 가구, 조명, 인테리어, 건축 분야에서 주목받고 있는 다양한 업체를 소개함으로써 인테리어 디자이너들에게 인기가 높은 잡지이다. 〈Wind〉는 매 호마다 특정 도시를 정해 그 도시의 다양한 인테리어 프로젝트를 집중 소개하는 특집으로 유명하다. 풀컬러 대형 타블로이드판인 영국의 〈Blue Print〉는 여타 동일 계

열 전문지보다 한결 진보적이고 실험적인 논조를 표방하면서 건축 및 제품 디자인계에 상당한 영향력을 끼쳐왔다.

디자인 업무 특성이 점차 통합적인 안목과 학제적인 지식을 요함에 따라 디자인 전반을 포괄하는 종합 디자인 잡지도 다양하게 등장하였다. 이러한 잡지로는 미국의 격월간지 〈I.D.(International Design)〉, 〈Metropolis(월간)〉, 일본의 〈Axis(격월간)〉, 〈니케이(日經) 디자인(월간)〉, 〈디자인의 현장(월간)〉, 프랑스의 〈Intramuros(격월간)〉, 캐나다의 〈Azure(격월간)〉, 중국의 〈包裝과 設計(격월간)〉 등이 있으며 그래픽, 제품, 멀티미디어, 인테리어는 물론 문화 분야의 최신 디자인 경향과 정보를 다양하게 소개한다.

공예 분야에도 다양한 전문지가 있다. 미국공예협회(American Craft Council)의 〈American Craft(격월간)〉와 영국의 〈Craft(격월간)〉, 호주의 〈Craft Art International(격월간)〉 등은 현대 공예의 전반을 다루는 전문지인 반면, 〈Keramicos(월간)〉, 〈Fiber Arts(미국, 계간)〉, 〈Metalsmith(격월간)〉, 〈Ceramics(미국, 월간)〉, 〈Ceramics: Art & Perception(호주, 계간)〉, 등은 재료별 특정 분야를 다룬다.

이밖에도 〈Design Management Journal(미국, 계간)〉은 디자인 경영 분야의 확고부동한 전문지이며, 〈Car Styling(일본, 격월간)〉과 〈Auto & Design(이탈리아, 격월간)〉은 자동차 디자인, 〈Design News(미국, 월간)〉는 제품 디자인과 관련된 전문적인 기술 정보를 담으며, 〈Wired(월간)〉는 뉴미디어와 그래픽 디자인, 〈IDN(홍콩, 격월간)〉, 〈Publish(미국, 월간)〉, 〈CGW(미국, 월간〉 등은 컴퓨터 그래픽스, 〈WWD(미국,월간)〉와 〈Collezioni(이탈리아, 반년간), 〈View on Colour(이탈리아, 반년간)〉는 패션 디자인과 색채 분야의 전문지로서 수준 높은 시각 자료와 정보를 담는다. 이러한 다양한 디자인 잡지들 중 대부분은 인터넷을 통한 웹진도 동시에 개설함으로써 전통적인 종이 잡지뿐만 아니라 새로운 미디어를 통한 디자인 정보의 확산에도 노력을 기울이고 있다.

구매 시점 포장 디자인 POP
Point-Of-Purchase package design
굿 패키지 디자인의 요건
라벨 디자인 label design
바 코드 bar code

마츠다(Mazda) 전구

▶ 구매 시점 포장 디자인 POP
Point-Of-Purchase package design

구매 시점 포장 디자인은 의사 전달을 위한 시각 표현으로 오래된 방법 중의 하나이다. 디자이너가 효과적인 피오피 디스플레이를 하기 위해서는 물리적 설계와 마찬가지로 경영 전략과 광고에 대한 지식이 있어야 한다. 피오피 디자인은 구조와 색채 및 브랜드가 특히 중요하고, 포장과 진열의 동시성을 가지므로 진열을 위한 입체 스탠드도 효과적으로 디자인되야 한다. 피오피의 4가지 주안점은 다음과 같다 ①상점의 물리적 배치와 디스플레이의 위치 및 방법, ②구매자의 시각을 끄는 방법, ③효과적 디스플레이를 위한 피오피 포장재의 적절성, ④피오피의 동적 입체와 그 기술. ➡ 광고, 디스플레이

쉬크(Schick) 면도기

▶ 굿 패키지 디자인의 요건

포장 디자인에 있어서 굿 디자인이란 무엇보다 상품이 잘 팔릴 수 있는 요소를 갖고 있어야 한다. 판매가 되지 못하면 굿 디자인이라고 할 수 없다. ①전달에 충실해야 한다. 전달을 위한 기능이 부족하면 소매점이나 수퍼마켓의 선반 위에서 상품이 팔리지 않는다. 필요한 정보를 소비자에게 제공하되 그들이 찾고 원하는 상품의 정보가 디자인되어야 한다. ②잠재 고객의 주의를 끌어야 한다. 포장 표면이나 구조가 매력적이어야 하지만 특히 표면의 그래픽 디자인은 고객의 시선을 끄는 가장 중요한 포인트가 된다. 각종 재료로 만드는 형태의 용기도 구매 동기를 줄 수 있어야 한다. ③상품 구매력을 계속해서 충동해야 한

다. 포장 디자인이 사용하기 편리한 기능성과 심미성을 가질 때 구매는 계속 이루어진다. 포장 디자인은 소비자의 욕구(want)와 필요(needs)를 충족시켜야 한다. ④판매의 방아쇠를 당기는 역할을 해야 한다. 다른 회사와 차별성을 가져야 한다. 특히 4P(Product, Price, Place, Promotion)와 연관되어 합리적 판매 정책이 이루어져야 판매의 촉진 역할을 한다. ⑤판매의 장이 되야 한다. 남녀, 성별에 따른 소구력, 명성, 경제성 및 선망의 대상 등 느낌이 디자인과 잘 결합되어 포장 디자인으로 제품이 팔려야 한다.

▶ 라벨 디자인 label design

작고 보잘 것 없어 보이는 라벨은 오늘날 없어서는 안될 중요한 정보 매체 중 하나이다. 원래 라벨 디자인은 불투명한 용기에 있는 내용물의 성격을 표시하고, 또 그 제품을 어느 회사 또는 누가 제조했는지 알리기 위한 단순하고 실리적인 필요에서 그 사용 유래를 찾아볼 수 있다. 라벨은 내용물을 쉽게 알아볼 수 있게 해야 하는데, 여기에는 제품의 제조 일자, 유효 기간, 함량, 성분 및 가격과 사용법 등을 표기한다. 라벨은 다음과 같은 세 가지 원인에 의해 변화되었다. ①제품 생산기술의 개발과 향상, ②장식이나 활자체의 효과와 취향의 요구, ③오랜 시장 활동과 과학적 조사 등이다. 라벨은 소비자에게 함축된 메시지 전달을 하기 때문에 그 디자인은 일목요연하고 읽기 쉽도록 정보 전달을 해야 한다.

▶ 바 코드 bar code

'각 포장 표면에 굵기가 다른 수직선과 그 밑에 숫자로 인쇄된 기호'를 말하는데, 수퍼마켓이나 편의점의 직원이 소비자가 선택한 상품의 바 코드 인쇄 부분을 하나씩 계산대 스캐너(scanner)에 통과시킨다. 이 스캐너는 레이저 빔(laser beam)으로 청색의 불이 들어와 통과하는 포장 표면의 그 기호는 컴퓨터가 제품과 가격을 확인하여 계산하게 된다.

각 상품이 스캐너를 통과할 때 '삐' 하는 소리를 들을 수 있는데, 짧은 음은 제품의 입력 처리가 잘 됐다는 신호이고, 긴 소리나 전혀 신호가 없는 상태는 컴퓨터가 필요한 정보를 인식할 수 없다는 표시이다. 바 코드의 장점은 ①상품의 값을 수동으로 찍는 방법보다 더 정확하고, ②계산서의 보관이 가능하고, ③계산이 빨라 기다리는 시간을 줄일 수 있으며, ④상점 경영에 합리성을 주는 데 있다.

ISBN 89-7059-028-5

바 코드

▶ 브랜드 네임 디자인
brand name design

포장 브랜드는 소비자가 찾기 쉽고 즉시 확인할 수 있도록 활자의 크기와 색채 및 스타일이 특이해야 하며, 제품의 성격이나 종류의 특징을 잘 표현하여 그 브랜드의 디자인으로 내용물이 무엇인지 쉽게 알려줘야 하고, 또 소비자의 브랜드 인지도로 제조 회사의 평판이나 품위를 높여 그 제품의 연속된 구매를 유도할 수 있어야 한다. 브랜드의 활자체는 그 포장 상품이 놓이고 쓰이는 장소에 따라 디자인되어야 한다. 예를 들어 가정의 화장실에 놓이는 상품과 안방에 놓이는 상품의 포장이나 라벨의 글자 디자인은 구별해 디자인하고, 상품 구매 계층에 따라 레터링의 스타일

올드 스파이스(Old spice)

또한 유연성, 견고성, 현대성, 고전성, 여성적 및 남성적으로 적절하게 디자인해야 한다.

▶ 브랜드 아이덴티티 전략
brand identity strategy

제품의 인지도를 확대시켜 포장 디자인의 구별성, 차별성 및 특이성으로 판매의 성공을 기하도록 하는 전략이다. 시장에는 각 생산 회사에서 많은 동종 상품들을 생산해서 시장 점유를 위한 경쟁이 치열하기 때문에 자사 제품이 경쟁사 제품과 구별성 및 차별성을 가져 소비자의 인지도를 높여 연속 구매를 유도하게 된다. 브랜드 아이덴티티 전략이 줄 수 있는 성과는 다음과 같다. ①제품 이미지의 인지도가 높아지기 때문에 시장 점유율이 증대된다. ②포장 디자인의 간결성과 구별성으로 대량 진열에 큰 효과를 거둘 수 있고 소비자의 쇼핑 시간을 절약할 수 있다. ③디자인 및 포장 표면 인쇄의 단순화로 투입되는 여러 경비를 절약할 수 있다. ④BI 플랜에 따라서 디자인된 포장은 다른 광고 전달 매체에서도 효과를 얻을 수 있다. ⑤디자인의 질적 수준을 일정히 유지하여 소비자에게 혼돈을 주지 않고 호감과 좋은 평판을 유지할 수 있다. ⑥포장 디자인은 BI매뉴얼에 의해 디자인되므로 디자인을 개발할 때 혼란을 감소시키고 시간 낭비와 인력의 소모를 줄일 수 있다.

브랜드 아이덴티티 전략에 따른 시리즈 제품

▶ 쇼핑백 디자인 shopping bag design

쇼핑백은 걸어다니는 광고와 같아서 상점, 상품 및 소비자를 위한 서비스를 하는 포장 디자인의 한 방법이다. 쇼핑백은 움직이는 전달 매체로, 그 크기와 구조에 변화를 줄 수 있으며, 선물용 상품이나 정치적 캠페인 또는 상

점의 개점과 같은 행사에도 쓰인다. 근래에는 비닐백을 많이 사용하는 경향도 있으나 종이로 제작되는 쇼핑백의 품위와 매력을 대신할 수는 없다. 쇼핑백의 인쇄는 다색체로 할 수도 있으나 인쇄비의 절감으로 2-3색 정도가 보편적이다.

알란 찬(Alan Chan), Swank inspiration 상품 패키지

▶ **연성 포장 flexible package**
플라스틱 필름, 은박지, 판지류 등을 연성 포장류에 포함시키며 편리성, 경제성, 안전성이 있으며 수요가 많은 포장 재료이다.

▶ **일러스트레이션 illustration**
일러스트레이션은 브랜드나 문안보다 시선을 집중시킨다. 즉 그림은 계속해서 쓰는 백 마디의 글보다 더 가치가 있는 것이다. 일러스트레이션은 그림이나 사진으로 배치할 수 있으며 여러가지 색을 넣거나 흑백의 무채색으로 표현할 수도 있다. 다음과 같이 표현하는 것이 좋다. ①내용물에 맞는 적절한 표현을 할 것, ②차별성 및 특수 기법으로 주의력을 유도할 것, ③제품 성격의 적절한 표현을 시도할 것, ④인상적 색조와 조화를 이룰 것, ⑤한정된 포장 표면에 적절한 크기의 배치를 할 것, ⑥장기간 기억하기 쉬운 내용(문안, 설명서 등)과 연결성을 가질 것, ⑦포장재와의 적절한 조화를 이루어 효과를 증가시킬 것, ⑧구매 계층의 수준에 맞는 표현을 할 것, ⑨현대 감각이나 시대성을 살릴 것. 일러스트레이션의 표현 기법과 양식에는 다음과 같은 종류가 있다. ➡ 일러스트레이션 참조
추상화법(abstract)
아르누보 기법(Art Nouveau)

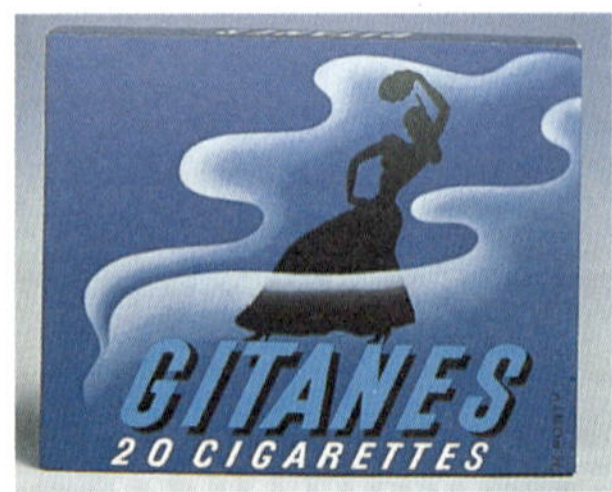

'지탄(Gitanes)', 담배 포장에 사용된 일러스트레이션

만화법(cartoon)
아동화법(children's drawing)
크레용법(crayon)
에칭법(etching)
속화법(loose sketch)
동양화 기법(oriental painting)
윤곽 묘사법(silhouetting)
점묘법(pointillism)
불투명법(tempera)
직조 기법(weaving)
콜라주법(collage)
미래주의법(futuristic)
사진 몽타주법(photo montage)
파스텔 기법(pastel)
팝아트법(pop art)
낭만주의법(romantic)
상징주의법(symbolism)
목각 기법(wood carving)
유화 기법(oil painting)
아크릴 화법(acrylic painting)
사진, 회화 결합법(photo & art combination)
사이키델릭법(psychedelic)
초현실주의법(surrealism)
수채화 기법(water coloring)
에어 브러시법(air brush)
장식법(decorative)
선묘법(line drawing)
착시법(optical illusion)
사진 기법(photography)
부조 기법(relief)
스텐실법(stencil)
활자법(typography)

▶ 포장 개발의 체크 리스트 check list

포장 개발은 생산된 제품을 최적의 상태로 두는 제도적 프로그램으로 상품의 보호, 실용, 동기 등 기초적 기능과 결합되어 개발되어야 한다. 이러한 기초적 기능을 충족시키는 포장 디자인 개발의 체크 리스트는 다음과 같다. ①제품의 성격이 무엇이며, 어떠한 포장 재료가 적당한가? ②제품의 형태, 즉 액체, 건체, 고체류에 따라 크기와 형태는 어떠한 것인지? ③제품 특성, 즉 제품의 부패, 폭발, 파손, 감광, 온도, 무게 등 어떠한 특성을 가지고 있는가? ④유통할 때 취급의 특성은 무엇인지, 즉 운송할 때 충격, 진동, 압력의 차이, 기온, 습도 등이 운반할 때 문제가 안 되는지? ⑤제품 보관 창고의 환경으로 냉, 난방 시설, 습도, 곤충이나 동물의 침입, 입·출고의 편리성 등은 양호한지? ⑥소매점에서 진열하기 편리하도록 포장의 크기, 종류 및 포장색의 구별 등이 잘 되어 있는지? ⑦소비자가 구매하여 사용에 기능적이고 가정에서 장기간 보관할 수 있으며 사용하기에 편리하고 또 디자인이 기쁨과 매력성을 주는지? ⑧시장의 특성, 즉 포장된 제품이 팔리는 시장의 규모, 소비자군, 경쟁성 등 시장의 구성은 어떠한 형태인지? ⑨제품 생산이 포장의 보호, 실용, 동기 등의 개념과 연결성을 갖고 대량 생산 시스템에 적합한지? ⑩포장이 소비자 보호법이나 법적 규제에 저촉되지 않는지? ⑪포장재의 선택이 적절하여 생산비를 절감시키고 이윤을 기대할 수 있으며 포장재 폐기나 재생 및 재사용이 가능하며 환경 보존과 보호에 기여할 수 있는지?

▶ 포장 계획 package planning

포장 계획은 일반적으로 디자인하기 전에 계획하는 것이 원칙이다. 포장재의 적절성과 형태, 상품의 성격, 형태, 수량과의 관계, 내장 및 외장 포장의 방법, 제품의 가격과 포장비의 조사, 판매 전략과의 연관성 등을 연구하여 계획하되 상품 생산 계획과 마케팅 계획과 동시에 출판해야 한다.

▶ 포장 구조 디자인 package structure design

각종의 포장재를 사용하여 상품을 포장하는 4차원적 방법을 말한다. 구조 디자인은 상품의 보관, 수송, 판매 및 제품 사용 등의 기능을 충족시켜 주며, 구매자가 제품을 구매할 때 경제성을 제공해야 하고 사용하기 쉬워야 하며 안전성을 제공해야 한다. 포장 구조는 내용물의 성질에 따라 그 재료와 구조가 변경된다. 즉 고체, 액체, 기체 및 분말에 따라 외형이 결정된다. 한편 구조의 변화는 사용하는 포장재와 제조 공정 기술로 그 형태가 이루어진다. 구조 디자인은 5가지 성격이 있다. ①생산자와 소비자를 연결하는 유통 기간을 통한 제품의 보호성, ②건강 및 위생 제품의 경우 보존과 저장의 기능성, ③단위 포장과 집합 포장의 가능으로 보호와 사용성의 용이함과 운반비 절감, ④배분(apportionment)과 조제 건강(dispensation)의 용이, ⑤폐기처리, 재사용, 재료의 재생 등의 가능.

▶ 포장 구조 디자인의 재료

①판지(folding paper): 가장 보편적이고 많이 사용되는 종이 재료로 정확한 구조의 형태, 저렴성, 유통성의 장점을 가지고 있다. 판지는 자동 고속 기계 시설이나 반자동 기계 및 수동 기계로 판지 상자(folding carton)를 만들 수 있다. 판지의 인쇄에는 각종 방법이 있으나 가장 보편적 방법은 오프셋, 석판, 그라비어(gravure)법이 있다. 판지는 상자를 만들어 풀로 붙일 수 있고 장식적인 처리인 음각과 양각의 기공에 따라 각종 제품을 담을 수 있다. 즉 고열과 저열을 가해도 견디는 제품 포장을 만들 수 있고 또 진공 포장, 무균 포장(aseptic package)으로 제품의 장기 보존 및 운반의 용이성을 줄 수 있다. ②골판지(corrugated paper): 상품의 수송 및 보관과 소비자의 단위 포장에 보편적으로 사용되는 재료이다. 구조를 형성하기 쉽고 내지인 골판을 여러 겹으로 붙여서 구성될 수도 있는 장점을 갖고 있다. 구조의 성격은 네 가지의 변이성에 의하여 지배되는데, 내지의 강조, 골

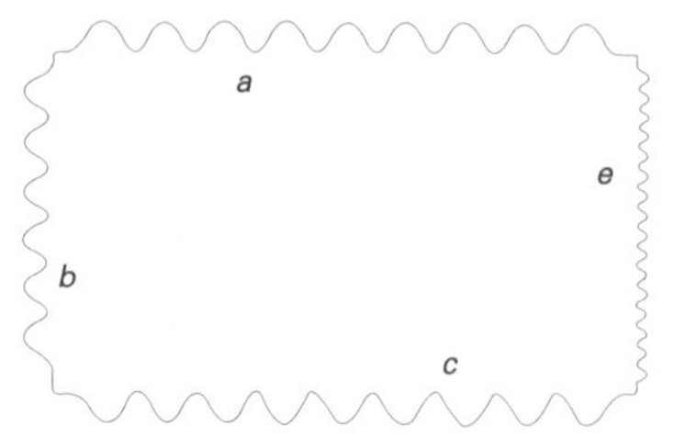

골은 네 가지 구조인 a, b, c, e 플루트로 생산되어 제품의 종류와 무게에 따라 쓰임이 다르다.

판의 강도, 골의 높이와 골의 수, 외지의 장수에 따른다. 골은 다음 네 가지 구조로 생산이 가능하다. a 플루트(flute): 골의 폭이 넓고 골의 높이가 높은 것으로 강한 충격에 견딜 수 있다. b 플루트: 촘촘한 골로 포장의 찌그러짐이나 비틀림을 방지할 수 있다. c 플루트: a와 b 플루트를 적절히 겸한 것이다. e 플루트: 골의 배치가 가장 가늘고 촘촘한 배열로 가장 많이 사용되며 장식적, 장기적 진열을 위한 포장에 쓰인다. 골판지는 수출 상품 포장에 많이 활용되는데, 수송을 위해서 법적 규격에 맞춰야 하며 낙하 검사, 충격 검사, 요동 검사 등 내용물의 파손을 미연에 방지하기 위한 검사가 따른다. 골판지는 각종 왁스나

플라스틱 표면을 코팅할 수 있어 나무 상자에 과일이나 야채를 포장했던 방식을 탈피, 방습을 위한 새 포장 상자로 이용된다. ③플라스틱: 포장 용기나 내외포장 재료의 필수적 매체가 된다. 플라스틱은 두 그룹으로 분류된다. 하나는 써모플라스틱(thermoplastics)인 폴리에틸렌(polyethylene), 폴리스티렌(polystyrene)으로 열로 재생 및 연질 제작 가능하고, 또 하나는 써모셋(thermosets)인 페놀릭(phenolic), 우레아(urea), 멜라민(melamine)으로 한 번 형을 만들면 재생할 수 없는 경질의 플라스틱이다. 플라스틱 성형은 세 가지로 사출 성형(injection molding), 압출 성형(extrusion molding), 압축 성형(compression molding)이 있다. 가열성 플라스틱 포장은 다음과 같은 종류가 있다. ① 발포 포장(blister pack): 판지에 붙여 쓰는 투명 포장으로 일반적으로 아세테이트, 폴리스티렌, 비닐 혹은 판지 플라스틱 등의 유사

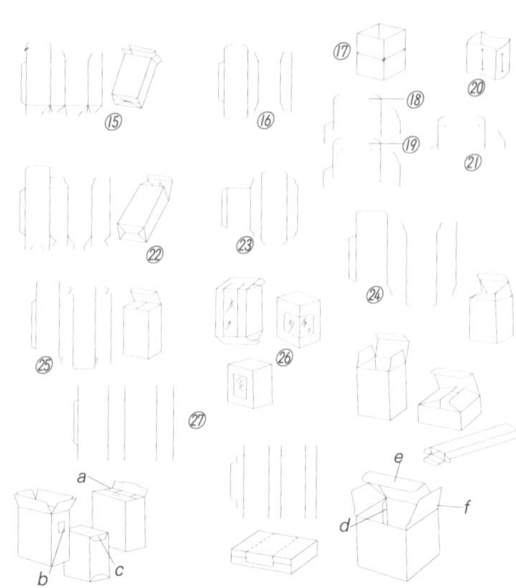

전형적인 판지포장(typical paperboard packaging)
① 양면 하부폐쇄 튜레이, ② 모퉁이 잠그기 튜레이, ③ 내부접기, ④ 외부접기, ⑤ 양면 2중 접어넣기, ⑥ 액자형 튜레이, ⑦ 교체 폐쇄형, ⑧ 망원경 박스의 튜레이와 뚜껑, ⑨ 나무상자형 튜레이, ⑩ 가로, 세로, 높이 표기, ⑪ 끝부분 잠그기형, ⑫ 피터형 폐쇄 튜레이와 뚜껑, ⑬ 경첩형 뚜껑의 튜레이, ⑭ 측면 경사형 디스플레이 튜레이

⑮ 자동접착하부면을 한 상부 징그기 카튼, ⑯ 직선 징그기 카튼, ⑰ 사각형에 가까운 카튼, ⑱ slit lock, ⑲ pye lock, ⑳ 부드럽고 파손되기 쉬운 카튼, ㉑ 두꺼운 판지를 위한 노치된 잠그기, ㉒ 1-2-3형 하부잠그기의 징그기 상부형, ㉓ 교체 레이아웃형, ㉔ 안밖겸용 징그기 카튼, ㉕ 아더(arthur)잠그기를 한 징그기 카튼, ㉖ 여러 창문변화를 주는 징그기 카튼, ㉗ 끝 봉합카튼, a: 재봉함 끝, b: 쏟을 수 있는 입구, c: 밴뷰렌 귀, d: glue flap, e: tuck, f: dust flap

판지를 뚫고 필름을 양면으로 포장해 제품이 보이게 한다.

한 유형 등이 발포에 사용된다. ②조립식 발포와 판지(prefabricated blister & card): 어떤 형태로 만들어진 기포형을 일정형으로 절단된 창문형 판지에 접착하는 것으로 내용물을 판지 앞뒤에서 볼 수 있다. ③밀착형 포장(skin pack): 주조나 음각(형판)에서 사용하는 것으로 얇은 판지에 얇게 붙어 있는 단단한 필름인데 대게 아세테이트, 폴리에틸렌, 낙산염이나 비닐 등으로 구성된다. ④팽창 필름 포장(stretch film pack): 비닐 필름은 양면으로 절단(완절)하여 결합시킨 창유리 판지를 발포와 스킨 포장의 특징으로 결합시켜 내용물이 보이도록 제품을 상자에 넣는 것이다. 이 방법은 화장품, 병, 튜브, 공구류와 전자 제품에 사용된다. ⑤유리: 유리는 내구성이 강하고 신선감을 주는 투명성의 장점을 갖지만 무겁고 깨지기 쉬운 단점도 있다. 유리는 광선을 굴절시켜 빛의 효과를 주며 색을 착색시켜 그 아름다움을 더해 준다. 그러나 새 재료인 플라스틱의 출현으로 사용도가 떨어지고 있지만 그 특수성은 강하다. 유리 용기 포장은 다음과 같은 제품을 담는데 효용성을 갖는다. 첫째, 맛의 보존을 위한 각종 술, 꿀, 커피, 기타 기호 식품 및 음료수류, 둘째, 향기를 보존하기 위한 각종 화장품류, 향료, 식품류, 셋째, 살균과 무균을 위한 각종 의약품, 치료제, 소독 제품 ⑥금속: 포장용으로

유리재

많이 사용되는 금속은 알루미늄, 연, 석, 아연, 철 등이다. 오늘날 인체에 해가 없고 가볍고 다루기 쉬운 알루미늄 계통의 포장재가 널리 사용되고 있다. 금속재의 장점은 광택과 안전성이 있고 전성과 연성이 커서 소성의 변형이 가능하며 다른 포장에 조화가 잘 되고 내화, 내구성이 크며 외부 충격에 강하므로 엷고 가늘게 제작할 수 있다. 금속은 음료수, 저장 식품, 가정 용품, 페인트, 화장품 등의 포장재로 주로 쓰인다. 또한 금속재는 표면에 인쇄가 가능하므로 라벨을 별도로 인쇄해서 부착하지 않아도 된다. ⑦기타 포장재: 목재, 초경, 도자, 섬유, 석재, 피혁 등이 있으며 제품의 성격에 따라 그 사용도가 결정되고 필요한 시기와 장소에 따라 재료를 사용하는 특징도 갖는다.

▶ 포장 디자인과 색채

포장 표면 디자인에서 시선을 강하게 집중시키는 것은 색채이다. 색채는 각종 포장 재료를 사용한 구조적 형태와 깊은 연관성을 갖는다. 색채는 인간 감정에 호소함으로써 제품이 팔릴 수 있는 배색이 되어야 한다. 색채는 남녀 성별에 따른 소구력, 명성, 경제성, 보편성, 내구성, 생명력 및 선망의 대상 등의 느낌을 표현할 수 있어야 될 뿐만 아니라 제품의 맛, 향기, 크기, 무게, 부피 및 재질 등의 성격을 잘 표현해야 한다. 포장 표면 디자인의 색채는 일반적으로 다음과 같은 관점에서 선정하는 것이 효과적이다. ①색은 포장 디자인의 가장 중요한 부분으로 사용되어야 한다. 브랜드, 편리성 그리고 시각적 집중을 위한 요소들은 강한 색으로 포인트를 주어야 한다. ②색은 장기간 기억되도록 해야 한다. 제품이나 그 브랜드를 다시 찾는 인지도를 가지며 잠재 감각을 자극한다. ③셀프 서비스 판매를 위해서는 색의 제한도 필요하다. 확실하고 순수한 색채들이 일반적으로 추천된다. 밝고 순수한 색채는 감정 이입을 높이는데, 셀프 서비스의 경우 높은 인식을 주도록 사용되어야 한다. ④색채는 잠재 고객에게 소구력을 주어야 한다. 포장의 색은 잠재 고객의 머리 속에 강한 포

지셔닝을 심어 주어 구매 시점에서 그 제품을 구입하도록 해야 한다. ⑤포장색은 다만 소매점에서만 인상적인 것이어서는 안된다. 구매자의 가정에서도 즐거움과 쾌감을 주어야 한다. ⑥포장이 판매되는 곳의 조명도와 조명 방법에 따라서 색채의 배색이 되어야 한다. ⑦시대의 유행, 소비자의 취향 등을 연구하여 배색해야 한다. ⑧색으로 제품의 맛, 향기, 냄새, 제품의 색을 잘 표현해야 한다. ⑨경쟁 상품의 포장색채와의 차별화가 필요하다. ⑩색채와 인쇄 방법 사이의 연관성을 가지고 배색이나 색을 선택해야 한다.

▶ 포장의 기능

①보호와 보존: 생산과 소비까지의 유통 기한 동안 습기, 먼지, 미생물, 광선, 열기 및 냉기로부터 보호를 해야 하고 외부의 충격으로부터 파손을 방지해야 한다. 보존을 위해서는 제품을 용기에 담아야 하는데 음료수, 소독약품, 술, 향료 및 위생품 등의 세균 방지는 물론 맛이나 향기의 변질을 방지하고 장기간 품질이 일정하게 유지되도록 포장해야 한다. ②용용: 제품을 사용하기 쉬워야 하고 운반하기 간편해야 하며 장기간 두고 사용할 수 있어야 하며, 제조자의 측면에서는 유통 과정의 운반이나 보관이 쉬워야 한다. ③전달: 내용물의 성격이나 사용법 등을 상세히 기술하여 소비자에게 상품을 구매하도록 한다. 포장은 '말없는 세일즈맨(Silent salesman)', '보이지 않는 세일즈맨(Invisible salesman)'으로 상품 판매의 한 몫을 차지한다. 전달은 포장 표면에 여러 요소, 즉 색채, 문안, 일러스트레이션, 브랜드 등이 표현되어 소비자에게 이러한 요소들을 알리게 된다.

▶ 포장의 재디자인 시기

현대 경쟁 시장 구조에서 포장은 편리성을 갖기 위해 볼품없는 구조적 디자인을 바로 잡고 경비를 줄이며 새 재료와 새 기술의 우월성으로 다시 개념과 어프로치 계획을 세워 제품의 유통, 진열, 사용 등의 기능을 원만히 충족시켜야 할 것이다. 현존 제품의 포장 변경 계획의 적당한 시기는 언제인가? ①경쟁사의 포장 디자인보다 앞서가고 싶을 때, ②상품의 매상은 좋은데 이윤이 점점 떨어질 때, ③상품의 시장 점유율이 떨어질 때, ④경쟁 상품 포장이 디자인을 변경하여 시장을 리드한다고 생각할 때, ⑤ 새 CIP가 제정되어 이에 병행한 전략이 필요할 때, ⑥소비자의 취향이나 구매 습관 등의 변동과 동시성을 갖기 원할 때, ⑦제품이 크게 향상되거나 근본적인 변경을 필요로 할 때, ⑧경쟁사에 의해 디자인이 표절되었을 때, ⑨광고 등 판매 촉진 캠페인과 밀접성을 더 유지하고자 할 때, ⑩회사 상품의 유통 경로 시스템이 변경되었을 때, ⑪훌륭한 시장 전략을 갖고 있지만 디자인이 취약하다고 조사되었을 때, ⑫시장 점유율을 확대하기 위하여 새 시장에 진입하고자 할 때.

▶ 포장재 사용과 환경 보존

포장재 사용에 있어서 자원의 낭비, 폐기 및 재생을 위한 문제가 점차 높아지고 있다. 이러한 문제를 해결하기 위하여 재사용(reuse), 절감(reduce), 재생(recycle)의 3R이 중요한 과제로 떠오르고 있다. 미래 지향적 포장재의 재활용은 다음과 같은 점과 연관성을 갖는다. ①공기나 수질 오염 이전의 재활용 정책이 우선 순위로 설정, ②새 포장재의 개발 연구의 필요성, ③재활용을 위한 시스템 구성, ④정보화 사회에서 포장 재료 감량의 필연성 이해, ⑤환경 보존을 위한 용해성 포장재 개발과 사용.

▶ 포장 표면 디자인
package surfaces design

포장의 구조 디자인이 입체적인 것에 반해 그 입체의 표면은 일러스트레이션, 타이포그래피, 브랜드, 심볼과 로고, 사용법 등으로 구성되는 것으로, 이 표면 디자인은 제품의 성격은 물론 제품의 질을 암시해 주며 제조 회사의 얼굴처럼 좋은 인상을 주어야 하고, 또 표면 디자인은 소비자에게 구매 동기를 준다. 구조 디자인이 형태나 재료를 중요하게 생각한 반면, 표면 디자인은 시각적 효과를 중요하게 여겨 소비자의 감성에 접근할 수 있는 인상적이고 매력적인 요소를 가져야 한다.

패키지 디자인은 우리 일상 생활의 한 부분으로서 사회와의 관련 속에서 생활 공간을 의식하지 않으면 안된다. 환경 문제, 공해 문제, 자원 문제가 공동 노력으로 해결할 지구 전체의 사회 문제이고, 핵가족화, 노령층 인구 증가, 생활 수준 향상, 여가 시간 증가 등이 국가 속의 개인 문제로 대두되면서 우리의 고정 관념을 무너뜨리고 생활 패턴과 의식을 새롭게 바꾸는 요인이 되고 있는 것이다. 최근에는 컴퓨터와 전자 제품 등 첨단 과학 기자재가 생활화되어 생활에 대한 인식을 새롭게 하지 않으면 안 될 처지에 놓이면서 컴퓨터가 생활 전반에 침투하고 있는 현실이 되었다. 제품으로 비유한다면 품질이 보장되어야 하고 진짜만이 받아들여지는 세상으로 변하고 있는 것이다. 다시 말하면 이제는 소비자들을 속일 수 없는 세상이 되어가는 것이다. 사회 문제와 개인 문제가 적절히 배분된 진실된 내용으로 솔직하게 접근하지 않으면 안 될 것이다. 이는 패키지 디자인 분야의 새로운 경향으로서 패키지 디자이너의 의식도 이에 따라 바뀌어야 할 것이다.

지금까지는 매장에서 상품을 선택함으로써 만족하는 시대였지만 앞으로는 소비자들이 주체성을 가지고 주문(요구)하는 시대가 도래하면서 평화롭고 아름다운 생활을 요구하는, 창조적이면서도 예술적 욕구가 강한 디자인이 주류를 이루게 될 것이다. 패키지 디자이너들은 이러한 생활과 환경 의식 속에서 소비의 사회화가 중요하게 작용되는 의미를 염두에 두면서 책임 있는 디자인, 생명 있는 디자인, 강요하지 않는 진실한 디자인으로 무장해 나가야 될 것이다. 소비자들에게 생활의 조언자로서 더욱 빠른 정보와 생활의 즐거움을 전달하는 코디네이터가 되어야 한다. 국가, 기업, 소비자 모두를 책임져야 하는 중대한 업무를 우리 패키지 디자이너들이 담당하고 있다는 자부심을 가져야 한다. 또한 패키지 역사의 한 페이지를 후배들에게 훌륭하게 보여 주어야 하고, 앞으로도 책임져 나가야 하는 선배로서의 역할과 의무감을 우리는 한시도 잊어서는 안 될 것이다.

장윤호 (서울디자인센터 대표)

▶ 갓 黑笠

전통 한복에서 어른이 된 남자가 쓰던 관모의 하나. 머리를 덮는 모자와 차양 역할을 하는 양태의 두 부분으로 구성되며 갓끈을 달아 착용한다. 실처럼 가는 대로 갓 모자와 양태를 엮어붙이고 먹칠과 옻칠을 하여 만든다. 말총으로 엮기도 한다. 이같은 흑립(黑笠)의 제도가 언제 생겼는지는 정확하지 않으나 고려시대 말기에서 조선시대 초기에 걸쳐 사대부의 특징적인 의관으로 정착된 것으로 보인다. 갓 모자의 높이와 양태의 넓이 등이 시대에 따라 유행처럼 변동하며 조선시대 후기에 이르면 양태가 양 어깨를 덮을 만큼 넓어져 이 시대 여인들의 큰 머리 모양과 대조를 이룬다. 갓은 전통적인 남자 한복의 실루엣을 결정하는 중요한 요소로서 그 착용 효과는 풍성한 도포와 어울려 점잖음과 의젓함의 강조라고 할 수 있다. 갓은 대원군(大院君)의 입제(笠制)개혁으로 그 형태가 작아지고 갑오경장(甲午更張)으로 천민에게도 갓의 착용이 허용됨으로써 갓의 신분 상징성은 사라지게 되었다.

▶ 굴레

어린이용 모자의 하나. 조선후기 상류층 가정에서 돌 무렵부터 4-5세 어린이들에게 호사 겸 방한모로 씌웠다. 주로 비단으로 만들

양볼의 끈을 앞에서 묶게 되어 있다.

었으나 여름에는 사(紗)를 쓰기도 한다. 일반적인 형태는 정수리를 덮는 모부(帽部)가 세 가닥 또는 그 이상의 여러 가닥으로 엮어져 있고 그 밑으로 여러 가닥의 댕기가 드리워져 있으나 지방에 따라 조금씩 다르다. 어린이용이지만 부모가 살아있을 때 회갑을 맞는 딸은 색동 저고리와 다홍치마에 굴레를 착용하고 어머니 무릎에 안겨보는 풍습이 있었다.

▶ 남바위 暖帽

남녀노소가 모두 쓰던 방한모의 한 가지. 정수리는 터져 있으나 이마, 귀, 목덜미를 덮는다. 겉감은 대부분 남색, 자색, 밤색, 엷은 보라색의 비단, 안감은 검은색, 초록색, 적색의 융을 썼으며 모정(帽頂) 앞 뒤 부분에 술과 매듭, 보, 패류로 장식을 했고 가장자리 둘레에는 4-7cm 너비의 털가죽을 붙였다. 여자용에는 길상 무늬 등을 부금하기도 했다.

▶ 너울

조선시대 부녀자가 쓰던 내외용 쓰개의 한 가지. 원립(圓笠) 위에 자루 모양의 천을 씌워 어깨까지 늘어뜨린 형상으로 검은색 비단 여덟 폭으로 만들되 착용자의 눈이 위치하는 부분을 빼고는 겹으로 하며 얼굴을 가리게 되어 있었다.

▶ 노리개

저고리 고름이나 치마 허리에 차는 펜던트형 장신구. 다채로운 소재와 색상, 정교한 세공 등으로 전통 한복에 섬세하고 화려한 아름다움을 더해주는 장신구였다. 노리개는 띠돈(帶), 끈목(多繪), 패물(佩物)을 가공하여 꽃나비의 형상을 만들어 노리개를 찰 때의 고리로 썼으며 패물은 역시 귀금속과 옥석(玉石), 보패류로 각종 동·식물의 형상을 만든 것인데 박쥐·거북, 가지·천도 등 길상(吉祥)과 기복(祈福)사상을 담은 것들이었다. 이것은 끈목으로 띠에 연결하고 그 한쪽에 술을 달아 장식한다. 노리개는 패물 하나에 끈목이 한 줄인 단작(單作) 노리개와 패물과 끈목이 셋인 삼작(三作) 노리개가 있고 삼작 노리개도 대삼작, 중삼작, 소삼작 노리개를 구별했다. 노리개는 궁중에서 서민 부녀자들까지 의식

삼작 노리개(accessory with three pendants)

이나 경사에 주로 패용하였으나 격식에는 차등이 있었다.

▶ 누비

누비, 마름모꼴 속에 꽃무늬가 있는 감으로 누빈 것이다.

겉감과 안감 사이에 솜을 두고 홈질하는 바느질법. 피륙을 보강하고 솜이 떨어지는 것을 막는 등 실용적인 목적 외에 장식적인 목적도

누비줄대(bar for quilting)

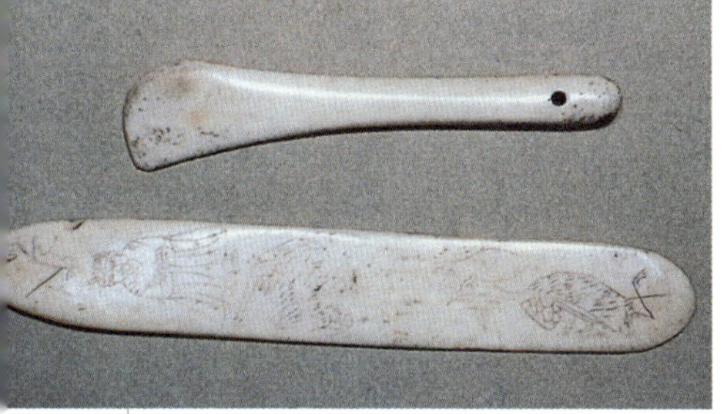

가미되고 있다. 누비류는 조선시대 초기 유물에서도 확인이 되고 있으며 치마저고리뿐만 아니라 누비이불, 누비보도 있었다. 누비기법은 오목누비, 잔누비, 납작누비 등으로 구별하여 기록되고 있다. 그중 잔누비는 홈질줄의 간격이 1mm정도여서 밀대로 감아올리면서 정교하게 누벼 그 아름다움이 이를 데 없다.

▶ 당의 唐衣

조선시대 여성 예복의 하나. 소례복에 해당하며 궁중에서는 평상복으로도 착용했다. 형태는 저고리와 비슷하나 앞 뒤 길이 저고리보다 세 배 가량 길며 양 옆이 트이고 소매 끝에 흰 거들지를 달았다. 감은 초록색 비단에다 다홍색 안을 받치고 자주색 고름을 달았으며 철에 따라 감과 색상을 달리했는데 여름철 홑당의는 당적삼, 당한삼이라 부르기도 했다. 조선말엽에 당의가 예복으로 격상되면서 당의에 흉배를 다는 제도가 생겼으며 당의의 앞 뒤 길과 고름 등에는 화문이나 박쥐, 길상어(吉祥語)를 직금 또는 금박해 당의의 화려한 멋을 더하기도 했다.

▶ 댕기

땋은 머리 끝에 드리는 장식용 끈이나 헝겊. 실용과 장식을 겸하여 삼국시대 이래로 널리 쓰였으며, 신분과 나이, 길·흉사에 따라 색과 재료를 달리했다. 종류도 다양해서 예장용으로는 떠구지 댕기, 도투락 댕기(큰 댕기), 앞 댕기가 있고, 일반용으로는 제비부리 댕기, 어린이용 말뚝댕기 등이 있다. 흔히는 자주 빛이나 검은 빛 비단이나 사(紗)를 쓰고 직금이나 금박으로 길상문(吉祥紋)을 촘촘히 박아 장식을 하고 복을 빌었다. 개화기 이후 변발이 사라지면서 댕기도 사라졌고, 지금은 신부복 등 특수한 예장에서만 볼 수가 있다.

▶ 도포 道抱

선비들이 편복으로 입던 겉옷. 조선 중기 이후 널리 착용되었으며 처음에는 천민의 착용이 금지되었으나 잘 지켜지지 않았다. 곧은 깃에 무가 있고 소매가 넓다. 허리 아래 뒤트임이 있고 이 트임을 덮는 뒷자락(전삼)이 있다. 색깔은 백색, 청색이며 세조대(細條帶)를

363

매었는데 띠의 색깔에는 직품에 따른 제한이 있었다. 갓(黑笠)과 더불어 조선 사대부 차림의 전형을 이루는 옷이었으나 1895년 복식제도 개혁때 폐지되었다.

도포(道袍), 조선 19세기말

▶ **돌띠**

돌을 맞는 아기의 허리에 매어주는 띠. 남자아이는 남색, 여자아이는 홍색 바탕에 십장생수를 놓아 저고리에 맨다. 띠의 아랫단 끝 쪽에 귀엽게 자수한 오방색 주머니를 달고 그안에 홍색 한지에 싼 콩, 팥, 쌀 등을 넣어 무병장수를 빈다. 뒤에서 앞으로 돌려 여미며 주머니가 뒤쪽에 오도록 한다.

▶ **동다리**

동다리(military uniform), 동다리의 안은 남색, 소매는 홍색으로 되어 있다. 조선 19세기말

전복(戰服)과 함께 구군복(具軍服)을 구성하던 포형(袍型)의 옷. 곧은 깃, 좁은 소매 등 형세가 두루마기와 비슷한데 주홍색 길에 붉은 소매가 일반적이다. 구군복은 동다리 위에 전복을 덧입고 전립(戰笠)과 전대(戰帶)를 착용함으로써 완성된다. 1895년 육조 복장 규정의 제정과 함께 폐지되었다.

▶ **망건 網巾**

상투를 튼 사람이 머리카락의 흘러내림을 막기 위해 머리에 두르던 건(巾)의 일종. 당과 편자, 앞과 뒤의 4부분으로 구성된 머리띠 모양으로, 말총을 엮어 만든다. 조선시대 초 명(明)나라에서 들어 왔다는 기록이 있으나 독특한 형태로 토착화했고, 1895년 단발령으로 그 수요가 줄어들기 이전에는 모든 계층의 성인 남자가 두루 착용했다.

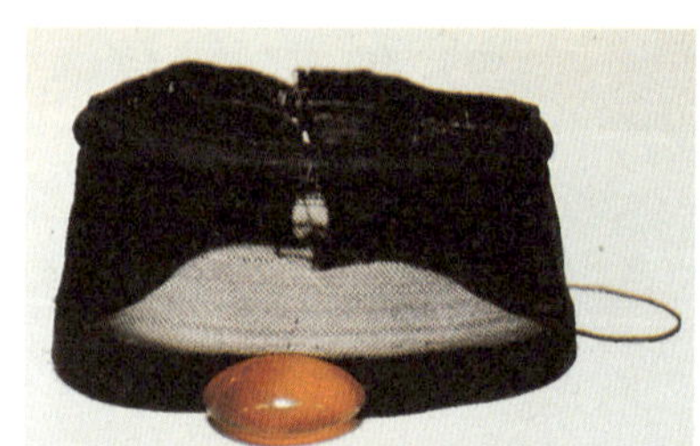

갓이 바람을 받아 뒤쪽으로 넘어가지 않게 하는 구실을 한다. 조선 후기

▶ **버선**

발의 보호와 맵시를 위해 발에 꿰어 신는 족의(足衣)의 일종. 조선시대 버선은 흰 헝겊으로 만들었으나, 왕의 면복(冕服)에는 적색, 왕비의 적의(翟衣)에는 청색 버선을 신었다. 만드는 방법에 따라 곧은 버선과 뉘인 버선으로 구분하기도 한다. 기본적인 모양은 반 장화와 같으나, 특히 여자 버선은 발에 꼭 끼게 만들고 버선 코를 뾰족하게 돌출시켜, 전통 한복의 유연한 곡선과 조화를 이루어 한복 차림 여성미의 한 초점으로 눈을 끌기도 했다.

▶ **보 褓**

물건을 싸거나 덮기 위한 네모진 헝겊. 이 중 작은 것을 보자기라 한다. 물건을 간수하거나 들고 다니기 위한 것이었으나, 전통적인 생활

습속과 미적 감각이 어루러져 독특한 생활 문화를 이루었다. 쓰임과 재료, 구성이 다양하여, 보의 종류와 명칭도 여럿인데, 쓰임에 따라 일상보(日常褓)와 특수용 보, 구조에 따라 홑보, 겹보, 솜보, 누비보, 조각보가 있으며 감에 따라 사보(紗褓), 명주보, 항라보, 모시보, 문양에 따라 화문(花紋), 수목문(樹木紋), 용문(龍紋), 운문(雲紋)보, 사용 계층에 따라 민보(民褓), 궁보(宮褓)가 있었다. 이처럼 다양한 보 문화는 그 세련된 미적 감각으로 하여 근래에 와서 다시 주목을 받고 있다.

모시 조각보 문양(부분)

▶ 비녀 簪

머리가 풀어지지 않게 하거나 다래(假髮)나 관모를 고정하기 위하여 머리에 꽂는 장신구. 대개 가래 모양의 한 끝이 뭉뚝하여 빠지지 않게 되어 있는데 이 비녀머리를 여러 가지 상서로운 형상으로 만들어 장식을 삼았다. 조선시대 부녀자의 머리 모양은 얹은 머리(둘레머리)로 궁중의 큰 머리나 반가(班家)의 어여머리의 다래를 비녀로 고정시켰다. 그러나 조선시대 중·후기에 들어 쪽머리가 일반화

옥으로 만든 비녀는 주로 여름에 애용하였다. 조선 19세기 말-20세기초

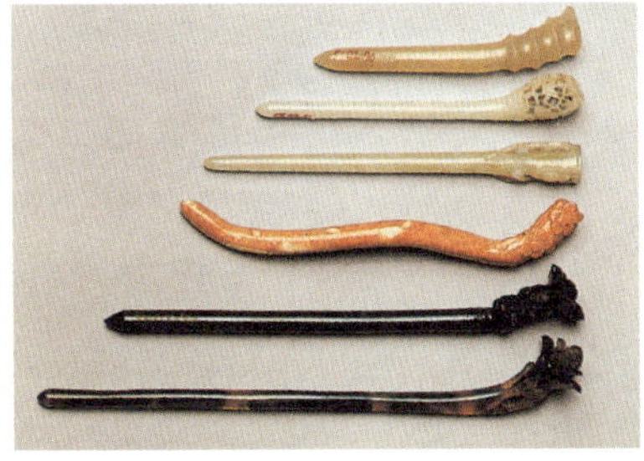

되면서 다래에 집중되었던 미적(美的) 관심이 쪽을 고정시키는 비녀로 옮겨와 그 종류가 다양해지고 세공이 정교해져서 당시 공예미술을 대표하는 한 분야가 되었다. 그 소재와 크기, 비녀머리의 형상에 따라 여러 종류로 나눌 수 있는데 계절에 따라, 입는 옷에 맞추어 꽂았다.

▶ 사모 紗帽

조선시대 백관이 주로 관복에 쓰던 관모. 혼례 때에는 서민에게도 착용을 허용하여, 지금도 전통 혼례복의 사모관대(紗帽冠帶)로 남아 있다. 앞이 낮은 2단의 모정부(帽頂部)와 뒷면에 좌우로 뻗어 나온 각(角)으로 구성된다. 대나 말총으로 엮고 사포(紗布)를 씌우고 먹칠과 옷칠을 하여 만든다. 고려말에 처음 쓰이기 시작하여 조선시대 내내 가장 많이 쓰이는 관모가 되었다. 형태는 시대에 따라서 모체의 높낮이에 변동이 있으며, 처음에는 각이 양 옆으로 늘어진 연각(軟角)이다가 후대에 오면서 양 옆으로 뻗어 나온 경각(硬角)으로 바뀌었다.

▶ 원삼 圓衫

여성 예복의 하나. 둥근 깃에 섶이 없으며 띠를 둘러 착용한다. 너른 소매 끝에 끝동과 한삼을 단다. 양 옆이 트였고 앞 길이 뒷길보다 짧다. 전체 모양은 활옷과 비슷한 장삼(長衫)으로 고급감에 직금(織金)이나 부금(附金) 문양을 장식하며 매우 화려하다. 왕비는 소례복으로, 상궁 유직자(有職者) 부인들은 대례복으로 착용했고 민간에서는 혼례복으로만 입을 수 있었다. 옷감과 색깔, 장식 등은 신분에 따라 차이가 있어서 황후는 황원삼, 왕비는 홍원삼, 비빈은 자적원삼, 공주·옹주·반가(班家)부녀는 초록원삼을 입었다. 조선말기 황원삼은 황색거죽에 남색 단을 두른 다홍색 안을 대고 70cm폭의 너른 소매 끝에 홍색과 남색의 끝동과 흰색의 한삼을 달았으며 가슴과 등, 어깨 등에 용보(龍補)를 장식했다. 치마저고리를 입고 그 위에 원삼을 덧입는데 일곱자 길이의 홍단대(紅緞帶)를 허리에 둘러 여민다. 이때 치마는 대란치마로서 신분에

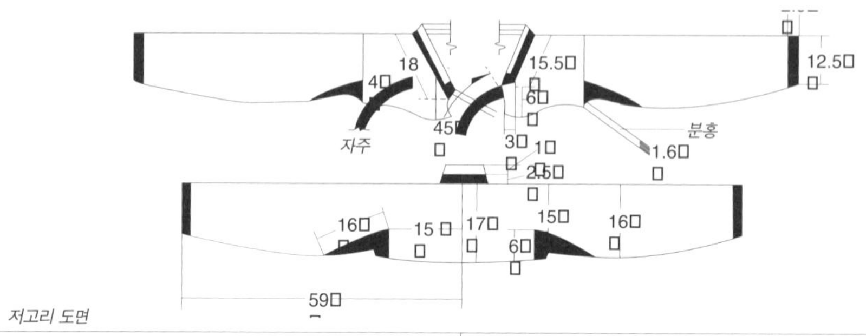

저고리 도면

따라 용, 봉황, 꽃무늬를 직금하거나 부금한
다. 원삼을 입을 때는 어염족두리를 올리고
큰 머리를 하는 것이 격식이었다.

▶ 저고리

아래 위가 분할된 한복의 기본 복식 중 윗도
리의 겉옷. 양팔과 몸통을 감싸며 앞을 여며
입는다. 저고리는 우리옷의 고유 양식 중의
하나로, 고구려 고분벽화에서도 볼 수가 있는
데, 이 무렵의 저고리는 길이가 허리 아래에
미칠 만큼 길어서 허리 띠로 여미는 좌임(왼
쪽으로 여밈)의 옷이 었으나, 차차 우임(오른
쪽으로 여밈)으로 바뀌고 길이가 짧아지고
띠 대신 고름으로 여미게 되었다. 이와 같은
경향은 여복에서 더욱 뚜렷하게 나타나, 조선
시대 후반기에는 저고리의 길이와 각 부의 형
태가 더욱 단소화(短小化)하고 세련됨으로
써, 전통 한복의 가장 특징적인 실루엣을 형
성하고 한복미의 한 극치를 이룬 것으로 평가
된다. 저고리는 몸통의 앞 뒤 길과 소매, 깃과
동정 곁막이와 끝동, 고름 등으로 구성되며,
이들 각 부의 형태와 구성, 감, 용도 등에 따
라 다양하게 분화 발전했다. 깃의 형태를 따
라서는 목판깃, 칼깃, 당코깃 저고리가 있으
며, 구성에 따라 홑, 겹, 솜 봉제법에 따라 물
겹, 깨끼, 누비 저고리가 있으며 장식에 따라
반회장, 삼회장, 색동, 까치 저고리가 있다.
이중 삼화장 저고리는 깃 고름 곁막이에 저고
리의 바탕감과 다른 색(자주)을 쓴 저고리로,
격이 제일 높았고, 남색 치마와 함께 입으면
조선시대의 부인의 예복차림이 된다. 현대 한
복의 저고리는 전통 한복의 변화 양상을 이어
받아 그 길이가 짧으며, 겨드랑이 회장이 크

고 소매의 곡배래가 강화되고, 깃이 아주 늘
어진 특징을 지닌다.

▶ 족두리

부녀자가 예복에 갖추어 쓰던 관모(冠帽)의
하나. 겉은 검은 비단으로 싼 여섯모가 난 모
자로 위가 넓고 아래로 내려갈수록 좁다. 족
두리는 고려시대 원(元)나라에서 들어와 널
리 퍼진 듯하나 조선 중·후기 영조(英祖),
정조(正祖)때의 사치금령(奢侈禁令)으로 얹
은머리가 금지되고 쪽머리가 퍼지게 되자 족
두리가 더욱 많이 쓰이게 되었다. 족두리에는
장식이 없는 민 족두리와 장식이 있는 꾸민
족두리가 있는데 위에 옥판(玉板)을 받치고
산호주(珊瑚珠)나 밀화주(蜜花珠), 진주 등
을 꿰어 장식한 것이다. 족두리는 지금도 원
삼과 함께 폐백드릴 때의 차림으로 쓰인다.

▶ 주머니

자질구레한 물건을 넣기 위해 헝겊으로 만들
고 끈을 꿰어 허리에 찬 물건. 한복에는 포켓
이 없으므로 주머니를 따로 차야 했으나 이것
이 장식적인 의미로 다양하게 분화, 발전되고
그 모양과 장식도 화려하고 정교해져서 미적
(美的) 감각이 뛰어난 수예품의 한 가지가 되
었다. 주머니의 형태로 보면 각이 진 모양의
귀주머니(줌치)와 둥근 모양의 두루주머니
(염낭)가 있고 용도에 따라서는 수저를 넣는
수저집과 붓을 넣는 필낭 등, 용도에 따른 실
용적인 주머니가 있는 반면 노리개와 같은 장
식품으로 쓰였던 향낭과 침낭도 있었다. 주머
니는 비단이나 무명 등, 백·옥·홍·청·자
주·남·담록색 겉감에 수를 놓는 것이 많고
금은 세공으로 장식한 것도 있었다. 남녀가

모두 찼으며 신분에 따른 감과 문양의 제약이 있었다.

▶ **첩지**

조선시대 부녀가 쪽머리 가리마에 얹던 장신구의 하나. 화관이나 족두리에 흘러 내리지 않게 하는 기능과 함께 장식하는 재료로서 신분을 나타내기도 했다. 약 7cm길이의 가래 모양으로 꼬리 부분은 위로 휘어진 모양인데 검정색 천으로 만든 받침대 위에 다홍색실로 고정시켜 착용한다. 궁중에서는 평상시 언제나 첩지를 사용하는데 황후는 도금한 용 첩지, 비·빈은 도금한 봉 첩지, 내외명부(內外命婦)는 지체에 따라 도금 또는 검은 무소뿔로 만든 개구리 첩지를 썼으며 양반 부녀들은 예장할 때에만 썼다.

▶ **치마**

저고리와 함께 입는 여자 한복의 아랫도리 겉옷. 폭을 붙이고 주름을 잡아 허리에 달아서 착용한다. 한복의 고유양식(固有樣式)은 원래 바지와 저고리(上衣下袴)인데 여자의 하의는 차차 치마로 바뀌었다. 고구려 고분 벽화에 보이는 치마는 길이가 길고 주름이 치마단까지 잡혀 있으며 단에는 선을 둘렀다. 고려시대 치마는 여덟 폭의 치마를 휘둘러 입는다는 기록이 남아있다. 조선시대에 와서는 짧은치마, 긴치마, 스란치마, 대란치마 등이 있었다. 짧은치마는 서민층에서, 긴치마는 반가(班家)의 부녀자가 입었는 데 홑으로 된 것과 겹으로 된 것 외에 솜을 넣은 누비 치마 유품도 나오고 있다. 색깔은 남색 또는 황색이나 홍색을 많이 써 저고리의 색깔과 조화를 이루었다. 스란치마는 스란단을 한다. 대란치마는 두 단을 치맛단에 덧댄 치마로 각각 소례복과 대례복 치마이다. 스란단은 다홍색이나 남색 감에 용문(龍紋), 화문(花紋) 등을 금박으로 장식한다. 격식 높은 차림에서 치마 밑에 무지기를 덧입어 허리 아래를 푸하게 버티었는데 왕가(王家)에서는 그 밑에 다시 대슘치마를 끼어 입었다. 이렇게 함으로써 한복 치마는 단소(短少)한 저고리와 더불어 상경하중(上輕下重)의 실루엣을 형성했고 휘감아

입는 치마가 풍성한 생동감을 연출함으로써 저고리의 얌전한 곡선과 대조를 이뤄 현대 패션 감각으로도 손색없는 한복미를 연출했다. 개화기에 이르러 여성의 사회진출이 활발해지면서 실용적인 통치마가 등장했고 입기 편한 어깨허리로 바뀌었으나 실용복은 양장으로 바뀌고 긴 치마가 명절이나 의례복 차림으로 애용되는 것이 지금의 추세이다.

▶ **토시**

방한이나 방서용으로 저고리 소매 밑 팔뚝에 끼어 착용하던 물건. 겨울에는 보온, 여름에는 통풍을 돕고 소매에 땀이 배지 않게 하는 역할을 했다. 겨울 토시는 비단·무명·고직을 겹으로 쓰거나 솜을 두기도 하며 털가죽을 덧대기도 한다. 여름 토시는 대나 등나무, 말총을 엮어 옷 소매가 살결에 닿지 않도록 만들었다. 겨울 토시는 남녀 공용이나 여자용 토시는 우아한 색상의 비단을 사용하여 장식적인 요소가 강했다.

▶ **흉배 胸背**

조선시대 왕족과 백관 상복의 가슴과 등에 붙이던 네모난 헝겊장식으로 여러 가지 동물의 형상과 문양을 수 놓아 품계를 구별했다. 다만 왕족의 흉배는 보(補)라 하여 원형 헝겊에 용을 수 놓아 가슴과 등만이 아니라 양 어깨에도 붙였는데 왕과 왕비는 발톱 넷, 세손은 발톱 셋인 용보(龍補)를 썼다. 흉배의 제도는 단종(端宗)때 3품 이상 상복에 붙이도록 한 것이 시초이며 영조(英祖)때 이르러 문관 당상관은 운학(雲鶴), 당하관은 백학(白鶴) 흉배를 쓰도록 정비했고 고종(高宗)때 이르러 문관 당상관은 쌍학, 당하관은 단학(單鶴), 무관 당상관은 쌍호, 당하관은 단학(單鶴) 흉배를 쓰도록 개정하여 조선 말까지 시행했다. 역대의 흉배는 관복과 같은 색의 비단 헝겊에 수를 놓아 구름, 여의주, 파도, 해와 달, 지초, 꽃, 불로초, 당초 등의 문양을 새기고 한가운데 품계를 나타내는 동물의 형상을 배치했는데 수놓은 솜씨가 정교하고 화려하여 눈길을 끄는 고미술품으로 평가받고 있다. ➡ **무늬 참조**

한국의 스타일 style of Korea

'스타일'이란 스틸루스(stilus)라는 라틴어에서 온 말로서, 오늘날에는 '모양', '틀'이란 뜻이며, 조형 미술에서는 '양식', 문예 용어에서는 '문체'라는 뜻으로 사용된다. 우리말로는 '모양새'라 할 수 있으며, 모양의 됨됨이, 체면의 태, 체면의 꼴이라 하겠다. '모양다리'라는 말은 물건의 모양새를 뜻한다. 체면(體面)은 남을 대하는 체재(體裁)와 면목(面目) 등의 의미이다.

우리가 조형 미술을 말할 때, 한국의 스타일이란 말은 한국 조형 미술의 됨됨이, 모양새라 말할 수 있다. 그래서 언뜻 듣기에는 예술의 외양적 형식을 나타내는 용어라고 생각하기 쉽다. 그러나 우리는 인간의 자기 완성을 외양의 형식보다는 내적 가치에 치중하여 겸허하고 담백한 인격의 모양새, 체면의 태(態)를 갖추는 데 두었기 때문에 외부적 양식을 좇는 것은 치졸하거나 속된 것으로 여겨왔다. 이러한 특성 때문에 조형 예술의 됨됨이나 모양새에 내포된 언어는 내면성의 개념이 더 중요하다. 그러므로 내용상의 관심을 도외시한다면 우리의 조형 예술은 외양적으로 스타일이 없는 것을 스타일이라고 말할 수 있다.

스타일이 없는 것이 스타일이란 말은 우리의 예술이 무기교(無技巧)의 기교(技巧), 허(虛)와 실(實), 무심(無心)의 심(心), 태 없는 태라는 개념 속에 내포되어 있는 무기교, 허, 무심으로 지각되는 외양의 됨됨이와 모양새 때문이다. 이것은 양식에 충실한 서양의 예술에 대하여 우리는 양식의 굴레가 없음을 뜻하는 것이다. 또 우리가 생각하고 판단하는 스타일, 조형을 창조하는 스타일, 우리가 객관적 대상들에 대하여 '좋은 것', '나쁜 것'을 선택하는 스타일에서 표현되고 있는 공통된 개념은 '담백함'과 '삭힘'이다. 다른 말로는 잡스러움과 가벼움이 없는 '깊음'과 '맑음'이다. 즉 '비어있는 듯 채워진 스타일', '인공적인 듯 하면서 스스로 그러한 듯한 스타일', 결국은 '겸허'로 인식된다. 허(虛)가 보이지 않는 것은 실(實)도 없다는 조형 미학이 우리의 스타일이다.

이러한 내용으로 보아 한국의 스타일은 '미완성의 완성'이며, 인간이 도구와 기술을 사용하여 섬세하게 완성한 솜씨를 조형에 묻어 있는 '손때' 같이 보았기 때문에 한국의 스타일에는 인간의 비

류명식, 코그다 포스터, 1988

선인들이 주악을 연주하는 모습을 현대화한 단청

이신우, 도쿄 콜렉션, 1992

권명광, 동화은행 심볼, 1990

대각전(大覺殿)의 법당 입구

승효상, '학동 수졸당', 1993

안사순경전보(安思淳景傳甫), 조선시대 목인(木印)

삼성전자, '또 하나의 가족'

경복궁 자경전 화초담. 무시무종문(無始無終文), 길상문, 초화문, 장수문(長壽文)으로 오래 살고, 즐겁고 편안해야 한다는 염원이 담겨 있다.

좁은 생각을 벗어난 여유가 있는 것이 특징이다. 이것이 '미완성의 완성'에서 경험할 수 있는 '붙잡힘으로부터의 자유'이다. 생활 속의 스타일도 이러한 관념으로 문화화되었으며, 이를 과학의 시각에서 보면 애매성의 스타일로 인식할 수 있다. 이 애매성은 퍼지(fuzzy) 스타일이라고 이해할 수 있는데, 퍼지란 애매한 측정치들을 과학과 같이 무시하는 것이 아니라 포함함으로써 인간과 인간, 인간과 자연 간에 중화(中和)를 이루어 기계가 인간의 애매성에 더욱 가까이 접근하도록 한 과학이다. 이를 일컬어 애매성의 과학이라고 한다.

한국의 스타일은 직언보다는 은유를, 채워진 것보다는 비워진 것을, 막혀 있는 것보다는 여유를, 잡다한 것보다는 담백한 것을, 얕음보다는 깊음을, 인위적인 것보다는 자연스러운 것을, 간섭하는 것보다는 무심한 것을, 붙잡힘보다는 자유스러움을, 강함보다는 부드러움을, 강한 것을 아름답게 보기보다는 약한 것을 아름답게 보는 것이며, 물질적인 것보다는 정신적인 길을 걸어가는 생활 문화의 도(道)를 인간의 자기 완성이라 생각하며 행동하는 것이 우리의 스타일이다.

김영기 (이화여대 교수)

안상수, 서울 정도 600년 공식 포스터, 1994

▶ 건축가 architect

이집트왕조시대에는 건축가가 왕실의 한 사람으로 예언자 중의 우두머리나 전인적 존재로 군림하였고, 중세에는 조각가, 화가, 기술자로서 직능에 참가하기도 하였다. 지금처럼 시공(기술)자나 기능공에서 분리되어 독자적인 존재로서 건축가의 직능이 나타난 것은 유럽에서도 근세(19세기) 이후의 일이다. 우리나라에서도 1960년대에 외국의 예를 따라 한국건축가협회가 발족되었지만, 건축사(대한건축사협회) 등과의 관련 때문에 지금도 사회적으로 그 위상이 뚜렷하게 확립되어 있지 않다. 자본의 논리가 우선시되고, 컴퓨터나 조직에 의해 대규모 프로젝트가 진행되는 성향이 두드러지고, 예술적 작업보다 기술, 성능, 정치적 입장의 건축가를 인식하려는 때에 고전적인 건축가의 이미지가 그대로 존속될 것이가에 대한 논란이 일고 있다.

▶ 국제주의 양식 International style

건축에서 고전주의에 대응하는 양식을 일컫는다. 1932년에 헨리 러셀 히치코크(Henry-Russel Hitchcock)와 필립 존슨(Philip Johnson)은 그들이 출판한 같은 이름의 저서에서, 당시의 건축에서 하나의 새로운 양식이 형성되고 있다는 의견을 피력하고 있는데, 매스보다는 볼륨으로서 공간 파악, 규칙이 있는 디자인의 질서, 장식을 배제하는 것이 특징이라고 하였다. 르 코르뷔지에, 미스 반 데어 로에, 게리트 리트벨트(Gerrit T. Rietveld) 등의 활동에서 현실적인 작품이 등장했고, 전후 50년대의 미국과 유럽의 여러 나라뿐만 아니라 전세계의 도시에 이 양식의 많은 작품이 나타나 20세기 후반의 현대 건축에 큰 영향을 끼쳤다.

▶ 데스틸의 건축가

직선과 사각형, 그리고 원색을 써서 순수 조형과 상호 요소의 관계를 추구하며 1917년부터 1931년까지 네덜란드의 예술가들이 행했던 추상예술운동이다. 테오 반 되스부르그(Theo van Doesburg) 발행하던 잡지 〈데스틸(De Stijl)〉을 중심으로 화가, 디자이너, 건축가들, 피에트 몬드리안(Piet Mondrian), 아우트(Jacobus Johannes Pieter Oud), 리트벨트 등이 이 운동에 참가하여 근대 건축의 전위그룹으로서 존속 기간은 짧았지만, 추상회화, 건축 그리고 디자인에 끼친 바 영향이 컸다. 이 시기의 대표적인 건축으로는 리트벨트의 유명한 '적-청색의 의자'를 포함하여 '슈뢰더하우스(Schroeder-Haus)', 아우트의 '유니카페(Cafe de Unie)' 등이다.

▶ 루드비히 미스 반 데어 로에 Ludwig Mies van der Rohe, 1896-1969

독일 아헨 출생. 그로피우스(W. Gropius)와 베렌스(Peter Behrens)에게 사사하여 철과 유리를 사용하여 고층 건축과 주택의 새로운 아이디어를 제안한 건축가이다. 20세기 초 '미술공예운동(The Arts and Crafts Movement)'의 영향을 받았으며 예술과 공업의 조화를 위해 설립된 '독일공작연맹(Deutscher Werkbund, 1907-1933)'의 부의장으로 1929년 스튜트가르트에 실험적인 '바이센호프주택전람회(Weissenhof-Siedlung)'를 주관하면서 새로운 시대의 혁신적인 리빙 스타일을 제안하며 박람회의 독일관인 '바르셀로나 파빌리언(Barcelona Pavilion, 1929)'을 발표하였다. 1930년에 바우하우스의 교장이 되었으나 나치의 박해로 국외로 추방되었다. 그후 그는 미국으로 건너가서 미국 시카고의 일리노이공과대학의 학장을 맡으며 구조와 디자인을 일체화하는 건축 이론을 펼쳤다. 그가 즐겨 사용하던 'Less is more'(70년대 이후 포스트모더니스트들이 모더니즘에 반기

'바르셀로나 파빌리언(Barcelona Pavilion)', 1922

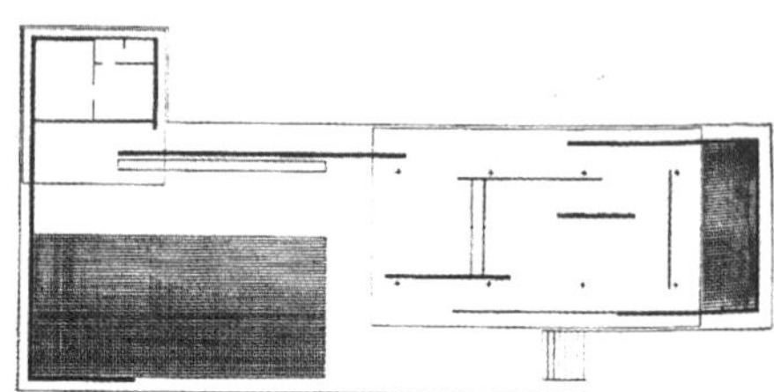

미스 반 데어 로에, '시그램 빌딩', 1958

를 들며 내건 'Less is more' 라는 말은 이로부터 유래한다)에서 드러나는 것처럼, 소재의 속성을 철저히 파악하고 치밀한 디테일을 추구하며, 모더니즘 건축의 균질성과 그것에 감추어진 고전적 질서로 이룩한 그의 건축은 근대 건축의 흐름에 큰 줄기가 되었다. '시그램 빌딩(Seagram Building, 1958)' 이나 '환 스워스하우스(Farnsworth House, 1950)' 는 그의 만년의 걸작이며, 르 코르뷔지에와 마찬가지로 가구 디자인에서도 큰 자취를 남겼는데, 그 중에서도 '바르셀로나 의자 시리즈(1920)' 가 유명하다.

▶ 르 코르뷔지에 Le Corbusier, 1887-1965

스위스 태생의 프랑스 건축가, 화가, 본명은 쟌느레(Charles-Edouard Jeannert)인데 1917년 건축가로서 이름을 바꿨다. 1910년대부터 제안한 기능주의 건축의 가장 명쾌한 이론인 도미노 시스템(Systeme Domino)은 20년대에 이르러 구체적으로 그의 주택을 비롯한 여러 작품에 나타났다. 1922년 사촌인 쟌느레, 화가 오장팡과 함께 당시 국제적인 잡지 '에스쁘리누보(Esprit Nouveau)' 를 통하여 활동하면서 퓨리즘(purism)을 일으켜 회화, 공예, 건축, 음악에서 전위적 주장을 전

개하였다. 20세기의 가장 중요한 주택건축의 하나이며 그의 '건축의 5원칙' 이론을 실천한 '빌라 사보와(Villa Savoye, 1931)', 그의 디자인 이론인 '모듈러(Modulor)' 가 처음으로 적용된 마르세이유의 거대한 집합주택 '유니테(United' habitation,1952)' 가 유명하며, 만년에 설계한 '롱샹 성당(Chapelle de Notre-Dame-du-Haut, Rochamp)', '라 뚜레뜨 수도원(Couvent de Ste-Marie-de-la-Tourette, 1960)', 인도 북부 도시 샹디갈(Chandigarth)의 '신도시건설계획(1961-1965)' 을 통하여 디자인의 사상과 이론을 잘 나타내고 있다. 〈건축을 향하여〉, 〈우르바니즘〉, 〈모듈러〉 등의 저작이 있을 뿐만 아니라 판화와 가구 디자인에도 많은 걸작을 남겼다.

'빌라 사보와(Villa Savoye)', 1931

▶ 미래 도시, 미래 주택

20세기가 저물어가는 지금, 가까운 미래의 도시 모습과 닥쳐올 생활의 변화는 어떤 것일까. 서울과 부산을 두 시간대로 단축하는 고속 전철이나 뉴욕과 서울을 몇 시간대로 연결하는 영종도 신공항 개발처럼 교통 기관의 급속한 발전, 컴퓨터, 팩시밀리 등으로 나타나는 정보 혁명과 급격하게 변하는 생활 패턴으로 미루어 보아 낙관적 유토피아의 미래상이 있는가 하면, 테크놀러지의 발달에 따라 일어나는 대기 오염, 생태계의 파괴, 획일화되는 제도와 그로 인하여 변화하는 인간성, 극도의 개인주의와 환경, 사회 가치관의 변화 때문에 비관적인 미래상도 부정할 수 없다. 그러나 미래 도시에 대한 태도는 이처럼 명확하게 나눌 수 없는 것이어서, 미래 도시는 궁극의 테크놀러지와 원초적인 인간 생활의 흔적이 함

371

께 공존하리라는 예측도 설득력이 있다. '블레이드 러너'나 '브라질' 같은 SF영화에서도 극도의 정보 사회와 공해로 오염된 도시에서 인간성을 회복하려는 집념을 읽을 수 있다. 그리고 재택 근무와 레저 시설의 확산이 도시의 공간 형성에 큰 영향을 주고, 24시간 정보 도시화의 진행이 급속히 진행되고, LD, CD 등 광 디스크와 시청각 음향 장치의 발전과 동네 골목에 편의점이 급속하게 늘어나는 요즈음 도시 모습을 보면 주택 공간 구성도 크게 달라질 것이다.

▶ 바우하우스와 건축

제1차 세계대전에서 패전한 독일은 바이마르에서 건축가 그로피우스(W. Gropious)를 교장으로 바이마르 국립 바우하우스를 창설하였다. 예술과 기술을 통합하여 새로운 디자인 이념으로 삼았다. 파울 클레(Paul Klee), 바실리 칸딘스키(Wassily Kandinsky), 요하네스 잇텐(Johannes Itten), 오스카 슐렘머(Oscar Shlemmer), 라즐로 모홀리-나기(Lazlo Moholy-Nagy), 마르셀 브로이어(Marcel Breuer) 등의 화가, 조각가, 건축가들이 교편을 잡았다. 바이마르 시대에는 예비 과정과 공방 교육을 중시하는 종합 디자인 교육을 그 목표로 세웠으나 수 년 후 정치적 박해와 재정적 압박으로 폐교되었다. 1925년 데싸우 시립 바우하우스로 다시 문을 열었다. 1928년에 건축가인 한네스 마이어(Hannes Myer)가 교장이 되면서 기능주의로 강화되었지만 1930년 건축가 미스 반 데어 로에가

데싸우 바우하우스 교사

그 자리를 이으면서 건축 교육이 확대되었다. 그로부터 2년 후 나치스 정권의 박해로 다시 폐교되면서 독일에서의 바우하우스는 막을 내렸으나, 역대 교장을 맡음으로써 바우하우스는 모든 조형 예술과 디자인을 건축으로 통합하려는 의지를 강하게 표현하여 바우하우스 이후에 모던 디자인의 흐름을 주도하였다.

▶ 블레이드 러너 Blade Runner

'에일리언'의 리들리 스코트(Ridley Scott) 감독이 1982년에 발표한 SF 영화. 최근에 새롭게 편집되어 우리에게도 공개되었다. 배경은 환경 오염으로 끊임없이 산성비가 내리는 2019년의 미래 도시, 로스앤젤레스이다. 300층의 초고층 피라미드 모양의 마천루와 고대 잉카풍의 실내, 날으는 패트롤카와 라면을 파는 포장마차, 로스앤젤레스와 홍콩, 신주쿠 뒷골목의 풍경이 혼재되어 있는 근미래의 리얼한 도시 모습은 도시 계획가들이 꿈꾸는 것처럼 깨끗하고 기계적인 이미지와는 거리가 멀다는 것을 분명하게 보여준다. 시드 미이드(Syd Mead)가 디자인한 미래 도시의 이미지는 충격적이며 감동적이다. SF작가 딕(Philip K. Dick)의 '앤드로이드는 전기 양의 꿈을 꾸는가?(Do Androids Dream of Electric Sheep? 1968)'는 소설을 영화로 만든 것이지만 원작을 뛰어 넘는다. 프리츠 랑(Fritz Lang)의 '메트로폴리스(Metropolis, 1926)', 테리 길리암(Terry Guiliam)의 '브라질(Brazil, 1987)'과 함께 건축가, 도시 계획가, 디자이너가 꼭 봐야할 영화이다.

▶ 신도시, 뉴타운 new town

직장과 주택의 근접성 개념, 생산과 소비의 기능, 지역사회(커뮤니티)와 쾌적성(어메니티) 등을 고려하여 계획적으로 건설된 도시. 1946년 영국의 뉴타운법이 시초가 되지만 기원은 에베니저 하워드(Ebenezer Howard)의 '전원도시(Garden city)'로 거슬러 올라갈 수 있다. 한국이나 일본에서는 고도 경제 성장기의 주택 수요와 더불어 좋은 환경을 갖춘 주택 단지를 대량으로 공급하기 위한 필요에 따라 80년대부터 뉴타운 건설이 본격적으로

진행되었다. 목동 신시가지, 분당, 일산, 평촌, 산본 등의 신도시가 대표적인 예이지만, 이는 영국의 뉴타운과는 다르게 직장과 멀리 떨어져 주택만 가득한 베드 타운(bed town)으로서 '신도시' 라는 의미와는 다소 거리가 있다.

▶ 아이소메트릭 · 액소노메트릭 isometric · axonometric

3차원의 형태나 공간 구성을 평면, 입면, 단면을 연결하여 한꺼번에 보여주는 도법으로 건축가들이 이 방법을 즐겨 사용하였다. 아이소메트릭(등각 투영)은 3차원의 축이 각각 120도로서 평면이 사다리꼴로 바뀌지만, 액소노메트릭(부등각 투상)은 평면에 벽면을 그대로 연결하여 투영시키는 방법으로서, 평면 계획을 중요하게 생각하는 설계 방법에서 3차원의 복잡한 공간 구성으로 바뀌는 현대 건축의 특징을 단적으로 잘 나타낸다.

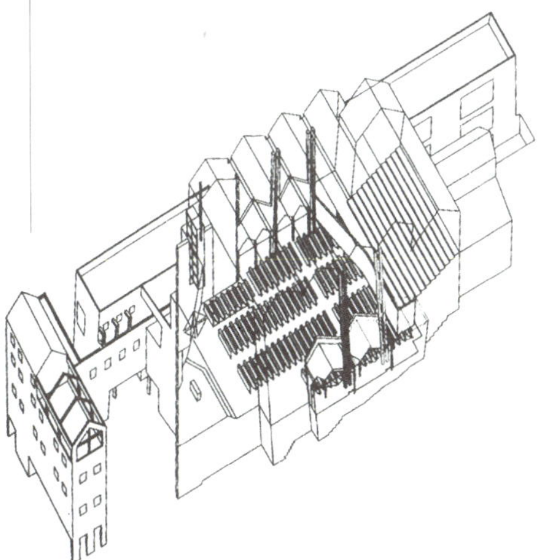

조성룡, '한강 교회 계획', 1987

▶ 아트리움 atrium

맨해튼의 '포드재단본부, 1967, 로치(K. Roche)'는 ㄱ자 모양의 사무실과 도로 사이의 공간에 있는 벽과 지붕을 유리로 덮어 방문하는 사람들에게 새로운 공간 이미지를 느끼게 한다. 광화문의 교보빌딩 뒤쪽에 붙은 온실 공간과 비슷한 대공간으로 이보다 좀 더

크다고 상상하면 될 것이다. 1985년 에드워드 라래비 반즈(Edward Larrabee Barnes)의 'IBM 빌딩' 의 경우도 마찬가지이다. 흔히 아트리움(이 말은 로마 시대의 주택 형식에서 기원한다)이라 부르는 거대한 공간은 70년대 이후 세계적인 대규모의 상업 시설에 자주 나타나는데, 존 포트만(John Portman)의 일련의 호텔(영화 '타워링' 의 실제 무대이다)에서도 엿볼 수 있다. 현대 공공 건축의 홀이나 로비에 나타나는 아트리움은 업무 공간과 도시의 공공 영역을 연결하는 매개 공간이 될 뿐만 아니라, 도시 공간의 연속성과 일체감을 강하게 표현하는 사회적 의미도 갖고 있다.

▶ 알바 알토 Alvar Aaltor, 1898-1976

핀란드의 대표적 건축가, 가구 공예가. 건물의 기능을 최대한 살리면서 합리적이며 유기적으로 건축의 가능성을 추구하였다. 20세기 전반을 풍미하였던 '국제주의' 양식과 적당한 거리를 유지하면서 핀란드의 풍토와 문화를 깊이 이해한 그의 사상은, 초기의 '파이미오 결핵 요양소(Paimio Sanatorium, 1933)' 로부터 만년의 수많은 교회 건축과 '핀란디아홀(Finlandia Hall)', 헬싱키의 '오타니에미 공대 캠퍼스(Otaniemi University of Technology campus, 1949)' 와 목재 가구와 조명 기구에 이르기까지 잘 나타난다.

알바 알토(Alvar Aaltor), 'MIT Baker Dormitory', 1947

▶ 온돌과 마루

한국 주거 양식의 가장 두드러진 특징은 온돌과 마루이다. 온돌은 방바닥에 연도를 마련하고 아궁이에 불을 지펴 방바닥 전체를 따뜻하게 하는 바닥 난방 설비로서 추운 북부 지방에서 생긴 것으로 고려 시대에 이르러 한반도의 전지역에 보급되었다고 전하고, 온돌이 시설된 방을 '온돌방' 이라고 한다. 반면에 마루가 깔린 공간인 '대청' 은 대체로 벽이나 장지가 없이 외부 공간의 일부가 되기도 하고 내부에 속하기도 하는 애매한 매개 영역이라 할 수 있는데, 비교적 기온이 높은 남부 지역에서 발전된 것이다. 그러므로 한국의 주거 건축은 이 두 가지 양식이 적당하게 결합된 것으로 중국이나 일본의 그것과 크게 다르다고 할 수 있다. 급격한 근대화, 도시화에 따라 전통적 주택 구조가 상당히 변하였음에도 온돌과 마루(물론 마루는 '거실' 이라는 서양식 개념으로 비뀌었지만)는 그 흔적을 지속적으로 유지하고 있다.

▶ 용적률

대지 면적에 대해 지하 부분을 제외한 건축물의 지상 연면적 비율을 말한다. 축법에서 용도 지역별로 용적률 기준을 정하고 각 지방 자치 단체가 조례로 세부 기준을 정한다. 주거 지역은 300%, 상업 지역은 1,000% 이다.

▶ 인텔리전트 빌딩 시스템 IBS
Intelligent Building System

고도의 정보 통신 시스템과 자동 관리 시스템을 설치하고, 이를 중앙 컴퓨터로 제어하는 정보화 빌딩 시스템을 말한다. 임차인이나 이용자의 업무를 위하여 소프트 서비스를 제공하는 빌딩으로 OA기기에 의한 집중 데이터 처리 시스템 등의 기능을 갖추었다. 최근 신축되는 대형 빌딩에 일부분의 기능이 수용되어 있다. 주택에서도 퍼스컴 통신, 홈시큐리티 시스템의 집중 관리, 가사의 자동화 시스템을 갖춘 인텔리전트 하우스(intelligent house)가 외국에서 개발되고 있다.

▶ 전개도 interior elevation

'실내 전개도' 를 줄여 쓰는 말로서 각각의 실 내 벽면을 입면도로 작도한다. 창문이나 문의 위치, 재료나 패턴의 지정, 스위치나 콘센트의 설치 위치를 지정하는 도면으로 실내의 표정을 확실하게 표현할 수 있다.

▶ 초고층 주택

우리나라에서는 일반적으로 16층 이상의 공동 주택(아파트)을 말한다. 그밖에 6층 이상을 고층으로 부르고 그 이하는 저층이라고 분류한다. 좁은 토지를 최대한으로 활용하기 위해 최근에는 초고층 주택 건설이 늘어나고 있다. 아파트는 건물 길이가 높이보다 긴 판상형이 대부분이지만, 25층 이상인 경우 풍압을 고려하면 타워형이 바람직하다. 초고층이 되면 방범이나 방재 시설뿐 아니라 외부 공간이나 공동 시설의 설치에도 특별한 주의를 기울여야 한다.

▶ 치장 콘크리트 fair-faced concrete

콘크리트를 붓고 외부 형틀을 뜯어내면 콘크리트 자체 면이 드러나는데 거기에 시멘트 몰타르나 다른 마감재를 바르거나 붙이지 않은 채 그대로 표면을 다듬는 것을 말한다. 형틀을 면밀하게 제작해 설치해야 하고 콘크리트를 부을 때도 정성을 다해야 하므로 매우 까다로운 시공방법이다. 그러나 형틀의 처리방법에 따라 콘크리트 표면을 다양한 텍스추어로 표현할 수 있어 현대건축가들이 즐겨 쓴다. 1960년대의 '자유 센터' (김수근)는 형틀

루이스 칸, '소크 생물학 연구소(Salk Institute Laboratory)', 1965

의 나뭇결이 그대로 드러나 거칠며 황량한 느낌을 주지만(브루탈리즘 brutalism), 최근 표면을 평활하게 마감하는 방법을 많이 쓴다. 루이스 칸(Louis I. Kahn)의 ‘소크 생물학 연구소(Salk Institute Laboratory)’가 대표적이다.

▶ 코트 하우스 court-house

생활 기반이 바뀌고 인구 밀도가 높아짐에 따라 시가지가 형성되면서 주택을 지을 대지가 한정된다. 자연히 주택과 주택은 서로 맞붙게 되고 환경 제어 장치로서 마당이 중요한 요소가 된다. 도시 주거 방식으로 대표적인 예가 코트 하우스(중정식 주택)이다. 지금도 가회동, 보문동 일각의 한옥 밀집 지역에 남아 있다. 자연 발생적인 이러한 형식은 추위와 더위, 바람과 비, 일조 시간과 크게 관계를 갖고 있다. 대지로부터 분리된 고층 주거 양식에 비하여 내부와 외부 공간의 변화와 다양한 인간 행동에 대응 할 수 있는 가능성 때문에 집단주택의 계획에 큰 장점을 갖고 있다. 최근에는 이 형식의 주택이 빈번하게 등장하는데, 미스 반 데어 로에가 1931년 발표한 코트 하우스와 1949년 필립 존슨(Philip Johnson)의 뉴욕 타운 하우스, 1980년 타다오 안도(Tadao Ando)의 오사카 스미요시 주택이 중요한 작품이다.

▶ 투시도 perspective drawing

공간의 깊이를 원근법으로 나타내는 기법으로 완성된 건축물의 모습을 예상하거나 도시의 이미지를 나타낼 때 쓰인다. 영어로는 간단히 줄여서 ‘퍼스(pers)’라고 부르며, 최근에는 일반화되어서 공사 현장이나 홍보 팜플렛에서도 흔히 찾아 볼 수 있다. 15세기 초 피렌체 화가들의 그림에 처음으로 나타났는데 건축가의 드로잉에도 크게 영향을 끼쳤다. 비슷한 뜻으로 흔히 쓰이는 조감도(bird’s eye view)는 그 말이 나타내는 그대로, 대상을 위에서 아래로 내려다 보는 시점의 투시도이다.

▶ 프랭크 로이드 라이트
Frank Lloyd Wright, 1869-1959

르 코르뷔지에, 미스 반 데어 로에와 함께 근대 건축의 3대 거장으로 불리는 미국 건축가이다. ‘근대 건축의 아버지’로 일컫는 설리반(Louis Sullivan)에게 사사하면서 기능주의 건축 운동을 전개하였다. 시카고에 ‘로비하우스(Robie House, 1910)’를 비롯한 일련의 주택으로 유럽, 일본건축에 큰 영향을 끼쳤고, ‘낙수장(Falling Water, 1936)’, ‘구겐하임 미술관(Gugenheim Museum, 1957)’ 등의 대표작을 남겼다. 〈근대 건축〉, 〈유기적 건축〉 등의 중요한 저작이 있다.

프랭크 로이드 라이트, ‘낙수장(Falling Water)’, 펜실바니아, 1937-1939

▶ 프리패브 prefabrication

산업 혁명 이후 새로운 기술 혁신의 시기로부터 시작된 건축의 공업화 방법으로, 건축의 고층화와 대규모 구조의 필요성에 따라 발전되었다. 구조와는 관계없이 건물 표면을 유리나 금속판으로 덮는 커튼 월(curtain wall)같은 간단한 방식부터 바닥, 기둥까지도 모두 프리패브 방식으로 된 시스템이 개발되었다. 철, 콘크리트, 플라스틱, 알루미늄 등과 같은 소재의 발전과 모듈러 코디네이션(modular coordination)의 도입에 따라, '건식공법'의 개념이 확립되었다. 우리나라의 경우 공동 주택이나 사무실 건물에서 부분적으로 시도된 경우가 있지만, 기능공의 부족과 임금의 인상, 3D 기피 현상과 같은 사회 문제에 따라 건물 부품의 양산화와 조립의 기계화가 어쩔 수 없이 요구되는 시기에 해결해야 할 주요한 과제의 하나이다.

▶ 필로티 pilotis

건물에서 독립된 기둥, 필로티는 근대에 이르러 철과 콘크리트 등의 발전에 따라 나타나는

알도롯시, 갈라라테제 주거단지, 밀라노, 1969-70

데, 프랑스 건축가 르 코르뷔지에가 '근대 건축의 5원칙'의 하나로 선언하면서 새로운 공간 구성법으로 정착하게 되었다. 코르뷔지에는 도시에 대한 그의 슬로건처럼 건물을 대지로부터 들어올려 '태양, 공기, 푸르름'을 실천하려고 하였다. '3백만 인구를 위한 도시', '빛나는 도시'와 프랑스와 독일에 세운 그의 초기 주택인 '빌라 사보와', '바이센 호프 단지'에서 만년의 마르쎄유 유니떼'에 이르기까지 일관된 표현 수법으로 나타난다. 고밀도 도시 공간의 지상 레벨을 공적 공간으로 개방하거나, '아시아선수촌(1986)'처럼 필로티를 통해 연속적 보행 공간을 만들기도 한다.

▶ 하이 테크 High tech

'High style'과 'technology'의 합성어로 1978년 출간된 같은 이름의 책(크론 Joan Kron)과 슬레진(Suzanne Slesin)의 공동 저작)에서 처음으로 사용되었다. 흔히 쓰는 하이테크(high-tech)와는 구별되어야 할 것이다. 크리스탈 샹들리에 대신 공장용 조명 기구를 거실 천장에 달거나, 나무 대신에 쇠파이프와 금속판의 테이블을 쓰는 것, 공장에서 조립한 철물을 노출하여 집의 벽체와 지붕을 만드는 것도 이 스타일이라고 할 수 있다. 설비 배관이나 수직 이동 장치가 모두 외부에 드러나 있어 마치 정유 공장처럼 보이는 파리의 '퐁피두센터(Centre Pompidou, 1977)가 그 대표적인 예에 속한다. ➡ 디자인사, 산업 디자인 참조

▶ 2세대, 3세대 주택

자녀(혹은 손자녀)와 함께 2-3세대가 한 집에 사는 주택 형식으로 욕실이나 부엌을 따라 만들어서 어느 정도의 독립성을 배려한 주택을 말한다. 단독 주택뿐 아니라 연립 주택, 아파트와 같은 공동 주택에서도 이 방식을 적용한다. 몇 년 전 대한 주택 공사가 3세대 동거형 아파트 현상 설계안을 공개 모집하여 관심을 끌었다. 땅값이 급등하여 젊은 세대가 혼자서 주택을 얻기 어려워지고, 인간의 수명이 길어지는 사회적 현상에 따라 앞으로 2세대(3세대) 주택은 더욱 늘어나게 될 것이다.

사람이 인공적으로 환경을 만들거나 조절할 수 있다는 현대 건축의 대전제에 대해 나는 크게 회의를 느끼고 있다. 그것은 불안정하게 터무니없이 큰 대가를 치르는 일이다. 인류 역사 최대의 발명품이라는 현대 도시는 인간의 이상 도시가 아니다. 대부분의 도시민들에게 인간적인 삶을 향유하는 장소가 못되는 것이다. 화석 에너지의 무한정한 소비를 바탕으로 성립한 20세기 문명은 이대로 간다면 40년 후에는 석유자원의 고갈로 더 이상 지탱할 수 없게 된다. 그때 쯤에는 뉴욕의 초고층 건물들은 관리 유지에 너무 비용이 많이 들어서 슬럼화되거나 철거되어야 할 것이다.

지금은 우리 모두가 지금까지와 다른 방향으로 눈을 돌리는 일, 인류의 새로운 이상을 향하여 한 걸음을 옮기는 일, 그리고 적어도 그것을 목표로 삼는 일을 해야 한다. 나는 가능한 한 최대로 자연을 향유하는 집을 짓고 싶다. 그것이 얼마나 어려운 것인가를 나는 안다. 그러나 기름을 안 때고 어떻게 따뜻하게 지낼 수 있는가, 냉방 장치없이 어떻게 시원하게 지낼 수 있는가를 이제는 따져야 한다. 이런 꿈 같은 나의 집이 언제 지어질런지 자신있게 말할 수는 없다. 나는 아직 건축가의 초가삼간들을 생각만 하고 있을 뿐이다. 그리고 나 자신 토속 건축에 심취하게 되는 것은 그런 생각들의 한 가지 표현이기도 하다. 주거에 있어서 자연을 최대로 회복한다는 명제가 이상론이라고만 해서는 안된다. 적어도 건축가가 그렇게 말하는 것은 게으르고 무책임한 행위라고 볼 수 있다. 우리 모두가 흙벽과 툇마루의 주인공들처럼 물질의 낭비 풍조를 벗어나 자연 속에서 자족할 수 있는 정신적인 경지에 되돌아갈 수 있다면 아직 우리에게 종이와 목재와 흙과 돌은 골고루 나눠질 수 있는 것이다. 내가 생각하는 이런 집이 지어진다면 그것은 현대 문명이 우리에게 주지 못하는 온갖 값진 것을 모두 갖춘 집이 될 것이다. 또한 그것은 현대에는 가장 비싼 집이 될는지도 모른다. 그러나 진정으로 우리에게 값진 것은 무엇인가. 최소한의 재료로 최소한의 공간을 만들어 에너지 소비를 최소화하는 건축만이 인류문명을 지속 가능한 것으로 후세에 남겨 줄 수 있을 것이다.

김원 (건축가, 광장 대표)

▶ 개념미술 conceptual art, concept art

1960년대부터 80년대까지 나타난 미술로서 다음의 사실 중 하나 또는 그 이상의 원칙들에 따라 형성되었다. ①물질적인 형태 속에서 구체화되는 것이 아니라는 근본 개념으로 구성된다. ②언어가 미술의 근본 소재가 되며 미술과 미술 이론 사이의 장벽은 허물어진다. ③미술 행위는 미술 그 자체가 본성을 탐구한다. 모든 결과 또는 표현은 예술가가 탐구한 일반적 결론의 잠정적인 예시로서 나타난다.

▶ 구성주의 constructivism

러시아 혁명 직전 러시아에서 선언된 추상 미술 운동. 구성주의자들은 예술의 추상적 속성(순수한 표면, 구성, 선과 색 등)을 과학적 실천적 입장에서 탐구하고자 했다. 그리고 이들은 자신들의 미술을 건축과 관련시키고 또한 의상 디자인 등 다양한 여러 분야와 실험하면서 이 시기의 사회적, 산업적 요구에 맞추어 적용하려 했다. 러시아의 구성주의는 특히 독일의 바우하우스에 큰 영향을 주었다. 대표적인 작가로는 카시미르 말레비치(Kasimir Malevich), 엘 리시츠키(El Lissitzky), 알렉산더 로드첸코(Alexander Rodchenco), 블라디미르 타틀린(Vladimir Tatlin) 등이 있다. ➡ 디자인사, 산업 디자인 참조

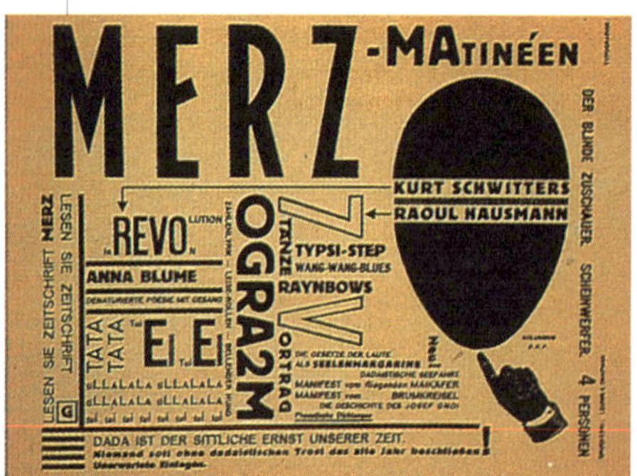

엘 리시츠키, 쿠르트 슈비터즈, 메르츠(Merz), 1924

▶ 구체미술 concrete art

테오 반 되스부르크(Theo van Doesburg)의 '구체미술선언서(1930)'에서 비롯된 미술로 단순한 구성, 비재현적 시각 형태를 지향하며, 연속적 구성원칙이라는 구조관념과 연관된다. 화가들의 행위는 추상의 과정을 전도시키려는 추상 미술의 편애에서 만든 것이다. 막스 빌(Max Bill)은 '구체 미술'을 감각적이고 실체적인 형태에서 추상적 사고를 재현하려는 노력으로 정의한다.

▶ 네오다다 neo-dada

다다의 정신을 계승, 발전시켜 2차 세계대전 이후 미국과 유럽에서 추진된 전위적 예술운동. 예술의 특수성을 거부하고 예술과 삶의 일치를 주장하며, 유미주의에 대한 반대로 다다로부터 등장한 기성품(ready-made)이나 그 파편의 가치로 작품을 제작한다. 영국과 미국을 중심으로 한 팝아트(pop art), 유럽의 누보리얼리즘(Nouveau realism)을 그 계보로 들 수 있다.

▶ 네오지오 neo-geo

네오지오는 새롭고 기하학적인 개념미술(neo geometric conceptualism)의 줄임말로서 1985년 팝아트, 개념미술, 매스미디어와 테크놀로지의 막강한 비평들로부터 출현한다. 제프 쿤스(J. Koons), 헤임 스타인바흐(H. Steinbach) 등은 가정용 일상품을 그들 작품의 지지대로 사용한다. 피터 할리(Peter Halley), 세리 레빈(S. Levine) 등은 기하학적 추상으로 추상미술의 새로운 가능성을 모색한다.

제프 쿤스, '강아지들', 1988

▶ 뉴욕파 New York school

뉴욕파는 1940, 1950년대에 뉴욕에서 작업

하던 작가들의 '추상'과 '표현주의'를 강조하는 일련의 움직임을 위해 나온 개념이다. 양식적으로 뉴욕파의 작품은 다소 느슨한 형태로 묶여진 추상표현주의로 더 널리 알려져 있다. 미국 미술에서 뉴욕파의 등장은 중요한 의미를 갖는 것으로, 유럽의 주요 화가들이 1920, 1930년대 입체파의 탄생에 관여했듯 뉴욕파는 미국 추상표현주의 탄생의 신호탄 역할을 하였다. 1965년 LA 카운티 미술관에서 '뉴욕파' 전시회가 열려 이 경향에 가담한 15명의 화가가 초대되었다. 버넷 뉴먼(Barnett Newman), 아쉴 고르키(Ashile Gorky), 한스 호프만(Hans Hoffman), 프란츠 클라인(Franz Kline), 윌리엄 드 쿠닝(William De Cooning), 마크 로드코(Mark Rothko), 잭슨 폴록(Jackson Pollock) 등이 참여하였다.

마크 로드코, 'No.8', 1952

▶ 뉴페인팅 new painting

형상들을 강조하며 1980년대 초에 나타난 표현적인 작품들. 금욕적이고 관념적인 70년대의 미니멀아트, 개념미술에 반발적인 경향으로 등장하여, 원색을 사용하고 격렬한 색 대비를 이루며 거친 필치로 죽음, 폭력, 성, 정

산드로 키아, '손장난', 1981

치적 발언, 문명에 대한 비난 등 세속적인 형상을 화면에 등장시킨다. 작품의 내용이 세기 초 표현주의의 경향과 유사하여 신표현주의라고 말하기도 한다.

▶ 다다 dada

1차 세계대전 중 미국, 스위스, 유럽에서 거의 동시에 일어난 극단적 반이성주의를 내세우는 예술 운동. 부르주아 계층의 고상한 취향을 강조하는 예술에 대한 확신을 직접적으로 공격하고 정치적, 도덕적, 미적인 위기에 대해서 개인적인 자유의 필요성을 주장한다. '개인의 완전한 자유'를 위하여 이에 반대되는 모든 것들을 파괴하며 옷벗기, 쌍소리, 자살과 같은 공격적, 파격적, 희극적인 방법이 사용된다. '다다'라는 어원은 취리히 다다(Zurich dada)의 동인인 짜라(Tristan Tzara)가 1916년 불독(佛獨)사전에서 우연히 발견한다. '목마(불)', '안녕', '다음에(독)', '그래', '정말 네 말이 맞아(루마니아)'라는 뜻을 지닌 단어지만 그 의미 때문에 선택된 것은 아니다. 시문학과 조형예술에서 시도되어 얻은 형식적인 경험들을 연극, 영화, 건축, 음악 등으로 확산시켜 화가, 조각가, 배우의 단절된 개념들이 무너지기 시작했다. 예술에서 새로운 민감성을 창조하고, 예술적 자유의 권리 주장, 창조적인 회의주의를 찾는다. 예술과 삶의 구분을 거부하여 관람자와 작품과의 대화가 시작되며 기성품(ready-made)이라는 오브제의 등장으로 금세기의 새로운 조형언어가 시작된다. 뒤샹과 다다이스트들의 반 전통, 반 부르주아적 의도는 네오다다 이후, 팝아트(pop art), 누보리얼리즘(Nouveau realism), 아르테포베라(Arte povera), 최근의 설치미술(installation)에 이르기까지 오브제의 긍정적 사용이라는 또 하나의 전통으로 이어진다.

마르셀 뒤샹, '계단을 내려오는 나부', 1912

▶ 단색화 monochrome

일본 동경화랑에서 열린 '한국의 5인의 작가, 다섯 가지의 흰색전'에서 촉발된 것으로 권영우, 박서보, 서승원, 이동엽, 허황 등이 출품하였다. 일본의 비평가 나카하라 유스케가 우리 평면 회화에 관류하는 일반적 속성을 도출하기 위해 마련한 것으로, 우리 미술에 흐르는 백색에 기획의 초점을 맞추었다. 이후 단색화는 80년대 초까지 한국 현대 미술의 주류로 성장했으며 단색뿐만 아니라 평면, 재

료 등 기본 조형에 각별한 의미를 부여하는 방향으로 나아갔다. 이러한 경향의 화가로는 정창섭, 박서보, 윤형근, 윤명로, 하종현, 서승원, 최명영, 김기린, 정상화, 이동엽 등을 들 수 있다.

박서보, '묘법', 1977

▶ 리얼리즘 realism

①실재를 정확히 재현하는 것을 목표로 하는 예술, ②19세기 프랑스 미술의 한 국면(자본주의 리얼리즘). 낭만주의의 관념적 경향에 대한 거부로 19세기 중엽 프랑스 화가들이 선도. 쿠르베(Coubet) 같은 화가는 사회적이고 감각적인 경험의 견지에서 직접적이며 접근 가능한 것을 재현하였다. 사진술에 고무되어 상세하고 정확하며, 냉정하게 재현하였다.

▶ 모더니스트 회화 modernist painting

회화만이 가질 수 있는 고유한 특성으로 작품을 구성하는 회화. 형식주의 미술 비평의 대가 클레멘트 그린버그(C. Greenberg)의 미학에서 설명하는 마네(C. Manet)의 '풀밭 위의 식사(1865)'에서 출발하여, 이야기를 이루는 주제를 갖는 회화가 회화만이 가질 수 있는 형식 자체로 환원되는 모더니즘 회화를 이른다. 작품에서 이야기를 구성하는 형상은 화면에서 사라지고 회화의 물리적 조건, 즉 회화의 '평면성', '색채'의 감성, 캔버스 형태 자체가 갖는 '공간성'만이 남는다.

▶ 미니멀아트 minimal art

처음 미국에서 액션페인팅과 추상표현주의 양상에 대립되는 경향을 지칭하기 위해 사용

되었다. 그러나 시간을 좀 더 거슬러 올라가면 1937년에 존 그래함이 〈예술 체계의 변증법〉이라는 책에서 미니멀리즘이라는 말을 이미 언급하였고, 1929년 데이빗 버리욱이 존 그래함의 전시 서문에서 이 말을 사용한 바 있다. 미니멀아트는 표현적이거나 환영적인 모든 과장을 거부하는 미술형태이다. 이 미술은 3차원적이며 우연히 생기거나 단순한 기하학적 형태로 형성되며 똑같은 형태가 반복되는 특징을 지닌다. 로버트 라우센버그(Robert Rauschenberg), 버넷 뉴먼, 돈 저드(Don Judd) 등을 주요작가로 들 수 있다. 이들 작품 특성은 예술이 모든 '기본적 조형 어휘' 만으로 구성될 수 있다는 사실, 감상자들이 어떤 애매함도 없이 단일한 전체적 인상을 갖도록 극단적인 시각적 단순성을 추구하는 것이다.

▶ 미래주의 futurism

이탈리아의 시인인 필립보 마리네티(Fillipo T. Marinetti)가 선언하였다. 미래 세계의 기계적 음향과 감각을 찬미하며 논리, 구문, 문법의 파괴를 목표로 삼았다. 미술관의 미술은 복고주의라 하여 배척하였고, 다가오는 전쟁을 열렬히 환영하였다. 대표적인 미래주의 화

움베르토 보치오니, '걷는 사람', 1913

지아코모 발라, '가죽끈에 끌려가는 강아지의 다이내미즘', 1912

가 및 조각가들은 발라(Giacomo Balla), 보치오니(Umberto Boccioni) 등이 있다. 미래주의는 연속적인 선언을 되풀이하면서 동적인 속도, 동시성과 평면의 해석에 열광했다.

▶ 믹스드 미디어 mixed media

20세기 미술 이론으로 다른 물질적 소재와 결합한다. 여러 매체들을 혼합하여 작품화하는데, 예를 들어 음악, 환경, 조각과 같은 것이 서로 서로 섞여 있는 상태이다. 이러한 의미에서 인터미디어(intermedia), 멀티미디어(multimedia)와 같은 의미로 사용된다.

▶ 반예술 anti art

1914년경 미국 작가인 마르셀 뒤샹(Marcel Duchamp)의 작품 성격을 나타내는데 사용했으며, 이와 함께 종래 예술의 성격에 관한 모든 전제 조건들을 의심하는 예술에 사용된 개념이다. 다다운동은 반예술 운동에 포함되며 이러한 반예술의 대표적인 작품으로는 뒤샹이 모나리자에 수염을 붙인 작품을 들 수 있다.

▶ 비구상 non-figuratif

구체적인 재현을 의미하는 '구상'에 반대되는 비구상적 회화나 조각을 가리킨다. 추상이라는 단어가 지니는 한계에서 나왔다.

▶ 비디오아트 video-art

텔레비전 시스템을 사용하는 시각예술을 총칭하며, 매체 자체를 미학적 근거로 삼는 경우와 매체를 통해 제시되는 내용에서 미학적 의미를 찾는 경우로 대략 나눌 수 있다. 전자는 매체, 즉 모니터나 프로젝트를 사용하여

381

매체의 놓여짐, 설치형식에서 조형미를 추구하는 경우이며, 후자는 영상과 서술적 흐름에 의해 나타나는 영상미를 통해 제시된다. 비디오아트의 출현은 빛과 색채의 유희같은 다양한 표현 방법을 발전시킨 키네틱아트를 전제로 하며 네오다다와 해프닝에서 텔레비전 시스템을 예술의 영역으로 끌어들면서 본격화된다. 1959년 백남준, 볼프 포스텔(Wolf Vostell)의 TV수상기 오브제 작품이 비디오아트의 시작으로 기록되고 있다. 1965년 비디오 테이프를 사용한 백남준의 작품은 비디오아트의 전환기를 이루는데, 이는 다큐멘터리 제작 방법에 의한 70년대의 본격적 비디오아트를 정립한다. 영상 진행과정을 작품의 내용으로 사용하여 은유적인 전자이미지의 출현을 볼 수 있다. 80년대 후반 이후 전자매체의 발전과 90년대 컴퓨터의 발전은 몽타주 기법이 디지털화되면서 더욱 세밀한 표현과 급진적인 발전을 이룩하게 된다. 이는 가상현실에 의한 환상적 공간을 창조하고 디지털 복제로 비디오 예술의 일상화를 이룬다.

백남준, '패시지(Passage)', 1996

▶ 사이버네틱아트 cybernetic art

키네틱아트에서 발전한 것으로, 인공두뇌 장치를 사용하여 움직임과 영상을 만드는 작품이다. 관객의 동작, 외부의 온도, 빛에 따라 작품의 내용이 변화되거나 움직인다.

▶ 사회주의적 사실주의 social realism

1925년경의 구소련 관제예술을 가리킨다. 러시아의 문화적, 기술적 과업에 관심을 돌리면서, 국가를 예찬하고 노동자 계급을 높이 치켜세우는 내용을 취하였다. 다비드의 과학적 신고전주의, 반데르서스 또는 레핀의 예술에서 유래하였다.

▶ 색면회화 colorfield painting

1950년대 미국 추상표현주의의 말기 현상으로 캔버스 평면을 강조하고 색채에 대한 중요성을 드러내는 경향. 순수한 색을 사용해 화면에서 발생하는 색채 효과를 작품의 주제로 하며, 단순화와 과감한 구성을 한다. 로드코, 뉴만 등의 작품에서 출발하여 케네드 놀런드(K. Noland), 줄리 올리츠키(J. Olitski), 모리스 루이스(M. Louis) 등의 작가들이 있다. 형태의 극단적인 단순화와 화면구성의 파괴는 미니멀 아트에 영향을 준다.

▶ 설치미술 installation

작품을 특정 장소에 배치한다는 용어. '설치'에서 파생된 작품의 형식이다. 작품 자체뿐 아니라 그것이 놓여지는 공간을 작품의 일부로 끌어들인다. 20세기 초반 콜라주로부터 시작하여, 콤바인페인팅 이후, 기성품(ready-made, object trouv)을 사용한 복합적 조형물들에 대하여 포괄적인 의미로서 '설치'라는 용어가 사용되고 있다. 좌대가 사라진 조각, 액자가 사라진 그림들에서, 작품을 표현적 언어 자체로 완결된 것으로 생각하지 않고 작품과 현장의 관계, 작품과 수용자와의 관계를 생각하여 작품이 놓이는 장소에 대한 이해와 고찰을 통하여 작품을 완성하게 된다. 평면 작품이나 입체 작품이라는 단어가 구체적이고 완벽하게 그들의 작품을 설명하지 못하는 한계에서 '설치미술'이라는 용어는 확산되고 있다.

▶ 신조형주의 neo-plasticism

몬드리안과 반 되스부르그가 1917년 데스틸(De Stijl)의 창간과 함께 주장한 회화 원리. 회화의 구성요소를 가장 기본적인 형태로 환원시키며 화면을 구성한다. 원칙적으로 이차원 평면 안의 정사각형 또는 직사각형 안에 편편한 면으로 채워진 빨강, 파랑, 노랑의 원색, 흑백, 그리고 무채색인 회색과 수직 또는 수평으로 놓은 직선의 사용이 특징이다. 이들 요소가 대칭을 이루면 안되나, 이들의 상호 관계의 표현에 의해 균형을 이루는 가운데의 운동감을 강조한다.

▶ 신즉물주의 Neue Sachlichkeit 독

1920년대 초 독일에서 풍미한 풍자적인 사회적 리얼리즘을 가리키는 개념. 주관심사는 표현주의에서 두드러지게 나타났던 사회 비판적 성격을 강화하는 것이었으나 '다다'의 추상적 경향은 금지되었다. 신즉물주의의 초기 단계는 '다다'에서 표명된 전통적인 가치들에 대한 냉소와 파괴, 서로 다른 시각을 동시에 결합시키는 미래주의 발상에 많은 부분을 의존하였다. 이 운동에서 두 명의 걸출한 화가가 등장하였는데 게오르그 그로츠(G. Grosz)와 오토 딕스(O. Dix)가 그들이다. 그들은 사회적 병폐를 그리기 위해 매우 적나라한 사실주의의 길을 택했다. 이 운동은 1930년대 독일 정부가 독려한 국가 사회주의적 신화를 고무하는 자연주의가 대두되면서 사라졌다.

오토 딕스, '실비아의 초상', 1926

▶ 신체예술 body art

신체를 매개체로 사용하는 미술. 행위예술에서 행위의 주체인 신체가 작품의 주제로 나타나게 된다. 신체는 행위의 물리적 기초이며 주체적 표현의 현장으로 사용된다. 미술계를 지배하는 정신주의, 물질주의를 거부하여 행위의 주체, 심리적 주체인 신체를 강조한다. 주로 퍼포먼스와 연관된 행위에서 의도적으로 신체의 조건을 드러내는 작업이다. 1967년부터 쓰기 시작했으며 '살아있는 조각'으로도 부른다.

▶ 신표현주의 neo-expressionism

역동적인 형상 미술로서, 20세기초 독일 표현주의자들이 폭넓게 부흥시킨 개념이다. 1970년대 후반까지 이 개념 자체는 미국과 이탈리아 특히 서독에서 명백하게 나타났다. 미술가들 중에서 같은 경향을 띤 사람들이 서로 제휴하였는데, 펫팅(Rainer Fetting), 바젤리츠(George Baselitz), 키퍼(Anelm Kiefer), 줄리안 쉬나벨(Julian Schnabel)과 키아(Sandro Chia) 등이 그 예이다. 미국에서는 'Bad Painting', 이탈리아에서는 '트랜스 아방가르드', 독일에서는 '신야수주의'로 불렸다.

▶ 아르테포베라 Arte povera

이탈리아의 비평가 제르마노 체란트가 창안한 것으로 외형상 미니멀리즘 작품과 유사하다. 체란트는 같은 이름의 전시를 1970년 치비코 미술관에서 기획한 바 있으며 이 운동에 관한 저술을 펴내기도 했다. "아르테포베라는 기본적으로 반상업적이며 자유분방하고 평범하고 반형식적인 예술을 지향하며, 주로 매체의 물리적 성질과 다양한 재료의 유용성을 강조한다. 그리고 예술가들이 실질적인 재료를 사용해 현실에 뛰어들어 그 현실을 미묘하게, 지적으로 설명적으로, 개인적으로, 강렬하게 어떤 방식으로든 해석하려는 데 그 중요성이 있다." 아르테포베라는 미켈란제로(Michelangelo), 올리비에로 피스톨레토(O. Pistoletto), 마리오 체로리 그리고 마리오 메르츠 등의 작가들에 의해 주도되었으며 그들 작품은 기본적으로 매우 거칠고 무가치한 재료로 제작된 작품이라는 특징을 갖는다. 1970년 이탈리아의 비평가 질로 드르플스는 아르테포베라를 '새로운 조형 및 철물의 사용이 지나치게 세련되어 가는 데 대한 반대급부로 일어난 서구 미술의 파노라마 중 최근의 발전 양상'이라 설명했다.

▶ **앵포르멜 미술 informel art**

미국 추상표현주의와 병행하여 1945년 경부터 유럽에서 전개된 추상 회화. 이 용어가 대두된 것은 프랑스의 비평가 미셸 타피에 의해서인데, 처음에는 1950년 볼스의 작품만을 염두에 둔 것이었으나 1951년부터는 포트리에, 뒤뷔페(Jean Dubuffet), 리오펠 등 그밖의 화가들의 작품에까지 넓혀 적용하였다. 엄격한 추상주의 경향인 입체파나 몬드리안(Piet Mondrian) 및 데스틸과 같은 기하학적 추상의 형태와는 대조적으로, 무의식적 환상에 충만된 '서정적 추상'을 포괄하기 위해 기용되었다. 이 경향의 가장 초기 형태는 포트리에가 제작한 '인질'이었지만 이 운동을 탄생시킨 사람은 독일 출신의 이민 화가 볼스(Wols)와 한스 하르퉁(Hans Hartung)이었다. 얼마 안 되어 리오펠, 마티유 그리고 이탈리아 출신의 부리(Alberto Burri)와 스페인 태생의 타피에스(Antoni Tapies)가 이 운동에 속속 가담하였다. 1954년부터 비기학적 추상을 일컫는 타시즘(tachism)이란 용어가 혼용되었는 데 두 용어의 구분은 불분명한 것이었다. 우리나라에서는 1957년 창립된 '현대미협', '악튀엘'에 의하여 이 미술이 주도되면서 한국전쟁의 경험 표출, 국전에 대한 반작용, 현대성의 고취 등을 기본 취지로 삼았다.

▶ **야수파 fauvism**

프랑스 미술 비평가 복셀(Louis Vauxcelles)이 1905년 파리의 젊은 화가들이 작품을 처음 발표한 살롱 도톤느(salon d'automne)에 관해 평을 쓴 것에서 비롯되었다. 그들의 별명은 비리얼리즘적 색채와 대담함, 외관상으로 조야한 인상에서 근거한다. 이 그룹의 주

요 인물은 일반적으로 야수파의 선구자로 알려진 마티스(Henri Matisse)를 비롯하여 드랭(André Drain), 블라맹크(Maurice Vlaminck), 마르케(Albert Marquet) 등이 포함된다.

▶ **옵아트 op art**

시각과 그것에 의한 시지각 심리를 바탕으로 하여 순수 형태와 색채의 시각적 현상을 작품의 주제로 사용하는 미술. 50년대 말 국제적인 미술 운동으로 발전한다. 바우하우스의 모홀리-나기, 알베(J. Alber)와 미래파의 발라(Giacomo Balla) 등이 시각현상을 연구하였다. 1944년 바자렐리(Vasarely)는 이 시각현상과 지각에 관한 작품을 시도하고 모를레(F. Morellet), 소토(J. R. Soto), 르팍(J. Le Parc), 아감(Y. Agam) 등의 작가들이 계승한다. 철저히 비재현적이나 추상미술과 달리 자연의 시각현상을 작품으로 보여준다.

▶ **요소주의**

신조형주의의 계승자들에 의해 창안된 미술. 이 새로운 운동은 1926년 데 스틸의 테오 반 되스부르크에 의해 표명되었다. 형태는 신조형주의와 유사하게 기하학적이지만, 경사진 면이 등장하는 것이 특징이다.

▶ **유미주의 aestheticism**

예술이론으로 18세기 칸트에 의해 처음으로 정식화되었다. 예술 철학적 입장을 유지함으로써 여타의 철학과 구별되며, 예술은 그 자체의 입장에서 판단되어야 한다고 주장하였다. 이 이념은 1840년대 프랑스에서 재생되었는데 보들레르와 고티에가 주장한 '예술을 위한 예술(l'art pour l'art)'이다. 또 19세기 후반 영국의 미학 운동에서 이 개념은 그 자체의 큰 성과를 얻었다.

▶ **인상주의 impressionism**

19세기 프랑스에서 일어난 미술 운동으로, 현대의 과학적 탐구를 색채에 끌어들여 유진 쉐브렐(Eugene Chevreul)에 의해 수행된 것까지 포함해서 색채와 질감에서 더 큰 성취를 이끌어 내고자 하였다. 인상주의자의 대부분은 폭넓고 혼합된 필법보다 순수 색채의 작은

터치를 응용하여 동시대 살롱 화가들의 그림보다 밝고 발랄하게 보였다. 그들은 아틀리에보다는 야외를 선호하고, 스튜디오에서 작업을 하는 대신에 빛과 색채의 특별하며 순간적인 영상을 자신들의 화폭에 담으려고 노력하였다.

▶ 입체파 cubism

1909년 피카소(Pablo Picasso)와 브라크(Goerge Braque)에 의하여 주도되었으며, 이들은 세잔느(Paul Cezanne)의 이론에 근거를 두었다. 세잔느의 이론이란 화가가 3차원의 세계에서 본 모든 측면들을 편평한 표면 위에 재현하는 것을 목표로 삼았다. 분석적 입체파가 종래의 원근법을 포기하면서 똑같은 사물의 서로 다른 온갖 측면을 동시에 보여주었다면, 종합적 입체파는 화가가 관찰한 실재 세계를 반영하기보다 회화 자체를 하나의 실재물로 인식하면서 모든 사물을 시각적 기호의 언어로 전환시켰다.

피카소, '아비뇽의 처녀들', 1907

▶ 전위예술, 아방가르드 avant-garde

최전선 부대라는 프랑스어의 군사용어에서 파생된 예술용어. 인습적인 권위와 전통에 반발하는 예술형식을 이른다. 따라서 일정한 형식이나 유파를 가리키는 용어가 아니라 급진적이고 실험적인 예술정신 전반에 걸쳐서 사용되는 말이다. 모던시대의 아방가르드 예

술은 인간활동의 영역으로서의 예술이 삶으로부터 떨어져 있다는 것을 지적한다. 예술의 사회적 지위에 관해 의문을 제기하며 실천적 예술로의 복귀를 주장한다. 이는 기존의 특수층만을 위한 예술 형식을 거부하고 그것을 허용하는 사회 제도를 비난한다. 뒤샹의 변기로 만든 '샘(1917)'의 제시는 가장 시사적이다.

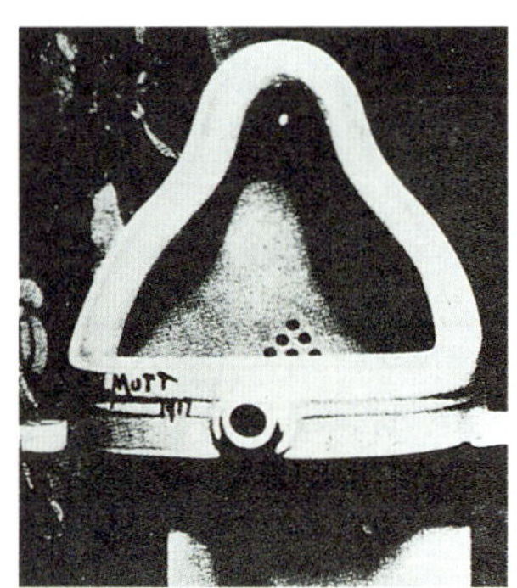

마르셀 뒤샹, 샘, 1917

▶ 초현실주의 surrealism

제1차 세계대전으로 인해 파괴되는 물질세계의 실망에서 비롯된 전위적 예술운동. 파리에서 앙드레 브루통의 초현실주의 선언(1924)으로부터 시작된다. 경험적인 통상적 세계보다 더 참된 세계가 존재한다는 믿음을 갖고, 무의식적인 정신세계를 통하여 초월적 세계를 확인하려는 예술적 시도. 프로이드(1856-1939)의 학설의 영향을 받아 인간심리의 무의식을 발견하며, 심층심리학의 발달에 따라 이것과 관련된 인격이 지니고 있는 일체의 힘을 회복하는 예술을 주장한다. 초현실주의자는 꿈의 이미지를 회화적으로 재현하는 것만이 아니라, 억압된 무의식의 내용에 접근할 수 있는 다양한 수단을 강구한다. 따라서 일반적인 유형의 미술에서 나타나는 의식적인 이미지와 형식적인 요소까지도 자유롭게 혼합한다. 초현실주의는 무의식 속에 숨겨진 샘이 있어서, 만일 우리가 우리의 상상력에 고삐를 매지 않는다면, 이 샘은 솟아날 것이라고 믿는다.

▶ 총체예술 Gesamtkunstwerk 독

여러 예술 장르의 완전한 통합이라는 개념으로 회화, 문자, 극적 행위, 시, 음악 등 어느 장르도 여기서는 지배적으로 나타나지 않는다. 이 개념은 바그너(Wagner)와 그의 뮤직 드라마와 관련이 있다.

▶ 추상미술 abstract art

완전히 비재현적인 형태를 취하는 미술이거나 현실에서 관찰된 형태를 원래대로 표현하기보다 원래 형태와는 상관없는 것으로 감상자에게 읽히도록 하는 미술을 말한다.

▶ 추상표현주의 abstract expressionism

명백한 미국식 스타일의 회화로서 1940년대와 50년대 후반까지 미국 화단을 지배한 경향이었다. 이 운동은 본질적으로 초현실주의의 이념을 차용하여 혼합하였고(초현실주의의 대표적인 화가들은 전쟁 기간 동안 미국에서 망명 생활을 하였다), 더욱더 엄밀한 미국적 개념인 개척적인 개인주의의 중요성, 특히 전통으로부터 예술의 해방을 강조하였다. 추상표현주의는 완전한 추상 또는 전적인 표현주의는 아니다. 초현실주의의 무의식적인 자동기술법(automatism)을 차용하였으며, 이미지를 산출하기 위한 방식으로 새로운 극단을 감행하였으며 동시에 입체파의 개념인 '피상적 화면(shallow space)'를 탐구하였다. 전형적인 추상 표현주의 작품은 일반적으

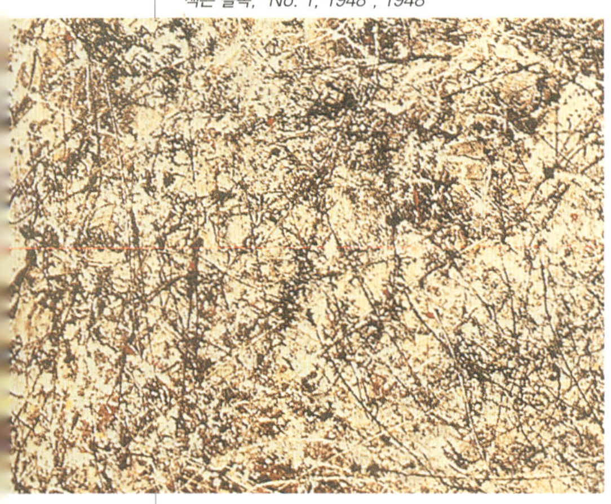

잭슨 폴록, 'No. 1, 1948', 1948

로 회화를 파악하는 방법보다는 눈으로 인식할 수 있는 부분이 감소되며, 두 개의 범주를 하나로 조화시킨다. 서예처럼 갈겨 쓴 표시들이 전체 화면을 덮고 있거나, 표상은 단일화되며 집중적인 형태로 지배적인 구상이 이루어진다. 폴록의 '드립페인팅(drip painting)'은 첫번째 범주의 대표적인 예이며, 마크 로드코의 최근의 그림은 두 번째의 전형적인 예이다. 이러한 스타일의 다른 개념으로 액션페인팅(action painting)이 있다.

▶ 컴바인 페인팅 combine painting

캔버스 위에 그리는 유화의 개념을 벗어나 다른 물체들을 조합해 제작하는 작품. 1953-1960년대 초, 회화에 일상적 오브제를 콜라주해 추상과 다다의 양면성을 지닌 작품을 한 라우젠버그(R. Rauschenberg)에서 비롯하였다. 큐비스트의 콜라주에서 좀더 확산된 개념으로 볼 수 있고, 추상표현주의와 대중문화적 오브제의 결합은 회화표현 영역의 확장에 공헌한다.

조지 시걸, '식당 창문', 1967

▶ 코브라 Cobra

1948년 유럽 예술가 단체가 표현주의의 부활을 명제로 삼아, 예술가 그룹의 중심적인 멤버들이 소속된 국가의 수도명인 '코펜하겐(Copenhagen), 브뤼셀(Brussel), '암스테르담(Amsterdam)'의 첫 글자를 결합시켜 만들었다. 카렐 아펠(Karel Appel), 피에르 알레진스키(Peirre Alechinsky), 아스게르 요

른(Asger Jorn) 등이 주요 멤버인데 1951년 해산되었다.

▶ 콜라주 collage

피카소와 브라크의 분석적 큐비즘 활동 기간에 고안된 기법이다. 그들은 파괴적인 입체파적 형태 분석의 경향에 나타나는 촉감의 실제적 표현처럼 신문 조각들이나 상표 등의 실물에 붙여 화면을 구성했다. 후에 콜라주는 기본적 이미지의 비합리적 결합을 창조하는 수단으로서 다다와 초현실주의에 받아들여졌다. 그러나 콜라주는 구성의 통일성을 파괴하는 경향을 가지고 있으며 공간의 부조화와 척도의 부조화를 창조한다. ➡ 텍스타일, 일러스트레이션 참조

조르주 브라크, '카드가 있는 정물', 1913

▶ 팝아트 pop art

대중문화와 소비영상으로 구성되는데(예를 들어 만화, 장식용 포스터, 포장지), 역설과 찬미를 훌륭하게 조화시킨다. 팝아트는 1950년대 자연과 도시의 대중문화에 대한 광범위한 탐구를 위해 시작되었는데, 주목할 만한 단체는 '현대미술협회(ICA, 런던)'의 부설 단체 '인디펜던트그룹(Independent group)' 이다. 팝아트가 번성한 시기는 1960년대인

앤디 워홀, '8개의 마를린 몬로'

데, 형태는 다다에서 기인하는 주요 개념을 채택하였다. 순수 예술뿐만 아니라 장식 예술에도 큰 영향을 주었다. 영국의 리차드 해밀턴(R. Hamilton), 올덴버그(C. Oldenberg), 리히텐슈타인(R. Lichtenstein)이 대표적인 작가이다.

▶ 퍼포먼스 performance

육체적 행위로 조형적인 표현을 시도하는 행위예술. 60년대 중반, 뉴욕의 화랑제도가 구사하는 헤게모니를 거부하려는 움직임이 그 배경으로, 대량생산이 불가능하며 전혀 상품 가치도 없어 보이는 작품을 제작하는 작가들의 형태 중의 일부가 퍼포먼스로 나타난다. 작가의 신체와 그 행위를 지지대로 하여 작가의 실존성을 직접적으로 드러내며, 따라서 작품이 이루어지는 현장성과 행위의 일회성으로 제시된다.

▶ 페미니스트 아트 feminist art

정치적 권리와 경제적 기회에서 동등한 분배

를 오랫동안 거부해왔던 남성지배문화로부터 여권의 자유를 주장하는 여성주의의 미술. 미술계의 성차별적 구조에 도전, 실천적 미술운동을 위해 여성 작가, 비평가들을 발굴하며, 여성 본질과 여성 미술의 특질을 강조하는 미학적 차원의 운동을 전개한다. 초기 단계의 남성과 여성의 '같음'의 주장에서 두 번째 단계에서는 여성의 '차이'와 이 '차이의 중요성'을 강조하며, 여성만의 특성을 찬양하는 작업을 한다. 최근의 경향은 이러한 분리주의를 비판하고 생물학적인 차이로서의 성과 달리 성차의 문제는 문화적으로 결정되기 때문에 어떤 속성을 '여성적인 것'으로 고정시킬 것이 아니라 탈고정시키고 해체해야 한다는 주장이다.

▶ 포토리얼리즘, 극사실주의 photo realism

일상적인 현실 풍경을 생생하게 사진처럼 묘사하는 회화나 조각. 사진의 일점 초점과는 달리, 화면의 모든 세밀한 부분까지도 더 완벽하게 묘사된다. 작가의 주관적 시각을 배제하여 객관적 입장에서, 시각의 냉정함과 날카로움으로 감정으로부터 완전히 자유로워진 비감상적인 사물 관찰 방식을 택한다. 따라서 붓자국을 없앰으로써 그림이 개인의 필체와 무관하게 된다. 추상표현주의, 팝아트, 미니멀아트 등 미국 미술의 흐름 속에 새로운 미술의 전환을 시도하기 위해 1960년대 후반에 나타났다.

▶ 환경미술 environment art

환경미술은 예술적 표현을 위한 오브제 작품뿐만 아니라, 오브제가 놓여지는 공간과 오브제를 바라보는 관람자의 모든 관계 상황을 중요하게 생각한다. 그 기원은 "예술이란 삶속에 존재해야 한다"고 표명한 러시아 구성주의(constructivism) 작가들의 기하학적 추상과 건축적 구조에 주력한 작품들로 볼 수 있으며, 슈비터스(K. Schwitters)의 '메르츠바우(Merzbau)', 칼 앙드레(Karl Andre)의 미니멀리즘적 환경미술, 자연 환경을 작품의 지지대로 사용하는 대지예술로 발전한다. 'In-situ'라는 '장소성'의 개념을 도입하여,

작품 그 자체로는 아무 가치가 없는 중립적인 표시물로서 그것이 제시되는 시공간적 상황의 문맥을 중요하게 생각하는 프랑스의 뷔렝(D. Buren)을 비롯한 현대 작품 경향이다. 생태학적 예술(ecological art)로서의 환경미술은 인간, 자연, 예술의 관계에서 자연의 생태학적 균형을 중시하며, 세월의 흐름에 따른 재료의 문화 유산물로서의 가치도 고려한다.

▶ 후기 회화적 추상

미국의 비평가 그린버그가 1964년 로스앤젤레스 카운티미술관에서 열린 전시회 도록에서 '후기 회화적 추상'이란 말을 사용하여 나온 용어이다. 그는 서로 상이한 양식을 취하기는 하지만, 형상회화로 퇴보함이 없이 추상표현주의를 극복하는 작가를 부르기 위해 채택했다. 1950년대 중반부터 대두한 이 경향의 화가로는 모리스 루이스(Morres Louis), 프랭크 스텔라(Frank Stella), 케네스 노란드(Keneth Noland), 엘스워드 켈리(Ellsworth Kelly) 등이 포함된다. 공통적으로 표현적인 붓질과 같은 '회화적' 성질을 멀리하며 계산되고 색영역이 뚜렷하게 분리되는 특징을 보인다. 촉각적이고 환영적인 성질을 거부하고 예술적 재료의 실제성을 강조하였을 뿐만 아니라 물리적인 예술품을 회화 이미지와 같게 취급하고 일체의 연상 작용을 배제하면서 순수하게 시각적인 색의 회화를 겨냥하였다.

프랭크 스텔라, '킹즈버리 길', 1960

퍼포먼스를 보통 행위 예술로 말할 때 그 역사적 계보는 미래파나 다다이즘으로부터 그 근원을 살펴볼 수 있다. 한국의 경우 60년대에는 해프닝으로, 70년대에는 이벤트 또는 이벤트 로지컬(event logical)로 불렀으며 80년대 들면서 퍼포먼스로 부르기 시작하였다. 이러한 행위 예술은 주로 미술가들이 중심이 되어 연극이나 무용 또는 음악, 비디오 아트 작가들이 참여함으로써 장르를 초월하여 토털아트화되는 현상을 띈다. 어원적으로 퍼포먼스는 실행 또는 연기, 계획 등의 의미가 들어 있어 넓은 의미로 볼 때는 상품이나 장소적 진열에서부터 사회적, 정치적 쇼나 운동 경기, 대중적 분위기 조성을 위한 이벤트에 이르기까지 그 내용이나 형식은 매우 다양하다. 행위 예술은 기존의 공연 예술처럼 대본대로 연기하는 것이 아니기에 반복적인 실현이 거의 불가능하며, 사진, 비디오 테이프 등 영상 기록으로 보존될 수밖에 없는 한계에도 불구하고 실현되는 현장에서 관객의 직접적인 참여나 소통의 수단으로 되고 있다.

한국의 경우 예술적 맥락이나 사회 또는 문화적 배경이 서양과 다르기 때문에 차이는 있으나 그 정신적 근원은 과거 선사들의 선문답이나 선행위와 관련지어 볼 수 있겠고, 최근에 와서는 문화 회고적 사고 시스템을 수용함으로써 문화의 아이덴티티를 구축하려는 시도가 있으며, 현실 비판적 태도를 갖고 한국의 특수한 역사적 상황에서 문화, 사회 전반에 걸쳐 비평적 태도를 견지하기도 한다. 특히 동양권에서는 한국, 일본, 대만, 홍콩의 작가들이 왕성한 활동을 보이고 있으며 한국의 경우 60년대는 제4집단이, 70년대에는 S.T그룹, 서울 또는 대구 현대미술제, 78세대(대전)에서 많이 발표하였으며, 80년대부터는 더욱 확산된 모습을 볼 수 있다. 한국 행위미술가협회, 바깥미술회, 야투(공주), 바다미술제(부산), 컴아트그룹(수원) 헤처모인 예술가그룹, 제4문화(군산) 등은 80년대 이후의 퍼포먼스를 대표한다.

이건용 (행위 예술가, 군산대 교수)

20세기 초 모던디자인은 새로이 다가올 세계 속에서 본질적인 역할을 수행할 기계 시대의 세계관을 천명했는데 그 이념적 기반에는 다음의 가설들이 존재했다. 첫째, 장식적이고 신비적인 또는 형이상학적인 것을 배제하는 과정을 통해 객관적 질서를 획득하는 과학적 방법에 의해서 예측된 세계로의 이동이었고, 둘째, 일상 생활에서 학습된 다양한 사적인 경험이 제어를 통해 집단적인 단일한 삶의 형태로 획득될 수 있으리라는 것이었다. 그러나 완벽한 객관성과 획일성이 불가능한 임무로 인식되는 시점에서 완벽한 조절은 도덕적으로 인식론적으로 모두 불합리한 일로 판명되었다. 이에 따라 1970년대 중엽 이후의 디자이너는 모던디자인이 설정한 인위적이고 제한된 획일적 언어에 반발하여 디자인이 갖는 잠재력을 표출시키고자 하는 일련의 작업을 전개했다. 그것은 테크놀로지와 인간 사이의, 아폴로적인 것과 디오니소스적인 것(이성적인 것과 감성적인 것) 사이의, 생산 시스템과 소비자 사이의 합류점에서 삶의 조화와 회복 그리고 표현적 자유의 실현을 위한 일련의 시도로 볼 수 있다.

오늘날 포스트모던디자인이란 용어는 현대의 소비자 문화의 다양성이 모던디자인의 확정주의로 폐쇄된 것에 대한 일종의 반동적인 힘으로 모더니즘의 위력이 상실됨에 따라 파생된 일종의 양식적 진공 상태를 뜻하는 부정적 의미로도 종종 쓰인다. 그러나 포스트모던디자인은 특정 양식의 진술을 위한 또 다른 용어가 아니라 그 기능이 문화의 새로운 형태적 출현을 새로운 경제적 질서와 사회적 삶의 새로운 유형과 관련시키는 일종의 시대적 양상을 설명하기 위한 개념이므로 그 정의는 현재에도 진행되는 유동적 성격을 띤다. 모던디자인이 내용면에서 국제주의 양식에서 보이는 것같이 독선적인 기호 단일주의(실제로는 기호의 개념이 다루어지지 않았지만)를 강조하는 반면, 포스트모던디자인은 다른 기호를 지닌 문화들이 만드는 다양한 삶의 양상을 강조하는 문화적 다원주의(pluralism)의 성격을 표명한다. 형식적으로 다원주의적 영향에서 포스트모던디자인은 종종 대립되는 개념들이 혼성 언어를 통해 재구성되거나 역사화된 양식이 새로운 정황 관계에서 추가적 의미를 파생시키는 등 단일한 체계의 모던디자인과는 다른 양상을 전개한다.

로버트 그래함, 로스앤젤레스 올림픽 아치, 1984

미국 올랜도 MGM 스튜디오 내의 사진 용품 쇼 윈도, 1930년대 아르 데코 양식의 쇼 윈도는 할리우드 영화 전성기의 복고적 향수감을 메시지로 전달하고 있다.

패션 디자이너 칼 라저펠드가 샤넬 콜렉션 1988/9를 위해 디자인한 이브닝 드레스. 이 드레스는 16세기 말의 디자인 모티브를 재해석하고 있다.

뉴욕의 쿠퍼-휴윗 뮤지엄에 전시된 멤피스 디자인, 1986. 최초의 멤피스 콜렉션은 밀라노 가구 전람회가 개최중이던 1981년 가을에 열렸다. '멤피스'란 말은 밥 딜런의 'Stuck outside of mobil with memphis blues again' 이란 곡에서 첫 영감을 받은 것으로 전해지고 있는데, 후에 고대 이집트의 수도와 엘비스 프레슬리의 출생지 모두를 암시하면서 멤피스 스타일의 주된 성격을 반영하는 고급 문화와 저급 문화의 병치를 뜻하는 말로 받아들여졌다.

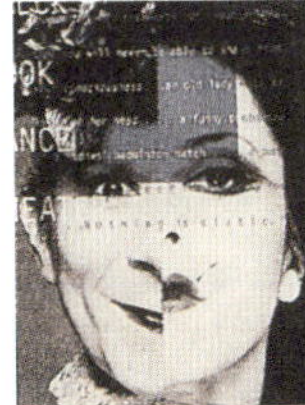

뉴욕의 디자인사인 더블 스페이스에 의해서 제작, 1985년 캘크 훅 댄스 극장 안내물

마리아니, '지성을 기탁하는 손', 1983. 창조적 알레고리를 담기 위해 자신의 모습을 그리고 있는 18세기 신고전적 이미지를 파생시키고 있다.

게타노 페세, '휄트리 의자 (카시나 제작)', 1987

리차드 사퍼, '휘슬 주전자 (알레시사 제작)', 1984

론 아라드, '콘크리트 스테레오 시스템', 1985. 일본 디자인이 조장한 '블랙 박스적' 제품 이미지에 대한 재해석과 더불어 의외의 심미성을 부여하고 있다.

사이트 그룹이 디자인한 윌리웨어 매장의 디스플레이. 도시의 슬럼가 같은 디테일들은 오늘날 젊은 세대들의 강한 도시 패션적 문화를 강조하고 있다.

벤츄리 외, '필라델피아 빌보드 제안', 1973. 벤츄리는 그의 저서 〈Learning from Las Vegas'에서 빌보드와 같은 통속물들이 중요한 건축의 근원으로 작용하는 견해를 제시했다.

이러한 양상에서 철학적, 문화적 그리고 기술적인 근원에서 나온 서로 다른 영향력들이 작용한다. 첫째, 인간은 언어를 통해 세계를 경험하고 문화적 개념을 형성한다는 구조주의(structuralism) 철학의 견해는 디자이너를 심벌을 만드는 사람으로 또는 인공물 문화의 주된 해석가로 인식되도록 하였다. 그로 인해 언어가 문화 내에서 수행하는 것과 마찬가지로 한 인공물의 선택이 창의적이고 표현적 행위가 됨을 통해 시각적 의사 소통에 기여할 수 있음을 발견했다. 둘째, 현시대는 축적된 지식을 통해 대상들과 사건들을 파악하는 데 익숙해지는 일종의 자기 인식적 또는 자기 분석적 문화로 성격화된다. 따라서 디자인의 모습도 점점 지성화된 자기 참고와 암호로 바뀌어 간다. 그러므로 선택된 어휘가 반드시 새롭고 순수할 필요는 없으며, 문제는 비록 이전 시대의 역사적인 시각 언어에서 차용된 것일지라도 새로운 정황 관계에서 생성되는 의미가 더욱 중요하다는 것이다. 셋째, 미세 전자 공학과 인지 과학 등이 테크놀로지를 비물질화시키고 그것을 사용함에 있어 인식된 인공물에 대한 반응과 그것들이 일상 생활에서 어떤 역할을 수행하는지에 관한 인식론적 문제를 다루는 것이다.

김민수 (서울대 교수) 391

▶ 근린 주구 近隣住區

국민 학교를 중심으로, 간선 도로를 경계로 하는 커뮤니티의 단위이다. 미국의 펠리(C. Pelli)가 제안하였다. 근린 주구로 간선 도로 내의 보행자는 자동차로부터 보호받고, 안전한 생활을 영위할 수 있는 장소가 확보된다.

▶ 뉴타운 new town

도시가 확대되면서 시가지와 떨어져 계획된 근교 도시. 전원 도시 이론, 근린 주구 이론 등의 영향을 받아, 영국에서 특히 발달하였다. 공공 시설이나 상업 시설로 구성되는 타운 센터와 주거 지구, 공업 지구, 녹지 등으로 구성된다.

▶ 라 빌렛트 La Villette

그 당시 최대 규모의 공원으로 국제 현상 설계 공모로 1982년 기본 디자인이 결정된 프랑스 파리의 북동부에 위치한 공원이다. 21세기의 새로운 공원상을 목적으로 만들었다. 사적인 대규모 정원의 기본 구성 원리와 프랑스 도시 공공 시설의 구성 원리가 어우러져 탄생하였다. 특징적인 요소로는 120m 간격의 그리드에 10m×10m의 입방체를 기조로 한 폴리(folie) 시스템, 자연 풍경식 정원의 공간 구성 원리를 정형식으로 재해석한 점, 선 시스템인 가로수에 의한 공간 구성과 축선 형식 등을 꼽을 수 있다.

▶ 랜드마크 landmark

멀리서도 위치를 알 수 있는 상징 요소로 자연인 산이나 거목, 인공 요소인 고층 빌딩이나 타워, 기념물, 역사적 건조물 등 그 지역의 상징물을 랜드마크라고 한다. 스케일에 따라 그 범위와 요소를 분류할 수 있는데 첫째, 원경으로서의 랜드마크이다. 지역의 심볼로 산과 같은 자연 요소일 경우가 많다. 둘째, 중경으로서의 랜드마크이다. 지역 레벨에서 심볼이 되는 타워, 빌딩, 다리 등이 포함된다. 셋째, 근경으로서의 랜드마크이다. 도로, 광장 레벨의 상징 요소인 기념물, 게이트, 사인과 같은 공작물이다. 이러한 랜드마크는 지역 전체에 특징을 부여하여 지역 활성화를 유도하는 기법으로 활용할 수 있다.

▶ 몰 mall

직선의 공간을 말하는 것으로 런던의 세인트 제임스 공원(Saint James Park)이 몰의 발상지이다. 보행자 전용의 쇼핑 도로인 쇼핑몰은 1930년경 독일에서 시작되었다. 몰은 세 가지 형태로 구분된다. 풀 몰(full mall)은 거리에서 차량을 완전히 차단하고 보행자 전용으로 한 유형이다. 트랜지트 몰(transit mall)은 버스, 택시, 긴급 차량만을 통과시키거나 시간 제한을 두는 유형으로 니콜렛 몰이 대표적이다. 세미 몰(semi mall)은 차량 통행을 허용한다.

서울 명동

▶ 보행자 교통

발달한 도심의 자동차 교통에서 보행자의 안전, 인간사회의 본래 활동을 위해 보행자 공간이 필요했는데 이 공간은 르 코르뷔지에의 도로의 단계 구성, 파리의 근린 주구 이론에 따른 평면적 보도와 차도 분리, 페데스트리언 데크(Pedestrian deck)의 입체적인 보도와 차도 분리, 보도와 차도 공존의 순서로 발전하였다.

▶ 블루바르 boulevard

가로수나 식수대가 있는 유보 도로, 환상 도로를 말한다. 오스만(Osmann)의 파리 개조 계획을 시초로 하워드(E. Howard)의 전원 도시 모델에서도 제안되었다.

▶ 비스타 vista

르네상스 시대의 투시도 기법과 함께 발달했다. 수목 등을 이용한 특정지점에서의 조망을 말한다. 정원 계획에서 도시 계획에 이르기까지 폭넓게 쓰는 기법으로, 바로크 시대의 도시 계획에서 많이 사용되었다.

▶ 사운드스케이프 soundscape

환경 디자인의 관심은 주로 시각적 대상이었으며 음향이나 청각적 시점으로부터의 접근은 드물었다. 사운드스케이프는 소리와 풍경의 복합어로, 좁은 의미에서 이해되던 음의 세계를 풍경이라는 더 넓은 시점에서 파악하려는 개념이다. 사운드스케이프는 캐나다의 작곡가 샤퍼(R. M. Schafer)가 제창하였다. 각각의 음을 받아들이는 것이 아닌 이들 조합이 구성하는 음환경 전체를 하나의 경관이나 풍경으로 받아들이는 것이다. 나아가 음을 물리적 존재로 다루는 것이 아니라, 특정 사회인이 어떻게 음을 받아들이고, 어떠한 의미를 주고 가치를 두는가 하는 것이다. 즉 인간의 음환경을 하나의 문화로 받아들이고 음이라는 관점에서 지역 문화를 다루는 것이 기본이 된다. 이러한 음풍경의 개념은 물리적으로 존재하는 음향 가운데 어떤 음을 듣고, 이를 귀를 통해 풍경화시키는 것이다. 따라서 '기억의 음'이나 '물리적으로는 존재하지 않는 이미지의 음' 등도 중요하게 생각한다. 이는 단지 환경의 음환경을 개선하는 데에 필요할 뿐 아니라, 지역 CI에 사운드스케이프를 응용하는 등 음으로부터 환경을 파악하는 환경 디자인의 새로운 전개로도 중요하다.

▶ 색채 계획

환경을 구성하는 조형 요소 중의 하나인 환경 색채는 점차 인식이 높아지고 있다. 공업화 사회 이전에는 건물이나 도로와 같은 환경 시설의 소재는 그 지역에서 나오는 자연 소재가 주류를 이루었으나 공업화에 따라 철이나 기타 금속, 콘크리트 등의 산업 소재가 급속히 보급되었다. 산업 소재는 자연 소재와는 달리 내구성을 높이기 위해 가공 처리가 필요하였고, 이에 따라 각양 각색의 색채가 범람하게 되었다. 공공 시설의 색채는 지역 특성과 건물의 배치 특성을 살려 건축가와 환경 디자이너는 물론 행정가와 사업자까지 일체가 된 종합적 시점에서 검토해 나갈 필요가 있다. 색채의 역할도 전체적인 관계에서 검토되어야 하

이벤트 공간의 바닥 수퍼그래픽 (요코하마 박람회)

며, 겉바르기식의 장식은 피해야 할 것이다. 환경 색채를 적절히 사용하여 경관을 정비하는 기법으로 큰 부위의 색채 정비와 작은 부위의 색채 정비를 생각할 수 있다. 큰 부위의 색채는 경관의 주된 분위기를 만드는 역할을 하며, 작은 부위의 색채는 경관에 악센트를 준다. 색채 계획 순서는 ① 대상 지구를 설정한다. ② 현황을 조사, 분석한다. 색채 계획 대상 지구의 특성 파악, 기존 색채를 중심으로 한 경관 분석, 지역 주민이 바라는 경관 이미지 등을 분석 내용으로 한다. ③ 디자인 개념을 정한다. 분석 결과를 바탕으로 이미지의 방향을 정한다. 대상 지역의 특성을 생각해 디자인을 전개한다. ④ 기본 방침을 정한다. ⑤ 기본 방침에 근거해 대상부위와 방법 등 구체적인 색채 계획을 결정해 실시 도면을 작성한다. ⑥ 사용 규정서를 작성하여 계속적인 관리가 가능하도록 한다.

▶ 선큰 가든 sunken garden

지반면보다 레벨이 낮은 정원, 광장 공간을 말하며 고층건물의 전면 광장에 많이 쓴다.

393

롯데호텔, 로비라운지

▶ 수퍼 그래픽 super graphic

수퍼 그래픽이라는 단어가 처음 등장한 것은 찰스 무어 교수가 씨랜치(Sea-Ranch)의 콘도미니엄 샤워실 내부를 강렬한 색과 패턴으로 덮어버린 일에서 시작하였다. 1964-1969년 사이에 미국 캘리포니아주 소노마에 세워진 주말 농장은 찰스 무어, 린튼, 턴불, 휘테커 등이 건축 설계를 하고 바바라 스토파처 부인이 그래픽을 맡았다. 그 후 수퍼 그래픽은 전세계로 파생되었고, 세계 어느 도시에서나 나타나 도시 환경 디자인의 중요한 요소가 되었으며, 다음과 같은 여러가지 요인에 의해 발생되었다. ①주민들에 의한 수퍼 그래픽: 공공 성격의 도시 경관 회복 및 도시 미관 차원에서 시행되는 것이 아니라, 지역 주민의 단결과 권리를 주장하기 위한 목적으로 시행된다. 대개의 경우 도시 변두리나 빈민촌의 공공 장소에서 행해지는 주민들에 의한 수퍼 그래픽은 사회의 소외감에 대한 반발이나 이들의 결속을 다지는 역할과 기능을 담당한다. 따라서 예술의 관점에서는 열린 박물관, 거리 예술의 개념을 지닌다. 또한 시대 상황이나

종로 인사동, 1994

정치적인 상황 여건과 논리 속에서 제작되기도 한다. ②예술품으로서 수퍼 그래픽: 몇몇의 실험성이 짙은 작가들에 의해 추진되는 수퍼 그래픽은 열린 공간에 정해진 제약이 없는 예술 매체로서 큰 공감을 얻고 있다. 새로운 미술 매체 및 예술 장르를 찾고자 하는 예술에 자유스러움을 추구하는 젊은 실험 작가를 중심으로 활발하게 전개되기도 한다. 또한 각 대학 미대학생들이 캠퍼스 내에서 자유스럽게 추구하고 있는 예술 벽화 운동도 그 하나의 예시로 볼 수 있다. ③전달 목적의 수퍼 그래픽. 흔히 전달 목적의 수퍼 그래픽은 광고 판촉용이나 이미지 전달 수단으로 흔히 사용된다. 자동차 보급과 산업화의 금속화에 따른 다양한 홍보 판촉 수단이 되는 전달 목적의 수퍼 그래픽은 다양한 표현 방법과 이미지를 가지고 대중에게 다가선다.

백금남, 사신도(부분), 서울올림픽 상징 조형물 천정화

▶ 쌈지 공원, 포켓파크 pocket park

쌈지 공원은 1960년대 뉴욕시가 도시 정책의 일환으로 디자인 부문 조정을 할 때, 공개 공터의 개념으로 나타났다. 어원은 뉴욕시의 베스트 포켓 파크(Vest pocket park, 1967)에서 비롯되었는데 베스트 포켓이란 양복의 조끼에 붙어있는 작은 주머니를 말한다. 쌈지 공원은 건물과 건물 사이의 공간에 존재하고, 크기가 작으며, 자기 영역을 확인할 수 있는 스케일이다. 쌈지 공원의 공간적 성격으로는 옥외이고 거리에 근접하며 도로에 있는 형태를 이루어야 한다. 이용면에서는 누구나 출입이 자유로워야 하며, 특정 목적으로 이용되지 않는 휴식과 놀이 중심의 공간이다.

아고라 agora
오픈 스페이스 open space
워터 프론트 water front
인공 지반

전원 도시
캐스케이드 csacade
콜로네이드 colonaid

상계동 쌈지조각공원

▶ 아고라 agora

고대 그리스의 도시 아크로폴리스에 있는 광장. 신전이나 재판소, 시장과 같은 건물에 둘러싸인 시민의 생활 중심지였다. 고대 로마에서는 이를 포룸(forum)이라 했는데 아고라에 비해 상징성이 높은 공간이었다.

▶ 오픈 스페이스 open space

건물이 들어서지 않고 교통에도 이용되지 않는 땅을 말한다. 악화된 도시 환경의 해결에 불가결한 공간인데 공원, 광장, 원지 등 공공적인 것, 하천이나 들판과 같은 자연적인 것, 사찰 경내, 민간 시설로 공개된 것, 개인 전용의 것으로 분류할 수 있다.

▶ 워터 프론트 water front

공공성 등에 착안하여 시민 휴식 공간을 조성하기 위해 개발되는 수변지구를 말한다. 물가 주변의 주상 공간의 개발, 저수지 공간의 조형적 연출 등 다양한 테마로 소개되었다. 그러나 워터 프론트를 둘러싼 움직임은 개개의 시설 구성이나 조형적 흥미에 머물지 않고 도시 공간의 재생과 성장이라는 도시 구조, 도시 정책적 입장에서 새로운 관심을 불러 일으키고 있다. 미국 보스턴 해안의 재개발, 요코하마의 미나토 미라이 21계획, 고베의 포트 아일랜드 개발이 그 예이다. 공통된 특성은 거대 도시 근교에 입지한 도시의 자립적 기반 형성과 워터 프론트 연출에 의한 도시 아이덴티티 확립을 위한 움직임이라는 것이다.

▶ 인공 지반

토지의 유효한 이용이나 동선의 단순화 등을 위해 지반면과는 다른 레벨에 인공적으로 바닥을 만든 것을 말한다. 보행자용, 스카이 웨이 등이 포함된다. 기본적으로 4가지 역할을 하는데 첫째, 실제 토지를 대신하는 용지로서의 역할과, 둘째, 도시에 부족한 오픈 스페이스로서의 역할이다. 전형적인 예로 옥상 정원이나 입체 역전 광장을 들 수 있다. 셋째, 가로 역할의 인공 지반이다. 보도교, 옥상 연결 통로에서 몇 개의 건축물을 연결해 공중에 가로망을 구성하는 스카이 웨이 시스템에 이르기까지 다양하다. 넷째, 점차 인공 지반 공간이 구축되는 복합 건축물로서의 역할을 들 수 있다.

▶ 전원 도시

혼돈된 도시에서 탈출해 전원 생활을 하기 위해 고안된 신도시이다. 하워드(E. Howard)가 영국 리치워드(Richward, 1902)에 실현하였다. 동심원이나 방사선 형상의 가로 패턴을 갖는다.

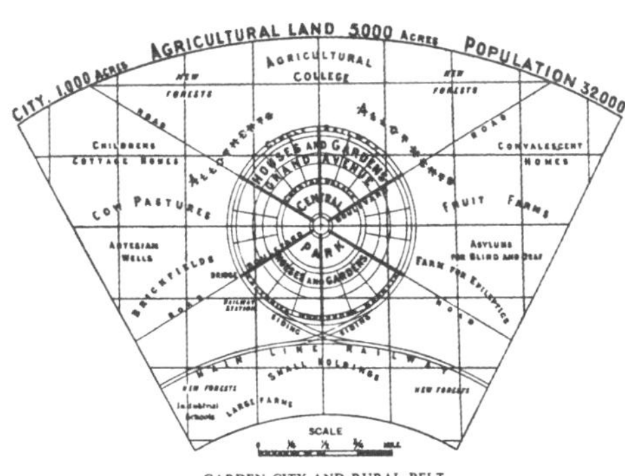

에베니저 하워드(Ebenezer Howard), 미래의 전원도시 계획, 1946

▶ 캐스케이드 cascade

조경 기법의 하나로 물의 흐름을 계단 모양의 폭포처럼 만든 것으로 고전 양식의 정원에서 흔히 볼 수 있다.

▶ 콜로네이드 colonaid

한편은 건물이고, 반대쪽은 터져 있는 지붕이 달린 주랑으로 프롬나드(promenade)라고도 한다. 중세 이탈리아 도시에서는 교회, 광장, 성문 등을 연결하여 도시의 공공 가로 공간의 기능을 하였다.

▶ 타운스케이프 townscape

정돈된 모습의 마을 풍경이다. 보존이 필요한 뛰어난 역사적 가로는, 그 지역 특유의 재료, 기술, 생활 문화의 일정한 조건으로 통일감있게 형성되어 왔다. 오늘날은 그 마을의 고유한 풍경을 만들기 위해 용도, 색, 재료, 형태, 양식, 스케일, 부분 장치 등을 디자인 코드화하여 가로의 질서를 주기 위한 공통 항목으로 삼는다. 또한 그 실현 과정에서 주민 협정이나 시 조례가 정해진다.

▶ 파사드 façade

건물 정면이나 건물의 특징을 나타내는 입면을 말한다. 파사드의 개념은 특정 지구의 경관 보존을 목적으로 프랑스에서 비롯되었다. 파사드는 건물의 얼굴이며 도시를 구성하는 중요한 요소이기도 하다.

▶ 환경계 사인

사인이란 기호, 표시, 신호, 몸짓 등 글자와 언어, 인간의 행위, 공간의 상황에 이르기까지 폭넓은 의미가 있다. 환경계 사인은 도시가 갖는 복잡한 언어를 단순한 이미지로 바꾸어 사람들에게 전달하는 매개체이다. 커뮤니케이션 기법으로서의 사인 계획은 도시의 구조를 구성하는 도로, 교통, 공원, 하천, 시설물 등의 여러 요소를 엮는 역할을 한다. 설치상에도 도로, 공원 내, 시설부지 내, 교통 기관 내 등이 있으며 조명 설비 등의 정비 상황 등 여러 면에 걸쳐 관계가 발생한다. 따라서 사인 계획을 추진하기 위해서는 사용자 입장에서 환경에 대한 종합적인 이미지를 가져야 한다. 아울러 분단된 도시 경관의 여러 요소를 공통의 시점에서 파악하여 서로 연결시키지 않으면 안 된다. 환경계 사인은 크게 도시 구조 전달의 역할을 갖는 요소와 도시 경관을 만드는 요소의 두 가지로 구분할 수 있다. 첫째, 도시 구조 전달 요소로서 사인은 정보 센터, 안내 센터, 방향 유도 사인, 시설 기명 사인, 가로 기명 사인, 공공 시설 사인, 자동차용 사인 등이다. 도시 경관을 만드는 사인 요소는 가로 조명, 포장 패턴, 식재, 블루바르, 쉘터, 게시판, 광고탑, 벤치, 휴지통, 전화 부스, 시계탑, 횡단 보도, 게이트, 지하도 쉘터, 고가 밑등, 가로 생활상 필요한 집기류나 도시 경관상 포인트가 되는 대상이 포함된다.
①도시의 사인 계획: 점차 복잡화, 국제화가 진행되는 현대 도시에서는 도시민이나 외국인을 포함한 방문객에게 도시를 알기 쉽게 안내하여 쾌적한 환경을 만드는 작업이 필요하다. 도시의 사인 계획을 수립할 때: 첫째, 사람들을 목적지까지 유도할 것. 둘째, 가로와 시설 내용을 소개하여 이용상의 활성화를 꾀할 것. 셋째, 가로와 시설의 개성적인 매력을 연출할 것 등 세 가지 역할을 고려해야 한다.
②교통 기관의 사인 계획: 도시의 교통인 지하철, 버스, 철도 등 여러 종류의 교통 기관은 각각의 사인 시스템에 의해 운영되는 경우가 많다. 그러나 실제 이용에서는 연계된 조직망으로 디자인이나 시스템을 고려할 필요가 있다. 사인 시스템 또한 가독성만이 아닌 역사나 광장, 차량을 포함한 전체를 하나의 시스템으로 고려하는 사인 계획이 필요하다. ③주택 단지의 사인 계획: 주택 단지의 사인 계획은 대상 지역 전체가 주거지이므로, 주로 거주자를 위한 계획이 된다. 기본적으로 거주자와 방문객이 단지 사인을 통하여 의사 소통함

머빈 컬랜스키, 로버트 더네트, 옥스퍼드 현대 미술관,

으로써, 알기 쉽고 안전하며 쾌적한 주거 환경을 창출하도록 한다. 다음으로 거주자는 단지 내에 놓이는 사인이 단지 환경을 형성하는 요소임을 알아야 한다. 따라서 사인 계획은 친근감이 들게 구성되야 한다. 친근감이 드는 거리는 거주자에게는 귀속감이 있는 거리이며, 방문객에게는 알기 쉬운 거리, 아이덴티티를 느끼게 하는 거리이다.

▶ 환경 디자이너

환경 디자이너는 환경을 구성하는 많은 요소를 통합하는 총체적인 시점에서 계획하고 조형한다. 그러나 환경 디자인은 독립한 디자인 분야로서 독자적인 설계 기법을 갖지는 않는다. 예를 들면 건축 디자인의 설계 기법, 시각 디자인의 표현 기법 등으로부터 환경 디자인을 디자인 개념으로 하기 때문이다. 환경은 많은 요소로 구성된다. 이는 다양한 설계 기법과 표현 기법이 필요하다는 것을 의미하나 때로는 개인의 능력을 넘어서는 경우가 있다. 이 경우 디자이너 개인은 한 가지 또는 복수의 디자인 분야에 접해야 하며, 나아가서 그 분야의 전문가가 될 필요가 있다. 디자인 각 분야의 전문가가 함께 모여 공통된 개념 아래, 각자의 디자인 분야에서 계획하고, 조형하는 데 환경 디자인의 의의가 있다.

▶ 환경 디자인 environmental design

환경 디자인은 건축 디자인, 옥외 디자인, 산업 디자인, 시각 디자인, 공예 디자인 등 디자인의 분야를 종합적인 시점에서 각각의 분야를 통합하여 하나의 체계로 묶으려는 디자인 개념이다. 예를 들면, 실내와 여러 도구, 주택과 정원, 주택과 도로, 주택과 주택, 또는 도로와 가로수와 스트리트 퍼니처, 강과 다리와 제방 등 환경을 구성하는 여러 요소의 상관성에서 그 조화를 추구하는 디자인이다. 이들 디자인에서 추구하는 '공간'이 하나의 기준이며 '통합, 질서, 조화'가 환경 디자인의 기조가 된다. 환경 디자인은 환경을 구성하는 여러 요소를 하나의 질서로 관련지어 구성, 정리한다.

▶ 환경 연출

환경 디자인의 연출 목적은 공공 시설의 기능적인 측면뿐만 아니라 공간이 지닌 의미나 문화적 가치 등의 부가 가치를 창출하는 데 있다. 환경 연출은 명확한 개념에 근거하여 시간과 공간의 정보를 프로그램화하고, 그 공간이 갖는 각종 요소를 활성화시켜, 부가 가치를 더욱 높이는 종합적인 디자인을 말한다. 연출 요소로는 색채, 빛, 소리, 영상, 이벤트 등을 들 수 있다. 환경 연출은 부차적인 것으로 여기는 경우가 많았으나 환경 디자인에서 처음부터 연출 요소를 적극적으로 도입함으로써 공간이 완성된 후에도 늘 새로운 가치가 만들어지는 시스템을 만들 수 있다.

▶ 환경 장식물 environmental decorations

환경 장식물이라 함은 특정한 공간이나 대상 그리고 특정한 목적하에 이루어지는 행사를 위해 계획, 설치되는 장식 시설물로서 흔히 엑스포나 박람회, 올림픽, 각종 전시회 등을 위한 특정 목적을 위하여 공공연히 계획된다. 따라서 행사의 분위기와 행사 목적을 알리는 홍보 기능을 중심으로 전개된다. 환경 장식물의 기본적인 요소는 행사 엠블렘, 캐릭터, 마스코트, 픽토그램, 색채계획 등의 기본형과 배너, 사인 시스템, 장식 구조물, 깃발, 홍보 시설물, 장식물품, 공간 장식품, 입체 조형물, 조명, 키오스크류, 기타 구조물 등의 응용형으로 구분하여 계획하기도 한다. 환경 장식물의 계획은 도시 전체를 놓고 전체적인 계획으로 이루어지는 광역 계획과 행사장 주변으로 중점대상지를 선정하여 계획하는 미시적인 계획으로 이원화하여 계획한다.

▶ 환경 장치

환경 장치란 거시적인 면과 미시적인 면을 결합시키는 시점 즉, 중간적인 면을 말한다. 사람들의 요구에 대응하여 만들어지는 기술을 갖는 도시 공간의 구성 요소(부분)가 환경 인자에 의한 시스템에 의해 구축되는 전체이다. 환경 장치 디자인 개념은, 환경 인자의 시스템에 의해 요소 간의 관계를 재구축한 환경 장치에 도시 환경의 공간, 정보, 시간, 가치를 정신적인 측면에서 체계화한 것이다. 환경 장치 디자인의 역할은 개념에 나타난 내용을 구체적으로 실천하는 것이다. 각 사업자 간에 개별적으로 설치되는 각종 요소들이 서로 필요한 존재가 될 수 있도록 진행해야 한다. 존재 가치를 찾아내는 계기로서, 환경 인자를 어떻게 해독하고 시스템화할 것인가가 중요하다. 공간 가치는 그 장소의 맥락에 의해 형태를 갖는다. 정보 가치는 알기 쉽게 하기 위해 질서화된다. 시간 가치는 변화에 대응한 연계를 행한다. 환경 장치 디자인의 역할은 각 가치의 통합을 이루는 데 있다. 이러한 각 가치를 관계맺고 구체적인 형태를 만들어 내는 환경 장치 디자인은 단위의 정리로 확실히 새로운 경관을 구성하는 힘을 갖는다. 이 디자인 방법은 도시에 관련된 모든 전문 영역에서 추구해야 할 기능이다.

▶ 환경 조명 environmental lighting

자연광은 예로부터 디자인 요소로 간주되었다. 건물의 내부에 빛을 도입하는 아트리움(atrium), 파티오(patio), 퍼골라(pergola) 등이 그의 적용 예이다. 인공 조명에 의한 도시 공간의 연출은 미래 도시의 중요한 연출 기법이 될 수 있다. 빛의 연출은 야간 경관을 만드는 데 큰 역할을 한다. 인공적인 조명 연출의 구체적 기법으로는 건물 조명, 라이트업, 내추럴 글로우, 야간 랜드마크, 축제 분위기 연출, 자연 감각의 연출, 계절감의 연출 등을 꼽을 수 있다. ➡ 조명 디자인 참조

루브르 박물관의 피라미드

▶ 환경 조형물 environmental artwork

환경 조형물이란 주로 설치되는 대상이 도시 옥외 공간 및 공공 주택 단지 등과 같이 공적 공간에 설치되는 예술 작품을 말한다. 여기서 공적 공간이라함은 넓은 의미를 말한다. 따라서 공적 공간에 설치되는 예술 작품으로 환경 조형물은 주변 환경 여건과의 조화 등을 염두에 두어 쾌적한 주거 환경 조성 및 이용자의 미적 욕구를 수용하기 위해 공익 목적으로 설치된 조형물을 뜻한다. ①예술성을 강조한 작가의 순수 창작 조형물, ②실용성, 기능성을 강조한 평면이나 입체 조형 구조물, ③보편적 의미의 상징성을 강조한 모뉴멘트, ④기타 공공 미술로서 공익의 목적에 충실한 수준높은 예술성 및 창작을 통한 경관 창의성이 높은 작품류.

▶ SF 디자인 Street Furniture design

옥외 가구로 명명되는 SF(Street Furniture) 디자인은 현대 도시 환경 디자인 분야에서 중요한 시설 대상으로 분류된다. SF시설 체계에 속하는 대상으로는 키오스크, 쉘터, 휴지통, 가로등, 블루바르, 우체통, 식수대, 정류장, 정차대 등 도시 가로 환경을 구성하는 다양한 시설물로 각종 편의 및 기능을 담당하는 역할을 한다. 하나의 체계화된 시스템으로 설계하며, 시설물의 유형과 목적, 기능상 하나의 통합된 시설물로 설계하는 경향이 있으며, 도시 아이덴티티를 위해 디자인의 패턴과 이미지를 일정한 지역 내에서 이미지 통합화하여 계획하는 추세이다.

프랑크 게리, 브라운슈바이거 광장 정류장

인류의 역사는 디자인의 역사로 이어져 있다. 인간만이 필요한 도구를 만들고 의사전달을 위한 언어를 만들어 삶을 영위해 왔다. 그러나 금세기에 이르러 인간은 대량생산과 대량소비로 인한 자원고갈과 자연파괴로 지구환경의 이상적 불균형을 초래하여 쾌적한 삶의 터전을 잃고 인류문명이 환경 재앙으로 파괴되는 위기를 자초했다. 그 동안 인간생활을 풍요롭게 하는데 중심적 역할을 해왔던 디자인의 개념과 역할이 이러한 상황을 극복하고 해결할 수 있는 환경 친화적 방향으로 전환되고 편의성과 심미성에 치중되었던 종래의 디자인 개념은 자원을 절약하고 재사용이 가능한 에코로지칼(Ecological) 디자인의 개념으로 변화되고 있다. 에너지 효율을 극대화 시킬 수 있는 건축·실내디자인, 제품 수명과 공해를 극소화할 수 있는 제품디자인, 과 포장을 억제하고 재충진이 가능한 포장디자인, 종이 사용량을 줄일 수 있는 편집디자인, 염색과정에서 공해를 최소화할 수 있고 자연으로의 회기가 용이한 섬유 및 의상 등 모든 부분에서 환경 친화적인 설계사상이 필연적인 디자인 요건이 되고있다. 새로운 밀레니엄의 미래에서도 인류 역사가 존속되려면 그린디자인에 대한 관심과 열정이 절실히 요구된다. 디자이너 스스로 자신의 역할과 책임을 각성하고 환경생태계를 보호할 수 있는 디자인정신으로 무장하여 인류문명과 후손들이 삶의 터전 보호에 핵심적 역할을 감당하기 위한 그린디자인 연구의 필연성이 높아지고 있다.

윤호섭 (국민대 교수)

디자인 도구 design tools

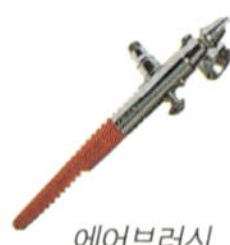

에어브러시

오늘날 디자인 스튜디오를 성공적으로 운영하기 위해서는 컴퓨터 시스템, 디자인 기자재와 도구에 대한 활용 지식이 필수적이다. 그것은 바로 이들 노하우가 바탕이 되는 현대 경쟁 시대에서 디자인 업무를 신속 정확하게 처리하는 능력이 그 스튜디오의 성장을 좌우하기 때문이다. 특히 디자이너는 시각 매체를 표현하는 전문가이므로 다양한 디자인 표현 기법에 능숙해야 하며, 경우에 따라 매일 변신하는 각종 디자인 멀티미디어의 특성도 잘 파악해야 한다. 이 분야를 지망하는 대학생 수준에서도 프로가 되기에 앞서 다양한 디자인 하드웨어의 사용법을 미리 숙지해야만 어떠한 과제도 합리적으로 처리할 수 있고 학생 신분으로도 프리랜서의 기회를 잡을 가능성이 높아진다.

　　최근 몇 년 전부터 컴퓨터가 등장하면서 디자이너의 필수적인 파트너 역할을 하고 있으며, 그래픽 디자인 업무를 돕는 기종 중에서 특히 매킨토시 시스템은 가장 익히기 쉽고, 경제적이며, 시스템 확장도 편리하다. 특히 컴퓨터와 주변기기를 통한 워크 스테이션을 완벽하게 갖추어 디자인 스튜디오 자체에서 인쇄 과정 바로 전 단계까지 모든 기능을 해결하는 개념을 DTP 시스템이라고 부르는데, 이러한 매킨토시 시스템은 시안 및 인쇄 원고 제작 부분을 과거에 비해 정밀하고 신속하게 개선시켰다. 따라서 디자인 스튜디오의 일 처리량과 능률을 훨씬 높일 수 있으며 결과적으로 디자이너에게 창의적인 부분에 투여할 시간도 더 마련해주게 된다.

　　디자인 도구는 대표적으로 두 가지로 구분한다. 첫째, 고객에게 디자인 방향(concept)을 합의하는 과정에서 광고, CI, 편집, 멀티미디어 등 아이디에이션을 스케치하는 단계부터 실제감을 형성하기 위한 정밀 시안 제작까지 관련된 각종 미디어이다. 대표적인 도구: 연필, 색연필, 샤프 연필, 붓, 매직 마커, 포스터 컬러, 색종이, 매트로 시스템(matro system: 자체적으로 모든 형태를 원하는 컬러로 만드는 레트라세트 시스템), 아스테이지(레터링, 도면을 먹작업하는 두꺼운 투명 종이), 트레이싱지(시안 보존, 인쇄 원고, 색상 지시, 스케치 패드 활용), 스프레이 접착제(에어로졸로 뿌려 시안을 하드보드에 붙이거나 원고 작업시 사용), 러버 시멘트(원고 작업시 사용하는 고무풀), 테이프

연필, 샤프 펜슬, 붓

매직 마커

포스터 컬러

매트로 시스템

색종이

트레이싱지

아스테이지

마스킹 테이프, 양면 테이프, 스카치 테이프

러버 시멘트

스프레이 접착제

하드보드

커팅 매트

커터

라인 테이프

라이트 박스

스캐너

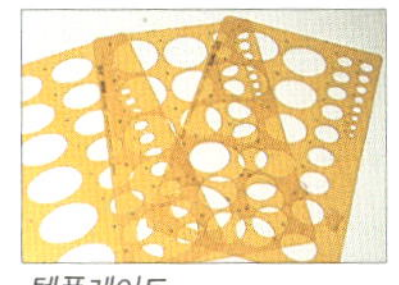
템플레이트

곡선자

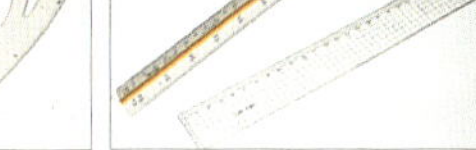

스케일자, 눈금자

활자 보기책

종류(마스킹 테이프, 양면 테이프, 스카치 테이프), 하드보드, 커터, 커팅 매트, 레트라세트, 스크린톤, 라인 테이프, 에어브러시, 라이트 박스(슬라이드를 보기 위한 조명 기구).

두번째 종류는 고객과 컨셉이 합의 후 인쇄 작업에 들어가기 위한 원고 제작에 관련된 미디어가 있다. 대표적인 도구: 로트링 펜, 템플레이트, 곡선자, 스케일자, 눈금자, 디바이더, 콤파스, 핀셋, 컬러 표준 보기책(미국 팬톤 컬러와 일본 DIC가 흔히 쓰인다), 활자 보기책, 식자 급수 필름(사진 식자 의뢰시 글자 사이, 낱말 사이, 크기 등 활자 명세를 알아보는 데 필요한 투명 필름), 컬러 차트(인쇄 4원색 퍼센티지 분판 데이터로 되어 있는 보기.

또한 매킨토시 시스템은 하드웨어가 다양하지만 기본적으로 꼭 필요한 워크 스테이션 시스템은 다음과 같다: CPU(컴퓨터 본체), 모니터, 키보드, 디스켓, 마우스, 소프트웨어(다양한 그래픽 기능 프로그램. 주로 어도비 일러스트레이터, 어도비 포토숍, 쿼크익스프레스 등이 필수), 레이저 프린터, 이미지 스캐너, 컬러 프린터.

장동련 (인터브랜드 DC&A 대표)

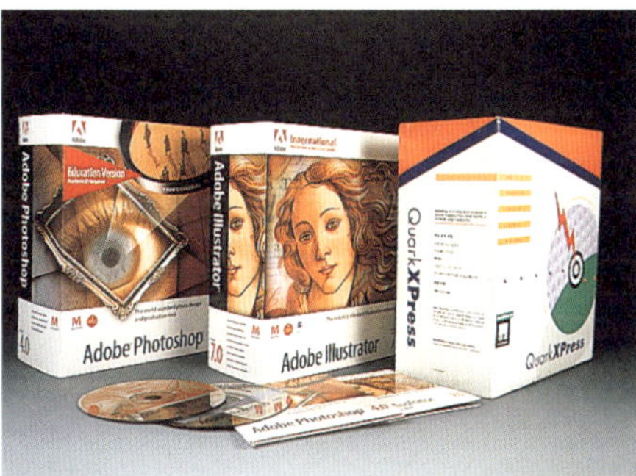
소프트웨어

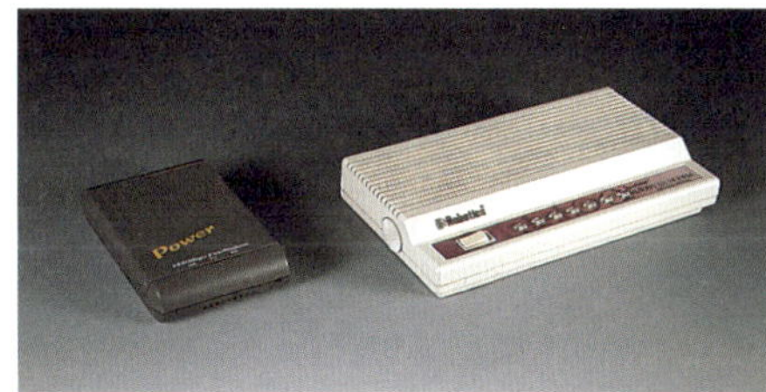
모뎀

보조기억장치(시디라이터, 집드라이브)

파워 매킨토시 G3

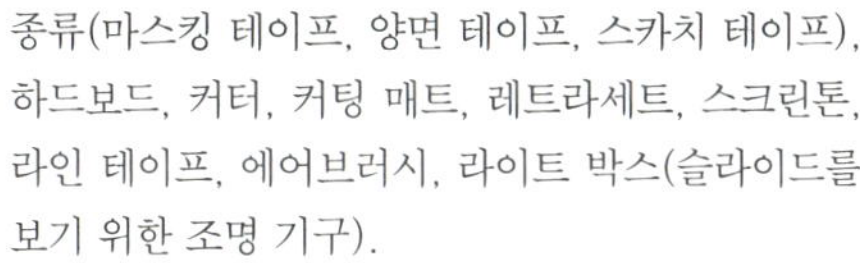

컬러차트, 팬톤 컬러 표준 보기, DIC 컬러 표준 보기책

각종 프린터

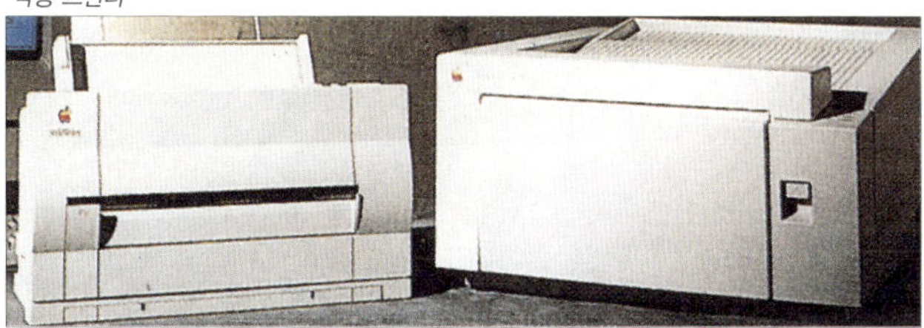

디자인 사전 부록

한국 근대 디자인사 연표

박암종

1898

▶석판 인쇄기 도입 ▶주간 〈협성회회보〉 창간 ▶최초의 일간지 〈매일신문〉 창간 ▶휴버트 보스(Hubert Vos), 고종황제 초상화 제작 ▶〈경성신문〉, 〈대한신보〉, 〈황성신문〉 창간 ▶독립협회, 종로에서 만민공동회 개최 ▶서대문-청량리간 전차 부설 공사 착공▶서울 전화 교환 시설 개통

1899

▶농상공부 인쇄소에서 국내 최초 우표인 '이화(李花)우표' 시제품 인쇄 ▶농상공부 인쇄소, 조각공 우신(宇進盛)과 제판공 마쓰자키(松岐米藏) 초빙 ▶〈독립신문〉, 〈매일신문〉 폐간 ▶해인사, 팔만대장경 4부 인쇄(해인사, 통도사, 송광사 등 각 도 사찰 보관) ▶〈황성신문〉 국내 최초의 전면 광고 게재 ▶국내 최초로 인천-노량진간 경인철도 개통 ▶서대문-청량리간 전차궤도 완공 ▶조신(朝臣)의 복장을 서양식으로 개정 명함 ▶윤고려(尹高麗: 윤치호의 부인), 국내 최초 양장 착용 ▶대한민국, '국제(國制)' 반포

1900

▶국내 최초의 엽서 발행(1전 엽서) ▶농상공부내 인쇄국 설치 ▶일본인에 의해 도산인쇄소 · 강천활판소 · 대화상회 인쇄부 등 설립 ▶영국 기사의 설계 · 감독으로 덕수궁 석조전 기공 ▶최초로 파리 만국박람회 공식 참가 ▶최초로 종로에 가로등 가설 ▶최초로 경인간 시외 전화 개통

1901

▶영자지 〈선교회보〉 창간(편집인: 언더우드 부인) ▶농상공부 인쇄국을 폐지하고 전환국 안에 인쇄과 설치 ▶전환국 인쇄과, 지폐 견본품 인쇄 ▶유두표, 한국 상인 최초로 하와이로 건너감 ▶홍도회(弘道會), 국내 최초의 도서관인 '부산시립 시민 도서관' 설립

1902

▶허가주의를 채택한 출판법 공포로 출판물 허가 ▶김은호 화백, 고종황제 어진(御眞) 제작 ▶손탁(Sontag), 정동에 국내 최초의 본격 호텔인 '손탁 호텔' 건립 ▶정부 직할 '전환국 인쇄소' 설립 ▶서울

마포 서강에서 양지(洋紙) 제작

1903

▶합자회사 '한성공립은행' 설립(전신 한성은행, 43년 조흥은행으로 개칭) ▶고종황제, 미국제 승용차 1대 구입

1904

▶인쇄과와 제지공장을 남겨두고 전환국 폐쇄 ▶탁지부에 인쇄국 설치(전환국의 인쇄 공장과 제지 공장을 승계) ▶헐버트의 〈The Korea Mission Field〉 창간 ▶영국인 베델, 〈대한매일신보〉, 〈코리아데일리뉴스〉 창간 ▶한일 의정서 조인

1905

▶을사보호조약 체결(외교권 · 통신권 박탈당함) ▶통감부 설치(초대 통감: 伊藤博文) ▶이용익, 고려대학교 전신인 보성학교 설립 ▶경부철도 개통

1906

▶천도교, 인쇄소 '보성사' 와 출판사 '보성관' 설립 ▶'일 · 한도서인쇄소' 설립('조선인쇄' 의 전신) ▶〈만세보〉 창간 ▶이인직의 신소설 '혈의 누(血의 淚)', 〈만세보〉에 연재 ▶한국인이 세운 최초의 공공 도서관 '대한도서관' 설립

1907

▶최남선, '신문관' 설립 ▶주시경, 국어학 운동 전개 ▶이인직, 신소설 〈혈의 누〉 ▶'관립공업전습소(官立工業傳習所)' 설립 ▶김규진, 소공동에 상업 사진관 '천연당사진관(天然堂寫眞館)' 개설 ▶한국 주재 일본인 인쇄업자들, '경성인쇄업조합' 설립 ▶국내 최초 상설 영화관인 '단성사 설립' (실제 영화 상영 1918년부터) ▶'헤이그 밀사(이준 · 이상설) 파견 사건' 발생 ▶고종황제 퇴위 ▶'한 · 일 신협약(정미 7조약) 체결 ▶연호 '강희(隆熙)'로 개칭 ▶'정미 7조약' 으로 차관 정치 개시 · 군대 해산

1908

▶'한성(이왕직)미술품제작소' 설립 ▶창경궁에 '황실박물관' 설립 ▶빅터사, 최초의 음반 제작 ▶최남선, 최초의 종합월간지 〈소년〉 창간 ▶최초의 신극인 이인직의 〈은세계〉 원각사에서 공연 ▶주시경, 〈국어문전음학〉 발간 ▶창경원 동물원 준공 ▶신민 통치 기구인 '동양척식회

사' 설립 ▶경부선 완전 개통

1909

▶인쇄 이론서인 〈활판술〉이 용산인쇄국에서 간행됨 ▶최초의 문고본〈십전총서〉발간 ▶이도영, 〈대한민보〉에 국내 최초로 신문 만평 게재 ▶공업 전습소 제1회 졸업식 거행 ▶한국은행 설립

1910

▶국내 최초의 상설 영화관인 '경성고등연예관' 개설 ▶국내 최초의 광고대행사인 '한성광고사' 탄생 ▶동화약품의 '부채표' 국내 최초로 특허국에 상표등록 ▶주시경, 〈국어문법〉 ▶'탁지부 인쇄국', '조선총독부 인쇄국' 으로 바뀜 ▶'한 · 일합방조약' 체결 ▶조선총독부 설치 ▶국호 '조선(朝鮮)' 으로 개칭

1911

▶총독부, 인쇄국을 폐지하고 총독 관방 총무국에 인쇄소 설치 ▶매일신보사에 국내 최초의 신문 윤전기인 '마리노니윤전기' 1대 설치 ▶김진환(金晉桓), 석판 인쇄 전문 '보진재인쇄소' 창립 ▶대한제국 최초의 박물관 건립(창경궁내 구장서각) ▶황실용과 조선총독부용 영국제 리무진 각 1대씩 구입 ▶경주 우편국원, 석굴암 발견

1912

▶〈매일신보〉, 국내 최초로 프랑스 '마리노니윤전기' 설치 ▶조선인쇄주식회사, 국내 최초로 자동 옵셋기 도입 ▶최남선, 〈붉은 저고리〉 창간

1913

▶최남선, 월간 〈새별〉 · 〈아이들보이〉 창간 ▶김규진, 상업 화랑인 '고금서화관' 설립 ▶'경성유치원' 설립

1914

▶최남선 〈청춘〉 창간 ▶〈청춘〉 최초로 고희동의 서양화를 표지로 사용 ▶조선호텔 준공 및 국내 최초로 엘레베이터(수직열차) 설치

1915

▶조선물산, '공진회(共進會)' ▶'조선총독부박물관' 설립 ▶정정숙, 화장품 관허 제1호인 '박가분(朴家粉)' 생산 ▶김규진, '서화연구회' 창립 ▶도쿄 유학생 이광수 등, '조선학회' 설립

1916

▶'공업전습소', '경성공업전문학교'로 개편 ▶김관호, '석모(夕暮)' 동경미술학교 최우수 졸업 작품으로 선정 ▶'세브란스의학전문학교' 정식 개교 ▶이두용(李斗鎔), 남대문로 1가에 '종로양복점' 개점 ▶여의도에 간이 비행장 건설

1917

▶평양의 김영선과 서울 인사동의 오경선, 사진관 운영 ▶신문학 최초의 단편문학집〈共進會短篇小說(공진회단편소설)〉 발행 ▶이광수, 〈무정〉을 〈매일신보〉에 연재(1/1-6/14)

1918

▶경성부, 최초로 휘장(심볼마크) 제정 ▶고희동, '조선서화협회' 창립 ▶박승필, '단성사' 인수 후 상설 영화관 개관

1919

▶일본 '오지(王子)제지', 신의주에 국내 최초의 제지 공장 설립 ▶보성사 인쇄소, '3·1 독립선언문' 인쇄 ▶고스기(小杉謹八), '조선인쇄주식회사' 설립 ▶최초의 현대 소설인 이광수의 〈무정〉 발간 ▶한국인 최초 영화인 '의리적 구투(仇鬪)' 상영(10/27, 단성사) ▶'조선미술회' 창립 ▶대한민국 상해 임시 정부 수립

1920

▶야나기 무네요시의 글 최초로 한국어로 번역 소개 ▶조만식(曹晚植) 등 70여 명, 평양 '조선물산장려회' ▶〈조선일보(3/6)〉·〈동아일보(4/1)〉 창간 ▶최초의 한국인 경영 인쇄소 '대동인쇄주식회사' 창립 ▶국내 최초 사진 제판 시설 도입 ▶일본의 문화정책 표방

1922

▶총독부, '제1회 조선미술전람회' ▶조선민족미술관, '조선시대 도자기 전람회' ▶〈조선일보〉, 신활자 주조로 신문 활자 개선 ▶덴즈 조선 지국, 〈日刊電報通信〉 발행(경성) ▶김동성, 국내 최초의 '현상 만화 모집' ▶'조선물산장려운동' 전개 ▶'토월회(土月會)' 창립

1923

▶'조선서적주식회사' 창립(총독부의 각종 출판·제조·판매권 독점) ▶'연희전문학교' 설립 ▶'고려미술회' 창립 ▶김억, 최초의 창작 시집인 〈해파리의 노래〉 간행 ▶국내 최초의 다방인 '후다미(二見)' 개점

1924

▶조선일보, 최초로 신문 조·석간제 실시 ▶경복궁 내 집경당, '조선민족미술관' 설립

1925

▶조선일보, 국내 최초로 채색 윤전 인쇄기 도입·인쇄 ▶조선일보, 국내 최초로 신문 강연회 ▶김복진·안석주, '조선만화가구락부' 결성 ▶김봉룡·전성규, '파리만국박람회'에서 나전칠기로 은상·동상 수상 ▶김복진, 제4회 '선전'에서 3등 입상(조각부) ▶보진재, 최초로 석판 인쇄기로 〈유년찬송가〉 인쇄 ▶종로 기독교 청년학관 미술과 설치

1926

▶최남선, 신문학 최초의 창작 시조집인 〈백팔번뇌〉 발행 ▶동아일보, 국내 최초로 현상 도안 광고상 제정 ▶한용운, 〈님의 침묵〉 '회동서관'에서 발행 ▶나운규 각본·주연·감독의 '아리랑' 상영 ▶'경성사진사협회' 창립

1927

▶동아일보사, '광고도안 현상 선발 대회' ▶배운성, 목판화 '자화상'으로 파리 '살롱 도톤느' 입선 ▶'경성인쇄직공조합' 결성

1928

▶임숙재, 도쿄미술학교 도안과 졸업 ▶〈동아일보〉, 본문 활자공모(이원모 당선) ▶'조선박람회'(경복궁) ▶정해창, 최초의 '예술사진전람회' ▶한글날 제정(10/9) ▶〈조선일보〉, 최초의 신춘현상 문예 작품 입선 작품 발표 ▶임경재, 동아일보에 공예와 도안 게재(8/16-17) ▶홍명희, 조선일보에 '임꺽정' 연재(삽화: 안석주)

1929

▶최승희(崔承喜), '제1회 무용발표회'(경성공회당) ▶광주학생운동

1930

▶고유섭, 경성제국대 철학과 졸업(미학과 미술사 전공) ▶신문 제목에 고딕 활자 쓰임 ▶국내 최초의 백화점인 '미쓰코시 경성 지점' 개점

1931

▶이병현, 일본미술학교 도안과 입학 ▶이순석, 도쿄미술학교 도안과 한국인으로 두번째 졸업 ▶이순석, 국내 최초 개인 공예전인 '제1회 공예도안전'(동아일보사 강당) ▶이순석, 화신백화점 광고 및 선전 미술 담당 과장으로 취업 ▶이상, 난해시 '오감도' 발표(8월, 조선일보) ▶동아일보, '브나로드 운동' 전개(1934년까지 계속) ▶김인정, 최초의 민간 도서관 '인정도서관' 설립

1932

▶'제11회 조선미술전람회'부터 공예부 신설 ▶조선일보, 광고일반 상식 해설 기사 연재(14회) ▶이태식, '선만사진제판소'(鮮滿寫眞製版所) 설립 ▶원색분해법 도입 ▶셔우드 헐(Sherwood Hall), 국내 최로 씰(seal) 제작 ▶영화잡지 〈신흥영화〉 창간 ▶나운규 주연의 '임자없는 나룻배' 완성

1933

▶배운성(裵雲成), 폴란드 바르샤바 '국제목판화전' 1등상 수상 ▶고유섭, '개성부립박물관' 관장으로 부임 ▶동아일보사, 이원모 자본을 일본에 보내 최초의 한글 명조체 활자 완성 ▶한글맞춤법 통일안 발표 ▶조선일보사, 한국 최초로 100만부 발행

1934

▶이병현, 일본미술학교 도안과 졸업 및 선전 13회 입선 ▶김정환·이병현, 최초의 목판화 소품전 ▶엘리자베스 키츠, '아기업은 여인' 씰 삽화 제작

1935

▶강창원, 동경미술학교 칠공과 및 연구과 졸업 ▶강창원, '일본제국미술전람회' 일본 총리 대신상 수상 ▶최신영(崔信榮), '널뛰는 소녀' 크리스마스 씰 도안 ▶심 훈, 동아일보에 〈상록수〉 연재(삽화: 이상범)

1936

▶강창원, '선전' 조선총독상 및 이왕가상 수상 ▶최경자, 동경 오차노미즈(御茶之水) 양장전문학교 졸업 ▶배운성, 베를린 '만국목판화전' 명예상 수상 ▶조선서적

(주), 국내 최초로 2색 옵셋 인쇄기 도입 설치 ▶엘리자베스 키츠, '연 날리는 어린이' 씰 삽화 제작 ▶안익태, '애국가' 작곡 ▶손기정, '베를린 올림픽' 마라톤 우승

1937
▶한홍택, 일본 도쿄도안전문학교 졸업 ▶강창원, 일본 천황 접견실 실내 장식 ▶최경자, 함흥 '은좌옥(銀座屋)' 양장점 개설 ▶최경자, '함흥양재학원' 국내 최초로 설립 ▶김기창(金基昶), '팽이치는 소년' 크리스마스 씰 삽화 도안 ▶조선일보사, 일본인 강사의 '광고강좌' 개설 ▶'조선상업미술협회' 창립 ▶배운성·방소비, '만국목판화전'에서 명예상 수상 ▶최현배, 〈우리말 사전〉 간행 ▶박흥식(朴興植), 화신백화점 건립

1938
▶동아일보사, '제1회 상업 미술 전시회' 개최 및 광고 도안 모집 ▶강창원, 일본 천황 접견실 실내 장식으로 공로상 수상 ▶김기창, '제기차기' 크리스마스 씰 삽화 도안 ▶배운성, 목판화로 파리 '르 살롱전' 입선 ▶덕수궁 미술관 개관 ▶전형필, 국내 최초의 사설 박물관 '보화각' 설립 ▶조선일보사, '부민관'에서 '제1회 영화제' 주최

1939
▶한홍택, 도쿄제국미술학교 회화 연구과에서 회화 전공 ▶강창원, 선전 20년 공로상 수상 ▶유영완(柳永完), '그네 뛰는 처녀' 크리스마스 씰 삽화 도안 ▶동아일보사, '제2회 상업 미술 전시회' 개최 ▶총독부 미술관 신축

1940
▶한홍택, 유한양행 아트디렉터로 근무 ▶엘리자베스 키츠, '때때옷 입은 어린이' 씰 삽화 제작 ▶동아일보사, '제3회 상업 미술 전시회' ▶〈조선일보〉·〈동아일보〉 폐간 ▶고희동, 첫 개인전

1941
▶잡지 〈춘추〉 창간

1942
▶공예가 유강열, 일본 '제등(齊藤)공예연구소' 입소 ▶'조선어학회 사건' 발생

1943
▶한홍택, 서양화 단체인 '녹과회'에 작

품 출품 ▶조선단식인쇄(주), 국내 최초로 사진 식자기 1대 도입

1944
▶공예가 유강열, 일본미술학교 공예도안과 졸업 ▶'조선 미술 전람회' 종회 ▶북선화학제지 군산 공장, 제1호 초지기 가동 ▶경성기공(기아산업의 전신) 설립

1945
▶8. 15 광복 ▶'조선산업미술가협회' 창립 ▶'조선미술건설본부' 공예부 설치(위원: 이순석) ▶〈조선일보〉·〈동아일보〉 복간 및 〈서울신문〉 창간 ▶동아출판사 전신인 '동아프린트사', 출판부 설립 ▶'조선사진예술연구회' 창립 ▶'대한제지공업협회' 창립(구 조선제지공업협회) ▶광복 후 최초의 담배 '승리' 발매 ▶장봉선, 첫 '벤톤활자' 제작 ▶미군불하로 트럭·지프 등 재생 조립 ▶김익달, '학원사' 창립

1946
▶'조선산업미술가협회' 창립전, '조국광복전' (5/20-25, 동화화랑) ▶'조선산업미술가협회', '제2회 산업 포스터 및 팜프렛전' ▶'조선공예가협회' 창립(회장: 김재석) ▶'조선공예가협회' 주최 '제1회 조선 공예 미술전' ▶'조선상업미술가협회' 창립(회장:김중현) ▶'조선미술동맹' 창립(선전 미술부 한홍택, 공예부 김봉룡) ▶'조선 나전칠기 공예 조합 창립전' (이사장: 김우공) ▶이화여대 예림원에서 도안 전공 설치 ▶서울대, 예술대학 미술학부 설치

1947
▶이순석, 장식 도안 개인전(현 신세계백화점) ▶'조선산업미술가협회 제3, 4회전' ▶한글 가로쓰기 채택

1948
▶'조선산업미술가협회'가 '대한산업미술가협회'로 개칭 ▶임석재, 광복 후 최초의 개인사진전 ▶안익태의 '애국가'를 국가로 채택 ▶대한민국 정부 수립

1949
▶'제1회 대한민국미술전람회' (4부 공예부 설치) ▶'대한산업미술가협회', '제7회 산업 건설 포스터전' ▶이순석, 도안 개인전(생활미술연구회) ▶이순석, 대통

령 무궁화 대훈장 디자인 ▶이화여대 예림원 제1회 졸업생 배출 ▶서울대 예술대학 미술학부 도안과가 응용미술과로 개칭 ▶공병우 박사, 고성능 한글 타자기 개발 ▶20본들이 담배 포장 생산 시작

1950
▶한국전쟁 발발 ▶홍익대 초급대학 병설하여 미술과 개설 ▶산업 미술가 이병현 작고 ▶한홍택 대한민국 대통령 휘장 디자인

1951
▶이화여대 예술학부에 미술학부 설치 ▶경상남도 '도립 통영 나전칠기 기술원' 설립 ▶부산에서 '산미전' ▶대구에서 종군화가단 결성 ▶〈신미술지〉 창간 (대한미술교육회)

1952
▶홍익대 문학부 안에 미술과 개설 ▶장봉선, 사진 식자기 자판 고안 ▶'한국사진작가협회' 창립 및 회원전 ▶학원사, 학생 교양지 〈학원〉 창간 ▶기아자전거, '삼천리'호 생산 ▶락희화학, 최초의 플라스틱 제품 생산

1953
▶서울대학교 미술대학 응용미술학과 설치 ▶한홍택 제1회 개인전(서울신문사 후원) ▶'한국사진작가협의회' 칼라사진 발표(정인성, 임응식) ▶'제2회 국전' ▶제1차 화폐개혁

1954
▶제3회 국전 '공예'를 '응용미술'로 개칭 ▶국내 최초의 TV수상기 수입 ▶국내 최초의 민간 라디오 방송국 CBS 개국 ▶사진 식자체 국정 교과서에 최초 사용 ▶문교서적(주), 한글·한문 혼용 사진 식자기 국내 최초 도입 ▶정비석, 서울신문에 〈자유부인〉 연재(삽화: 김영주) ▶〈한국일보〉 창간 및 해외 만화 '블론디' 연재

1955
▶'공예작가 동인회' 창립 ▶삼화인쇄소, 국내 최초의 원색 동판 인쇄 시작 ▶이순석, '서울시문화상' 공예 부문 수상 ▶최경자, '대한복식연우회' 창립 ▶제4회 국전 응용미술부를 공예부로 환원 ▶'광복 10주년 기념 산업 박람회' ▶김성환, 〈동

아일보)에 '고바우영감' 게재 ▶국내 최초 조립 자동차 '시발자동차' 생산 ▶국내 최초의 치약 '럭키치약' 생산

1956

▶제1회 한국미협전에서 이순석, 백태호 출품 ▶한홍택, 국내 최초의 도안연구소 개설 ▶국내 최초의 TV 방송국 HLKZ-TV 개국 ▶국내 최초의 TV 광고 등장 ▶광복 후 최초의 미술 잡지 〈신미술〉 창간 ▶동아출판사 민간업체 최초로 벤톤 자모조각기 도입 ▶'한국미술평론가협회' 창립 ▶태평양화학, 국내 최초의 모델을 이용한 신문 광고 제작

1957

▶〈우리말 큰사전〉 출간 ▶'한국공예시범연구소' 개소 ▶백태원, 국내 최초의 공예 개인전 ▶벨기에 만국박람회 출품 작품전(이순석, 김교만, 권순형 출품) ▶'한국미술품연구소' 와 '한국조형문화연구소' 설립 ▶동아출판사 국내 최초로 활자 개량 성공(최정호 서체) ▶최경자, 제1회 개인 의상 발표회(반도호텔) ▶김영기(金永基), 국내 최초의 인쇄 기술 해외 연수 ▶'한국신문편집인협회' 창립 ▶저작권법 공포

1958

▶홍익대학교 미술학부내 공예과 신설(정원 80명) ▶홍익대학교, '제1회 전국 남녀중고등학교 미술실기대회' ▶김교만, 권순형, 'NK디자인연구소' 설립 ▶김용중, '한국 PR연구소' 및 광고 회사 'AD 코리아' 설립 ▶삼화인쇄, 원색분해 시작 ▶'한국판화협회' 창립 ▶'한국만화가협회' 창립 ▶태평양화학, 국내 최초 사외보 〈화장계〉 창간(표지모델: 이빈화) ▶학원사, 국내 최초의 〈세계백과사전 (전6권)〉 간행 ▶금성사(LG전자 전신) 설립 ▶최초의 국산 필터 담배인 '아리랑' 발매

1959

▶금성사, 한국 최초의 라디오 'A-501' 생산 ▶'뉴욕 국제무역박람회'에서 한국관 우수 전시관 선정 ▶유강열, '미국현대판화 100인전'에 목판화 출품 ▶한홍택·유강열, 홍익대학 공예과 교수로 부임 ▶김한용, 국내 최초의 상업 사진 연

구소 개설 ▶진로, 국내 최초의 CM송 광고 ▶한국일보사, '한국 광고작품상' ▶'한국미술평론인회' 창립 ▶크라프트지 생산기계 도입 조인(UNKRA)

1960

▶미국인 노만 디 한(N. R. De Hann), 공업 미술전 ▶'한국공예시범연구소' 폐소 ▶유강렬 홍익미대 공예학과장으로 위촉(이후 16년간 재직) ▶금성사에서 최초로 선풍기 생산 ▶조선일보사 국내 최초의 신문용 납작꼴 활자 개발 ▶이해근, 개인 부담으로 최초로 인쇄 기술 해외 연수 ▶동양맥주, 국내 최초의 사보 〈OB뉴스〉 창간 ▶한국광고사, 국내 최초의 광고 전문지 〈새 광고〉 창간 ▶신흥제지, 크라프트지 생산

1961

▶국내 최초의 컬러 시네마스코프 '춘향전' 개봉 ▶국내 최초의 스타일화과 설립(국제복장학원) ▶'한국응용미술가협회' 결성(서울대 응용미술과 졸업생 중심) ▶금성사, 최초의 국산전화기 생산 ▶KBS-TV 및 MBC 문화 방송 개국 ▶이시용, 서독에서 사진 제판법 연수 ▶황창규, 국내 최초 광고 관련 논문으로 석사학위 취득

1962

▶기아자동차, 오토바이 생산 ▶새나라자동차 조립생산 ▶민철홍, '아리랑' 담배 포장 디자인 ▶조선일보사 주최 '제1회 광고 사진 공모전' ▶금성사, 최초의 전자 제품인 라디오 수출 ▶마이클 오새먼 (Michael O' Sammon), 광고 회사 '임팩트' 설립 ▶성안기계공업사, 그라비아 인쇄기(1도 인쇄)개발 ▶'신문협회' 설립

1963

▶민철홍, '체신1호' 전화기 디자인 ▶김효, 프로덕션 '애드세일(Ad. Sail)' 설립 ▶'대한복식디자이너협회' 창설(회장: 최경자) ▶박한유, 국전 공예부 대통령상 수상 ▶김환기, '평론가협회' 창립 ▶'한국잡지협회' 설립 ▶'ISO' (국제표준화기구)가입 ▶미국인 광고 대행업 개시(1963-1965년) ▶국내 최초로 볼펜 자체 생산(모나미) ▶국내 최초의 라면 '삼양라면' 발매 ▶동아방송(DBS) 라디오 개

국 ▶KBS TV 광고 방송 개시

1964

▶조선일보사, '조일광고상' 제정(대상: 이효일) ▶한홍택 문하생 작품전 ▶홍익대학 공예학부에 도안과 신설 ▶서울대, 상업 미술과 공예 미술로 분리 ▶유봉로·상무달·김원수, 국내 최초 광고 개론서 저술 ▶해태제과 포장 디자인실 개설 ▶국내 최초 차밍 스쿨 설립 및 스타일화전(국제복장학원) ▶인성산업, 드럼 캔(Drum Can) 생산 ▶성안기계공업사, 그라비아 인쇄기(3도) 개발 ▶동양방송(TBC) TV·라디오 개국 ▶한국 영화 컬러 시네마스코프로 발전

1965

▶'한국선전미술협회' 발족 ▶'한국공예가회' (KCC) 결성(박대순 외 11명) ▶서울대 부설 '한국공예디자인기술연구소' 설립 ▶'대한산업미술가협회' 제15회 전시 및 최초의 전국 공모전 ▶국내 최초의 한·미·일 합동 스타일화전 ▶김동선, 광고회사 'S/K 어소시에이츠' 공동 설립 ▶'한국미술협회' 창립전 ▶〈중앙일보〉 창간 및 '중앙 광고 대상' 제정 ▶금성사, 최초의 국산 냉장고 생산 ▶'한국포장기술협회' 창립 ▶'한·일협정' 체결

1966

▶'제1회 대한민국 상공 미술 전람회' (대통령상: 강찬균) ▶'한국공예디자인연구소' 설립(초대 이사장: 박갑성, 소장: 이순석) ▶'한국상업미술가협회' 5회전을 끝으로 해체 ▶격월간 건축·문화 잡지 〈공간〉 창간(발행인: 김수근) ▶'한국포장기술협회' 창립, 〈포장기술〉 창간 ▶〈중앙일보〉, 국내 최초로 향기나는 광고 게재 ▶전성우·전영우, '간송미술관' ▶금성사, 최초 공업 의장실 설치 ▶금성사, 국내 최초 흑백 TV 생산 ▶신진자동차, '코로나' 승용차 생산 ▶두산제관, 캔맥주(three piece) 생산

1967

▶'제2회 상공미전' (대통령상: 김길홍) ▶신동헌·신동우 형제 만화 영화 '홍길동' 제작 ▶합동통신사, 광고 기획실 설립 ▶'동아공예대전' ▶민철홍, 대한민국 국장 디자인 ▶하동환, 월남과 보루네오에

대형 버스 첫 수출 ▶한국 생산성 본부, 국내 최초로 일제 '파콤222' 도입 ▶삼화인쇄(주), 국내 최초의 '롤랜드 4색 옵셋 인쇄기' 도입 ▶고려서적 및 삼화인쇄, 국내 최초 컬러 스캐너 전자색분해기 도입 ▶'ABC연구회' 발족

1968
▶'제3회 상공미전' (대통령상: 권명광) ▶'제1회 한국 무역 박람회' (포스터 디자인: 조영제, 민철홍) ▶김종영, 제2대 '한국공예디자인연구소' 이사장 취임 ▶'국제광고협회' (IAA) 한국지부 ▶'한국상업사진가협회' ▶광고대행사 '애드코리아' 설립 ▶'한국만화가협회' 결성 ▶현대자동차, '코티나' 양산 개시 ▶국내 최초 패션 종합지 〈의상〉지 창간 ▶문화공보부 설치 ▶코카콜라 국내 상륙

1969
▶'제4회 상공미전 개최' (대통령상: 부수언) ▶'한국수출품포장센터' 설립(1월 8일) ▶'한국공예디자인연구소', 2월에 '한국디자인센터' 로, 3월에 '한국수출디자인센터' 로 개칭 ▶〈계간 디자인〉 창간 (편집인: 이순석, 편집지도: 유근준, 편집담당: 정시화) ▶박정희 대통령, 〈계간 디자인〉에 '美術輸出' (미술수출)이란 용어 사용 ▶'제1회 한국 포장 콘테스트전' ▶'동아 미술제' 최초 공모전 ▶'한국인테리어디자이너협회' 창립 ▶'현대디자인실험작가협회' 창립 ▶합동통신 광고기획실, 광고 전문지 〈합동광고〉 창간 ▶'만보사', 광고 대행사로 발족 ▶MBC-TV 개국, KBS-TV 상업방송 폐지 ▶일본 모리자와 사, 최정호 활자로 한글 사진 식자 글자판 제작 ▶국내 최초로 신세계 백화점 크레디트 카드제 도입 ▶한국일보사, 국내 최초 스포츠 신문 〈일간 스포츠〉 창간 ▶펩시콜라, 국내 상륙

1970
▶'제5회 상공미전' (대통령상: 김철수) ▶디자이너 233명 1차로 '한국디자인포장센터' 에 등록 ▶'(사)한국포장기술협회' 와 '(사)한국수출디자인센터', '(재)한국수출품포장센터' 로 통합 ▶〈계간 디자인〉 제4호로 폐간 ▶'한국디자인포장센터' 설립(초대 이사장: 이낙선) ▶'한국디자인포장센터', "70 한국 포장 대전 (Korea Design Pack) ▶'한국디자인포장센터', 〈디자인 포장〉 창간(발행인: 이낙선, 편집인: 정진화) ▶'한국수출포장센터', '수출포장지디자인전' ▶'제1회 전국 대학 문화 예술 축전' ▶'신문협회 광고 협의회' 발족 ▶삼성전자, TV공장 완공

1971
▶'제6회 상공미전' (대통령상: 신용태) ▶'한국디자인포장센터', '세계공예가협회' 에 정회원으로 가입 ▶'한국디자인포장센터', "71 한국 포장 대전' 및 'Korea-Pack' 최초 국제 전시 ▶'한국디자이너협의회' (KDC) 창립(회장: 박대순) ▶'한국광고연구협의회' ('한국광고단체연합회' 의 전신) 창립 ▶'제1회 전국 관광민예품 경진 대회' ▶'제1회 전국 디자이너 대회' ▶학원사, 국내 최초로 서적용 옵셋 윤전기 도입(BB 타입 4×4) ▶장봉선, 최초 국산 사진식자기와 글자판 제조 ▶상무달, 국내 최초로 광고 관련 논문으로 박사학위 취득 ▶한국자동기, 진공 포장 기계 국내 최초 개발 ▶유한킴벌리 여성 생리대 최초 생산 ▶새마을 운동 시작

1972
▶'제7회 상공미전' (대통령상: 이건) ▶한국디자인포장센터, 'ICOGRADA' 가입 ▶'제1회 국제 관광 포스터전' 덕수궁미술관 개최 ▶홍익대, '제1회 한·일 대학 디자인 미술 교류전' ▶태평양화학, 최초의 캠페인 광고 'Top Color '72' 시작 ▶서울대학교, 응미과 내에 시각·공예·공업 디자인 전공 개설 ▶중앙대학교에서 서라벌예술대학 인수 ▶디자이너 등록 실시(상공부 고시 제8287호) ▶'한국그래픽디자인협회(KSGD)' 창립(회장: 김교만) ▶'한국인더스트리얼디자이너협회(KSID)' 창립(회장: 민철홍) ▶'전국 대학생 디자인 공모전' ▶'한국포장기술연구소' 발족(소장: 김영호) ▶Tetra-Pack 등장(남양유업) ▶고우영, 〈일간스포츠〉 장편 만화 영화 '임걱정' 연재 ▶세계 최고의 금속 활자본 〈직지심경〉 파리에서 발견 ▶〈광고사전〉 발행

1973
▶'제8회 상공미전' (대통령상: 박인숙) ▶장성환, '한국디자인포장센터', 제3대 이사장 취임 ▶'한국디자인포장센터', 'ICSID(국제산업디자인단체협의회)' 정회원에 가입 ▶제1회 관광 사진 및 포스터 공모전 ▶'한국공예가협회(KSD)' 창립(초대회장: 강찬균) ▶광고대행사 '제일기획' 설립 ▶박재진, 국내 최초로 '서린호텔 CI 편람' 제작 ▶민철홍, 대한민국 훈장 디자인 ▶포항제철, 통조림용 강관 국산화

1974
▶'제9회 상공미전' (대통령상: 고을한) ▶'한국디자인포장센터', 'Tokyo-Pack' 참관단 17명 최초 파견 ▶광고 대행사 '연합광고' 창립 ▶한독약품, '캄비손연고' CF에 부분 모델 최초 사용 ▶'토리노 국제 자동차 박람회' 에 '포니' 와 '포니 쿠페' 승용차 출품 ▶기아, '브리사' 생산 ▶'국립극장' 개장 ▶서울 지하철 제1호선 개통

1975
▶'제10회 상공미전' (대통령상: 김순성,) ▶'합동광고' 와 '만보사' 합병하여 광고 대행사 '오리콤' 설립 ▶'해태포장디자이너협회' 창립 및 '디자이너 13인전' ▶'광복 30주년 기념 한국 현대 공예 대전' ▶한광수, '그래피스 포스터 '75 에 한국화장품 포스터 작품 수록 ▶박재진, '기업디자인연구소(CODI)' 설립 ▶배만실, 국내 최초로 미술학계 박사 학위(문학박사) 취득 ▶'국립민속박물관' 개관

1976
▶'제11회 상공미전' (대통령상: 홍성수) ▶김희덕, 제5대 '한국디자인포장센터' 이사장 취임 ▶조영제, '데코마스전' ▶'해태 그래픽 디자이너 13인전' ▶'서울카피라이터즈클럽(SCC)' 창립 ▶김지철, 한국인삼 및 인삼차 포장 'Creativity '76' (일본) 입상 ▶월간 〈디자인〉 창간 ▶현대자동차 '포니' 생산(자가용 대중화 시대를 열다)

1977
▶12회부터 '대한민국 상공 미술 전람회' 가 '대한민국 산업 디자인전' 으로 개

칭 ▶ '제12회 산업 디자인전' (대통령상: 민병혜) ▶ '한국시각디자인협회', 제6회 전시회로 '문자의 세계전' ▶김교만, '제42회 국제 사격 선수권 대회' 심볼 디자인 ▶한태원, '클리오상' 입선 ▶최영수, '제11회 국제 관광 포스터전' 에서 1등상 수상 ▶디자인포장진흥법 제정(법률 제3070호) ▶ '한국디자인포장센터', 최초로 'ICOGRADA 총회' 참가(스위스 취리히) ▶금성사, '디자인연구소' 발족 ▶ '한국디자인학회' 창립 ▶격월간 〈꾸밈〉 창간(토탈디자인사) ▶박대순, 〈디자인 용어사전〉 발간(미진사) ▶ '한국사진식자협회' 창립

1978
▶ '제13회 산업 디자인전' (대통령상: 박성우) ▶디자인, 포장진흥법 시행령 (대통령령 제9011호)공포 ▶ '서울패키지디자인협회' 창립 ▶ '제1회 한국 공업 디자인상 공모전' (KSID주최) ▶세계 '아동의 해' 상징포스터 · 캘린더 ▶국제전에서 김영기, 권명광 입상 ▶ '대한산업미술가협회', '산업 미술 30년전' ▶ 〈타임〉지 표지화전' (미국 문화원) ▶백남준, '비디오 가든' 발표 ▶세종문화회관 개관 ▶신용 카드 최초 등장

1979
▶ '제14회 산업 디자인전' (대통령상: 정국현) ▶ '한국종합전시장(KOEX)' 개장 ▶ '영국 · 독일 · 이탈리아 산업 디자인전' ▶ '제1회 BIM 트리엔날레' 실시(월간 디자인사) ▶ '한국 이미지전' ▶장호익, ICSID 주최 '제1회 세계 디자인 학생 콘테스트' 2등상 수상 ▶한국일보사, 국내 최초 한글 전산 식자 시스템 'HK-7910' 개발 ▶태평양화학, 세계 유일의 화장품 박물관 개관

1980
▶ '제15회 산업 디자인전' (대통령상: 이영제) ▶ '제1회 민속 공예 학술 회의' ▶ '한국디자인학회' 1차 연구 발표 ▶ '한국사진식자개발상사', '한국기계연구소', 'HK-1 사진식자기' 개발 ▶KSID, '제1회 하계대학' 실시 ▶김교만 일러스트레이션전 '한국의 가락' 발간 ▶이종배, 국내 최초로 광고 담당 임원으로 임명(한

독약품) ▶컬러 TV 방영 시작 ▶언론 통폐합

1981
▶ '제16회 산업 디자인전' (대통령상: 김학성) ▶84차 IOC 총회(바덴바덴), '88 올림픽' 개최지 서울 결정 ▶가메쿠라 유사쿠 내한 강연(주제: 일본 그래픽 디자인의 과거, 현재, 미래) ▶디자인사, '영국 포스터전 전국 순회전' (영국문화원 후원) ▶한 · 일 디자인 세미나(한국현대디자인학회 주최) ▶정연종, '한국의 미' 포스터전 ▶기아자동차, '봉고' 승합차 생산 ▶동아일보 본문에 '최정순 활자' 사용 ▶ '한국방송광고공사' 창립 ▶월간〈광고정보〉 창간 ▶이범천, '큐닉스 컴퓨터사' 설립

1982
▶ '제17회 산업 디자인전' (대통령상: 변상태, 강병길) ▶ 'KSID 창립 10주년 기념전' ▶일간지 8쪽 신문에서 12쪽 신문으로 증면 단행 ▶KOGDA, '제1회 대학생 세미나' ▶삼화인쇄 민간업체 최초로 전산 사식 시스템 도입 ▶ '옥외광고협회' 설립

1983
▶ '제18회 산업 디자인전' (대통령상: 이수봉) ▶ '산업 디자인전' 의 공업디자인 부문을 '제품 및 환경 디자인' 으로 변경 ▶금성사, '디자인종합연구소' 설립 및 공모전 ▶ '삼성 굿디자인전' ▶ '국제 아동 일러스트레이션 콘테스트' 수상(김교만, 안정언) ▶KBS 1TV '세계는 디자인 혁명 시대' 제작 방영(PD: 방윤영) ▶88 서울 올림픽 휘장 디자인과 마스코트 디자인 확정 ▶ '서울일러스트레이터협회' 창립 ▶ 'IAA세계광고회의' ▶큐닉스컴퓨터, 국내 최초 한글 워드 개발 ▶한국일보 국한문 혼용 전산 사식 시스템 개발 ▶중고생 교복 및 두발 자유화

1984
▶ '제19회 산업 디자인전' (대통령상: 조벽호) ▶디자이너 등록제(KDPC) ▶ '한국 섬유 비엔날레전' ▶ '한국여류시각디자이너협회' ▶86아시아 경기, 88올림픽 포스터 ▶ 'LA올림픽 포스터전' , '독일 그래픽전' ▶ 'KSVD+JAGDA전' ▶ '한국

그래픽디자이너협회' (KOGDA) 창립 (회장: 권명광) ▶ '아시아 광고 회의' ▶ 신문 15단짜기 쓰임 ▶광양사, 국내 최초로 토탈 스캐너 시스템 도입 ▶백남준, '굿모닝 미스터 오웰' 위성쇼

1985
▶ '제20회 산업 디자인전' (대통령상: 정용주) ▶ '한국디자인포장센터', 'GD마크제' 도입 ▶ '그래픽 코리아 '85전' (구동조, 김상락, 나재오, 방재기 등) ▶ '한국여류시각디자이너협회' 창립전 ▶ '한국컴퓨터그래픽스협회' (KCGI) 창립 ▶ '쿠텐베르그 인쇄자료전' ▶88 서울 장애자 올림픽 마스코트 · 휘장 제정 ▶삼성전자 VTR 일본 'G마크' 획득 ▶86아시아 경기 대회 공식 포스터 5종 제작 ▶ '제1회 한 · 일 디자인 세미나' ▶서울신문사, 〈스포츠 서울〉 창간

1986
▶ '제21회 산업 디자인전' (대통령상: 김철호, 심재진) ▶국립현대미술관 개관 ▶ '한 · 미 금속공예 워크샵' ▶ '제10회 아시안 게임' 개최 ▶88 서울 올림픽 안내 픽토그램 ▶월간 〈종합디자인〉 창간 10주년 및 100호 발간 ▶ '제1회 세계 그림책 원화전' (워커힐 미술관) ▶ '광고대행사협회' 설립 ▶석공예가 이순석 사망

1987
▶ '제22회 산업 디자인전' (대통령상: 지해천 · 이석준, 공중용 정보기기 시스템) ▶ '제1회 한국 우수 포장 대전' ▶ '제1회 대한민국 공예 대전' 미협 주관 ▶ '제1회 한국 광고 대회' ▶KSID, '인더스트리얼 디자인' 80/86발간 ▶김철호, '금성사디자인종합연구소' 신임 소장에 선임 ▶핀란드의 도예가, '박석우전' ▶디자인하우스, '영국 현대 그래픽디자인전' (영국문화원 후원) ▶디자인하우스, 〈행복이 가득한 집〉 창간 ▶전 이화여대 교수 김재석 사망

1988
▶ '제23회 산업 디자인전' (대통령상: 오국영 · 권력방) ▶ '서울 올림픽' (9월) ▶ 디자인하우스사, 미국 '베스트 일러스트 원화전 및 워크숍 ▶디자인하우스사, 월간 〈공예〉 창간 ▶〈디자인 저널〉 창간

▶〈산업디자인〉지 100호 발간 ▶〈한겨레신문〉전면 가로쓰기 실시 ▶'국제 그림 동화 원화전'(롯데미술관) ▶박대순, 국내 최초의 디자인학 박사 학위 취득(한양대) ▶'한국PR협회' 설립 ▶'한국광고주협회' 설립 ▶국내 최초의 편의점 '세븐 일레븐' 개점

1989

▶'제24회 산업 디자인전'(대통령상: 강성철, 강윤성) ▶'한국시각디자인단체총연합회' 결성 ▶'KBS 표준색표집' 제작 ▶월간 〈코스마(COSMA)〉 창간 ▶이원복, 〈만화세계사〉 발간 ▶롯데 월드 캐릭터 표절 시비 ▶'독일 바우하우스전'(영국문화원·디자인 하우스 주최) ▶'금성 국제 디자인 공모전' ▶큐닉스컴퓨터, 국내 최초의 CD롬 타이틀 〈성경라이브러리〉 출시 ▶'한국 ABC협회' 발족 ▶'한국광고학회' 설립 ▶문화부 설치 ▶해외 여행 완전 자유화

1990

▶'제25회 산업 디자인전'(대통령상: 이순인, 유선일) ▶'디자인포장센터 창립 20주년 기념 국제 디자인 대회' ▶'제1회 코그다 편집 디자인 세미나'(용평 리조트) ▶'아름다운 한글: 글자체 600년 전' 개최 ▶TV시청률 조사 실시 ▶공산권 국가에 광고 진출

1991

▶'제26회 산업 디자인전'(대통령상: 김경균, 김창식) ▶'산업디자인포장진흥법' 개정 ▶'한국산업디자인포장개발원'(KIDP) 발족 ▶우루과이라운드 협상 ▶'렌도 어소시에이츠' 한국 진출 ▶지방 도시 최초 부천시 CI ▶한국일보 조·석간제 실시(1993년 12월 석간 폐지)

1992

▶'제27회 산업 디자인전'(신승모·이한성, 서비스 키친) ▶'그린 디자인', '영상 디자인'의 시대 개막 ▶중앙일보, 조선일보 CTS 신문 시험판 발행 ▶일러스트북 〈월리를 찾아라〉 발매 ▶이면우, 〈W이론을 만들자〉 ▶산업 디자인 및 포장 기술 연구 개발 진흥 5개년 계획 수립 ▶'한국마켓리서치협회' 설립 ▶금성사, '유럽 디자인센터' 준공 ▶대통령 선거에

전파 매체 최초 사용 ▶서태지와 아이들 데뷔 ▶김영삼 대통령 당선 ▶국내 최초의 과학 위성 '우리별 1호' 발사

1993

▶'제28회 산업 디자인전'(대통령상: 심규승·윤창수) ▶'93 대전 세계 박람회' ▶'한국산업디자이너협회(KAID)' 창립 ▶상공자원부, '디자인의 날' 제정 ▶KAID, '한국산업디자인 포럼 '92전' ▶디자이너가 만든 영화 '그대안의 블루' 상영 ▶퍼니 디자인 활성화 ▶20년 역사 'KSVD' 해체 ▶'X세대' 용어 유행 ▶'서울아트디렉터즈클럽' 창립 ▶임권택 감독 〈서편제〉 영화가 강타

1994

▶'제29회 산업 디자인전'(대통령상: 전영제, 홍선영) ▶MBC, KBS에서 디자인 기획 프로그램 제작, 방영 ▶주식회사 한샘, '서울 디자인 박물관' 개관 ▶'제1회 대한민국 광고 대상' ▶'제1회 서울 리빙 디자인 페어' ▶디자인하우스사, '제1회 서울 리빙 디자인 페어' ▶대우전자의 '탱크주의', '세계경영' 전략 선포 ▶'한국시각정보디자인협회(VIDAK)' 창립 ▶'한국디자인학회' 재창립 ▶한국 영상 디자인 발전의 디딤돌이 된 영화 '구미호' 제작 ▶'제1회 세계 로고 디자인 비엔날레' ▶'548돌 한글날 기념 특별 전시회' ▶서울 천년 타임캡슐 남산 매설 ▶한홍택 선생 사망

1995

▶'제30회 산업 디자인전'(대통령상: 은정식·권진) ▶'한국디자인법인단체총연합회' 창립 ▶'제1회 서울 국제 만화 박람회'(SICAF) ▶제1회 현대자동차, '한국 자동차 디자인 공모전' ▶'제1회 광주 비엔날레' ▶'예술종합학교 영상원' 개원 ▶〈중앙일보〉 전면 가로쓰기 실시 ▶세벌식 타자기 개발자 공병우 박사 사망 ▶'베니스 비엔날레 한국관' 준공 ▶'포스코센터' 준공

1996

▶'제31회 산업 디자인전'(대통령상: 이우찬·이영록, 휴먼 디자인) ▶통상산업부내 '산업 디자인과' 설치(초대 과장: 이일규) ▶비닥, '제1회 세계 그래픽 디

자이너의 날 기념식' ▶''96 제35차 세계 광고 대회' ▶'VIDAK/TDC 서울전'(9/10-24, 포스코센터) ▶산업디자인진흥법 제정 ▶중앙일보 및 조선일보 신문 섹션화 ▶국내 최초의 웹진 〈스키조〉 탄생 ▶현대자동차, 스포츠카 '티뷰론' 출시 ▶무궁화 2호 위성 발사

1997

▶'한국산업디자인진흥원'(원장: 노장우) ▶한국, 2001년 'ICSID' 개최 확정 ▶한국, 2000년 'ICOGRADA' 개최 확정 ▶안상수 교수 'ICOGRADA' 부회장 피선 ▶통상산업부, '제1차 산업디자인 공기반 프로젝트' 공모·확정 ▶〈포장세계〉 폐간 ▶삼성항공, 국내 최초 디지털 카메라 '케녹스' 출시 ▶대우자동차 '레간자' ▶IMF 구제 금융 요청 ▶김대중 대통령, 국민의 정부 출범

1998

▶국내 최초의 사이버 맨 '아담' 탄생 ▶김대중 대통령 '디자이너 날' 선포식 참석 ▶김진평 전 서울여대 교수 사망 ▶김교만 전 서울대 명예 교수 사망 ▶김주영 삽화가 사망 ▶산업자원부 '제2차 산업 디자인 공기반 프로젝트' 공모·확정 ▶국민의 정부, '제2의 건국' 선언 ▶2000년 컴퓨터 장애 '밀레니엄 버그' 논의 ▶'98 한국디자이너대회 '어울림' 개최 ▶일본 대중문화 단계적 개방 일정 발표 ▶아시아 패키지 디자인 APD 98 서울 개최 ▶'98 서울 국제 캐릭터 박람회 및 심포지엄

1999

▶한국색채연구소, '전국민 색채의식 조사' ▶'99 한국단편애니메이션 영화제 개최 ▶KIDP, 어울림 저널 발간 ▶'99 서울국제포장기자재전 ▶제46회 세계광고주대회 서울에서 개막 ▶한국건축 100년전 ▶ICOGRADA〔x.D〕, IFI Wing, ICSID Interdesign 웍숍 서울 동시 개최 ▶1999 어울림 한민족 포스터대전 ▶'동아시아 문자예술의 현재전' 개최

<h1 style="text-align:center">20세기 디자인 타임라인</h1>
이정선

1901
▶모저(K. Moser), 〈성스러운 봄(Ver Sacrum)〉 ▶울브리히(J. M. Olbrich), 촛대 ▶애쉬비(C. R. Ashbee), 은버터 접시 ▶호르타(V. Horta), '솔베이 하우스(Solvay House)' ▶귀마르(H.Gumard), 파리 메트로(Metro)역 입구 ▶포드 설립

1902
▶모저, 롤러(A. Roller), 13회 비엔나 분리파 전시회 포스터 ▶매킨토시(C. R. Mackintosh), 등받이가 높은 의자 ▶라이트(F. L. Wright), 하이랜드 공원의 '윌리츠 하우스(Wilitts House)'

1903
▶호프만(J. Hoffmann)과 모저, 비엔나 워크샵(-1932) ▶갈레(E. Galle), 잠자리 장식 화병 ▶매킨토시, 힐하우스(Hill House) ▶게스트너, 최초의 회전식 복사기 ▶대열차강도, 최초의 서부 영화

1904
▶호프만과 모저, 화분 받침대 ▶티파니(L. C. Tiffany), '콥웹' 램프 ▶라이트, 오크 파크(Oak Park)를 위한 목제 의자 ▶설리반(Sullivan), 슐레진저-메이어 백화점 ▶컬러프로세스(color process) 시작 ▶구찌샵(Gucci Shop) ▶배리(J. M. Barrie), 〈피터팬〉 출간

1905
▶베른하르트(L. Bernhard), '프리스터(Priester)' 성냥 포스터 ▶호프만, 비엔나 워크샵 전시회 포스터 ▶오라찌(X. Orazi), 라메종 모데른 화랑 포스터 ▶페레, 파리 건물 차고 ▶독일 표현주의 그룹 '다리(The Bridge)' 결성

1906
▶반 데 벨데(H. van der Velde), 바이마르미술 공예학교 설립 ▶룰만, 코너장식장 ▶베렌스(P. Behrens), '앵커 리놀레움(Anchor Linoleum)' 전시회포스터

1907
▶무테지우스(H. Muthesius), 독일공작연맹(DWB) 결성 ▶베렌스, AEG 트레이드 마크 ▶후버, 전기 진공 청소기 ▶스티글리츠(Stieglitz), '3등 선실' ▶피카소, '아비뇽의 처녀들'

1908
▶홀바인(Holwein), 'PKZ' 포스터 ▶반 데 벨데, 〈짜라투스트라는 이렇게 말했다〉 표지 ▶호프만, 안락의자 ▶'모델 T 포드' 자동차 ▶울부리히, 웨딩 타워 ▶루스(A. Loose), 〈장식과 범죄〉 출간 ▶올리베티(Olivetti)사 설립

1909
▶마리네티(F. T. Marinetti), 미래주의 선언 ▶베렌스, AEG 전기 주전자 ▶라이트, '로비 하우스(Robbi House)' ▶마티스(Matisse), '댄스(The Dance)' ▶베렌스, AEG 터빈 공장 ▶매킨토시, 글래스고우(Glasgow)아트스쿨

1910
▶AEG 조명등 광고 포스터 ▶올리베티, 'M1' 타자기 ▶가우디(Gaudi), '카사밀라(Casa Milá)'

1911
▶에르트(H. R. Erdt), 오펠(Opel) 자동차 포스터 ▶루스, 골드만 앤드 살라치(Goldman & Salatsh)빌딩 ▶베른하르트, '마놀리(Manoli)' 담배 상표 ▶호프만, '스토클레(Stoclet)' 궁 ▶네스토어 영화 회사, 헐리우드 첫 스튜디오 ▶청기사파 결성

1912
▶필립보 리네티, '장 툼 툼(Zang Tumb Tumb)' ▶와그너(O. Wagner), 오스트리아 포스트오피스 세이빙스 은행 ▶뒤샹(M. Duchamp), '계단을 내려오는 누드' ▶발라(Balla), '줄에 묶인 개' ▶칸딘스키(W. Kandinsky), 〈예술에 있어서 정신적인 것에 관하여〉

1913
▶바넥(O. Barnack), 라이카 카메라(원형) ▶빔머, 찬장(cupboard) ▶말레비치(K. Malevich), '검은 사각형' ▶그로피우스(W. Gropious), 마이어(Meyer), '파구스(Fagus)' 공장(-1914) ▶뒤샹, '자전거 바퀴(Bicycle Wheel)' ▶뉴욕 아모리쇼(New York Armory Show)

1914
▶가우디, '구웰(Güell)' 공원 ▶산텔리아(Sant' Elia), 미래파 도시계획안 ▶DWB 쾰른 전시회 ▶베렌스, 쾰른 전시

회 포스터 ▶데 키리코(de Chirico), 〈시인의 출발〉 ▶샤넬샵(Chanel Shop)

1915
▶리이트(A. Leete), '키쉬 너는 너를 원한다' 모병 포스터 ▶베른하르트, 전시 채권 공매 포스터 ▶코닝(Corning), 유리그릇 ▶영국 산업디자인협회(DIA)

1916
▶에르트, 'U보우트 출동' 포스터 ▶반 데어 렉, '바타비어 항로' 포스터 ▶존스톤(Johnston), 런던 지하철 로고 및 전용서체 ▶다다(Dada) 모임 결성(취리히) ▶라이트, 도쿄 제국호텔

1917
▶플랙(Flagg), '샘아저씨(Uncle Sam)' 포스터 ▶클링거, 제8차 전시 채권 공매 포스터 ▶발(Ball), '다다시' ▶반 되스부르그(T. van Doesburg), 〈데 스틸(De Stijl)〉 창간(-1931) ▶리트벨트(G. Reitveld), '적-청색 의자(Red-Blue Chair)' ▶후스자르(V. Huszar), 〈데 스틸〉 표지 ▶하트필드(Heartfield), 〈신청년(Neue Jugend)〉 ▶카르티에(Cartier), '탱크(Tank)' 손목시계 ▶코번, '보어토그래프(Vortographs)'

1918
▶아폴리네르(G. Appolinaire), '비가 내리네'〈칼리그램(Calligram)〉 ▶코퍼(E. M. Kauffer), 데일리 헤럴드(Daily Herald) 포스터 ▶쉴르(E. Schiele), 49회 비엔나 분리파 전시회 포스터 ▶하우스만과 회흐(Housmann & H. Höch), 포토몽타주(photomontage) ▶페르낭 레제(Léger), '도시(The city)' ▶샤드(Schad), 샤도그래프(Schadographs)

1919
▶리시츠키(El Lissitzky), '붉은 쐐기로 백색을 쳐라' 포스터 ▶마리네티, 떠들썩한 모임 ▶룰만(E. Ruhlmann), 샤리오 장식장(Chariot sideboard) ▶회흐, '다-댄디(Da-dandy)' 포토몽타주 ▶그로피우스, 바이마르 바우하우스 개교 ▶하트필드, 베를린 다다 결성

1920
▶타틀린(V. Tatlin), '제3인터내셔널을 위한 기념물' ▶오르포(Orrefor), 유리

411

보울(bowl) ▶로드(J. Rohde), 물병 ▶할드(E. Hald), '공을 갖고 노는 여자' 화병 ▶KDKA, 최초의 미국 라디오 방송국, 피츠버그 ▶그로츠(G. Grosz), 〈열성(Schall und Rauch)〉 표지

1921

▶리시츠키, '베쉬치(Veshch)' ▶리트벨트, 천정용 조명등 ▶영국 체신청 제1호 공중 전화 박스 ▶만 레이(M. Ray), '레이요그래프(Rayograph)' ▶샤넬 No. 5 출시 ▶광고대행사 백양사 설립

1922

▶리시츠키, '두 개의 사각형 이야기' ▶반 되스부르그, 〈메카노(Mechano)〉 제3호 표지 ▶슈비터즈(K. Schwitters)와 반 되스부르그, 다다(Dada) 행사 포스터 ▶쉴렘머(O. Schlemmer), 바우하우스 문장 ▶투탄카멘 무덤 발견

1923

▶슈비터즈, 〈메르츠(Merz)〉 창간(-1932) ▶리시츠키와 마야콥스키(V. Mayakovsky), 〈목소리를 위하여〉 ▶슈미트(J. Schmit), 바우하우스 전시회 포스터 ▶로드첸코(A. Rodchenko), 〈노비레프(Novyilef)〉 표지 ▶베르크만(H. N. Werkman), 〈넥스트 콜(Next call)〉 창간 ▶루스(H. Luce), 〈타임〉 창간 ▶바이어(H. Bayer), 첫 바우하우스 문고 (Staatliches Bauhaus in Weimar) 표지

1924

▶로드첸코, 〈메스멘드(Mess Mend)〉표지 ▶리시츠키, 〈예술의 사조〉 ▶바겐펠트(W. Wagenfeld), 탁상용 램프 ▶브랜트(M. Brandt), 찻주전자 ▶리트벨트, '슈뢰더하우스(Schroeder-House)' ▶만 레이, '알파벳 사각형이 매달린 총' ▶브르통(A. Breton), '초현실주의 선언'

1925

▶카쌍드르(A. M. Cassandre), '렝트랑지장(LI' ntransient)' 포스터 ▶브로이어(M. Breuer), '바실리(Wassily)의자' ▶바이어, '유니버설(universal)' 서체 ▶노이라트, 아이소타입(Isotype) ▶아우트(J. J. Oud), '유니카페' ▶그로피우스, 데싸우 바우하우스 건물 ▶파리 국제 장식 미술전 ▶아이젠쉬타인(Eisenstein),

'전함 포템킨'

1926

▶슐츠-노이담(Schlz-Neudamn), '메트로폴리스 영화 포스터 ▶바이어, 칸딘스키 전시회 포스터 ▶반 데어 로에(M. Van der Rhoe), 캔틸레버 강철파이프 의자 ▶콘테이너 주식회사(CCA)

1927

▶드페로(Depero), 〈드페로 푸투리스타(Depero Futurista) 표지 ▶폴 레너(P. Renner), '푸투라(Futura)' 서체 ▶카쌍드르, '북극성 열차' 포스터 ▶르 코르뷔지에(Le Corbusier), 라운지(Lounge) 의자 ▶모홀리 나기(L. Moholy-Nagy), 14권의 바우하우스 문고 표지

1928

▶얀 치홀트(J. Tschichold), 〈신타이포그라피(Die Neue Typographie)〉 출판 ▶츠바르트(P. Zwart), 'NKF' 카달로그 ▶발머(T. Ballmer), '뷔로(Büro)' 포스터, '노름(Norm)' 포스터 ▶에릭 길(E. Gill), '길 산스(Gill Sans)' 서체 ▶그레이(E. Gray), 화장대(Dressing table) ▶로드첸코, '통화하는 여인' ▶폰티(G. Ponti), 〈도무스(Domus)〉 창간 ▶마그리트(R. Magritte), '가짜거울' ▶첫 미키마우스 만화 영화

1929

▶만 레이, '잠자는 여인' ▶스텐베르그(Stenberg), '카메라를 든 남자' 영화 포스터 ▶슈테이마(P. Schuitema), 베르켈(Berkel), '모델 Z'저울 브로슈어 ▶반 데어 로에, 바르셀로나의자와 스툴 ▶로위(R. Lowey), 게스트너사의 160복사기 ▶조선 프롤레타리아 예술 동맹 결성

1930

▶하트필드, 〈AIZ〉 표지 (-1936) ▶〈포춘(Fortune)〉 ▶브로이어, 모델 B33 의자 ▶바겐펠트, 유리 차주전자와 컵세트 ▶반 데어 로에, 베를린 바우하우스 학장 취임 ▶알렌(Alen), 크라이슬러 빌딩

1931

▶부르카르츠(Burchartz), 〈광고의 예술(The Art of Advertising)〉 ▶막스 빌(M. Bill), 니그로 아트(Nigro Art) 전시회 포스터 ▶르 코르뷔지에, '빌라 사보

와(Villa Savoye)' ▶루스, '스타이너하우스(Steiner House)' ▶엠파이어스테이트 빌딩(Empire State Building)

1932

▶모리슨(S. Morison), '타임즈 뉴 로만(Times New Roman)' 서체 ▶만 레이, 런던 지하철 포스터 ▶카쌍드르, '뒤보네(Dubonnet)' 포스터 ▶알토(A. Aalto), '파이미오(Paimio)' 안락의자 ▶데스키(D. Deskey), '라디오시티 뮤직홀(Radio City Music Hall)' 인테리어 디자인 ▶시스킨트(Siskind), '할렘'

1933

▶헨리 벡(H. Beck), 런던 지하철 지도 ▶티이그(W. D. Teague), '코닥 베에비 브라우니' 카메라 ▶포르쉐(F. Porsche), 폭스바겐(Volkswagen) 비틀(Beetle) 자동차 ▶비알레티, '모카 익스프레스' ▶문카치(Munkasci), 수영복 ▶알토, '쌓을 수 있는 스툴(Stacking stool)' ▶브라사이, '밤의 파리' ▶바우하우스 폐교

1934

▶브로도비치(A. Brodovitch), 〈하퍼스 바자(Harper' s Bazaar, -1958) ▶코퍼, '배우들은 쉘을 선호한다(Actor Prefer Shell)' ▶마터(H. Matter), 스위스 관광 포스터 ▶로위, '콜드 스폿 수퍼 식스(Cold Spot Super Six)냉장고 ▶카르티에-브라송(Cartier-Bresson), '폐허 위의 아이들' ▶티이그, 라디오(스팔톤 회사) ▶리트벨트, 지그재그 의자 ▶스톡클린(N. Stoecklin), 'PKZ' 포스터

1935

▶샤윈스키(X. Schawinsky), 올리베티의 'MPI' 타자기 포스터 ▶티이그, 텍사코(Taxaco) 주유소 ▶하트필드, 반나치 선전 포스터 ▶더글라스 DC-3 ▶모홀리 나기, '마게이트의 의자들' ▶거시윈(G. Gershwin), '포기와 베스(Porgy and Bess)

1936

▶〈라이프(Life)〉 창간 ▶마터, '폰트레시나(Pontresina)' 여행 포스터 ▶홀바인(Holwein), '루프트한자(Lufthansa)' 항공 회사 포스터 ▶알토, 차써빙용 손수레, '사보이' 화병 ▶아담스(Adams), '요

세미티' ▶라이트, '낙수장(Falling Water)'

1937
▶비올(Beall), 지방 전기 행정청(REA) 포스터 ▶얀 치홀트, 구성주의 전시회 포스터 ▶뮤나리(Munari), 〈밀크슈트에 관한 시(Poem of the Milk Suit)〉 ▶드레이퓌스(Drefuss), '벨(Bell) 300' 전화기 ▶라이트, 아메리칸 모던 테이블 세트 ▶피카소, '게르니카(Guernica)' ▶백설공주와 일곱난장이(디즈니)

1938
▶코레이(H. Coray), '랜디(Landi)' 의자 ▶보넷(Bonet), '버터플라이(Butterfly)' 의자 ▶드레이퓌스, 20세기 리미티드(Twentieth Century Limited)호 ▶바겐펠트, Kubus 음식 저장 그릇 ▶블랙, '에코 USW78' 라디오 ▶듀퐁(Dupont), 나일론 판매

1939
▶톰슨(Thompson), '웨스트바코 인스피레이션(Westvaco Inspiration, -1962)' ▶로위, 'S1' 열차 ▶시트로엥 2CV ▶월터 타이그, 뉴욕 박람회 NCR관 ▶뉴욕 박람회

1940
▶〈프린트(Print)〉 창간호 ▶로위, '럭키 스트라이크(Lucky Strike)' 담배 포장(-1962) ▶폴 랜드(P. Rand), 〈디렉션(Direction)〉 표지 ▶상업 TV 방송 시작(미국) ▶라스코 동굴 벽화 발견 ▶환타지아(디즈니)

1941
▶카를뤼(Carlu), '생산성 향상을 위한 포스터(American's Answer Poster)' ▶빈더, 미공군을 위한 포스터 ▶에반스(Evans), '이제 우리 유명한 사람들을 찬미하자(Let us now praise famous men)'

1942
▶게임즈(Games), 헌혈자 모집 포스터 ▶테스타, '필로' 직물 디자인 ▶수트나르(Sutnar), '스윗츠 로고(Sweets log)' ▶에드워드 호퍼(E. Hopper), '나이트 혹스(Nighthawks)' ▶코닥컬러 네거티브 필름

1943
▶벤 샨(Sahn), '이것이 나치의 잔인함이다(This is Nazi brutality poster)' 포스터 ▶바이어, 달걀생산 장려 포스터 ▶'아이키아(스웨덴)' ▶몬드리안(P. Mondrian), '브로드웨이 부기우기'

1944
▶수트나르, 〈카달로그 디자인〉 표지 디자인 ▶하르데그(Herdeg), 〈그래피스(Graphis)〉 창간 ▶미국 공업디자이너협회(ASID)

1945
▶노구치(Noguchi), 탁자용 램프 ▶막스 빌, 'USA Baut' 전시회 포스터 ▶위지(Weegee), '벌거벗은 도시(The Naked City)' ▶러스티그(A. Lustig), 〈지옥의 계절(A Season in Hell)〉 표지

1946
▶이임즈(Eames), 합판의자 ▶랜드, 〈디자인론(Thoughts on Design)〉 ▶피아지오, 베스타 모터스쿠터 출시 ▶사리넨(Saarinen), '움' 의자 ▶르노아르, 스미스(Smith) 손목 시계 ▶로위, 그레이하운드 버스 ▶제1회 칸느영화제

1947
▶치홀트, '펭귄(Penguin)' 출판사 책의 포맷, 심볼 제작 ▶핀토리(G. Pintori), '올리베티' 로고 ▶넬슨(C. Nelson), 원자모형 벽시계 ▶노구치, 커피 테이블 ▶디오르, '뉴 룩(New Look)' 스타일 ▶소트사스, '엘리아(Elea) IBM' 타자기 ▶폴라로이드(Polaroid)카메라 ▶마샬 플랜(Marshall Plan)

1948
▶마터, '놀(Knoll)' 의자 광고 ▶후버(Huber), '몬짜' 자동차 포스터 ▶알토, '베이커 하우스(Baker House)' ▶지아코사, '피아트1100' 자동차 ▶크리스티안센(O. Christiansen), '레고' ▶잭슨 폴록, 'No. 1,1948' ▶울름조형대학 개교 ▶가우디(Gaudi) 암살

1949
▶도일(Doyle), 데인 번바크(Dane Bernbach) 결성 ▶바이어, 소아마비 연구 지지 포스터 ▶존슨(Johnson), '글래스 하우스(Glass House)' ▶싸손(S. Sason), '핫셀블라드(Hasselblad)' 카메라 ▶비바렐리(Vivarelli), '노인을 위하여(For the Elderly) 포스터 ▶사비냑(Savignac), '몽사봉(Monsavon)' 광고 포스터 ▶에릭슨(Ericsson), 에릭슨 전화기 ▶오웰(Orwell), 〈1984〉 출간

1950
▶CCA, 위대한 사상(Great Ideas) 광고 시작 ▶수트나르, 카탈로그 디자인 프로세스 ▶드레이퓌스, 진공 청소기 262F ▶브라운(Braun) 전기 면도기 ▶반 데어 로에, '환스워스하우스(Fiamsworth House)' ▶니졸리(Nizzoli), 올리베티 '레터라 22' 휴대용 타자기

1951
▶브로도비치(Brodovitch), 〈포트폴리오(Portfolio)〉 ▶골든(Golden), CBS 심볼 ▶이임즈, 성형 파이버 글래스 의자 ▶유니백(Univac), 최초로 컴퓨터 다량 생산 ▶문카치(Munkasci), 누드 ▶어빙 펜(I. Penn), 콜레트(Colette) ▶Color TV 방송 전파(미국)

1952
▶아이허(O. Aicher), '루프트한자' 항공사 CI ▶야콥슨(Jacobsen), 보조 의자(side chair) '#3100' ▶베르투아(H. Bertoia), 철망 의자

1953
▶스토치, 〈맥콜〉 ▶헨리 울프(Wolf), 〈에스콰이어(Esquire)〉 ▶뮐러-브로크만(Müller-Brockmann), '어린이 보호(Mind the Child)' 스위스 자동차클럽 포스터 ▶페드리코(Fedrico), '우먼스 데이' 광고 ▶트렙코브스키(Trepkowski), 'Nie' 포스터 ▶바이어, 〈세계지리도감〉 ▶피에르 가르뎅샵(P. Cardin Shop) ▶야콥슨, '앤트(Ant)' 의자 ▶스콧(Scott), 루트매스터(Routemaster) 버스

1954
▶스탄코브스키(Stankowski), 스탠다드 일렉트릭 로렌즈(Standatd electrik lorenz) AG 로고 ▶월터 타이그, 사진기 '모델 80' ▶판톤, '판톤' 의자 ▶젠슨(G. Jenson), 생선 모양 은도금 접시 ▶〈인더스트리얼 디자인(Inderstrial Design)〉 창간 ▶프루티거(Frutiger), '유니

버스(Univers)' 서체 ▶르 코르뷔지에,
'롱샹성당'

1955
▶바스(Bass), '황금팔을 가진 사나이'
▶뮐러-브로크만, 타운홀(Town Hall)
음악회 포스터 ▶노이즈(Noyes), IBM
305라맥 컴퓨터 ▶소니, 최초 소형 트랜
지스터 라디오 ▶디오르(Dior), 'A라인'
▶파이닝거(Feininger), '포토저널리스
트(Photo Journalist)'

1956
▶잔트베르그(W. Sandberg), '엑스페리
멘타 티포그라피카(Experimenta typo-
graphica)' ▶랜드, IBM 로고 ▶핀토리
(G. Pintory), 올리베티 '일렉트로수마
(Electrosumma)22' 타자기 포스터 ▶야
나기(Yanagi), 버터플라이 스툴(Butter-
fly Stool) ▶넬슨, '마쉬멜로우(Marsh-
mallow)' ▶사리넨, '튜울립 의자' ▶니
졸리(M. Nizzoli), '미렐라(Mirella)' 타
자기 ▶구겔롯과 램즈, 포노수퍼 축음기
라디오

1957
▶가메쿠라(Y. Kamekura), '니콘
(Nikon)' 카메라 포스터 ▶할리 얼(H.
Earl), 캐딜락(Cadillac) A4 스카이 호
크(Skyhawk) ▶막스 빌, 벽시계 ▶미딩
거(Miedinger), '그로테스크 하스(Gro-
tesque Hass, 헬베티카)' ▶카스틸리아
니(Castilioni), '메자드로(Mezzadro)'
의자 ▶램즈(D. Rams), 'KM321' 부엌
용 기구

1958
▶반 데어 로에와 존슨(P. Johnson), 뉴
욕 '씨그램 빌딩(Seagram Building)'
▶버틴(Burtin), '업존(Upjohn)' 전시 ▶
헤닝센, '안티초크' 전등 ▶텍사스 인스트
루먼트(Texas Instrument), 실리콘 칩
▶이브생 로랑(Yve Saintt-Laurent), '타
페지오(Trapeze)' 라인 ▶프랭크, '아메
리칸' ▶리처드 아베돈(R. Avedon), '에
즈라 파운드(Ezra Pound)'

1959
▶호프만, 지젤(Giselle) 공연 포스터 ▶
로제, 뮐러-브로크만, 비바렐리, 노이부
르크, 〈노이에 그라픽 디자인〈Neue

Grafik Design)〉창간 ▶마터, 놀, 사리
넨(Saarinen)의자 광고 ▶〈커뮤니케이션
아트(Communication Arts)〉 창간 ▶플
렉하우스(Fleckhaus), 〈트벤(Twen)〉
창간 ▶소니, 최초 트랜지스터 TV ▶라
이트, 구겐하임 박물관

1960
▶뮐러-브로크만, '데 필름(der film)' 포
스터 ▶크론(H. Krone), '작게 생각하라
(Think Small) 폭스바겐 자동차 광고 ▶
처마이에프(Chermayeff)와 가이스마
(Geismar), 체이스 맨하탄(Chase
Manhattan Identity)은행 CI ▶루발린
(H. Lubalin), 〈아방가르드(Avant-
Garde)〉 창간호 ▶랜드, '웨스팅하우스
(Westing House)' 심볼

1961
▶후지모리(K. Fujimori), '다리 없는 의
자(다다미방)' ▶노이즈(E. Noyes),
IBM 슬렉트릭(slectric) 타자기 ▶아키
그램 설립

1962
▶루발린, 〈에로스(Eros)〉 창간 ▶루이
스(G. Lois), 〈에스콰이어(Esquire)〉표
지 ▶도릅스맨(L. Dorfsman), CBS TV
광고 ▶구겔롯(H. Gugelot), '브라운 식
스탄트(Sixtant)' 전기 면도기 ▶카스틸
리오니(Castilioni), '아르코(Arco)' 램프
▶앤디 와홀, '마를린 몬로' ▶사리넨,
'TWA'공항 터미널 ▶데이(R. Day), 폴
리프로필렌(Polypropylene)의자

1963
▶토탈디자인회사 설립 ▶로우랜드(D.
Rowland), '40-in-4' 의자 ▶콜롬보(J.
Colombo), '직소우(Jigsaw)' 의자 ▶구
겔롯, 코닥 슬라이드 프로젝터 ▶이코그
라다(ICOGRADA) 결성 ▶르 코르뷔
지에, '카펜터센터(Carpenter Center)'
▶바비 인형 등장

1964
▶마쌩(Massin), '대머리 여가수' ▶데하
라크, 〈인격과 심리 요법〉 표지 ▶가메쿠
라(Y. Kamekura), 도쿄 올림픽 포스터
▶노이즈, '모빌(Mobil)' 주유소 ▶앤더
슨(G. Anderson), 우레탄 폼의자 ▶벨
리니(Bellini), 플로어 램프 ▶자누소

(M. Zanuso), 도니(Doney) 14인치
TV ▶포드, 코티나(Cortina) 자동차 ▶
콴트(Quent), 미니스커트

1965
▶폴 랜드, 'ABC'로고 ▶스터머(D.
Stermer), '램파츠(Ramparts)' ▶처마
이에프와 가이스머(Geismer), '모빌' 로
고 ▶아르니오(E. Aarnio), '볼(Ball)' 의
자 ▶드레이퓌스, 트림라인(Trimline)전
화기 ▶자누소(M. Januso)와 사퍼(R.
Sapper), 'TS502' 접는 라디오

1966
▶비그넬리(M. Vignelli), 뉴욕 지하철
지도 ▶마타, '마타' 앉는 시스템 ▶요쿠
(T. Yokoo), 코시마키(Koshimaki) 연
극 포스터, '29세의 자살' 개인전 포스터
▶브로이어, 뉴욕 휘트니 박물관 ▶베가
(B. Vega), 126 녹음기 ▶솔로몬(B.
Solomon), '씨 랜치(Sea Ranch)' 수퍼
그래픽 ▶소니, 최초 컬러 비디오 녹음기

1967
▶글레이저(M. Glaser), 밥 딜런(Bob
Dylan) 포스터 ▶윌슨과 모스코소
(Wilson & Mosocoso), 사이키델릭
(Psychedelic) 포스터 ▶크로우웰(W.
Crouwel), '뉴 알파벳' ▶판톤, 보조의자
(side chair) ▶마이어(Meier), '스미스
하우스(Smith House)' ▶레오나르디-
스타기(Leonardi-Stagi), 흔들 의자
(Architetti)

1968
▶와이만(Wyman), 멕시코시티 올림픽
심볼 ▶삭스(Saks), 유태인 박물관의 포
스터 ▶크와스트(Chwast), 반전 포스터
▶세라노, '게릴라 영웅의 날(체 게르바)
포스터 ▶텔 디자인과 스튜디오 덤바
(Tel & Dumbar), PTT CI(-1981) ▶오
더마트 앤드 티시(Odermatt & Tissi),
유니온(Union) 광고

1969
▶뉴욕 현대미술관(MOMA), 바우하우
스 회고전 ▶킹과 소트사스, 올리베티
'발렌타인' 타자기 ▶바크, 레인지 로버
자동차 ▶피레티, '필라' 의자 ▶우드스탁
페스티벌

1970

▶맥스(P. Max), '러브' 포스터 ▶번즈(A. Burns), 루발린, 론탈러, ITC 설립 ▶가메쿠라, 오사카 엑스포 포스터 ▶쿠라마타(S. Kuramata), 부정형의 서랍장 ▶사퍼, '티지오' 램프 ▶루이지 콜라니(L. Colani), 드롭(Drop) 찻잔 세트 ▶드 파(De Pas), 두르비노(D' urbino), 로마찌(Lomazzi), '조(Joe)' 의자 ▶소니, 'TC50' 녹음기

1971

▶비그넬리, 놀(Knoll) 디자인 ▶인텔(Intel), 마이크로프로세서 ▶이사야 미야케(I. Miyake), 미야케 디자인 스튜디오 ▶겐조(Kanzo), 파리콜렉션(Parris collection) ▶앤드류 로이드 웨버, '지저스 크라이스트 수퍼스타' 뮤지컬 ▶KSID 창립

1972

▶펜타그램(Pentagram) 설립 ▶싱클레어(Sinclair), 이그제큐티브(Executive) 포켓용 계산기 ▶아이허, 뮌헨 올림픽 픽토그램 ▶벨리니(M. Bellini), 디비수마(Divisumma)18 계산기 ▶칸(Kahn), 킴벨 뮤지엄(Kimbell Art Museum) ▶파파넥, 〈참된 세계를 위한 디자인〉 출간 ▶대부(영화) ▶KSVD 창립전

1973

▶소트사스, '시스테마(Sistema)45' 비서용 의자 ▶깁슨(Gibson), 데자부(Deja Vu) ▶콴트(M. Quant), '메리 콴트' 런던 전시회(런던 박물관)

1974

▶바스(S. Bass), 유나이티드(United) 항공사 로고 ▶쿡 앤드 샤노스키(Cook & Shanosky), 운송 심볼 시스템 ▶바인가르트(W. Weingart), 〈시각 언어(Visual Language)〉 표지 ▶사토(Sato), 뉴 뮤직 미디어(New Music Media) 포스터 ▶쥬지아로(G. Giugiaro), 폭스바겐(Volkswagen) '걸프(Golf)' 자동차

1975

▶시에즐레비츠(Cieslewicz), 국제사면위원회의 포스터 ▶후쿠다(Fukuda), 게이오(Keio) 백화점을 위한 전시회 포스터 ▶아르마니샵(G. Armani Shop) 개점 ▶주지아로, 현대 고유 모델 '포니' ▶쿤즈(W. Kunz), 〈12 타이포그라피(Typographical Inter-pretation)〉

1976

▶람보우(Rambow), 'S 피셔(Fischer-Verlag)' 포스터 ▶후쿠다, 빅토리45 포스터 ▶벨리니, '캡(Cap)' 의자 ▶페이(I. M. Pei), 존 행콕 타워(John Hancock Tower), 수오미(Suomi) 커피 세트 ▶한국디자인학회 창립

1977

▶그래퍼스(Grapus), '살라만드르(Salamandre)' 연극 포스터 ▶데이비스(P. Davis), '유색 인종의 소녀들' 연극 포스터 ▶레이드(J. Reid), '신이 섹스피스톨즈를 구했다(God saved Sex Pistols)' 음반 ▶이시오카, '파르코' 백화점 광고 포스터 ▶애플 컴퓨터 출시 ▶로저와 피아노(Roger & Piano), 퐁피두 센터 ▶안도(T. Ando), 월 하우스(Wall House) ▶로데스(Z. Rhodes), 펑크 패션 ▶영국 디자인역사협회 결성 광고

1978

▶그레이만(A. Greiman), '럭스(Luxe) 로고 ▶멘디니(Mendini), '푸르스트' 안락 의자 ▶브라운, '콘트롤 ET44' 계산기 ▶마이타이, 올림푸스 소형 카메라 ▶워싱턴 내쇼날 갤러리 오브 아트 ▶게리(F. Gehry), 캘리포니아 에어로 스페이스(California Aero Space)

1979

▶반더빌(M. Vanderbyl), 캘리포니아 공공 라디오 포스터 ▶바인가르트, 바젤을 위한 포스터 ▶그레이만과 오드거(J. Odger), 캘리포니아 아트 인스티튜트 포스터 ▶탐슨, 워시번대학 성경 ▶안발(B. Envall), '사브(SAAB)900' 자동차 ▶암 바즈(E. Ambasz), '벨테브라(Vertebra)' 의자 ▶맥 그래거(Mac Gregor), '폭발(Explosion)'

1980

▶존스(T. Jones), 〈i-D〉 잡지 ▶브로디(N. Brody), 〈더 페이스(The Face)〉 ▶코스트린(D. Kosstrin)과 스털링(J. Sterling), 〈페티쉬(Fetish)〉 잡지 ▶나가이(K. Nagai), '20세기의 미술' 전시회 포스터 ▶소니, '워크맨' ▶킹(King), 미란다(Miranda), 아르날디(Arnaldi), '질(Jill)' 램프 ▶데이빗슨(Davidson), '동쪽 100번가'

1981

▶다나카(I. Tanaka), UCLA 아시아 공연 예술(니혼 부요) 포스터 ▶브로디, 페티쉬(Fetish)' 레코드 ▶자니니(M. Janini), '더블린(Dublin)' 소파 ▶소트사스, '칼톤(Carlton)' 책장, '카사블랑카(Casablanca)' 찬장 ▶데 루치(M. de Lucchi), '리도(Lido)' 소파 ▶맨해튼 디자인(Manhattan Design), MTV 로고 ▶멤피스 결성

1982

▶반더랜스(R. Vanderlance)와 리코(Licko), 〈에미그레(Emigre)〉 창간 ▶스튜디오 덤바(Dumba), '데 스틸' 전시회 포스터 ▶후지(Fuji), 일회용 카메라 ▶주지아로(G. Giugiaro), 네키(Necchi) '로지카(Logica)' 재봉틀, 니콘 F3 카메라 ▶사코, 메르세데스-벤츠 190/190E ▶E.T(영화)

1983

▶롱하우저(W. Longhauser), '마이클그레이브스(M. Graves)' 전시회 포스터 ▶그레이브스, 알레시(Alessi) 커피세트 ▶소니, 캠코더 트랜지스터 TV ▶가메쿠라, '히로시마 어필(Hiroshima appeals)' 포스터 ▶마이어, 하이뮤지엄(아틀란타)

1984

▶바스, LA 올림픽 포스터, AT&T 로고 ▶수스만(Sussman), LA 올림픽 사인 ▶바인가르트, '스위스 포스터전' 포스터 ▶레흐러(W. Leherer), 〈프렌치 프라이(French Fries)〉 출간 ▶애플 매킨토시 컴퓨터 ▶캐어와 앗킨스, 128K를 위한 아이콘 개발 ▶백남준, '굿모닝 미스터 오웰' 위성쇼

1985

▶랜드, 〈그래픽 디자인의 예술〉 출간 ▶반더빌, '심슨(Simpson)' 제지 회사 홍보물, HBF 상업용 가구 카달로그 ▶쉐어(P. Scher), '스와치' 시계 광고 포스터 ▶필리(L. Fili), 〈연인(The Lover)〉 표지 ▶앤더슨, '클래시코(Classico)' 파스

타 소스 상표 ▶보타, '퀀타' 안락 의자 ▶
갓수이, '모리사와' 포스터
1986
▶브로디, 〈애리너(Arena)〉 창간호 ▶맨
워링(M. Manwaring), '한나(Hanna)' 와
인상표 ▶랜드, '넥스트(Next)' 로고 ▶그
레이만(Greiman), '디자인 쿼털리133'
▶쿠라마타(S. Kuramata), '달이 얼마나
높을까(How High The Moon)' 안락의
자 ▶이소자키(Isozaki), LA 컨템포러리
아트 박물관 ▶허시(J. Hersy), 리키 리
카르도(Ricky Richardo)의 초상화
1987
▶펠라(E. Fella), 디트로이트 '포커스
(Focus)' 화랑을 위한 우편물 ▶골드베르
그(C. Goldberg), 〈오르페우스의 소네
트(The Sonnets of Orpheus)〉〉 표지 ▶
더벌리(H. Dubberly), 목(C. Mok)과
미치(D. Mitch), 하이퍼카드-애플 컴퓨
터 연간 보고서 ▶페쉐, '펠트리' 의자 ▶
게리, '리틀 비버' 안락 의자 ▶크리스찬
라크루와샵(Christian Lacroix Shop)
1988
▶카슨(D. Carson), '비치 컬춰' (-1991)
▶브로디(D. Brody Jr), '나이키' 광고 ▶
처마이에프, '알빈 에일리 댄스' 로고 ▶
부티, '더블 플러스' 계산기 ▶크론(L.
Krohn), 손목용 컴퓨터 ▶아라드, '빅 이
지 볼륨2' 소파 ▶페이, 글래스 하우스(루
브르 박물관) ▶아라이, '빅 웨이브(Big
Wave)' 직물 ▶서울 올림픽 개최
1989
▶맥코이(McCoy), '디자인 대학원 프로
그램(The Graduate Program in De-
sign) 포스터 ▶키디(Keedy), '키디산스
(Keedy Sans)' 서체 ▶에밀리(Emily),
줄리(Julie)와 맥스(Max), 개인용 컴퓨
터 ▶가와사키, '카르나' 휠체어 ▶닌텐도
'게임보이' 비디오 게임 시스템 ▶최초의
디자인 박물관(영국)
1990
▶스탁(P. Starck), 알레시 '쥬시 살루
트' 레몬짜는 기구 ▶스피커만, 폰트샵 설
립 ▶슬림바크(R. Slimbach)와 톰블리
(Tombly), '미리아드(Myriad)' 멀티플
타입 ▶베리 덱(B. Deck), '템플리트 고

딕(Template Gothic)' 서체 ▶버너스 리
(T. Berners Lee), 글로벌 하이퍼미디어
시스템(URL, HTTP, HTML 사용) ▶캐
논(Canon), 포투라(Photura)' 카메라 ▶
윤체 출시
1991
▶토스카니(O. Toscani), '베네통' 광고
▶브로디, '퓨즈' 타입 광고 포스터 ▶게리
(Frank Gehry), '크로스 체크(Cross
Check)' 안락 의자 ▶워터 디자인, '리퀴
드 크리스탈 뮤지엄(Liquid Crystal
Museum)' TV ▶스탁, 루이(Loui)XX
의자 ▶미녀와 야수(디즈니 만화영화) ▶
한국산업디자인포장개발원(KIDP) 발족
1992
▶카슨(D. Carson), 〈레이건(Raygun)〉
창간호 ▶필리(L. Fili), '오, 카페(Au
Cafe)' 상표 ▶가레트(M. Garrett), 〈하
이퍼미디어의 이해(Understanding
Hypermedia)〉 ▶퍼틀, 플로리다 세미나
홍보물 ▶프로그 디자인(Frog Design)
과 AT&A, 개인용 커뮤니케이터 ▶웨스
트우드(Westwood), 펑크 의상(보르도)
1993
▶카터(M. Carter), '빅 캐슬론(Big
Caslon)' 서체 ▶볼(D. Ball), 클리퍼
(Clipper) CS-1 워크스테이션 ▶그레이
브스, 스코펜 하우어 책장 ▶스탁, '짐 내
추어(Jim nature)' TV ▶주지아로, 피아
프 '푼토' ▶아라이, '아이스 크래프트' 직
물 ▶한국산업디자이너협회(KAID)창립
1994
▶카슨(D. Carson), '나이키' 광고 ▶쉐
어(P. Scher), MTV '마음을 자유롭게
(Free your mind)' 캠페인 포스터 ▶페
쉐, '요지 야마모토' 옷으로 만든 의자 ▶
한국시각정보디자이너협회(VIDAK) 창
립 ▶제시카 헬펀드 스튜디오(Jessica
Helfand studio), '디스커버리' 웹사이트
▶서울 1000년 타임 캡슐 남산 매설
1995
▶비에루트, 민소타 어린이 박물관 CI ▶
오풀디쉬(B. Aufuldish), 폰트 보이 인
터렉티브(Font Boy Interactive) 카달로
그 웹 사이트 ▶펠라(E. Fella), 강연 포
스터 ▶페쉐, 퐁피두 전시 디자인 ▶목

(C. Mok), 윌슨(E. Wilson), 아키타입
스튜디오(Archetype Studio), NBC 인
터캐스트 스크린 ▶마이크로소프트 윈도
우 95 ▶제1회 광주 비엔날레 ▶브래드
베리 탐슨(Bradbury Thompson) 타계
1996
▶메타 디자인, '비저빌리티 인터렉티브'
씨디롬 ▶뮐러-브로크만, 폴 랜드, 솔 바
스 타계 ▶리코(Z. Licko), '필로소피아
(Filosofia)' 서체 ▶제35차 세계광고대
회 개최(서울) ▶세계도시 CI 개최(서
울) ▶국제산업디자인대학원 개설
1997
▶올림푸스 디지털 카메라 'D-320L' ▶
노텔 PCS '1930 GSM' 전화기 ▶디자인
에지, ARC-LCD 컴퓨터 모니터 ▶가메
쿠라 타계 ▶복제양 '돌리' 탄생 ▶2001
년 ICSID 총회, 2000년 이코그라다
(ICOGRADA) 총회 서울 유치 ▶웹플
래쉬2 출현 ▶베르사체 피살 ▶통일 주제
국제 팩스 지상전
1998
▶토마토, 98-99 국제 디자인 연감 ▶애
디슨, 에디슨 사보(스플래쉬) ▶아이맥
출시 ▶폭스바겐 '비틀' 부활 ▶바스, '플
라이트' 알루미늄 의자 ▶마이크로소프트
윈도우 98 ▶구로사와 타계
1999
▶ICOGRADA 〔x.D〕 1999, Wing
1999, ICSID Interdesign 서울에서 동
시 개최 ▶Sydney Design'99, ICSID,
ICOGRADA, IFI joint congress

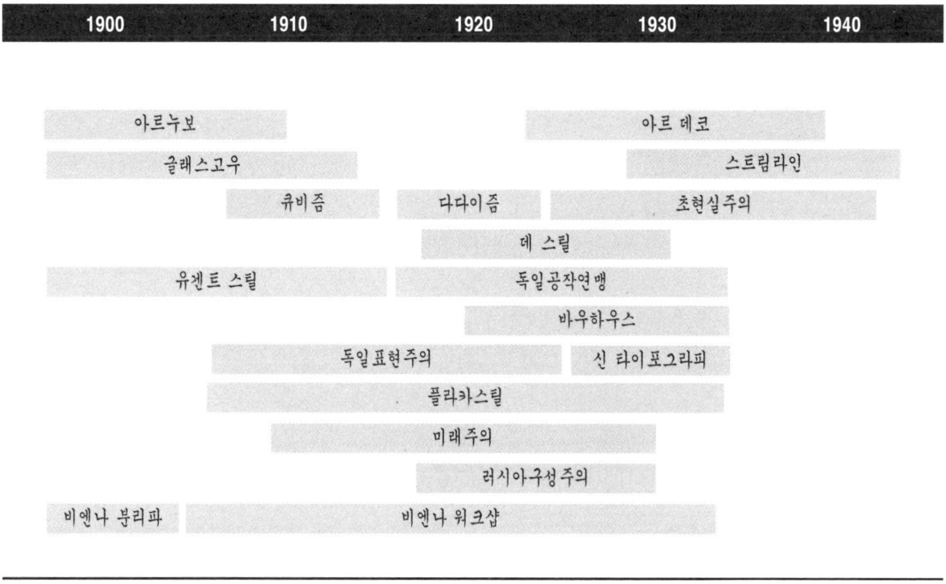

1900	1910	1920	1930	1940

아르누보

글래스고우

아르 데코

스트림라인

큐비즘　다다이즘　초현실주의

데 스틸

유겐트 스틸　독일공작연맹

바우하우스

독일표현주의　신 타이포그라피

플라카스틸

미래주의

러시아구성주의

비엔나 분리파　비엔나 워크샵

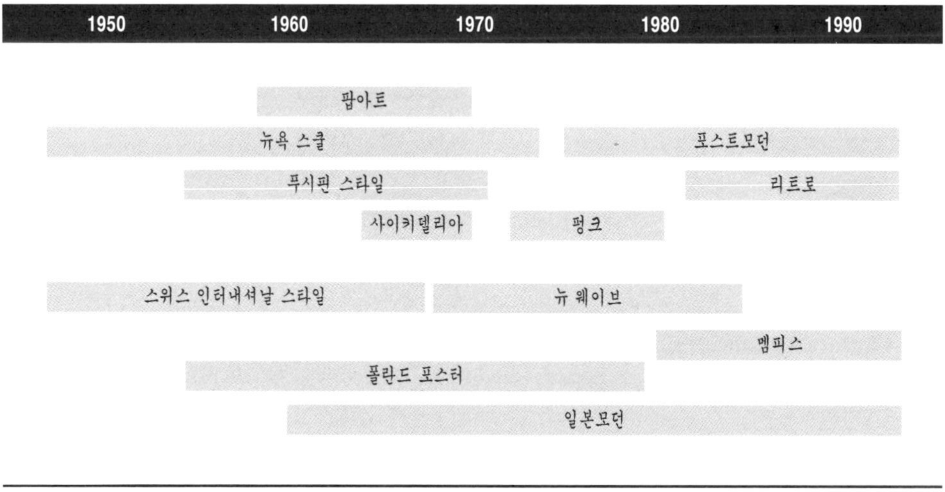

1950	1960	1970	1980	1990

팝아트

뉴욕 스쿨　포스트모던

푸시핀 스타일　리트로

사이키델리아　펑크

스위스 인터내셔날 스타일　뉴 웨이브

멤피스

폴란드 포스터

일본모던

디자인 관련 단체

건축 · 인테리어

▶대한건축사협회
ㅈ/02 581 5711-2 ㅍ/02 586 8823
서울 서초구 서초동 1603-55

▶한국디스플레이협회 KODIA
ㅈ/02 547 8232-4 ㅍ/02 547 8234
서울 서초구 잠원동 32-8 세정B 3층

▶한국실내건축가협회 KOSID
ㅈ/02 508 8037 ㅍ/02 508 8039
서울 강남구 대치동 983-10 대경B 5층
http://www.kosid.ism.co.kr

▶한국실내디자인학회 KIID
ㅈ/02 564 2598 ㅍ/02 564 2599
서울 강남구 역삼동 635-4 한국과학
기술회관 1107호

공예

▶경금회
ㅈ/02 970 6675 ㅍ/02 977 5985
서울 노원구 공릉2동 172 서울산업대
금속공예학과

▶대구공예가협회
ㅈ/053 763 3040 ㅍ/053 766 5764
대구 수성구 수성1가 613 신세계타운
2-102

▶동아공예가회
ㅈ/051 330 7142 ㅍ/330 7068
부산 북구 구포동 산 48-6 부산전문
대학 산업디자인 계열

▶무등목칠공예전
ㅈ/062 230 7806
광주 동구 서석동 375 조선대 산업공
예학과 사무실

▶부산공예가회
ㅈ/051 309 5443
부산 남구 광안 1동 516-12 32/1

▶비주얼메세지
ㅈ/02 360 2514 ㅍ/02 360 2519
서울 서대문구 대현동 11-1 이화여대
정보디자인학과

▶상명공예회
ㅈ/02 693 3148 ㅍ/02 395 5203
서울 강서구 화곡 3동 1007-25 유풍

파크빌라 202호

▶예염회
ㅈ/0351 876 3481
동덕여대 생활미술과 동문회

▶온공예회
ㅈ/02 782 1521 ㅍ/02 783 8028
서울 영등포구 여의도동 미성A C동 1208호

▶중앙공예가회
ㅈ/0334 670 3106 ㅍ/675 7333
경기도 안성군 대덕면 안성읍 내리 산
40-1 중앙대 공예학과

▶질꼴모임
ㅈ/032 694 4260
경기 시흥시 부지내동 145

▶청금회
ㅈ/0431 222 8659
충북 청주시 흥덕구 상당구 내덕동 36
청주대 금속공예학과

▶청미금속공예전
ㅈ/02 710 9582
서울 용산구 청파동 2가 53-12 숙명
여대 공예학과

▶충북공예가회
ㅈ/0431 64 5830
충북 청주시 신봉동 산정백조A 105-701

▶한국가구디자인협회
ㅈ/0341 84 3139 ㅍ/0341 83 6882
경기 김포군 김포읍 감정리 71-2

▶한국공예가협회
ㅈ/02 324 4529 ㅍ/02 332 1493
서울 마포구 성산동 성산B 51-17 205호

▶한국공예협동조합연합회
ㅈ/02 698 0003 ㅍ/02 697 8582
서울 강서구 화곡 5동 114-32
http://www.sigift.or.kr

▶한국현대도예가회
ㅈ/02 338 0551 ㅍ/02 334 0551
서울 마포구 연남동 568-39 칼라B 102호

▶행림회
ㅈ/02 413 4838 ㅍ/02 422 9419
서울 송파구 잠실동 우성A 13동 105호

▶홍익창작도회
ㅈ/02 643 0229
서울 양천구 목동A 126-1302호

▶흙과 30인
ㅈ/02 053 850 7550 ㅍ/02 850 7622
경북 경산시 하양읍 부호리 33 경북산
업대 산업공예학과

광고

▶한국광고단체연합회
ㅈ/02 733 1201-2 ㅍ/02 722 4287
http://www.adic.co.kr
서울 종로구 적선동 80 적선현대B 410호

▶한국광고사업협회
ㅈ/02 3473 4071 ㅍ/02 3473 4075
서울 서초구 서초동 1364-42 포스포B 6층

▶한국광고업협회
ㅈ/02 733 3500 ㅍ/02 738 7824
서울 종로구 적선동 80 적선현대B 1106호

▶한국광고자율심의기구
ㅈ/02 739 5595 ㅍ/02 739 5596
서울 종로구 적선동 80 적선현대B 1004호

▶한국광고주협회 KAA
ㅈ/02 782 8390-2 ㅍ/02 780 2391
서울 영등포구 여의도동 28-1 전경련회관 17층

▶한국광고판촉물제작협회
ㅈ/02 3442 7655 ㅍ/02 3443 7287
서울 강남구 논현1동 2-13 신정B 501호

▶한국광고학회
ㅈ/02 743 0766 ㅍ/02 743 0767
서울 종로구 낙원동 58-1 종로오피스텔 1108호

▶한국마케팅 · 여론조사협회
ㅈ/02 569 1973 ㅍ/02 538 0169
서울 역삼동 829 EZ빌딩 4층

▶한국마케팅연구원
ㅈ/02 752 8074 ㅍ/02 752 6156
서울 중구 남대문로 4가 45 대한상공
회의소B 1243호

▶한국신문협회광고협의회
ㅈ/02 733 5518 ㅍ/02 730 1619
서울 중구 태평로 1가 프레스센터 1302호

▶한국아트디렉터즈클럽 ADCK
ㅈ/02 790 5100 ㅍ/02 790 5104
서울 용산구 이태원동 260-199

▶한국언론연구원 KPI
ㅈ/02 398 7601 ㅍ/02 373 7170
서울 중구 태평로 1가 25 프레스센터 12층

▶한국언론학회

ㅈ/02 921 9747 ㅍ/02 928 0908
서울 성북구 안암동 5가 고려대 정경관 433호
▶한국지적소유권학회
ㅈ/02 744 4509 ㅍ/02 741 0328
서울 종로구 운니동 114-31 서울B
▶한국ABC협회
ㅈ/02 783 4983 ㅍ/02 782 5889
서울 영등포구 여의도동 28-1 전경련회관 17층
▶한국PR협회
ㅈ/02 705 8382 ㅍ/02 705 8184
서울 마포구 신수동 1 서강대 언론대학원장

디자인

▶대한산업미술가협회
ㅈ/02 323 1303 ㅍ/02 323 1303
서울 마포구 동교동 154-8 용호B 101호
▶삼성디자인멤버쉽
ㅈ/02 3441 0380 ㅍ/02 3441 0390
서울 강남구 논현동 70-7 보전B 서관 2층
▶서울비주얼아티스트비엔날레협의회
ㅈ/02 938 5049 ㅍ/02 938 5049
서울 노원구 중계동 대림벽산B 102-1105
▶한국공인산업디자인전문회사협회
ㅈ/02 3486 2617 ㅍ/02 3486 2618
서울 서초구 서초동 1338-21 코리아
비지니스 센터 1519호
▶한국디자이너협의회
ㅈ/02 423 3279 ㅍ/02 2203 3939
서울 송파구 석촌동 295-12 대주B 504
▶한국디자인법인단체총연합회
ㅈ/02 324 5402 ㅍ/02 332 6706
서울 마포구 상수동 72-1 홍익대학교
권명광 교수 연구실내
▶한국디자인학회 KSDS
ㅈ/042 869 4595 ㅍ/042 869 4510
대전 유성구 구성동 373-1 한국과학
기술원 산업디자인학과
▶한국사이언스일러스트레이션클럽
ㅈ/02 3673 1020 ㅍ/02 763 2073
서울 종로구 연건동 318번지 정원B 5층
▶한국산업디자이너협회 KAID
ㅈ/02 565 6042-3 ㅍ/02 567 0449
서울 마포구 서교동 357-1 서교오피
스텔 515호
http://www.kaid.or.kr

▶한국산업디자인진흥원 KIDP
ㅈ/02 708 2001, 2114
http://www.kidp.or.kr
▶한국색채연구소
ㅈ/02 3473 0005 ㅍ/02 3473 3550
서울 서초구 서초동 1340-6 서울영상
대표센터 10층
▶한국시각정보디자인협회 VIDAK
ㅈ/02 3473 0094 ㅍ/02 3474 0097
서울 서초구 서초 3동 1560-1 영경B 201호
▶한국장신구디자인협회
ㅈ/02 426 1608
서울 강동구 상일동 187 주공A 716-102
▶한국조형교육학회
ㅈ/02 556 4135 ㅍ/02 556 4135
서울 강남구 역삼동 672-3
▶한국출판미술가협회 KPIA
ㅈ/02 2216 0176 ㅍ/02 2218 0887
서울 동대문구 장안3동 458-1 동진B 403호
▶한국캐릭터디자이너협회
ㅈ/02 540 2534 ㅍ/02 540 7768
서울 강남구 신사동 540-11 조양B 502호
▶한국컴퓨터아트협회
ㅈ/02 336 4456 ㅍ/02 323 5393
서울 마포구 동교동 179-8 10/7
http://www.art.co.kr
▶한국패키지디자인협회 KPDA
ㅈ/02 323 2755 ㅍ/02 323 2829
서울 마포구 서교동 372-2 정원B 지하1층
▶한국포장협회
ㅈ/02 835 9041 ㅍ/02 835 9040
서울 영등포구 신길동 1351-3 천록B 503호
▶현대시각디자인회의
ㅈ/051 240 2836
부산 사하구 하단 2동 840
▶홍익산업디자이너회
ㅈ/02 323 6954 ㅍ/02 333 5590
서울 마포구 서교동 402-18 남서B 3층

사진 · 영상

▶한국방송협회
ㅈ/02 3219 5550 ㅍ/02 3219 5570
서울 양천구 목동 923-5 한국방송회관 15층
▶한국광고사진가협회 KAPA
ㅈ/02 2277 7780 ㅍ/02 2266 5746

서울 중구 묵정동 30-1 한부B 7층
▶한국광고영상제작사협회 KCU
ㅈ/02 3675 4561 ㅍ/02 3675 4563
서울 종로구 연건동 195-11 임호B 6층
▶한국사진작가협회
ㅈ/02 744 8062 ㅍ/02 743 6043
서울 종로구 동숭동 1-117
▶한국애니메이션제작자협회
ㅈ/02 587 9801 ㅍ/02 587 9802
서울 서초구 서초동 1580-17 청호B 301
▶한국영상문화제작협회
ㅈ/02 745 3138 ㅍ/02 745 2538
서울 종로구 원남동 209 월금B 305호
▶국제애니메이션필름협회 ASIFA
ㅈ/02 400 2566 ㅍ/02 406 8950
서울 송파구 문정동 71-6 에이콤프로덕션

섬유 · 패션

▶대한방직협회
ㅈ/02 735 5741 ㅍ/02 732 9380
서울 종로구 관철동 43-8 6층 연방정보실
http://www.swak.org
▶대한복식디자이너협회 KFDA
ㅈ/02 501 5964 ㅍ/02 501 5963
서울 강남구 역삼동 705-9 삼흥B 906호
▶서울섬유산업연합회
ㅈ/02 528 4002 ㅍ/02 528 4074
서울 강남구 대치3동 944-31 섬유B 16층
▶서울패션아티스트협의회 SFAA
ㅈ/02 514 8667 ㅍ/02 515 4443
서울 강남구 청담동 49-5 402호
▶한국섬유미술가협회
ㅈ/02 544 6749
서울 강남구 청담동 삼익A 12동 502호
▶한국섬유산업연합회
ㅈ/02 528 4501 ㅍ/02 528 4500
서울 강남구 대치3동 944-31 섬유B 16층
▶한국유행색협회
ㅈ/02 528 4501 ㅍ/02 528 4500
서울 강남구 대치3동 944-31 5층
▶한국장신구디자인협회
ㅈ/02 426 1608
서울 강동구 상일동 187 주공A 716-102
▶한국텍스타일디자인협회 KTDA
ㅈ/02 337 1449 ㅍ/02 334 7326

서울 마포구 창전동 6-131 송암B 2층
▶한국패션협회
ㅈ/02 528 4741 ㅍ/02 528 4746
서울 강남구 대치3동 944-31 504호

인쇄 · 출판

▶대한인쇄공업협동조합연합회
ㅈ/02 335 6161 ㅍ/02 334 6773
서울 마포구 서교동 352-26 2층
▶대한인쇄문화협회
ㅈ/02 335 5881-3 ㅍ/02 338 9801
서울 마포구 서교동 352-26 인쇄문화
회관 3층
▶대한출판문화협회
ㅈ/02 735 2701-4 ㅍ/02 738 5414
서울 종로구 사간동 105-2
http://www.kpa21.or.kr
▶새마을문고중앙회
ㅈ/02 605 4894 ㅍ/02 600 3656
서울 강서구 화곡 6동1093
▶서울지류도매협동조합
ㅈ/02 2272 1892 ㅍ/02 2268 5467
서울 중구 수표동 47-6 천수B 905호
▶일산출판문화산업단지사업협동조합
ㅈ/02 511 9566 ㅍ/02 511 9569
서울 강남구 신사동 506 강남출판문
화센터 401호
▶학습자료협회
ㅈ/02 718 4050 ㅍ/02 704 4061
서울 마포구 공덕동 105-111
▶한국과학기술출판협회
ㅈ/02 2272 9538 ㅍ/02 2272 9539
서울 중구 묵정동 18-27 대학문화원 209호
▶한국학술도서출판협회
ㅈ/02 718 1751 ㅍ/02 716 9945
서울 마포구 용강동 494-85
▶한국신문협회
ㅈ/02 733 2251 ㅍ/02 720 3291
서울 중구 태평로1가 25 프레스센터 13층
▶한국잡지협회
ㅈ/02 735 9464 ㅍ/02 737 2485
서울 종로구 청진동 174-1
▶한국제지공업연합회
ㅈ/02 549 0981 ㅍ/02 549 0980
서울 강남구 신사동 505

▶한국전문신문협회
ㅈ/02 720 3251 ㅍ/02 720 3253
서울 종로구 신문로 1가 1-181
▶한국청소년도서출판협회
ㅈ/02 704 1626 ㅍ/02 567 9660
서울 강남구 삼성동 153-3
▶한국출판경영협의회
ㅈ/02 702 5097 ㅍ/02 702 5098
서울 마포구 도화 2동 538 성지B 1105
▶한국출판금고
ㅈ/02 732 1434 ㅍ/02 722 5406
서울 종로구 사간동 105-2 출판문화
회관 2층
▶한국출판연구소
ㅈ/02 739 9040 ㅍ/02 737 6187
서울 종로구 사간동 105-2 출판문화
회관 3층
▶한국출판협동조합
ㅈ/02 716 5621 ㅍ/02 716 2999
서울 마포구 신수동 448-6
▶한국학술도서출판협의회
ㅈ/02 718 1751 ㅍ/02 716 9945
서울 마포구 용강동 494-85

인터넷 주소

▶국제디자인네트워크 재단 IDNF
International Design Network Foundation
http://www.users.interport.net/~idnf
▶나고야국제디자인센터
International Design Center Nagoya
http://www.idcnagoy.co.jp
▶덴마크디자인센터
Danish Design Center
http://www.ddc.dk
▶디자인카운슬 Design Council
http://www.design-council.org.uk
▶미국디자인센터 ACD
American Center for Design
http://www.ac4d.org
▶미국가구예술가협회
The American Society of Furniture Artists
http://www.asofa.org
▶미국그래픽아트인스티튜트
American Institute of Graphic Arts

http://www.aiga.org
▶미국산업디자이너협회 IDSA
Industrial Designers Society of America
http://www.idsa.org
▶브리티시디자인 & 아트디렉션
British Design & Art Direction
http://www.dandad.org
▶세계산업디자인협회 ICSID
International Council of Socities
of Industrial Design
http://www.icsid.org
▶스칸디나비아 디자인
Scandinavian Design
http://www.scandinaviandesign.com
▶시그라프 Siggraph
http://www.siggraph.org
▶유럽디자인센터
European Design Center
http://www.edc.nl
▶이코그라다 ICOGRADA
International Council of Graphic
Design Associations
http://www.icograda.org/intro.htm
▶이피 IFI
Information for Industry
http://www.ifi.co.uk
▶컨서미트디자인센터 TCDC
The Consummate Design Center
http://www.tcdc.com
▶코퍼레이트디자인 재단
Corporate Design Foundation
http://www.cdf.org
▶크래프트카운슬 Crafts Council
http://www.craftscouncil.org.uk
▶타입디렉터즈클럽
The Type Directors Club
http://www.tdc.org
▶하노버산업디자인포럼
Industrie Forum Design Hannover,
iF, http://www.ifdesign.de
▶NRW디자인센터
http://www.design-germany.de

디자인 관련 행사

1월

▶맥월드 엑스포
MACWORLD Expo
http://www.macworldexpo.com

3월

▶유럽국제디자인경영회의
ㅈ/+1 617 338 6380
ㅍ/+1 617 338 6570
http://www.dmi.org.conference
dmistaff@dmi.org
▶RIDT
http://diwww.epfl.ch/w31sp/cfpapers.html

4월

▶국제디자인회의
ㅈ/+1 202 659 39 18
ㅍ/+1 202 488 38 38
obdesign@aol.com
▶국제 월드와이드웹 회의
http://www7.conf.au
▶디자인 경영 회의
디자인경영협회(DMI) 주최.
ㅈ/+1 617 288 63 80
ㅍ/+1 617 338 63 70
dmistaff@dmi.org
▶미드웨스트 그래픽스
Midwest Graphics
http://www.gasc.org/midwest/midwest.htm
▶미래를 보라
ㅍ/+32 2 770 14 02
guy.schockaert@euronet.de
▶세라믹 네트워크
Ceramic Network
ㅈ/+33 5 55 45 18 32
ㅍ/+33 5 55 79 99 89
ceramic-network@ard.cr-limousin.fr
▶익시드 인터디자인
ICSID Interdesign
ㅈ/+617 3864 26 69
ㅍ/+617 3864 15 28
v.popovic@qut.edu.au

▶컴퓨터그래픽회의
Spring Conference on Computer
Graphics and Its Applications
http://www.uniba.sk/~sccg/info.html
▶포토 워크숍 Photo Workshops
ㅈ/404 872 3264
ㅍ/404 843 3263
http://cortonacenter.com
photo@cortonacenter.com

5월

▶디지털 프린팅과 출판 회의
On Demand Digital Printing and
Publishing
ㅈ/+1 203 256 4700
http://www.expo.com
▶바르셀로나디자인 페스티벌
ㅍ/+34 93 317 8353
http://www.BCNdesign.org
▶한국디자인학회 학술대회
ㅈ/042 869 4595 ㅍ/042 869 4510

6월

▶국립학생디자인회의 AIGA
American Institute of Graphic
Arts 주관. http://www.AIGA.org
▶세계디자인회의
http://www.adaptenv.org/21century
▶아스펜국제디자인회의 IDCA
International Design Conference
in Aspen
http://www.idca.org
▶CI 회의
http://www.dmi.org
▶HOW디자인회의
http://www.howdesign.com

7월

▶도무스 아카데미 Domus Academy
http://www.edidomus.it/domac/
english.htm, info@domac.it
▶시카고 회의
Chicago Sets Stage for Conference
ㅈ/+1 703 759 0100

ㅍ/+1 703 759 7679
idsa@erois.com
▶캘리그래피 · 레터링아트 국제회의
The Annual International Conference
of Calligraphy and the Lettering Arts
http://www.alphabytes.com/discoveries

8월

▶시그라프 SIGGRAPH
ㅈ/+1 312 321 6830
ㅍ/+1 312 321 6876
http://www.siggraph.org
siggraph99@siggraph.org
▶유로그래픽스 Eurographics
http://www.eg99.gpcg.ptconference

9월

▶도큐월드 DocuWorld
http://www.adobe.com/events/main.html
▶IDSA국립회의
http://www.idsa.org
▶IPEX
http://www.ipex.org
▶Seybold San Francisco
http://www.seyboldseminars.com

11월

▶한국디자인학회 학술대회
ㅈ/042 869 4595
ㅍ/042 869 4510
▶02 Challenge
ㅈ/+31 10 411 8102
http://www.02.org
02nederland@02.org
▶Color Imaging Conference
ㅈ/+1 703 642 9090
ㅍ/+1 703 642 9094
http://www.imaging.org
info@imaging.org
▶Comdex/Fall
ㅈ/+1 781 433 1665
http://www.comdex.com

4년제 대학

강원도

▶강릉대학교

210-702, 강원 강릉시 지변동 산1

ㅈ/0391 642 7001

ㅍ/0391 643 7110

http://www.kangnung.ac.kr

산업공예학과 0391 640 2535

산업대학원 0391 640 2085

▶강원대학교

200-701, 강원 춘천시 효자동 192-1

ㅈ/0361 250 7717

ㅍ/0361 251 0924

http://www.kangwon.ac.kr

산업디자인과 0361 250 8710

미술학과 0361 250 8720

산업대학원 0361 250 6209

▶삼척대학교

245-711, 강원 삼척시 교동 산253

ㅈ/0397 572 8611

ㅍ/0397 574 6720

http://www.samchok.ac.kr

산업디자인학과 0397 570 6680

공예학과 0397 570 6690

▶상지대학교

220-702, 강원 원주시 우산동 660

ㅈ/0371 742 1121

ㅍ/0371 745 2433

http://www.sangji.ac.kr

산업디자인학과 0371 730 0135

공예학과 0371 730 0610

경기도

▶강남대학교

449-702, 경기 용인 기흥읍 구갈리 산6-2

ㅈ/0331 280 3500

ㅍ/0331 281 3604

http://www.kangnam.ac.kr

미술 · 산업디자인학부

-산업디자인학 전공 0331 280 3877

▶경기대학교 (수원)

442-460, 경기 수원시 팔달구 이의동 산96-6

ㅈ/0331 249 9114

ㅍ/0331 249 8885

http://www.kyonggi.ac.kr

디자인공예학부

-시각디자인학 전공 0331 249 9935

-공업디자인학 전공 0331 249 9935

-장신구디자인 전공 0331 249 9935

-도자공예 전공 0331 249 9935

조형대학원 0331 249 9052

▶경성대학교

608-736, 부산 남구 대연3동 110-1

ㅈ/051 622 5331-8

ㅍ/051 623 7803

http://www.kyungsung.ac.kr

생활과학부

-의상학 전공 051 620 4665

산업디자인학과 051 620 4935

공예디자인학과 051 620 4946

영상사진공연학부

-연극영화학 전공 051 620 4970

-사진학 전공 051 620 4982

커뮤니케이션학부

-광고홍보학 전공 051 620 4550

대학원 051 620 4171

멀티미디어정보예술대학원 051 620 4192

▶경원대학교

461-701, 경기 성남시 수정구 복정동 산65

ㅈ/0342 750 5114

ㅍ/0342 753 8828

http://www.kyungwon.ac.kr

조형학부

-섬유미술학 전공 0342 750 5884

-시각디자인학 전공 0342 750 5874

-산업디자인학 전공 0342 750 5874

실내건축학과 0342 750 5379

의상학과 0342 750 5954

대학원 0342 750 5023

산업대학원 0342 750 5481

▶경희대학교 (수원)

449-701, 경기 용인 기흥읍 서천리 1

ㅈ/0331 201 2114

ㅍ/0331 204 8102

http://www.kyunghee.ac.kr

예술 · 디자인학부

-도예학 전공 0331 201 2637

-산업디자인학 전공 0331 201 2644

-시각디자인학 전공 0331 201 2644

-조경학 전공 0331 201 2630

-의류디자인학 전공 0331 201 2513

-멀티미디어창작학 전공 0331 201 2662

-연극영화학 전공

대학원 0331 201 2135

▶대진대학교

487-711, 경기 포천군 포천읍 선단리 산11-1

ㅈ/0357 530 9114

ㅍ/0357 530 9399

http://www.daejin.ac.kr

산업디자인학부 0357 539 2050

연극영화학부

-이론 및 연출 전공 0357 539 2080

▶명지대학교 (용인)

449-728, 경기 용인시 남동 38-2

ㅈ/0335 330 6114

ㅍ/0335 332 2459

http://www.myongji.ac.kr

산업디자인학과 0335 330 6279

대학원 0335 330 6093

-산업디자인학과

산업대학원 0335 330 6822

-산업디자인학과, 도자기기술학과

▶성결대학교

430-742, 경기 안양시 만안구 안양 8동 산147-2

ㅈ/0343 467 8114

ㅍ/0343 449 0529
http://www.sungkyul.ac.kr
멀티미디어학과 0343 467 8312
▶수원대학교
445-743, 경기 화성군 와우리 산2-2
ㅈ/0331 222 2101
ㅍ/0331 745 8545
http://www.suwon.ac.kr
산업미술학과 0331 220 2543
패션디자인학과 0331 220 2535
대학원 0331 220 2551
-산업디자인학과
교육대학원
-미술교육학과
▶안성산업대학교
456-749, 경기 안성군 안정읍 석정동 67
ㅈ/0334 670 5114
ㅍ/0334 673 2704
http://www.ansung.ac.kr
산업디자인학과 0334 670 5250
▶용인대학교
449-714, 경기 용인 삼가동 산117-6
ㅈ/0335 332 6471
ㅍ/0335 332 2737
http://www.yongin.ac.kr
산업디자인학과 0335 330 2689
연극영화학과 0335 330 2712
▶인천대학교
402-749, 인천 남구 도화동 177
ㅈ/032 770 8114
ㅍ/032 762 1548
http://www.inchon.ac.kr
미술학과 032 770 8560
의생활학과 032 770 8260
▶인하대학교
402-751, 인천 남구 용현동 253
ㅈ/032 860 7114
ㅍ/032 863 1333
http://www.inha.ac.kr
미술교육학과 032 860 7890
의류학과 032 860 8130

대학원
-의류학과 032 860 7234-7
▶중앙대학교 (안성)
456-756, 경기 안성시 대덕면 내리 산40-1
ㅈ/0334 670 3114
ㅍ/0334 676 1385
http://www.web.cau.ac.kr
공예학과 0334 670 3106
산업디자인학과 0334 670 3129
의류학과 0334 670 3277
사진학과 0334 670 3112
영화학과 0334 670 3088
▶평택대학교
450-701, 경기 평택시 용이동 111
ㅈ/0333 658 3111
ㅍ/0333 658 3134
http://www.ptuniv.ac.kr
예술학부
-시각디자인학 전공 0333 658 3111
▶한세대학교
435-742, 경기 군포시 당정동 604-5
ㅈ/0343 450 5114
ㅍ/0343 457 6517
http://www.hansei.ac.kr
디자인학부 0343 450 5147
-시각디자인 전공
-인테리어 전공
▶한신대학교
447-791, 경기 오산시 양산동 411
ㅈ/0339 370 6500
ㅍ/0339 370 6500
http://www.hanshin.ac.kr
광고홍보학과 0339 370 6709
▶한양대학교 (안산)
425-791, 경기 안산시 사동 1271
ㅈ/0345 400 5114
ㅍ/0345 406 2809
http://www.hangyang.ac.kr
디자인학부
-산업디자인학 전공 0345 400 5700
-공예디자인학 전공 0345 400 5690

조형디자인학부 0345 400 5710
-포장디자인학과
-공업디자인학과
-섬유디자인학과
-귀금속디자인학과
광고홍보학과 0345 400 5420
대학원 0345 400 5103
-산업디자인 전공, 공예 전공
산업경영대학원 0345 400 5103
-제품디자인 전공, 포장디자인 전공
▶협성대학교
445-890, 경기 화성군 봉담면 상리8-1
ㅈ/0331 299 0900
ㅍ/0331 292 3131
http://www.hyupsung.ac.kr
산업디자인학과 0331 299 0882
실내건축학과 0331 299 0711
광고홍보학과 0331 299 0704

경상도

▶가야대학교
717-800, 경북 고령군 고령읍 지산리 산120
ㅈ/0543 956 3100
ㅍ/0543 954 6094
http://www.kaya.ac.kr
예술학부 0543 956 3100
-산업디자인학 전공
-실내디자인학 전공
-요업디자인학 전공
연극영화학과 0543 956 3100

▶경남대학교
631-701, 경남 마산시 합포구 월영동 449
ㅈ/0551 245 5000
ㅍ/0551 246 6184
http://www.kyungnam.ac.kr
디자인학부 0551 249 2251

▶경북대학교
702-701 대구 북구 산격동 1370
ㅈ/053 955 5001
ㅍ/053 955 5500
http://www.kyungpook.ac.kr
미술학과 053 950 5680
의류학과 053 950 6220

▶경북산업대학교
712-701, 경북 경산군 하양읍 부호리 33
ㅈ/053 853 8001-50
ㅍ/053 853 8800
http://www.ksu.ac.kr
산업공예학과 053 850 7550
의상디자인학과 053 850 7510
사진영상학과 053 850 7530
대학원 053 850 7720

▶경산대학교
712-240, 경북 경산시 점촌동 산75
ㅈ/053 813 5555
ㅍ/ 053 819 1000
조형학부 053 819 1515
-산업디자인학 전공
-섬유디자인학 전공
건축학부 053 819 1513

▶경상대학교
660-701, 경남 진주시 가좌동 900
ㅈ/0591 751 6114
ㅍ/0591 759 8061
http://www.gsnu.ac.kr
미술교육학과 0591 751 5677
-의류학전공 0591 751 5980
대학원 0591 751 5088

▶경운대학교
730-850, 경북 구미시 산동면 인덕리 산5-1
ㅈ/0546 479 1021-3
ㅍ/0546 479 1029
http://www.kyungwoon.ac.kr
산업디자인학과 0546 479 1281
멀티미디어학과 0546 479 1261-3

▶경일대학교
712-701, 경북 경산시 하양읍 부호리 33
ㅈ/053 850 7000
ㅍ/053 850 8800
http://www.kyungil.ac.kr
산업공예학과 053 850 7550
사진영상학과 053 850 7530
의상디자인학과 053 850 7510
산업대학원 053 850 7720

▶경주대학교
780-712, 경북 경주시 효현동 산42-1
ㅈ/0561 770 5114
ㅍ/0561 748 5553
http://www.kyongju.ac.kr
광고홍보학 전공 0561 770 5222
영상예술학과 0561 770 5186
건설환경시스템공학부
-환경조경학 전공 0561 770 5220
대학원 0561 770 5046

▶계명대학교
701-705 대구 남구 대명 7동 2139
ㅈ/053 620 2121-2
ㅍ/053 620 2130
http://www.keimyung.ac.kr
미술학부 053 620 2123
-공업디자인학 전공

-시각디자인학 전공
-공예디자인학 전공
-사진디자인학 전공
패션디자인학부 053 620 2224
-패션디자인학 전공
-패션정보기획학 전공
대학원 053 580 6252
예술대학원 053 620 2026
디자인대학원 053 620 2026

▶대구대학교
712-714, 경북 경산 진량면 내리리 15
ㅈ/053 850 6904
ㅍ/053 850 6909
http://www.taegu.ac.kr
응용미술학과 053 850 6920
산업디자인학과 053 850 6930
공예디자인학과 053 850 6940
의상디자인학과 053 850 6820
주거환경학과 053 850 6840
대학원 053 850 5033
-생활과학과, 미술학과
산업정보대학원
-사진영상정보과 053 850 5053

▶대구예술대학교
718-910, 경북 칠곡군 가심면 다부리 산117-6
ㅈ/0545 973 5311
ㅍ/0545 973 5319
시각디자인학과 0545 973 5311
사진영상학과 0545 972 4270
도예학과 0545 973 5311

▶대구효성가톨릭대학교
712-702, 경북 경산시 하양읍 금락1리 330
ㅈ/053 850 3114
ㅍ/053 852 8030
http://www.cataegu.ac.kr
미술학부
-시각디자인학 전공 053 850 3923
-공예학 전공 053 850 3927
자동차공학부
-자동차디자인학 전공 053 850 2178
의류학과 053 850 3519

대학원 053 850 3909
디자인대학원 053 850 3909
-섬유디자인학과, 산업디자인학과,
플로랄디자인학과
▶동명대학교
608-740, 부산 남구 용당동 505
ㅈ/051 624 8343
ㅍ/051 620 3313
http://www.yongma.tmc.ac.kr
산업디자인학과 051 620 3440
시각정보디자인과 051 620 3560
▶동명정보대학교
608-711, 부산 남구 용당동 535
ㅈ/051 629 7060
ㅍ/051 629 7139
http://www.tit.ac.kr
컴퓨터그래픽학과 051 629 7280
패션디자인학과 051 629 7283
▶동서대학교
616-716, 부산 사상구 주례동 69-1
ㅈ/051 320 1531
ㅍ/051 313 2133
http://www.dongseo.ac.kr
디자인학부 051 320 1531
-생산디자인학 전공
-시각정보디자인학 전공
-환경디자인학 전공
-패션디자인학 전공
-멀티미디어디자인학 전공
산업경영대학원 051 320 1247
-디자인학 전공
▶동아대학교
602-103, 부산 서구 동대신동 3가 1
ㅈ/051 240 2801
ㅍ/051 248 0463
http://www.donga.ac.kr
공예학과 051 240 2834
산업미술학과 051 240 2840
섬유미술학과 051 240 2849
의상섬유학부 051 200 7328
대학원 051 200 6601

-응용미술학과, 의상섬유학과
▶동양대학교
750-711, 경북 영주시 풍기읍 교촌동 1
ㅈ/0572 630 1114
ㅍ/0572 636 8523
http://www.dyu.ac.kr
컴퓨터그래픽디자인학과 0572 630 1068
패션디자인학과 0572 630 1204
실내건축디자인학과 0572 630 1228
▶동의대학교
614-714, 부산 부산진구 가야동 산24
ㅈ/051 890 1114
ㅍ/051 890 1234
http://www.dongeui.ac.kr
산업디자인학과 051 890 1342
의상학과 051 890 1598
▶밀양대학교
627-702, 경남 밀양시 내이동 1025-1
ㅈ/0527 354 3181
ㅍ/0527 355 3186
http://www.miryang.ac.kr
의상디자인학과 0527 350 5320
▶부경대학교
608-739, 부산 남구 대연 3동 599-1
ㅈ/051 622 3951
ㅍ/051 625 9947
http://www.pknu.ac.kr
산업디자인학과 051 620 1620
패션디자인학과 051 640 7550
대학원 051 620 6302
-산업디자인학과
▶부산대학교
609-735, 부산 금정구 장전동 산30
ㅈ/051 512 0311
ㅍ/051 516 3368
http://www.pusan.ac.kr
미술학과 051 510 1738
의류학과 051 510 1719
대학원 051 510 1353
-의류학과

▶상주대학교
742-711, 경주 상주시 가장동 386
ㅈ/0582 530 5120
ㅍ/0582 530 5119
http://www.sangju.ac.kr
의상디자인학과 0582 530 5310
▶신라대학교
617-736, 부산 북구 괘법동 산1-1
ㅈ/051 309 5000
ㅍ/051 305 5206
http://www.silla.ac.kr
공예학과 051 309 5442
산업디자인학과 051 309 5436
패션디자인산업학과 051 309 5452
대학원 디자인학과 051 309 5209
▶영남대학교
712-749, 경북 경산시 대동 214-1
ㅈ/053 810 2114
ㅍ/053 810 3300
http://cute.yeungnam.ac.kr
조형학부
-시각디자인 전공 053 810 3340
-산업디자인 전공 053 810 3340
-형성디자인 전공 053 810 3340
▶영산대학교
626-840, 경남 양산시 웅상읍 주상리 산150
ㅈ/0523 386 9114
ㅍ/0523 383 4374
http://www.ysu.ac.kr
광고디자인학과 0523 380 9280
조형미술학과 0523 380 9280
실내디자인학과 0523 380 9280
▶울산대학교
680-749, 경남 울산시 남구 무거동 산29
ㅈ/052 259 2114
ㅍ/052 277 3419
http://www.ulsan.ac.kr
산업디자인학과 052 259 2606
시각디자인학과 052 259 2611
섬유디자인학과 052 259 2616
의류학과 052 259 2841

▶인제대학교
621-749, 경남 김해시 어방동 607
ㅈ/0525 322 6740
ㅍ/0525 334 0712
http://www.inje.ac.kr
디자인학부 0525 320 3490
-주거실내디자인학 전공
-멀티미디어학 전공
-산업디자인학 전공

▶진주교육대학교
660-756, 경남 진주시 신암동 380
ㅈ/0591 740 1114
ㅍ/0591 745 8741
http://www.chinju-e.ac.kr
미술교육학과 0591 740 1279

▶진주산업대학교
660-758, 경남 진주시 칠암동 150
ㅈ/0591 751 3114
ㅍ/0591 752 9554
http://www.chinju.ac.kr
섬유공예학과 0591 751 3370

▶창원대학교
641-773, 경남 창원시 사림동 9
ㅈ/0551 279 7000
ㅍ/0551 83 2151
http://www.changwon.ac.kr
산업디자인학과 0551 279 7290
의류학과 0551 279 7470
대학원
-의류학과 0551 279 7123

▶한동대학교
791-940, 경북 포항시 북구 흥해읍 남송리 3
ㅈ/0562 260 1111
http://www.han.ac.kr
산업정보디자인학부 0562 260 1468

서울

▶건국대학교
143-701, 서울 광진구 모진동 93-1
ㅈ/02 450 3114
ㅍ/02 452 3094
http://www.konkuk.ac.kr
산업디자인학과 02 450 3786
공예학과 02 450 3793
의상학과 02 450 3779
대학원 02 450 3263
디자인대학원 02 450 3306-7

▶경기대학교
120-702, 서울 서대문구 충정로2가 71
ㅈ/02 390 5114
ㅍ/02 313 4136
http://www.kyonggi.ac.kr
대중매체영상학부 02 390 5226

▶경희대학교
130-701, 서울 동대문구 회기동 1
ㅈ/02 961 0114
ㅍ/02 962 5156
http://www.kyunghee.ac.kr
미술학부 02 961 0636
가정대학
-의상학전공 02 961 0265
대학원 02 961 0122-0124

▶고려대학교
136-701, 서울 성북구 안암동 5가 1
ㅈ/02 3290 1114
ㅍ/02 921 0533
http://www.korea.ac.kr
미술교육학과 02 3290 2380
대학원 02 3290 2320

▶국민대학교
136-702, 서울 성북구 정릉동 861-1
ㅈ/02 910 4114
ㅍ/02 919 2100
http://www.kookmin.ac.kr
공업디자인학과 02 910 4600
실내디자인학과 02 910 4640
시각디자인학과 02 910 4610
공예미술학과 02 910 4620

의상디자인학과 02 910 4630
대학원 02 910 4314
디자인대학원 02 910 4327

▶국제산업디자인대학원
110-460, 서울 종로구 연건동 128-8
ㅈ/02 744 7700
ㅍ/02 744 6866
http://www.kidp.or.kr
산업디자인학과 02 708 2210

▶단국대학교
140-714, 서울 용산구 한남동 산8
ㅈ/02 709 2114
ㅍ/02 792 5814
http://www.dankook.ac.kr
조형학부
-도예학 전공 02 709 2432
-시각디자인학 전공 02 709 2439
대학원 02 709 2134
-공예학과, 도예학과, 시각디자인학과
산업디자인대학원 02 709 2922
-산업공예디자인학과, 산업디자인학과

▶덕성여자대학교
132-714, 서울 도봉구 쌍문동 419
ㅈ/02 901 8000
ㅍ/02 901 8060
http://www.duksung.ac.kr
예술학부
-시각디자인학 전공 02 901 8420
-섬유미술학 전공 02 901 8420
-실내디자인학 전공 02 901 8420
-의상디자인학과 02 901 8431
대학원
-미술학과 02 901 8152

▶동국대학교
100-715, 서울 중구 필동 3가 26
ㅈ/02 2260 3114
ㅍ/02 2277 1274
http://www.dongguk.ac.kr
광고학과 02 2260 3718
문화예술대학원 02 2260 3606
-연극영화학과, 환경예술학과

▶동덕여자대학교
100-714, 서울 성북구 월곡동 23-1
ㅈ/02 940 4000
ㅍ/02 940 4182
http://www.dongduk.ac.kr
미술학부
-공예학 전공 02 940 4540
-생활미술학과 02 940 4540
디자인대학원 02 940 4130
-산업디자인학과, 의상디자인학과
▶동덕여자대학교 (청담)
135-102, 서울 강남구 청담동 97-7
ㅈ/02 940 4000
ㅍ/03 940 4182
http://www.dongduk.ac.kr
디자인학부
-산업디자인학 전공 02 940 4140
-의상디자인학 전공 02 940 4130
-컴퓨터디자인학 전공 02 940 4150
▶상명대학교
110-743, 서울 종로구 홍지동 7
ㅈ/02 2287 5114
ㅍ/02 396 6116
http://www.sangmyung.ac.kr
공예학과 02 2287 5167
대학원 공예학과 02 2287 5030
정보통신대학원 02 2287 5120
-컴퓨터그래픽학과, 멀티미디어학과
디자인대학원 02 2287 5032
-커뮤니케이션디자인학과, 사진학과,
의상·섬유학과, 실내디자인학과, 요
업디자인학과
▶서경대학교
136-704, 서울 성북구 정릉 4동 16-1
ㅈ/02 940 7114
ㅍ/02 940 7021
http://www.seokyeong.ac.kr
산업디자인학과 02 940 7275
패션디자인학과 02 940 7275
연극영화과 02 940 7290

▶서울대학교
151-742, 서울 관악구 신림동 산56-1
ㅈ/02 880 5114
ㅍ/02 880 7462
http://www.snu.ac.kr
디자인학부
-공업디자인 전공 02 880 7512
-시각디자인 전공 02 880 7512
-금속공예 전공 02 880 7502
-도자공예 전공 02 880 7502
의류학과 02 880 6841
대학원 02 880 7454
-디자인학부
생활대학원 02 880 6841
-의류학과
▶서울산업대학교
139-743, 서울 노원구 공릉 2동 172
ㅈ/02 970 6114
ㅍ/02 970 6088
http://www.snpu.ac.kr
공업디자인학과 02 970 6678
시각디자인학과 02 970 6650
도예학과 02 970 6618
금속공예학과 02 970 6675
▶서울시립대학교
130-743, 서울 동대문구 전농동 90
ㅈ/02 2210 2114
ㅍ/02 2244 5301
http://www.uos.ac.kr
산업디자인학과 02 2210 2259
환경조각학과 02 2210 2560
대학원 02 2210 2215
-산업미술학과
도시행정대학
-환경조형학과 02 2210 2233
▶서울여자대학교
139-242, 서울 노원구 공릉 2동 126
ㅈ/02 970 5114
ㅍ/02 977 0061
http://www.swu.ac.kr
산업디자인학과 02 970 5711

공예학과 02 970 5731
의류학과 02 970 5621
대학원 02 970 5181-2
-공예학과, 산업디자인학과, 의류학과
▶성균관대학교
110-745, 서울 종로구 명륜동 3가 53
ㅈ/02 760 0114
ㅍ/02 744 2453
http://www.skku.ac.kr
예술학부
-디자인학 전공 02 760 0651
-영상학 전공 02 760 0661
-미술학 전공 02 760 0661
대학원 02 760 0903
-산업디자인과
디자인대학원 02 760 0902
-시각디자인, 섬유디자인, 공간디자인 전공
▶성신여자대학교
136-742, 서울 성북구 동선동 3가 249-1
ㅈ/02 920 7114
ㅍ/02 926 3120
http://www.sungshin.ac.kr
산업디자인학과 02 920 7269
공예학과 02 920 7264
대학원 02 920 7058
-공예과, 의류학과
▶세종대학교
133-747, 서울 광진구 군자동 98
ㅈ/02 3408 3114
ㅍ/02 3408 0300
http://www.sejong.ac.kr
산업디자인학과 02 3408 3323
영상만화학과 02 3408 3328
대학원 02 3408 3043
-산업디자인학부
▶숙명여자대학교
140-742, 서울 용산구 청파동 2가 53-12
ㅈ/02 710 9000
ㅍ/718 2337
http://www.sookmyung.ac.kr
산업디자인학과 02 710 9582

공예학과 02 710 9583
의류학과 02 710 9463
대학원 02 710 9463
-공예과, 산업디자인학과
디자인대학원 02 750 9073
▶연세대학교
120-749, 서울 서대문구 신촌동 134
ㅈ/02 361 2114
ㅍ/02 392 0618
http://www.yonsei.ac.kr
주거환경학과 02 361 3130
생활과학부 02 361 3097
-생활디자인 전공
의류환경학과 02 361 3100
대학원 02 361 3233
-의류환경학과, 주거환경학과
▶이화여자대학교
120-750, 서울 서대문구 대현동 11-1
ㅈ/02 360 2114
ㅍ/02 393 5903
http://www.ewha.ac.kr
섬유예술학과 02 360 2509
정보디자인학과 02 360 2514
장식미술학과 02 360 2520
도예학과 02 360 2526
의류직물학과 02 360 3074
색채디자인연구소 02 360 3719
대학원 02 360 2105
-도예과, 섬유예술학과, 의류직물학
과, 장식미술과, 정보디자인과
디자인대학원 02 360 2126-7
-디자인학과
▶중앙대학교
156-756, 서울 동작구 흑석동 221
ㅈ/02 820 5114 ㅍ/02 816 9938
http://www.cau.ac.kr
광고홍보학과 02 820 5504
대학원 02 820 5026
-광고홍보학과, 영화학과, 공예학과,
건축미술학과, 사진학과, 산업디자인
학과

▶한국예술종합학교
136-150, 서울 성북구 석관 2동 산1-5
ㅈ/02 958 2500
ㅍ/02 958 2700
http://www.knua.ac.kr
영상원
-영상연출과 02 958 2707
-영상제작과 02 958 2707
-영상디자인과 02 958 2705
-영상만화과 02 958 2708
-영상이론과 02 958 2571
미술원
-디자인과 02 958 2773
-건축과 02 958 2272
▶한성대학교
136-792, 서울 성북구 삼선동 2가 389
ㅈ/02 760 4114
ㅍ/02 745 8943
http://www.hansung.ac.kr
산업디자인학과 02 760 4157
의생활학부 02 760 4097
-의상디자인학 전공
의류직물학과 02 760 4147
대학원 02 760 4271
-의류직물학과
예술대학원 02 760 4271
-산업디자인학과, 의상학과, 패션예술학과
▶한양대학교
133-791, 서울 성동구 행당동 17
ㅈ/02 2290 0114
ㅍ/02 2299 5031
http://www.hanyang.ac.kr
응용미술교육과 02 2290 1150
의류학과 02 2290 1190
대학원 02 2290 0214-7
-응용미술과, 의류학과
교육대학원 02 2290 0262
-미술교육학과
▶홍익대학교
121-791, 서울 마포구 상수동 72-1
ㅈ/02 320 1114

ㅍ/02 320 1122
http://www.hongik.ac.kr
시각디자인학과 02 320 1214
산업디자인학과 02 320 1215
금속조형디자인학과 02 320 1217
도예학과 02 320 1219
목조형가구학과 02 320 1223
섬유미술학과 02 320 1225
예술학과 02 320 1227
대학원 02 320 1255
-미학과, 공예디자인학과, 시각디자
인학과, 공업디자인학과, 예술학과
산업미술대학원 02 320 1265
-산업디자인, 산업공예
건축도시대학원 02 320 1275
-조경설계학, 실내설계학
광고홍보대학원 02 320 1262
-광고홍보학, 멀티미디어광고학
미술대학원 02 320 1258
-동양화학과, 회화학과, 판화학과, 조
각학과, 예술기획학과

전라도

▶광주대학교
503-703, 광주 남구 진월동 592-1
ㅈ/062 670 2114
ㅍ/062 670 0078
http://www.kwangju.ac.kr
산업디자인학과 062 670 2655
의상학과 062 670 2656
사진학과 062 670 2658
광고정보학과 062 670 2640
언론대학원 062 670 2121
경상대학원 062 670 2121

▶광주여자대학교
506-255, 광주 광산구 산정동 165
ㅈ/062 953 2211
ㅍ/062 953 2218
http://namkyung.kwu.ac.kr
시각디자인학과 062 950 3751
실내디자인학과 062 950 3751
의상디자인학과 062 950 3742

▶군산대학교
573-701, 전북 군산시 미룡동 산68
ㅈ/0654 469 4114
ㅍ/0654 462 5334
http://www.kunsan.ac.kr
산업디자인학과 0654 469 4421
산업도예학과 0654 469 4431
의류학과 0654 469 4661
대학원 0654 469 4171

▶대불대학교
526-890, 전남 영암군 삼호면 산호리 산72-1
ㅈ/0693 469 1114
ㅍ/0693 469 0165
http://www.daebul.ac.kr
산업디자인학부
-제품·환경디자인학 전공 0693 469 1348
-시각정보디자인학 전공 0693 469 1348
실내건축과 0694 469 1339

▶동강대학교
500-714, 광주 북구 두암동 771
ㅈ/062 520 2221 ㅍ/062 520 2220
http://www.dongkang.ac.kr

정보산업디자인학과 062 520 2326
광고홍보학과 062 520 2383

▶동신대학교
520-714, 전남 나주시 대호동 252
ㅈ/0613 330 3114
ㅍ/0613 330 2909
http://www.dongshinu.ac.kr
조형예술학과 0613 330 3432
연극영화학과 0613 330 3622
사진예술학과 0613 330 3429
의류학과 0613 330 3378
대학원 0613 330 3092
-의류학과

▶목포대학교
530-380, 전남 목포시 용해동 산43
ㅈ/0631 270 1640
ㅍ/0631 273 4892
http://www.mokpo.ac.kr
미술학과 0631 270 1640
대학원 0631 270 1640
-미술학과

▶목포대학교 (도림)
534-729, 전남 무안군 청계면 도림리 61
ㅈ/0636 450 2114
ㅍ/0636 452 4793
http://www.mokpo.ac.kr
의류학과 0636 450 2530
대학원 0636 450 2903

▶서남대학교
590-711, 전북 남원시 광치동 720
ㅈ/0671 620 0114
ㅍ/0671 620 0013
http://www.seonam.ac.kr
산업디자인학과 0671 620 0278
의상디자인학과 0671 620 0129

▶순천대학교
540-742, 전남 순천시 매곡동 315
ㅈ/0661 750 3114
ㅍ/0661 750 3117
http://www.sunchon.ac.kr
사진예술학과 0661 750 5240

의류학과 0661 750 3680

▶우석대학교
565-800, 전북 완주군 삼례읍 후정리 490
ㅈ/0652 290 1114
ㅍ/0652 291 9312
http://www.woosuk.ac.kr
산업디자인학과 0652 290 1631
의상학과 0652 290 1536

▶원광대학교
570-749, 전북 익산시 신룡동 344-2
ㅈ/0653 850 5114
ㅍ/0653 850 6666
http://www.wonkwang.ac.kr
공예-디자인학부
-금속공예학 전공 0653 850 6351
-도예학 전공 0653 850 6330
-시각정보디자인학 전공 0653 850 6332
-산업디자인학 전공 0653 850 6325
의상학과 0653 850 6644
대학원 0653 850 5118
-응용미술학과

▶전남대학교
500-757, 광주 북구 용봉동 300
ㅈ/062 530 0114
ㅍ/062 530 1189
http://www.chonnam.ac.kr
미술학과 062 530 3020
미술교육학과 062 530 2540
의류학과 062 530 1340
대학원 062 530 1287
-미술학과, 의류학과

▶전북대학교
560-756, 전북 전주시 덕진구 덕진동 1가 664-14
ㅈ/0652 270 2114
ㅍ/0652 270 0429
http://www.chonbuk.ac.kr
산업디자인학과 0652 270 3755
생활과학부 0652 270 3845
-의류학 전공
미술학과 0652 270 3726
대학원 0652 270 3755

-산업디자인학과, 의류학과, 미술학과
▶전주대학교
560-759, 전북 전주시 완산구 효자동 3가 1200
☎/0652 220 2114
🖷/0652 220 2464
http://www.jeonju.ac.kr
예체능학부 0652 220 2412
-산업미술학 전공
영상예술학부 0652 220 2378
-연극영화학 전공, 영상디자인학 전공
대학원 0652 220 2139
-미술학과
▶조선대학교
501-759, 광주 동구 서석동 375
☎/062 230 7114
🖷/062 232 8834
http://www.chosun.ac.kr
디자인학부 062 230 7806-7
대학원 062 230 6403
-산업공예학과, 산업디자인학과
산업대학원 062 230 6430
-산업디자인학과
환경보건대학원 062 230 6308
-환경디자인학과
▶초당대학교
534-800, 전남 무안군 무안읍 성남리 419
☎/0636 453 4960
🖷/0636 453 4969
http://www.chodang.ac.kr
산업디자인학과 0636 450 1241
▶한려대학교
545-800, 전남 광양군 광양읍 덕례리 199-4
☎/0667 760 1114
🖷/0667 761 6709
http://www.hanlyo.ac.kr
산업디자인학과 0667 760 1147
대학원
-산업디자인학과 0667 760 1167
▶한일장신대학교
565-830, 전북 완주군 상관면 신리 694-1
☎/0652 230 5451

🖷/0652 284 7863
http://www.hanil.ac.kr
예술학부 0652 230 5641
-영상디자인학과
-시각정보디자인학과
▶호남대학교 (광산)
506-714, 광주 광산구 서봉동 59-1
☎/062 940 5114
🖷/062 940 5005
http://www.honam.ac.kr
생활과학과 062 940 5083
커뮤니케이션학부
-광고홍보학 전공 062 940 5063
▶호남대학교 (쌍촌)
506-714, 광주 서구 쌍촌동 148
☎/062 370 8114
🖷/062 370 8008
http://www.honam.ac.kr
연극영상학과 062 370 8220
산업디자인학과 062 370 8271
의상디자인학과 062 370 8281
▶호서대학교
336-795, 충남 아산 배방면 세출리 산29-1
☎/0418 540 5114
🖷/0418 548 5831
http://www.hoseo.ac.kr
산업디자인학과 0418 540 5170
연극영화학부 0418 540 5170
대학원 0418 540 5582
-산업디자인학과
▶호원대학교
573-718, 전국 군산시 임피면 월하리 727
☎/0654 450 7114
🖷/0654 450 7777
http://www.howon.ac.kr
산업디자인학과 0654 450 7610
의류학과 0654 450 7630

제주도
▶제주대학교
690-756, 제주 제주시 아라1동 산1
☎/064 754 2114
🖷/064 755 6130
http://www.cheju.ac.kr
산업디자인학과 064 754 3690
의류학과 064 754 3530
대학원
-산업디자인학과 064 754 2152

충청도

▶단국대학교 (천안)
330-714, 충남 천안시 안서동 산29
ㅈ/0417 550 1114
ㅍ/0417 550 3710
http://www.dankook.ac.kr
조형디자인학부
-시각디자인학 전공 0417 550 3710
-공예학 전공 0417 550 3740
산업미술학과 0417 550 3710
연극영화과 0417 550 3760
대학원 0417 550 1260
▶건국대학교 (충주)
380-701, 충북 충주시 단월동 322
ㅈ/0441 840 3114
ㅍ/0441 851 6136
의상디자인학과 0441 840 3685
공예미술학과 0441 840 3645
산업디자인학과 0441 840 3655
실내디자인학과 0441 840 3665
▶공주대학교
314-701, 충남 공주시 신관동182
ㅈ/0416 850 8114
ㅍ/0416 853 3157
http://www.kongju.ac.kr
미술교육학과 0316 850 8310
교육대학원 0316 850 8159
▶공주교육대학교
314-060, 충남 공주시 봉황동 376
ㅈ/0416 750 1114
ㅍ/0416 850 1710
http://www.kongju-e.ac.kr
미술교육학과 0416 850 1710
대학원 0416 850 1361
▶대전대학교
300-716, 대전 동구 용운동 96-3
ㅈ/042 280 2460
ㅍ/042 283 7172
http://www.taejon.ac.kr
생활과학부 042 280 2460
-패션 · 비즈니스학 전공
예술학부 042 280 2490

-커뮤니케이션디자인학 전공
대학원 042 280 2188
-의류학과
▶대전산업대학교
305-320, 대전 유성구 덕명동 산16-1
ㅈ/042 821 1114
ㅍ/042 625 1485
http://www.tnut.ac.kr
시각디자인학과 042 821 1280
공업디자인학과 042 821 1308
▶남서울대학교
330-800, 충남 천안 성환읍 매주리 21
ㅈ/0417 580 2000
ㅍ/0417 582 2117
http://www.nsu.ac.kr
시각정보디자인학과 0417 580 2150
환경조형학과 0417 580 2213
광고홍보학과 0417 580 2231
멀티미디어학과 0417 580 2191
애니메이션학과 0417 580 2341
▶단국대학교 (천안)
330-714, 충남 천안시 안서동 산29
ㅈ/0417 550 1114
ㅍ/0417 553 4986
http://www.dankook.ac.kr
조형디자인학부
-시각디자인학 전공 0417 550 3710
-공예학 전공 0417 550 3740
산업미술학과 0417 550 3710
연극영화과 0417 550 3760
대학원 0417 550 1260
▶목원대학교
302-318, 대전 서구 도안동 산40-1
ㅈ/042 829 7114
ㅍ/042 825 5020
http://www.mokwon.ac.kr
산업미술학과 042 220 6380
광고홍보학과 042 220 6320
미술교육학과 042 220 6385
산업정보대학원 042 829 7057
-산업디자인과

▶배재대학교
302-735, 대전 서구 도마 2동 439-6
ㅈ/042 520 5114
ㅍ/042 520 5513
http://www.paichai.ac.kr
미술학부 042 520 5430
의류학부
-패션산업학 전공 042 520 5410
-패션디자인학 전공 042 520 5410
국제통상대학원 042 520 5524
-통상상업디자인학과
▶상명대학교 (천안)
330-180, 충남 천안시 안서동 산98-20
ㅈ/0417 550 5500
ㅍ/0417 563 9816
http://smuc.sangmyung.ac.kr
시각디자인학과 0417 550 5380
섬유디자인학과 0417 550 5395
실내디자인학과 0417 550 5400
요업디자인학과 0417 550 5405
의상디자인학과 0417 550 5390
무대디자인학과 0417 550 5423
만화학과 0417 550 5421
예술학부
-사진 전공 0417 550 5385
-영화학과 0417 550 5411
-연극학과 0417 550 5416
▶서원대학교
361-742, 충북 청주시 흥덕구 모충동 231
ㅈ/0431 261 8000
ㅍ/0431 262 8822
http://www.seowon.ac.kr
조형학부 0431 261 8940
의류직물학과 0431 261 8750
대학원 0431 261 8251
▶세명대학교
390-230, 충북 제천시 신월동 산21-1
ㅈ/0443 645 1114
ㅍ/0443 644 2111
http://www.semyung.ac.kr
시각디자인학과 0443 649 1780

산업디자인학과 0443 649 1780
의상 · 섬유디자인학과 0443 649 1780
실내디자인학과 0443 649 1725
▶영동대학교
370-800, 충북 영동군 영동읍 설계리 산12-1
ㅈ/0414 740 1114
ㅍ/0414 740 1039
http://www.yit.ac.kr
예능학부 0414 740 1200
▶우송대학교
300-100, 대전 동구 자양동 산7-6
ㅈ/042 630 9621
ㅍ/042 630 9629
http://www.woosong.ac.kr
디자인학부 042 630 9750
대학원 042 630 9622
▶중부대학교
312-940, 충남 금산군 추부면 마전리 산2-25
ㅈ/0412 750 6500
ㅍ/0412 754 0111
http://www.joongbu.ac.kr
산업디자인학 전공 0412 750 6768
의상학과 0412 750 6733
컴퓨터그래픽학과 0412 750 6753
사진영상학과 0412 750 6759
연극영화학과 0412 750 6778
대학원 0412 750 6529
▶청운대학교
350-800, 충남 홍성군 홍성읍 남장리 산29
ㅈ/0451 630 3114
ㅍ/0451 634 8700
http://www.cwunet.ac.kr
섬유유기재료패션공학과 0451 630 3251
멀티미디어학과 0451 630 3213
방송산업학과 0451 630 3211
광고홍보학과 0451 630 3216
인테리어디자인학과 0451 630 3222
▶청주대학교
360-764, 충북 청주시 상당구 내덕동 36
ㅈ/0431 229 8114
ㅍ/0431 229 8110

http://www.chongju.ac.kr
디자인 · 공예학부
-산업디자인학 전공 0431 229 8649
-공예디자인학과 0431 229 8659
-의상디자인학과 0431 229 8682
-광고홍보학과 0431 229 8299
대학원 0431 229 8728
-공예학과, 산업디자인학과
특수대학원 0431 229 8728
-산업디자인학과, 산업공예학과, 의상디자인학과
▶충남대학교
305-764, 대전 유성구 궁동 220
ㅈ/042 821 6114
ㅍ/042 821 6821
http://www.chungnam.ac.kr
산업미술학과 042 821 6981
의류학과 042 821 6821
대학원 042 821 5212
▶한국과학기술원
305-701, 대전 유성구 구성동 373-1
ㅈ/042 869 2114
ㅍ/042 869 2210
http://www.kaist.ac.kr
산업디자인학과 042 869 4502
대학원 042 869 4502
-산업디자인학과
▶한국교원대학교
363-791, 충북 청원군 강내면 다락리 산7
ㅈ/0431 230 3114
ㅍ/0431 233 2960
http://www.knue.ac.kr
미술교육학과 0431 230 3463
대학원 0431 230 3301
▶한국기술교육대학교
330-860, 충남 천안시 병천면 가전리 307
ㅈ/0417 560 1000
ㅈ/0417 561 9504
http://www.kite.ac.kr
산업디자인공학과 0417 560 1190
▶한남대학교
306-791, 대전 대덕구 오정동 133

ㅈ/042 629 7114
ㅍ/042 629 7838
http://www.hannam.ac.kr
미술 · 조형디자인학부
-공예 · 디자인학 전공 042 629 7367
의류학과 042 629 7495
대학원 042 629 7222
-미술교육학과, 산업미술학과
▶한서대학교
356-820, 충남 서산시 해미면 대곡리 360
ㅈ/0455 660 1114
ㅍ/0455 660 1119
http://www.hanseo.ac.kr
산업디자인학과 0455 660 1486
영상미술학과 0455 660 1471
의상학과 0455 660 1375
실내디자인학과 0455 660 1481
대학원 0455 660 1153
-의상디자인학과, 산업디자인학과, 실내디자인학과
▶홍익대학교 (조치원)
339-800, 충남 연기군 조치원읍 신안리 34-31
ㅈ/0415 860 2400
ㅍ/0415 862 9682
http://www.hongik.ac.kr
조형학부
-가구제품디자인학 전공 0415 860 2505
-광고 · 멀티미디어디자인학 전공 860 2511
대학원 0415 860 2616
-광고디자인학과, 제품디자인학과
산업대학원 0415 860 2616
-실내건축설계학과, 광고디자인학과,
산업공예디자인학과

2년제 대학

강원도

▶동우대학
217-711, 강원 속초시 노학동 산244
ㅈ/0392 632 6551
ㅍ/0392 639 0518
http://www.duc.ac.kr
사진과 0392 639 0649

▶동해대학
240-150, 강원 동해시 지흥동 산119
ㅈ/0394 521 9900
ㅍ/0394 521 9407
http://www.tonghae.ac.kr
산업디자인과 0394 521 9400
실내건축과 0394 521 9400
사진영상과 0394 521 9900

▶상지전문대학
220-702, 강원 원주시 우산동 산660
ㅈ/0371 744 4150
ㅍ/0371 744 1333
산업디자인과 0371 730 0579
의상과 0371 730 0806

▶영월공과대학
230-800, 강원 영월군 영월읍 하송리 산57
ㅈ/0373 373 6210
ㅍ/0373 373 6229
http://www.yongwol-c.ac.kr
건축디자인과 0373 373 6317
컴퓨터그래픽스과 0373 373 6382

▶원주대학
220-711, 강원 원주 흥업면 흥업리 산2-1
ㅈ/0371 763 8686
ㅍ/0371 763 8680
의상과 0371 763 8400

▶원주전문대학
220-701, 강원 원주 흥업면 흥업리 산2-1
ㅈ/0371 760 8676
ㅍ/0371 760 8680
http://www.wonju.ac.kr
의상과 0371 760 8400

▶춘천기능대학
200-712, 강원 춘천시 흐평동 290-1
ㅈ/0361 240 7601
ㅍ/0361 240 7509
http://www.chunchon.ac.kr
산업디자인과 0361 240 7670

▶태성대학
235-711, 강원 태백시 황지동 439
ㅈ/0395 553 4072
ㅍ/0395 553 7622
http://www.taesung.ac.kr
그래픽산업디자인과 0395 553 4374

▶한림정보산업대학
200-850, 강원도 춘천시 동면 장학리 790
ㅈ/0361 240 9000
ㅍ/0361 252 9462
http://www.sun.hallym-c.ac.kr
산업디자인과 0361 240 9130

경기도

▶가천길대학
405-701, 인천 남동구 간석동 산27-1
ㅈ/053 428 3932-4
ㅍ/ 032 421 3971
http://www.gcgc.ac.kr
광고기획과 032 420 3852
산업디자인과 032 420 3781

▶경인여자대학
407-740, 인천 계양구 계산동 548-4
ㅈ/032 540 0114
ㅍ/032 545 2095
http://www.kyungin-c.ac.kr
컴퓨터정보디자인학부 032 540 0130

▶경문대학
459-070, 경기도 평택시 장안동 산45
ㅈ/0333 610 8000
ㅍ/0333 668 4900
http://home.kmc.ac.kr
공업디자인과 0333 610 8070
산업디자인과 0333 610 8060
패션디자인과 0333 610 8160

▶경민대학
480-702, 경기 의정부시 가능3동 562-1
ㅈ/0351 828 1141
ㅍ/0351 828 1380
http://www.kyungmi-c.ac.kr
산업디자인과 0351 828 1250
가구실내디자인과 0351 828 1340
만화예술과 0351 828 1210
사진과 0351 828 1240
연극영화과 0351 828 1290

▶경복대학
487-915, 경기 포천군 신북면 신평리 131
ㅈ/0357 531 9901-6
ㅍ/0357 531 9908
http://www.kyungbok.ac.kr
산업디자인과 0357 539 5270

▶경원전문대학
461-702, 경기 성남시 수정구 복정동 산65
ㅈ/0342 758 8660
ㅍ/0342 750 7711

http://www.kyungwon-c.ac.kr
시각디자인과 0342 750 8698
산업디자인과 0342 750 8660
실내건축과 0342 750 8818
의상디자인과 0342 750 8728
사진영상과 0342 750 8808
▶계원조형예술대학
437-712, 경기 의왕시 내손동 산125
ㅈ/0343 420 1700,1800
ㅍ/0343 424 7509
http://www.kaywon.ac.kr
산업디자인과 0343 420 1801, 1810
커뮤니케이션과 0343 420 1840
건축디자인과
-실내건축디자인 전공 0343 420 1815
-건축설계/CAD 전공 0343 420 1815
디자인계열
-영상디자인 전공 0343 420 1850
-애니메이션 전공 0343 420 1855
-멀티미디어과 0343 420 1880
조형과 0343 420 1860
▶김포대학
415-870, 경기 김포 월곶면 포내리 산14-1
ㅈ/0341 999 4114
ㅍ/0341 989 4387
http://www.kimpo.ac.kr
컴퓨터계열
-멀티미디어 전공 0341 999 4145
전자출판과 0341 999 4165
의상디자인과 0341 999 4175
실내디자인과 0341 999 4175
▶대림대학
430-715, 경기 안양시 동안구 비산동 526-7
ㅈ/0343 467 4700
ㅍ/0343 446 8720
http://www.daelim.ac.kr
실내건축과 0343 467 4930
▶동서울대학
461-714, 경기 성남 수정구 복정동 423
ㅈ/0342 720 2114
ㅍ/0342 751 1094

http://www.dsc.ac.kr
산업디자인과 0342 720 2110
공업디자인과 0342 720 2110
광고디자인과 0342 720 2160
의상디자인과 0342 720 2180
▶동아방송대학
456-880, 경기 안성군 산중면 진촌리 632-18
ㅈ/0334 670 6600
ㅍ/0334 674 2997
http://www.dab-c.ac.kr
컴퓨터창작과 0334 670 6730
영상제작과 0334 670 6710
연극영화과 0334 670 6780
광고홍보과 0334 670 6780
▶동원대학
464-711, 경기도 광주군 실촌면 신촌리 산1-1
ㅈ/0347 763 8541-8
ㅍ/0347 763 8550
http://www.tongwon.ac.kr
출판미디어과 0347 763 8541(539)
실내건축과 0347 763 8541(269)
▶두원공과대학
456-890, 경기 안성군 죽산면 장원리 678
ㅈ/0334 670 7000
ㅍ/0334 670 7102
http://www.doowon.ac.kr
컴퓨터그래픽과 0334 670 7190
산업디자인과 0334 670 7230
건축디자인과 0334 670 7240
▶부천대학
421-735, 경기 부천시 원미구 심곡 3동 424
ㅈ/032 610 3200
ㅍ/032 612 5016
http://www.bucheon.ac.kr
디자인계열
-산업디자인 전공 032 610 3380
-산업도자디자인 전공 032 610 3400
-광고디자인 전공 032 610 3410
-패션디자인 전공 032 610 3390
-패션스타일리스트 전공 032 610 3390
실내건축과 032 610 3330

▶서울보건대학
461-713, 경기 성남시 수정구 양지동 212
ㅈ/0342 740 7114
ㅍ/0342 740 7195
http://www.shjc.ac.kr
시각디자인과 0342 740 7238
▶수원과학대학
445-960, 경기 화성군 정남면 보통리 산9-10
ㅈ/0339 353 8980
ㅍ/0339 350 2222
http://www.suwon-sc.ac.kr
산업디자인과 0339 350 2404
건축장식과 0339 350 2374
▶수원여자대학
441-748, 경기 수원시 권선구 오목천동 산1-6
ㅈ/0331 290 8000
ㅍ/0331 292 6250
http://www.suwon-c.ac.kr
응용미술과 0331 290 8230
▶신구대학
462-743, 경기 성남시 중원구 금광 2동 2685
ㅈ/0342 740 1223
ㅍ/0342 749 9465
http://www.shingu-c.ac.kr
산업디자인과 0342 740 1318
공예디자인과 0342 740 1317
섬유디자인과 0342 740 1316
출판미디어과 0342 740 1308
의상과 0342 740 1322
사진과 0342 740 1319
실내건축과 0342 740 1324
▶신흥대학
480-701, 경기 의정부시 호원동 117
ㅈ/0351 870 3342
ㅍ/0351 870 3557
http://www.shinheung-c.ac.kr
산업디자인과 0351 870 3580
실내디자인과 0351 870 4162
▶안산공과대학
425-792, 경기 안산시 초지동 170
ㅈ/0345 490 6000

ㅍ/0345 495 7828
http://www.ansantc.ac.kr
산업디자인과 0345 490 6065
인테리어디자인과 0345 490 6900
▶안산1대학
425-701, 경기도 안산시 일동 752
ㅈ/0345 400 6009
ㅍ/0345 419 8390
http://www.ansan.ac.kr
컴퓨터그래픽과 0345 400 6009
멀티미디어과 0345 400 7005
건축설계과 0345 400 7026
▶안성여자기능대학
456-820, 경기 안성군 공도면 만정리 349-6
ㅈ/0333 650 7399
ㅍ/0333 651 4314
http://www.ans.ac.kr
귀금속공예학과 0333 650 7260
패션디자인과 0333 650 7280
▶안양과학대학
430-749, 경기 안양시 만안구 안양3동 산39-1
ㅈ/0343 441 1100
ㅍ/0343 442 1924
http://www.anyang-c.ac.kr
산업디자인과 0343 441 1378
시각디자인과 0343 441 1374
의상디자인과 0343 441 1385
▶여주대학
469-800, 경기 여주군 여주읍 교리 산6-16
ㅈ/0337 880 5000
ㅍ/0337 883 5113
http://www.yeojoo.ac.kr
산업디자인과 0337 880 5237
도자기공예과 0337 880 5340
사진과 0337 880 5429
▶오산대학
447-749, 경기 오산시 청학동 17
ㅈ/0339 370 2500
ㅍ/0339 373 7388
http://www.osan-c.ac.kr
산업디자인과

-시각디자인 전공 0339 370 2739
-공업디자인 전공 0339 370 2739
의상디자인과 0339 370 2808
▶용인송담대학
449-040, 경기 용인 용인읍 마평리 571-1
ㅈ/0335 330 9000
ㅍ/0335 330 9119
http://www.ysc.ac.kr
산업디자인과 0335 330 9260
텍스타일디자인과 0335 330 9270
멀티미디어과 0335 330 9280
스타일리스트과 0335 330 9380
▶유한대학
422-749, 경기 부천시 소사구 괴안동 185-34
ㅈ/032 610 0600
ㅍ/032 610 0902
http://www.yuhan.ac.kr
산업디자인과 032 610 0769
시각디자인과 032 610 0798
▶인천기능대학
403-120, 인천시 부평구 구산동 산47
ㅈ/032 510 2102
ㅍ/032 519 6059
http://www.ipc.ac.kr
산업디자인과 032 510 2153
▶인천전문대학
402-750, 인천 남구 도화동 235
ㅈ/032 760 8114
ㅍ/032 764 6770
http://www.icc.ac.kr
산업디자인과 032 760 8762
▶인하공업전문대학
402-752, 인천 남구 용현동 253
ㅈ/032 870 2114
ㅍ/032 868 3408
http://www.inhatc.ac.kr
산업공예과 032 870 2280
실내건축과 032 870 2260
▶장안대학
445-756, 경기 화성군 봉담면 상리 460
ㅈ/0331 295 8833

ㅍ/0331 293 1953
http://www.jangan.ac.kr
산업금속공예과 0331 294 8568
산업디자인과 0331 294 8563
의상과 0331 294 8549
▶재능대학
401-714, 인천 동구 송림동 8
ㅈ/032 770 1200
ㅍ/032 770 1041
http://www.jnc.ac.kr
사진과 032 770 1200
▶청강문화산업대학
467-810, 경기도 이천 마장면 해월리 산37
ㅈ/0336 637 1114
ㅍ/0336 637 9696
http://www.chungkang.ac.kr
도자디자인과 0336 639 5880
표면장식디자인과 0336 639 5890
애니메이션과 0336 639 5840
멀티미디어디자인과 0336 639 5820
컴퓨터그래픽과 0336 639 5830
컴퓨터게임과 0336 639 5930

경상도

▶가톨릭상지대학

760-070, 경북 안동시 율세동 393

ㅈ/0571 851 3180

ㅍ/0571 857 9590

http://www.csangji.ac.kr

산업디자인정보계열

-실내장식조형 전공 0571 851 3180

-컴퓨터광고디자인 전공 0571 851 3200

-컴퓨터산업디자인 전공 0571 851 3200

-패션디자인 전공 0571 851 3170

▶거창전문대학

670-800, 경남 거창군 거창읍 대평리 1396

ㅈ/0598 940 2504

ㅍ/0598 940 2506

산업디자인과 0598 940 2520

-시각정보전달디자인 전공

-제품인테리어디자인 전공

▶경남정보대학

616-701, 부산 사상구 주례2동 167

ㅈ/051 324 5555

ㅍ/051 324 1858

http://www.kit.ac.kr

산업디자인과 051 320 1319

▶경동정보대학

712-900, 경북 경산시 하양읍 부호리 산224-1

ㅈ/053 850 8000

ㅍ/053 853 9715

http://www.kyungdong-c.ac.kr

산업디자인과 053 850 8200

패션디자인과 053 850 8215

실내디자인과 053 850 8270

▶경북외국어테크노대학

712-880, 경북 경산시 남천면 협석리 산 65-1

ㅈ/053 810 0100

ㅍ/053 810 0149

컴퓨터광고디자인과 035 810 0190

▶경북전문대학

750-712, 경북 영주시 휴천 2동 630

ㅈ/0572 630 5114

ㅍ/0572 623 0754

http://cyber.kp-c.ac.kr

시각정보디자인과 0572 630 5153

▶계명문화대학

705-037, 대구 남구 대명 7동 2139

ㅈ/053 626 1321

ㅍ/053 627 7225

http://www.keimyung-c.ac.kr

산업디자인과 053 620 2725

시각디자인과 053 620 2721

금속조형과 053 620 2724

사진영상과 053 620 2660

섬유디자인과 053 620 2671

패션디자인과 053 620 2656

▶김천대학

740-200, 경북 김천시 삼락동 754

ㅈ/0547 420 4000

ㅍ/0547 420 4003

http://www.kimcheon.ac.kr

산업디자인과 0547 420 4098

실내디자인과 0547 420 4148

환경조경과 0547 420 4159

▶대경대학

712-850, 경북 경산 자인면 단북리 24

ㅈ/053 850 1000

ㅍ/053 850 0770

http://www.tk.ac.kr

시각정보디자인과 053 850 1231

텍스타일디자인과 053 850 1433

패션디자인과 053 850 1451

그래픽디자인계열

-컴퓨터그래픽 전공 053 850 1392

-광고디자인 전공 053 850 1392

실내건축과 053 850 1241

▶대구공업대학

704-720, 대구 달서구 본동 831

ㅈ/053 650 3700

ㅍ/053 625 0506

http://www.taegutech.ac.kr

도자디자인과 053 650 3940

산업디자인과 053 650 3830

▶대구과학대학

702-723, 대구 북구 태전동 산9

ㅈ/053 320 1011

ㅍ/053 310 1009

http://www.taegu-c.ac.kr

전자출판과 053 320 1051

보석감정과 053 320 1055

보석디자인과 053 320 1046

▶대구미래대학

712-716, 경북 경산시 평산동 270

ㅈ/053 810 9000

ㅍ/053 810 9009

http://www.tfc.ac.kr

디지털그래픽디자인과 053 810 9329

패션코스튬디자인과 053 810 9374

애니메이션과 053 810 9451

▶대구보건대학

702-722, 대구 북구 태전동 산7

ㅈ/053 320 1300

ㅍ/053 324 6022

http://www.taegu-hc.ac.kr

산업디자인과 053 320 1411

▶대구산업정보대학

706-711, 대구 수성구 만촌동 산395

ㅈ/053 754 0361

ㅍ/053 751 1823

http://www.tpic.ac.kr

산업디자인과 053 749 7184

사진영상과 053 749 7177

▶동부산대학

612-715, 부산 해운대구 반송동 640

ㅈ/051 542 8891

ㅍ/051 540 3844

http://www.dpc.ac.kr

산업디자인과 051 540 3788

섬유디자인과 051 540 3795

실내디자인과 051 540 3794

패션디자인과 051 540 3783

▶동주대학

604-715, 부산 사하구 괴정동 산15-1

ㅈ/051 208 2611

ㅍ/051 201 5420

http://www.dongju-c.ac.kr

산업미술과 051 200 3267
섬유디자인과 051 200 3314
편집디자인과 051 200 3324
의상디자인과 051 200 3262
실내디자인과 051 200 3270
광고사진과 051 200 3389
전통도예과 051 200 3269
멀티미디어과 051 200 3293
▶마산대학
630-729, 경남 마산시 회원구 내서읍 용담리 100
ㅈ/0551 231 1212
ㅍ/0551 231 1177
http://www.masan-d.ac.kr
시각디자인과 0551 230 1303
▶문경대학
745-810, 경북 문경시 호계면 별암리 산6
ㅈ/0581 559 1114
ㅍ/0581 559 1059
http://www.munkyoung.ac.kr
산업디자인과 0581 559 1270
도자기공예과 0581 559 1297
▶부산경상대학
611-701, 부산 연제구 연산 8동 277-4
ㅈ/051 850 1000
ㅍ/051 862 7577
http://www.psks.ac.kr
산업디자인과 051 850 1179
패션디자인과 051 850 1195
▶부산여자대학
614-734, 부산 진구 양정 3동 74
ㅈ/051 852 0081
ㅍ/051 867 4705
http://www.pwc.ac.kr
산업미술과 051 850 3058
섬유디자인과 051 850 3062
▶부산예술문화대학
608-025, 부산 남구 대연동 1552
ㅈ/051 628 3991
ㅍ/051 628 2719
http://internet.pia.ac.kr
도예디자인과 051 627 7993

생활장식디자인과 051 627 7993
시각정보디자인과 051 627 7994
만화예술과 051 628 3994
광고창작과 051 627 7995
▶부산정보대학
616-737, 부산 북구 구포 3동 산48-6
ㅈ/051 334 6666
ㅍ/051 334 7780
http://baekyang.pusan-c.ac.kr
산업디자인계열 051 330 7068
-실내디자인코스
-시각환경디자인코스
-정보편집디자인코스
-미디어인쇄코스
-패션연출코스
▶서라벌대학
780-711, 경북 경주시 충효동 165
ㅈ/0561 770 3500
ㅍ/0561 741 5429
http://www.sorabol.ac.kr
산업디자인과 0561 770 3672
사진과 0561 770 3665
실내건축과 0561 770 3735
의상과 0561 770 3660
▶선린대학
791-940, 경북 포항 북구 흥해읍 초곡동 146-1
ㅈ/0562 260 1114
ㅍ/0562 261 9455
http://www.sunlin.ac.kr
시각디자인과 0562 260 2146
패션-코디네이션과 0562 260 2161
▶섬유기능대학
704-170, 대구광역시 달서구 갈산동 971-1
ㅈ/053 589 3104
ㅍ/053 584 2097
http://www.tpc.ac.kr
섬유디자인과 053 589 3150-5
패션디자인과 053 589 3160-5
▶성덕대학
770-810, 경북 영천시 신령면 화남리 산173-1
ㅈ/0563 330 8800

ㅍ/0563 330 8810
http://www.sd-c.ac.kr
산업디자인과 0563 330 8760
컴퓨터애니메이션과 0563 330 8708
▶성심외국어대학
612-743, 부산 해운대구 반송동 249
ㅈ/051 543 7000
ㅍ/051 532 9347
http://www.sungsim.ac.kr
섬유디자인과 051 540 7186
광고디자인과 051 540 7168
전통의상과 051 540 7181
편집디자인과 051 540 7174
영상디자인과 051 540 7192
사진디자인과 051 540 7192
▶안동정보대학
760-830, 경북 안동 임하면 신덕리 1217
ㅈ/0571 820 8006
ㅍ/0571 822 7709
http://www.ait.ac.kr
컴퓨터디자인그래픽과 0571 820 8150
영상예술과 0571 820 8209
멀티미디어과 0571 820 8201
실내건축디자인과 0571 820 8151
애니메이션과 0571 820 8203
▶양산대학
626-740, 경남 양산군 양산 명곡동 산105-1
ㅈ/0523 370 8100
ㅍ/0523 386 2000
산업디자인과 0523 370 8253
패션디자인과 0523 370 8261
▶연암공업대학
660-750, 경남 진주시 가좌동 산100
ㅈ/0591 751 2000
ㅍ/0591 751 2004
http://www.yonam-c.ac.kr
공업디자인과 0591 751 2080
▶영남이공대학
705-037, 대구 남구 대명 7동 1737
ㅈ/053 650 9114
ㅍ/053 624 7871

http://www.yeungnam-c.ac.kr
응용미술과 053 650 9351
패션디자인과 053 650 9370
▶영진전문대학
702-721, 대구 북구 복현 2동 218
ㅈ/053 940 5114
ㅍ/053 943 1055
http://www.yeungjin-c.ac.kr
산업디자인과 053 940 5330
실내건축디자인과 053 940 5340
의상디자인과 053 940 5350
▶예천전문대학
757-800, 경북 예천군 예천읍 청복리 947-1
ㅈ/0584 655 2301
ㅍ/0584 650 6809
산업디자인과 0584 655 2307
▶울산과학대학
680-749, 경남 울산시 무거동 산29
ㅈ/052 279 3114
ㅍ/052 279 3291
http://www.ulsan-c.ac.kr
실내디자인과 052 279 3321
▶진주전문대학
660-759, 경남 진주 문산읍 상문리 산270
ㅈ/0591 761 7400
ㅍ/0591 761 7407
http://www.chinju-c.ac.kr
공업디자인과 0591 751 8098
산업디자인과 0591 751 8135
의상디자인과 0591 751 8174
실내건축과 0591 751 8085
▶창신대학
630-764, 경남 마산시 회원구 봉암동 541
ㅈ/0551 251 3001
ㅍ/0551 297 5181
http://www.changshin-c.ac.kr
응용미술과 0551 250 3170
사진영상과 0551 250 3175
▶창원기능대학 (거창)
670-800, 경남 거창군 거창읍 송정리 700
ㅈ/0598 944 1901

ㅍ/0598 945 0903
http://www.keochang-poltec.ac.kr
산업디자인과 0598 949 2270-4
▶창원전문대학
641-771, 경남 창원시 두대동 196
ㅈ/0551 279 5114
ㅍ/0551 273 7386
http://www.changwon-c.ac.kr
산업디자인과 0551 279 5205
실내건축과 0551 279 5201
패션디자인과 0551 279 5107
▶한동과학대학
760-820, 경북 안동시 서후면 교리 산89
ㅈ/0571 852 9901
ㅍ/0571 852 9907
실내건축디자인과 0571 851 3640

서울
▶명지전문대학
120-728, 서울 서대문구 남가좌동 50-3
ㅈ/02 300 1000
ㅍ/02 304 4832
http://www.myongji.ac.kr
공업디자인과 02 300 1229
공예과 02 300 1236
시각디자인과 02 300 1243
▶배화여자대학
110-735, 서울 종로구 필운동 12
ㅈ/02 399 0700
ㅍ/02 737 7260
http://www.baewha.ac.kr
전통복식과 02 399 0808
의상과 02 399 0773
▶삼육의명대학
139-742, 서울 노원구 공릉 2동 26-21
ㅈ/02 3399 3636
ㅍ/02 3399 3320
http://user.syu.ac.kr
산업디자인과 02 3399 3545
광고정보과 02 3399 1481
▶서울예술대학
100-750, 서울 중구 예장동 8-19
ㅈ/02 778 0261-5
ㅍ/02 778 9650
http://www.seoulart.ac.kr
시각디자인과 02 778 0261
실내디자인과 02 752 0619
사진과 02 752 0261
광고창작과 02 752 0261
▶서울정수기능대학
140-220, 서울시 용산구 보광동 238
ㅈ/02 2001 4000
ㅍ/02 2001 4180
http://www.sjpc.ac.kr
인쇄매체기술과 02 2001 4090
시각디자인과 02 2001 4080
▶서일대학
131-702, 서울 중랑구 면목 8동 49-3
ㅈ/02 490 7300

ㅍ/02 493 2576
http://www.seoil.ac.kr
가구디자인과 02 490 7523
산업디자인과 02 490 7465
의상과 02 490 7502
광고디자인과 02 490 7533
실내디자인과 02 490 7528
출판과 02 490 7424
연극영화과 02 490 7538
▶숭의여자대학
100-751, 서울 중구 예장동 8-3
ㅈ/02 3708 9000
http://www.sewc.ac.kr
시각디자인과 02 3708 9137
응용미술과 02 3708 9113
의상디자인과 02 3708 9122
컴퓨터게임과 02 3708 9143
▶인덕대학
139-749, 서울 노원구 월계동 산76
ㅈ/02 901 7500
ㅍ/02 906 5340
http://www.induk-c.ac.kr
공업디자인과 02 901 7570
산업공예디자인과 02 901 7600
시각디자인과 02 901 7580
디자인멀티미디어과 02 901 7620
실내건축과 02 901 7690
▶한양여자대학
133-793, 서울 성동구 행당동 17
ㅈ/02 2290 2114
ㅍ/02 2291 6111
http://www.hywoman.ac.kr
산업디자인과 02 2290 2320
시각정보디자인과 02 2290 2460
섬유디자인과 02 2290 2420
일러스트레이션과 02 2290 2240
도자기공예과 02 2290 2179
실내디자인과 02 2290 2400
의상과 02 2290 2140
컴퓨터니트섬유과 02 2290 2220

전라도

▶고창기능대학
585-800, 전북 고창군 고창읍 도산리 610-2
ㅈ/0677 560 3705
ㅍ/0677 563 8401
http://www.kochang.ac.kr
주거인테리어과 0677 560 3740
▶광양대학
545-800, 전남 광양군 광양읍 덕례리 산223-1
ㅈ/0667 760 1400
ㅍ/0667 760 9009
산업디자인과 0667 760 1467
의상과 0667 760 1451
▶군장대학
573-840, 전북 군산시 성산면 도암리 산3-3
ㅈ/0654 450 8114
ㅍ/0654 450 8111
http://www.kunjang.ac.kr
산업디자인과 0654 450 8290
▶나주대학
520-930, 전남 나주시 다시면 복암리 1-1
ㅈ/0613 330 7400
ㅍ/0613 335 6135
http://www.naju.ac.kr
산업디자인과 0613 330 7446
▶담양대학
517-800, 전남 담양군 담양읍 향교리 262
ㅈ/0684 380 8411
ㅍ/0684 381 9100
http://www.damyang.ac.kr
산업디자인과 0684 380 8699
패션디자인과 0684 380 8699
▶동아인재대학
526-870, 전남 영암군 학산면 독천리 산22-1
ㅈ/0693 472 5765
ㅍ/0693 472 8770
http://www.dongac.ac.kr
산업·예술 계열
–산업디자인 전공 0693 470 1652
–영상광학 전공 0693 470 1742
건축·토목 계열
–실내건축 전공 0693 470 1732

▶목포과학대학
530-730, 전남 목포시 상동 525
ㅈ/0631 270 2828
ㅍ/0631 279 8838
http://www.mokpo-c.ac.kr
산업공예과 0631 270 2791
산업디자인과 0631 270 2750
▶백제예술대학
565-900, 전북 완주군 봉동읍 제내리 산30
ㅈ/0652 260 9114
ㅍ/0652 263 3607
http://www.paekche.ac.kr
공예과 0652 260 9160
실내디자인과 0652 260 9150
건축디자인과 0652 260 9070
의상디자인과 0652 260 9170
사진과 0652 260 9080
출판편집과 0652 260 9190
컴퓨터그래픽과 0652 260 9030
도시·환경디자인과 0652 260 9020
광고창작학과 0652 260 9060
포장디자인과 0652 260 9050
▶벽성대학
576-711, 전북 김제군 공덕면 공덕리 51-25
ㅈ/0658 540 2300
ㅍ/0658 540 2354
http://www.byuksung-c.ac.kr
시각디자인과 0658 540 2470
공업디자인과 0658 540 2460
▶서강정보대학
500-742, 광주 북구 운암동 789-1
ㅈ/062 520 5114 ㅍ/062 523 1603
http://www.seokang-c.ac.kr
산업디자인과 062 520 5062
가구디자인과 062 520 5058
▶서해대학
573-717, 전북 군산시 오룡동 832-1
ㅈ/0654 460 9121
ㅍ/0654 460 9191
http://www.sohae.ac.kr
광고디자인과 0654 460 9299

실내디자인과 0654 460 9269
▶**성화대학**
527-810, 전남 강진군 성전면 월평리 224
ㅈ/0638 433 6551
ㅍ/0638 433 6550
http://www.sunhwa.ac.kr
건축디자인과 0638 434 8022
도자기공예과 0638 434 8056
만화사진영상과 011 622 1140
광고디자인과 0638 434 7591
▶**송원대학**
502-742, 광주 서구 광천동 199-1
ㅈ/062 360 5700
ㅍ/062 360 5756
http://www.songwon-c.ac.kr
산업디자인과 062 360 5842
실내건축과 062 360 5888
▶**순천제일대학**
540-744, 전남 순천시 덕월동 9-1
ㅈ/0661 744 7311
ㅍ/0661 740 1384
http://www.suncheon.ac.kr
산업디자인과 0661 740 1304
건축디자인과 0661 740 1262
▶**여수공업대학**
550-260, 전남 여수시 여서동 19
ㅈ/0662 650 4000
ㅍ/0662 650 4020
산업디자인과 0662 650 4226
컴퓨터그래픽과 0662 650 4037
▶**우송공업대학**
300-100, 대전 동구 자양동 산155-3
ㅈ/042 629 6600
ㅍ/042 630 6307
http://www.woosongtech.ac.kr
공업디자인과 042 629 6414
▶**우송정보대학**
300-100, 대전 동구 자양동 226-2
ㅈ/042 629 6114
ㅍ/042 625 5820
http://www.woosonginfo.ac.kr

광고디자인과 042 629 6170
산업디자인과 042 629 6165
패션디자인과 042 629 6292
▶**원광보건대학**
570-750, 전북 익산시 신용동 344-2
ㅈ/0653 840 1114
ㅍ/0653 840 1567
http://www.wkhc.ac.kr
의상과 0653 840 1320
귀금속보석디자인과 0653 840 1350
애니메이션과 0653 840 1440
▶**장흥대학**
529-850, 전남 장흥군 안양면 기산리 산89
ㅈ/0665 864 1114
http://college.changhung.chonnam.kr
건축장식과 0665 860 8751
도자기공예과 0665 860 8791
▶**전주공업대학**
560-760, 전북 전주시 완산구 효자동 2가 1070
ㅈ/0652 220 3666
ㅍ/0652 220 3629
http://www.jtc.ac.kr
영상멀티미디어과 0652 220 3950
산업디자인과 0652 220 3910
▶**전주기전여자대학**
560-710, 전북 전주시 완산구 중화산동 1가 177-1
ㅈ/0652 280 5201-10
ㅍ/0652 286 9995
http://www.kijcon-c.ac.kr
실내제품디자인과 0652 280 5239
산업정보디자인과 0652 280 8454
패션디자인과 0652 280 5220
▶**정인대학**
580-060, 전북 정읍시 시가동 산9-28
ㅈ/0681 530 9114
ㅍ/0681 352 3768
http://www.jungup-c.ac.kr
컴퓨터디자인과 0681 530 9245
▶**조선이공대학**
501-759, 광주 동구 서석동 290
ㅈ/062 230 8114

ㅍ/062 230 8752
http://www.chosun-c.ac.kr
실내건축과 062 230 8520

제주도

▶제주관광대학

695-905, 제주 북제주군 애월읍 광령리 2535

ㅈ/064 740 8700

ㅍ/064 740 8850

http://www.cjtour.ac.kr

관광사진영상과 064 740 8778

귀금속공예과 064 740 8759

실내건축과 064 740 8788

▶제주산업정보대학

690-714, 제주 제주시 영평동 2235

ㅈ/064 754 0200

ㅍ/064 755 8330

http://www.jeju.ac.kr

산업디자인과 064 754 0315

실내건축과 064 754 0331

▶제주한라대학

690-180, 제주시 노형동 1534

ㅈ/064 741 7575

ㅍ/064 747 3989

http://www.halla-c.ac.kr

광고디자인과 064 741 7680

건축설계과 064 741 7681

충청도

▶건양대학

320-771. 충남 논산시 내동 산30

ㅈ/0461 730 5114

ㅍ/0461 733 2070

http://www.konyang.ac.kr

조형예술학부 0461 730 5308

-시각커뮤니케이션디자인 전공

의상학과 0461 730 5321

▶공주문화대학

314-712, 충남 공주시 옥룡동 326

ㅈ/0416 850 6114

ㅍ/0416 856 0740

http://www.kongju-c.ac.kr

만화예술과 0416 850 6071

산업공예디자인과 0416 850 6056

귀금속디자인가공과 0416 850 6056

산업영상과 0416 850 6127

▶공주영상정보대학

314-910, 충남 공주시 장기면 금암리 180-1

ㅈ/0416 850 9000

ㅍ/0416 856 6104

애니메이션과 0416 850 9166

그래픽디자인과 0416 850 9153

촬영조명과 0416 850 9166

▶극동정보대학

369-850, 충북 음성군 감곡면 단평리 산38

ㅈ/0446 881 3311

ㅍ/0446 881 3310

http://www.kdc.ac.kr

산업디자인과 0446 881 3320

패션디자인과 0446 881 3319

멀티미디어과 0446 881 3332

인테리어과 0446 882 3362

▶대덕대학

305-343, 대전 유성구 장동 48

ㅈ/042 866 0499

ㅍ/042 861 5110

http://www.ddc.ac.kr

산업디자인계열 컴퓨터그래픽디자인

-실내디자인 전공 042 866 0400

▶대원공과대학

390-230, 충북 제천시 신월동 산22-8

ㅈ/0443 645 9171

ㅍ/0443 645 9170

http://www.daewon.ac.kr

산업디자인과 0443 649 3255

의상디자인과 0443 649 3256

사진영상과 0443 649 3149

▶대전보건대학

300-092, 대전 동구 가양 2동 77-3

ㅈ/042 630 5700

ㅍ/042 628 1423

의류직물학과 042 630 5898

귀금속공예과 042 630 5700 (교환 48)

▶신성대학

343-860, 충남 당진군 정미면 덕마리 산49

ㅈ/0457 350 1114

ㅍ/0457 350 1145

http://www.shinsung.ac.kr

산업포장과 0457 350 1281

실내인테리어과 0457 350 1430

컴퓨터그래픽 전공 0457 350 1410

▶옥천전문대학

373-800, 충북 옥천군 옥천읍 금구리 40

ㅈ/0475 730 6221

ㅍ/0475 730 6229

http://www.occ.ac.kr

시각정보디자인과 0475 730 6340

▶주성대학

363-930, 충북 청원군 북일면 덕암리 산4

ㅈ/0431 210 8114

ㅍ/0431 214 9039

http://www.jsc.ac.kr

산업디자인학과 0431 210 8280

▶천안공업전문대학

330-717, 충남 천안시 부대동 275

ㅈ/0417 550 0114

ㅍ/0417 562 8080

http://www.cntc.ac.kr

공업디자인과 0417 550 0322

▶청양대학

345-800, 충남 청양군 청양읍 벽천리 90

ㅈ/0454 940 6630

ㅍ/0454 940 6633

http://www.chongyang.ac.kr

산업디자인과 0454 940 6716

▶청주과학대학

361-719, 충북 청주시 흥덕구 사창동 213-1

ㅈ/0431 279 4000

ㅍ/0431 278 4054

http://www.chongjunc.ac.kr

산업디자인과 0431 279 4160

▶충청대학

363-792, 충북 청원군 강내면 월곡리 330

ㅈ/0431 230 2114

ㅍ/0431 232 1881

http://www.chch-c.ac.kr

산업정보디자인과 0431 230 2230

시각정보디자인과 0431 230 2230

실내건축과 0431 230 2380

컴퓨터계열 0431 230 2420

-멀티미디어 전공

의상디자인과 0431 230 2180

▶혜전대학

350-800, 충남 홍성군 홍성읍 남장리 산16

ㅈ/0451 630 5114

ㅍ/0451 630 5154

http://www.hyejeon.ac.kr

시각디자인과 0451 630 5159

도자기공예과 0451 630 5272

의상디자인과 0451 630 5263

전자출판과 0451 630 5232

▶혜천대학

302-210, 대전 서구 복수동 산15-3

ㅈ/042 580 6114

ㅍ/042 580 6119

http://www.hcc.ac.kr

영상디자인과 042 580 6235

산업디자인과 042 580 6230

전자출판과 042 580 6205

고영화 1963년생, 서울대 조선공학과, 동대학원 졸업 ▶현 Open TV Inc. 한국지사 지사장 ▶주요 활동: 대우조선 CAD/CAM 시스템 기획·운영 담당, 삼성SDS 해외영업 담당, MHEG-Korea 의장 ▶e-mail: yhko@opentv.com

구본창 1953년생, 연세대 경영학과 졸업, 독일 함부르크 국립조형미술대학 사진디자인 전공 ▶현 예술사진전문숍 '워크숍 9' 대표 ▶주요 활동: 열두 번의 한숨(85), 일분 간의 독백(87), 긴 오후의 미행(88), Good-Bye Paradise(93), 드로잉횡단전(98), 구본창사진전(99)

권명광 1942년생, 홍익대 응용미술학과, 동대학원 졸업 ▶현 홍익대 시각디자인학과 교수, 제2대 한국디자인법인단체 총연합회 회장 ▶주요 저서: 〈근대디자인사(83)〉, 〈바우하우스(85)〉 ▶주요 활동: KSVD, KOGDA, VIDAK 회장 역임, 한국전력공사, 문화방송, 동화은행, 칠성사이다, 코오롱 CIP 제작

권영걸 1951년생, 서울대 응용미술학과 졸업, 서울대 환경대학원 환경조경학 수료 ▶현 서울대 디자인학부 공간디자인 전공 교수 ▶주요 저서: 〈디자인 원론〉, 〈바우하우스(역)〉, 〈색의 언어(역)〉, 〈조형연습－3차원 형태의 실험〉 ▶주요 활동: JAD실내환경디자인대전 집행위원, 심사위원 ▶e-mail: kwonyg@plaza.snu.ac.kr

금기숙 1952년생, 이화여대 의류직물학과, 동대학원 졸업, 미국 미네소타대학 Post-doctor ▶현 홍익대 섬유미술학과 교수, 한국 복식학회 및 한국패션문화협회 이사 ▶주요 저서: 〈조선 복식 미술(94)〉, 〈복식 조형을 보는 시각(97)〉 ▶e-mail: ksgeum@wow.hongik.ac.kr

금누리 1951년생, 홍익대 조소과, 동대학원 졸업, 국립 파리응용미술공예대학 입체조형과 연구 과정 졸업 ▶현 국민대 조형대학 교수, 〈보고서/보고서〉 편집인 ▶주요 활동: 홍익조각회 회장, 금누리글꼴(90), 구름글꼴(93) 발명, 개인전 7회, 국내외 단체전 170여 회 ▶e-mail: gumnuri@chollian.net

김광현(포장 디자인) 1935년생, 서울대 응용미술학과 졸업, 미국 Pratt Institute, Columbia Pacific 대학 졸업 ▶현 한양대 교수, 한국시각정보디자인협회 회장, 한양대 디자인대학 학장, ICSID 부회장 ▶주요 저서: 〈한국 패키지 디자인의 개발전략〉, 〈포장 디자인〉, 〈디자인 개념(역)〉 ▶주요 활동: 대동은행 CIP 작업, 한국냉장 CIP 자문

김광현(아르누보) 1953년생, 서울대 건축학과 졸업, 동경대 대학원 건축학과 졸업 ▶현 서울대 건축공학과 교수 ▶주요 저서: 〈한국의 주택〉, 〈건축 형태의 원리(역)〉, 〈실존 공간 건축(역)〉

김교만 1928-1998년, 서울대 응용미술학과 졸업, 영국 세인트마틴스미술대학 그래픽디자인 전공 ▶전 서울대 교수 ▶주요 저서: 〈한국의 가락 1, 2〉, 〈아름다운 한국 GRAPHIC 4〉 ▶주요 활동: 서울 일러스트레이터협회 고문, 한국 방문의 해 심벌 마크 및 로고타입 제작(94)

김명석 1949년생, 홍익대 응용미술학과, 동대학원 환경디자인학과 졸업, 일본 오사카대 대학원 박사과정 수료, 환경디자인학 박사 ▶현 한국과학기술원 산업디자인학과 교수 ▶주요 활동: 한국디자인학회 회장, 한국가구학회 회장, 제품과 환경의 접점 영역에 관한 연구, 감성 디자인, 생활문화 디자인 연구

김명환 1960년생, 국민대 시각디자인학과 졸업, 일본 무사시노대학원 공간연출디자인과 및 스쿠바대학 대학원 졸업 ▶현 국립현대미술관 전시디자이너

김민수 1961년생, 서울대 응용미술학과 졸업, Pratt Institute 대학원, New York University 대학원 졸업 ▶현 서울대 산업디자인학과 교수 ▶주요 저서: 〈모던 디자인 비평〉, 〈20세기 디자인 문화 탐사〉 ▶주요 활동: 제3회 그룹인덱스 디자인 전시회 ▶e-mail: getto@plaza.snu.ac.kr

김승희 1947년생, 서울대 응용미술학과 졸업, 미국 인디애나대학 졸업 ▶현 국민대 디자인대학원장, 주얼리디자인센터 소장 ▶주요 저서: 〈디자인 공예 사전(공저)〉 ▶주요 활동: 호암갤러리 초대 오늘을 대표하는 금속공예 8인전(89), 99 코리아 아트 페스티벌전

김영기 1941년생, 서울대 응용미술학과, 서울대 환경대학원 졸업 ▶현 이화여대 디자인학부 교수 ▶주요 저서: 〈한국인의 조형 의식〉, 〈믿음의 눈으로, 광야의 외침으로〉, 〈태어날 나라가 있는 디자인〉 ▶주

요 활동: 서울올림픽 문화 포스터 '덩더듬성' 제작, 대전엑스포 심벌 로고 디자인, 피에르 가르뎅 기초 및 색조 화장품 용기 디자인

김영수 1953년생, 미국 Brooks Institute 졸업, 미국 Ohio University 대학원 졸업 ▶현 중앙대 사진학과 교수 ▶주요 활동: 광고사진 개인전(84, 88), 94년 광고사진 그룹전, 삼성카메라 디자인 자문위원, 에스콰이아, 매일유업, 한화통신, LG패션, 동양매직 등 광고사진 제작

김우룡 1943년생, 고려대 영문과, 고려대 신문방송대학원 졸업, 미국 콜롬비아대학 신문대학원 수료 ▶현 한국 외국어대 신문방송학과 교수 ▶주요 저서: 〈방송학 강의(87)〉, 〈케이블 TV 원론〉, 〈방송 제작론〉, 〈방송학 개론〉, 〈방송학 원론〉 ▶주요 활동: MBC-TV 편성 · 제작 프로듀서, 편성 기획 부장, 제작 위원 역임

김원 1943년생, 서울대 건축공학과 졸업 ▶현 (주)건축환경연구소 '광장' 대표, 도서출판 광장 대표 ▶주요 저서: 〈우리 시대의 거울〉, 〈건축 예찬(역)〉, 〈마천루(역)〉 ▶주요 활동: 국립국악당 신축설계, 국토통일원 연수원 신축 설계, 대한성공회 성당, 광주가톨릭대학교, 주한 러시아대사관 설계

김은조 1963년생, 서울대 심리학과, 홍익대 산미대학원 졸업, 서울대 대학원 심리학과 재학중 ▶현 아이비스 대표 ▶주요 저서: 〈디지털 이미지론〉, 〈엔트로피와 예술〉

김종덕 1957년생, 홍익대 응용미술학과 졸업, 미국 Art Center College of Design 대학, 대학원 졸업 ▶현 홍익대 시각디자인학과 교수 ▶주요 저서: 〈영상 디자인(역)〉 ▶논문: 〈Interactive 광고에 대한 연구〉, 〈TV광고의 실험적 접근〉, 〈디지털 TV 환경에서의 광고〉 ▶주요 활동: 버팔로, 게토레이, 태평양화학 등의 TV-CF 제작 및 한국통신 공공 DB, VOD Interface 작업
▶e-mail: jdkim@wow.hongik.ac.kr

김진평 1949-1998년, 서울대 응용미술학과, 동대학원 졸업 ▶전 서울여대 산업디자인학과 교수 ▶주요 저서: 〈한글의 글자 표현〉 ▶주요 활동: 글꼴모임 회원, 각종 한글 로고타입 및 한글 디지털 폰트 디자인

김태현 1966년생, 홍익대 금속공예과, 동대학원 미술사학과 졸업 ▶현 상명대 강사
▶e-mail: barbari@chollian.net

김현 1949년생, 중앙대 예술대학 졸업, 건국대 교육대학원 미술교육학과 졸업 ▶현 디자인 파크 대표 ▶주요 활동: 서울 올림픽 마스코트 '호돌이' 제작, 대전 엑스포 마스코트 '꿈돌이' 제작
▶e-mail: dpark@nuri.net

김현선 1957년생, 서울대 환경대학원 졸업, 동경예술대학 환경조형디자인 전공 ▶현 김현선 환경디자인연구소장 ▶주요 활동: 마츠모토 소토보리 교량설계, 산본 신도시 환경디자인, 전통 고유기술 응용 문화상품 개발 ▶e-mail: khdesign@thrunet.net

류명식 1951년생, 홍익대 응용미술학과, 광고홍보대학원 졸업 ▶현 해인기획 대표 ▶주요 활동: 한국시각정보디자인협회 선거관리위원장, 한국디자인법인단체총연합회 총무이사
▶e-mail: hain@nuri.net

문철 1955년생, 홍익대 응용미술학과 졸업, Pratt Institute 커뮤니케이션디자인학과 졸업 ▶현 홍익대 미술대학 시각디자인학과 교수 ▶주요 활동: 현대 일러스트아트전(98)
▶e-mail: m1921c@chollian.net

민경현 1933년생, 전남대 임학과 졸업, 일본 경도대학 조원학 연수, 건국대학교 대학원 졸업 ▶주요 저서: 〈Korean Garden(92)〉, 〈한국 정원 문화 1, 2(91)〉 ▶주요 활동: 서울시정 자문위원, 건설부 중앙 설계 심사 위원, 서울올림픽 기념 상징 조형물 심사위원, 한국 정원학회장 역임

민철홍 1933년생, 서울대 응용미술학과 졸업, 일리노이공과대학 디자인학부 수학 ▶현 서울대 산업디자인학과 교수 ▶주요 저서: 〈색채- 원리에서 활용까지〉 ▶주요 활동: 산업디자인전 초대작가, 심사위원 역임, 한국인더스트리얼디자이너협회 이사장 역임, 서울시 문화상 수상

박세형 1953년생, 홍익대 서양학과, 서울대 대학원 미술교육과 졸업 ▶현 한국예술종합학교 영상원 영상만화과 부교수 ▶주요 활동: 제1,2,3회 서울국제만화페스티벌 추진위원회 추진위원, 한국간행물윤

리위원회 심의위원, 방송위원회 TV, 어린이프로
그램 자문위원, 1997 정보통신부 멀티미디어 콘텐
츠 자문위원, 심의위원

박순보 1954년생, 홍익대 산미대학원 졸업, 독일
부퍼탈대학 조형예술학 박사 ▶현 홍익대 조형대
교수, 디자인정보문화연구센타 소장 ▶주요 활동:
한국디자인학회 이사, 홍익그래픽디자인협회 이사
역임, 대전엑스포 주최 세계아동미술전, 한국전력
공사 홍보전시관설계 심사위원
▶e-mail: sbpark@wow.hongik.ac.kr

박암종 1965년생, 홍익대 응용미술학과, 홍익대
산미대학원 시각디자인과 졸업 ▶현 동서울대 광
고디자인과 교수, 한국애서가클럽 부회장
▶e-mail: fincos@haksan.dsc.ac.kr

박은주 1951년생, 홍익대 조소학과, 동대학원 미
학·미술학과 미학 전공 ▶현 홍익대 대학원 강사
▶주요 저서: 〈색채 조형의 기초〉, 〈미술에의 접근〉,
정보 예술에 관한 논문 6편

박인석 1954년생, 서울대 응용미술학과 시각디자
인 전공, 동대학원 수료, 프랑스 Ecole des Arts
Decoratifs de Strasbourg 유리예술 전공 석사 ▶현
한샘 디자인연구소 이사 ▶주요 활동: 디자인 전문
지 〈Form〉 편집장, 월간 〈디자인〉 편집 주간 역임
▶e-mail: parkis@hansam.co.kr

박재동 1953년생, 서울대 회화과 졸업 ▶현 오돌
또기 대표, 우리 만화 발전을 위한 연대모임 대표,
97 서울국제만화페스티벌(SICAF) 조직위원회 위
원 ▶주요 저서: 〈한국만화의 선구자들〉, 〈목 긴
사나이〉, 〈정치야 맛좀 볼텨〉 ▶주요 활동: 만화영
화 '오돌또기(96)' 제작, 삽화 '설현욱박사의 성이
야기(97)', '천리 도망은 해도 팔자 도망은 못한다
더니(99)' 제작, 정치와 미술전(96)

박필제 1964년생, 홍익대 공업디자인학과, 홍익대
산미대학원 졸업 ▶현 가천길대 산업디자인과 교
수 ▶주요 저서: 〈조명디자인 입문〉, 〈조명과 실내
장식〉, 공고〈2·1체제〉 교과서, 〈조명 디자이너 자
격 인증 교재〉, 〈조명과 인테리어〉 ▶주요 활동:
국제조명(주) 조명디자인연구소 자문위원, 대한민
국 산업디자인 전람회 건설교통부장관상 수상, 웨
스턴 조선호텔 서울, 문화재 원구단 옥외경관 조명

박현주 1947년생, 홍익대 응용미술학과 졸업 ▶현
LG애드 상무, 홍익대 조형대학 겸임 교수 ▶주요
활동: 1981년 제18회 조선일보 광고 대상 수상
▶e-mail: lgphj123@netian.com

박효신 1957년생, 홍익대 시각디자인학과 졸업,
Rhode Island School of Design 대학원 졸업 ▶현
삼성디자인연구소(IDS) 전임 교수 ▶주요 저서:
〈폴 랜드: 그래픽 디자인 예술(역)〉 ▶주요 활동: 쌍
용그룹 홍보실, 삼성전자 해외본부 디자인실 근무
▶e-mail: hyopark@chollian.net

배병우 1950년생, 홍익대 응용미술학과, 동대학원
졸업 ▶현 서울예술전문대 사진과 교수 ▶주요 저
서: 〈마라도〉, 〈사진(역)〉, 〈사진 디자인〉, 〈소나무〉,
〈배병우〉 ▶주요 활동: 90년대의 한국미술로부터 -
등신대의 이야기전(일본국립근대미술관, 96)
▶e-mail: bbu@chollian.net

서기흔 1953년생, 홍익대 응용미술학과, 산미대학
원 졸업 ▶현 경원대 디자인학부 시각디자인전공 교
수 ▶주요 활동: 월간 〈한국인〉, 〈전망〉 아트디렉터,
산업디자인전람회 상공부장관상, 단행본 표지 디자
인 1,500여 종 제작

서대규 1958년생, 홍익대 전자계산학과, 홍익대 산
미대학원 산업디자인학과 졸업 ▶현 대구효성가톨
릭대 미술대학 미술학부 시각디자인 전공 조교수 ▶
주요 활동: 대전엑스포 럭키금성 테크노피아관 게
임 디자인, 컴퓨터 애니메이션전(91), 전시 '과학+
예술전' ▶e-mail: dksuh@cath.cataegu.ac.kr

서성록 1957년생, 홍익대 서양화과, 동대학원 미학
과 졸업 ▶현 안동대 미술학과 교수 ▶주요 저서:
〈한국 미술과 포스트모더니즘(92)〉, 〈한국의 현대
미술(94)〉, 〈포스트모던 미술과 비평(89)〉 ▶주요
활동: 1985년 동아일보 신춘 문예 미술 평론 부문
낭선, 미국 동서문화센터 연구원(86, 87), 〈미술 평
단〉, 〈선미술〉 주간

송번수 1943년생, 홍익대 공예학과, 동대학원 졸
업, 프랑스 파리국립고등미술학교 졸업 ▶현 홍익대
미술대학 섬유미술학과 교수, 홍익대 산미대학원 원
장 ▶주요 저서: 〈섬유예술〉, 〈염색의 실제〉 ▶주요
활동: 제1회 한국미술대상전 우수상(70), 나가가와
케미컬 주최 제4회 CS디자인상 국제부문 금상(86),

RIT 교환교수, 바다를 건너: 송번수·후쿠모토 시게키 염직 2인전(99)

안상수 1952년생, 홍익대 시각디자인과, 동대학원 졸업, 한양대 박사 ▶현 홍익대 시각디자인과 교수, 이코그라다 부회장 ▶주요 저서: 〈타이포그라픽 디자인(역)〉, 〈한글 디자인(공저)〉 ▶주요 활동: 월간 〈마당〉, 〈멋〉 미술장, 안그라픽스 대표 역임, 광복50년 공식 휘장디자인, 안상수체 고안
▶e-mail: ssahn@wow.hongik.ac.kr

안종문 1940년생, 홍익대 응용미술과, 동대학원 산업디자인학과 졸업 ▶현 홍익대 산업디자인학과 교수 ▶주요 저서: 공업고등학교 1종 도서 집필 ▶주요 활동: 서울 올림픽 환경장식 안내사인 구성, 독립기념관 제7관 설계 및 감리, 삼성전자 진공청소기 개발, 환경관리공단 CIP제작, 산업디자인전 국회의장상

영담 1952년생 ▶현 불교신문 사장 ▶주요 저서: 〈걸림없이 살 줄 알라〉 ▶주요 활동: 직지심경, 왕오천축국전, 월인천강지곡 등 국보급 영인본 종이 제작, 서울종이잔치(91), 책문화특별전 출품(93)

오근재 1941년생, 홍익대 공예학부 도안과, 홍익대 산미대학원 산업디자인학과 졸업 ▶현 홍익대 조형대학 학장 ▶주요 저서: 〈한글 레터링 그 이론과 실제〉, 〈입체조형과 새로운 공간〉 ▶주요 활동: KOGDA, 한국디자인학회 회장 역임, 산업디자인전 초대작가, 심사위원 역임
▶e-mail: ohhhh@wow.hongik.ac.kr

오병권 1947년생, 서울대 조소학과 졸업, 스위스 주립응용미술대학 그래픽디자인 전공 ▶현 이화여대 생활미술학과 교수 ▶주요 저서: 〈디자인의 개념과 응용(역)〉 ▶주요 활동: LA올림픽예술제 그래픽 부분 동메달, 서울올림픽 문화 포스터, 공식보고서 제작, 대전엑스포 공식화보 아트디렉터
▶e-mail: graphic5@nownuri.net

유영배 1949년생, 홍익대 공예학과 졸업, Pratt Institute대학원 인테리어디자인 전공 ▶현 세종대 산업디자인학과 교수 ▶주요 저서: 〈실내 환경 디자인〉, 〈유통 환경 디스플레이〉
▶e-mail: yongb@sejong.ac.kr

윤정섭 1950년생, 서울대 조소학과 졸업, 홍익대 산미대학원 무대디자인 전공 ▶현 한국예술종합학교 연극원 교수 ▶주요 저서: 〈TV무대디자인(90)〉, 〈무대용어사전〉 ▶주요 활동: 극단 미추 '남사당의 하늘(93)', '맥베드(94)', 서울올림픽 '한강축제-개막제' 미술감독, 대전엑스포 개회식 미술감독, 국립현대미술관 올해의 작가상(96), 제4회 한국뮤지컬대상 무대미술상(98), 창작발레 '바리(98)', 연극 '무거운 물(98)'

윤호섭 1943년생, 서울대 응용미술학과 졸업 ▶현 국민대 조형대학 시각디자인과 교수 ▶주요 저서: 〈시각언어제작 사례연구〉, 〈광고물제작 사례연구〉 ▶주요 활동: 국민대학교 홍보디자인센터 소장, 한국방송광고공사 공익광고협의회 위원(98, 99)
▶e-mail: hsyoon@kmu.kookmin.ac.kr

은병수 1959년생, 서울대 응용미술학과 졸업, Pratt Institute대학원 공업디자인 전공 ▶현 212디자인 대표 ▶주요 활동: 수필집 〈세상은 꿈꾸는 자의 것이다(공저)〉 ▶주요 활동: 1991년 한국산업디자인전문회사협회(KIDCA) 창립 및 초대회장 역임
▶e-mail: twonet@unitel.co.kr

이건용 1942년생, 홍익대 회화과 졸업 ▶현 군산대 예술대학 미술학과 교수, 군산대 현대미술연구소장 ▶주요 활동: 대한민국미술대전 심사위원 역임(90), 제8회 파리 국제비엔날레 참가, 제15회 상파울로 국제비엔날레전, 제8회 칸느 국제회화세 참가, LIS 국제전 대상(79)

이경자 1938년생, 이화여대, 동대학원 의류학과 졸업, 뉴욕 Pratt Institute, School of Art and Design 수료, 한양대 대학원 이학박사 ▶현 이화여대 디자인대학원장, 장식미술과 교수 ▶주요 저서: 〈한국복식사론〉, 〈우리 의생활의 전통 양식〉 ▶주요 활동: 한국복식학회 고문, 한국디자인학회 회원, The Costume Society of America, Color Marketing Group 회원

이구형 1953년생, 서울대 산업공학과, 동대학원 산업공학과, Virginia Polytechnic Institute & State University 대학원 산업공학과 인간공학 전공 박사 ▶현 LG전자 디자인연구소 수석연구원, 대한인간공학회 이사, 한국감성과학회 학술위원장 ▶주요 활동: Master Industrial Products 경영 고문, LG종합

기술원 책임연구원(감성 공학 연구팀 설립)
▶e-mail: khleephd@lge.co.kr

이성표 1958년생, 홍익대 응용미술학과, 홍익대 산미대학원 졸업 ▶현 홍익대 시각디자인과 겸임 교수 ▶주요 저서: 〈그림자 길을 따라 갔어요(94)〉 ▶주요 활동: 월간 〈중앙〉, 국민카드, 출판 저널 등의 표지 일러스트레이션과 〈빠빠라기〉, 〈그리운 친구에게〉 등의 단행본 일러스트레이션
▶e-mail: nikao@chollian.net

이순종 1952년, 서울대 응용미술학과, 동대학원 공업디자인 전공(BFA, MFA), 미국 일리노이공과대학 디자인대학원 디자인 기획, 제품 디자인 전공 ▶현 서울대 산업디자인학과 교수 ▶주요 활동: 산업디자인전, GD전, LG국제디자인공모전 심사위원, 핀란드 헬싱키디자인대학(UIAH) 초빙교수
▶e-mail:leesj1@snu.ac.kr

이신우 1941년생, 이화여대 서양화과 중퇴 ▶현 (주)이신우 대표 ▶주요 저서: 〈이신우 25주년 이미지 북〉 ▶주요 활동: 올해의 톱 디자이너 수상(84, 92), 오리지날리 창설(68), 쏘시에 창설(89), LA올림픽 기념 패션쇼 개최(84), SFA 컬렉션 참가, 영화 '은행나무침대' 의상 제작(95), 동덕여대 디자인대 초빙교수 위촉(96)

이원복 ▶1946년생, 서울대 건축학과 졸업, 서독 뮌스터대학 디자인학과 졸업 ▶현 덕성여대 시각디자인 전공 교수 ▶주요 저서: 〈먼나라 이웃나라〉, 〈학습만화세계사〉, 〈학습만화한국사〉, 〈만화의 세계〉, 〈자본주의·공산주의〉, 〈한국·한국인·한국경제〉, 〈이원복 교수의 진짜 유럽이야기〉
▶e-mail: jambo@nuri.net

이재철 1950년생, 서울대 응용미술학과 졸업 ▶현 JC크리에이티브 대표 ▶주요 활동: 뉴욕페스티발 은상 수상(91), 칸느국제광고영화제 심사위원, 크레스타국제광고상 심사위원 위촉(93, 94), 한국방송광고공사 공익광고협의회 위원

이정선 1961년생, 서울대 미술대학 응용미술학과 졸업(BFA), Pratt Institute 커뮤니케이션디자인과 졸업 ▶현 삼성디자인연구원(SADI) 전임 교수 ▶주요 활동: Deskey Associates, UNL Press 근무
▶e-mail: sunny61@chollian.net

이훈용 1933년생, 서울대 경영대학원 졸업 ▶현 (주)두성종이 대표, 특수지 전문연구가 ▶주요 활동: 서울 Paper Show(91), Ecology paper fair(95), 어린이를 위한 새로운 미술 색종이 공작 잔치 개최
▶e-mail: mail@kotis.net

임영주 1943년생, 홍익대 미술대학 공예학부 졸업, 동국대 대학원 역사학과 한국미술사 전공 ▶현 한국고미술협회 학예연구실장 ▶주요 저서: 〈한국 문양사〉, 〈한국문양사전〉, 〈단청〉, 〈한국문양〉, 〈종이공예문화〉 ▶주요 활동: 시각환경조형연구소 소장, 우리공예무늬연구소 운영

장동련 1956년생, University of British Columbia 서양화과 졸업, Parsons School of Design(B.F.A), California Institute of the Art 대학원 졸업 ▶현 인터브랜드 DC&A 대표 ▶주요 활동: 63빌딩, 럭키금성 트윈타워, 교통안전 진흥공단, 매일경제신문사, 신라호텔, 성원그룹, 한솔문화재단 CI, 한국 IBM PC 월드 BI, 대전엑스포 EI
▶e-mail: dcna@chollian.net

장윤호 1943년생, 홍익대 공예도안과, 동대학원 졸업 ▶현 서울디자인센터 대표 ▶주요 활동: 사단법인 한국패키지디자인협회 초대회장, 서울패키지디자인협회 자문위원, 한국포장관리사회 13기 이사, 대한산업미술가협회 기획이사

전동열 1956년생, 연세대 독어독문학, 동대학원 독문학 석사, 독일 뒤셀도르프대학 대학원 독문학 박사 ▶현 홍익대 문과대학 독어독문학과 부교수 ▶주요 저서: 고전주의, 자연주의, 세기말, 드라마 이론, 메타퍼 이론, 민네장에 관한 논문
▶e-mail: jdy@wow.hongik.ac.kr

정경연 1955년생, Rhode Island School of Design 석사 졸업, 모스크바 국립산업미술대학 명예박사 ▶현 홍익대 섬유미술과 교수 ▶주요 활동: (사)한국텍스타일디자인협회 회장 역임 및 현 명예회장, 통상산업부 기술·정책 자문위원 및 한국 산업 디자인 개발 위원 역임

정경원 1950년생, 서울대, 동대학원 졸업, 미국 Cyracuse 대학원, 영국 Manchester 대학 졸업 ▶현 한국과학기술원 산업디자인학과 교수 ▶주요 저서: 〈디자인이 경쟁력이다〉, 〈디자인 경영〉 ▶주요 활

447

동: KBS 1TV '디자인에 승부를 걸어라' 기획 자문 및 진행 ▶e-mail: kwchung@sorak.kaist.ac.kr

정병규 1946년생, 고려대 불문학과 졸업, 파리 예스띠엔느에서 디자인 공부, 민음사 편집부장, 계몽사 이사 역임, 홍성사 주간 ▶현 정병규 디자인 대표 ▶주요 활동: 독서대상 편집상(79), 한국 출판학회상(83), 교보 북디자인대상(89) ▶대표작: 경주 남산(87), 한국의 탈춤(88)
▶e-mail: chungde@chollian.net

정주현 1954년, 홍익대 산업디자인과, 동대학원 산업디자인과 졸업, 영국 왕립미술원 졸업 ▶현 홍익대 산업디자인과 부교수 ▶주요 활동: 영국 플리트자동차쇼 설계 경연대회 최고상수상(89)
▶e-mail: jh1110@wow.hongik.ac.kr

정준 1945년생, 미국 일리노이공대 디자인학과 졸업 ▶현 (주)심팩트 대표, 한국아트디렉터즈클럽(ADCK) 3대 회장 ▶주요 활동: 한국방송공사, 한국통신, 신라호텔, 일본 나고야 기술센터, 미국 UPI 통신사, Guam Hilton CIP, 럭키금성 트윈타워 Sign System ▶e-mail: joonc@sympact.com

조광석 1954년생, 홍익대 회화과 졸업, 파리VIII 대학 조형예술학 박사 ▶현 경기대 교수, 미술평론가 ▶주요 저서: 〈한국 추상미술 40년(공저)〉, 〈한국미술문화형성(공저)〉
▶e-mail: artheo@chollian.net

조동원 서강대 신문방송학과 졸업, ▶현 White 공동 대표 ▶주요 저서: 크리에이티브 소스북 〈조동원의 카피세상〉 ▶주요 활동: 한국방송광고공사, 광고교육원 및 한국방송대학교 강사, 서울카피라이터즈클럽(SCC) 부회장 역임, 인터넷 및 PC통신 카피교실 '조동원의 카피세상', 뉴미디어 크리에이티브 그룹 미래예측그룹 창업
▶e-mail: jocas@white.co.kr

조병량 1947년생, 한양대 신문학과, 동대학원 신문방송학과 졸업 ▶현 한양대 언론정보대학 언론광고사회학부 광고홍보학 전공 교수 ▶주요 저서: 〈광고 기호론(역)〉, 〈세계의 광고(공저)〉 ▶주요 활동: 한국방송광고공사 광고문화연구소 연구위원, 방송위원회 광고심의위원 역임, 한국방송광고공사 공익광고협의회 위원

조선경 1959년생, 홍익대 시각디자인과, 동대학원 시각디자인과 졸업, School of Visual Art MFA ▶현 상명대 디자인대학 겸임 교수, 일러스트레이터 ▶주요 활동: TV설치 미술제(97), job일전- 한국 현대 일러스트레이션전, '마고할미(96)', 삼성사보 애니메이션(99) ▶e-mail: ssun44@chollian.net

조성룡 1944년생, 인하대 대학원 졸업 ▶현 조성룡 도시건축 대표, 서울건축학교 교장 ▶주요 활동: 아시아 선수촌과 기념 공원, 양재287.3, 의재미술관, 마당의 사상- 신세대의 한국 건축 3인전, 4.3그룹 건축전, 〈정보화 사회의 건축가(공역)〉
▶e-mail: johsy@hotmail.com

조영제 1935년생, 서울대 응용미술학과 졸업 ▶현 서울대 미술대학 디자인학부 교수 ▶주요 저서: 〈조영제의 그래픽 세계〉 ▶주요 활동: 서울올림픽 디자인 전문위원 위원장, 대전 엑스포 자문위원, 한국시각정보디자인협회 회장, 상하이디자인 초대전(98)

최건 1950년생, 홍익대 미술대학 도자공예과, 동대학원 미술사학과 졸업 ▶현 해강도자미술관 학예연구실장 ▶주요 저서: 논문 〈고려청자의 발생 문제〉, 〈고려도자의 계보와 전개〉, 〈조선후기 백자의 쇠퇴 요인〉 ▶주요 활동: 한국고미술협회 감정자문위원 위촉

최공호 1957년생, 홍익대 대학원 미술사학과 박사과정 수료 ▶현 마사박물관 관장 ▶주요 저서: 〈한국 색채형 문양 공동 연구(공저)〉, 〈목각 공예(공저)〉, 〈한국공예사(공저)〉, 〈한국현대공예사 이해〉 ▶주요 활동: 산업디자인포장개발원 한일 공동 연구 위원(91-94), 산업인력관리공단위촉 전문위원

최대석 1943년생, 홍익대 산업디자인학과 졸업, 서울대학교 대학원 산업디자인 전공, 연세대 경영대학원 석사, Rhode Island School of Design 대학 객원교수 ▶현 홍익대 산업디자인학과 교수 ▶주요 저서: 〈새시대 경제 가치로서의 산업디자인학〉

최범 1957년생, 홍익대 산업디자인학과, 동대학원 미학과 졸업 ▶현 경희대, 홍익대 강사, 디자인 문화 평론가 ▶주요 저서: 평론 〈산업사회에서 공예가의 위상〉 ▶주요 활동: 월간 〈디자인〉 편집 차장 역임

최병훈 1952년생, 홍익대 응용미술학과, 동대학원 졸업 ▶현 홍익대 목공예학과 교수 ▶주요 활동: 최병훈 Art Furniture전 2회, 제2회 공예대전 대상 수상(87), 핀란드 헬싱키 예술디자인대학 객원교수(88), Rhode Island School of Design 대학 객원교수(89), 한국가구학회 우수상(96), 바젤국제아트페어(98) ▶e-mail: bhchoi@wow.hongik.ac.kr

최승천 1934년생, 홍익대 미술대학 졸업 ▶현 홍익대 목공예학과 교수 ▶주요 활동: 한국 공예가협회전, 한국 나전칠기 목공예전(84), 한일 현대 조형 작가 교류전(93), 제3회 목공예상 수상(93), 예술의 전당 개관 기념 초대전(90)

한길홍 1944년생, 홍익대 공예과, 동대학원 공예과 졸업 ▶현 서울산업대 도예학과 교수, 한국미술협회 부이사장(도예) ▶주요 저서: 〈도자 공예(공저)〉 ▶주요 활동: 서울현대도예비엔날레 추진위원장(89), 93엔시카한국현대도예전 초대출품 및 Workshop 참가, 87 한국 공예가회상 수상, 서울국제도예비엔날레 운영위원장(97)

한도롱 1933년생, 서울대 미술대학 졸업 ▶현 홍익대 산업디자인학과 교수 ▶주요 활동: 서울올림픽 디자인 자문위원, 제1기 및 2기 서울지하철 CI 계획, 건설부 신도시 건설 자문위원, 대전엑스포 전시 연출 전문위원, 1993년 올해의 디자이너상 수상, 제5회 산업디자인의 날 산업자원부장관상

한재준 1957년생, 홍익대 도안과, 동대학원 시각디자인과 졸업 ▶현 서울여대 미술대학 조형학부 산업디자인 전공 조교수 ▶주요 저서: 상업고등학교 1종 도서 집필, 〈한글 디자인(공저)〉 ▶주요 활동: 한글문화원 연구원 역임, 공한체와 한체 개발과 보급, 대한매일 제호 디자인, 타입디렉션 ▶e-mail: hajoo@swu.ac.kr

홍상진 서울대 산업디자인학과 졸업, 동대학원 수료 ▶현 이미지드롬 대표 ▶주요 활동: 이미지드롬 미국법인 설립(97), 월간 〈디자인〉 선정 올해의 디자인상 멀티미디어 부분 수상 ▶e-mail: jeany@imagedrome.com

홍석일 1955년생, 서울대 그래픽디자인 전공, 미국 프랫대학대학원 컴퓨터그래픽 전공 석사 ▶현 한양대 산업디자인학과 조교수 ▶주요 저서: 〈3D 컴퓨터 애니메이션과 영상(역)〉, 〈그래픽 디자이너를 위한 크리에이티비티(역)〉, 컴퓨터 그래픽스의 색상 체계에 관한 연구 ▶주요 활동: ICOGRADA 2000 Millennium Congress 준비위원회 위원, 한국시각정보디자인협회 사무총장 ▶e-mail: hyuhong@chollian.net

홍성민 1964년생, 홍익대 미술대학 서양화과 졸업, 미국뉴욕대학 대학원, 미국 시카고 미술대학(SAIC) 대학원 졸업 ▶현 계원조형예술대 시간예술 전공 조교수 ▶주요 활동: 광주비엔날레(95), 동아시아 모더니즘과 오늘의 한국미술(96), 후쿠오카 국제미술제(96), 뉴욕 '호랑이의 눈' EXIT ART(97), 동경 ICC비엔날레(97) ▶e-mail: vhong@chollian.net

황상재 1958년생, 연세대 사학과, 동대학원 신문방송학 전공, 미국 텍사스대학 오스틴교대학원 방송학 박사 ▶현 한양대 사회과학대 사회과학부 신문방송학과 조교수 ▶주요 저서: 〈정보사회와 국제커뮤니케이션〉 ▶주요 활동: 제5대 저작권심의조정위원회 위원 ▶e-mail: sangjae@email.hanyang.ac.kr

황지연 1963년생, 홍익대 시각디자인과 졸업, 미국 미네소타주립대학 대학원 졸업 ▶현 LG 디자인연구소 선임연구원 ▶주요 활동: 숭의전문대, 신흥전문대 강의(95-96), 미국 카네기멜론대학 객원연구원 ▶e-mail: jiyeon@kangseo.lge.co.kr

ㄱ

453

도와주신 분들 (가나다 순)

강양석 (홍대 도시계획과 교수)

김동순 (패션 디자이너)

김명환 (영진출판사)

김정식 (엘지애드 국장, 카피라이터)

김치덕 (한겨레신문 디자이너)

김희선 (OpenTV)

다니무라 아키히코 (그래픽 디자이너)

데이빗 퀘이 (David Quay)

민병걸 (무사시노 대학원)

박주원 (울티모 홍보부)

박태성 (KDA연구소 디자이너)

백종원 (디자인네트 대표)

손혜원 (크로스포인트 대표)

안병학 (홍대 디자인연구실)

안보선 (문화일보 논설위원)

윤여웅 (정디자인)

윤진선 (우진필름)

이복식 (일러스트레이터)

이상경 (정우시네텔 원장)

이용훈 (엘지전자 디자인연구소)

이인수 (일러스트레이터)

이지미 (홍대 산업미술대학원)

장규종 (오리지날리 디자이너)

장동성 (홍대 산업대학원)

장동훈 (이화여대 정보디자인학과 교수)

정양희 (서인환경 대표)

진태옥 (패션 디자이너)

최영익 (KBS색채연구소 선임 연구원)

최정심 (계원조형대 건축디자인과 교수)

최준석 (홍대 디자인연구실)

한태숙 (롯데호텔 홍보실)

LG AD CR 2국

신씨네